Understanding for

Channel Management

유통실무의 이해

신종국 박민숙 문민경 공저

도서출판 시대가치

머리말

우리는 지금 세계의 유통시장이 하나가 되는 시대에 살고 있다. 정보기술, 세계화, 인터넷 기반의 사회, 거래 단순화, 제조업자와 유통업자의 역할 변화, 소비자의 구매패턴과 소비자 만족요인의 변화 등으로 유통환경과의 유통의 역할은 급변하고 있다. 제조업자, 도매상, 소매상, 소비자 간의 관계의 본질적인 변화를 요구하는 것이 신기술, 신제품, 신유통방식, 소비자의 신사고이다. 특히 정보기술의 발달에 근거한 스마트사회가 계속적으로 뿜어내는 하드웨어 및 소프트웨어 측면의 변화하는 아이디어는 유통환경, 유통기구, 유통방식, 유통관리, 유통경로구성원, 유통전략 등에 큰 영향을 미치고 있다.

유통경로와 유통구조는 너무나 다양하고 복잡한 형태를 띠기 때문에 학생들이 유통관리에 대해 체계적으로 이해하는 데 많은 어려움을 겪고 있는 것 또한 사실이다. 본서는 대학에서 강의를 듣는 학생들이 유통에 대해 보다 현실적이고 쉬운 내용으로 지식을 습득할 수 있도록 내용을 꾸미려고 노력하였다. 이를 위해 이론적 배경에 충실한 설명과 함께 최근의 이슈가 될 만한 유통사례를 제시하여 현장감을 얻을 수 있도록 배려하였다.

본서의 특징은 다음과 같다.

첫째, 본서는 유통관리를 처음으로 접하는 학생들이나 유통관련 실무자들이 유통의 개념과 핵심 주제를 체계적으로 이해할 수 있도록 구성되어 있다. 우선 기본적인 유통구조를 파악하고 유통경로의 개념을 이해할 수 있도록 유통경로의 정의 및 유형 그리고 유통기구와 유통산업에 대한 내용들을 정리함으로써 이론과 실제를 보다 쉽게 이해하도록 서술하였다.

둘째, 기존의 유통 교재들이 방대한 내용들을 다루고 있기 때문에 학생들이 이해하는 데 상당한 어려움을 겪었다. 따라서 본서는 유통과 유통산업에 대해 학생들이 반드시 알아두어야 할 필수적인 요소들만 간추려 정리하고자 노력하였다.

셋째, 유통관리의 각 부분별로 균형 있게 내용을 구성하였다. 1부 유통의 기초에서는 마케팅과 유통의 기본 개념을 설명하였다. 2부 유통설계실무에서는 소매상, 소매상 마케팅, 도매상과 유통경로설계를 설명하였다. 3부 유통관리실무에서는 유통경로 계열화와 유통경로의 힘과 갈등을 설명하였다. 4부 물류관리실무에서는 물류관리와 물류환경 등을 설명하였다.

넷째, 최근에 발표된 유통관련 논문과 보고서 및 기사 등의 내용을 추가하여 보다 풍부한 이론과 지식을 제공하고, 최근의 유통산업에 관한 사례와 동향을 통계자료를 사용하여 변화하고 있는 유통의 흐름을 파악할 수 있도록 하였다.

본서가 나오기까지 도움을 주신 동도제현께 심심한 감사를 드린다. 저자들의 까다로운 요구를 기꺼이 수락하고 모든 재정적 · 정신적 지원을 아끼지 않으신 도서출판 시대가치 김광범 사장님과 편집부 제위께도 진심으로 감사의 말씀을 드린다. 여러 가지 어려유 속에서도 교재를 완성할 수 있는 추진력을 심어주신 저자들의 부모님과 가족들에게 이 한 권의 책을 바친다.

2021년 8월

저자 일동

차 례

PART 01 유통의 기초

01 마케팅

02 유통경로

03 유통환경과 트렌드

PART 02 유통설계실무

04 소매상

05 소매상 마케팅

06 도매상

07 유통경로설계

PART 03 유통관리실무

08 유통경로 계열화

09 유통경로의 힘

10 유통경로의 관계

11 유통경로의 갈등

PART 04 물류관리실무

12 물류관리

13 물류정보시스템

14 물류환경과 트렌드

PART

01

유통의 기초

chapter 1
•
마케팅

chapter 2
•
유통경로

chapter 3
•
유통환경과 트렌드

CHAPTER

01 마케팅

C/O/N/T/E/N/T/S

도입사례

휠라는 어떻게 '화려한 부활'에 성공했나

유통 다각화, 이색상품 출시 등으로 상승세

패션시장의 불황이 지속되고 있는 가운데, '제2의 전성기'를 누리고 있는 브랜드가 있다. 글로벌 스포츠 브랜드 휠라(FILA)가 2016년 브랜드 리뉴얼을 단행한 이후 실적 상승세를 타고 있는 것이다.

휠라의 2015년 매출 규모는 8,158억 원이었다. 2017년 2조 5,303억 원 매출을 올렸으며, 2018년에는 2조 9,546억 원의 매출을 기록하며 최대 매출을 기록했다. 올해는 3조 원 이상의 실적을 낼 것으로 기대되고 있다. 휠라의 부활은 브랜드 리뉴얼을 통한 제품력 강화와 합리적인 가격정책, 유통구조의 다양화에 따른 결과다.

확 낮춘 가격

2016년, 휠라는 30~40대가 주고객층이었던 브랜드를 10~20대가 찾는 브랜드로 변화시키기 위해 대대적인 리뉴얼을 단행했다.

1020대를 주고객층으로 하게 되다 보니, 휠라는 좋은 제품을 합리적인 가격에 공급하는 데 초점을 맞췄다. 우선, 소싱력을 강화해 생산단가를 낮춰 합리적인 가격대에 제품을 출시, 국내 신발 시장에 새로운 패러다임을 제시했다는 게 업계 중론이다. 국내뿐만 아니라 휠라는 미국에서 2018년 올해의 신발(디스럽터2)로 선정되는 등 미국과 중국을 비롯한 유럽, 아시아 등 세계 각 지역의 고른 성장세가 이를 견인하고 있다.

휠라는 글로벌 소싱력을 바탕으로 최근 국내외에서 동시에 출시되는 주요 제품에 대해 국내 소비자에게도 해외와 같은 가격으로 구매할 수 있도록 출시한다. 6만 9,000원에 책정한 코트디럭스, 디스럽터2를 필두로 디자인과 품질력까지 갖춘 아이템을 정직한 가격으로 구매할 수 있어 자연스레 젊은 소비자들이 몰리는 것이다. 특히, 디스럽터2는 2017년 7월 출시 이후 최근까지 국내에서만 300만 족 가량 팔렸다.

홀세일(도매형태) 유통채널 병행 전략

기존 백화점과 대리점 위주의 리테일(소매) 방식만을 고집하던 것에서 벗어나, 폴더나 ABC마트, 슈마커 등 도매채널 유통도 병행하기로 한 전략 역시 주효했다.

2016년 11월에는 '홀세일 본부'를 신설해 도매 유통채널 영업전략을 강화했다. 1020세대가 많이 모이는 편집숍에서 휠라 신발을 판매함으로써 제품 홍보도 병행하는 한편, 도매형식의 유통인 만큼 재고부담 등도 덜 수 있었다.

글로벌 콜라보 및 쌍방 커뮤니케이션 강화

거대한 레트로 시류에 맞춰 다양한 시도로 발빠르게 대응한 점도 주효했다. 레트로 향수와 현대적 감성을 절묘하게 결합한 활동을 다양하게 전개한 것. 패션 유행은 돌고 돈다는 정설이 있듯이, 문화 분야에서 먼저 시작된 복고 트렌드를 일찌감치 감지해 빠르게 시장에 대응, 브랜드 고유의 정통성에 입각해 현대적 감성을 덧입혀 다양한 아이템을 선보였다. 특히, 글로벌 브랜드이니만큼 국내뿐 아니라 국내외 협업을 강화했다.

더불어 최근 글로벌 아티스트 방탄소년단(BTS)을 브랜드의 글로벌 모델로 선정, 전속모델

계약을 체결했다. 방탄소년단은 휠라의 글로벌 모델로서 내년 초 첫 브랜드 광고 이미지 공개를 시작으로 국내를 넘어 해외에서도 휠라와 함께한 새로운 모습을 선보인다.

휠라 관계자는 “고객 성원에 보답하고자 좋은 제품을 선보이는 데 최선의 노력을 기울이고 있다”며 “점차 높아지고 있는 고객들의 눈높이에 맞춰 만족하실 수 있을 만큼 트렌디한 디자인, 좋은 품질의 제품을 합리적인 가격대에 지속적으로 선보이기 위해 노력할 것”이라고 말했다.

자료: 메트로신문, 2019.12.29.
(https://www.metroseoul.co.kr/article/2019122900058)

Section

1 마케팅의 개념

오늘날 마케팅은 기업 경영의 핵심적인 요소로서 우리가 흔히 접할 수 있는 말이 되었다. 마케팅이 중요하게 등장하게 된 것은 무엇보다도 공급자 중심 시장에서 수요자 중심 시장으로 전환되었기 때문일 것이다. 그러나 아직까지도 그 개념에 대해 명확하게 이해하고 있는 경우는 드물다. 즉, 마케팅에서 도대체 "마케팅이란 무엇인가"라는 궁극적인 명제에 대해 시원하고 명확한 답을 내리기는 사실상 어렵다. 우리는 여기에서 마케팅과 관련된 중요한 개념을 고찰함으로써 마케팅의 개념을 이해하고자 한다.

1.1 마케팅의 정의

우리는 일상생활에서 우리도 모르게 마케팅과 늘 접하고 있다. TV를 켜면 광고가 나오고, 비디오 가게를 가면 쿠폰을 주고, 지하철을 타면 창문 상단에 광고들이 즐비하게 늘어서 우리의 눈길을 받기 위해 노력하고 있다. 할인점의 시식코너에서도 우리는 마케팅을 만날 수 있으며, 또한 축구나 야구경기를 관람할 때도 경기장뿐만 아니라 선수들의 유니폼 등에서 기업의 마케팅 활동을 접할 수 있다. 이처럼 마케팅은 우리의 일상생활에서 빠질 수 없는 부분이 된 것이다.

그러나 "마케팅이란 무엇인가"라는 질문을 받았을 때 어떠한 답을 해야 할까? 마케팅의 개념을 묻는 질문에 많은 사람들은 잘 파는 것, 즉 판매활동이라고 답하는 경우가 많다. 그러나 마케팅은 단순한 판매활동 이상의 의미를 지니고 있다. <표 1-1>에서와 같이 마케팅(marketing)은 제품이나 서비스

〈표 1-1〉 마케팅과 판매의 비교

	마케팅	판 매
목 표	고객만족	이윤추구
지 향	고 객	제품 및 서비스
시작점	고객의 욕구	생 산
수 단	마케팅믹스(4P)	판매와 촉진
시 점	미 래	현재(단기적인 성과)
정보의 흐름	기업 ↔ 고객	기업 → 고객
관 계	쌍방향	단방향

등 파는 객체보다는 그것을 사용하는 사람, 즉 소비자 또는 고객을 우선하는 사고이다.

따라서 마케팅에서는 제품을 잘 파는 것이 아니라 제품을 통해 소비자가 욕구를 충족할 수 있는가 또는 소비자가 원하는 가치를 제공해 줄 수 있는가가 핵심이 되어야 한다. 즉, 마케팅 사고에 의하면 화장품은 단순히 화학적인 물질이 아니다. 화장품을 통해 소비자가 얻을 수 있는 가치 또는 화장품을 소비하는 고객의 욕구, 즉 아름다움인 것이다. 기술적으로 우수한 제품도 시장에서 실패하는 사례를 흔히 보게 되는데, 그 이유가 바로 소비자를 중요시하는 마케팅적 사고가 결여되어 있기 때문이다. 아무리 제품을 우수하게 만들었더라도 소비자가 원하지 않으면 아무런 소용이 없다. 따라서 어떤 제품을 만드는 것이 중요한 것이 아니라 진정 그 제품을 소비자가 원하는가를 먼저 생각하여야 한다.

결론적으로 마케팅이란 인간의 필요와 욕구를 충족시키고자 하는 활동, 즉 고객의 욕구를 충족시켜 줄 수 있는 제품과 서비스를 계획하고 그 가격을 결정하며 이들의 구매 및 소비에 필요한 정보를 제공하고 유통시키는 데에 소요되는 인간 활동이다.

위와 같은 정의에 덧붙여 1985년 미국 마케팅학회(AMA: American marketing association)에 의해 공식적으로 제기된 정의를 살펴보면 [그림 1-1]과 같다. 이 정의에는 마케팅의 주요 사항이 함축되어 있다. 첫째, 마케팅의 궁극적인 지

[그림 1-1] 마케팅의 정의

향점은 개인이나 조직의 목적을 달성하여야 한다는 것이며, 둘째, 마케팅의 영역이 기업과 같이 영리를 목적으로 하는 기관뿐 아니라 개인이나 종교단체 등 비영리기관까지도 확대되고 있다는 사실이다. 셋째, 마케팅의 객체가 제품이나 서비스에서 아이디어까지 포함하고 있어 유형재뿐만 아니라 무형재의 중요성도 강조되고 있다. 그리고 마케팅 활동을 제품·서비스 또는 아이디어(product), 가격(price), 유통(place), 촉진(promotion) 등 마케팅믹스(4P) 요소로 구체화하고 있다.

1.2 마케팅 관련 주요 개념

앞서 우리는 마케팅을 인간의 필요와 욕구를 충족시키고자 하는 활동, 즉 고객의 욕구를 충족시켜 줄 수 있는 교환을 창출하기 위해 제품과 서비스를 계획하고 그 가격을 결정하며 이들의 구매 및 소비에 필요한 정보를 제공하고 유통시키는 데에 소요되는 인간 활동으로 규정하였다. 이렇듯 마케팅 정의 속에는 여러 가지 개념이 포함되어 있다. 지금부터는 마케팅과 밀접한 관계가 있는 필요, 욕구, 수요, 교환, 시장 등에 대해 살펴보고자 한다.

1) 필요, 욕구, 수요

필요(needs)란 인간이 생존을 위해 반드시 요구되는 생리적 특성과 관련된 것으로 항상 일정한 상태를 유지하기 원하는 기본적인 본성이 충족되지 않은 상태를 의미한다. 예를 들면, 갈증이 난다와 배가 고프다 등이 필요가 될 수 있다. 인간은 필요를 느끼게 되면 그것을 충족시키기 위한 노력을 하게 된다.

욕구(wants)란 생존을 위해 반드시 요구되는 요소 이외의 것을 의미하기도 하며 필요가 특정 대상물로 구체화된 상태를 의미하기도 한다. 예를 들어, 과도하게 운동을 하여 땀을 많이 흘렸다고 가정해 보자. 인간은 갈증을 느꼈을 경우 생존을 위해 수분을 섭취해야 한다. 운동 후 느끼는 갈증을 해소하기 위해 물을 섭취할 수도 있고 이온음료를 섭취할 수도 있다. 물은 인간이 생존을 위해 반드시 요구되는 요소이기 때문에 필요가 되지만, 이온음료는 생존을 위해 반드시 필요한 것은 아니기 때문에 욕구가 되는 것이다.

그러나 필요와 욕구를 명확하게 분류하기란 어렵다. 예를 들어, 휴대폰은 생존을 위해 반드시 필요한 것은 아니지만 현대인들에 있어 휴대폰 없는 삶은 상상하기조차 어렵기 때문이다.

인간의 욕구는 끝이 없지만 욕구를 충족시키기 위한 자원은 한정되어 있다. 따라서 소비자는 지불할 수 있는 금액에 대해 최대한의 가치와 만족을 제공할 수 있는 제품을 선택하게 된다. 수요(demand)란 구매력(buying power)이 동반된 상태를 의미한다. 그러나 수요는 항상 일정하지 않기 때문에 마케터는 기업의 생산능력에 맞추어 변화하는 수요에 적절하게 대응하여야 한다. 수요에 따른 마케팅전략은 [그림 1-2]와 같다.

[그림 1-2] 수요에 따른 마케팅전략

전환적 마케팅	부정적 수요 상황(잠재적 시장의 대부분이 구매를 꺼리는 상황)에 행해지는 것으로, 부정적 수요를 긍정적 수요로 전환시켜 공급수준과 동일한 수준까지 수요를 끌어올리는 마케팅(conversional marketing)
자극적 마케팅	무수요 상황(잠재적 시장의 대부분이 구매를 꺼리는 상황)에 행해지는 것으로, 환경의 변화나 제품에 관한 충분한 정보의 유포를 통하여 수요를 창출하는 마케팅(stimulational marketing)
개발적 마케팅	잠재적 수요 상황(아직 존재하지 않는 제품이나 서비스에 대해 소비자들이 강한 욕구를 가지고 있는 상황)에 행해지는 것으로, 잠재적 수요가 실제 수요가 될 수 있도록 수요를 개발하는 마케팅(developmental marketing)
재마케팅	감퇴적 수요 상황(수요가 하락하거나 침체되어 있는 상황)에 행해지는 것으로, 수요를 하락시키거나 침체되기 이전과 같은 수준으로 끌어올리는 마케팅(remarketing)
동시화 마케팅	불규칙적 수요 상황(수요시기가 계절성을 띠고 있거나 현재의 공급시기와 차질이 심한 상황)에 행해지는 것으로, 불규칙적 수요의 평준화를 모색하여 수요와 공급의 시기가 일치시키도록 하는 마케팅(synchro marketing)
유지적 마케팅	완전 수요 상황(현재의 수요수준과 시기가 기업의 소망과 일치하는 상황)에 행해지는 것으로, 일상적 마케팅 활동의 효율적 수행, 수요잠식요인의 주의집중을 통한 수요수준을 유지시키는 마케팅(maintenance marketing)
역마케팅	초과 수요 상황(수요수준이 공급자의 공급능력이나 기대공급수준을 초과하는 상황)에 행해지는 것으로, 가격인상이나 마케팅 활동의 감소를 통해 일시적 또는 영구적으로 억제시키는 마케팅(demarketing)
대항적 마케팅	불건전한 수요 상황(수요가 소비자, 사회, 기업의 복지 면에서 볼 때 바람직하지 않다고 여겨지는 상황)에 행해지는 것으로, 이러한 제품이나 서비스에 대한 수요를 파괴하는 마케팅(counter marketing)

유통실무 Focus

초저가 or 초고가, 편의점 '극과 극' 마케팅

편의점업계가 초저가 또는 초고가 상품을 선보이며 소비자들의 이목을 끌고 있다.

편의점업계에 따르면 GS25는 2021년 5월 한 달간 이색상품으로 캠핑용 카라반, 명품 등을 선보인다. 대표적으로 독일 펜트사(社)의 명품 카라반이 4,560만 원에 판매된다. 카라반은 GS25에서 구매하는 소비자들에게 출입문 발판, 소화기 등이 포함된 30만 원 상당의 특별한 옵션도 제공한다. 앞서 GS25는 편의점에서 보기 드문 이색상품들을 판매해 소비자들의 호응을 얻었다. 올해 1분기 닌텐도 스위치 네온 동물의숲 패키지(42만 9,500원), LG룸앤TV(29만 5,000원), PING G425 맥스 골프 드라이버(69만 원) 등 시중에서 구하기 쉽지 않은 상품들을 소싱해 2~3일 만에 완판시킨 바 있다. 세븐일레븐도 국내 최대 RV사 배이런알브이그룹의 에프에프캠핑카와 손잡고 캠핑카 2종(레이밴, 배이런640)을 내달 말까지 판매한다. 회사 측은 차박캠핑의 목적, 규모 등에 따라 최적화된 사양을 갖춘 모델들이라고 소개했다.

편의점들은 초저가 마케팅도 강화하고 있다. CU는 5월 한 달간 아이스크림 국내 최저가 타이틀을 걸고 행사대상 아이스크림을 10개 이상 구매할 시 개당 350원에 판매한다. 할인율은 무려 65%에 달한다. 이마트24는 이달의 과일로 '청송 보조개 사과(4입 800g, 3,900원)'를 선정하고 유통업계 최저가를 목표로 초특가 판매를 진행한다. 청송 보조개 사과는 맛이나 선도에는 일반 사과와 차이가 없지만 약간의 흠이 있어 저렴한 가격으로 제공하는 상품이다. 청송 사과 8개를 3,900원, 1개당 490원에 판매하는 셈이다. 업계가 이 같은 파격 마케팅에 적극 나선 데는 편의점으로 소비자들을 유인하고 연관구매를 노려 결국은 매출 상승을 꾀하겠다는 복안이다.

업계 한 관계자는 "소비자들은 알뜰 쇼핑에 대한 니즈도 있고 프리미엄에 대한 니즈도 갖고 있어 다양한 고객을 타깃으로 상품을 선보이는 것"이라며 "이런 상품을 구매하러 왔다가 다른 상품도 함께 구매하는 연관구매도 일어나기 때문에 결국은 매출 상승이 목적"이라고 말했다. 또 "코로나19 사태로 편의점이 근거리 쇼핑 채널로 부상하면서 이 분위기에 편승해 고객을 유입시키려는 목적도 있다"고 덧붙였다. 또 다른 관계자도 "유통채널로서 편의점 기능의 한계는 없다는 것을 보여주는 사례"라며 "이를 통해 매출을 올리려는 것"이라고 말했다.

자료: EBN, 2021.4.30.
(https://ebn.co.kr/news/view/1481888)

2) 교환

인간이 필요나 욕구를 충족시킬 수 있는 방법은 다양하다. 만약 갈증이 생겨 이온음료를 마신다고 하자. 욕구를 충족시킬 수 있는 첫 번째 방법은 자신이 직접 이온음료를 만들어 먹는 방법이다. 이것을 자급자족경제라고 한다. 또 다른 방법은 다른 사람이 만들어 놓은 것을 빼앗아 먹는 경우인데 이러한 경제를 약탈 또는 수탈경제라고 하며, 세 번째 방법은 약탈을 할 힘을 가지고 있지 못한 경우 구걸하는 방법이 있으며, 마지막으로 이온음료에 상응하는 대가를 지불하고 그 이온음료와 바꾸는 경우인데 이를 교환경제라고 한다. 마케팅에서 가장 중요한 개념 중의 하나가 바로 교환(exchange)이다.

그런데 교환이 이루어지기 위해서는 몇 가지 조건이 충족되어야 한다.

- 교환이 이루어지기 위해서는 교환당사자가 필요나 욕구가 존재하여야 한다. 스스로 문제를 해결할 수 있다면 교환은 이루어지지 않는다.
- 교환에 참여하는 당사자들이 교환을 통해 가치를 향상시킬 수 있다는 확신이 있어야 한다.
- 교환에 참여하는 당사자들 간에 커뮤니케이션이 이루어져야 한다. 상호 간의 정보를 획득할 수 있는 커뮤니케이션이 없다면 교환은 이루어질 수 없다.

위의 개념에서 살펴본 바와 같이 인간이나 조직이 무엇에 대한 욕구가 발생하면 곧 욕구충족이라는 목적이 생기게 되고 이러한 목적을 충족시키기 위해 어떤 것과 교환하게 된다.

마케팅 관점에서 교환의 당사자인 마케터(기업)와 시장(소비자) 간의 교환은 [그림 1-3]과 같이 이루어지고 있는데, 여기서 한 가지 주목하여야 하는 사실은 제품이나 서비스의 교환과정뿐 아니라 정보의 교환과정도 함께 이루어지고 있다는 것이다. 소비자가 필요나 욕구를 인식하게 되면 자신의 욕구를 충족시킬 수 있는 제품이나 서비스 및 아이디어를 원하게 된다. 기업은 제품이나 서비스, 아이디어 등을 소비자에게 제공한 경우 이에 상응하는 대가를 받게 되며 그 대가는 곧 기업의 이익으로 이어진다. 마케팅은 교환과정으

[그림 1-3] 마케팅의 교환과정

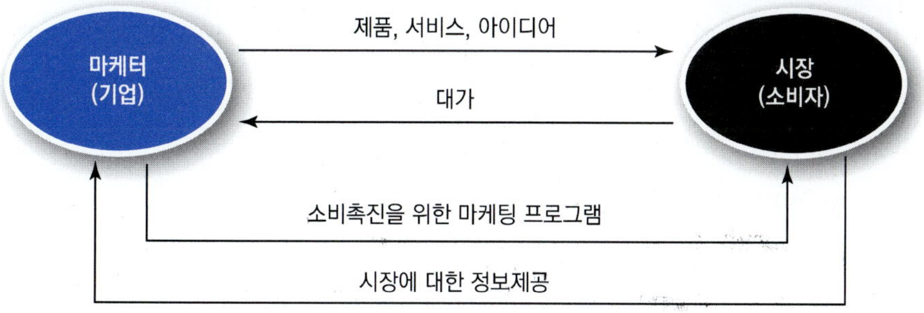

로 고객의 욕구충족 또는 가치제공을 통해 이익을 창출하는 활동이다.

3) 가치

교환을 통해 필요와 욕구를 충족시키려는 소비자는 제품이나 서비스가 지니고 있는 가치를 중요시한다. 가치(value)란 제품이나 서비스를 구매함으로써 얻을 수 있는 이익과 소요된 비용과의 관계이다. 소비자는 충족시키고자 하는 필요나 욕구는 유사할지라도 각 제품에 대하여 지각하는 가치는 다르다. 따라서 마케터는 소비자들에게 전달하고자 하는 자사 제품의 가치를 명확히 규정하여야 한다.

자장면을 예를 들어보자. 얼핏 보면 자장면은 단순히 먹거리로 인식될 수 있지만 소비자가 자장면에 부여하는 가치는 다양해질 수 있다. 우리가 일상생활에서 자장면을 먹는 경우를 생각해 보면, 가장 기본적으로 배가 고파서 먹을 수도 있고, 또 어떤 경우는 시간이 없어 자장면을 먹을 수 있고, 또 어떤 사람은 어릴 적 추억 때문에 먹을 수 있을 것이다. 즉, 먹는 것은 자장면이지만 먹는 상황에 따라 소비자가 부여하는 가치는 다르다. 배고플 때 먹는 자장면은 식욕을 충족시키지만, 바쁠 때 먹는 자장면은 자장면 그 자체가 아니라 시간이라는 가치가 있다. 자장면은 소비자가 지각하는 가치에 따라 시간이 될 수도 있고 추억이 될 수도 있다. 바쁜 사람들에게 자장면은 시간이며, 중화요리집에서 파는 자장면은 자장면을 파는 것이 아니라 시간을 파는 것이다.

소비자는 되도록 적은 비용으로 효용을 극대화하려고 할 수도 있고, 자신이 원하는 효용을 달성하기 위해 많은 비용을 기꺼이 지불하기도 한다. 만약 소비자가 제품의 차별성이 뚜렷하지 않다고 생각한다면, 되도록 저렴한 가격으로 구매하려고 할 것이다. 우유에 별 차이가 없다고 생각하는 주부는 가장 저렴한 우유를 구매할 것이며, 가격보다는 가족의 건강을 걱정하는 주부는 비싸지만 영양이 풍부한 우유에 더 나은 가치를 부여하게 된다.

유통실무 Focus

글로벌 전역서 '플라스틱 프리' 열풍

전 세계에서 대체하거나, 재사용하거나, 안 쓰게 만드는 열풍이 부는 물질이 있다. 바로 플라스틱이다. 최근 가치소비를 지향하는 밀레니얼 세대 덕분에 플라스틱 프리 운동이 탄력을 받고 있다. 스타벅스, 아디다스 등 유통기업뿐만 아니라 아메리칸 항공, 인터컨티넨탈 등 다양한 분야의 기업이 '플라스틱 프리(Plastic-Free)'를 위해 노력하고 있다.

스타벅스는 지금까지 플라스틱 제품 사용과 관련해 글로벌 차원에서 환경친화적 선언을 한 최대 규모 기업 중 하나다. 스타벅스는 지난해 2020년까지 전 세계 매장에서 모든 플라스틱 빨대를 없애겠다고 밝혔다. 앞으로 생분해성 물질로 만든 빨대를 사용하거나 빨대 없이 음료를 마실 수 있도록 특별하게 디자인된 음료 뚜껑을 사용할 것이라고 발표했다. 스타벅스커피 코리아는 2020년부터 종이빨대를 전국 확대 도입했다. 스타벅스가 진출한 세계 78개국 가운데 전 매장에 종이 빨대를 도입한 나라는 한국이 처음이다. 플라스틱 컵과 빨대 퇴출 운동은 스타벅스 전사 차원에서 추진 중인 '친환경 지속가능성 전략'의 일부다. 스타벅스는 2025년까지 전 세계 2만 8,000여 개 매장 가운데 1만 개 매장을 '지속가능' 매장으로 탈바꿈하겠다는 내용의 '친환경 매장 계획(Greener Stores Initiative)'을 2020년 9월 발표했다.

이런 흐름은 플라스틱이 해양생물에게 치명적인 위험을 초래하는 등 환경과 생물자원을 파괴하고 있다는 여론을 스타벅스가 수용한 결과라는 평이다.

글로벌 대기업뿐만 아니라 중소기업 및 자영업자들도 플라스틱 프리 캠페인에 동참하고 있다. 캐나다의 한 식료품 가게에서는 플라스틱 비닐봉지를 제공하긴 하지만 고객들이 사용하기 꺼려지게 만드는 플라스틱 퇴출 캠페인을 진행하기도 했다. 밴쿠버의 이스트웨스트마켓은 상점 로고 대신 남들에게 보여주기 다소 민망한 문구를 새긴 비닐봉지를 만들었다. 마켓은 장바구니를 가져오지 않은 손님에게 '성인 비디오 가게', '사마귀 연고 도매점' 등의 문구가 새겨진 비닐봉지를 제공했다. 손님들이 스스로 장바구니를 이용하도록 독려하기 위해 이 같은 아이디어를 냈다.

데이비드 리 퀀 이스트웨스트마켓 사장은 "재밌

으면서도 동시에 스스로 생각하고 고민할 수 있는 계기를 만들고 싶었다"고 말했다. 데이비드 사장은 고객들의 비닐봉지 사용을 줄이기 위해 비닐봉지 한 장당 5센트(약 400원)의 비용을 부과하기도 했지만 비닐봉지 소비량은 줄어들지 않았다. 데이비드 사장은 "이 봉지를 통해 고객들이 자신의 소비 습관에 대해 다시 생각하는 기회를 갖기를 바란다"고 밝혔다.

자료: 뉴데일리, 2019.8.19.
(http://biz.newdaily.co.kr/site/data/html/2019/08/19/2019081900142.html)

4) 제품

제품(product)은 인간에게 필요와 욕구를 충족시킬 수 있는 모든 것으로 광범위하게 인식될 수 있다. 일반적으로 제품이란 용어는 자동차나 냉장고와 같은 물적 대상물을 연상하게 되나, 이러한 물적 대상물(유형재)과 무형재를 구별하기 위하여 제품 및 서비스라고 표현하고 있다. 그러나 물리적 제품의 중요성은 소유하는 데 있는 것이 아니라 인간에게 필요한 서비스를 실질적으로 전달하는 매체 또는 수단이라는 점이다. 우리가 TV를 구입하는 것은 TV 제품 자체를 보기 위한 것이 아니라 TV를 통해 우리의 생활에 필요한 서비스를 보다 더 사실적으로 제공받기 위한 것이다.

실제로 서비스는 물리적 제품뿐만 아니라 다른 수단에 의해 제공될 수 있다. 즉, 어느 가수의 콘서트를 본다거나(사람), 레저 동호회에 가입(조직체), 특정 지역으로의 관광(장소), 독창적인 사고를 통한 정보 획득(아이디어) 등 다양한 형태로 제공될 수 있다. 따라서 제품이란 용어는 물리적 제품, 서비스 제품, 그리고 필요나 욕구를 충족시킬 수 있는 다른 모든 수단 등으로 포괄적으로 사용될 수 있다.

5) 시장

시장(market)이란 어떤 제품에 대한 실재적 또는 잠재적 구매자의 집합을 의미한다. 따라서 시장은 필요나 욕구를 충족하기 위하여 교환을 기꺼이 하려는 특정의 필요나 욕구를 지니고 있는 모든 잠재적 고객으로 구성되어 있다.

원래 시장이란 용어는 구매자와 판매자가 제품이나 서비스를 교환하기 위해 모인 장소, 광장과 같은 공간을 의미한다. 경제학에서 시장은 주택시장, 곡물시장 등과 같이 어떤 특수한 제품을 거래하는 구매자와 판매자가 모여 있는 것을 의미한다. 그러나 마케팅 관점에서는 판매자는 산업을 형성하고, 시장은 구매자가 구성하는 것으로 간주되고 있다.

시장은 구체적 시장과 추상적 시장으로 분류할 수 있다. 구체적 시장은 가시적인 시장으로 청과물시장, 어시장 등이 해당되고, 추상적 시장은 비가시적인 시장으로 국내시장, 국제시장, 도매시장, 소매시장 등이 이에 해당된다. 최근에는 물리적 공간이 없는 사이버상에서도 시장이 형성되고 있다. 따라서 교환이 이루어지는 모든 공간이 시장이라고 할 수 있다.

시장은 마케팅관리에서 매우 중요한 요소이다. 마케터는 개별 시장의 욕구를 파악하고, 시장의 욕구를 최대한 만족시킬 수 있도록 노력하고 있다. 따라서 시장에 존재하는 고객의 욕구를 충족시키고 최상의 가치를 창출할 수 있는 제품과 서비스를 제공함으로써 이윤을 남기게 된다.

Section

2 마케팅 컨셉의 변화

기업의 마케팅에 대한 관심은 환경의 변화에 따라 지속적으로 변화되어 왔다. [그림 1-4]는 기업의 고객에 대한 관심이 어떻게 변화·발전되어 왔는가를 나타내고 있다.

기업의 관리 철학은 생산·제품지향단계, 판매지향단계를 거쳐 마케팅지향단계로 접어들게 되었다. 그리고 소비자의 관심 역시 점차 복잡하고 다양해지면서 기업들은 새로운 마케팅에 관심을 갖게 되었으며, 시대의 흐름에 따라 마케팅 또한 변화과정을 거치게 되었다. 이러한 경향으로 대량마케팅(mass marketing)을 필두로 세분화 마케팅(segmentation marketing), 틈새마케팅(niche marketing), 고객관계관리(customer relationship management) 등 다양한 마케팅 방식이 등장하게 되었다. 사회지향적 마케팅은 본 장의 마케팅영역의 확대 부문에서 보다 구체적으로 설명한다.

[그림 1-4] 마케팅 컨셉의 변화과정

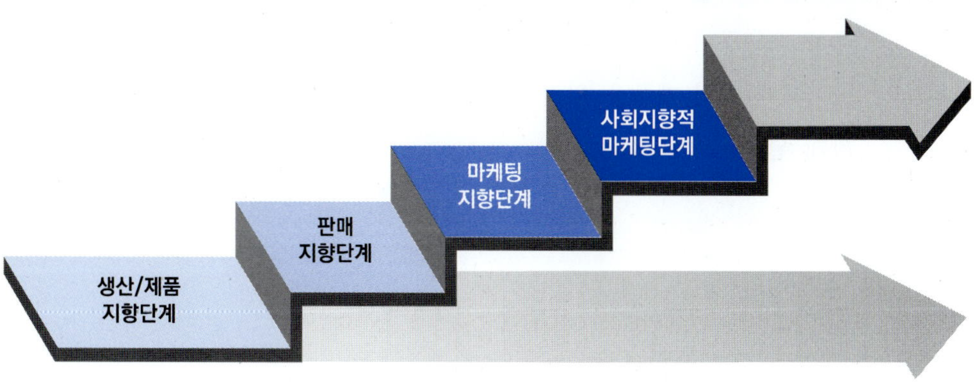

2.1 생산/제품지향단계

생산지향단계(production-oriented stage)는 산업이 발전하기 이전에 제품에 대한 수요가 공급을 초과하는 시대에 나타난 마케팅 사고단계이다. 공급이 부족한 상태였으므로 기업의 관심은 판매보다 대량생산에 집중되었고, 고객에 대한 관심은 부차적 기능이 되었다.

생산지향단계에서 경영자의 관심은 수요에 대응하기 위한 생산성을 향상시키고 제품의 제조원가를 낮추는 데 있었다. 결과적으로 이 단계에서는 고객의 욕구는 중요하게 취급되지 못하고, 시장은 기업이 시장주도권을 갖는 판매자 중심 시장(seller's market)이 된다. 기업 내의 판매부서는 단순히 생산부서와 재무부서의 관리자들에 의해 결정된 제품과 가격으로 제품을 판매하는 역할에 불과하였다.

그러나 제조업자 중심의 이러한 사고는 제품공급이 증가하면서 수정이 불가피하게 되었다. 즉, 공급이 증가하면서 때때로 재고가 남아도는 상황이 발생하게 된 것이다. 이러한 상황에 대해 경영자들은 다른 제조업자보다 더 좋은 품질의 제품을 시장에 내놓으면 소비자가 자사의 제품을 기꺼이 구매해 줄 것이라는 사고를 하게 되었는데, 이 시기의 사고를 제품지향단계(product-oriented stage)라고 한다.

제품지향적 관리자들은 구매자들이 품질만 좋으면 충분히 만족할 것이라고 기대하였다. 그런데 여기서 말하는 좋은 품질이란 소비자 측 입장이라기보다는 제조업자 입장에서의 좋은 제품이라는 데 문제가 있다. 따라서 이들은 고객욕구에 대한 분석 없이 기업 입장에서의 제품을 너무 강조한 나머지 고객이 자사의 제품을 외면하는 것을 소비자의 무지 탓으로 돌리는 우를 범하게 된다.

2.2 판매지향단계

판매지향단계(sales-oriented stage)에서의 주된 관심은 충분한 제품을 생산하기보다는 오히려 생산한 제품의 판매에 두게 된다. 제품은 판매되어야 하고, 이는 실질적인 촉진노력을 요하게 된다. 그리하여 이 단계는 판매와 판매관리자가 기업경영에서 새로운 존경과 책임이 주어지기 시작된 기간이라고 볼 수 있다. 또한 판매에 대한 나쁜 명성도 지녔던 시대이며, 강압적인 판매(hard sell)의 시대로 불리어지고 있다. 그리하여 오늘날까지도 많은 기업이나 조직에서 그렇게 인식하고 있는 경우도 있는 것이다. 이 단계는 1930년대에서 1950년대 이전의 기간인 것으로 보고 있다.

2.3 마케팅지향단계

마케팅지향단계(marketing-oriented stage)는 기업이 고객지향과 기업이익의 두 가지 목표를 지향하는 조정된 마케팅관리의 컨셉을 지니게 되는 기간이다. 관심의 초점은 판매보다는 마케팅에 집중되게 되고, 이 영역의 관리자는 마케팅관리자 또는 마케팅담당부사장이라고 불리어지게 된다.

이 단계의 가장 중요한 특징은 마케팅 컨셉을 성공적으로 실천하는 열쇠가 바로 최고경영자의 호의적인 태도에 달려 있다는 것이다. 즉, 최고경영자만이 성공적인 마케팅 프로그램에 필요한 분위기와 리더십을 제공해 줄 수 있다는 것이다. 이는 마케팅 컨셉이 기업의 사장이 마케팅 부서를 반드시 거쳐야 한다는 것이 아니라 마케팅지향적이 되어야 한다는 것을 뜻한다.

이후 마케팅은 기업환경의 변화와 고객에 대한 인식의 변화에 따라 진화를 거듭하게 된다. [그림 1-5]는 기업의 고객에 대한 관심이 어떻게 변화·발전되어 왔는가를 나타내고 있다. 1950년대 이전 대량생산시대는 생산하면 팔리던 시대로서 소비자에 대한 관심과 욕구는 생각하지 않아도 되는 시기였으나, 기업 간 경쟁이 심화되면서 공급이 수요를 초과하게 되고, 소비자의 관심 역시 점차 복잡하고 다양해지면서 기업들은 소비자에 대한 새로운 마케팅에 관심을 갖게 되었다. 이러한 경향은 대량마케팅(mass marketing)을 필두로 세분화 마케팅(segmentation marketing), 틈새마케팅(niche marketing)과 같은 다양한 마케팅 방식이 등장하게 되었다.

세분화 마케팅이란 목표고객의 필요에 따른 차별화된 서비스를 공급할 수 있는 마케팅 능력을 의미한다. 제품라인이나 서비스 라인을 고객의 취향에 맞는 형태로 제공하는 것이다. 이러한 마케팅의 흐름은 1980년대에 이르러 틈새마케팅으로 또 한 번의 새로운 변화를 겪게 되었다.

[그림 1-5] 마케팅 사고의 변천

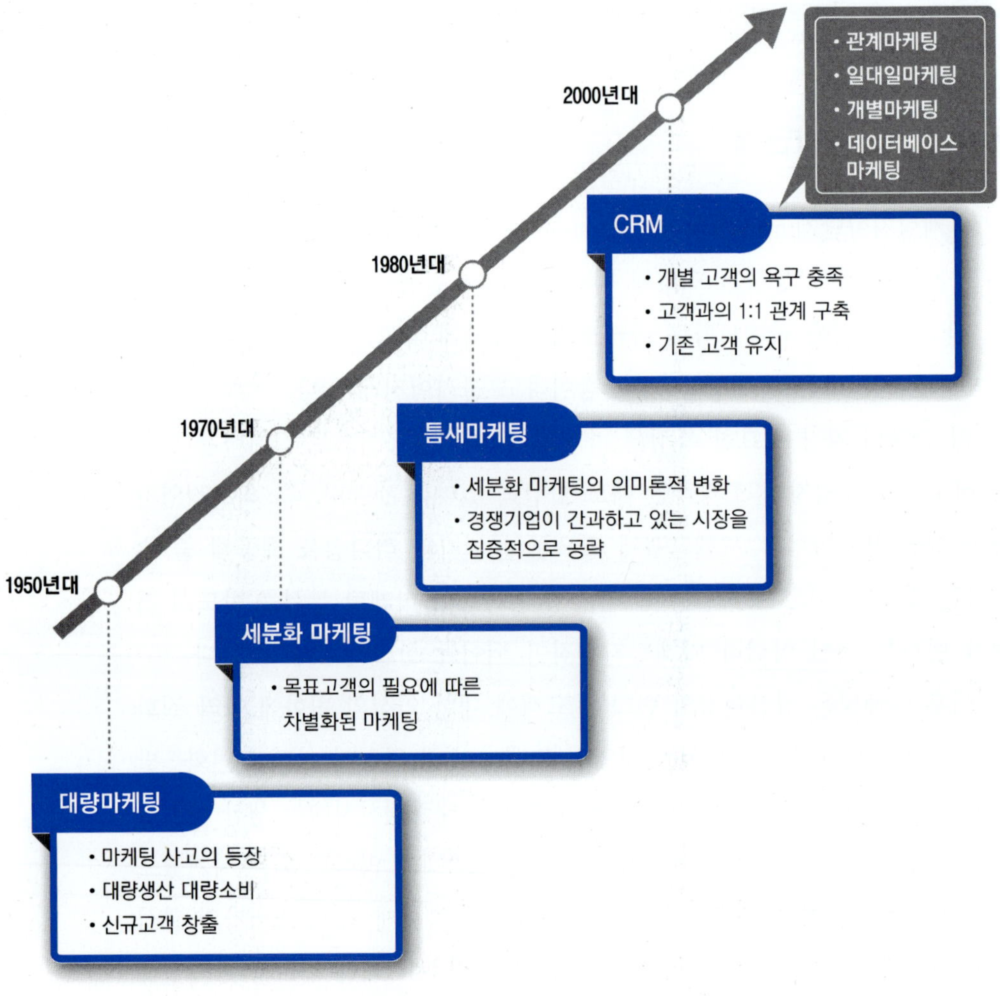

틈새마케팅이란 세분화 마케팅보다는 의미론적으로 좀 더 진화된 형태로 다른 기업들이 포지셔닝한 시장에서 다른 기업들이 지나치고 있는 시장으로 이 분야를 적극 공략하는 마케팅 기법을 의미한다. 특이 체형을 위한 의류업체나 속옷시장에서 고급 속옷이라는 단어를 탄생시킨 국내 사례 등 니치 마케팅은 새로운 시장을 형성한 후, 완벽한 경쟁적 우위를 지킬 수 있는 마케팅을 추구한다.

데이터베이스 마케팅(database marketing)이란 정보통신기술의 발전으로 인하여 기업의 내 · 외부 자료를 통합, 마케팅 활동을 지원하는 것이다. 컴퓨터기술과 통신기술의 발전으로 인해 대용량 고객정보의 저장과 저장한 정보에 대한 분석이 가능해짐에 따라 개별 고객의 요건을 발견해내며 새로운 고객 획득이 가능하게 되었다. 이러한 데이터베이스 마케팅은 고객과의 독특하고, 개별적이며, 지속적인 관계를 유지하는 개별마케팅(individual marketing), 일대일마케팅(one-to-one marketing), 관계마케팅(relationship marketing)으로 진화하게 된다.

새로운 마케팅 패러다임의 등장으로 1990년대의 마케팅의 본질(nature)은 변화를 겪게 되었다. 먼저 과거와 같이 마케팅이 특정 세분시장의 고객욕구만을 반영한 제품을 개발하여 고객에게 판매 및 전달하는 데 한정되지 않는다는 것이다. 관계마케팅은 세분시장의 고객집단을 대상으로 하는 것이 아니라, 고객 한 사람과 1:1의 관계를 구축함으로써 개인고객의 욕구를 반영한 개별 고객지향적 제품을 생산 · 전달한다는 것이다.

마케팅의 역할은 고객을 창출하고 유지하는 것이라고 하였지만, 역사적 관점에서 볼 때 고객유지보다는 고객을 창출하는 데 마케팅의 초점이 맞추어져 있었다고 할 수 있다. 그러나 제품(서비스)시장 내 · 시장 간의 심화되는 경쟁과 과도하게 세분화된 시장으로 인해 유사한 경쟁제품의 범람, 또한 대부분의 제품이 제품수명주기상의 성숙단계에 속해 있음으로써 경쟁상품들이 비슷한 수준의 품질을 제공하게 되어 제품품질 이외 다른 방법으로 경쟁우위를 확보해야 하는 상황이 되었다. 또한 소비자들의 요구사항의 증가, 구매패턴의 급속한 변화로 인해 새로운 고객창출을 통한 이익창출은 점점 효과적인 전략이 되지 못하고 있다. 따라서 고객창출보다는 기존 고객과의 장기적인

〈표 1-2〉 전통적 마케팅과 관계마케팅의 비교

구 분	전통적 마케팅	관계마케팅
목 표	시장점유율	고객점유율
원 리	규모의 경제	범위의 경제
주요 관심	상표애호도	고객애호도
주안점	신규 고객창출	기존 고객유지
커뮤니케이션	일 대 다수(one–to–many)	일 대 일(one–to–one)

관계구축을 통한 성장에 관심을 기울이게 되었다. 따라서 1950년대가 매스마케팅(mass-marketing)시대이고, 1970년대를 시장세분화(market segmentation)시대라고 한다면, 1990년대는 개인지향적 마케팅(personalized marketing)시대의 탄생으로 정의할 수 있다. 이러한 개인지향적 마케팅은 개별 고객의 정보를 바탕으로 고도로 집중화된 마케팅전략을 구사하는 것을 말한다. 기업이 경쟁에서 생존하기 위해서 적극적으로 판매자와 고객 쌍방이 만족할 수 있는 장기적 관계(long-term relationship)를 개발 · 유지하는 데 더 많은 관심을 기울여야 하는 시대가 도래한 것을 의미하며 전통적인 마케팅에 대비되는 관계마케팅의 특성을 요약하면 위의 <표 1-2>와 같다.

2.4 CRM

고객관계관리(CRM: customer relationship management)란 현재 기업이 보유하고 있는 고객과 잠재고객에 대한 데이터를 수집 · 분석하여 비즈니스적인 요구에 맞는 마케팅 정보로 가공하고, 고객 행동을 분석 · 예측하기 위하여 고객의 행동 확률을 고객 개인별로 점수화하고, 개별 고객의 점수를 활용하여 동일한 고객군으로 그룹화하여 분류하고, 고객별 · 그룹별로 효과적인 마케팅 프로그램과 전략을 개발, 검증, 구현, 측정 및 수정케 하는 일련의 과정을 의미한다.

고객관계관리의 필요성을 열거하면 다음과 같다. 첫째, 업무기능상의 통합으로 기존에 나누어져 있던 대고객 서비스인 마케팅 · 판매 · 서비스 등이 업무상으로 통합관리, 이들 부서들 간의 정보 교환과 원활한 업무 추진, 한 고객에 대한 통일된 정보 공유를 위해서 고객관계관리를 도입하게 되었다.

둘째, 고객은 제품별 · 계층별 · 지역별로 세분화되어 가고, 복잡해지는 소비시장에 적응하기 위해서는 보다 효율적인 정보시스템이 요구되었다. 이러한 세분화에 맞는 정보 분석을 위해 고객관계관리를 도입하게 되었다.

셋째, 유통경로의 다양화로 콜센터, 웹, 모바일 등 다양한 사업형태가 등장함에 따라 유통채널은 점점 더 복잡해지고 있다. 이러한 것을 통합관리하기 위해 고객관계관리를 도입하게 되었다.

넷째, 고객들은 보다 합리적이면서 현명해졌고 또한 개성화 경향의 심화로 고객 자신에 맞는 특별한 서비스를 요구하게 되었다. 이러한 추세에 부응하기 위해서는 고객이 필요로 하는 제품과 차별화된 서비스를 제공하여야 한다.

마지막으로 정보통신 수단의 발달로 기업과 고객은 기존의 대면접촉, 우편, 전화 이외에도 인터넷, 모바일, 케이블 TV 등 다양한 채널을 통해 접촉할 수 있기 때문에 기업의 입장에서는 이들 채널을 효과적으로 관리하고 일관된 이미지를 고객에게 전달해야 한다. 이와 같은 기업환경 변화의 위협 속에서 경쟁력을 유지하며 고객만족을 이루고 매출을 증대시키기 위해서는 신뢰성 있는 고객관계(loyal customer relationship)를 지속적으로 구축해 나가야 한다.

Section

3 마케팅 영역의 확대

전통적으로 마케팅은 이익지향기업의 고객과의 제품교환활동과 관계되어 왔다고 볼 수 있다. 그러나 현실적으로 이익지향기업 외에 다른 조직이 있고, 고객 이외의 환경적 집단이 있으며 제품과 돈 이외의 다른 교환대상이 존재하고 있는 것이다. 마케팅관리자는 사회적으로 책임을 인식하여 소비자들의 불만, 환경문제, 자원문제 등 외부의 사회적 압력들이 마케팅 프로그램에 영향을 주게 되었다. 즉, 단지 물질적인 풍요가 아니라 인간지향단계로 전환을 의미한다. 이것은 인간자원의 관리에 대한 관심이 고조된 것을 뜻하며, 제품을 소비하는 데 있어 강조점이 물질주의에서 인간주의로 변화된 것을 뜻한다. 그런데 종래의 마케팅 컨셉의 협애성을 가장 먼저 인식한 학자는 코틀러(Philip Kotler)인데, 그는 조직에서의 마케팅 등장을 논의함과 동시에 기업과 비영리기관의 기능적 유사성을 강조하고 있다. 그리하여 광범한 의미에서 제품과 고객을 가진다고 할 수 있는 모든 조직에 마케팅이 적용될 수 있다는 것을 밝히고 있다.

요컨대, 마케팅 영역의 확대는 다음의 두 가지 면에서의 확대로 파악되어야 할 것이다. 즉, 한편으로는 사회적 요구 및 문제를 포함시킴으로써 다시 말하면 사회마케팅이 등장하면서 마케팅 영역이 사회적으로 확대되고, 비영리기관과 모든 조직 및 개인에 이르기까지 마케팅을 도입·적용하여 그들의 목적달성에 성공적으로 기여함으로써 사회적으로 마케팅 영역이 확대되기에 이른 것을 말한다.

또 한편으로는 마케팅 시장영역의 확대를 들 수 있다. 인터넷의 출현은 기업으로 하여금 마케팅 활동의 혁신을 요구하고 이제까지 보편적이던 불특정

[그림 1-6] 스타벅스의 사회마케팅

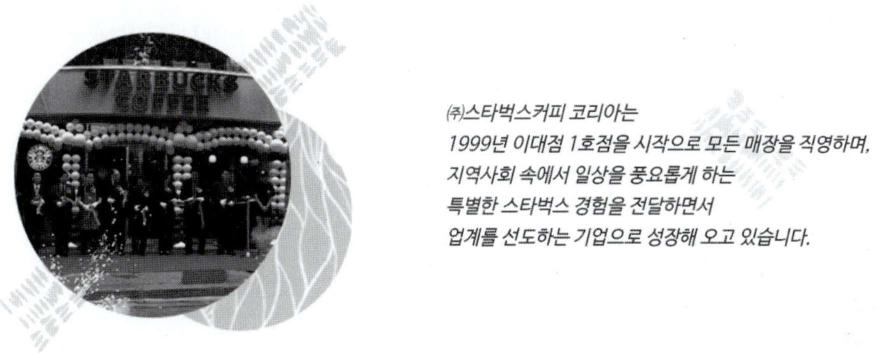

스타벅스는 국내에 새로운 커피 문화를 소개하며, 국내 협력사와의 동반성장, 글로벌 인재 양성, 고용창출, 환경보호 등 다양한 이해관계자들과 지역사회를 배려하는 사회적 책임과 성장을 함께 추구하고 있습니다.

자료: 스타벅스커피 코리아 홈페이지(https://www.starbucks.co.kr/footer/company/starbucks_information.do)

다수를 향하여 일관적인 메시지를 제공하던 광고, 그리고 누구를 위한 것인지 모를 상품을 마구 만들어내는 생산체계, 복잡한 유통단계로 인하여 엄청난 비용을 최종소비자에게 전가시키는 유통체계에 변화를 요구하고 있는 것이다.

실제로 인터넷마케팅은 기존의 전통적인 마케팅과 구별되는 독특한 성격을 가지고 있다. 과거의 대중적인 접근방법에서 소비자별로 일대일 접근이 가능해졌고 거래구조도 전통적인 거래공간인 물리적 장소가 없어도 되고, 영업시간도 24시간 중 언제라도 쉽게 이루어질 수 있다.

인터넷의 등장으로 인해 마케팅에서 가장 중요한 변화 중의 하나가 고객과의 상호작용적 커뮤니케이션이 가능해졌다는 것이다. 기존의 4대 매체(TV, 라디오, 신문, 잡지)에 이어 탄생한 인터넷이라는 매체는 기존의 매체가 가지고 있지 못한 쌍방향적 커뮤니케이션(two-way communication)을 지원하여 메시지를 주는 사람과 받는 사람과의 상호작용을 가능하게 한다. 인터넷의 이러한 특성은 대중매체에서 추구하는 제품이나 브랜드에 대한 단순 인식의 수준을 넘어 구매를 위한 의사결정과 구매, 그리고 구매 이후의 관계 형성에까지도 중요한 역할을 담당하게 되었으며, 가치사슬의 혁신적인 변화와 역류현상을 가져오게 되었다. 이제 고객은 소비의 주체인 소비자의 의미를 넘어 기업의 생산활동에 직접 개입하고 참여하여 생산과 소비를 동시에 추구하게 되었는데, 이러한 현상으로 인해 등장한 용어가 프로슈머(prosumer)이다.

앞으로도 인터넷은 마케팅 활동의 화두가 될 것이며 성장성과 변화의 방향은 누구도 예측하기 힘들 정도로 광범위하고 무한할 것이다.

유통실무 Focus

'프로슈머 마케팅'으로 가전시장 달군다

삼성전자와 LG전자가 '프로슈머(Prosumer) 마케팅'으로 국내 가전시장 공략에 나선다. 프로슈머는 미국 미래학자 앨빈 토플러(Alvin Toffler)가 1980년 자신의 저서 '제3의 물결'에서 처음 소개한 용어다. 프로듀서(producer, 생산자)와 컨슈머(consumer, 소비자)의 합성어인 프로슈머는 제조업체가 소비자 요구를 반영해 제품을 만드는 방식을 뜻한다. 이를 통해 제조업체는 소비자의 최근 추세를 파악할 수 있고 이를 제품 제작에 반영해 매출 증가로 이어지는 '일석이조' 효과를 거둘 수 있다.

삼성전자는 소비자 라이프스타일과 취향을 맞춰주는 '비스포크(Bespoke)' 컨셉을 생활가전 제품 전체로 확대한 '비스포크 홈(Bespoke Home)'을 선보였다. 비스포크 브랜드는 소비자들이 삼성만의 차별화된 기술과 디자인으로 자신을 표현하고 삶의 질을 높일 수 있도록 소비자 취향을 반영하는 데 초점을 맞췄다. 이와 관련해 삼성전자는 2019년 가전사업 혁신을 발표하며 '이제는 가전을 나 답게'라는 표어를 내걸고 그 해 6월 소비자 개인 취향에 맞게 도어 패널, 색상 등을 구성할 수 있는 '비스포크 냉장고'를 선보였다. 그 후 삼성전자는 단순히 가전제품을 만들고 공급하는 제조업체가 아닌, 제품을 사용하는 소비자를 연구하고 새로운 라이프스타일에 맞춘 가전을 만들어나가는 '소비자 중심의 라이프스타일 브랜드'로 마케팅 활동을 펼치고 있다.

LG전자는 최근 공간 인테리어 가전 '오브제컬렉션'에 주력하고 있다. LG 오브제컬렉션은 특정 공간이 아니라 집안 전체 공간과 조화를 이루는 일체감 있는 디자인을 통해 다양한 소재와 컬러로 조화를 이루는 것을 뜻한다. 쉽게 설명하면 제품을 하나씩 더해가면서 공간 인테리어를 완성한다는 얘기다. 이를 위해 LG전자는 MZ세대(1980년대 초~2000년 초 사이 출생한 세대), X세대(1965~1976년 사이 출생한 세대), 베이비부머(1946~1965년에 태어난 세대) 등 다양한 세대가 선택할 수 있는 색상과 재질을 적용했다. 특히 특정 공간이 아니라 집안 전체 인테리어에 맞춰 선택할 수 있도록 차분하고 편안한 색상이 세대와 관계없이 인기를 얻고 있다. LG전자는 세계적인 색채연구소인 미국 팬톤컬러연구소와 오랜 기간 협력해 다양한 세대 취향을 아우를 수 있는 색상을 개발해 LG 오브제컬렉션에 적용했다. X세대와 베이비부머는 그린, 실버, 매트블랙, 샌드, 스톤, 보타닉을, 밀레니얼 세대는 감성적인 베이지, 핑크, 민트 등을 좋아하는 것으로 나타났다. 차분한 화이트, 그레이는 세대와 관계없이 모두 좋아했다.

LG전자 관계자는 "오브제컬렉션의 조화로운 색상은 고객 선호도와 의견을 적극 반영해 탄생한 것"이라며 "어떤 공간과도 조화를 이루는 차별화된 디자인이 고객에게 다시 새로운 경험과 가치를 제공하고 있다"고 말했다.

자료: 글로벌이코노믹, 2021.3.17.
(https://news.g-enews.com/view.php?ud=202103160759179529becd74a0af_1&md=20210316105932_R)

Section

4 마케팅과 유통

마케팅은 기업의 유통과 관련된 제 활동이다. 유통은 상품의 생산과 소비 사이의 거리를 제거함으로써 그 상품의 효용을 보다 효율적으로 발휘시켜 소비욕구를 충족시키고 또한 가치를 높이는 경제활동이라고 할 수 있다. 생산은 효율성, 즉 소비욕구를 충족시키는 성능 및 기능을 창출하는 활동이며, 소비는 그 효용을 삭감 내지 파괴함으로써 욕구를 충족시키는 활동이다. 그러나 양자 간에는 생산자와 소비자 간의 차이로 인하여 인적거리, 생산과 소비 간의 장소적 · 시간적 거리 등이 있으므로 이들을 제거할 필요가 있다. 유통이 바로 이것을 담당하는 것이다.

앞에서 언급한 AMA의 마케팅 정의에서 마케팅은 "상품 및 서비스를 생산자에서부터 소비자 또는 사용자에 이르기까지 유통시키는 기업활동의 수행"이라는 것이 기업활동의 입장이다. 그런데 마케팅을 기업활동의 한 측면으로 보지 않고 종합적으로 발생하는 경제사상 내지 사회제도의 한 측면으로 사용되는 경우도 있다.

사회경제적 마케팅에서는 생산자의 손을 떠나면서 시작하여 소비자까지의 상품과 서비스의 흐름이 중심이 되고, 선별, 등급화, 도매, 소매, 운송, 보관, 사회적 배급비 등의 문제가 이 분야의 주된 내용이 된다. 따라서 사회경제적 마케팅에서는 사회적 관점에서 생산물의 유통 및 유통기구, 유통기관 등의 문제들을 분석하고 그들의 상호작용 관계가 연구대상이 되고 있다. 요약하면 특정 국가의 경제순환시스템 하에서 상품의 사회경제적 유통구조를 체계적으로 연구하는 것이 기본과제가 되는 것이다.

일반적으로 마케팅은 전자(기업의 한 측면)의 의미로 사용되며, 후자(경제사상 및 사회적 제도)의 입장에서는 유통을 일반적으로 사용하고 있다. 그러나 이 두 관점은 시장경제 속에서 밀접한 상호의존관계를 가지고 있으므로 분리하여 인식하기가 어렵다. 기업마케팅은 기업경영이라는 시각에서 경제를 보는 것이 되고, 사회적 마케팅도 사회 전반의 시각에서 경제를 고찰하는 것이라 할 수 있다. 이 양자는 상품의 유통현상을 인식대상으로 하되 관점을 달리한 것으로 볼 수 있다. 따라서 이 양자는 상호배타적인 것이 아니라 상호보완적으로 볼 수 있으며, 결과적으로 유통 또한 마케팅과 밀접한 연관성을 가지고 있다.

CHAPTER

02 유통경로

C/O/N/T/E/N/T/S

도입사례

디지털 전환 본격화… '원할 때, 간편하게' 쇼핑하세요

롯데 · 신세계 가세… 거세지는 온라인 혈투

유통 공룡들이 대규모 인적 쇄신을 단행하고 이커머스 사업을 본격화한다. 롯데는 주요 유통 계열사를 통합한 애플리케이션(앱) '롯데ON'을 내년 상반기 정식 출범하고, 신세계그룹도 'SSG닷컴'을 중심으로 사업을 확대한다. 롯데는 3조 원, 신세계는 1조 원을 이커머스 사업에 투자한다.

유통 공룡들이 이커머스 사업에 힘을 쏟는 이유는 온라인 유통의 성장세가 두드러지고 있기 때문이다. 산업통상자원부 유통업계 매출 동향에 따르면 2019년 1월부터 11월까지 온라인 유통업계 매출은 14.6% 신장한 반면, 오프라인 유통업계 매출은 0.7% 감소했다. 특히 2020년은 일본 소프트뱅크로부터 추가 자금조달이 어려워진 쿠팡이 외형 확대보다 수익 개선에 주력할 가능성이 높아, 오프라인 유통사의 이커머스 침투가 적절한 시기로 평가된다. 아직 국내 이커머스 업계에 확실한 1위가 없다는 점도 후발주자들에겐 희망적이다.

하지만 쿠팡, 티몬, 위메프 등 기존 이커머스들이 만성 적자에 시달리고 있어, 이커머스 사업으로 부진을 극복하긴 어려울 거란 관측도 나온다.

새벽 · 소량 · 정기배송… '속도+α' 진화하는 배송시장

최근 이커머스 시장은 '라스트 마일(last mile · 최종 배송구간)'에 대한 투자를 강화하고 있다. 과거에는 배송속도에 대한 요구가 컸지만, 이젠 원하는 시간에 원하는 방식으로 원하는 상품을 받는 것이 더 중요해지고 있다.

이에 새벽배송, 야간배송, 즉시배송 등으로 배송 서비스가 진화하고 있다. 홈플러스의 경우 기존 오프라인 매장에 물류기능을 추가해 배송 서비스를 강화했다. 초소량 배달 서비스도 등장했다. 배달 플랫폼 기업 배달의민족은 간편식과 생필품 등을 5,000원 이상 구매하면 1시간 안에 배송해 주는 'B마트' 사업을 본격화한다. 대량으로 생필품을 구매할 필요가 없는 1인 가구 및 소가구를 겨냥한 서비스로, 직접 3,000여 종의 제품을 매입해 자체 물류창고에서 발송한다.

지속성을 강조한 정기배송도 확산하는 중이다. 로켓배송으로 유명한 쿠팡은 2015년 정기배송을 시행한 이후 현재까지 약 40만 명 이상의 고객을 유치했고, 아모레퍼시픽의 '스테디'는 1일 1팩을 선호하는 소비자를 겨냥해 5일 동안 4단계로 구성된 마스크팩을 집으로 배송해주는 정기구독 서비스를 2017년부터 선보이고 있다.

무인매장부터 셰프 로봇까지… 미래형 점포 확산

미국 무인편의점 아마존고에서는 모바일 앱을 접촉하고 매장에 들어간 뒤 상품을 들고 그냥 나오면 된다. 매장 내 카메라 센서가 고객들의 움직임을 인지하고 자동으로 결제하는 덕분이다. 월마트의 인텔리전트 리테일 랩은 카메라 센서로 매대에서 어떤 상품이 판매되는지를 인지해 재고관리에 활용한다.

국내 매장도 리테일 테크 바람이 거세다. 신세계그룹은 ICT계열사인 신세계I&C를 통해 SSG페이에 '바로 결제'를 도입하고 이마트24 무인편의점 매장을 열었다. GS25도 총 11곳의 무인형 매장과 8점의 하이브리드형 매장을 운영한다.

로봇 도입도 확산하는 추세다. 이마트는 자율주행 카트 '일라이'를 도입해 무인배송을 실험했고, BBQ는 사람 대신 음식을 서빙하는 '푸드봇'을 도입했다. CJ푸드빌의 패밀리 레스토랑 빕스에선 요리하는 로봇 '셰프봇'이 쌀국수와 마라탕을 만든다. 미래형 매장이 늘어나는 이유는 주 52시간 근무제와 최저시급 인상 등을 대비해 비용을 절감하고 수익성을 개선할 수 있기 때문이다. 소비자 입장에서도 편의성을 높이고 색다른 체험을 할 수 있다는 점에서 선호된다.

간편한 게 프리미엄 '편리미엄'

최근 취업 포털 잡코리아와 알바몬이 실시한 직장인 설문조사에 따르면, 응답자의 64.5%가 자신을 '타임 푸어(시간 빈곤자)'라고 답했다. 하고 싶은 것은 많지만, 시간은 부족한 현대인에게 편리함은 곧 프리미엄이다. 이들은 시간을 아끼고 편의성을 확보할 수 있다면 기꺼이 비용을 지불한다.

실제로 유통업계엔 시간을 벌어주는 '타임테크(시간+재테크)' 서비스에 대한 수요가 늘고 있다. 주문대에 가지 않고 스마트폰으로 주문하는 스마트 오더가 대표적이다. 스타벅스코리아에 따르면 국내 '사이렌 오더' 회원 수는 약 560만 명이다. 누적 주문 건수는 1억만 건 이상으로, 전체 주문량의 25%가 사이렌 오더를 통해 이뤄진다.

가정간편식(HMR)도 편리미엄 니즈에 맞춰 급성장하고 있다. 최근에는 조리과정까지 생략한 간편대용식(CMR)도 등장했다. 집을 대신 청소해주는 서비스나 가사노동 부담을 줄여주는 삼신가전(의류건조기, 식기세척기, 로봇청소기)도 편리미엄을 등에 업고 성장세를 보인다. 편의점도 택배, 세탁, 전동 킥보드 충전 등 간편 서비스를 확대하는 중이다. 소비자들의 사소한 불편함에 집중한다면 기회를 발견할 수 있을 것이다.

자료: 조선비즈, 2020.1.1.
(https://biz.chosun.com/site/data/html_dir/2019/12/31/2019123101835.html)

Section

1 유통과 유통경로의 개념

1.1 유통과 유통경로

현대 경제사회는 상품 및 서비스가 생산자로부터 소비자 또는 사용자에게 전달되는 유통현상에 의하여 영위되고 있다. 우리들은 경제생활을 통해 상품을 생산하며 구입하고 교환하며 소비하지만, 상품의 소비는 장소와 시간에 따라 각기 다르며 수량 · 품질 · 기능에 대한 욕구와 만족이 반드시 일치하지 않는 것이 일반적이다. 그래서 생산과 소비를 원활하게 연결시켜 주는 유통은 수요와 공급의 적합성을 추구하고 재화의 효용성 증가를 꾀하는 데 큰 의미를 가지고 계속 발전해 오고 있다.

유통(流通, distribution)은 높은 곳에서 낮은 곳으로 흘러 두루 미친다는 의미로, 한자로는 흐를 류流와 통할 동通이 너해진 것이며, 영어의 어원은 뿔뿔이 떨어진(apart, away) 의미의 'dis-'와 나누어준다(to give, assign)는 의미의 'tribute'가 더해진 것이다. 기업의 유통활동은 자사의 제품이나 서비스의 마케팅 과정에서 표적고객에게 어떤 유통경로를 통해 제공할 것인지를 결정하고 실행하는 것이다. 단순히 제품을 전달하는 기능에 그치는 것이 아니라 생산과 소비과정에 개입하는 중간상들이 유통시스템을 구축하여 소유권의 이전, 물류관리, 금융 및 결제, 주문 및 촉진, 협상 등의 활동을 통해 새로운 가치와 소비를 창출하게 되며, 사회적 유통과 이동에 의해 상품의 사용가치와 경제적 효용을 높여 부가가치를 창출한다.

이 과정에서 제조업자는 자사제품을 판매하는 데 있어 최적의 유통경로를 구성하기 위해 다양한 형태의 중간상을 이용하게 되는데, 그러한 중간상들의 연결을 유통경로라 할 수 있다. 유통경로(marketing channel)는 제품이나 서비스를 생산자로부터 최종소비자에게 이동시키는 과정에 참여하는 기업과 개인들의 집합을 의미한다. 생산자와 도매업자, 도매업자와 소매업자, 그리고 소매업자와 소비자/사용자 등 여러 관계의 결합으로 구성되어 있어, 수도관이나 가스관과 같은 파이프라인으로도 비유할 수 있다. 유통경로의 어원은 흐르는 물(流水)의 자연적 또는 인공적 노반(路盤)이라는 데 연유하고 있다고 보고, 상품과 서비스의 소유권 이전 및 물리적 이전을 하천(河川)의 흐름에 비유하고 있다. 즉, 유통경로는 구매자의 수요를 충족시키기 위해서 판매자가 보유한 제품과 용역을 공급하는 과정에 필요한 하나의 연결고리로 이해할 수 있는 것이다.

생산자가 제품을 바로 소비자에게 연결하기도 하고, 소매기관만 거치기도 하고, 도매기관 및 소매기관을 모두 경유하기도 한다. 또한 유통기관도 하나의 단계만 거치는 것이 아니라 여러 단계를 거치게 되는 경우도 있다. 개별 기업의 입장에서 보면 유통경로는 제품에 따라, 판매지역에 따라 그리고 기업의 마케팅전략에 따라 다양한 유형으로 나타날 수 있다. 또한 대부분의 경우 유통경로는 판매자나 구매자 외에도 구성원들의 연결고리 사이에서 제품의 흐름을 촉진시키는 운송, 창고, 보험, 금융 등의 기능을 수행하는 물적유통기구 혹은 유통촉진기구와 같은 보조기구가 개입하게 된다.

유통경로라고 말할 때 그것을 사회경제적 입장에서 보느냐 개별 기업의 입장에서 보느냐에 따라 그 의미가 달라질 수 있다. 보통 전자의 입장에서는 유통경로로 불리며, 후자의 입장에서는 판매경로, 마케팅경로 또는 배급경로 등으로 불리기도 한다. 예를 들면, 소맥이 빵으로 만들어져 최종소비자에게 전달되는 유통경로는 소맥의 마케팅경로, 소맥분의 마케팅경로, 빵의 마케팅경로가 각각 존재하는 것이라 표현할 수 있다. 특정 상품의 유통경로를 표현할 때 원료의 생산자로부터 시작하여 완제품이 최종소비자에 이르기까지 단일의 경로로 생각할 것이 아니라, 어떠한 재화가 제조과정에 의하여 그 형태가 변할 때마다 하나의 경로가 끝나고 또 다른 경로가 시작된다고 볼 수 있으므로 소맥의 배급경로는 농민에서 시작하여 제분업자에서 끝나며, 소맥분의 배급경로는 제분업자에서 시작하여 제빵업자에서 끝난다. 그리하여 농민이 생산한 소맥이 제분업자와 제빵업자를 거쳐 소비자에게 빵이라는 상품이 제공되는 데는 3개의 제품과 3개의 마케팅경로를 포함하고 있다. 사회경제적 입장에서 소맥의 유통경로는 거시(macro)유통의 관점이며, 개별 기업 입장에서 소맥의 마케팅경로, 소맥분의 마케팅경로, 빵의 마케팅경로는 각각 미시(micro)유통의 관점이라고 볼 수 있는 것이다.

1.2 유통경로의 본질

기업에서 마케팅이 담당하는 역할은 기본적으로 수요를 조절하는 기능과 그러한 수요를 충족시키는 기능으로 대별할 수 있는데, 유통경로는 간혹 수요를 조절하는 기능을 수행하기도 하지만 대체로 수요를 충족시키는 일에 직접적으로 관련된다. 생산자와 소비자들 사이에는 [그림 2-1]과 같은 여러 가지 유통흐름들이 수반되며 모든 흐름들은 유통경로를 통하여 전달된다.

[그림 2-1] 유통흐름

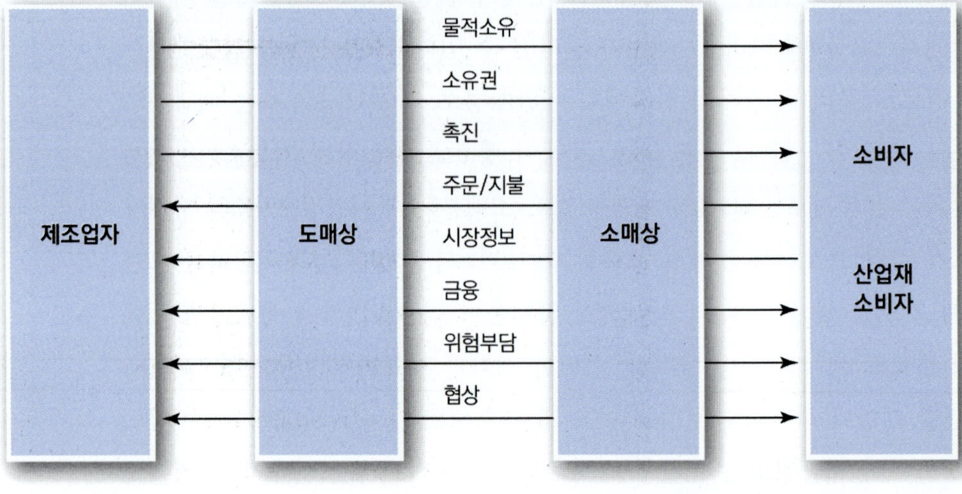

1) 전방적 경로와 후방적 경로

기업에서 마케팅이 담당하는 역할은 기본적으로 수요를 조절하는 기능과 그러한 수요를 충족시키는 기능으로 대별할 수 있는데, 유통경로는 간혹 수요를 조절하는 기능을 수행하기도 하지만 대체로 수요를 충족시키는 일에 직접적으로 관련된다. 그러한 기능들을 수행하는 데에는 마케터와 잠재고객들 사이에 [그림 2-1]과 같은 여러 가지 유통흐름들이 수반되며 모든 흐름(flow)은 유통경로를 통하여 전달된다. 화살표의 흐름을 보면 소비자 쪽으로 흐르는 전방흐름, 제조업자 쪽으로 흐르는 후방흐름, 그리고 양쪽방향으로 흐르는 양방흐름을 볼 수 있다.

일반적으로 유통경로라는 용어는 제품 또는 그 소유권이 생산자로부터 소비자에게 흘러가는 경로를 지칭하는데, 제품이 생산되어 소비자에게 전달되는 과정을 그려볼 때 소비자 쪽을 전방이라 하고 소비자 쪽으로 흘러가는 경로를 전방적 경로(forward channel) 또는 순경로라고 하며 전통적인 경로관리의 대상이 되어 왔다. 이러한 전방흐름에는 소유권(상적유통)과 물적소유(물적유통), 그리고 기업의 촉진흐름이 해당된다.

전방적 흐름과 반대로 소비자 쪽에서 제조업자 쪽으로 가는 방향을 후방이라 하고 주문, 지불, 시장정보가 후방적 경로(backward channel) 또는 역경로(reverse channel)에 해당한다. 물적흐름의 경우에도 정상적으로는 제품을 생산자로부터 소비자에게로 이동시키는 역할을 하지만, 경우에 따라서는 그 반대 방향으로 제품을 이동시키는 것이 중요하다. 그래서 재활용, 회수, 반품, 리콜, 폐기 등의 활동도 포함되는데, 특히 최근에는 환경보호에 대한 관심이 고조됨에 따라 생태학적 목표를 추구하기 위해 제품을 소비한 후 고형폐기물이나 부산물, 용기 등을 소비자로부터 다시 생산자에게 돌려보내기 위한 재순환과정(recycling process)의 설계와 관리가 매우 중요한 유통과제로 등장하고 있다. 이러한 재순환경로는 대체로 전방적 경로를 따라 반대의 흐름으로 나타나지만 간혹 재생자원의 회수센터가 개입되기도 한다.

금융, 위험부담, 협상은 양방흐름으로 이러한 기능은 제조업자부터 소비자까지 전반에 걸쳐 공유되고 있다. 예를 들어, 소비자가 소매상에 구매협상

유통실무 Focus

연간 20조 전망 배터리 리사이클링 시장 뛰어든 국내 기업들

친환경에 대한 사회적 요구가 높아지면서 전기차 시장은 팽창했다. 운행과정에서 탄소가 배출되지 않는다는 점 때문에 친환경 모빌리티로 인식됐던 전기차지만, 뜻밖에 사용 후 배터리를 처리하는 문제가 도마 위에 오르면서, 제조부터 폐기까지 이어지는 전 과정에서 탄소 배출을 줄여야 한다는 '전 과정 탄소중립' 개념이 부각됐다.

이차전지 리사이클링(재활용) 사업은 사용 후 배터리나 제조과정에서 나온 배터리 스크랩에서 니켈, 리튬 등 이차전지 핵심소재를 추출·재생산하는 사업이다. 리사이클링을 통해 코발트, 니켈 등을 생산할 때 배출되는 CO2의 양이 광산에서 같은 제품을 생산할 때 배출되는 CO2의 30% 수준인 것이 알려지면서, 전기차·이차전지 관련 기업들은 리사이클링 사업을 배터리 순환 생태계의 필수과정으로 인식하게 됐다.

SNE리서치에 따르면 글로벌 폐배터리 리사이클링 시장의 규모가 2030년에 약 20조 원에 이를 것으로 전망되고 있는 만큼, 국내의 많은 기업들이 배터리 리사이클링을 차세대 사업으로 삼고 연구·개발 및 투자를 감행하고 있다.

자료: HelloT, 2021.7.22.
(https://www.hellot.net/news/article.html?no=60048)

을 할 수도 있고 도매상이 소매상에게 판매를 위한 협상을 할 수도 있는데, 이때 서로가 협상에 참여하게 되어 양방흐름으로 볼 수 있다.

2) 밀기와 끌기

제조업자는 자신의 브랜드 파워를 강화하고 매출을 높이기 위해 유통경로를 지원하는데, 이 과정에서 도매상과 소매상은 제조업자의 마케팅파트너가 되어 판매대리상의 역할을 한다. 제조업자가 이러한 중간상을 지원하여 제조업자의 제품을 비축하고 전시하도록 하며 촉진하도록 하는 것을 밀기(push) 또는 도·소매상에 대한 판매(selling to the wholesaler/retailer)라고 한다. 이때 제조업자는 도·소매상의 판매원을 훈련시키고 보상하며, 재고를 비축해 주는 것에 대해 수량할인 및 계절할인 등을 제공하며 프로모션 행사 지원 및 판매인력 지원 등을 하게 된다. 경쟁이 심한 시장에서 시장 커버리지를 확

[그림 2-2] 밀기(push)와 끌기(pull)

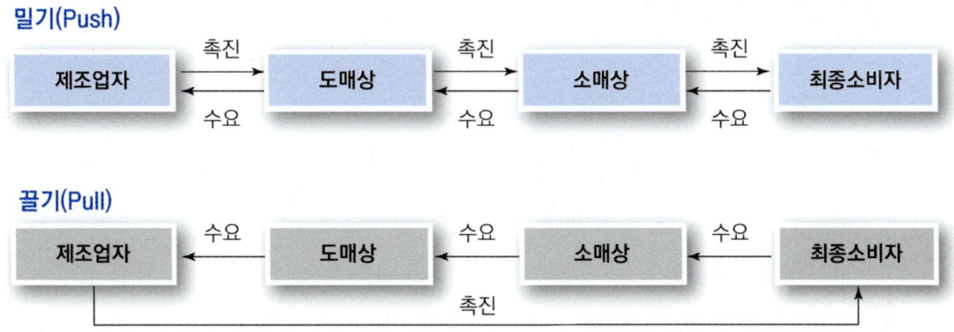

자료: Barry Brown, *Marketing Channels*, John & Sons, Inc., 1996, p.20.

보하기 위해 실시하기도 하고, 제조업체와 중간상 간의 관계를 통해 매출을 높일 수 있는 판로를 확보하는 방법이 된다. 흔히 물량을 중간상에게 밀어내기를 통해 쌓아두게 하고 소비자에게 많이 노출시켜서 판매하는 것을 볼 수 있다. 산업재의 경우에는 제조업자가 중간상에게 특정 상표를 고객에게 추천하라고 했더니, 중간상의 83%가 이에 따라 추천을 하였고, 대부분의 고객이 그 특정 상표 제품을 구매했다는 연구결과도 볼 수 있다. 그만큼 중간상이 판매원으로서 하는 역할이 중요하고 크다는 것을 알 수 있다.

이와 반대로 끌기(pull), 도·소매상을 통한 판매(selling through the wholesaler/retailer)는 제조업자가 중간상이 아닌 최종소비자 지원을 실시하여 제품을 구매하도록 하는 방법이다. 쉬운 예로 TV광고를 통해 신제품을 최종소비자에게 알리면 이들은 가까운 소매점에 가서 그 제품을 찾고, 주문하게 된다. 그러면 소매상은 다시 도매상에 주문하고, 도매상은 다시 제조업자에게로 주문하게 되어 제품에 대한 수요를 최종소비자로부터 끌어오게 되는 것이다.

[그림 2-2]는 밀기와 끌기에 대해 보여주고 있는데 실질적으로 제조업자는 두 가지를 모두 이용해야 할 필요가 있다. 끌기를 통하여 최종소비자 단계에서 수요가 생성되지 않는다면, 도·소매상의 재고를 통하여 미래의 판매에 대비할 수 있다. 또한 밀기전략은 신제품과 같은 초기수요가 적은 제품에 대한 적절한 시장 커버리지를 제공하는 데 도움이 될 수 있다. 중간상의 입장에

서는 제조업자가 밀기 또는 끌기를 통해 제품에 대한 수요를 창출해 주는 지원을 하지 않는다면 재고 비축을 꺼릴 것이다.

3) 유통경로의 상물분리

마케터의 제품이 잠재고객들의 원하는 바를 제대로 충족시키고 고객만족을 창출하기 위해서는 제품 자체를 물리적으로 고객에게 이전시켜 주어야 할 뿐 아니라, 고객이 자신의 욕구를 충족시키기 위해 제품을 자유롭게 사용하거나 소비할 수 있도록 법적 소유권을 넘겨주어야 한다. 즉, 제품의 물리적 흐름과 법적 소유권의 흐름은 유통경로를 통해 이루어지는데 이러한 두 가지의 흐름이 반드시 동일한 경로를 통해 이루어지거나 동시에 이루어져야 할 필요는 없다. 예를 들어, 제품은 물리적으로 이전되지 않으면서도 한 번 이상 소유자가 바뀔 수 있고, 소유자는 그대로 있으면서 제품이 다른 장소로 수송될 수 있는 것이다.

따라서 유통경로는 공간적 및 시간적 괴리를 해소하는 측면에서 제품의 물리적 흐름을 전담하는 물적유통경로(물류)와 제품의 가치를 향유할 수 있는 권한인 법적 소유권의 흐름을 전담하는 상적유통경로(상류)로 분리될 수 있다. 물론 정보의 흐름, 촉진의 흐름, 서비스의 흐름 등도 별도의 경로로 구분할 수 있으나 그들은 대체로 상적유통경로와 중복되는 경향이 있다.

즉, 제품을 물리적으로 이전시키기 위한 활동은 법적 소유권의 교환을 창출하는 일에 직접적으로 관련되는 활동과 다르며, 그 나름대로 독특한 기능적 전문화의 가능성을 보여준다. 따라서 물적유통경로(물류경로: physical distribution channel)는 제품의 물리적 이전에 관여하는 독립적인 기관이나 개인들로 구성된 네트워크를 의미하며, 유통목표에 부응하여 장소효용과 시간효용을 창출한다. 이에 반하여 상적유통경로(거래경로: trade or commercial channel)란 거래협상, 계약수행, 거래 후 관리활동 등을 지속적으로 수행함으로써 제품의 소유권을 생산자로부터 고객에게 이전시키는 데 관여하는 독립적인 기관이나 개인들로 구성되는 네트워크로서 소유효용을 창출한다.

[그림 2-3]에서는 고객이 지점, 영업소, 대리점, 온라인 쇼핑몰 등 다양한

[그림 2-3] 상물분리의 예시

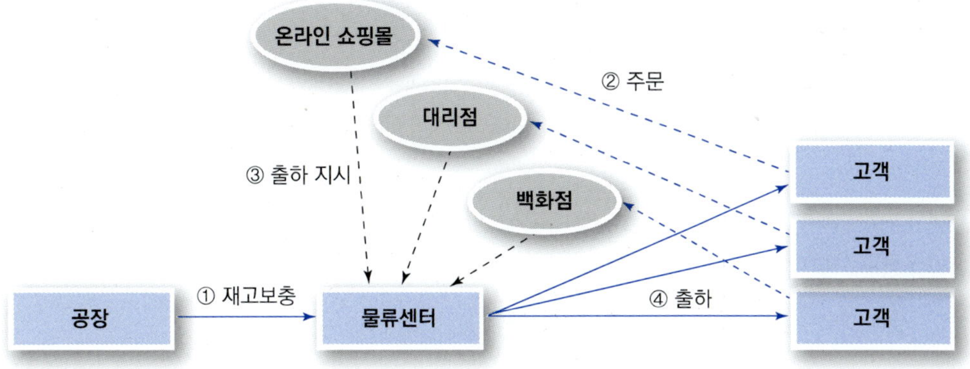

소매점으로부터 주문을 하게 되는데 이는 상류흐름이라고 볼 수 있다. 주문을 받은 지점 등 각각의 소매점이 고객에게 직접 상품을 출하하게 되면 상류와 물류가 일치된다고 볼 수 있지만, 소매점의 출하 지시를 받은 물류센터에서 상품이 출하되어 고객에게 전달되는 물류흐름이 발생하므로 상류와 물류가 분리된다고 볼 수 있다. 이 과정에서 주문정보, 출하 지시, 출하정보가 통합되어 유통활동이 일어나므로 정보유통이 발생하게 되며, 정보유통은 상적유통과 물적유통을 통합시키는 역할을 가지고 있다고 해도 좋을 것이다.

Section

2 유통경로의 유형

2.1 직접유통과 간접유통

유통경로는 생산자로부터 소비자까지의 전 과정을 볼 때 수집과정, 중계과정, 분산과정의 3단계로 되어 있다고 할 수 있다. 그런데 상품에 따라서 이 가운데 하나 또는 두 가지가 생략되거나 혹은 더욱 세분되기도 한다. 또한 생산자에서 소비자까지의 중간과정이 생략되고 생산자가 직접 소비자에게 유통시키는 경우에는 직접유통(direct marketing channel)의 형태가 되어 0단계의 유통경로가 형성된다. 그 외에 한 단계라도 중간에 유통업자를 거치는 경우는 간접유통(indirect marketing channel)이 된다.

유통경로는 동일한 상품종류의 경로라 해도 중간상의 종류에 따라 달라지며 또한 유통기관이 어떠한 경로를 선택하느냐에 따라 여러 개의 유형으로 나타날 수 있다. 따라서 유통경로의 유형은 수많은 형태로 다양하게 나타날 수 있으나 그 중에서 가장 기본적이고 대표적인 유형은 [그림 2-4]와 같이 유통경로상 단계 수에 따른 경로의 길이를 기준으로 유통경로를 유형화하는 것이다.

- 0단계 경로(zero-level channel) : 직접유통경로로 제조업자가 직접 소비자에게 판매하는 경로이다. 여기에는 생산자 직판, 방문판매, 우편주문, 텔레마케팅 등이 해당된다.
- 1단계 경로(one-level channel) : 소비용품의 제조업자로부터 백화점, 슈퍼마켓, 편의점 등과 같은 소매상 하나의 단계만 거쳐서 소비자에 이

[그림 2-4] 유통경로 단계

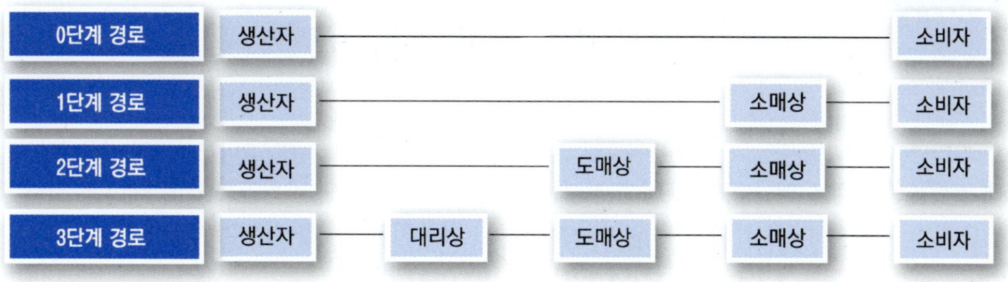

르는 유형이다.

- 2단계 경로(two-level channel) : 두 개의 유통기관이 개입하는 경로로서 소비용품의 경우는 도매상과 소매상이 개입하게 된다. 이 유형은 가장 전형적이고 전통적인 유통경로 유형이다. 대부분의 상품이 이러한 유통경로를 거치고 있다.
- 3단계 경로(three-level channel) : 세 개의 유통기관을 거치는 경로로서 2단계 경로에 도매상이 한 단계 더 개입하는 것이다. 이때 주로 개입하는 도매상 중의 하나는 중매상이다. 이들은 도매상으로부터 상품을 구입하여 보통 소규모 소매상에 판매하는 도매상으로, 제조업자가 독립된 판매부문을 설치할 수 없는 경우에 생산품을 경매회사에 위탁하거나 거간 내지 객주에게 위탁하여 이 경로를 거치게 된다. 여기에서 알 수 있듯이 경로의 길이가 늘어나는 것은 도매상이 추가적으로 개입하는 것이다.

유통실무 Focus

"아마존 · 쿠팡 비켜, 우리 물건 우리가 판다" D2C 열풍

2019년 11월 나이키는 미국 최대 온라인 상거래 플랫폼 아마존을 떠났다. 나이키 홈페이지와 앱을 통해 온라인 시장을 키우려고 매출이 보장된 거대 유통망을 떠나는 모험을 택했다. 1년 뒤 코로나 때문에 의류 · 스포츠 업계가 고전하는 가운데, 나이키의 2020년 9~11월 매출은 전년보다 9% 늘어난 112억 달러(약 12조 5,000억 원), 영업이익은 30% 증가한 15억 달러를 기록했다. 온라인 판매는 84% 급증했다.

제너시스BBQ(이하 BBQ)는 2020년 한 유튜브 채널과 손잡고 1만 9,000원짜리 치킨을 1만 1,000원에 팔았다. 단, 할인은 BBQ앱과 홈페이지에서만 받을 수 있도록 했다. 행사 한 달 만에 회사 앱 가입자가 30만 명에서 200만 명이 돼 7배 가까이로 급증했다.

을(乙)의 반란이 시작됐다. 아마존, 쿠팡 같은 막강한 온라인 플랫폼에 판매를 의존하던 기업들이 이들을 건너뛰고 자체 앱이나 소셜미디어를 통해 직접 소비자와 연결하는 모델로 속속 전환하고 있다. 이른바 D2C(Direct to Customer) 방식이다. 미국의 경우 D2C 시장 규모가 2017년 7조 5,000억 원에서 지난해 23조 7,500억 원이 돼 세 배 가까이로 커졌다.

D2C: '甲' 플랫폼에서 독립하는 乙

세계 최대 전자업체 삼성전자의 행보도 주목거리다. 삼성전자는 2021년 4월 공개한 차세대 기업 자원관리시스템 'N-ERP'에 전에 없던 '온라인 직접판매 현황 분석' 기능을 추가했다. 자사 앱이나 홈페이지를 통해 스마트폰 같은 주요 제품을 판매하는 D2C 사업을 키우겠다는 전략이라고 삼성전자는 밝혔다. 최근 유통업계에서도 "삼성전자가 이커머스 전문 인력을 스카우트하고 있다"는 소식이 돌았다. 경쟁자 애플이 자사 스토어를 통해 제품 30%를 판매하고, 코로나로 인해 온라인 판매가 급증한 상황에서 삼성도 D2C로 눈을 돌리기 시작한 것이다.

D2C 모델의 최대 장점은 유통 플랫폼에 의존하지 않고도 소비자들의 취향과 소비성향 같은 데이터를 직접 확보해 마케팅과 생산에 활용할 수 있다는 점이다. 제너시스BBQ 관계자는 "자사 앱 할인 마케팅으로 지출한 비용이 적지 않지만 앱 이용자 데이터가 많아지면 고객 성향에 맞춘 마케팅이 가능하다"고 했다.

고객 데이터를 확보해온 유통 플랫폼이 PB(자체 제작)상품을 만들면서 제조업체의 경쟁자로 떠오르는 상황도 기업들로 하여금 변화를 고민하게 만드는 요인이다. 실제로 미국의 경우도 유통 공룡 아마존이 고객 데이터를 활용해 PB상품을 만든다는 의혹이 불거지자 제조업체들이 탈(脫)아마존을 감행하기 시작했다.

기업 입장에서는 플랫폼이 요구하는 판매수수료나 입점 조건도 무시할 수 없다. 나이키가 지난해 매출 성장세에 비해 영업이익이 더 크게 증가한 것도 온라인 플랫폼에 내야 하는 판매수수료가 줄어든 덕분이다. LG생활건강과 농심은 쿠팡의 최저가 납품 요구에 아예 쿠팡에서 빠져나갔다.

C2M: 단가 낮추면서 재고도 줄여 윈-윈

D2C 모델은 기업이 직접 수집한 데이터를 기반으

로 제품을 만들어내는 C2M(Customer to Manufacturer) 사업으로 확장할 수도 있다. 제조사가 온라인에서 수집한 데이터를 기반으로 고객의 취향이나 구매습관, 잠재수요 등을 분석해 맞춤형 제품을 생산하는 방식이다.

대표적인 사례가 '영국에서 가장 빨리 성장하는 스타트업'으로 꼽히는 가구사 메이드닷컴이다. 이 회사엔 디자이너가 없다. 외부 디자이너들이 이 회사에 가구 디자인을 제안하면, 회사가 온라인 홈페이지에 공개하고 소비자들이 선택하게 한다. 선택을 많이 받은 디자인은 중국, 베트남의 명품 가구 제작 공장에서 생산이 된다. 소비자는 원하는 제품을, 판매자는 더 큰 마진을, 생산자는 더 많은 일감을 챙길 수 있어 모두가 윈-윈이다.

자료: 조선일보, 2021.5.3.
(https://www.chosun.com/economy/economy_general/2021/05/03/TWUKMDQV2RFTRGZI5BZHLO6OPU/)

2.2 제품유형별 유통경로 유형

기업들이 선택할 수 있는 유통경로의 유형은 제품 및 소비자의 특성, 기업의 마케팅 목표 및 가용자원에 따라 달라질 수 있으며, 동일한 제품을 취급하는 경로라 해도 중간상의 유형에 따라서 상이하며 유통기관이 어떠한 경로를 선택하느냐에 따라 여러 개의 유형으로 나타날 수 있다. 일반적으로 유통경로는 소비재 유통경로, 산업재 유통경로, 서비스 유통경로로 구분해 볼 수 있다.

1) 소비재 유통경로

소비재(consumption goods)는 최종소비자가 일상생활에서 직접 소비하기 위해 구매하는 제품을 말한다. 구매 시 관여도와 구매빈도에 따라 편의품, 선매품, 전문품으로 구분된다. 편의품은 필수품, 충동품, 긴급품을 말하는 것으로 일상에서 많이 사용하는 제품이고 자주 구매하기 때문에 사전 구매지식이 많아서 구매정보탐색 및 구매 노력이 낮은 편이다. 그러므로 손쉽게 구매할 수 있는 제품을 선택하며 대체제품수용도가 높다. 반대로 전문품은 구매 시 전문지식이 필요하며 자주 구매하는 제품이 아니기 때문에 관여도가 높고 자신이 선호하는 특정 브랜드에 대한 충성도가 형성되는 경향이 강하다. 선매품(shopping goods)은 구매 시 비교를 하여 최저가를 구매하거나(동질적 선매품),

[그림 2-5] 소비재 유통경로

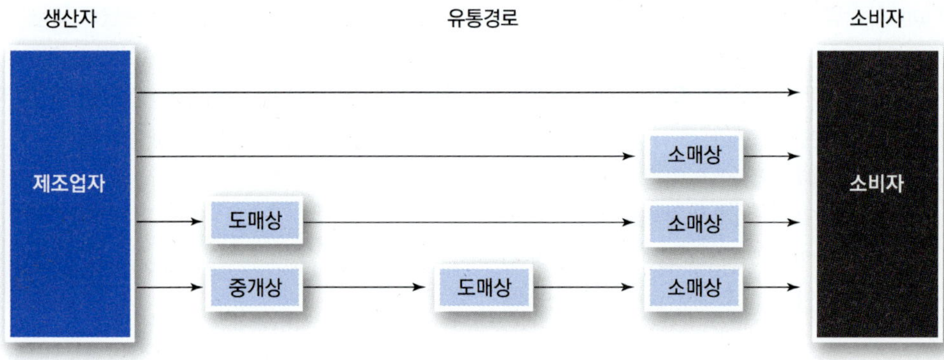

가장 선호하는 품질의 제품을 선택(이질적 선매품)하게 되는 제품으로 관여도나 구매빈도는 편의품과 전문품의 중간수준이지만 구매정보탐색을 많이 하고 구매시점에서 제품들 간의 비교를 통한 최적구매를 하게 된다. 소비재는 이러한 구분 외에도 내구성에 따라 내구재/비내구재로 분류할 수 있고, 제품의 유형성과 무형성 정도에 따라 탐색재, 경험재, 신용재로 구분될 수도 있다.

이러한 소비재 제조업자가 선택할 수 있는 유통경로의 유형은 [그림 2-5]와 같이 크게 4가지로 분류될 수 있다. 일반적으로 제조업자는 하나의 유통경로만을 사용하는 것이 아니라 몇 개의 유통경로를 같이 사용하는 경우가 많다. 첫 번째 경로는 직접마케팅 경로라고도 하는데, 제조업자 → 소비자로 직접 제품을 판매하는 형태로 화장품회사가 방문판매원을 통해 소비자에게 제품을 판매하는 경우가 이에 해당된다. 두 번째 경로는 제조업 → 소매상 → 소비자로 연결되는 경로로, 주로 대규모 소매상이 제조업자로부터 직접 제품을 공급받아 소비자에게 판매하는 경우이며, 대형 할인점을 통해 유통되는 소비재가 이에 해당한다. 세 번째 경로는 제조업자 → 도매상 → 소매상 → 소비자로 가는 경로로, 가장 전형적인 유통경로이다. 주로 식품, 의약품 등의 제품을 생산하는 제조업자들이 이러한 경로를 이용한다. 네 번째 경로는 제조업자 → 중개상(중간도매상) → 도매상 → 소매상 → 소비자로 연결되는 경로로, 주로 생산자가 많은 1차 상품(곡물류, 야채, 과일 등)을 유통할 때 이용된다.

유통실무 Focus

대한민국 화장품 방문판매, '소통'의 진화로 새역사 쓴다

아모레 카운셀러의 시작과 '정(情)'의 역사

지난 1964년 9월에 방문판매제도 도입으로 그 역사가 시작된 아모레퍼시픽의 '아모레 카운셀러'는 시대의 변화 속에서 고객들의 끊임없는 사랑을 받으며 아모레퍼시픽이라는 하나의 회사를 넘어, 국내 화장품 산업의 발전을 이끌어 오고 있는 주요 인적자원이다.

현재 전국적으로 약 3만 6,000여 명이 활동하고 있으며 아모레 카운셀러와 관계를 맺고 있는 방문판매 경로의 고객만 약 250만 명에 이른다. 국내에서 가장 큰 규모의 화장품 방문판매 조직인 셈이다. 아모레퍼시픽의 방문판매 채널에서는 현재 대표 브랜드인 설화수와 헤라를 비롯하여 바이탈뷰티, 프리메라, 려, 일리 등 총 9개 브랜드의 400여 개 제품이 판매되고 있다.

방문판매 경로의 가장 큰 경쟁력은 개인별 맞춤 서비스가 가능하다는 것이다. 즉, 아모레 카운셀러를 통해 제품을 구매하면 개인별 맞춤 서비스를 제공하는 나만의 뷰티&헬스 카운셀러를 갖게 되는 것이다. 하지만 무엇보다 아모레 카운셀러가 고객 한 사람 한 사람을 만날 때마다 강조한 것은 '진심', '정(情)'이었다. 이러한 활동의 결과 고객들은 제품에 대한 만족도뿐 아니라 관계를 맺고 있는 담당 카운셀러에 대한 만족도가 매우 높은 편이다.

카운셀러에 대한 높은 만족도는 새로운 고객의 추천으로 이어지고 이러한 사람과 사람을 이어주는 정을 바탕으로 아모레퍼시픽의 방문판매사업은 고객과의 신뢰를 더욱 공고히 해왔다. 이런 노력들로 오래전 화장품 판매원들의 상징이었던 커다란 화장품 가방이 사라지고 스마트폰을 통한 고객관리가 보편화될 정도로 시대가 변화되었지만 여전히 아모레 카운셀러는 고객과 사회의 아름다움과 건강을 위해 노력하고 있는 '고객의 평생 뷰티 파트너'로 자리 잡고 있다.

고객과의 소통, 그리고 진화

1964년 방문판매사업에 나선 아모레퍼시픽은 2000년대 초 디지털을 만나면서 큰 진화를 맞았다. 유통채널의 다양화, 인터넷의 등장으로 인해 그 위상이 흔들리던 방문판매에 2003년 업계 최초로 'PDA'가 도입되면서 방문판매가 고객 로열티를 높이는 가장 효과적인 영업 채널로 거듭나게 된 것이다.

무엇보다 판매원의 이미지를 전문적인 카운셀러로 개선했을 뿐만 아니라 방문판매를 영업이 아니라 고객관리로 보는 인식의 전환도 이루어냈다. 여기에 더해 정확한 데이터 관리를 통해 '고객에 대한 통찰력'이라는 큰 선물을 얻게 되었다.

이전까지만 해도 최종소비자가 누구인지, 어떤 구매자가 사는지 확인하기 어려웠다면 실시간으로 데이터를 집계 및 분석하면서 더욱 빠르게, 보다 정확하게 고객의 요구에 부응하는 영업전략을 전개할 수 있게 된 것이다.

현재 아모레 카운셀러는 '스마트폰 앱'인 '뷰티Q'를 통해 다양한 상품 및 미용 정보를 전달하여 더욱 전문적이고 효과적인 카운셀링을 제공할 수 있다. 또한 언제 어디서든 간편결제 및 뷰티 포인트 사용이 가능하며 나아가 고객의 구매 이력 및 뷰티 포인트 등의 데이터를 바탕으로 신뢰감을 주고 카운셀러의 이미지를 높여주는 역할도 하고 있다.

자료: 한국일보, 2017.5.31.
(https://www.hankookilbo.com/News/Read/201705310588434434)

2) 산업재 유통경로

산업재(industrial goods)는 생산과정과 이용방법에 따라 분류하는데, 조직 혹은 기업이 추가적인 가공을 목적으로 구매하거나 혹은 사업활동을 영위하기 위해 구매하는 제품이다. 산업재의 종류에는 자재와 부품, 자본재, 소모품이 있다. 자재와 부품은 제조업자가 완전한 제품을 생산하기 위해서 제품의 한 부분으로 투입되는 부분품으로 원자재(가공되지 않은 천연재료), 구성원자재(가공된 자재), 부품(최종제품 완성단계에 추가적으로 투입되어 완제품의 외형을 바꾸지 않는 것)이 포함된다. 생산비용절감을 위해 원자재의 저가격 협상과 수급의 연속성을 중시하므로 안정적인 공급경로가 중요하다.

자재와 부품처럼 제품의 일부분을 구성하지는 않지만 제품 생산을 원활히 하기 위해 투입되는 것이 자본재이며 설비품(고정장비)과 보조장비(이동장비와 집기)가 포함된다. 설비품은 장기적인 이용이 많고 구매결정자의 지위가 높으며 단위당 가격이 높은 편이다. 반면 보조장비는 현대적 장비 구입을 중요하게 여기며 설비품보다는 구매결정자의 지위 및 단위당 가격이 낮지만 일상적으로 구매되는 자재나 부품보다는 높은 경우가 많다.

그리고 완제품 생산에 전혀 투입되지 않고 공장이나 회사의 운영을 위해 사용되는 소모품은 윤활유, 프린터 용지, 잉크 등의 운영소모품과 페인트, 못, 청소용구 같은 수선소모품이 있다. 다른 산업재에 비해 상대적으로 구매 노력이 적게 들기 때문에 산업재의 편의품으로 비교될 수 있으며 구매결정자의 지위나 가격이 낮고 빈번히 소비되므로 수급의 연속성뿐만 아니라 제품의 유용성과 유연성이 중요하다.

이러한 산업재의 경우에는 가격 및 수급의 안정성이 중요하기 때문에 [그

[그림 2-6] 산업재 유통경로

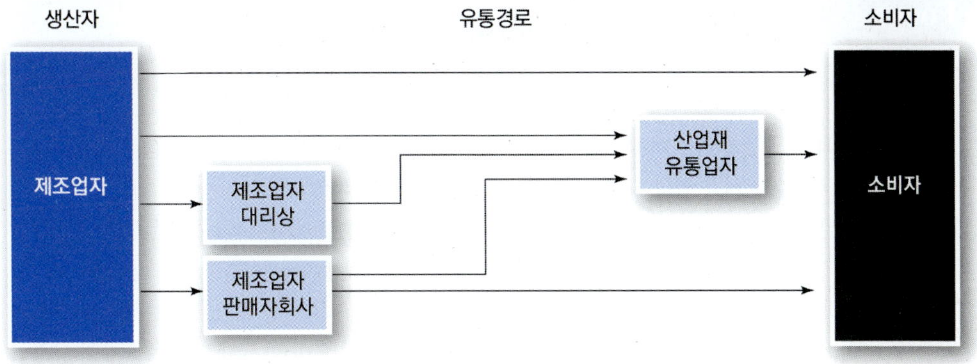

림 2-6]과 같이 제조업자와 산업재소비자 간의 직접판매가 일반적이고, 대리점이나 산업재 유통업자(industrial distributors)를 이용하기도 하지만 소비재보다는 경로가 단순하고 짧은 것을 볼 수 있다. 첫 번째 경로는 거래되는 양이 대량일 때 주로 사용되는 경로로 제조업자 → 산업재소비자로의 직접거래 경로이다. 두 번째 경로는 제조업자 → 산업재 유통업자 → 산업재소비자로 연결되는 경로로 주로 소규모의 기계부품 등을 공급하는 기업들이 사용한다. 세 번째 경로는 제조업자 대리상(자사 대리점)을 통해 산업재소비자에게 판매하거나, 대리상이 산업재 유통업자를 통해 산업재소비자에게 판매하는 경로이다. 네 번째 경로는 제조업자의 판매자회사를 통해 산업재소비자에게 판매하거나, 판매자회사에서 산업재 유통업자를 통하여 산업재소비자에게 판매하는 경로로 건설자재업체가 이러한 경로를 주로 이용한다. 판매자회사는 제조업자가 도매상의 기능을 직접 수행하기 위해 운영하는 도매상으로 판매지점과 판매사무소가 있다.

유통실무 Focus

이제는 철강도 온라인에서 주문한다

코로나19 사태의 장기화로 소비자들에게 비대면 쇼핑이 빠르게 보편화되고 있다. 과학기술정보통신부가 발표한 2020 인터넷 이용 실태조사에 따르면 인터넷 쇼핑이 20·30대뿐만 아니라 전 세대에 걸쳐 10% 이상 증가한 것으로 나타났다. 온라인 주문과 배송이 이제는 소비 형태의 주류로 자리 잡은 것이다. 이렇듯 빠르게 자리 잡는 온라인 소비 트렌드에 맞춰, 유통업계 또한 발 빠르게 이에 적응하고 있다. 특히 대표적인 B2B(Business To Business) 거래의 대명사로 불리는 철강유통 분야에서도 이러한 변화의 바람이 이어져 주목된다.

철강유통업계는 유통 분야에서도 유독 보수적인 성향을 갖고 있는 곳으로 전화, 팩스 등 전통적인 발주 방식을 통해 거래가 주로 이루어졌다. 고객의 특성 또한 온라인 거래에 익숙하지 않은 상대적으로 높은 연령층이 주를 이뤄 전통적인 거래 방식이 고수되었던 만큼 온라인 거래 서비스에 난항이 예상되었다. 하지만 막상 철강유통업계에서도 온라인 거래 서비스가 시삭되자, 이를 이용하는 고객들이 빠르게 증가하고 있는 것으로 나타났다. 철강유통 서비스를 이용하는 고객층도 온라인 발주의 편리함을 알게 된 것이다. 실제로 철강 온라인 쇼핑몰에서는 고객들이 직접 온라인에서 정보를 검색하고 사이트에서 견적을 내보며 기존 거래처와의 가격비교부터 주문까지 진행이 가능하다는 큰 이점이 있다.

실제 이러한 이점을 바탕으로 온라인 쇼핑몰을 운영하는 철강유통업체들은 높은 성과를 기록하고 있다. 50년 역사를 가지고 있는 철강유통기업인 대덕강업이 2018년 국내 최초로 오픈한 대표적인 철강 온라인 쇼핑몰 '스틸 1번가'는 소비자가 제품의 단가 및 정보를 온라인상에서 실시간으로 확인하고 구매 및 발주까지 할 수 있도록 구현했다. 그 결과 3년이 지난 지금 일평균 사이트 방문자는 1천여 명에 달한다. 특히 주목할 점은 구매전환율이다. 스틸 1번가 방문에서 최종 매출로 이어지는 구매전환율은 방문자 1천여 명 대비 30건으로 약 3%를 기록하고 있다. 구글 애즈 자료에 따르면 이커머스 시장 평균 구매전환율은 1% 미만이다. 스틸 1번가의 경우 일반적인 쇼핑몰 사이트의 구매전환율 1%보다 3배가량 높은 수치를 보이고 있는 것이다. 현재 철강 온라인 쇼핑몰은 대표주자인 스틸 1번가 외에도 포스코의 스틸트레이드, 동국제강의 스틸샵닷컴 등이 있으며, 이 쇼핑몰들 또한 오픈 이후 큰 인기를 얻고 있다.

자료: 매일경제, 2021.8.4.
(https://www.mk.co.kr/news/business/view/2021/08/755192/)

3) 서비스 유통경로

산업혁명 이후 경제발전과 함께 제조업 중심의 사회는 점차 서비스업 중심의 사회로 자리를 잡기 시작하였고, 서비스업의 경제가 진전되면서부터 고

[그림 2-7] 서비스 유통경로

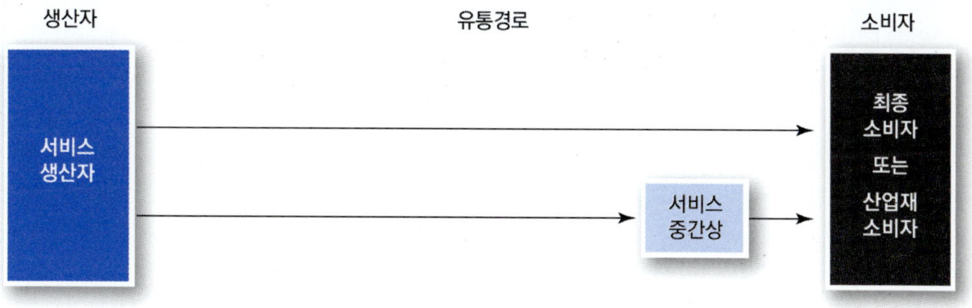

품질의 제품 생산에 의존하던 것에서 이제는 고품질 서비스를 제공하는 것으로 초점이 이동하고 있다.

서비스는 유형재와 달리 생산과 소비의 동시성으로 인해 대부분의 경우 [그림 2-7]에서 보듯이 첫 번째 경로처럼 제조업자에서 소비자에게로 곧바로 전달된다. 그러나 여행, 보험, 광고매체 등은 대리점을 거쳐 소비자에게로 전달되는 두 번째 경로를 취하기도 한다. 서비스 유통경로가 소비재나 산업재 유통경로에 비해 단순한 것은 서비스의 독특한 특성(무형성, 소멸성, 비분리성, 이질성)에 기인한다. 이에 따라 서비스 유통경로에서는 <표 2-1>과 같이 차별화된 대응전략이 요구되고 있다.

〈표 2-1〉 서비스의 특성과 대응

서비스 특성	유통경로상의 문제점	대응전략
무형성	저장 불가능 특허 등으로 보호 불가능 진열, 전달 곤란 가격 책정 어려움	유형적 단서 강조 인적자원 사용 증대 구전효과 이용 강한 조직이미지 창조
비분리성	생산과 소비의 동시성 소비자가 생산에 참여 대량생산 어려움	고객접촉 인력의 선발과 훈련 강조 고객관리
이질성	표준화, 품질관리 어려움 고객 특성에 따라 품질 차이 발생	서비스 산업화 서비스 운영관리
소멸성	서비스 재고관리 불가능	수요변화 대응방안 구축 수요와 가용능력 일치를 위한 조정

Section

3 유통경로의 유용성

3.1 유통의 효용과 기능

생산자가 공장에서 제품을 생산하면 그 제품을 구매하려는 소비자와는 물리적으로 멀리 떨어져 있을 뿐만 아니라 시간, 소유, 형태에 대한 차이(gap)가 생기게 된다. [그림 2-8]과 같이 유통은 소비자가 원하는 장소에서 원하는 시간에 원하는 형태의 제품을 소유할 수 있도록 하는 기능을 하게 되며, 이러한 기능을 효용(utility) 창출이라 한다. 효용은 소비자가 재화나 서비스를 소비하면서 얻는 만족인데, 유통과정에서 이러한 차이를 채워 소비자들의 만족을 창출하는 것이라 볼 수 있다. 중간상이 거래, 물적유통 및 촉진 등의 기능을 적극적으로 수행하여 새로운 가치와 소비를 창출하게 되며, 사회적 유통과 이동에 의해 상품의 사용가치와 경제적 효용을 창출함으로써 채워지는 것이다. 유통은 장소효용, 시간효용, 소유효용 그리고 형태효용을 창출한다.

중간상이 제품이 만들어지는 장소에서 소비자에게 가까운 장소나 구매하기 좋은 장소로 유통함으로써 소비자는 제품 생산지까지 직접 가지 않아도

[그림 2-8] 생산자와 소비자 간의 갭(gap)

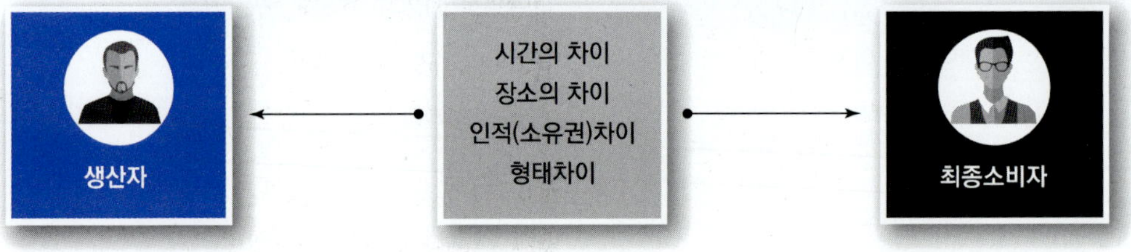

편하게 제품을 구매할 수 있게 된다. 이러한 효용이 생산자로부터 소비자에게 재화 및 서비스를 이전시키는 장소효용(place utility)이다. 유통이 이루어지지 않는다면 소비자는 생산자를 일일이 방문하여 필요한 제품을 구매해야 하는데, 이를 대신하여 중간상들이 적절한 곳에 물류센터와 도·소매상을 운영하여 운반의 효율성, 신속성 등을 강화하고 소비자의 편의에 맞는 장소에서 쉽게 제품을 구매할 수 있는 시스템을 갖추어 장소효용을 제공하는 것이다.

제품이 생산되고 소비되기까지는 시간의 차이도 존재한다. 소비자가 원하는 시점에 제품을 소비할 수 있도록 하는 것이 시간효용(time utility)이다. 편의점은 24시간 운영하여 소비자가 원하는 시간 언제든 제품을 구매할 수 있도록 하는 시간효용이 높은 소매점이라 볼 수 있다. 또한 중간상이 재고를 보유하고 있다가 소비자가 원하는 시점에 판매를 하는 기능도 시간효용을 창출한다. 여름 의류 생산자는 겨울에 미리 제품을 만들어 두면 중간상이 재고를 보유하고 있다가 여름에 제품을 소비자에게 적극적으로 판매하는 역할을 한다거나, 이미 시즌이 지난 재고도 보유하고 있다가 다음해 시즌에 재판매하는 역할도 한다. 언제든 접속가능한 온라인 쇼핑몰이나 모바일 쇼핑몰도 오프라인에 비해 시간효용이 높다고 볼 수 있다. 물론 이들은 장소효용도 높은 사례에 해당한다.

소유효용(possession utility)은 생산된 제품의 소유권을 소비자에게 이전함으로써 상거래상의 효용을 창출하는 것이다. 결제시스템을 도입하고 현금·신용카드·계좌이체·모바일결제 등의 다양한 결제수단을 적용하고 있으며 신용·할부·임대·리스판매 등 다양한 방법으로 제품을 소유하거나 이용할 수 있도록 하는 효용을 창출한다. 또한 소유권 이전 과정에서 필요한 배달·설치·이용교육·보증 등도 제공하며 이용 중의 애프터서비스도 제공한다. 이러한 기능들을 제조업자가 아닌 유통경로 내의 중간상들이 제공하고 있다. 만약 중간상이 소유효용을 창출하지 않는다면 생산자와 소비자는 일대일로 만나 상거래를 하게 되는 과정에서 많은 거래횟수가 필요하고 거래비용이 높아질 것인데, 중간상이 생산자로부터 대량으로 제품을 구매함으로써 생산자의 거래횟수와 비용을 단순화시키며, 소비자에게는 원하는 방식으로 원하는 수량을 소유할 수 있도록 한다.

유통은 형태효용(form utility)도 창출한다고 볼 수 있다. 원래 형태를 만드는 기능은 제조업자가 제품이나 서비스를 생산하는 과정에서 이루어지지만, 생산과정 못지않게 유통과정에서도 다양한 형태가 창출되는 것을 흔히 볼 수 있다. 가장 기본적인 유통의 형태효용은 유통경로를 거치면서 소비자가 원하는 수량으로 분할하는 것이다. 생산자는 대량판매를 중심으로 도·소매상에 판매하지만 소비자는 소량으로 구매하고자 하기 때문에 구매단위의 형태가 달라지는 것이다. 채소나 과일 같은 경우는 소비자가 원하는 만큼을 무게로 재어 판매하거나 생선이나 육고기는 원하는 부위를 원하는 만큼 잘라 판매하기도 한다. 유통과정에서 소비자의 이용 용도에 맞게 형태가 바뀌기도 한다. 선물을 위한 포장이나 운반을 위한 박스·비닐 포장이 이루어지기도 하고, 즉시 이용을 위해 음식물을 데운다거나, 선식을 만들어 주는 경우 등 아주 다양한 형태효용의 창출을 볼 수 있다.

유통은 이러한 효용을 창출하기 위해 다음과 같은 기능을 한다고 정리해 볼 수 있다. 먼저 유통은 소비자와 제조업자를 연결하여 제품의 구매와 판매가 가능하도록 거래기능과 물적유통기능을 한다. 다수의 제조업자와 다수의 소비자가 개별적으로 만나 거래해야 하는 불편함을 제거하여 서로의 탐색비용을 줄여주고 양자를 효율적으로 연결시켜주는 기능을 하는 것이다. 다시 말해, 유통은 소수의 중간상을 통해 다수의 소비자에게 판매하는 것을 가능하게 하므로 교환과정을 촉진시킨다.

또한 유통은 소비자가 소매점포에서 다양한 제조업자가 판매하는 상품을 한 번에 구매할 수 있게 다양한 구색의 제품을 효율적으로 구매할 수 있도록 도와준다. 즉, 제조업자는 한정된 구색을 생산하지만 소비자는 한 번에 다양한 구색의 제품을 구매하려고 하기 때문에 발생하는 구색의 불일치를 완화시켜주는 기능도 하고 있는 것이다.

마지막으로 유통은 제조업자로부터 공급받은 제품을 그대로 소비자에게 전달하는 단순한 역할을 수행하는 것이 아니라 제품이 지닌 가치에 새로운 가치를 추가하여 구매 및 판매를 용이하게 하는 역할을 수행한다. 예를 들어,

유통은 제조업자를 대신하여 소비자에게 애프터서비스를 제공하거나 제품의 배달, 설치, 사용방법의 교육 등을 제공함으로써 고객서비스라는 새로운 가치를 제공하기도 하는 것이다.

3.2 유통경로의 존립근거

일반적으로 이론적 근거로 제시되고 있는 총거래수 최소의 원칙과 집중저장 또는 불확실성 풀의 원리에 입각하여 우선 중간상의 사회적 존립타당성을 인정할 수 있다.

1) 총거래수 최소의 원리(principle of minimum transactions)

생산자가 개별 소비자와 직접 거래할 때보다 중간상과 거래할 때 총거래수가 줄어들고 이에 따라 거래비용과 노력, 그리고 시간을 감축할 수 있다는 것이다. [그림 2-9]에서와 같이 만약 생산자와 소비자가 직접적인 거래를 한다면 총거래수는 9번이 되지만, 중간상이 개입하게 되면 총거래수는 6번으로 줄어들어 사회적 총거래비용이 감소하게 된다.

2) 변동비 우위의 원리(principle of variable cost superiority)

변동비 우위의 원리는 제조비용에 비해 유통비용은 고정비보다 변동비의

[그림 2-9] 총거래수 최소의 원리

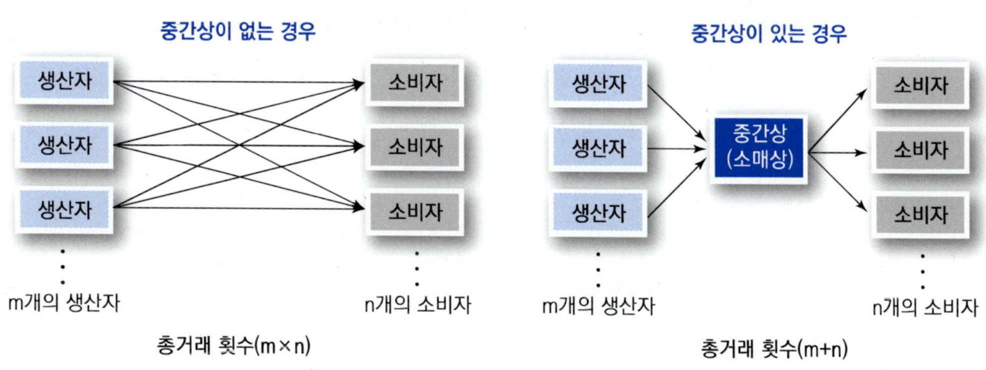

비율이 높기 때문에 제조업자가 직접 유통까지 담당하여 규모의 경제를 달성하기 어려우므로 중간상이 전문적으로 담당하여 비용을 낮추는 것이 좋다는 관점이다. 제조업은 고정비가 차지하는 비율이 변동비보다 커서 생산량이 증가할수록 단위당 생산비가 감소하는 규모의 경제를 실현할 수 있다. 이에 비해 유통기관에서는 상대적으로 고정비보다 변동비의 비율이 높으므로 유통기관이 대형화되더라도 평균비용이 제조업만큼 감소되지 않는다. 따라서 유통이라는 역할을 분담하는 것에 비해 중간상이 배제되고 제조업이 유통의 역할을 통합하는 것의 이점이 크지 않다는 것이다. 즉, 유통업의 변동비가 높기 때문에 제조업과 유통업이 통합된다고 해서 제조업의 규모의 경제를 강화하기 어렵기 때문에, 유통기관이 존재하여 전문적으로 유통기능을 담당하는 것이 필요하다는 관점이다.

3) 집중저장의 원리(principle of massed reserve)

유통경로에 중간상이 개입하여 집중적으로 재고를 보유함으로써 사회 전체적인 관점에서 재고 보관량과 비용이 감소한다는 원리이다. 특히 이 관점은 도매상의 개입 효과를 설명하는 데 설득력이 있다. 예를 들어, 소매상만이 중간상으로 개입할 경우 100개의 소매상이 각각 50만 원씩 재고를 부담한다고 가정하면 경로 내의 총비용은 5,000만 원(50만 원 × 100개)이다. 그런데 대량의 재고를 보관해주는 도매상이 개입하여 1,000만 원의 재고를 보유해 주면서 필요한 경우에 신속하게 소매상에게 제공해 줄 수 있다면 소매상은 대량재고를 가질 필요 없으므로 각 10만 원씩의 재고만 보유하면 되는 것이다. 이 경우에 사회전체의 총비용은 2,000만 원(10만 원 × 100개 + 1,000만 원)으로 감소하게 된다. 도매상이 집중저장을 해주게 되어 소매상은 재고비용을 절감하면서 소비에 적절히 대응할 수 있다. 또한 소매상이 소비자의 수요가 어떻게 변할지 모르는 수요불확실성에 대비해 많은 재고를 보유하고 있어야 하지만, 도매상이 개입하게 되면 그 불확실성에 대비하여 도매상이 많은 재고를 대신 보유하고 있다가 필요할 때 전해주기 때문에 불확실성 풀의 원리(principle of pooling uncertainty)라고도 한다.

4) 분업의 원리(principle of division of work)

보관, 운송, 정보수집, 금융 등 유통경로 내의 다양한 기능을 전문적으로 할 수 있는 전문 중간상에 유통을 맡기는 것이 효율적이라는 관점의 원리이다. 제조업자가 유통과 관련된 기능들을 모두 수행하는 대신에 보관, 운송, 정보수집, 금융 등 유통경로 내의 다양한 기능들을 전문적으로 할 수 있는 전문 중간상에 유통을 맡기는 것이 사회적 경제성과 능률성이 향상되어 효율적이라는 관점의 원리이다. 즉, 제조업자는 생산을 그리고 유통업자는 유통을 전문화함으로써 각자 특화에 의한 능률화의 이점을 강화하여 보다 경제적이고 효율적인 유통기능의 수행이 가능하다는 점에서 전문화의 원리(principle of specialization)라고도 한다.

유통실무 Focus

마이창고, 첫 화장품 전문 물류센터 오픈

중소 전자상거래 화주들을 대상으로 한 물류 풀필먼트(fulfillment) 서비스 플랫폼 운영 기업 마이창고는 경기도 이천에 위치한 이앤씨지엘에스 물류센터(연면적 13,000평)로 온도와 습도 조절이 가능한 첨단설비를 갖추고 있다.

현재 국내에서 유통되는 화장품 브랜드 중 항온/항습이 가능한 창고를 이용하고 있는 화장품 브랜드는 몇몇 최고급 라인에 불과하다. 하지만 본격 운영에 들어갈 마이창고의 코스메틱 풀필먼트 센터는 특화된 운영과 시설에 대한 문턱을 크게 낮춰 국내 중소형 화장품 브랜드에 맞게 서비스와 가성비를 갖춰 운영할 계획이다.

한편 이번 소식에 국내 화장품 업계는 반갑다는 반응이다. 연중 기온 변화가 갈수록 커지는 국내 보관 환경에서 제품 보관 및 품질 유지관리를 받고 싶어도 받지 못해온 중소 화장품 관계자들은 전문화된 창고보관시설과 이에 대한 풀필먼트 서비스까지 받을 수 있게 될 것으로 기대하고 있다. 이와 함께 최근 중국 관광객 감소와 중국 화장품 브랜드의 약진으로 성장에 어려움을 겪고 있는 국내 중소 화장품 제조/유통 기업의 고질적인 물류서비스 문제 해결에 큰 활력이 될 것으로 기대된다.

자료: 물류신문, 2019.5.1.
(https://www.klnews.co.kr/news/articleView.html?idxno=119341)

Section

4 유통산업

4.1 유통산업 현황

1) 유통산업의 발전

유통산업은 도매상, 소매상, 물적유통기구로 구성된다. 도매상과 소매상은 상적유통을 담당하는 산업이라 볼 수 있고, 이들 간에 수송 및 저장 등의 물적유통을 담당하는 기구가 유통산업에 포함된다. 소매업을 기준으로 우리나라 유통산업의 발전과정을 구분해 본다면 [그림 2-10]과 같이 총 5단계로 정리할 수 있다. 첫 번째 단계는 국내 최초의 백화점이 생겨나고 1930~1960년대를 전근대기로 본다. 거대 자본의 투입으로 대규모 점포 운영이 가능하게 되었지만, 많은 물량을 직접 매입하여 판매하는 단계로의 발전은 아직 되지 못한 단계이다.

2단계의 중요한 이슈는 1970년대 슈퍼마켓의 등장이 근대적인 유통기구의 출현이라고 볼 수 있다. 경제성장과 함께 대량수요를 기반으로 유통산업이 성장할 기회의 시점에서 슈퍼마켓은 체인화를 실시하여 대량매입이 가능했고, 박리다매 및 셀프서비스 도입을 통해 판매에서도 규모의 경제를 실현하게 되는 시스템을 구축하였다. 1980년대에는 편의점이 도입되고 소비자보호법과 공정거래법, 유통근대화촉진법 등의 유통법규가 마련되어 유통산업의 근대화가 본격적으로 진행되었다. 또한 슈퍼마켓 및 백화점은 정보시스템을 갖추며 현대화되고 대형마트 등 다양한 업태가 개발되었다.

3단계 진화는 1996년 유통시장 전면개방과 최초의 인터넷 쇼핑몰의 등장

[그림 2-10] 소매업 중심으로 살펴본 유통산업의 발전과정

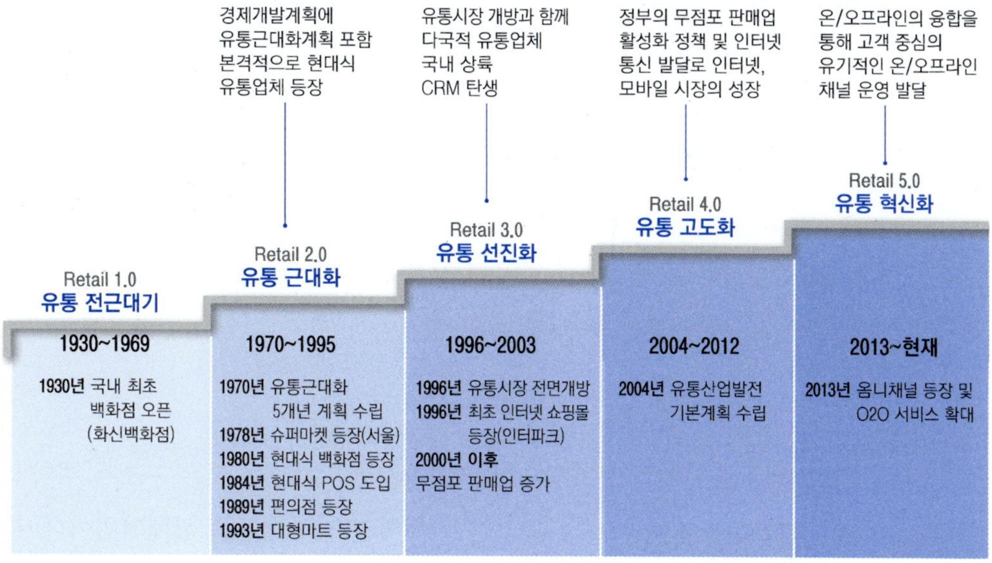

이다. 유통시장 개방으로 인해 월마트, 까르푸 등 해외 선진 유통자본이 국내로 유입되어 국내 유통시장의 경쟁에 불을 붙였고, 그러한 경쟁 속에서 국내 유통산업은 더욱 차별화된 경쟁력을 갖추며 성장하는 기회가 되면서 이마트 등의 대형마트가 급성장하였다. 1997년에 유통산업의 효율적인 진흥과 균형 있는 발전을 꾀하고, 건전한 상거래 질서를 세움으로써 소비자를 보호하고 국민경제의 발전에 이바지하기 위해 유통산업발전법이 제정되면서 대규모점포의 운영 및 유통정보화, 유통분쟁에 대한 법적 기준이 마련되었다. 특히 인터넷 쇼핑몰의 등장 및 TV홈쇼핑, 카탈로그 등 다양한 무점포 판매업의 성장은 기존의 오프라인 점포에 위협이 되면서 소매업은 단순한 판매대행업에서 성장하여 소비자가 원하는 제품을 제공하여 고객만족을 목표로 차별화와 질적 성장을 추구하게 된다.

4단계로 접어들면서 2004년에는 정부의 무점포 판매업 활성화 정책을 기반으로 기존의 오프라인 점포가 인터넷 쇼핑몰로 전환되거나 병행되는 형태로의 발전이 이루어졌고, 그 결과 소비자는 동일한 제품도 오프라인과 온라인 등의 다양한 유통경로를 통해 접하게 된다. 어떤 유통경로를 선택하느냐

에 따라 가격과 서비스, 경험이 달라지게 되자, 최근에는 여러 경로를 통합하여 고객의 경험관리를 할 수 있는 옴니채널(omni-channel)로 변화화고 있는 5단계를 거치고 있다.

2) 유통산업의 특징과 변화

우리나라의 유통산업은 과거 제조업 위주의 성장 정책으로 인해, 생산부문의 발전이나 소비수준의 향상에 상응하는 발전을 하지 못했다. 이로 인해 한국의 유통시스템은 다음과 같은 문제점을 가지고 있다.

(1) 구조적 취약성

우리 유통산업의 문제점으로 우선 지적할 수 있는 것은 구조적 취약성이다. 또한 유통업체의 거의 대부분이 비법인으로 새로운 판매기법이나 시설현대화 등 경영효율 제고를 추진하기 어려운 실정이다. 영세한 중소유통업체들은 조직화 · 협업화하여 경쟁력을 제고해 나가야 함에도 불구하고 우리 유통업체들의 조직화 · 협업화 또한 매우 부진한 실정하다.

(2) 중소유통업체의 상권위축 가속화

우리 유통업체의 거의 대부분을 차지하고 있는 중소유통업체의 상권위축도 심각한 문제이다. 최근 대기업의 할인점 · SSM · 편의점 진출 등으로 대형판매시설과 대기업 주도형 소매점포가 확산됨에 따라 중소유통업체의 상권이 위축되고 있으며, 대기업의 신규진입 확대에 따라 대형판매시설이 확산되어 중소유통업체의 상권위축이 더욱 가속화될 것으로 우려된다.

(3) 유통환경의 전근대성

또 다른 문제점으로 들 수 있는 것은 유통환경의 전근대성이다. 과세자료가 없는 무자료 상품을 거래하는 무자료거래 관행은 우리 유통업계가 안고 있는 고질적인 문제이며, 무자료거래는 세수감소의 요인으로 작용함은 물론 유통질서를 왜곡시켜 유통산업의 발전을 저해하고 있다. 무자료거래 관행 외에 제조업체가 생산과 유통을 동시에 수행하거나 배타적·차별적 거래를 통해 유통업체를 지배하는 제조업 지배형 유통구조도 유통산업의 발전을 저해하고 있다.

(4) 물류체계의 낙후

물류체계가 낙후되어 있는 것도 유통산업이 당면하고 있는 문제 중의 하나이다. 유통업의 운영에는 물류활동이 필수적으로 수반되는데 사회간접자본시설이 크게 부족할 뿐만 아니라 현대적 시설을 갖춘 물류거점시설도 미비하여 물류운영의 비효율이 초래되고 있으며, 그나마 있는 물류거점시설도 개별 업체별 시설이 대부분이고 공동으로 이용할 수 있는 시설이 극히 취약하다. 또한 우리 기업의 일반적인 수송체계는 제조공장으로부터 대리점이나 판매점까지 개별적인 직송 수송체계로 되어 있어 적재율저하·중복수송·귀로시 공차운행 등의 낭비요인이 상존하고 있으며, 포장·물류과정에서 표준화 규격의 보급이 매우 부진하여 물류활동을 효율적으로 수행하기 어려운 실정이다.

(5) 규제과다 및 지원 미흡

우리 유통산업이 당면하고 있는 문제점으로 규제가 과다하고 지원은 미흡한 점도 빼놓을 수 없다. 과거 경제개발계획시대부터 경제정책의 주요 관심사는 공업화를 통한 수출 주도형 경제성장이었으며, 정책적 지원은 제조업에 집중되고 유통산업은 소비성 서비스 사업 정도로 인식되어 지원의 대상이 되기보다는 규제의 대상이 되어 토지이용·건축·금융·기업활동 측면에서 규제가 과다하였다. 대기업에 비하여 경쟁력이 열위에 있는 중소기업을 보호·육성하기 위한 중소기업지원정책도 중소제조업체에 국한되고 중소유통업체는 지원대상에서 제외되어 왔다.

4.2 유통산업의 역할과 과제

1) 유통산업의 경제적 역할

세계경제질서는 과거와는 본질적으로 다르게 변모하고 있으며, 그 변화도 전례없이 빠르고 다양하게 진행되고 있다. 동서냉전체제가 종식되고 각국의 경제체제가 시장경제체제로 통합되면서 세계경제질서는 산업경쟁력의 우위를 바탕으로 재편되고 있다. WTO체제가 본격화되면서 자유·공정무역을 촉진시키고 세계무역의 성장에 기여하고 있지만, 각국의 국경 문턱이 낮아지면서 세계시장을 선점하기 위한 국가 간·기업 간의 치열한 경쟁이 전개되고 있다. 특히 환경·노동·경제정책 등 새로운 분야에 대한 다자규범화 논의가 활발하게 진행되고 있어 앞으로 이들 분야는 우리 산업에 많은 영향을 미칠 것으로 전망된다.

최근 한국유통산업도 소비자욕구의 변화와 함께 정보화, 지방화, 세계화라는 커다란 조류에 휩싸이면서 사상 최대의 변혁기를 지나왔다. 유통산업이 발전되어야만 생산자가 만든 좋은 품질의 상품을 소비자에게 값싸고 신속하게 전달할 수 있고, 생산 및 소비의 양과 질을 합리적으로 결정하며 정보와 재화의 흐름을 원활하게 할 수 있는 만큼 유통산업은 다양한 역할을 수행하고 있다.

세계경제질서의 급속한 변화 속에서 우리 유통산업을 둘러싼 대내외 환경 변화도 지금까지와 질적으로 다른 양상을 보이고 있다. 특히 유통시장의 전면개방은 우리나라 유통구조의 혁신을 앞당겼으며, 막강한 자본력과 경영 노하우로 무장한 외국기업에 대항하기 위한 개별 업체의 경쟁력 강화는 유통업계의 초미의 관심사가 되었다. 더구나 소비자의 다양한 욕구 충족을 위한 다양한 신업태의 개발 및 산업집적 제공은 유통산업의 중요한 과제가 되고 있다.

(1) 생산자와 소비자 간 매개 역할

유통산업은 경제사회발전에서 다양한 측면에서 기여하고 있다. 우선 생산자와 소비자가 직접 거래할 경우에 발생하는 제반 비용을 감소시켜 주고, 양자의 중간에서 각각의 정보를 상대방에게 제공함으로써 소비자 욕구에 맞는 제품을 생산할 수 있다.

(2) 고용창출

유통산업은 3차 산업 중 가장 비중이 높고, 앞으로 지속적인 성장으로 높은 고용창출 효과가 기대된다. 특히 할인점, 카테고리킬러 등 신업태의 성장 및 기타 다양한 업태의 발전, 대형점의 지방 네트워크화 및 다양한 점포 개발로 고용인구를 확대해가야 할 것이다.

(3) 쾌적한 노동환경 실현

근로시간, 근로환경의 개선으로 우수인력 확보가 필요하며 파트타이머의 고용활성화 및 여성인력의 효과적 채용을 위한 각종 제도 정비, 전문인력 양성 및 능력과 업적주의의 임금체계 도입 등이 필요하다.

(4) 물가조정

유통구조가 효율화되면 제품의 최종소비자가격은 낮아지고, 제조업의 유통경로에 대한 투자위험을 흡수할 수 있다. 또한 유통업체 간, 제조업과 유통업체 간 경쟁을 촉진함으로써 물가조정 역할을 담당한다.

중산층의 확대에 따른 소비자의 의식구조 합리화와 라이프스타일 변화로 할인업태는 계속 확대될 것이며, 이에 따른 파격적인 가격하락은 소비자의 실질소득 증가와 국민의 생활수준을 향상시키는 효과를 가져다주며, 물가안정에도 크게 기여할 것이다.

미국이나 일본의 경우 가격파괴의 효과로 개인의 실질소득이 증가함으로써 소비주도형 경기회복이 표면화되고 있다. 우리나라도 할인업태의 계속적인 등장으로 소비자의 구입가격대가 하향 이동하고, 이것이 가격파괴를 더욱 가속화시키면서 물가안정과 실질소득의 증가로 연결, 국민경제 전체의 수요창출과 이에 따라 제조업체에게도 좋은 영향을 미치게 될 것으로 보인다.

(5) 산업발전의 촉매

유통부문이 신규시장을 활발히 개척하면서 제조업체에 대한 유통업의 거래교섭력이 증가하고 있다. 이는 제조업체 간 경쟁을 촉발시키고 따라서 제조업 전체의 경쟁력이 제고될 수 있다. 중소기업의 판로 확대 측면도 살펴볼 수 있다. 가격주도권을 갖고 있는 대기업의 유명브랜드로서는 할인점의 최대 무기인 저가격정책을 유지하기 힘들기 때문에 유통업 자체 브랜드를 개발하기 위해 유망 중소기업을 발굴하여 협력관계를 지속해 나갈 수밖에 없다. 또 이들 중소기업의 판로를 확대하는 할인점은 대량판매가 가능하기 때문에 물류비, 인건비 등 판매 부대경비를 절감할 수 있다.

그리고 지금까지 유통업체가 영세성과 전근대성을 면하지 못한 상태에서 상품의 가격 결정권을 제조업체가 지배하는 구조였으나 앞으로는 유통업이 가격을 선도하는 구조 내지는 공존공영의 유통구조로 변화할 것이다. 아직까지는 할인업태가 초기 도입단계인 관계로 납품가격을 둘러싼 제조업체와의 갈등이 심화돼 낮은 가격으로 상품을 공급해줄 것을 요구하는 유통업체와 기존 대리점 및 소매점들의 집단적인 반발을 우려하여 납품을 거절하는 제조업체 간의 가격논쟁이 발생하고 있으나, 시간이 흐를수록 양자의 협조체제가 이루어질 것으로 예상된다.

유통산업의 발전은 제조업의 경쟁력을 강화하고 촉진하는 데도 영향을 미칠 수 있다. 개방화 · 국제화가 진전되면서 대외경쟁력 강화를 위해 업종, 규모에 관계없이 모든 민간기업이 가격인하를 강요받고 있으며, 이러한 환경하에서 한발 앞서 가격을 인하하는 기업은 단기간 내에 새로운 고객을 끌어모으고 있다. 앞으로 기업 간의 가격경쟁은 한층 치열해질 것이며, 개방화에 따른 외국의 고품질 저가격 상품과의 경쟁을 위해 제조업의 비용절감을 통한 경쟁력 확보 노력은 갈수록 확산될 수밖에 없다. 따라서 고품질 저가격의 상품에 대한 수요가 증가하면 할수록 제조업체는 제조업체대로 가격경쟁의 우위를 점하기 위한 노력에 집중하게 될 것이다.

2) 유통산업의 사회적 역할

(1) 풍요로운 사회에 공헌

과거의 유통산업은 일방적으로 제조업체의 제품을 전달만 하는 기능적 역할이 전부였으나, 오늘날의 유통산업은 질 좋은 제품을 소비자에게 안정적으로 값싸게 공급함으로써 풍요로운 국민생활에 공헌함을 기본사명으로 하여 삶의 질 향상에 기여하고 있다. 특히 인구통계적 변화로 노령화 및 1인 가구 증대에 맞추어 요구되는 구색 및 상품을 적시적소에 배치하는 등 소비자 변화에 발 빠르게 대처하고 있다. 또한 신도시 개발 및 도심재개발 시 도시의 활기와 풍요를 창출할 수 있도록 유통산업의 역할 확대가 중요한 역할을 하고 있다.

현재 할인점이 도심에 입지하고 있지만 교외지역에서도 충분한 경쟁력을 발휘할 수 있는 업태로 충분히 발전할 잠재력이 있다. 교외입지는 국가적 차원에서는 도심교통난 완화 및 유휴토지의 효율적 활용이 가능하며, 박스 단위의 대량판매로 제조업체의 물류비 절감효과와 환경보호에도 기여한다. 또한 소비자 입장에서는 일괄구매로 절약된 쇼핑시간을 다른 생산적인 부문에 투자할 수 있어 부가적 이득을 누릴 수 있다.

(2) 소비문화의 창달

유통시설은 도시 변화가 상업시설의 핵심을 이루면서 도시 발전의 지표와 상징적인 역할을 하며, 소비자의 소비 · 쇼핑패턴의 변화는 사회 전체의 소비문화를 결정짓는 중요한 요소가 된다. 가격지향 소비자들에게는 할인점, 회원제 창고형 도소매점, 카테고리킬러 등 가격파괴 업태가 성장하여 가격민감 소비자층을 만족시키고 있고, 품질을 중시하고 개성을 중시하는 소비자들을 위해서 전문점 등 다양한 유통업태가 성장하였다. 또한 편리성 지향 소비자의 욕구에 맞는 소비문화도 제공되고 있다. 자동차 보급 확대에 따라 간선도로변에 유통시설이 개발될 필요가 있고, 교외형 상업 집적지에도 유통시설이 개발될 필요가 있다. 여성의 사회진출, 맞벌이 층의 증가로 24시간 편의점 선호현상, 할인업태 영업시간 연장 등의 시간적 편리성에 대한 욕구충족 방안도 고려되어야 한다. 이러한 편리성을 만족시키기 위해 한 점포에서 욕구를 한 번에 해결할 수 있는 원스톱 쇼핑(one stop shopping)이 중요하게 되었고, 복합쇼핑센터, 파워센터 등이 개발되고 있다. 쇼핑센터 내 문화시설 복합으로 시간소비 욕구에 대응할 수 있어야 한다.

과거 초기의 유통이 판매자를 대신하여 제품을 전달해주던 판매대행업이었다면 유통시장 개방 이후 경쟁력 강화와 소비자 교섭력 강화로 소비자가 원하는 것을 제공해주는 구매대행업으로 성장하였다. 최근에는 어떠한 경험과 문화를 제공하는지가 유통경로의 중요한 과제가 되고 있다.

(3) 환경문제 대응

유통은 물적유통의 과정과 소매유통의 운영과정에서 도시폐기물처리 문제, 점포주변 교통정체, 소음 등 환경문제를 고려한 유통시스템 구축(환경조화형 상품조달, 포장 간소화, 폐기물 재활용 등)이 필요하다. 그래서 최근 유통점포들은 환경지향적 점포 개발과 운영에 힘을 쏟고 있으며 운영과정에서 불필요한 에너지 낭비가 없도록 하거나 태양력 등의 에너지를 개발하여 사용하기도 한다. 포장의 간소화나 제거 등도 환경을 위한 활동이라 볼 수 있다. 최근에 로컬푸드(local food)의 등장은 탄소배출을 줄이고 건강한 먹거리를 제공한다는 점에서 소매업계에 신선한 혁신을 가져다주고 있다.

(4) 국제화 진전을 위한 역할 분담

개방화시대에 대응하여 가격 및 품질 경쟁을 통한 산업경쟁력 강화와 해외점포망 확보를 통한 제조업체의 수출 기반 및 판로 확보가 필요하다. 2014년 7월 기준으로 롯데마트가 146개, 이마트가 16개의 해외매장을 운영하고 있다. 유통망의 해외진출은 해당 제품을 자연스럽게 해외에 소개하고 진출하게 하는 기회가 됨으로써 독립적으로 수출을 해야 하는 국내 중소기업에 판로를 확장해주고 추가적인 시장확보, 수익확보에 큰 기여를 하고 있다. 최근 한류문화의 확대에 따라 우리나라 제품의 전 세계적인 인기를 뒷받침하는 것 중의 하나가 세계 어디서든 한국제품을 손쉽게 구매할 수 있다는 것에서 유통의 역할을 실감할 수 있다.

CHAPTER

03 유통환경과 트렌드

C/O/N/T/E/N/T/S

도입사례

유통업의 미래, 온라인과 오프라인의 융합 진화 '희미해지는 경계'

온라인 중심으로 이동하고 있던 유통시장의 흐름은 코로나19 팬데믹으로 인해 더욱 성장세가 가속화됐다. 상대적으로 오프라인 유통시장의 성장세는 둔화했지만, 그 필요성은 여전히 존재하기 때문에 향후 유통업은 온·오프라인 융합형 유통으로 진화할 전망이다.

KB금융지주 경영연구소의 '변화하는 시대에 대응하는 유통업의 미래' 보고서에 따르면, 2020년 팬데믹으로 온라인 유통시장의 매출이 전년 대비 18.4% 증가했다. 이는 즉시성과 편의성을 중시하는 소비문화가 확산되고, 인터넷과 모바일 기술 발달과 배송이 강화됐기 때문이다.

통계청에 의하면, 2020년 11월까지 온라인 시장 누적 거래액은 약 170조 원으로 이미 지난해 전체 거래액인 약 135조 원을 상회했으며, '언택트(Untact)' 소비문화의 확산으로 이커머스 시장이 전성기를 맞이했다. 쿠팡, 마켓컬리 등의 성장에 따라 신세계, 롯데 등 전통적 유통 강자들도 발 빠르게 온라인 사업부문 성장을 위해 집중하고 있다.

반면, 오프라인 시장은 매년 성장률이 둔화하고 있는데, 특히 2019년부터 마이너스 성장을 기록하고 있다. 온라인 쇼핑 확산에 따른 매출 감소세가 이어지는 때, 코로나19로 인한 사회적 거리두기가 시행되면서 매출 감소에 큰 영향을 미친 것이다.

그러나 보고서는 온라인 쇼핑을 통해 원하는 물건을 모두 구매할 수 있는 시대에도, 우리 몸은 여전히 오프라인 매장을 원한다고 분석했다.

빅데이터를 바탕으로 고객에게 추천 상품을 제공하는 서비스의 경우, 상품을 손쉽게 찾을 수 있지만, 오프라인 매장과 같이 우연히 새로운 물건을 발견할 가능성과 예상치 못한 사항을 접할 기회가 감소하기 때문에, 오히려 소비자의 쇼핑 경험을 빈곤하게 만들게 된다는 것이다.

보고서는 우리 몸은 자신이 원하는 것을 찾아다니며 물건을 구매하는 기대감이 커질 때 도파민 분비량이 증가한다는 스탠퍼드대학 신경정신학자 로버트 새폴스키의 연구와, 비어있는 매장과 붐비는 매장 사이에서 하나를 선택해야 하는 경우, 대부분 군중심리에 의해 붐비는 매장을 선택하는 사례를 들며, 인간의 본성은 오프라인 매장으로 향하게 돼 있다고 봤다.

2016년에 영국에서 실시된 한 연구에서도, 디지털과 온라인에 익숙한 MZ세대 역시 쇼핑에서 가장 중시하는 점이 오프라인 매장인 것으로 나타났다. 특히, 전자제품의 경우 68%가 오프라인 매장을 선호했다.

여러 조사 결과에 따라, 오프라인 매장은 브랜드 인지도를 높이고, 이를 통해 온라인의 판매를 증가시킬 수 있는 영향력을 가진 것으로 판단할 수 있다. 이에 배달 및 고객의 상품 수령이 가능한 유통 허브로도 활용이 가능하며, 단순히 제품을 진열·판매하는 공간을 넘어 소비자에게 브랜드의 체험과 경험을 제공하는 공간으로 진화 중이다.

이처럼 미래 유통업은 소비자가 온·오프라인 특정 채널을 의식하지 않고 구매과정을 하나의 채널로 연결해 소비하는 패턴이 될 것이기에 유통업체는 각각의 장점이 효과적으로 발휘될 수 있도록 융합해야 한다.

자료: 산업일보, 2021.4.7.
(http://www.kidd.co.kr/news/221689)

Section

1 유통환경의 구성요소

유통전략은 마케팅전략의 목표달성을 위한 방향으로 추진되는데, 유통환경분석을 토대로 자사의 제품과 상황에 맞는 경로를 구축하고 관리하는 과정을 말한다. 유통환경에서는 유통과 관련된 거시환경 및 과업환경의 구성요소들을 살펴보고 최근 소비자 환경의 변화와 유통경로에 대한 소비자들의 기대를 정리하고자 한다. 그리고 유통경로 전략에서 마케팅믹스와 함께 고려되어야 할 요인들을 점검하고자 유통경로에서의 제품전략, 가격전략, 유통전략, 촉진전략에서 핵심적으로 알아야 할 개념들을 정리하도록 한다.

환경(environment)이란 조직을 둘러싸고 있거나 조직에 영향을 미치는 일련의 영향력 및 상황을 말하는데 기업의 경영전략이나 마케팅전략 수립 시에 필수적인 선행요소로 인식되고 있다. 전통적인 환경분류법에서는 [그림 3-1]과 같이 조직을 둘러싸고 있는 환경을 크게 내부환경(internal environment)과 외부환경(external environment)으로 구분하고 있다. 내부환경이란 조직이 가지고 있는 독특한 조직분위기, 조직문화를 의미하는 것으로 조직구성원이 조직의 성격, 가치, 규정, 스타일 및 특성 등을 공유하는 지각의 정도로 구성된다. 외부환경이란 조직의 외부에 존재하면서 조직의 의사결정이나 전반적인 조직활동에 영향을 미치는 환경을 의미한다. 외부환경은 다시 거시환경(macro environment)과 과업환경(task environment)으로 구분할 수 있다.

사회의 모든 조직에 영향을 미치는 거시환경은 일반환경이라고도 하며, 그 범위가 매우 넓어 통제하기가 어려운 요인으로 구성되어 있다. 이러한 요인에는 특정 조직에 반드시 영향을 미치지 않는 경우도 있다. 이러한 환경에는 경세적 환경, 기술적 환경, 사회문화적 환경, 정치 · 법률적 환경, 국제적

[그림 3-1] 유통환경 분석 범위

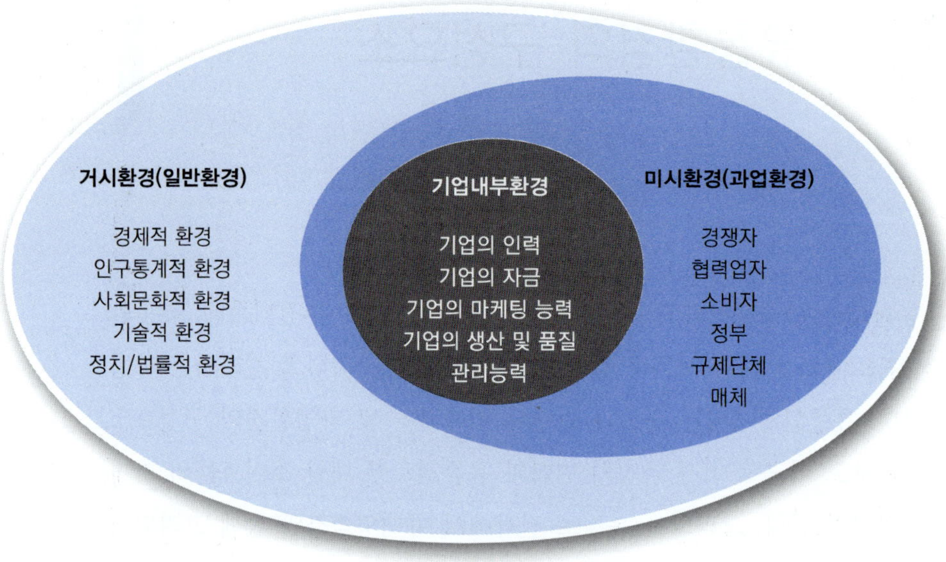

환경 등이 있다. 과업환경이란 특정 조직에 직접적인 영향을 미치는 요인으로 경쟁기업, 고객, 규제기관, 그리고 협력업자 등으로 구성될 수 있다.

현대의 기업은 시스템이론에서 시사하는 바와 같이 환경과 끊임없이 상호작용을 하는 개방시스템이다. 환경으로부터 원재료를 비롯한 투입물을 받아들이며 변형과정을 거쳐 만들어진 산출물인 재화와 용역은 외부의 환경으로 내보내지게 되며, 그 평가와 결과는 피드백에 의하여 다시 투입과정에 반영된다. 기업이 외부환경으로부터 투입물을 적절히 받아들이지 못하거나, 산출물이 외부환경에 의하여 수용되지 않는 경우에는 그 존속이 불가능하게 되며 이러한 병리적 현상을 마케팅 근시안(marketing myopia)이라고 한다.

최근 기업을 둘러싼 외부환경은 보다 복잡해질 뿐만 아니라 더욱 빠르게 변화하고 있다. 이러한 기업환경의 급속한 변화로 기업 내부의 효율성보다는 외부 적응력을 중요시하게 되었으며, 기업은 생존을 위하여 외부환경의 변화에 적절히 적응하여야만 하는 것이다. 이와 같은 환경의 중요성은 현대 경영학에서 기업과 환경의 관계에 대한 중요성을 부각시키는 계기를 마련하게 된 것이다. 기업환경은 기업이나 기업의 활동에 영향을 미치는 모든 요인을 의미한다. 그러므로 기업의 환경을 구성하는 요소는 그 범위도 넓을 뿐만 아니라 수도 많은 것이다.

유통경로가 직면하는 환경은 특징적으로 일곱 가지 유형으로 정리될 수 있다.

- 다양성 : 목표시장의 일반 소비자나 산업재소비자 각각의 유사성과 차별성의 정도로 나타나는 여러 가지 상황이다. 소비자들 간에 유사성이 적고 차별성이 크다면 다양성이 큰 유통경로가 된다.
- 역동성 : 유통경로구성원이 경쟁하는 시장의 변화의 빈도를 기준으로 나타내는 상황이다.
- 집중성 : 시장을 통제하려는 기업이나 조직의 수가 얼마인지를 근거로 나타내는 유통경로의 상황이다.
- 수용성 : 경제적인 여건이나 수요 상태의 호의적인 정도를 나타내는 상황이다.
- 상호연관성 : 관련 있는 경로기관들의 수와 연계된 패턴에 따른 상황을 이르는 경로 여건이다.
- 갈등 : 경로구성원들이 공동의 목표 없이 각기 목표만 추구하여 발생하는 비정상적인 경쟁적 긴장감의 정도를 나타내는 상황이다.
- 상호의존성 : 경로구성원들이 경쟁하는 시장에서 행동의 반응 정도와 민감성을 나타내는 상황이다.

이들 일곱 가지의 영역 중에서 의사결정에 있어서 가장 큰 불확실성을 낳는 중요한 영역은 환경적 다양성, 역동성, 집중성, 수용성 등이다. 이러한 요인들은 경로 경영자를 위협할 뿐만 아니라 변화에 세심한 주의를 요하게 된다. 유통경로의 환경이 변화가 다양하고, 폭넓고, 변동이 심하고 불확실할수록 적응을 위한 통제의 필요성은 증가하게 된다. 한편으로는 급변하는 경로의 목표시장에 적응하기 위해서는 유연성을 가질 필요도 있다. 이 유연성과 통제는 서로 충돌하는 경향이 있다. 그러므로 경로 환경은 항상 복잡하고 역동적인 모습을 띠게 된다. 외부환경을 평가하기 위해서는 다음 요소들을 깊이 있게 분석할 필요가 있다.

1.1 거시환경

거시환경은 모든 기업에 공통적으로 영향을 미치는 환경으로 일반환경(general environment) 혹은 일차환경(primary environment)으로 불리기도 한다. 이러한 환경은 경제, 사회, 정치, 법률 그리고 기술환경 등으로 나눌 수 있다.

1) 경제적 환경

경제적 환경(economic environment)은 기업의 거시환경 중에서 가장 직접적으로 영향을 미치는 주된 환경이다. 경제적 환경은 생산과 유통 그리고 소비에 이르는 모든 경제시스템으로 구성되어 있는데, 이러한 경제적 환경은 원재료의 수급에서부터 제품의 판매에 이르기까지 기업의 모든 경제적 활동과 연계되어 있다. 경제적 환경 가운데서도 가장 기초가 되는 것은 경제체제이다. 경제체제에는 잘 알려져 있는 바와 같이 자본주의 경제체제와 사회주의 경제체제가 있다.

경제체제와 더불어 중요한 경제적 환경은 국가의 경제정책이다. 정부가 성장 위주의 경제정책을 펴거나 혹은 경기과열을 염려하여 성장억제정책을 펴게 되면 기업은 여러 가지 면에서 영향을 받게 된다. 국가의 재정정책과 금융정책은 정부의 재정지출과 세제, 그리고 통화공급의 조절로 나타나게 되며, 이러한 정책들은 결국 기업의 자금수급과 투자, 그리고 생산과 제품의 판매에 영향을 미치게 된다.

2) 사회적 환경

사회적 환경(social environment)은 경제적 환경과는 달리 직접적이기보다는 간접적으로 영향을 미치는 환경으로 한 사회가 가지고 있는 사회적인 요소, 즉 문화와 가치관, 전통과 관습 등 사회적인 제도나 태도와 더불어 사회 내의 인구통계학적인 제반 특성을 의미한다. 한 사회 또는 국가는 그 사회나 국가의 고유한 문화와 가치관을 가지고 있다. 문화는 한 집단의 구성원이 다른 집단의 구성원들과는 다르게 가지고 있는 공통적인 가치이며, 가치는 무엇이 바람직한가에 대한 개인의 신념이다. 이러한 문화와 가치관은 비교적 안정적인 개념으로 한 사회와 다른 사회를 구별 짓게 하는 중요한 요인이 된다. 경영자는 이러한 문화와 가치관을 이해함으로써 상황과 문제에 대한 또 다른 해결의 실마리를 얻을 수 있는 것이다. 오늘날의 세계는 지구촌이라 할 만큼 가까워지고 있으며 기업의 국제화는 다른 국가나 문화권의 문화를 이해하는 것에서부터 출발하여야 한다.

문화적인 요인과 더불어 인구통계학적 요인들 역시 기업에 영향을 미치는 하나의 사회적인 요인이다. 인구분포와 남녀비율, 출생률과 사망률, 경제활동인구의 비율과 노년층의 비율 등은 기업의 인력수급에 변화를 초래하는 요인이 된다.

유통실무 Focus

뉴트로(newtro) 신드롬

'추억팔이'로 소비되던 복고문화가 최근 10대와 20대 사이에서 인기를 끌고 있다. 경험하지 못한 옛것에 젊은 층들이 열광한다는 점에서 중장년층의 향수를 자극했던 과거와는 다르다. 같은 이유로 최근에 등장한 뉴(New)와 레트로(Retro)가 결합되어 '뉴트로'라는 신조어가 생겼다. 기존의 복고와 차별화해 등장한 문화현상이란 것이다.

뉴트로는 레트로와 비슷한 듯하지만 다르다. 레트로는 30~50대가 과거에 대한 그리움으로 복고에 빠져드는 현상이다. 반면 뉴트로의 주체는 10·20세대다. 이들이 경험하지 못한 '옛것'에서 새로움을 느껴 복고에 열광하는 현상이 뉴트로다. 기존 레트로에 어떤 새로움(New)을 가미해야 뉴트로라는 문화현상을 설명할 수 있을까? 과거의 것을 기초로 하되, 현 시점의 시대적 상황과 새로운 감각이 접목되어 변형이 이루어지는 경우가 많다.

뉴트로는 아날로그 감성과 디지털 감성의 결합물이다. 10~20대는 복고 감성이 풍기는 패션·식품·음식점·거리 사진을 자신의 소셜네트워크서비스(SNS)에 올린다. 아날로그 감성을 좇는 동시에 디지털 시대 소통 창구인 SNS를 즐겨 이용하는 셈이다. 젊은 세대가 일상적으로 접속하는 SNS 문화가 뉴트로 열풍에 큰 영향을 줬다는 게 트렌드 전문가들의 분석이다. 뉴트로 바람은 패션 · 유통 · 예술 · 인테리어 · 여가 등 전방위로 위세를 떨치고 있다. 뉴트로 문화가 빠르게 퍼지면서 관련 업계에서도 '뉴트로 마케팅'에 적극적으로 나서고 있다. 패션은 물론이고 유통 · 식품업계도 과거 디자인과 콘텐츠를 전면에 내세우는 전략으로 '뉴트로족'을 공략하고 있다.

상권에도 변화가 생겨났다. '뉴트로' 감성은 종로 익선동, 중구 을지로 2가와 3 · 4가 등 낡고 쇠락했던 골목상권을 부활시켰다. 낡고 옛것으로 치부되던 낡은 골목들이 1020세대에게 사랑받게 된 이유에 대해 업계는 남다른 개성을 추구하는 밀레니얼 세대의 특징이 고스란히 반영됐기 때문이라고 분석한다.

전문가들은 뉴트로 현상이 문화와 소비의 중심에 설 것으로 전망한다. 기업들도 이에 발맞춰 1020세대의 취향과 욕구를 분석한 상품을 내놓고 있다.

서울대 소비자트렌드 분석센터는 2019년을 주도할 트렌드 10대 키워드 중 하나로 '요즘 옛날, 뉴트로'를 꼽은 바 있다. 패션업계 관계자는 "뉴트로는 단순히 '과거의 것'이라서가 아니라 기존 질서를 거부했던 과거의 반항적 트렌드가 밀레니얼의 감성과 맞닿아 있기 때문에 유행하는 것"이라 평가한다.

자료: 매일경제, 2019.7.26.
(https://www.mk.co.kr/news/culture/view/2019/07/569686/)

3) 정치적 환경과 법률적 환경

정치적 환경(political environment)과 법률적 환경(legal environment)은 기업뿐만 아니라 기업 내의 구성원들이 따라야 할 법과 규범, 그리고 행동규칙을 규정한다. 여기에는 소비자 문제나 제품과 종업원에 관련된 규제, 환경문제에 대한 규제, 정보구매에 대한 규제, 자금지원 등과 같은 정부지원, 그리고 각종 인 · 허가 등이 있다. 기업의 활동은 당연히 이러한 규정 속에서 이루어지며, 규정의 변화에 따라 적응해 가야 한다. 유통경로에서 고려해야 할 법률적 환경은 [그림 3-2]에서 보는 바와 같다.

4) 기술적 환경

디지털 및 네트워크시대로 들어오면서 기술에 많은 변화가 일어나고 있다. 기술적 환경(technological environment)의 변화추세가 가속화되고 있을 뿐만 아니라 전에 없던 기술이 나와 기존 기술을 빠르게 대체하고 있다. 이러한 기술 추세 및 대체는 새로운 사업기회를 창출하는 역할을 할 뿐만 아니라, 고객

[그림 3-2] 법률적 환경

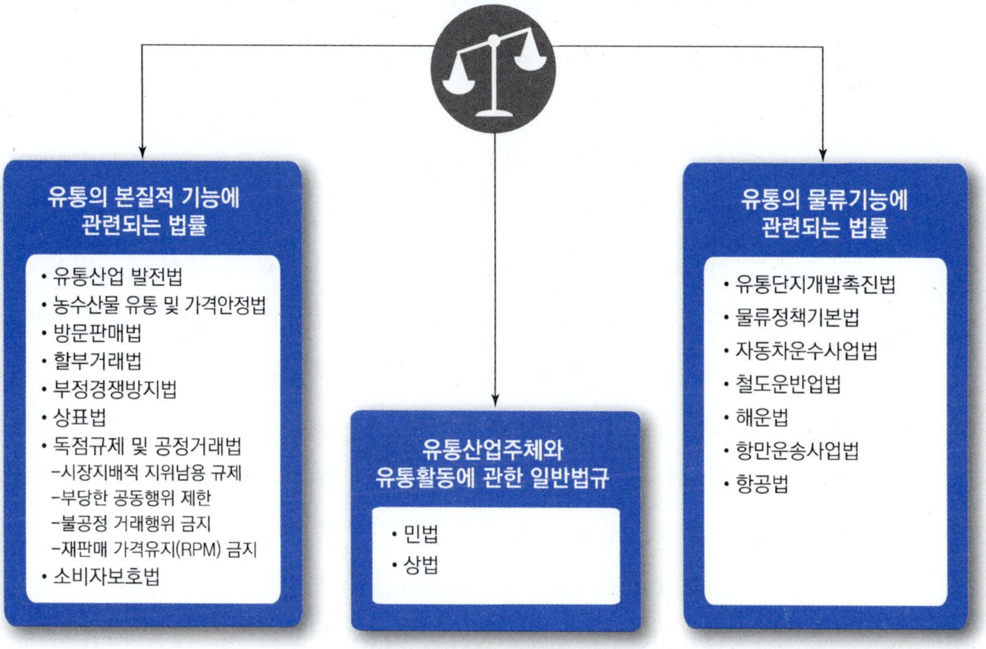

서비스를 차별화 그리고 향상시키는 역할을 한다. 이러한 변화 중의 많은 부분이 인터넷과 같은 통신기술의 발달에 의한 마케팅 기술의 변화에 의한 것으로, 특히 인터넷 비즈니스는 개인화된 맞춤서비스를 실시간으로 빠르게 그리고 편리하게 제공하는 것이 필요하므로 새로운 기술에 크게 의존하고 있다. 이러한 기술환경을 토대로 급성장하는 분야가 복잡한 유통단계를 거치지 않고 소비자를 직접 연결하는 다이렉트 마케팅과 전자상거래이다. 다이렉트 마케팅은 고객에 대한 접근부터 고객으로부터 반응을 받아 처리하는 모든 과정이 포함되는 유통시스템의 성격을 가지는 것으로 다이렉트 메일(direct mail), 카탈로그 마케팅(catalog marketing), 텔레마케팅(telemarketing)뿐만 아니라 방송 및 인쇄 등 다양한 매체를 이용한 무점포 판매방식 등을 포괄하는 개념이다. 또한 인터넷의 급속한 확산과 정보처리 및 통신기술의 혁신 등으로 전자상거래(electronic commerce)가 급성장하였으며 모바일 쇼핑(mobile shopping)으로 이어지고 있다.

이러한 인터넷 기반의 소매상 외의 다른 유통경로구성원들도 효과적인 사업운영을 위해 새로운 기술을 적극적으로 이용하고 있다. 정보혁명을 이끈 중요한 혁신 중의 하나가 광학판독장치에 의한 POS 시스템이다. POS(point of sales) 시스템은 판매시점의 판매정보를 관리하는 것으로 백화점 · 할인점 · 편의점 등에서 가격정보 등을 담은 바코드를 읽어 물건을 파는 그 순간 어느 물건이 언제 얼마만큼 팔렸는지 알 수 있게 하는 것으로 이 자료는 바로 본사의 호스트 컴퓨터에 쌓여 훌륭한 판매전략 정보가 된다. 또한 통신망을 통한 전자문서교환인 EDI(electronic data interchange)도 많이 이용되고 있다. 이것은 컴퓨터에 내장된 판매정보문서를 통신망을 통해 서로 교환하는 것으로, 예를 들면 P&G와 월마트가 인터넷을 통해 자료를 공유함으로써 월마트 매장에서 판매되는 제품의 동향을 실시간으로 들여다 볼 수 있어 실시간 재고관리와 생산관리, 물류관리 등이 가능하게 된 것을 볼 수 있다.

최근에는 RFID(radio frequency identification) 기술로 유통환경의 또 다른 변화를 맞고 있다. 차세대 정보기술IT의 성장동력으로 여겨지는 RFID는 유통프로세스를 혁신시키고 전자상거래 등 다양한 분야에 적용이 가능해, 언제 어디서나 자유롭게 컴퓨터나 네트워크에 접속할 수 있는 유비쿼터스(ubiquitous) 세상에 한 발짝 다가서게 해줄 것으로 기대된다. 이 RFID가 소매점포에 적용되면 안테나와 칩으로 구성된 RF태그에 제품정보를 저장하여 진열상품에 부착하고 판독기에 해당하는 RFID 리더가 정보를 인식하게 된다. 이 태그에는 제조일, 유통기한, 제조업체, 입점일, 유통경로, 제조과정 등 예전보다 훨씬 다양한 정보를 담을 수 있게 되며, 적정량의 진열과 결품방지, 창고진열의 효율성 증진, 고객의 신속한 제품정보 파악 가능, 계산대 효율성 강화, 결제의 편리 등 소매점포 전반에서의 변화가 기대되고 있다.

유통실무 Focus

'무인 편의점' 확산… 신소매 생태계 커진다

무인점포가 일상을 파고들고 있다. 코로나19 영향에 따른 비대면 소비 증가와 인건비 부담, 정보통신기술(ICT) 발전이 복합적으로 작용하며 소매업 전반에 무인화가 빠르게 확산됐다. 그 중에서도 심야 운영 매장이 많은 편의점에 무인화 바람이 거세다. 소비 최접점에 있는 편의점을 미래형 매장 구현을 위한 신기술 테스트베드로 활용하려는 시도가 반영됐다. 무인점포 확산에 따라 키오스크와 인공지능(AI) 비전, 보안 솔루션 등 관련 기술 수요도 함께 증가, 무인매장 산업 생태계가 급속도로 커질 것으로 전망된다.

세계적으로도 소매점 무인화는 거스를 수 없는 흐름이다. 글로벌 시장조사기관 리서치앤드마켓에 따르면 2019년 6,748만 달러(약 770억 원)였던 전 세계 무인 편의점 시장은 2027년 16억 4,032만 달러(약 1조 8,740억 원) 규모로 성장할 것으로 예측된다. 연평균 성장률이 51.9%에 달한다. 국내서도 대기업 편의점을 중심으로 무인매장 상용화가 본격적으로 이뤄지고 있다.

주요 편의점 업체인 CU와 GS25, 세븐일레븐, 이마트24 모두 최첨단기술을 집약한 스마트 점포를 잇달아 선보이는 한편 무인 관련 솔루션도 빠르게 고도화하고 있다. 이는 최저임금 인상으로 부담이 커진 가맹점 인건비 절감 필요성도 원인으로 작용했지만, 주된 요인은 AI와 ICT 등 첨단기술 발전으로 무인점포 구축을 위한 기술적 토대가 마련됐기 때문이다.

현재 무인 편의점에 도입된 주요 기술은 머신비전과 전자태그(RFID), 사물인터넷(IoT) 등이다. 머신비전은 AI 기반 동영상·이미지 분석을 통해 고객의 구매행동을 식별하는 기술이다. 매장 곳곳에 설치된 3D 카메라와 무게 감지센서가 고객 동선과 구매 품목을 인식한다. 카메라 영상 인식과 로드셀 인식값을 종합해 정확도를 높였다.

RFID는 반도체 칩이 내장된 태그, 라벨, 카드 등의 저장된 데이터를 무선 주파수를 이용해 비접촉으로 읽어내는 시스템이다. 제품을 무인계산대에 올려놓으면 부착된 RFID를 자동으로 인식해 결제가 진행된다. 국내서는 QR코드를 활용한 비접촉 결제 시스템도 늘고 있다.

기술이 점차 고도화되면서 원하는 상품을 집어 들고 매장을 걸어 나가면 결제가 자동으로 완료되는 무인 편의점도 등장했다. 미국 아마존고의 '저스트 워크아웃' 기술이 대표적이다. 냉동고 문 열림 감지 등 무인매장 운영 전반은 IoT 기술을 활용한 통합 모니터링 시스템을 통해 원격 관리한다.

국내 무인 편의점은 크게 완전 무인형과 하이브리드형 두 가지 종류로 나뉜다. 그 중에서도 낮에는 점원이 상주하고 심야시간에만 무인으로 운영되는 하이브리드 매장이 주를 이룬다. 하이브리드형 매장의 경우 완전 무인매장보다 비용 효율성 측면에서 유리하기 때문에 상용화 속도가 빠르다. 현재 국내 주요 편의점 4사가 운영하는 하이브리드 매장은 전국 1,000여 개에 달한다.

최근에는 무인 주류자판기 도입이 허용되면서 편의점 무인화에 탄력이 붙었다. 지금까지 주류는 대면 성인인증을 거쳐야 판매가 가능했기 때문에 무인매장에서는 판매가 불가했다. 야간 매출의 큰 비중을 차지하는 주류 판매를 포기해야 한다는 점에서 심야시간대 무인매장 운영에 걸림돌로 작용했다. 무인 주류자판기가 상용화되면 무인 편의점 매출 향상에도 도움이 될 전망이다.

국내 편의점 4사 무인점포 현황

① CU

BGF리테일이 올해 1월 인천 송도에 선보인 '테크 프렌들리 CU' 1호점은 최첨단 리테일 기술을 접목한 스마트 무인 편의점이다. CU삼성바이오에피스점에는 자체 개발한 '클라우드 POS 시스템'이 도입됐다. 클라우드 POS 시스템은 결제수단과 멤버십 서비스, 제휴 할인 적용 여부, 월별 행사 품목 등 정보를 암호화해 실시간 업데이트한다.

점포 내부에 설치된 30대 AI 카메라와 선반 무게 센서가 고객의 최종 쇼핑 리스트를 파악하면 POS 시스템이 이를 상품 정보, 행사 정보 등과 결합시킨다. 결제는 고객이 점포 게이트를 통과하는 즉시 사전에 등록한 셀프 결제 애플리케이션 'CU 바이셀프'를 통해 자동으로 이뤄지며 영수증 역시 해당 앱으로 전송된다.

스마트 편의점의 문제점으로 꼽혀왔던 출입 편의와 보안은 나이스정보통신과 기술 제휴를 통한 안면 인증 시스템으로 해결했다. 고객이 CU삼성바이오에피스점 입구에 설치된 안면 등록 키오스크에서 안면 정보와 'CU 바이셀프' 정보를 최초 1회만 등록하면 페이스 스캔만으로 매장 출입과 상품 결제가 가능하다.

업계 처음으로 주류 무인 자동판매기도 상용화했다. CU 평창더화이트호텔점에 설치된 스마트 선반 냉장고 자판기는 신세계아이앤씨가 개발한 모델로, AI 비전과 무게센서 기술 등이 적용됐다. 소비자는 PASS 앱을 통해 본인 인증 후에 문을 열어 주류 상품을 선택한 후, 문을 닫으면 상품과 가격정보를 인식해 자동으로 결제된다.

② GS25

GS리테일이 지난해 BC카드 본사에 선보인 GS25 을지스마트점은 대표적 미래형 무인 편의점이다. 계산대를 없애고 안면 인식 결제 시스템과 스마트 스캐너를 활용한 디지털 혁신 점포로 구현했다. GS25 을지스마트점에는 QR코드를 통한 개인식별과 고객 행동 딥러닝 스마트 카메라, 재고 파악을 위한 무게 감지 센서, 영상 인식 스피커를 통한 고객 인사, AI 결제 등 다양한 미래형 디지털 유통 기술이 도입됐다.

고객은 BC페이북의 QR코드를 스피드게이트에 접촉해 입장이 가능하다. 고객이 점포에 들어가면 34대의 딥러닝 스마트 카메라가 고객 행동을 인식한다. 매대별로 장착된 총 300여 개의 무게 감지 센서가 딥러닝 스마트 카메라와 함께 고객의 구매 행동을 학습하고 규명한다. 물건을 고르고 스피드 게이트를 빠져나오면 AI기술이 적용된 결제 시스템이 자동으로 결제해 고객에게 모바일 영수증을 제공한다.

구매과정과 관련한 첨단기술 외에도 친절 서비스를 위한 영상 인식 스피커 운영 기술도 선보인다. 영상 인식 스피커는 카메라를 통해 고객이 특정 장소에 있거나 특정 행동을 할 때 미리 정해 놓은 음성이 스피커를 통해 안내되는 장비다.

GS25 무인형 매장은 미래형 기술 실증 형태의 무인 스마트형 매장과 셀프 결제 기반의 무인 셀프형으로 구분된다. 무인 셀프형의 경우 야간에 무인 전환하는 하이브리드 매장으로 가맹점에 상용화됐다. GS25는 450여 개 무인 편의점을 운영 중이며 연말까지 550여 개로 확대한다는 계획이다.

③ 세븐일레븐

세븐일레븐이 2017년 업계 처음으로 선보인 스마트 무인 편의점 '시그니처'는 다양한 디지털 기술을 갖췄다. 우선 보안을 위한 이중 출입 게이트를 도입했다. 출입인증 단말기에서 신용카드, 엘포인트, 카카오톡 지갑 등을 통해 1차 인증을 거치면 첫 번째 게이트가 열리고, 이후 스마트CCTV로 안면 이미지 자동촬영 과정을 추가로 거쳐야 점포에 입장할 수 있다.

또 AI 결제 로봇 '브니'는 안면인식, 문자음성 자동변환, 이미지·모션 센서 등 다양한 신기술이 탑재돼 기존 무인결제과정에서 찾기 어려웠던 접객 서비스를 제공한다. 브니는 안면인식 카메라를 통해 사전에 고객정보를 입력하고 성인인증을 할 수 있는 기술도 확보, 특허등록까지 마쳤다.

고객동선 인식시스템은 점포 내부 바닥에 설치된 다목적 전자인식셀을 통해 다양한 데이터를 축적, 점포 운영 보안성과 효율성을 높였다. 총 75개의 전자인식셀이 고객 입점 순간부터 구매 및 퇴점까지 동선을 파악, 실시간 고객 이동 데이터와 상품 구매 데이터를 생성한다. 이를 통해 비상 상황을 감지하고 상품 정보·위치 음성 서비스, 구역별 이동 이력, 체류시간 등을 분석할 수 있다.

DT 랩 스토어에서는 3D 라이다와 AI 결품관리, 통합관제 시스템, AI 휴먼 등 네 가지 핵심 기술을 테스트한다. 3D 라이다는 점포 내 고객 동선 분석을 통한 최적의 상품 운영 전략을 찾기 위한 시스템으로 국내 편의점에 최초로 도입했다. 상품을 들고 걸어나오면 스마트폰 앱을 통해 결제되는 기술인 '비전앤픽'도 선보였다. 아마존고 저스트 워크아웃과 달리 카메라만을 활용해 비전기술을 구현한 것이 특징이다.

④ **이마트24**

이마트24는 그룹 계열사인 신세계아이앤씨와 협업한 미래형 편의점 '김포DC점'을 통해 다양한 무인화 기술을 고도화하고 있다. 이 매장은 컴퓨터비전, 센서퓨전, AI, 머신러닝 등 첨단기술을 집약했다. 매장 내 설치된 카메라와 센서가 고객의 쇼핑 동선을 추적하고 상품정보를 인식한다. 고객이 진열된 상품을 들고 나오기만 하면 자동 결제된다.

이마트24는 그동안 다양한 셀프 결제 시스템을 테스트하면서 가맹점의 운영 편의와 고객의 구매 편의에 초점을 맞춘 하이브리드 매장 시스템을 구축하고 있다. 최근 본점에 도입한 AI기반 주류 무인판매 머신도 컴퓨터비전과 무게센서 등 김포DC점 기술을 적용한 사례다.

주류 무인판매기 선반에는 상품을 인식하기 위한 12개 카메라가 설치돼 있다. 고객이 문을 열고 상품을 꺼낼 때 양쪽 카메라가 모양을 인식하고, 이미지 학습 AI가 어떤 상품인지를 인지한다. 이때 상품의 무게센서가 고객이 집어 드는 상품 무게를 인식한다. 고객이 주류 판매기에서 상품을 집어들 때 컴퓨터비전이 이미지를 인식하고, 해당 상품 무게를 감지해 몇 개를 구매하는지 AI가 복합적으로 판단하는 기술이다. 이를 통해 문을 닫으면 자동으로 결제가 되는 시스템을 구축했다.

이마트24는 스마트폰 하나로 출입부터 결제까지 해결할 수 있도록 모바일 인증 시스템도 구축했다. 네이버 앱을 통해 QR 바코드 형태인 '네이버 출입증'을 발급받거나 카카오톡 지갑 QR를 통해 출입이 가능하다.

자료: 전자신문, 2021.8.10.
(https://m.etnews.com/20210810000023)

1.2 과업환경

거시환경이 상대적으로 간접적인 영향을 미치는 반면에 과업환경은 기업의 성장과 생존에 직접적인 영향을 미치는 환경으로 특수환경, 산업환경이라고도 한다. 과업환경은 기업이 어떠한 제품이나 서비스를 생산하는가에 따라 달라진다. 그리고 환경과 기업과의 관계에 있어서도 일반적인 환경과는 달리 일방적으로 영향을 받는다기보다는 기업이 과업환경에 영향을 미칠 수도 있다.

1) 경쟁환경

경쟁자는 유사하거나 동일한 제품을 생산하는 혹은 그런 잠재력을 가지고 있는 경쟁업체이다. 경쟁기업은 동일한 시장을 대상으로 유사한 제품을 생산·판매할 뿐 아니라 원료의 수급이나 유통에도 경쟁적인 관계를 가지고 있다. 경쟁에서 살아남기 위해서 기업은 잘 알려진 경쟁자들의 기업활동을 분석할 필요성이 있을 뿐 아니라 잠재적인 경쟁자들의 동향에도 관심을 가져야 한다.

특히 유통경로에서는 경로경쟁에 대한 분석이 필수적이다. 경로경쟁(channel competition)은 같은 유통경로의 같은 선상에 있는 경로구성원뿐만 아니라 다른 선상에 있는 경로구성원들과의 경쟁도 포함한다. 경로경쟁은 수평적 경쟁(horizontal competition), 업태 간 경쟁(intertype competition), 수직적 경쟁(vertical competition), 수직적 마케팅시스템 경쟁(vertical marketing system competition)의 4가지 유형으로 나누어 볼 수 있다.

먼저 수평적 경쟁이란 유통경로의 같은 단계에 있는 경로구성원 간의 경쟁을 말하는 것으로 백화점과 백화점 간, 도매상과 도매상 간, 또는 제조업자와 제조업자 간의 경쟁 등을 예로 들 수 있다. 수평적 경쟁의 원인은 이미지나 목표고객, 서비스 등 전략의 유사성 때문에 생기는 경우가 많다. 제조업자의 수평적 경쟁은 유사한 목표고객을 대상으로 유사한 제품 이미지를 전달하는 경우 더 격화되는 경우가 있다.

둘째, 업태 간 경쟁은 경로상 같은 단계지만 다른 유형의 경로구성원과의

[그림 3-3] 경쟁환경의 유형

경쟁을 말하는 것으로 최근 백화점과 할인점 간의 경쟁이 그 예가 될 수 있다. 제조업자가 판매를 극대화하기 위하여 다양한 유형의 소매상을 통하여 유통을 하게 되는 경우가 많은데, 예를 들어 삼성전자의 스마트 TV를 백화점을 통해서 판매할 수도 있고, 할인점을 통해서 판매할 수도 있다. 이러한 경우 흔히 가격인하경쟁으로 인해 이 두 업태 간의 경쟁이 가속화될 수도 있다. 이러한 업태 간 경쟁은 업태의 생존을 좌지우지할 정도로 치열하게 이루어지고 있으며, 국내에서도 경쟁의 핵심을 이루고 있다.

셋째, 수직적 경쟁은 유통경로의 다른 단계에 있는 경로구성원들 간의 경쟁을 말하는 것으로 가전제품의 도매상과 대규모로 소매상에 공급하는 제조업자와의 경쟁을 예로 들 수 있다. 최근 대규모 소매상의 급성장으로 제조업자가 도매상을 통하지 않고 소매상에게 직접 공급하는 경향이 뚜렷이 나타나고 있어 도매상의 경쟁력이 약해지고 있으며, 전문가들은 앞으로 경제에서 차지하는 도매상의 역할과 비중이 상당히 줄어들 것이라고 전망하기도 한다. 이러한 수직적 경쟁을 회피하기 위해 경로구성원들은 공급자나 고객과의 통합을 시도하기도 한다. 수직적 통합은 전방통합(forward integration)과 후방통합(backward integration)이 있다. 전방통합은 후방에서 전방에 있는 구성원을 통합하는 경우로 제조업자가 소매섬을, 또는 도매상이 소매점을 인수하거나 구축하는 경우이며, 후방통합은 소매상이 도매상을 통합하거나 도매상이 제조업체를 운영하는 경우로 전방에서 후방에 있는 경로구성원을 통합하는 것을 말한다.

넷째, 수직적 마케팅시스템을 통해 경쟁을 감소시키기도 하고, 수직적 마케팅시스템 간의 경쟁이 일어날 수도 있다. 수직적 마케팅시스템은 최적의 경제성을 달성하고 최대한 시장에 영향을 주기 위해 중앙에서 통제하여 전문적으로 관리하고 수평적 및 수직적으로 조정한 경로 시스템이라 볼 수 있다. 수직적 마케팅시스템을 형성하게 되면 제조업자의 경우 도·소매상의 판매자료를 공유함으로 인한 효율적인 재고관리, 장기관계로 인한 신뢰의 발전, 소매 수준에서 제품구매에 대한 통제가능, 경로 전반의 조정 노력 개선 등의 이점을 얻을 수 있다. 도·소매업자 측면에서의 이점은 제조업자로부터 마케팅, 재무 등에 대해서 지원을 받을 수 있고, 유명한 제조업자의 상표 연상에 포함될 수 있으며, 제조업자가 도·소매상을 보다 장기적인 견지에서 관리하게 되고, 전속적 또는 선택적 유통경로의 선택을 통해 수평적 경쟁 및 업태 간 경쟁을 제한한다는 것 등이다. 이에 반해 수직적 마케팅시스템의 주요 단점은 중간상의 의사결정이 제한된다는 것이다. 점포영업시간, 제품구색의 깊이와 폭, 협동적 광고프로그램 등에 대한 의사결정이 제조업자의 계약이나 경로 힘에 의해서 크게 제약을 받을 수 있다. 이러한 수직적 마케팅시스템을 통해 경로 효율과 성과를 높일 수 있도록 경쟁을 줄일 수도 있지만, 이렇게 형성된 수직적 마케팅시스템 간에는 경쟁이 일어날 수 있다.

유통실무 Focus

쿠팡이 불붙였다, 11년만에 돌아온 '10원 전쟁'

롯데마트가 2021년 4월 15일부터 주요 생필품 500개 품목을 업계 최저가로 맞춰 경쟁사 이마트와 같은 가격에 판매한다. 이 품목들을 사면 온·오프라인에서 사용할 수 있는 포인트를 기본 적립률의 5배로 적립도 해준다. 이마트가 생필품 500여 개 품목을 쿠팡·롯데마트몰·홈플러스몰보다 싸게 팔겠다며 '최저가격보상적립제'로 선공하자 맞대응에 나선 것이다.

앞서 편의점 GS리테일 · CU가 8일부터 채소 최저가판매에 나섰고, 마켓컬리도 지난 12일 과일 · 채소 · 정육 등 60여 가지 제품을 이마트 · 롯데마트 · 홈플러스 온라인몰보다 싸게 팔겠다고 선언했다. 유통업계에선 "2010년 대형마트들이 10원 단위로 최저가 낮추기 혈투를 벌였던 '10원 전쟁'이 돌아왔다"는 말이 나온다.

전쟁에 불을 댕긴 건 쿠팡이었다. 쿠팡은 지난 2일부터 기한 없이 '로켓배송 상품 무조건 무료배송' 서비스를 시작했다. "최저가 상품이라도 배송비가 추가되면 더 이상 최저가가 아니다"라는 설명을 붙였다. 모든 상품을 무료로 배송해주는 쿠팡이 사실상 '최저가'라는 메시지였다. 쿠팡의 도발에 대형마트, 편의점, 온라인 유통업체까지 응전에 나서면서, 최저가 전쟁이 확전된 것이다.

쿠팡의 도발에 가장 먼저 반응한 것은 오프라인 대형마트 이마트였다. 지난 8일 "쿠팡보다 비싸면, 차액을 돌려준다"며 '최저가격보상적립제'를 내놓은 것이다. 매일 오전 쿠팡 등 온라인몰과 비교해 최저가의 차액만큼을 오프라인 매장에서 쓸 수 있는 포인트로 지급하겠다는 것이다. 같은 날 GS리테일 · CU 등 편의점 업계에서도 채소를 앞세워 전쟁에 뛰어들었다. GS리테일은 온라인 장보기몰(GS프레시몰)에서 50여 종의 채소를 초저가로 판매하는 '채소 초저가 전용관'을 상시 운영하기로 결정했고, CU 편의점은 지난 8일부터 30일까지 대파, 깻잎, 모둠 쌈 등 6종 채소를 대형마트보다 싸게 파는 행사를 시작했다.

쿠팡에 이어 미국 증시 상장을 추진 중인 마켓컬리도 지난 12일 최저가판매 프로그램인 'EDLP (Every Day Low Price)' 정책을 실시하겠다고 밝혔다. 첫 구매 시 금액에 따라 무료배송을 제공하고, 인기 제품을 100원에 구매할 수 있는 혜택도 내놓았다.

유통업체들 간의 '10원 전쟁'은 양날의 칼이다. 당장 물건을 구매하는 고객들은 저렴한 가격으로 이득을 보지만 유통시장이 기형적으로 왜곡되면 그 피해는 결국 소비자에게 돌아오기 마련이기 때문이다. 이미 10원 전쟁을 치러본 대형마트들은 "부작용을 알면서도 끌려갈 수밖에 없다"고 말한다. 2010년 불황과 함께 시작된 대형마트의 최저가 경쟁은 과도한 출혈 경쟁과 납품업체 단가 깎기 같은 부작용이 지적되며 1년여 만에 승자 없이 끝났다. 한 대형마트 관계자는 "매장 운영비가 들지 않고, 인건비가 적은 이커머스 업체와 벌이는 지금 10원 전쟁은 과거보다 출혈이 클 수밖에 없다"고 말했다.

물건을 납품하는 제조업체들도 울상이다. 한 식품업체 관계자는 "할인행사를 하면 판매량이 늘어 이득이지 않느냐며 납품 단가를 인하하라는 압력을 받는다"며 "인기 상품, 주력 상품을 할인 행사에 포함시키라고 하는데 잘나가는 상품의 가격을 깎아서 내놓고 싶은 업체가 어디 있겠느냐"고 말했다. 또 다른 식품업체 관계자는 "자본력 없는 업체들이 버티지 못하고 떨어져 나가면 몇몇 업체만 독과점 형태로 남게 될텐데 그때에도 업체들이 낮은 가격을 유지하겠느냐"고 말했다.

자료: 조선일보, 2021.4.14.
(https://www.chosun.com/economy/economy_general/2021/04/14/23BPGAZAZFGAHDECLXQ6WMA64Y/)

2) 협력업자

협력업자는 해당 산업환경에서 기업을 운영하고 소비자 관련 목표를 성취하는 데 도움을 주는 모든 행위자를 말하는 것으로, 중간상(middleman), 공급업자(supplier), 마케팅 대리인(marketing agents) 등이 있다. 이들의 자원 공급능력과 안정성 및 가격은 기업의 원가와 가격안정성에 직접적으로 영향을 미치며, 물질적 자원과 더불어 비물질적 자원인 정보와 종업원 그리고 자금을 제공한다.

공급자가 필요한 시점에 제품을 인도하지 못하거나 자재의 부족을 경험, 또는 중도에 사업을 그만두게 되면 그동안 그 공급업자들로부터 납품을 받아오던 기업체도 타격을 받게 되는 것이다. 그러므로 공급업자들과의 좋은 관계는 눈에 보이지는 않지만 기업의 자산 가운데 가장 큰 자산 중 하나라 할 수 있다.

3) 정부기관

과업환경으로서의 정부기관은 기업과 직접적인 관계를 가지는 구체적인 환경이다. 정부의 각종 기관은 기업의 운영과 활동에 대하여 통제와 감시 그리고 지원활동을 수행하고 있다. 정부의 각종 기관이 기업의 운영과 활동에 대하여 관심을 가지는 것은 기업의 제품과 고용, 기업윤리 등이 국민의 생활과 불가분의 관계에 있으며, 기업의 성장과 발전이 국가와 국민의 경제적 지위는 물론이거니와 정치사회의 발전과도 밀접히 연관되어 있기 때문이다.

4) 소비자

소비자는 기업의 제품과 서비스를 구매하는 개인 또는 조직이다. 현대의 기업들은 소비자의 중요성을 인식하고 소비자의 요구를 충족시키기 위하여 노력하고 있다. 소비자의 중요성은 시장의 변화에서부터 비롯되었다. 과거 시장은 제품의 생산자인 판매자 중심 시장(seller's market)이었으나 경쟁의 가속과 더불어 이제 시장은 소비자인 구매자 중심 시장(buyer's market)으로 변화한

[그림 3-4] 소비자의 유형

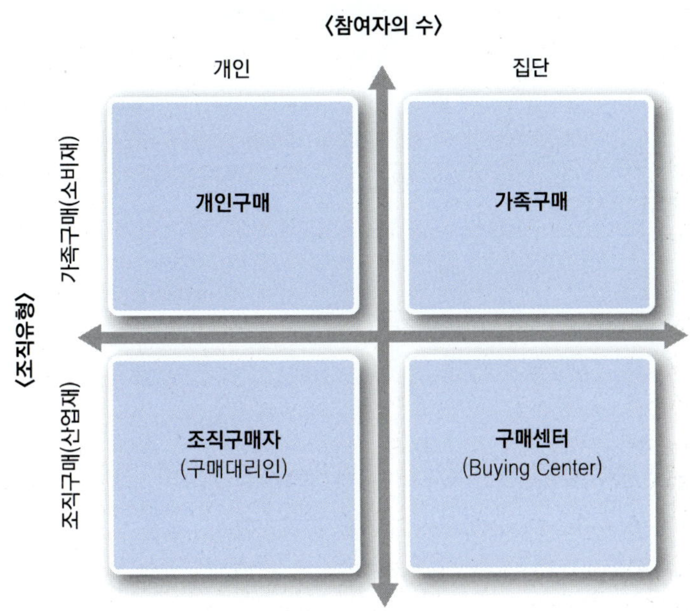

것이다.

먼저 소비자는 직접 소비를 위한 제품을 구매하는 최종소비자인 소비재 소비자와 재생산에 투입하기 위한 제품을 구매하는 산업재소비자가 있다. 소비재소비자는 개인이나 가족을 위해 구매하는 유형이므로 가족구매라고도 하며, 산업재소비자는 재생산을 하는 기업이나 단체가 구매하는 것이므로 조직구매라 하기도 한다. 가족구매와 조직구매 모두 구매과정에 참여하는 참여자 수에 따라 [그림 3-4]와 같이 구분할 수 있다.

먼저 개인구매는 개인이 자신의 소비를 위해 제품을 구매하는 것으로 혼자 소비할 화장품, 의류, 휴대폰 등을 구입하는 것이고, 가족구매는 가족이 공동으로 의사결정하거나 함께 사용할 제품을 구매하는 경우로 가족이 함께 이용할 자동차나 가구 구입이나, 함께 소비할 음식, 치약 구매 등이 있다. 개인구매의 경우에는 개인의 취향에 맞추어 의사결정이 가능한 반면 가족구매의 경우에는 여러 가족구성원들의 의견이 개입될 수 있고, 의논을 거쳐 결정되는 경우가 많다. 그래서 같은 제품이라 하더라도 목표고객이 개인인지 가족

〈표 3-1〉 구매참여자의 역할

참여자	역 할
발안자(initiator)	소비 필요성 제기, 구매제안
영향력행사자(influencer)	의사결정에 영향력을 행사, 제품에 대한 평가기준이나 필요한 정보를 제공함으로써 직·간접적으로 영향을 미치는 사람이나 매체
정보통제자(gatekeeper)	각종 자료나 정보 통제
의사결정자(decider)	제품구매결정·제품선택·공급자(브랜드)선택 등 최종의사 결정
지출자(financer)	구매자금을 제공
구매자(purchaser)	실질적으로 제품을 직접 구매
사용자(user)	제품을 사용하는 역할

인지에 따라 유통경로 의사결정은 달라져야 할 것이다. 특히 가족구매의 경우에는 가족구성원들이 구매제안, 영향, 통제, 결정, 지출, 구매, 사용 등의 다양한 역할을 하면서 개입할 수 있다. 이러한 참여자의 역할이 <표 3-1>에 제시되어 있다. 예를 들어, 가족이 공동으로 사용하는 치약의 경우, 치약이 없으니 구매해야 한다는 필요제기는 누나가, 새로운 브랜드로 바꾸자는 영향은 동생이, 직접 구매는 엄마가, 지출은 아빠가 하는 등 많은 구성원이 다양한 역할로 참여하게 되는 것이다.

산업재의 경우에는 소비재보다 조직적이고 복잡한 구매의사결정과정을 거친다. 산업재일수록 제품이 비표준화되어 있고 기술적 복잡성이 크며 조직 내 여러 구성원의 의사를 통합하여 정해진 단계로 의사결정이 이루어진다. 경쟁입찰이나 교섭가격, 수량할인 등 다양한 거래조건에 대한 협상이 필요하므로 조직특성과 구매상황에 맞는 공급자와의 거래비중이 크고 인적판매 중심으로 이루어진다. 조직구매자가 대표로 산업재를 구매하는 경우도 있지만 대부분의 경우 조직화된 구매센터(buying center)를 통해 이루어진다. 구매센터는 산업재를 구매하는 데 조직의 모든 구성원들이 관여하는 것을 말하는 것으로 구매상황과 특징에 따라 구매센터의 특징과 규모도 달라지게 된다. 구매센터에 참여하는 구성원들도 <표 3-1>에서와 같이 다양한 역할로 참여하게 된다.

Section

2 유통환경의 변화

2.1 유통경로에 대한 소비자의 기대

어떤 소비자는 재래시장의 생동감과 활력이 좋아서 늘 재래시장에서 장을 보는 것을 즐기는 반면, 재래시장의 시끌벅적하고 복잡한 분위기가 싫어서, 주차가 편하고 현대화된 대형마트에서 장보는 것을 좋아하는 소비자도 있다. 유통경로가 어떻게 설계되느냐에 따라 구매자들은 다양한 형태 중 선호하는 방식을 선택하여 구매를 하게 된다. 유통경로의 전략 수립 시에는 유통경로에 대한 소비자의 기대를 기준으로 목표시장을 세분화할 수 있다. 소비자들이 유통경로에 대해 일반적으로 가지는 기대요인으로는 편리한 장소와 시간, 점포 분위기, 구색, 가격, 서비스방식, 서비스수준 등이 있다. 목표시장의 기호나 선호도는 급변하는 것이어서 경로서비스에 대한 고객의 욕구 변화를 정확하게 분석하기 위해서는 지속적으로 시장조사를 실시하여 고객욕구의 변화 여부와 변화의 방향을 측정하여야 한다. 시장조사는 고객들이 서비스가 어떻게 제공되기를 원하는지 밝혀 줄 수도 있다. 이러한 정보로 경로구조를 조정하여 목표시장이 원하는 경로서비스의 수준을 달성할 수 있다.

1) 편리한 장소와 시간

현대 소비자들에게 쇼핑하는 데 걸리는 시간은 가장 부담스러운 것이다. 모두가 바쁜 시간계획 속에서 움직이고 있기 때문에 되도록 짧은 시간을 들여서 구매를 마무리하고 싶어 한다. 그러한 고객들에게 구매 편의성을 제공하기 위해 소매점포는 되도록 고객의 가정이나 직장과 가까운 곳에 위치하고 그들이 편리하게 이용할 수 있도록 개점시간을 맞추어야 한다. 소매점까지의 물리적인 거리라는 개념보다는 이동하는 데 걸리는 시간거리가 가까운 점포라야 매력적일 것이다. 도매상이나 소매상이 지역적으로 많이 분산되어 있다면 목표고객이 이동하거나 정보를 탐색하는 데 비용을 줄이므로 고객만족을 증가시킬 수 있다. 입지의 편의성을 제공하는 것으로는 동네의 쇼핑센터, 슈퍼마켓, 편의점, 자동판매기, 주유소 등이 있다.

쇼핑을 위해 이동하는 데 걸리는 시간이 길어지면 고객의 기회비용이 증가되기 때문에 제품의 가격이 상승하는 것과 같은 결과를 낳게 된다. 점포의 개점시간도 목표시장의 고객에 맞출 필요가 있다. 그래서 직장이 밀집한 지역의 소매점들이 직장인들의 퇴근 이후 시간을 이용한 쇼핑에 대한 배려로 개점시간을 밤 시간까지로 연장하는 예를 종종 볼 수 있다. 이러한 기대요인에 맞추어 경로 커버리지 전략, 입지선정(상권분석) 등을 고려해야 한다.

2) 점포 분위기

고객들은 자신이 즐겨 찾는 점포를 아늑한 공간으로 느끼고 싶어 한다. 현대인의 가정이나 직장이 그러한 것처럼 쇼핑 공간도 별 다를 바 없는 쉴 수 있는 공간 혹은 친근감을 가질 수 있는 장소여야 한다. 그러기 위해서는 제품의 전시나 배열공간 등이 중요한 의사결정 영역이 된다. 조명의 밝기, 불빛이 분사되는 방향, 불빛의 색깔, 점포 내부의 통로, 음악, 장식품의 종류 등이 점포분위기를 만들어 낸다. 가끔 여성의류 점포의 실내 선반이 너무 작아 의류의 감각을 살리지 못하는 경우에는 품위 있는 의류의 가치를 따라잡지 못하게 된다. 판매하는 제품의 컨셉을 점포 내에서 시각적인 이미지로 표현하는 것을 비주얼 머천다이징(visual merchandising)이라고 한다.

3) 상품계획(구색)과 구매단위

이는 기관 및 가정 구매자들에게 많은 혜택을 줄 수 있는 의사결정 영역이다. 유통경로 내에서 작은 단위로 판매를 하게 되면 대량소비자들은 비용이 증가되고 소비의 효율성을 잃게 된다. 반면 대량으로 판매를 하게 되면 개별 소비자들은 구매와 소비 간에 시간 격차가 발생하여 제품 저장과 보관을 부담하게 된다. 선택할 수 있는 제품의 폭과 깊이가 다양하다면 경로서비스의 수준을 제고시킬 수 있다. 일괄구매(one-stop shopping)는 고객들이 정보탐색에 투자하는 노력과 시간을 줄여주며 수송 부담도 덜어 줄 수 있다. 할인점의 성공은 목표고객의 구색에 대한 욕구를 해결해 주는 것과 무관하지 않다.

소비자들은 이러한 서비스를 유통경로구성원을 통해 비용을 지불하고 구매하거나 경우에 따라서는 직접 구매할 수도 있다. 서비스의 속성이 비숙련 서비스일수록 소비자는 대안 선택이 곤란한 경우에는 스스로가 서비스 제공자로서의 역할을 수행하는 경우가 있다. 이를테면 자녀들에게 이발을 시켜야 하는 경우 명절이 가까운 시기에는 이발관에서 오래 기다려야 하는 어려움이 생기기 때문에 어떤 가정주부들은 가정에서 직접 자녀의 머리를 손질해 주는 경우도 있다.

소비자가 더 높은 서비스 수준을 요구할수록 경로구조에 더 많은 중간상들이 가담해야 한다. 그러므로 만약 소비자가 소량 단위로 구매하기를 원하면 많은 수의 도매상과 소매상이 제조업자와 최종소비자 사이에서 분류작업을 해야 할 것이다. 만약 대기시간을 줄이려면 더 많은 편의점이 생겨야 하고 그러자면 더 많은 중간상이 경로구조에 포함되어야 할 것이다.

경로서비스 수준이 올라갈수록 비용도 증가하게 된다. 이러한 고비용이 가격에 반영된다면 소비자는 더 많은 서비스를 스스로가 수행하게 될 것이며, 가격이 똑같은 수준이라면 더 높은 수준의 서비스를 제공하는 유통경로를 선호하게 될 것이다.

4) 가격

고객들은 가격에 대한 기대 때문에 소매점을 애고하는 경향이 있다. 고객들은 소매점포가 제품에 대해 매기는 어떤 일반적인 가격 범주에 대한 신념을 가지고 있다. 이를테면 백화점에 가면 백화점의 명성 때문에 재래시장에서보다는 더 비싼 가격을 지불해야 할 것으로 기대한다. 특정 제품이나 제품라인에 대해서도 마찬가지로 가격과 관련된 기대를 하고 있는 것이 보통이다. 백화점에서 구매하는 아동복의 가격은 재래시장보다 상당히 비쌀 것으로 기대하고 있다. 고객들은 부정적인 기대를 가지고 있는 점포를 피하기 때문에 부정적인 기대를 주는 점포는 고객의 기대를 바꾸는 것 자체가 어려울지도 모른다.

1990년대에 등장한 가격파괴는 유통경로에 많은 변화를 함축하여 설명해준다. 가격파괴는 가격을 할인해 주는 폭이 놀라운 수준이어서 가히 파괴적이라는 뜻이다. '가격혁명', '가격창조'라는 뜻으로 슘페터(Joseph Schumpeter)의 주장처럼 '창조적 파괴'로 이해할 수 있는데, 획기적인 가격할인이 소비를 창출하고 다양하고 새로운 소비기회가 생활전반에 새로운 활력을 준다는 의미로 해석할 수 있다. 가격파괴의 유형은 크게 두 가지로 나누어 볼 수 있는데, 생산자 주도형은 유통의 상류에서 태동하여 중간 유통경로구성원과 소비자에게 파급되는 방향의 흐름을 지닌다. 반면 소매점 주도형은 유통의 하류에서 태동하여 소매점 수준에서의 가격할인이 생산자와 소비자 양방향으로 영향을 미치는 경우에 해당된다. 생산자 주도형의 경우는 시장경쟁이 치열해지면서 판매경쟁이 가속화된 나머지 덤핑판매를 하는 것과 같은 경우로 볼 수 있고, 소매자 주도형은 새로운 소매업태가 소비자 유인을 위해 비용을 줄여서 가격을 인하하는 보다 바람직한 가격파괴의 유형이라 할 수 있다. 가격파괴의 주된 유형은 소매점 주도가 되어야 생산자와 소비자 모두에게 혜택이 생길 것이다.

5) 가치

가격기대가 고객의 점포 선택에 중요한 역할을 하는 요인이지만 가치기대가 더욱 중요한 요인이다. 가치(value)라는 것은 고객이 투입한 비용에 대비되는 지각된 제품 및 서비스 품질의 비중을 말하는 것이다. 제품이나 서비스에 지불된 가격은 총비용의 일부분일 뿐이다. 보이지 않는 것이 소위 기회비용이라는 것인데 그것은 기다리는 시간, 점포까지 가는 시간, 제품이나 서비스가 제대로 기능하지 못할 위험, 그리고 구매 관련 정보를 탐색하는 비용 등이다.

이러한 가치에 맞도록 효율적인 유통경로의 설계가 필요하며 이러한 가치에 부합하는 상품으로 유통업체브랜드가 있다. 유통업체브랜드(private brand: 이하 PB)는 제조업체브랜드(national brand: 이하 NB)와 비교되는 개념이다. NB는 대규모 제조업체가 개발한 상품으로 독자적인 상품명 · 마크 · 품질 · 컨셉 등을 설정하고 전국의 소비자를 대상으로 하여 유통되는 제품이다. 폭넓고 많은 소비자에게 판매되는 것을 목적으로 하기 때문에 대규모 생산과 대중매체를 통한 대대적인 광고, 충실한 A/S를 행하는 것이 일반적이며, 광고를 통해 제품에 대한 소비자의 지명도 및 인지도가 높기 때문에 상품에 대한 신뢰도가 높은 것이 특징이다.

이에 반해 PB는 유통업체가 개별적으로 개발한 것이기 때문에 유통업체 독자의 상품명 · 마크 · 품질 · 컨셉 · 로고 · 포장 등을 가지고 있다. PB는 유통업체 스스로 상품을 기획하고 제조 · 가공하기 때문에 상당한 이윤을 남길 수 있는 반면, 소비자에 의한 상품의 지명도나 신뢰도에서는 일반적으로 NB보다 크게 떨어진다. 또한 재고에 대한 부담을 전적으로 유통업체가 부담해야 하기 때문에 철저하게 마케팅지향적인 머천다이징이 뒤따르지 않으면 큰 손해를 감수해야 하는 위험부담도 안고 있으나, 유통경로 지배력을 강화시킬 수 있는 수단이며 선반 공간을 통제하고 점포수익성을 올리고, 나아가 소비자의 점포 충성도를 제고하는 등의 다양한 이점이 있다.

전문가들도 유통업체 대형화와 가격파괴의 흐름 속에서 PB는 소비자 · 제조업체 · 유통업체 모두에게 유망한 상품으로 위치를 굳히게 될 것을 전망하였고, 이로 인해 할인점들은 PB 판매를 선호하고 있으며, PB제품을 확대하거나 고가격의 프리미엄 PB를 개발하는 등 적극적인 태도를 취하고 있다. 국내 대형마트의 경우 PB제품의 매출비중이 25%에 이르는 곳도 있으며 스위스, 스페인 등은 50%를 넘어서기도 하는 등, 소비자들의 가치소비 선호에 맞추어 구색을 차별화하는 요인으로 중요하게 다루어지고 있다. 소비자 입장에서는 NB와 같거나 더 뛰어난 품질의 제품을 싼 가격에 구매할 수 있는 기회가 되므로 가치지향 소비자들에게 인기가 높다.

6) 정보 및 인적 접촉

많은 고객들이 지금 당장 구매하든 다음번에 구매하든 간에 구매시점에 이용하기 위한 정보를 수집하기 위해 소매점포를 애고하는 경우가 있다. 소매점포는 최소한도로 그 점포에서 어떤 제품을 살 수 있는가라는 정보를 제공하는 셈이다. 수준 높은 판매원이 있는 소매점은 점포의 서비스뿐만 아니라 대체 브랜드에 대한 제품정보도 제공할 수 있다. 고객이 소매점에서 두 가지 세탁기 브랜드를 염두에 두고 고민하고 있는 경우에 우수한 판매원이라면 제품의 용량, 가격, 보증기간, 수명 등과 같은 제품정보뿐만 아니라 운반, 설치, 외상거래, 점포의 보증제도 등과 같은 점포정보도 동시에 제공할 수 있다.

제품과 점포의 정보뿐만 아니라 고객들은 다양한 사회적 욕구를 충족시키기 위해 쇼핑을 한다. 카메라광의 경우 동네의 인근 사진관에 들러 최신 장비나 새로운 촬영기법 등에 대해 종업원이나 다른 경험 많은 고객과 얘기하고 싶어 한다. 이때 사진관은 비슷한 관심을 가진 사람들의 집합장소로서의 구실을 하게 된다. 경우에 따라서는 그러한 점포는 이러한 사회적 교류를 공식화하는 모임을 후원하기도 한다. 그러는 가운데 고객들은 그 점포에서 기다리는 사람이 있다는 즐거움을 누리기도 하고 종업원과 편한 마음으로 협상을 할 수도 있다.

7) 서비스

고객들은 유통경로를 통해 제공되는 서비스의 수와 수준에 대한 기대를 갖게 된다. 유통경로가 제공하는 서비스는 신용 제공, 운반과 설치, 보증, 수리 및 쇼핑 관련 편의 제공 등이다. 이러한 요인들은 고객이 특정 경로를 애용(patronage)하게 할 수 있다. 해외직접구매를 통해 구매를 하게 되면 국내에서 구매하는 것보다 훨씬 낮은 가격에 구매가 가능하지만, 국내 유통경로에서 제공하는 보증 및 경험 등의 다양한 서비스를 중시하는 소비자라면 기꺼이 추가비용을 부담하더라도 믿을 수 있고 편의성이 높은 국내 유통경로를 선택하게 될 것이다.

특히 소매점포가 제공하는 서비스는 경쟁자뿐만 아니라 똑같은 제품을 취급하는 다른 소매상과도 차별화하게 한다. 고객들마다 원하는 서비스가 다르고 제품이 필요로 하는 서비스가 또한 다르기 때문에 성공적인 소매 경영을 위해서는 서비스 수준을 차별화할 필요가 있다. 따라서 창고형 소매점, 할인점, 슈퍼마켓 등은 거의 서비스를 제공하지 않는 반면 일반적으로 중요 상품을 취급한다. 한편 완전서비스점포라고 할 수 있는 전문점이나 백화점의 경우에는 다양한 서비스를 제공할 뿐만 아니라 상품 포장을 강조하고 전문품 위주로 취급을 하는 경향이 있다.

지난 50여 년간 소매업에서 이루어진 가장 획기적인 변화라고 한다면 고객 서비스의 감소이다. 서비스는 감소되었지만 할인점, 창고점, 카탈로그점 등이 등장하는 경쟁환경의 변화는 소매업이 제공하던 기능을 전방이나 후방으로 위양함으로써 가격을 인하시키는 것이다. 포장, 운반 등의 기능은 소비자에게 위양하고 판매정보 제공, 진열 등의 활동은 제조업자에게 위양하여 운영비를 절감시킨 할인점이 대표적인 예라고 할 수 있다.

8) 공급자와의 관계

경쟁력을 갖춘 소매상이 되기 위해서는 수직적 마케팅시스템을 유지하는 것처럼 도매상이나 제조업자와의 협동적 관계를 유지하는 것이 필수적이다. 이러한 협동적 관계의 유지를 통해 마케팅믹스 요소들을 보다 효과적으로 활용할 수 있기 때문에 원재료의 계속적이고 안정적인 공급이나 적절한 고객을 확보할 수가 있다. 최근에는 공정무역을 통해 유통된 제품을 선호하거나 적법한 유통경로를 통해 전달된 제품을 구매하고자 하는 착한 소비 등의 활동이 중요시된다. 그만큼 보이지 않는 유통경로 내의 거래관계에서 공정하고 적법한 절차를 지키는 것이 소비자의 경로 선택에 중요한 요인이 되고 있다. 얼마 전 부당한 밀어내기를 통해 대리점에 판매를 강요한 국내 유제품 제조업자의 브랜드는 시장에서 보이콧(boycott)을 당한 적도 있다.

2.2 소비자 환경의 변화

1) 옴니채널과 소비자 구매의사결정과정

전통적으로 소비자의 구매의사결정과정은 필요인식－정보탐색－대안평가－구매－구매후행동의 5단계를 거쳐 진행된다고 본다. 소비자가 필요를 인식하는 과정은 현재 자신이 처한 상태와 바람직한 상태의 차이에서 발생하는데 스스로의 필요에 의해서 구매의 필요성이 인식되기도 하고 외부의 자극에 의해서 구매동기를 느끼기도 한다. 특히 매슬로우(Abraham Maslow)의 욕구 5단계설(needs hierarchy theory)을 근거로 본다면 배고픔, 목마름 등의 생리적 욕구, 안정, 보호, 질서 등의 안전 욕구, 사랑, 우정 등의 사회적 욕구, 지위, 명성 등의 자기존중 욕구, 그리고 자아실현 욕구 등이 발생하게 되어 필요를 인식하게 된다. 때로는 기능적으로 꼭 필요한 제품에 대한 필요를 인식하는 실용적 가치를 중시하기도 하지만 또 어떤 경우에는 제품을 소유하는 것에 대해 다른 사람보다 우월감을 느낀다거나 자신을 과시하기 위한 목적으로 구매하는 쾌락적 가치에 의해서도 문제를 인식하는 경우도 있다.

필요를 느끼게 되면 다음 단계는 구매의사결정을 위해 정보를 탐색하게 되는데, 정보를 탐색하는 방법은 내적탐색(internal search)과 외적탐색(external search)으로 구분된다. 내적탐색은 과거에 습득했던 제품의 정보를 기억에서 인출해내는 방법이고 기억에 저장된 정보가 부족한 경우, 외부에서 추가적인 정보를 탐색하는 외적탐색을 하게 된다. 외적탐색의 정보원천에는 개인적, 상업적, 공공적, 경험적 원천이 있다. 개인적 원천은 가족, 친구, 이웃 등이 있으며, 상업적 원천으로는 광고, 판매원, 포장, 진열 등이 있으며, 공공적 원천으로는 대중매체, 소비자 단체, 정부기관 등이 있고, 경험적 원천에는 조사, 제품실연경험 등이 있다. 정보탐색은 관여도에 따라 달리 나타나는데 관여도가 낮은 제품의 경우 정보를 찾으려는 의지도 작고 광고의 노출에 수동적이다. 그러나 관여도가 높은 제품일수록 정보탐색 의지가 크고 다양한 정보원을 이용하여 적극적으로 탐색한다.

정보를 탐색한 소비자는 탐색한 결과를 놓고 비교하고 평가하게 되는데 먼저 제품의 평가기준을 정하고 그 평가속성에 따라 중요도를 매기면서 대안을 평가한다. 그리고 평가 결과에 따라 구매의사를 결정하게 되고 잠정적 구매결정을 하게 된다. 이러한 잠정적 구매결정이 그대로 구매로 이어지는 것은 아니다. 실제 구매과정에서 다른 사람의 태도나 예기치 않는 상황적 요인(덜 선호했던 제품을 할인판매하는 경우, 판매원의 설득 등)에 의해서 결정이 바뀔 수도 있다.

구매 이후 소비자는 제품을 사용하면서 구매한 제품에 대해 만족하기도 하고 후회하기도 한다. 만족과 불만족은 기대수준과 지각된 성과와의 차이에서 나타나는데 기대보다 성과가 높을 때 만족이 생기며 반대의 경우는 불만족이 발생한다. 이러한 과정에서 소비자가 행동과 인지 간에 조화를 이루지 못하는 경우 긴장이 발생하는데 이러한 심리적 상태를 인지부조화(cognitive dissonance)라고 한다. 인지부조화가 발생할 경우 사람들은 대부분 어느 한 부분을 수정해서 긴장이나 부조화를 감소시키려 한다. 소비자들은 구매 후에 인지부조화를 느끼게 되면 부조화를 초래하는 정보를 무시하거나, 정보를 선택적으로 인식, 기대수준을 하향조정, 긍정적인 정보의 추가 모색, 합리적인 선택임을 타인에게 설득 등의 방법을 통해 부조화된 인지를 감소시킨다.

과거 온라인 유통이 등장하기 이전에 소비자들은 오프라인 유통경로를 통해 위의 5단계를 거치며 구매의사결정을 하였는데, 온라인의 등장은 이를 좀 더 다양화시켰다. [그림 3-5]에서 보듯이 온라인을 통해 문제를 인식하고 정보를 탐색하기도 하며 오프라인에서 인식한 문제를 온라인에서 정보를 탐색하고 대안을 평가하기도 하였다. 온라인과 오프라인을 넘나들면서 단계가 실행되었다고 볼 수 있다. 그러나 최근에 등장한 옴니채널로의 변화는 이러한 정형적인 5단계의 패턴을 더욱 복잡하고 다양하게 넘나들고 있다는 것을 볼 수 있다.

소셜네트워크사이트(SNS)에서 친구가 좋아하는 제품을 접한 소비자는 그 제품의 후기를 온라인에서 검색하고 오프라인 매장을 찾아가 경험한 뒤, 온라인 최저가를 검색하여 주문하기도 하고, 오프라인 매장에서 좋은 제품을 접한 소비자는 현장에서 바로 온라인 검색을 하고 SNS를 통해 친구와 의견

[그림 3-5] 소비자의 구매의사결정의 변화

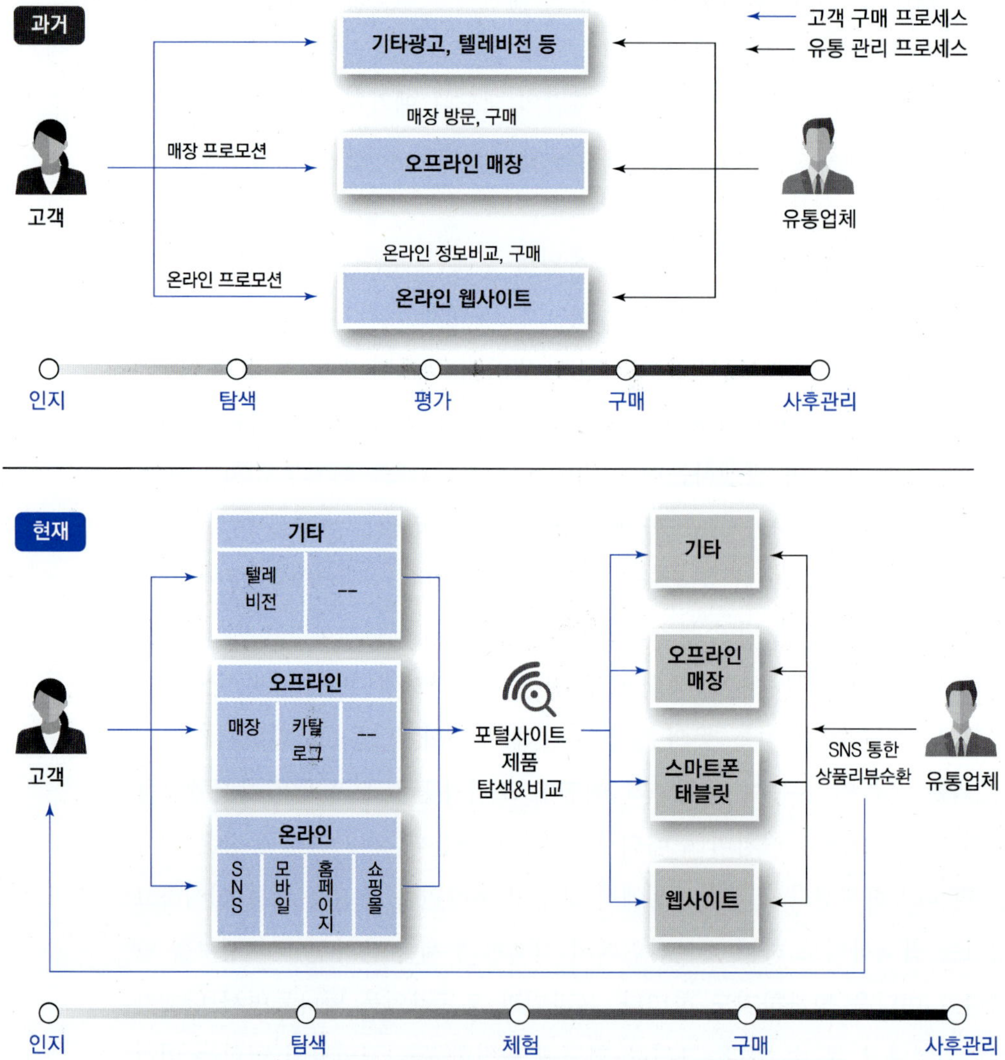

을 나눈 뒤 온라인으로 주문하고 오프라인 매장에서 제품을 픽업해 가기도 한다. 소비자들이 제품을 인식하고 정보를 검색하고 주문하는 여러 단계들이 다양한 소매 접점에서 발생하고 있으며, 단순히 제품을 평가하는 것이 아니라 체험을 통해 경험하고 있고 경험을 위해 여러 접점을 접하므로 접점에서의 경험관리가 중요하다.

유통실무 Focus

유통경로전략의 변화

과거에 경쟁이 치열하지 않고 고객의 요구가 다양하지 않았을 때는 단일유통경로(single channel)를 사용하였지만 최근 고객욕구의 다양화에 의한 시장세분화 추세에 따라 각 세분시장에의 접근에 적절한 복수유통경로(dual channel)를 채택하고 있다. 예를 들면, 삼성과 LG 등 가전업체는 대리점을 통해 제품을 판매하기도 하지만, 백화점, 대형할인점 등을 이용하기도 한다. 복수유통경로는 두 개 이상의 유통경로를 사용하여 판매량을 증대시킬 수 있다. 다만, 각 유통경로 간의 갈등이 심화되는 부작용이 수반될 수도 있다.

이러한 유통경로에 온라인 경로가 나타나면서 다양한 전략으로 변화하게 된다. 멀티채널(multi-channel)은 유통업체들이 오프라인 매장과 별개로 온라인 쇼핑몰을 구축하여 운영하는 경우이며, 온라인과 오프라인이 별개로 운영되는 것이다. 최근에는 모바일채널도 추가되는 등 다양한 고객과의 접점을 늘린다는 측면에서 효과적이지만, 일관되고 통일된 서비스 전략이 부족하여 온라인-오프라인 간 가격불신의 원인이 되기도 하고 협업보다는 경쟁요소가 되었다. 그렇다 보니 쇼루밍 및 역쇼루밍 현상이 등장하였다.

오프라인 매장에서 제품을 보고 실제 구매는 온라인 등 다른 경로를 이용하여 쇼핑하는 현상인 쇼루밍(showrooming)은 오프라인 매장이 쇼핑몰의 전시장으로 변하는 현상으로 해당 브랜드의 공식온라인 매장보다 더 저렴한 오픈마켓이나 소셜커머스를 이용하므로, 멀티채널전략의 의미를 퇴색시켰다.

이와 반대로 온라인에서 상품정보를 취합한 후에 실제 구매는 오프라인 매장에서 제품을 살펴보거나 경험해 보고 구매하는 역쇼루밍(reverse-showrooming) 또는 웹루밍(webrooming)은 심지어 온라인(정보수집)-오프라인(제품경험)-모바일(구매)로 연결되기에 이른다. 특히 쇼루밍을 하는 소비자인 쇼루머들은 소수이지만 이들 중 대부분이 구매를 목적으로 오프라인 점포를 방문하는 것이기 때문에 오프라인에서의 제품경험과 점포경험이 구매에 직접적인 영향을 주게 된다.

그래서 온라인-오프라인이 하나의 시스템으로 구축되어 서비스를 실시할 필요성이 증대되었고, 기존의 멀티채널의 문제점들을 극복하기 위해 다양한 채널들이 하나의 정책과 시스템으로 작동하게 되는데 이를 크로스채널(cross-channel)이라 한다. 그러나 이제는 모바일 · 온라인 · 오프라인 매장 · TV · 카탈로그 등 모든 쇼핑채널을 하나의(omni-) 관점에서 유기적으로 결합하여 소비자가 어떤 채널을 이용하든 시간과 장소에 구애받지 않고 쇼핑을 할 수 있는 옴니채널(omni-channel) 체계로 성장해 나가고 있다.

[그림 3-6] 유통경로 전략에 따른 소비경험의 변화

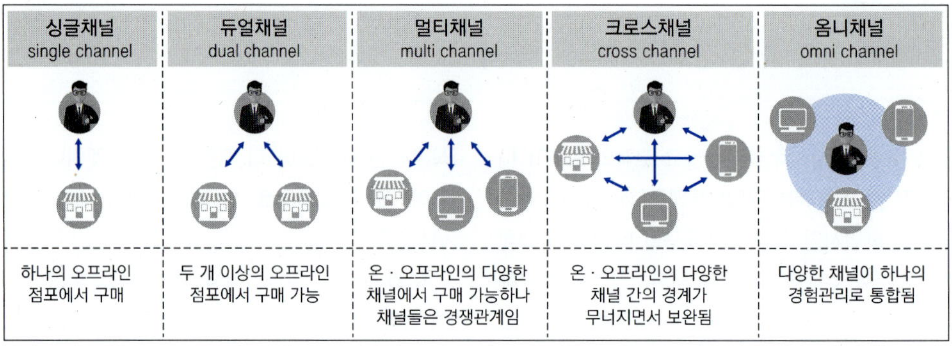

2) 1인 가구의 증가로 인한 유통구조의 변화

2020년 기준 우리나라 1인 가구는 총 906만 가구이며 전체 가구 대비 무려 39.2%의 비중에 달하고 있으며, 이러한 1인 가구의 증가 추세는 앞으로 계속될 전망이다. 최근 증가하고 있는 1인 가구 증가의 두 가지 요인을 보면 학교, 대학, 일, 결혼, 연금생활로 이어지는 전형적인 일생과정을 탈피해 유년기 삶을 연장하고 자유로운 삶을 영유하고자 하는 젊은 층 및 이혼, 별거 및 배우자와의 사별로 인한 고령자 1인 가구의 증가이다.

1인 가구의 소비패턴은 자기 개발과 관리를 위한 투자에 적극적이며 여가를 향유하는 성향을 보이고 있다. 1인 가구의 증가로 생활용품, 주택, 가전, 가구 시장에 소형, 효율성을 강조한 제품들이 인기를 끌고 있으며, 시간 제약을 극복하고 간편하게 식사를 해결할 수 있는 편의성 지향 식생활 트렌드가 증가하여 소용량, 소포장의 가공식품과 즉석조리식품의 소비가 꾸준히 성장하고 있다. 이에 각 기업들은 1인 가구의 증가 추세를 사업기회로 포착하여 거대한 소비시장으로 떠오른 1인 가구 소비시장을 공략하기 위해 1인 가구 구성원의 상이한 소비성향과 패턴에 대한 세분화 분석이 필요하며 1인 가구 라이프스타일에 적합한 상품 및 서비스의 지속적인 개발과 연구가 요구되고 있다.

또한 e커머스가 증가하는 등 유통구조의 변화 및 다양화가 지속적이고 강도 높게 이뤄지며 통신에 높은 소비지출을 보이는 1인 가구의 성향을 볼 때 다양한 유통경로에 대응할 유통경로 전략방안도 더불어 요구되고 있다.

3) 소비시장의 주류로 급부상한 남성 소비자

얼마 전까지만 해도 소비시장에서 비주류를 차지하던 남성들이 최근 들어 주류로 편승하고 있다. 몇 년 사이에 남자들의 소비의식과 소비유형에 변화가 일면서 남성들이 새로운 소비 주체로 떠오르고 있다. 소비시장에서 남성의 구매비중이 커진 것에는 다양한 이유가 있을 것이다. '미'를 중시하는 우리 사회의 풍조에 따라 남성들도 자신을 가꾸기 시작한 이유도 있을 것이고, 주 5일 근무제의 확산으로 인해 여가시간이 늘어나면서 삶의 가치관이 바뀐 것도 그 한 가지일 것이다.

이러한 남성들을 사로잡기 위한 업계의 마케팅 전쟁도 치열해지고 있다. 특히 인터넷 쇼핑몰을 통한 남성들의 소비가 급증하면서 남성고객을 사로잡기 위해 각 사이트에는 남성들만을 위한 코너를 따로 마련해 시선을 잡기도 하고 다양한 이벤트로 남성고객을 위한 차별화 전략을 제시하기도 한다. 홈쇼핑 업체들 역시 남성고객이 크게 증가한 것을 의식해 남성복 디자이너 브랜드나 차량용품, 스포츠용품 등의 방송시간을 늘려가는 추세다.

한편, 장보는 남성들이 늘면서 대형 유통업체들 또한 남성고객을 잡는 데 주력하고 있다. 백화점이나 할인점 같은 대형 유통업체들은 남성고객의 쇼핑 형태에 따라 상품 구색을 맞추는 전략을 구사하고 있다. 또한 매장에서 다트 게임 대회를 여는 등 남성고객이 참여할 수 있는 다양한 이벤트 행사를 마련하여 매장 방문을 유도하고 있다. 이처럼 삶의 질을 추구하고 보다 나은 자신을 가꾸기 위한 남성들의 소비패턴 변화는 사회 제도나 문화 그리고 사람들의 의식이 바뀌는 것과 더불어 앞으로도 계속될 것으로 보인다.

유통실무 Focus

유통업계, 2030 男心 잡기 경쟁 치열

유통업계가 2030세대 남성소비자의 마음을 사로잡기 위한 경쟁이 치열하다. 유통업계에 의하면 MZ세대, 포미족, 그루밍족 등이 유통가의 큰 손으로 부상하고 있다. 이 중 MZ세대는 1980년대 초~2000년대 초 출생한 밀레니얼 세대와 1990년대 중반~2000년대 초반 출생한 Z세대를 통칭하는 말로 현재 2030세대 소비계층을 의미한다. 또한 포미족이란 개인별로 가치를 두는 제품에 과감한 투자를 아끼지 않는 사람들을 일컫는 용어로 최근 1인 가구와 싱글족 증가에 새롭게 대두되는 소비계층이다. 그리고 그루밍족은 자신의 패션이나 미용에 아낌없이 투자하는 남자들을 이르는 신조어다.

이들 MZ세대, 포미족, 그루밍족의 공통분모는 2030세대 남성이라는 점으로 큰손으로 부상한 이들을 타깃으로 한 전문, 특화매장들이 속속 오픈하는 추세다. 실제 유통가에서 남성고객들의 구매액 증가는 수치로도 확인된다. 실제로 CJ올리브영에 의하면 2021년 남성고객의 1분기 기준 뷰티 제품 구매액은 2019~2021년까지 연평균 28% 늘어나고 있는 추세다. 이처럼 남성 구매력 증가가 눈에 띄게 커지면서 백화점들은 최근 남성 명품 매장에 공을 들이는 추세다.

롯데백화점 소공동 본점은 지난 8월 8일 5층 전체를 남성고객 해외 패션 브랜드관으로 새롭게 선보였다. 면적을 넓혀 이미 입점한 톰포드, 돌체앤가바나, 발렌티노 등 16개 매장과 루이비통 맨즈 등 약 30개 브랜드가 하반기 중 추가로 입점할 예정이다. 롯데백화점 관계자는 "2030세대 남성이 선호하는 해외 패션 브랜드 강화에 중점을 두고 리뉴얼을 진행했다"며 "매장 외에도 휴게 공간, 동선, 라운지형 화장실 등에도 남성고객 취향을 적극 반영했다"고 말했다.

신세계백화점도 강남점과 부산 센텀시티점 등 지역 핵심 점포에 남성 전문관을 열고 20~30대 고소득층 남성고객 잡기에 공을 들이고 있다. 특히 강남점은 국내 백화점 최초의 남성 전문관을 연 데 이어 루이비통, 구찌, 프라다, 발렌티노 남성 단독 매장을 국내에서 처음으로 선보이는 등 매장 구색을 꾸준히 강화하고 있다.

현대백화점도 최근 수년간 남성 명품 브랜드 매장을 빠르게 늘리고 있다. 지난해 6월 압구정본점 4층 이름을 맨즈 럭셔리관으로 정하고, 라인업을 강화하는 중이다. 지난해 구찌 맨즈, 발렌시아가 맨즈, 랄프로렌 퍼플라벨, 로로피아나 맨즈 등을 입점시킨 데 이어 올해는 프라다 워모, 돌체앤가바나 우오모 스토어, 루이비통 남성 전문 매장을 열었다.

갤러리아백화점도 압구정 명품관의 남성 명품 제품군을 강화하고 있다. 명품관 웨스트 4층 남성 의류 층에는 루이비통, 구찌, 디올, 셀린느, 펜디의 남성 전용 매장을 운영 중이다. 최근엔 불가리의 국내 최초 남성복 매장과 프라다 남성 전용 매장을 오픈했다. 다른 층에 있던 남성 명품 시계 브랜드 태그호이어와 브라이틀링 매장도 같은 층으로 옮겼다.

자료: 동아경제, 2021.8.6.
(http://www.daenews.co.kr/news/view.php?no=15311)

4) 시테크와 재테크

최근 여성의 사회진출이 만연해지면서 맞벌이 가구가 증가하고 있다. 빠르게 증가하는 월평균 가구소득은 워킹맘, 맞벌이 가구의 증가의 영향이 크다. 특히 교육수준 향상과 함께 경제활동을 하는 여성들의 고위 임직원 및 관리자, 전문직 진출이 증가하고 외벌이-맞벌이 가구의 소득수준 격차도 꾸준히 증가하고 있다. 맞벌이 여성들의 증가로 인해 쇼핑 주체인 여성들이 과거 대비 상대적으로 쇼핑에 투자할 수 있는 시간적 여유가 부족해지는 추세에 있으며, 특히 자녀가 있는 워킹맘의 경우 상대적으로 경제적 안정감은 있으나 가장 시간이 부족한 소비자 유형이다. 이러한 소비자를 '돈은 있는데 시간은 없는(money-rich, time-poor) 소비자'로 명명하며, 구매 특징은 주로 1회 방문당 필요한 것들을 한 번에 대량으로 구매하는 원스톱 쇼핑을 추구하는 경향이 있으며 전통시장보다는 주로 대형마트나 슈퍼마켓 또는 인터넷몰을 통해 쇼핑하는 빈도가 높다.

맞벌이로 인해 평소 가족과 함께 보내는 시간이 부족하여 제한된 시간을 활용해 스트레스 해소용으로 쇼핑을 즐기고 주말에는 가족과 함께 '레저형' 쇼핑을, 주중에는 퇴근 후 저녁시간대에 '애프터식스' 쇼핑을 선호한다. 주중 퇴근 후 저녁시간에 쇼핑하는 애프터식스 쇼핑은 백화점 또는 생활권 내 슈퍼마켓을 이용하여 신속하게 필요한 제품들을 간편하게 구비하고자 하는 니즈(needs)가 증가하고 있다. 특히 이러한 이유로 슈퍼마켓은 평일을 중심으로 쇼핑 빈도 및 매출액이 증가하는 추세를 보이고 있다.

또한 시간적 압박으로 인해 편리함과 높은 서비스 수준을 요구하게 되고 돈에 대한 욕구보다는 시간의 효율적 사용 및 여가시간의 활용을 더 원하는 경향이 나타나고 있다. 따라서 유통업체는 인터넷, 우편주문 등 신매체를 적극적으로 활용하여야 할 것이며 한 장소에서 모든 문제를 해결할 수 있는 일괄구매가 더욱 중요하게 되었다. 그리고 신기술과 새로운 유통기법의 도입으로 물류나 기업 의사결정 시간을 단축하여야 할 것이다.

5) 해박한 지식의 소비자 – 해외직구의 증가

정보기술의 발달을 통해 소비자들의 정보에 대한 접근이 보다 용이하게 되었는데 이러한 현상이 발생하게 된 원인은 교육수준의 전반적인 향상과 케이블 TV, 인터넷 등의 상호작용적인 매체의 보편화 등으로 인한 것이다. 교육수준은 소득원천, 태도, 소비행태에 관한 신뢰성 있는 지표를 제공하고 동일한 연령층의 소비자들에 비해 가격, 품질, 촉진 등에 대해 보다 까다롭다. 또한 합리적인 의사결정을 하는 경우가 많으며 유통업체에게 더 많은 것을 바라게 된다.

최근 과도하게 높은 수입품 마진 정책에 대한 소비자의 회의감으로 인해 보다 합리적 소비를 하기 원하는 젊은 층을 필두로 해외직구가 적극적으로 이용되고 있다. 인터넷 환경에 익숙한 이들은 구글(Google)과 같은 포털사이트의 번역서비스를 이용하여 언어장벽을 완화시키고 해외 쇼핑몰들의 간소한 결제절차를 충분히 활용할 수 있어 해외직구를 그다지 어렵지 않게 사용하고 있다. 이러한 해외직구의 증가로 국내 수입제품뿐만 아니라 국산 제품의 가격에까지 영향을 미치고 있으며 이러한 추세는 앞으로도 계속될 전망이다. 또한 국내소비자가 해외사이트에서 물건을 구입하는 해외직구와 반대의 개념인 역직구도 증가하고 있는 추세이다. 이는 외국소비자가 국내쇼핑몰에 접속해 물건을 구매하는 것을 말하며 전자상거래로 하는 수출이라고 말하고 있다. 국내 해외직구의 규모는 매년 늘어가고 있으며 최근 한류 인기에 역직구가 가파르게 성장하고 있다.

이와 같은 환경변화로 인해 유통업체는 보다 다양한 제품을 합리적인 가격수준으로 소비자들에게 제공할 수 있는 기회를 마련하여야 하며, 다양한 매체를 활용하여 외국소비자의 국내 쇼핑몰 접속증가를 이끌어 내야 할 것이다.

유통실무 Focus

'손 안에서 세계를 쇼핑'… 커지는 해외직구·역직구 시장

온라인을 통해 해외 상품을 구매하거나, 해외 고객이 국내 상품을 구매하는 직구, 역직구 시장이 수직 성장 중이다. 이미 꾸준히 증가 추세를 보여 온 이 같은 보더리스 쇼핑 역시 코로나 시대를 맞아 폭발적인 확장기를 맞고 있다.

트렌드리서치의 패션시장분석 보고서 KFI에 따르면, 국내 해외직구 시장규모는 2014년 1조 6,471억 원에서 2019년 3조 6,360억 원으로 2배 이상 커졌다. 전년 대비로는 22.4% 성장한 수치다. 해외 고객이 국내 온라인에서 상품을 구매하는 역직구의 성장세는 훨씬 더 가파르다. 2014년 6,791억에서 2019년 5조 9,995억 원으로 8배 넘게 성장해 직구 시장 규모를 훌쩍 넘어섰다. 전년 대비 신장률도 65.4%에 이른다. 국내 패션 기업들이 해외사업방식을 재고해야 하는 이유다.

국내 소비자, 해외직구로 '패션' 가장 많이 구매

국내 고객들의 해외직구에서 가장 큰 비중을 차지하는 품목은 다름 아닌 '패션'이다. 지난해 해외직구 패션 거래액은 30.1% 신장해 전체 직구의 3분의 1을 넘겼다. 거래액이 2015년 6,885억 원에서 2019년 1조 4,082억 원으로 성장했다.

국내 소비자들이 많이 이용하는 해외 패션 플랫폼은 매치스패션, 미스터포터, 쎈스, 파페치, 육스, 앤드클로딩, 네타포르테 등이다.

하이엔드 비중이 가장 높은 '미스터포터'는 2018년 8월부터 국내 영업과 마케팅을 시작, 작년 1분기까지 아시아권에서 거래액 1위는 중국, 2위는 한국이었다. '매치스패션'의 국가별 매출 순위도 한국이 3위를 차지했다. 국내 소비자들의 지역별 구매비중은 유럽이 40%로 가장 높았고, 미국 35%, 중국 순이다.

해외 현지 네트워크와 인공지능 솔루션을 통해 직구 상품을 중개하는 국내 플랫폼들도 급증하고 있다. 거래액도 급상승 중이다. 발란, 캐치패션, 트렌비, 머스트잇 등이 대표적인데, 이들 플랫폼들의 누적 투자유치금액이 지난 7월 말 기준 600억 원을 넘어섰다. 투자업계가 이 시장의 성장성을 그만큼 높게 판단한다는 뜻이다.

해외 플랫폼 인기, 국내 플랫폼도 급성장

'캐치패션'과 '트렌비'는 해외 플랫폼, 브랜드몰과의 연계 판매, '발란'은 직매입, '머스트잇'은 셀러들이 입점해서 판매하는 오픈마켓 형식이 주된 공급 방식이다. '캐치패션'은 2020년 상반기 거래액이 전년 대비 380%, '발란'은 350%를 기록했다. '트렌비'는 6~7월 전년 동기 대비 거래액이 3배 이상 뛰었고 '머스트잇'은 1,150억 원을 기록했다.

최대한 빠르게 많은 상품의 정보를 찾아주는 인공지능(AI) 서치 엔진 등 기술 투자도 활발하다. 한국 소비자를 위한 인터페이스 환경과 CS 등을 통해 해외 플랫폼과의 차별화에 집중하고 있다.

국내 소비자들의 해외직구는 '구찌', '발렌시아가' 등 전통의 명품부터 '오프화이트', '아크네 스튜디오', '아미', '메종 마틴 마르지엘라', '띠어리', '스톤 아일랜드' 등 하이엔드 디자이너나 컨템포러리 브랜드까지 아우른다. 국내 가격 대비 적게는 10%에서 많게는 40%까지 저렴하게 구매할 수 있다는 게 가장 큰 장점이다.

한류 인기에 역직구 급성장

해외 소비자들이 국내 온라인에서 상품을 구매하는 역직구의 폭발적 증가가 의미하는 바는 매우 상징적이다. 역직구 패션 매출(거래액)은 2014년 1,774억 원에서 2019년 5,646억 원으로 3배 넘게 증가했다. 이는 전체 역직구 거래액의 약 10%를 차지하는 수치다. 성장세는 가파르지만, 국내 소비자들이 온라인을 통해 해외 상품을 구매하는 직구 시장에서 패션이 30%를 차지하는 상황과 비교해 판단할 필요가 있다. 패션의 직구, 역직구 시장만 놓고 봤을 때 무역 수지가 심각한 적자인 셈이다.

역직구 거래에서는 중국 소비자들의 구매가 59%를 차지해 가장 많고, 일본이 24%, 그다음은 미국 순이다. 아시아권 비중이 압도적인 이유는 한류 콘텐츠에 대한 역직구 비중이 그만큼 높이 때문으로 분석된다. 국내 유통사들이 해외 소비자를 대상으로 한 직구몰 구축에 적극적인 이유다.

해외 온라인 리테일들은 이미 발빠르게 움직이고 있다. 아마존은 내년에 K-카테고리를 강화한다. K-패션도 포함돼 입점 기업의 B2C와 B2B 거래가 가능하도록 지원한다. 가장 큰 비중을 차지하는 중국 인프라 구축도 두드러진다. 2020년 3월 중국 직구 플랫폼 점유율이 31% 달하는 티몰글로벌의 풀필먼트센터가 인천에 문을 열었고 G마켓 글로벌샵은 8월 3억 명 이상의 이용자를 가진 중국 메신저 위챗 기반의 미니 애플리케이션 샤오청쉬를 오픈했다.

일본 패션 기업 TSI홀딩스는 K패션 쇼핑몰 모루지(MORUGI)를 카페24 일본 플랫폼을 통해, 2019년 11월 런칭했다. 카페24는 자사 마켓통합관리 서비스에 동남아에서 연간 약 12조 원 이상의 거래액을 기록하고 있는 오픈마켓 기업인 쇼피(Shopee)의 연동을 확대했다.

정부도 정책 확대를 발표했다. 중계무역만 허용하던 전자상거래 국제물류센터(GDC)에 국내 물품 반입을 허용하면서, 해외 전자상거래 플랫폼을 통한 국내 물품 수출 길이 확장됐다.

자료: 어패럴뉴스, 2020.9.8.
(http://m.apparelnews.co.kr/news/news_view/?idx=184895&cat=CAT127)

6) 가치추구성향 – 소비양극화 현상

지속적인 경제위축과 실질소득의 감소로 인해 소비자들은 가치 있는 소비를 원하게 되었다. 가격과 품질을 꼼꼼히 비교해보고 구매를 결정하는 실리 소비를 하며 식품, 의류 전반에 복고열풍이 불고 있다. 이러한 현상이 증가하는 것은 소비심리가 위축된 소비자들은 잘 모르는 신제품보다 저렴하고 검증된 옛날 상품을 찾기 때문이다. 또한 인건비가 안 드는 셀프형, 가격 대비 성능이 뛰어난 가성비 높은 우수 제품들의 소비 선호가 증가하고 있다.

이러한 소비자들은 상품 및 상표 선택에 사용가치보다 부가가치를 중시하는 경향이 있고, 품질보다는 감각을 우선하며, 심리적 · 정서적 욕구를 지향하며 브랜드 충성도가 낮은 특징을 가지고 있다. 따라서 유통업에서는 품질을 유지하면서 보다 저렴한 가격으로 제품을 공급하여야 한다. 타깃 고객층을 미리 정한 후 실속 있는 상품을 앞세워 공략하는 마케팅전략의 사용이 필요하다.

반면 일부 소비자들의 경우는 소득이 급격히 증가함에 따라 구매력이 더 커지면서 고가제품이나 고급브랜드의 구매를 통해 자신들을 더욱 돋보이게 하고자 하는 상징적 구매욕구를 충족시키는 현상이 심화되고 있다. 이러한 소비의 양극화로 유통업체는 고소득층을 겨냥한 프리미엄 제품과 서비스를 제공하고 업태 운영에 있어서도 고가와 저가 라인을 동시에 취급하는 등의 전략을 고려해야 할 것이다.

7) 고객화된 제품에 대한 욕구, 고객참여 증대

소비자는 제품기술의 정교화, 다양한 정보, 가치추구 성향 등으로 인해 내 입맛에 맞는 고객화된 제품을 선호하게 되었다. 이러한 추세를 반영하여 새로운 유형의 소비자인 프로슈머가 시장에 나타났다. 프로슈머(prosumer)는 생산자(producer)와 소비자(consumer)의 합성어로 소비는 물론 제품개발, 유통과정에까지 직접 참여(participation)하는 '생산적 소비자'의 의미를 가진다. 프로슈머는 기업이 생산한 제품을 단순히 구매하는 수동적인 소비자에서 벗어나 자신이 원하는 제품을 생산하는 능동적인 소비자이다. 또한 프로슈머는 자신의 취미를 살리기 위해 제품의 구매에 있어 아마추어 수준을 넘는 전문가적 지식과 다양한 정보기술을 활용하는 경우가 많다. 흔히 디지털 프로슈머 혹은 C-세대로 불리는 이들 집단은 주로 20 · 30대의 젊은 계층으로 웹사이트와 블로그를 운영하며 자신의 경험과 취미, 전문지식들을 다른 이들과 함께 공유하고자 한다.

기업은 신제품 개발에 필요한 아이디어 및 시장에 대한 기회를 프로슈머를 통해 얻을 수 있다. 갈수록 경쟁이 치열해지고 비차별화되어 가는 시장에서 생존하기 위해 기업은 개별 고객의 욕구에 특화된 대량고객화(mass customization)가 필요하며, 일반 소비자와 달리 적극적으로 제품의 생산과정에 참여하길 원하는 프로슈머를 활용함으로써 대량고객화를 달성할 수 있다. 또한 프로슈머가 가지는 파급력을 활용해 기업은 자사의 제품을 적극 홍보하고 고객과 의사소통할 수 있다. 따라서 기업은 프로슈머를 활용한 제품 생산 및 홍보활동을 적극적으로 지원하고 고객정보에 대한 면밀한 분석과 검토를 통해 고객화된 제품과 서비스를 제공하여야 할 것이다.

유통실무 Focus

메타버스 플랫폼을 활용한 유통기업들

메타버스 돌풍이 유통업계에도 불고 있다. 유통기업들은 신제품을 소비자가 간접 체험할 수 있도록 메타버스를 활용한다. 기존 온라인 커뮤니티나 전통적인 소셜네트워크서비스(SNS) 채널에서 이뤄지던 홍보활동 역시 '메타버스' 플랫폼으로 빠르게 이동하고 있다.

가상체험으로 친숙함 더한다

2021년 8월 6일 관련 업계에 따르면 편의점 업계는 최근 메타버스 플랫폼을 활용해 마케팅을 진행한다. BGF리테일은 8월 중순 쯤 네이버 '제페토'에 'CU 제페토 한강공원점' 매장을 오픈한다. 이용자는 서울 반포 한강공원을 그대로 옮겨 놓은 가상현실 세계에서 CU 자체 브랜드를 비롯해 즉석조리 라면을 즐길 수 있다. BGF리테일은 앞으로 소비자와 소통을 위해 버스킹을 하고 제페토 속 교실, 지하철에 점포를 더 늘릴 계획이다. GS리테일은 지난달 싸이월드 운영사인 싸이월드제트와 업무협약(MOU)을 체결했다. 11월 말 싸이월드 속 가상현실 공간에 쇼핑 채널을 개통하고 라이브 커머스를 운영한다. 양 측은 소비자에게 신선하고 재밌는 경험을 주기 위해 협업을 진행했다고 밝혔다.

롯데홈쇼핑은 지난 7월 가상현실(VR) 기술을 활용한 테마별 캠핑장을 구현했다. 캠핑 간접 체험, 인기 캠핑용품 관련 비대면 쇼핑 콘텐츠를 제공한다. 소비자가 체험 후 바로 구매할 수 있어 판매에도 용이하다. 롯데는 앞으로 그룹사 차원에서 그룹 주요 관계사가 메타버스 공간에 입점해 제2, 3의 비즈니스를 추진한다는 구상을 가지고 있다.

소비자에게 직접 연구&개발 피드백 받는 공간

유통업계가 메타버스 활용에 적극 나선 데는 메타버스 플랫폼이 MZ세대를 타깃으로 한 마케팅에 효과적이기 때문이다. 주 고객층과 메타버스 플랫폼 이용자가 겹치는 부분도 있어 브랜드 이미지나 상품홍보에 도움이 된다는 것이다.

빙그레의 경우 SK텔레콤이 지원하는 메타버스 서비스 플랫폼에서 랜선파티를 진행해 MZ세대로부터 폭발적인 반응을 이끌어 냈다. 빙그레 관계자는 "독특한 마케팅 활동으로 젊은 층 소비자에게 좋은 반응을 얻고 있다"고 말했다.

업계 한 관계자는 "여기에서 더 나아가 제품 출시 전에 먼저 홍보하고 소비자 반응을 분석해 출시하는 베타 테스트 용으로 사용할 수 있을거라는 기대감도 있다"고 했다. 특히 메타버스는 이름이 알려지지 않은 스타트업에 확실한 홍보 도구로 활용된다. 최근 커피구독 서비스 스타트업 터틀크루 카페박스는 메타버스 플랫폼 '게더타운'을 활용해 제1회 커피 박람회를 개최했다. 박람회에는 커피에 관심이 있는 이들이 아닌 메타버스에 관심이 있는 이들이 참가했다.

카페박스 관계자는 "참가자 절반이 '메타버스'를 이용한다는 소식에 참여한 이들이었다"며 "메타버스를 활용한 덕에 알려지지 않은 브랜드와 회사를 홍보할 수 있었다"고 말했다. 그는 이어 "다양한 플랫폼을 동시에 활용하니 소비자와의 상호소통이 잘됐다는 점이 장점이었다"며 "앞으로 신제품 출시 마케팅에 활용하는 등 메타버스 행사를 주기적으로 개최할거다"라고 답했다.

자료: IT조선, 2021.8.6.
(http://it.chosun.com/site/data/html_dir/2021/08/05/2021080502077.html)

PART

02

유통설계실무

CHAPTER

04 소매상

C/O/N/T/E/N/T/S

미국 창고형 할인점 '코스트코'

공조 시스템이 그대로 드러난 노출 천장에 물류창고 같은 매장, 교통체증을 유발하는 불편한 주차장, 현금 또는 특정 카드만 이용해야 하는 결제시스템, 경쟁사에는 없는 연회비. 불편함으로 점철된 이 외국계 기업은 해가 갈수록 인기를 더하며 성장하고 있다. 심지어 이 매장을 겨냥한 비슷한 경쟁업체가 한국에 우후죽순 생겼는데도 매출에 타격이 없다. 이렇다 할 마케팅이나 광고도 하지 않는 이 매장에 소비자가 몰린다.

글로벌 유통기업의 무덤으로 알려진 한국시장에서 지속 성장 중인 창고형 할인점 '코스트코' 이야기다. 코스트코는 1983년 미국 시애틀 인근 커클랜드에서 시작해 1998년 코스트코 코리아를 설립하고 한국시장에 진출했다. 글로벌 유통 대기업 월마트와 까르푸가 현지화 노력에도 정착에 실패하고 2006년 모두 철수한 것과 달리 코스트코 코리아는 지난해 3조 8,000억 원 매출로 최고 기록을 경신하며 승승장구 중이다.

2010년 한국의 유통 공룡인 이마트가 코스트코와 대적하기 위해 창고형 할인점인 이마트 트레이더스를 내놓자 코스트코가 큰 타격을 입을 것이라는 전망이 나왔지만 코스트코는 흔들림이 없었다. 국내에 14개 매장을 둔 코스트코 코리아의 지난해 매출액은 3조 8,000억 원, 영업이익은 1,670억 원으로 2011년보다 각각 83%, 28% 증가했다.

이정희 중앙대 경제학부 교수는 "이마트 트레이더스의 매출이 진출 이듬해인 2011년 2,840억 원에서 지난해 1조 5,200억 원으로 커지는 동안에도 코스트코의 성장이 계속된 것을 보면 코스트코는 한국시장에서 코스트코만의 차별화된 강점을 바탕으로 소비자층을 확고하게 구축했다는 의미"라고 설명했다.

품목 수 줄여 고품질 확보

코스트코를 찾는 사람들의 발길이 끊이지 않는 이유는 무엇일까. 소비자들은 '코스트코에서만 살 수 있는 값싸고 품질이 우수한 제품' 덕분이라고 입을 모은다. 10년간 코스트코를 이용해온 직장인 이수연(45) 씨는 "향수 · 의류 등 매 시즌 코스트코에서만 살 수 있는 제품이 달라진다"며 "주로 여기서만 살 수 있는 제품을 사러 오기 때문에 다른 할인점에 갈 이유가 없다"고 말했다.

약 14만 개 품목을 취급하는 월마트와 달리 코스트코는 매장에서 판매하는 제품 품목을 4,000여 개로 제한한다. 품목별로 품질이 좋으면서 가격이 저렴한 제품을 한 가지씩만 들여오기 때문에 제품당 판매 물량이 늘어나 납품업체와의 가격협상력이 올라간다. 한 가지 제품의 구매 단위를 크게 해 단가를 낮추는 방식이다.

하지만 어떤 경우에도 질 나쁜 상품은 취급하지 않는다는 게 코스트코의 핵심 전략 중 하나다. 품목별로 가장 품질이 좋고, 값이 싸며, 큰 사이즈 제품 하나만 제공하는 것이다. 고객이 비슷한 제품 4~5개 중 고르다가 결국 안 사는 것보다 확실한 제품 하나가 잘 팔리는 게 낫다는 믿음 때문이다. 판매가 잘될 만한 제품만 엄선해 팔기 때문에 재고가 빠르게 소진된다.

납품대금은 현금으로 한 달 내 지급

코스트코가 고품질 제품을 안정적으로 공급받을 수 있는 또 다른 이유는 납품업체에 대금을 현금으로 지급하고 지급기일을 짧게 유지하기 때문이다. 일부 유통업체가 60~90일 내로 납품대금을 어음으로 지급하는 것과 달리 코스트코는 현금을 지급한다. 업체마다 다르지만 최소 10일~최대 30일 이내에 대금을 지급한다. 납품업체로서는 현금으로 보다 일찍 대금을 받을 수 있는 코스트코와의 계약을 선호할 수밖에 없다.

코스트코에 채소 등을 납품하고 있는 업체 관계자는 "원물을 거래하기 때문에 농민에게 대금을 바로 지급해야 한다"며 "중소업체 경영에는 자금 회전력이 정말 중요한데, 코스트코는 10일에 한 번, 한 달에 세 번 대금을 지급하기 때문에 무척 도움된다"고 말했다.

코스트코에 식품을 납품하고 있는 국내 대기업 관계자는 "대기업 입장에서도 이자비용을 고려하면 경쟁유통채널보다 빨리 대금을 지급하는 코스트코를 선호할 수밖에 없다"고 말했다.

싸게 팔수록 많이 남는 사업 모델

코스트코는 회원제도를 운용하면서 국내에서 기업 회원 3만 3,000원, 개인 회원 3만 8,500원의 연회비를 받는다. 소비자 입장에서 절대 적지 않은 금액이지만 이미 국내 회원만 100만 명(전 세계 회원 수는 9,200만 명)이 넘었다. 고객 충성도를 가늠할 수 있는 멤버십 갱신율은 90%에 이른다. 일단 회원이 되면 낮은 마진율을 통해 확보된 고품질 제품을 저렴하게 마음껏 구매할 수 있다.

이렇게 확보된 연회비는 코스트코의 순이익을 늘리는 역할을 톡톡히 한다. 이런 이유로 코스트코는 품질 좋은 제품을 싸게 팔아 고객 만족도를 높여 멤버십 회원을 유지하고 확대하는 것을 최우선 목표로 삼는다. 지난해 코스트코 본사의 영업이익(41억 1,100만 달러) 중 69%가 판매마진이 아닌 회원들의 연회비 수입(28억 5,300만 달러)이었다. 고객이 많이 구매할수록 이익을 내는 것이 아니라 고객이 많이 만족할수록 수익이 늘어나는 비즈니스 모델을 가진 셈이다.

자료: 이코노미조선, 2018.8.13.
(http://economy.chosun.com/client/news/view.php?boardName=C01&page=8&t_num=13605564)

Section 1 소매상의 개념과 기능

1.1 소매상의 정의

우리는 주위에서 백화점, 편의점, 슈퍼마켓, 전문점, 구멍가게, 재래시장, 할인점 등 각종 점포들을 흔히 볼 수 있다. 이러한 점포들을 소매상(retailer)이라 하며, 유통경로상에서 하나의 기관으로서 소비자와 가장 가까이 있는 경로구성원이다. 미국 마케팅학회(AMA: American marketing association)는 소매란 최종소비자에게 상품과 서비스를 직접 판매하는 제 활동이며, 소매업의 주요 업무는 최종소비자에게 상품과 서비스를 직접 판매하는 상업자인 동시에 대리업이라고 정의하고 있다.

이러한 소매상에서 일어나는 활동을 소매(retailing)라고 한다. 즉, 소매란 제품과 서비스를 최종소비자에게 판매하는 활동이다. 누구든지 제품이나 서비스를 개인용도 혹은 가정용도로 사용하려는 사람에게 판매하면 그것을 소매활동이라고 할 수 있다. 코틀러(Philip Kotler)는 "소매는 재화나 서비스를 개인적 혹은 비영리적 목적으로 사용하려는 최종소비자에게 직접 판매하는 것을 포함한 모든 활동이며, 그것이 제조업자이든 도매상이든 소매상이든 이러한 판매활동을 수행하게 되면 어떤 기관이든지 소매업을 행하는 것이다"라고 정의하고 있다. 소매는 재화와 용역이 어디서 어떻게 판매되는지는 문제가 되지 않기 때문에 실제 점포가 아닌 전자상거래, 통신판매 등에서 발생하는 소매활동도 소매의 일종이다. 소비자 입장에서 볼 때 이러한 소매활동은 특정한 장소에서 그들이 원하는 다수의 물건을 구매할 수 있게 하는 효용을 제공해 주는 것이고, 소매점포의 입장에서는 이러한 활동을 수행함으로써 소비자에게 제품과 서비스를 판매한 후에 특정의 이익을 남기게 된다.

1.2 소매 기능과 특성

생산자가 공장에서 제품을 생산하면, 그 제품을 구매하려는 소비자와는 물리적으로 멀리 떨어져 있을 뿐만 아니라 시간, 소유, 형태에 대한 차이(gap)가 생기게 된다. 이러한 차이는 중간상이 거래, 물적유통 및 촉진 등의 기능을 적극적으로 수행하여 효용(utility)을 창출함으로써 채워지게 되는데, 중간상 중에서도 최종소비자와 가장 가까이 있는 소매상의 역할이 가장 클 것이다. 소매상은 상품의 제조 및 판매와 관련한 기본적 기능, 정보제공기능, 신용판매, 상품지식 제공, 상품관리, 쇼핑환경 제공과 같은 기능을 담당함으로써 효용을 창출하게 되며 이러한 기능은 크게 제조업자와 도매상을 위한 기능, 최종소비자를 위한 기능으로 구분할 수 있으며 요약하면 <표 4-1>과 같다. 특히 소매입지는 가장 중요한 요소라 할 수 있다. 입지에 따라 고객형성 및 매출, 이익 등이 좌우되기 때문에 사업의 성패를 결정하는 데 중요한 역할을

〈표 4-1〉 소매상의 기능

	1) 제조업자 · 도매상에 대한 기능	2) 소비자에 대한 기능
① 기본적 기능	• 상품의 수요환기와 판매촉진 협력 • 제조업자 상품개발 및 생산활동 협력 • 도매상 유통활동 협력 및 적정가격책정	• 판매활동과 상품의 소량 분할 • 구색갖춤 및 품목별 진열, 배송활동 • 장소 편의성 제공
② 정보제공 기능	• 소비자욕구 및 판매정보를 수집 · 분석하여 제공 • 상품판매계획과 매장관리 등 머천다이징 조언	• 소비자의 욕구와 요구에 맞는 정보 제공 • 상품정보와 유행 등 생활정보를 제공
③ 상품지식 제공	• 품질보증, 상품특성의 인지도를 홍보	• 상품의 품질과 특성에 대한 조언과 지도 • 전문적 상담
④ 상품관리	• 제조업자 · 도매상의 상품보관 일부 대행 • 상품보관과 위험부담을 분담	• 일정량의 상품을 보관하여 수요에 대응 • 적절한 상품 품목을 진열 • PB제품 개발과 관리
⑤ 신용 공여	• 신용제공(외상거래, 팩토링 등 관련)	• 신용 및 할부판매, 신용제공
⑥ 쇼핑환경 제공	• 점포설치 · 소매시장 · 상점가를 구성 • 오락장 · 오락가 · 문화공간 형성	• 구매품에 대해 유쾌한 만족감을 부여 • 장소의 쾌적성, 오락성을 제공

한다. 일반적으로 좋은 입지라 하더라도 업종의 특성과 부합하지 않으면 좋은 입지가 될 수 없기 때문에 소매입지 선정 시에는 업종의 특성도 함께 고려하여야 하며, 한 번 결정된 입지는 바꾸기 어렵기 때문에 신중하게 고려하여야 한다.

보통 소매와 도매의 차이를 이해하는 데 어려움이 있는데, 소매상과 도매상은 제품의 구매동기에 의해 구분된다. 소매는 소비재가 개인적 혹은 가정용으로 구매되는 경우를 말하며, 도매는 상업용 혹은 재판매를 위해 구매되는 경우이다. 그래서 소매상의 주고객은 최종소비자가 되며, 도매상은 산업용 구매자, 정부 대리인, 소매상, 다른 도매상 등을 주고객으로 한다는 점에서 차이가 있는 것이다.

따라서 재판매나 최종 제품 생산을 위해 구매하는 기업소비자와 달리 일반소비자를 대상으로 하는 소매상은 <표 4-2>와 같은 특성을 가진다. 첫째, 최종소비자에게 상품을 판매하며, 둘째, 소량판매를 위주로 한다. 셋째, 높은 단위당 가격으로 상품을 판매하며, 넷째, 판매가격이 대체로 일정하다. 다섯째, 거래가 소비자에 의해 이루어지며, 소매점 내의 점포 구성을 중시한다. 소비자들은 점포 내의 쇼핑환경에 영향을 받기 때문에 소비자를 만족시키고 구매를 이끌기 위해 음악, 디스플레이, 공간 배치, 상품 배치, 조명 등과 같은 다양한 비주얼 머천다이징(visual merchandising) 요소에 신경을 쓴다.

〈표 4-2〉 소매상의 특성

생산자 · 도매상	소매상
대량판매 위주	소량판매 위주
일반소비대중에게 판매하지 않음	일반소비자에게 개방
판매상품의 단위당 가격이 낮음	판매상품의 단위당 가격이 높음
다양한 가격 할인정책 보유	판매가격이 대체적으로 일정
거래는 직원에 의해 이루어지는 편	거래는 소비자에 의해 이루어지는 편
점포(창고) 내의 점포 구성 중요성이 낮음	소매점 내의 점포 구성을 중시

Section

2 소매상의 분류

소매기관은 [그림 4-1]과 같이 소유권이나 취급상품 수, 업종, 점포유무, 소매전략, 업태, 도입시기 등 다양한 기준에 의하여 분류된다. 이 중에서 특히 업종이란 판매되는 재화나 서비스군에 따른 전통적인 분류방법으로 그 예로는 종합소매업, 음·식료품 및 담배소매업, 정보통신장비소매업, 섬유·의복·신발 및 가죽제품소매업, 가정용품소매업, 문화·오락 및 여가용품소매업, 연료소매업, 기타상품소매업 등이 있다.

업태란 소매점의 영업전략에 따른 분류방법으로 재화나 서비스를 어떻게 판매하느냐 하는 판매하는 방식으로 구분된다. 구체적으로는 머천다이징전략, 입지, 영업시간, 고객서비스 수준, 광고, 가격전략 등에 의해 소매점의 업태가 결정되며, 이러한 업태는 점포의 유형에 따라 점포소매상 업태와 무점포소매상 업태로 구분된다. 예를 들면, 점포소매상 업태에는 구멍가게, 슈퍼마켓, 슈퍼슈퍼마켓, 편의점, 전문점, 백화점, 할인점(대형마트), 하이퍼마켓, 슈퍼센터, 대중양판점, 회원제 창고형 도소매점, 카테고리킬러, 슈퍼센터, 상설할인매장(아웃렛), 재래시장, 드러그스토어, 편집샵 등이 있다. 또한 무점포소매상 업태에는 통신판매, 방문판매, 자동판매기, TV홈쇼핑, 인터넷 쇼핑몰, 소셜커머스 등을 그 예로 들 수 있다.

업종은 생산자 또는 제품중심적 시각으로, 업종적 관점을 가진 소매상에게는 어떤 제조업체의 어떤 제품을 판매할 것인가가 거의 유일한 전략적 결정사항이다. 반면 업태는 소비자 또는 전략지향적 시각이라 할 수 있으며 표적고객의 선택이 가장 중요하고 우선적인 전략적 결정이며, 이에 따라 표적고객의 특성과 라이프스타일에 소구할 수 있는 영업전략의 결정이 이루어진다.

[그림 4-1] 소매기관의 분류

업종별	식료품점, 금은방, 구두점 등
업태별	백화점, 슈퍼마켓, 편의점, 할인점
점포보유별	점포소매점 ······ 무점포소매점
판매방식별	대면소매점 ······ 셀프서비스 판매점
점포규모별	대규모소매점 ······ 소규모소매점
경영방식별	단독점대규모소매점 ······ 체인점
연쇄점 형태별	회사 연쇄점, 프랜차이즈, 임의 연쇄점

예를 들면, 의류점포를 운영하는 경우는 판매업과 의류업에 종사한다고 볼 수 있고, 생산자에서 소매상으로 전달하는 관점에서 유통업에 종사한다고 볼 수 있다. 하지만 같은 의류라도 어떠한 방식으로 판매되느냐에 따라 백화점, 할인점, 전문점 등에서 다양하게 판매될 수 있다. 즉, 재화나 서비스를 소비자에게 전달하는 판매방식은 백화점, 할인점, 전문점 등에 따라 다양한 것이다. 동일한 재화나 서비스지만 판매하는 방식이 상이하고 그에 따라 가격이나 촉진방식 등에서 차별화되는 것이다. 똑같은 배추라도 백화점을 통해서 파는 것과 할인점을 통해서 파는 것은 가격이 상이하며, 또한 묶음으로 판매하는 공판장의 경우에는 더 가격차가 나는 것을 볼 수 있다. 이러한 판매방식의 차이에 따른 분류를 업태라고 한다.

역사적으로 소매업에 업태 개념이 도입된 것은 서구의 백화점과 슈퍼마켓이 효시였으며, 이를 통해 소비자의 편의성과 소매점의 효율성이 획기적으

〈표 4-3〉 서비스 산출에 의한 소매업의 분류

소매상 형태	주 관심사 (마진 혹은 회전율)	소량구매	입지적 편의성	대기 및 배달시간	다양성(폭)	구색(깊이)
백화점	마진	가능	중간	낮음	넓음	중간
전문점	마진	가능	중간	낮음	좁음	깊음
우편주문 -카탈로그점	마진	가능	최고수준임	약간 높음	중간	중간
편의점	마진 및 회전율	가능	매우 높음	낮음	중간	얕음
카테고리킬러	회전율	가능	낮음	낮음	아주 좁음	아주 깊음
할인점	회전율	가능	낮음	중간 (재고부족)	넓음	중간
하이퍼마켓	회전율	가능	낮음	중간	넓음	중간
창고형클럽	회전율	불가능	낮음	약간 높음 (재고부족)	넓음	얕음

로 개선되었다. 그 이전에는 의복, 가구, 생활용품 등이 각 점포에서 개별적으로 판매되었으나, 업태의 개념이 소매업에 도입됨으로써 고가의 전문품은 백화점에서 일괄 취급하고 저가 생필품의 유통은 슈퍼마켓이 담당하게 되었다. 이로 인해 제품유형에 따른 업종의 구분이 무의미해지게 되었고, 소매상은 주 방문고객이 필요로 하는 제품을 묶어서 판매함으로써 매출 증대가 가능해졌고 소비자는 일괄구매를 통한 편리성을 제공받을 수 있게 되었다.

이러한 업태는 소매상이 소비자에게 제공하는 서비스 산출(service output)에 의해 분류된다. 서비스 산출은 하나의 유통시스템이 소비자에게 제공하는 가치를 말하며, 이는 유통구조 설계에 있어 핵심개념으로 사용되고 있다. <표 4-3>과 같이 업태는 소매상의 주요 관심사가 마진인지 회전율인지 또는 소비자에게 제공하는 서비스 산출, 즉 소량구매, 입지적 편의성, 대기 및 배달시간, 취급제품의 다양성 혹은 폭, 취급제품의 구색 혹은 깊이의 수준에 따라 상이하다. 예를 들어, 백화점은 주 관심사가 마진이며, 소비자가 소량으로 구매할 수 있고 입지적 편의성은 중간수준이며, 대기 및 배달시간은 낮고(매장에서 바로 구매), 다양한 제품을 취급하나 구색은 다소 부족한 특징을 지니고 있다.

2.1 점포소매상의 업태별 분류

1) 재래시장(전통시장)

재래시장은 쌀, 생선, 정육, 야채 등의 식품은 물론 의류나 잡화 등의 일상생활용품에서 전기, 가구 등의 내구재들에 이르기까지 다양한 상품구색을 갖추고 비교적 저렴한 가격으로 판매하는 규모가 영세한 소매상들이 모인 곳이다. 재래시장은 물물교환 시대부터 판매자와 구매자가 만나는 시장이 자연스럽게 형성되고, 화폐경제의 발전과 함께 다양한 형태로 진전이 이루어진 가장 오래된 판매방식이라 할 수 있다.

하지만 1996년 국내 유통시장 전면개방으로 위기를 겪으면서, 현재 대규모 소매상들과 경쟁하기 위해 현대화된 건물을 세우고 고객주차장 확대, 합리적 경영방식, 다양한 이벤트 등을 통해 새로운 바람을 불러일으키고 있다. 대표적인 재래시장으로 서울의 남대문시장과 동대문시장을 들 수 있으며, 최근에는 해외 여행객이 증가하면서 한국 고유의 정서를 느낄 수 있는 재래시장이 여행 필수 쇼핑 코스로 인기를 얻고 있다.

유통실무 Focus

재래시장, 온라인 상점으로 변신하다

다수 자영업자들이 힘겨운 시기를 보내고 있지만 진화에 성공한 사례도 축적되고 있다. 핵심은 '디지털로의 전환(digital transformation)'이다.

경기 오산의 재래시장인 오산오색시장에는 손님을 하염없이 기다리며 시간을 보내는 상인이 사라졌다. 그 대신 상인들은 시장 내 배송센터로 물건을 나르느라 바쁘다. 포털사이트의 플랫폼을 활용한 온라인 배송에 나서면서 오산오색시장의 풍경은 그 이전과 확연히 달라졌다. 코로나19 확산세가 심각할 때에는 손님 발길이 뜸해질 때도 적지 않았지만 매출 타격은 덜했다. 상인들이 온라인 판매에 나선 만큼 상품도 온라인 판매에 적합하게 만들기 시작했다. 반찬가게 사장은 계란말이, 장조림 등 맵지 않은 메뉴로 구성한 '아가 세트'를 출시한다. 온라인 사이트에 판매상품을 돋보이게 만들기 위해 포토샵 프로그램까지 배워 예쁘게 사진을 찍는 이들도 생겼다. 포장에 변화를 주는 것은 기본이다.

오산오색시장의 주문량은 최근 하루 320건, 상품 가짓수는 3,000개가 훌쩍 넘을 때가 많다. 오산오색시장의 상인회장은 “재래시장의 온라인화를 통해 임차료와 인건비 등 유지비를 온라인 판매를 통해 해결하는 상인이 늘었다”며 “무엇보다 상인들이 ‘나도 할 수 있다’는 변화에 대한 자신감으로 가득 찼다”고 전했다.

자료: 동아일보, 2021.1.12.
(https://www.donga.com/news/Economy/article/all/20210111/104874529/1)

2) 구멍가게

구멍가게(small store, mom-and-pop store)는 우리나라의 전통적인 소매상으로서 과거부터 우리 주위에서 흔히 볼 수 있는 소매상이다. 주로 주택가에 입지하고 있으며, 점포의 크기는 소규모이고, 일상생활에 필요한 식료품 및 각종 생활필수품인 일용잡화를 제한된 지역에서 판매하는 가장 오래된 소매상으로 구색이 다양하지 않고 비교적 고가에 판매한다. 구멍가게는 주로 생계유지형으로 운영되고, 영업시간도 제각각이며 영업방식도 전근대적이기 때문에 매출액이나 수익성 모두 그다지 높지 않다. 그러나 주거지에 위치하고 있기 때문에 외상거래가 가능하고 소비자들의 방문이 용이해 사람들 간의 관계를 형성할 수 있는 장소로 이용되는 특징이 있다.

3) 편의점

편의점(CVS: convenience store)은 소비자들의 접근이 용이한 곳에 위치해서 24시간 영업을 하며, 재고회전이 빠른 생활필수품을 위주로 한정된 제품계열을 취급하는 셀프서비스 방식의 소규모 소매점으로 본사가 직영하거나 본사와 계약을 체결한 가맹점에 의해 운영된다. 편의점은 주로 주거지역이나 교통이 편리한 곳에 위치하고 있으며(장소의 편의성), 연중무휴 24시간의 영업을 하며(시간의 편의성), 각 품목에 대해 소비자들이 신뢰할 수 있는 소수의 브랜드만을 취급하는(구색의 편의성) 특징을 가지고 있다.

미국의 편의점은 1927년 사우스랜드(South-Land)사의 세븐일레븐(7-Eleven)을 효시로, 서클 케이(Circle K), 스탑 앤 고 스토어(Stop-N-Go Store) 등이 현재 운영 중이다. 일본의 경우 1974년 미국 사우스랜드사와 기술제휴로 도쿄에 개점한 세븐일레븐이 설립된 후 급성장하였다. 우리나라의 편의점은 1989년 올림픽선수촌에 세븐일레븐이 최초로 설립되면서 구멍가게를 대체하는 소매점으로 도심권 내의 새로운 수요 창조자로서의 위치를 차지하기 시작하였다.

1990년대 후반, 사업 초기 노출된 문제점을 개선하면서 양적 성장뿐만 아니라 질적인 발전도 함께 이루었고, 2001년 이후 고도성장기로 진입하기 시작하면서 연 평균 40% 이상의 높은 성장률을 기록하기도 하였다. 2000년 후반부터는 점포수의 급격한 증가로 2012년 편의점당 인구수는 2천 명 수준으로 일본 편의점과 비슷한 수준까지 성장하였다. 현재 CU, GS25, 세븐일레븐 중심으로 시장점유율 경쟁이 계속되고 있다.

인구 노령화, 가구 구성원 수 감소, 맞벌이 가구 증대 등으로 근거리, 소량구매 소비패턴이 확산되면서 편의점은 꾸준히 성장할 것으로 기대된다. 또한 지금까지 편의점은 단순한 소매점으로 인식되어 왔으나, 이제는 식사와 커피를 즐기고 안전상비의약품 판매에서 결식아동급식센터 등 종합 생활서비스를 제공하는 멀티 스토어로 진화하고 있다. 2013년 가맹본사와 가맹점 간 갑을 논란으로 출점규제 등의 위기를 겪으면서, 최근에는 상생협력 및 지속가능한 발전을 위한 상품 및 서비스 개발, 부진점 정리, 가맹방식 차별화, 특화점 개발에 노력을 기울이고 있다.

유통실무 Focus

소비자가 편의점 고를 때 가격 · 거리보다 더 중시하는 요인은?

소비자가 편의점 선택 시 영향을 미치는 가장 중요한 요소는 편한 동선, 빠르고 쉬운 계산, 제품의 다양성 등 '편의성과 쇼핑경험'이라는 조사가 나왔다.

2021년 3월 고객 데이터 분석 기업 던험비의 '2021 한국 편의점 선호지수' 보고서에 따르면 2020년 8월 20일부터 9월 1일까지 소비자 1,239명을 대상으로 온라인 설문조사를 진행한 결과, 5개 편의점(GS25 · CU · 미니스톱 · 세븐일레븐 · 이마트24) 중 GS25의 편의점 선호지수(RPI)가 83.3점으로 가장 높았다. 이어 CU(62.5점), 세븐일레븐(35.9점), 이마트24(35.5점), 미니스톱(16.7점) 순으로 집계됐다.

조사에 따르면 편의점 선호요인 중 '편의성 및 쇼핑경험'의 중요도가 0.58로 가장 높았다. 해당 요인은 편한 위치, 편한 동선과 빠르고 쉬운 계산, 고객을 존중하는 직원, 매장의 청결도, 제품의 다양성 등이 평가항목이다. 조사 결과, GS25와 CU가 편의성 및 쇼핑경험 측면에서 가장 높은 고객 만족도를 나타냈다. 미니스톱은 해당 부문에서 고객의 만족도가 가장 낮았다.

'편의성 및 쇼핑경험' 외에는 '가격 및 프로모션'(0.44), '식사대용식'(0.24), '근접성'(0.11) 순으로 소비자들이 편의점 선택 시 선호하는 요인으로 집계됐다. '가격 및 프로모션'에서는 이마트24에 대한 만족도가 가장 높았다. CU는 가장 낮은 만족도를 보였다. 반면 편의점 선택에 세 번째로 중요한 영향을 미치는 요인인 '식사대용식'의 경우 CU에 대한 만족도가 가장 높았고, 이마트24는 가장 낮은 만족도를 나타냈다. 소비자가 편의점까지 걷는 거리인 '근접성'의 경우 편의점 선택에 미치는 영향력은 가장 낮았다. 근접성에 대한 만족도는 CU와 GS25가 가장 높았고, 미니스톱이 가장 낮았다.

던험비는 "국내 편의점 시장이 GS25와 CU의 양강구도로 확인됐다"며 "자체브랜드(PB)상품이 편의점을 이용하는 주요 목적 중 하나였고, PB상품의 품질과 만족도에 따라 편의점에 대한 선호도와 만족도가 다르게 나타났다"고 분석했다.

자료: 한국경제, 2021.3.3.
(https://www.hankyung.com/economy/article/202103032868g)

4) 슈퍼마켓

슈퍼마켓(supermarket)은 저원가 · 저가격의 다양한 제품을 낮은 마진으로 대량판매하며, 셀프서비스를 특징으로 하는 소매상이다. 슈퍼마켓은 대개 연쇄점 조직으로 운영된다. 편의품도 취급하지만 주로 식료품이 주종을 이룬다. 슈퍼마켓은 미국에서 경제대공황으로 인해 극심한 불황을 겪고 있던 1930년, 컬렌(Michel Kullen)이 뉴욕에 킹 컬렌(King Kullen)을 개점한 것이 그 효시이다. 대공황 후 소비자들이 가격에 민감해지고 자동차 소유가 증가함에 따라 주거지 부근의 소형 잡화점을 이용할 필요성이 감소하게 되었으며, 냉동기술 및 포장기술의 발달, 가정용 냉장고의 보급 등으로 인해 성장하게 되었다.

우리나라는 1968년 셀프서비스 및 금전등록기 도입을 실시한 뉴서울슈퍼마켓이 최초의 슈퍼마켓이며, 1970년 우리나라 최초의 가맹점형 체인인 새마을슈퍼체인본부가 설립되어 1971년 서울에 8개 점포를 오픈하였다. 1974년 정부가 연쇄화 사업자를 지정하면서 대형 슈퍼마켓체인이 급속히 늘어나게 되었으며, 1980년대 대도시 인구집중 및 상업발전으로 급성장을 이루었으나 편의점, 할인점 등 새로운 업태의 등장에 따른 경쟁 심화로 슈퍼마켓의 매출액이 감소됨으로써 영업방식에 새로운 활로를 모색하게 되었다. 식료품 중심에서 마진이 높은 비식료품 취급을 확대하고, 상품구색과 점포 이미지를 통일하기 위하여 매장 면적을 더욱 대형화하였으며, 즉석제조 베이커리코너, 신선한 생선과 야채, 조리된 포장식품 등의 제공을 통해 경쟁력을 갖추려는 노력을 지속적으로 기울여 왔다.

5) 할인점

국내 최고의 시장규모를 차지하고 있는 할인점(discount store)은 유명제조업체의 상표를 박리다매의 원칙으로 매일 저렴한 가격으로 대량판매하는 소매점을 말한다. 할인점은 백화점이나 일반소매점보다 판매관리비, 광고비, 건물 인테리어에 드는 비용을 줄이고 셀프서비스를 통한 인건비의 절감, 대량직매입으로 매입단가를 낮추면서 낱개판매보다는 박스단위의 판매를 유도하여 파격적인 가격으로 제품을 판매하고 한정된 고객서비스만을 제공한다.

할인점은 1950년경에 미국에서 등장한 코벳(Korvett)을 효시로 볼 수 있지만, 본격적인 등장은 1957년 케이마트(K-MART)에서 공격적으로 다수의 점포를 개점하여 할인점에 진출하면서부터이다. 현재 할인점은 급격한 성장을 통해서 미국의 가장 크고 대표적인 소매업체로 미국의 소매업계를 주도하고 있는 업태라고 할 수 있다.

우리나라는 1993년에 신세계가 창동에 개점한 이마트(Emart)가 국내 최초이며, 이는 독자적인 한국형 할인점으로서 선진국의 할인점과 달리 식품비중이 높은 것이 특징이다. 이마트의 성공으로 국내의 많은 대기업들이 할인점에 진출하였으며, 선진국형 할인점의 대표주자인 미국의 월마트(Walmart), 프랑스의 까르푸 등도 국내 시장에 진입하여 치열한 경쟁을 펼친 결과 2006년 까르푸(Carrefour)는 이랜드 그룹에, 월마트는 이마트에 인수되면서 국내시장에서 철수하였다.

한국형 할인점은 기존 할인점의 특성에 하이퍼마켓, 슈퍼센터의 특성을 결합하여 매장 면적 3,000m^2 이상(유통산업발전법 대규모 점포 규정)의 소매점을 말하는 것으로 현재 이마트, 홈플러스, 롯데마트가 대표적이라 할 수 있으며, 일반적으로 대형마트로 통용된다. 2010년 이후 성숙기를 지나면서 대형마트 업체들은 새로운 저가격경쟁구도를 유지하고, 최근에는 상품경쟁력 강화, 온라인몰 확대 및 할인점 특성을 다양하게 결합한 새로운 할인점 오픈 등으로 활로를 모색하고 있다.

6) 하이퍼마켓

하이퍼마켓(hyper market)은 창고형의 건물에 할인점과 대형 슈퍼마켓을 결합한 형태로 일반적으로 대도시 근교에 16,500～30,000m^2(5,000～9,000평) 규모의 초대형 매장에서 모든 상품을 셀프서비스로 판매하는 소매점이다. 취급품목은 슈퍼마켓에서 주로 취급하는 식품과 생활필수품 등이며 할인점에 비해 식품의 비중이 큰 것이 특징이다.

최초의 하이퍼마켓은 프랑스의 까르푸에 의해 1963년 파리 근교에서 개점되어 유럽을 중심으로 크게 성장하였다. 그리고 1980년대에 미국에도 도입되어 크게 성장하였다. 하지만 슈퍼센터의 급속한 성장으로 인해 초대형 매장을 돌아다녀야 하는 하이퍼마켓의 인기는 상대적으로 감소하였다.

7) 슈퍼센터

슈퍼센터(super center)는 기존의 할인점보다 더 깊고 넓은 상품구색을 갖추고 있으며 슈퍼마켓 못지않게 1차 상품인 식품을 갖추고 있는 업태를 말한다. 즉, 할인점과 슈퍼마켓 각각의 장점을 결합한 소매점 업태이다.

이와 같이 슈퍼센터는 폭넓은 상품구색, 저가격, 원스톱 쇼핑서비스 등의 강점으로 향후 미국 소매업계의 핵심 업태로 부상하였다. 점포의 규모도 할인점보다 더 크며 평균 9,000～18,000m^2(약 3,000～5,000평)의 매장 규모를 가지고 있다.

1960년대 초반 슈퍼마켓 업체인 메이저(Meijer)에 의해 선을 보였고 프레드 메이어(Fred Meyer)가 뒤따라 선보였다. 당시 형태는 슈퍼마켓을 기본으로 하고 거기에 잡화품목을 결합시킨 형태였다. 반면 1990년 초 월마트와 K마트는 기존의 할인점에 슈퍼마켓을 결합시켰다. 이와 같이 슈퍼센터 업계는 메이저, 프레드 메이어처럼 원래 슈퍼마켓 업태에 생활잡화를 강화한 업체와 월마트슈퍼센터나 K마트, 타깃처럼 할인점에 슈퍼마켓을 강화한 업체로 구분되고 있다.

8) 슈퍼슈퍼마켓

1990년대부터 슈퍼마켓이 시장환경 변화에 대응하기 위해 660m^2(200평) 미만의 점포를 폐점하고, 대형점포 위주로 출점을 전개하였으나, 여전히 슈퍼마켓은 330~660m^2(약 100~200평) 규모에 지하에 위치한 경우가 많고 주차는 할 수 없는 점포로 생각됐다.

1999년부터 슈퍼마켓 업계는 기존 슈퍼마켓의 단점을 극복하기 위해 매장을 넓히고 각종 편의시설을 갖춘 새 형태의 슈퍼마켓 쪽으로 관심을 돌려 슈퍼마켓 컨셉을 재정립하기 시작하였으며, 이를 통해 슈퍼슈퍼마켓(SSM: super supermarket)이 등장하였다. 1,000~1,500m^2(400평 내외)의 규모로 상품 중 생식품이 55%를 차지하는 등 식품 비중이 75%로 상품구성은 기존 슈퍼마켓과 비슷하다. 그러나 같은 상품이라도 진열을 더 다채롭게 할 수 있고 팬시용품이나 생활용품 등 잡화의 구색도 다양해져 소비자들의 선택폭이 넓어졌다.

슈퍼슈퍼마켓은 기존 슈퍼마켓이 업그레이드된 것일 뿐 아니라 할인점의 틈새를 노린 것이기도 하다. 할인점은 인구 10만 명당 1곳이 들어설 수 있는 것으로 예상되고 있으며, 하루 2억 원 이상의 매출을 올려야 유지될 수 있는데, 이미 국내에서는 2009년 400점을 초과하면서 성숙기를 지난 업태로 보고 있다. 이에 비해 슈퍼슈퍼마켓은 인구 2~3만 명 정도면 문을 열 수 있고, 하루 1,500만 원 정도의 매출이면 유지가 가능하기 때문에 할인점이 들어서기 곤란한 곳에 슈퍼슈퍼마켓은 자리 잡을 수 있다.

물론 할인점과 슈퍼슈퍼마켓은 고객들의 쇼핑형태에서 차이가 난다. 할인점은 1주일에 한 번 가족이 승용차를 몰고 가 한꺼번에 대량구매하는 형식이라면, 슈퍼슈퍼마켓은 주부들이 바로 그날 식사를 위한 식품을 사기 위해 걸어서라도 바로 올 수 있다. 할인점이 1주일 단위의 '주말 쇼핑' 개념이라면 슈퍼슈퍼마켓은 '매일 쇼핑' 개념인 셈이다.

재고량 · 광열비 등 매장 운영비용이 적어 투자에 대한 회수율도 높고 접근성도 할인점에 비해 좋아 2000년대 유통기업들의 SSM 확대 전략이 가속화되었고, 2000년대 후반에는 임차료 상승 등에 따라 990m^2 이하의 중소형점 위주로 오픈을 하였다. 최근에는 유통산업발전법 개정 등 각종 규제로 인해 가맹점 형태로 출점을 진행하고 있으며, 인터넷 슈퍼 활성화, 프리미엄 슈퍼 등 다양한 컨셉의 점포 오픈 등을 통해 신선식품과 근거리 소량구매라는 슈퍼마켓의 강점을 살려 경쟁력을 키워나가고 있다.

9) 회원제 창고형 도소매점

회원제 창고형 도소매점(MWC: membership wholesale club)은 일정한 연회비를 내는 회원들만을 대상으로 정상적인 유명제조업체상품을 30~50% 정도의 할인된 가격으로 판매하는 소매점이다. 회원제 창고형 도소매점은 실내장식이 거의 없는 창고형의 매장과 진열대에 상품을 상자포장 그대로 쌓아놓고 고객이 직접 고르게 하는 묶음판매를 통해 운영비를 최소화하는 영업방식을 취하고 있다. 취급품목은 식품류, 가구류, 가정용품, 전자제품, 잡화 등 3~4천 개 정도로 한정되고, 상품회전율이 높은 상품과 유명상표제품만을 취급한다.

미국의 회원제 창고형 도소매점은 1976년에 설립된 프라이스 클럽(Price Club)이 그 효시이며, 1983년에 월마트가 샘스클럽(Sam's Club)을 설립하였고, 이어 1994년에 프라이스 클럽과 코스트코(Costco)가 합병하여 설립한 프라이스 코스트코(Price Costco)가 대표적이다. 프라이스 코스트코는 1997년 코스트코 홀세일(Costco Wholesale)로 사명이 변경되었다.

국내 회원제 창고형 도소매점의 시초는 1994년에 신세계백화점이 서울 양평동에 미국의 프라이스 코스트코사와 기술제휴로 설립한 프라이스 클럽이며, 뒤이어 1995년 뉴코아백화점의 킴스 클럽(Kim's Club), 1996년 네덜란드 도매업체인 홀딩사와 합작투자로 설립된 한국마크로가 개점하였으나 코스트코를 제외하고는 별다를 성과를 거두지는 못하였고, 현재는 코스트코 홀세일, 이마트 트레이더스, 롯데 빅마켓이 경쟁 중이다.

10) 백화점

백화점(department store)은 주로 의류, 가정용품, 잡화를 중심으로 다양한 제품계열을 취급하며 소비자들이 일괄구매할 수 있도록 하고 주로 직영으로 운영되는 대규모 소매점이다. 백화점의 주요 특징은 첫째, 교통이 편리하고 사람들이 많이 모이는 도심지에 입지하며, 화려하고 거대한 점포를 바탕으로 한 고품격 서비스를 제공함으로써 소비자들을 흡인하고 있다. 둘째, 상품적 특성으로서 백화점은 다양한 상품을 취급하고 있으나 그 주종은 선매품이다. 셋째, 다양한 상품을 상품군으로 구분하고, 각 상품군마다 책임자를 두어 관리하는 제도인 부문별 조직으로 합리적 경영을 하고 있다는 것이다.

국내 최초 백화점은 1916년 일본의 미츠코시 백화점 서울출장소이며, 국내자본으로는 1931년 화신백화점이 최초이다. 1960년대 후반, 신세계백화점이 직영화를 통해 본격적으로 대형화가 시작되었고, 1980년대 이후 눈부신 성장을 하였으나, 백화점은 인구 60~70만 명 수준이 되어야 충분한 시장이 형성될 수 있어 대도시 위주로 출점 및 발전을 지속해왔다.

최근 백화점은 소비자의 가격지향적 소비패턴과 원스톱쇼핑의 성향 및 저가운영전략을 취하고 있는 가격파괴점뿐만 아니라 다양한 쇼핑센터 등장으로 상당한 위협을 받고 있다. 이에 대항하기 위해 백화점은 기존 운영방식을 탈피하고 새로운 변화를 모색하기 위해 문화중심지를 표방하면서 쇼핑과 각종 문화공간을 마련하여 소비자에게 다양한 서비스를 제공하기도 하고, 전문화 및 고급화로 차별화를 시도해 나가고 있다.

유통실무 Focus

"프라다는 2층으로"… 1등 백화점이 명품매장 옮긴 이유는

최근 신세계백화점 강남점 1층은 흡사 '화장품 마니아들의 놀이터' 같다. 국내 최대 매출을 자랑하는 이 백화점은 지난 9개월간 1층을 새로 단장해 2021년 7월 27일 재개관했다.

'아뜰리에 드 보떼(Atelier de Beaute)', 아름다움의 공방이라는 뜻을 담은 이 공간은 100여 개의 국내외 화장품과 핸드백, 주얼리, 잡화, 스트리트 패션 등을 체험하도록 꾸며졌다. 기존에 1층에 있던 버버리, 프라다, 구찌, 코치, 토즈, 페라가모, 미우미우, 몽클레르 등 명품매장은 2·3층으로 자리를 옮겼다.

백화점 정문에 들어서자 양옆에 샤넬과 디올 화장품 매장이 반겼다. 이전에 명품이 있던 자리다. 샤넬의 경우 기존 뷰티 매장과 함께 향수 부티크 '에스빠스 빠르펭'과 프리미엄 화장품을 특화한 매장을 별도로 구성해 체험의 폭을 넓혔다. 신세계인터내셔날이 전개하는 스위스퍼펙션과 뽀아레를 비롯해 지방시, 구찌 뷰티, 로라메르시에, 아스테드빌라트 등 럭셔리 브랜드도 새로 둥지를 텄다. 조말론, 딥디크, 바이레도, 르라보, 프레데릭말 등 니치 향수 매장도 구성했다. 젊은이들이 좋아하는 명품 체험 공간도 조성됐다. 구찌, 펜디, 버버리, 메종마르지엘라 등 10여 개 럭셔리 브랜드 핸드백을 전시회처럼 감상하고 구매할 수 있는 '백 갤러리(Bag Gallery)'와 스트리트 패션 및 디자이너 상품을 구성한 '케이스스터디' 매장과 수입 패션 양말 편집숍 '삭스타즈'가 대표적이다.

오는 30일부터는 국내 백화점 최초로 루이비통의 가을·겨울 신상품을 선보이는 팝업스토어(임시매장)를 5개 층에 걸쳐 운영한다. 이탈리아 디자인 브랜드 포르나세티와 협업한 신상품을 비롯해 향수, 장신구, 신발, 남성복 등의 임시매장이 개장한다.

이 백화점은 '체험'이라는 키워드를 더하기 위해 백화점 간판인 1층에 변화를 줬다. 미래의 잠재고객인 MZ세대(1981~2010년생)를 잡기 위해서다. 장보기부터 명품까지 모든 것을 온라인 쇼핑으로 해결하는 젊은 소비자들을 유인하기 위해 럭셔리 브랜드를 체험하는 공간으로 오프라인 쇼핑의 매력을 극대화했다는 게 백화점 측의 설명이다.

최근 백화점들은 고정관념을 탈피하는 시도를 앞다퉈 진행하고 있다. 신세계백화점은 지난해 영등포 타임스퀘어점의 1층을 슈퍼마켓으로 재단장했다. 통상 지하층에 있던 식품관을 1층으로 옮겼다. 롯데백화점은 지난해 말 서울 영등포점 1층에 먹거리 매장과 온라인 브랜드 매장, 전기자동차 테슬라 전시장 등을 입점시키고 '힙화점(멋진 백화점)'이란 명칭을 붙였다.

지난 2월 서울 여의도에 문을 연 더현대서울은 1층 면적의 절반을 인공폭포가 있는 '워터폴 가든'과 전시 공간으로 꾸몄다. 다음 달 개장하는 롯데백화점 동탄점도 1층에 디지털 체험공간과 식·음료(F&B) 매장, 해외 패션 브랜드 매장을 구성할 방침이다. 화장품 매장은 2층으로 옮긴다. 롯데백화점 관계자는 "동탄 신도시에 주로 거주하는 30~40대 고객을 겨냥해 쇼핑을 넘어 가족과 함께 여가를 보내는 공간으로 선보일 것"이라고 했다.

유통업계 한 관계자는 "코로나19 장기화로 온라인 쇼핑 수요가 늘면서 오프라인 매장이 경험과 체험을 경험하는 공간으로 탈바꿈하고 있다"며 "고객이 오래 머물고 싶어 하는 안전한 쇼핑문화 공간을 만드는 것이 관건"이라고 말했다.

자료: 조선비즈, 2021.7.29.
(https://biz.chosun.com/distribution/channel/2021/07/29/HXIBFUBPLZFVDACA2KKEGWRZXE/)

11) 대중양판점

대중양판점(GMS: general merchandising store)은 주로 식료품, 의류, 잡화 등의 다양한 제품구색을 갖추되 백화점보다는 상품의 수를 줄이고 중저가로 판매하는 실용적인 제품 중심의 종합점이다. 상품구색 및 매장운영 방식은 백화점과 유사하나 체인화를 통해 대량구매, 유통업자 상표의 개발, 기획상품 개발 등을 통해 백화점보다 저렴한 가격으로 판매하고 있어 백화점과 할인점의 중간형태로 볼 수 있다.

미국의 대표적인 양판점은 시어즈(Sears), 제이 씨 페니(J. C. Penney), 몽고메리 워드(Montgomery Ward)이며, 현재 할인점, 고급백화점, 전문할인점의 성장으로 인한 업태 간의 경쟁심화로 경쟁력을 상실하였다. 국내의 경우에는 1988년 롯데백화점이 잠실롯데월드에 개점한 새나라 슈퍼백화점이 시초이며, 그 후로 한양유통의 잠실점과 천안점, 해태유통의 해태마트 등이 개점되었으나 점포운영과 제품구색의 미숙, 백화점과의 차별화 부족 등으로 크게 성공하지는 못하였다.

12) 전문점

전문점(specialty store)은 취급하는 제품계열이 한정되어 있으나 해당 제품계열 내에서는 매우 다양한 품목들을 취급하는 소매점으로서, 제품믹스의 폭은 좁은 반면 매우 깊이 있는 상품구색을 갖추고 있는 소매점이다. 전문점은 과거보다 더 깊이 있고 전문화된 제품구색을 요구하는 소비자의 기호에 맞추어 특정 제품계열과 관련된 모든 품목들을 구비해 놓고, 양질의 서비스를 제공함으로써 고객을 유인하고 있으며, 지속적으로 성장하고 있다.

전문점은 주로 가전제품, 의류, 운동용품, 가구, 서적 등의 제품계열에서 볼 수 있는데, 예를 들면 청바지 전문매장인 캘빈클라인, 속옷전문점인 비너스, 유아복전문점인 아가방, 저가 화장품 전문점인 미샤, 더페이스샵, 유기농 전문점 초록마을 등이 있다.

13) 드러그스토어

드러그스토어(drug store)는 이름에서도 알 수 있듯이 일반의약품은 물론 건강기능식품과 화장품, 생활용품, 음료, 다과류까지 함께 판매하는 복합형 전문점이다. 여성을 주 타깃으로 삼아 의약품 외에도 다양한 관련 상품을 갖추고 있기 때문에 여성이 한 매장에서 필요한 것을 원스톱으로 쇼핑할 수 있게 한 것이 가장 큰 특징이다. 식품 위주(food retailer)인 슈퍼마켓, 할인점과는 달리 화장품, 샴푸 등 뷰티 케어 상품군이 전체 60%를 차지하고 있는 비식품(non-food retailer) 점포라는 점도 특징이다. 미국과 홍콩, 일본에서는 1970년대에 생겨나 1990년대 들어 본격적인 소매업태로 발전했지만, 아직까지 국내에서는 약사법 규정으로 인해 화장품이나 건강기능식품 위주로 판매하기 때문에 H&B 스토어(Health & Beauty Store)로 발전해오고 있다. 최근에는 건강과 미용에 대한 고객 관심 증가로 차별적인 이미지를 제공하기 위해 노력하고 있다.

14) 카테고리킬러

전문 할인점(special discount store)이라고도 하는 카테고리킬러(category killer)는 한 가지 상품군을 다양한 구색과 저렴한 가격으로 판매하여, 같은 상품군을 취급하는 소매점들이 경쟁력을 잃고 철수해야 했기 때문에 붙여진 별명이다. 특정 제품계열의 모든 상품을 취급한다는 측면에서는 전문점과 유사하지만, 저가격의 대량판매, 셀프서비스 방식, 점포의 체인화 등의 면에서는 할인점의 특성을 지니고 있다.

미국에서는 전자제품류의 서킷시티(Circuit city), 완구류의 토이저러스(Toys "R" Us), 집수리분야에서는 홈데포(Home Depot), 사무용품에서는 오피스디포

(Office Depot), 의류에서는 리미티드(Limited), 갭(The Gap) 등이 있다.

우리나라의 소비환경을 보면 소비가 다양화 · 성숙화 · 가치중시 · 합리화 · 효율성 추구 · 과소비 억제 등의 경향을 띠고 있다. 이러한 소비환경에서 한정된 제품군 내의 깊은 구색으로 특징지워지는 전문 할인점은 점차 세분화 및 고도화되고 있는 고객니즈와도 잘 부합한다. 특히 소비자가 성숙하면 할수록 전문 할인점이 성행하는 미국과 일본의 사례가 좋은 예가 된다. 국내에서는 신발전문점 ABC마트, 가전전문점 하이마트 등이 있다.

15) 아웃렛

아웃렛(outlet)은 상설할인매장(factory outlet)이라고도 하며, 다양한 재고품, 기획상품, 이월상품 등을 정상가격보다 30% 이상으로 저렴하게 판매하는 제조업체 직영점을 말한다. 미국의 경우 보통 수십 개의 상설할인매장들이 한곳에 집결되어 하나의 제조업체 상설할인몰 또는 할인소매센터를 형성하고 있으며, 고급의류브랜드를 취급함으로써 점차 고급화되어 가는 추세에 있다.

국내의 경우 2000년대 중반까지만 하더라도 아웃렛은 2001아울렛, 모다아울렛, 마리오아울렛 등과 같이 도심형 패션아웃렛에 대한 개념으로만 인식되었으나, 2007년 국내 최초 전통적인 여주 프리미엄 아웃렛이 오픈하면서 아웃렛에 대한 인식이 전환되었다. 백화점, 대형마트 등이 성장 한계에 봉착하면서 오프라인 유통 중 성장 가능성이 남아 있는 아웃렛 사업에 대한 관심이 높아지고, 유통업 특성상 향후 아웃렛도 포화 상태에 이를 것이란 전망 아래 최근 시장 장악을 위해 신세계, 롯데, 현대 백화점 빅3개 업체가 주요 상권에 선제적 출점을 지속적으로 실시하고 있다.

프리미엄 아웃렛은 교통이 불편한 도심외곽에 위치함에도 세계 유명 브랜드의 높은 품질과 품격으로 최상의 쇼핑 기회를 선사하고, 할인된 가격, 교외에 위치한 아름다운 건축물과 주변 경관으로 기존과 전혀 다른 쇼핑환경을 선사하여 주말 등을 이용한 소비자들의 이용은 지속적으로 증가하고 있다. 이와 함께 최근에는 주중, 주말 관계없이 고객 유치가 가능하고 저렴한 가격과 접근성의 이점을 모두 갖춘 도심형 아웃렛에 대한 관심도 높아지고 있다.

백화점 대비 절반 규모에 백화점 수준의 매출을 기대할 수 있기 때문이다. 합리적인 소비가 확산되면서 아웃렛 산업 성장은 앞으로도 계속될 전망이다.

2.2 무점포소매 업태별 분류

소비자의 소득증가와 이에 따른 라이프스타일의 변화 등으로 소비자의 편의성에 대한 욕구가 증대하고 다양한 매체에 대한 정보화가 진전됨으로써 무점포판매가 새로운 유통경로로 주목받고 있다. 무점포소매업은 유통시장이 개방되고 2000년 이후부터 급격히 성장하였는데 맞벌이, 교통체증 등으로 쇼핑시간의 여유가 없는 소비자들에게 시간적인 편의를 제공하며 전체 소매업에서 비중이 늘어나고 있다. 무점포소매업은 상품을 직접 판매할 수 있는 일정 매장을 개설하지 않고 통신판매, 배달판매, 이통판매 및 기타 비매장식 판매방법에 의해 각종 상품을 소매하는 활동이다. 유통산업발전법에서는 무점포판매의 유형을 다음의 8가지 항목으로 규정하고 있다.

- 방문판매 및 가정 내 진열판매
- 다단계판매
- 전화권유판매
- 카탈로그판매
- 텔레비전홈쇼핑/인터넷 멀티미디어 방송(IPTV)을 통한 상거래
- 인터넷 쇼핑몰 또는 사이버몰 등 전자상거래/온라인 오픈마켓 등 전자상거래중개
- 이동통신기기를 이용한 판매
- 자동판매기를 통한 판매

1) 방문판매

영업사원을 이용한 방문판매는 가장 역사가 오래된 무점포형 소매상으로 직접 소비자와 대면하여 제품을 판매하여 직접판매라고도 불린다. 화장품회사, 가정용 학습교재회사, 우유나 요구르트 등의 유제품회사 등이 주로 이런 형태의 방문판매방식을 보이며 1980년대 중반까지 이러한 회사들의 주된 판매방식이었다.

불필요한 재고나 반품이 없고, 중간유통상에게 마진을 지불하지 않아 판매자와 소비자 모두에게 이익이 되는 특징을 가지고 있으나, 판매원을 통해 제조사나 제품의 이미지가 전달되기 때문에 판매원들의 철저한 육성 및 관리가 전제되어야 한다.

2) 다단계판매

다단계판매는 방문판매가 발전된 판매방식으로 1995년 방문판매 등에 관한 법률이 개정되어 다단계판매방식이 법적으로 허용되면서 급격하게 발전하였다. 상품을 사용해보고 이에 만족한 소비자가 스스로의 의사로 판매원이 되어 주위사람들에게 상품의 사용을 권하며, 이들이 다시 판매원으로 전화되는 과정이 반복됨으로써 상품의 판매범위가 넓어지는 무한 연쇄 소개판매의 특성을 보인다.

대표적인 기업으로는 암웨이(Amway), 뉴스킨(Nuskin) 등을 들 수 있는데, 이들은 다단계판매 방식과 무점포 직판시스템의 도입을 통해 급성장하고 있다. 최근에는 제품 체험공간 등을 확대하고, 인터넷 쇼핑몰 구축 등을 통해 고객인식 변화 및 다양한 판매채널을 확보해 나가고 있다.

3) 전화권유판매

전화를 이용하여 소비자에게 제품정보를 제공한 후, 제품판매를 유도하는 소매유형이다. 전화권유판매는 전화를 거는 주체에 따라 분류할 수 있으나 최근에는 자동화된 시스템으로 전화를 돌린 후, 제품정보를 제공하고 그 제품에 관심있는 소비자들이 주문을 할 수 있도록 하고 있다. 보험, 인터넷, 통신부가서비스, 오피스텔 등 판매영역이 지속적으로 확대되고 있으나 개인정보보호법 강화 및 다양한 앱 개발 등으로 인해 어려움을 겪고 있다.

4) 카탈로그 판매

카탈로그 판매는 예상잠재고객에게 우편으로 보내진 광고물, 카탈로그를 이용하여 상품을 판매하는 방식이다. 미국에서는 몽고메리 워드(Montgomery Ward)와 시어즈(Sears)가 우편판매업을 처음 시작하였고, 국내에서는 1980년대 들어 여성의 사회진출의 증가로 인해 쇼핑시간의 감소, 점포의 혼잡과 교통체증을 피하려는 욕구가 증가함에 따라 발전하였으나, 최근에는 우편비, 카탈로그 제작 등에 대한 과다한 비용 소요로 새로운 활로를 찾고 있다. 카탈로그 판매는 신용카드사, 텔레비전홈쇼핑, 백화점 등에서 판매채널로써 지속적으로 활용하고 있으며, 최근에는 박람회 및 전시회 증가 등에 따라 각 기업들이 새로운 전략도구로 활용하며, 텔레비전홈쇼핑 및 백화점 등에서는 고객의 특성을 고려한 카탈로그를 통해 CRM에도 지속적으로 활용하고 있다.

5) 텔레비전홈쇼핑

TV라는 방송매체를 통해 제품을 소개하고 광고하는 방송을 보내고, 전화로 주문을 접수하는 무점포소매시스템으로, 홈쇼핑의 이점은 소비자들이 점포까지 방문하게 하는 번거로움을 없애줄 뿐 아니라 TV화면을 통해 직접 실연됨으로써 무점포 거래에서 소비자들이 갖게 되는 제품에 대한 불신을 상당히 해소시켜 준다는 것과 가격이 10~30% 정도 저렴하고, 구매를 하지 않아도 상품에 대한 정보를 획득 가능하다는 것이다. 이러한 다양한 이점을 바탕으로 시간대별 고객특성을 분석한 방송 편성 및 보험, 여행상품 등 판매상품 다양화 등을 통해 지속적인 성장을 보이고 있다. 국내에서는 GS홈쇼핑, CJ오쇼핑, 현대홈쇼핑 등이 대표적이며 최근에는 해외진출을 통해 사업영역을 확장해나가고 있다.

유통실무 Focus

"리모컨 쇼핑은 옛말"… 홈쇼핑도 '모바일 퍼스트' 탈바꿈

CJ ENM이 운영하는 CJ오쇼핑이 오는 5월 사업구조를 모바일 중심으로 탈바꿈한다. 1995년 국내 최초로 TV홈쇼핑을 개국한 이래 가장 큰 변화다. 소비자들의 TV 시청이 줄고 모바일 쇼핑이 부상하자, 디지털 전환을 가속하기로 한 것이다.

2021년 4월 26일 정보통신정책연구원 방송산업 실태조사에 따르면 TV홈쇼핑과 데이터홈쇼핑(T-커머스)을 포함한 국내 홈쇼핑 시장 규모는 2015년 4조 9,215억 원에서 2019년 6조 4,355억 원으로 증가했다. 방송사업매출이 차지하는 비중은 2015년 66%에서 2019년 57.7%로 8.3%p 감소한 반면, 인터넷과 모바일 판매가 포함된 기타 사업매출은 34%에서 42.3%로 증가했다. 특히 코로나바이러스 감염증(코로나19)이 발생한 지난해에는 디지털 채널 취급액(거래액)이 TV 채널의 비중을 넘어섰고, 2020년 2분기 이후로는 50% 이상을 상회한 것으로 나타났다.

GS홈쇼핑은 2016년만 해도 TV홈쇼핑과 디지털(인터넷 · 모바일) 채널 매출비중이 각각 59%, 32%로 방송판매비중이 우세했지만, 2019년 이후 디지털 채널(50.3%) 매출이 TV홈쇼핑(42.5%)을 앞지르기 시작했다. 지난해에는 TV홈쇼핑 매출비중이 38%로 떨어졌다. 디지털 채널 가운데 모바일(50.2%) 매출비중은 인터넷(5.1%)의 10배에 달했다. CJ오쇼핑을 운영하는 CJ ENM 커머스 부문도 지난해 인터넷과 모바일 판매 등이 포함된 기타 매출(53%)이 방송판매(47%) 비중을 넘어섰다. 이런 흐름은 모바일 쇼핑의 성장세와 맞물려 있다.

통계청에 따르면 지난해 국내 온라인 쇼핑 시장 거래액은 101조 원으로 전년 대비 20%의 성장률을 보였다. 이 중 모바일 쇼핑 거래액은 전년 대비 25% 늘어난 109조 원으로, 온라인 쇼핑 거래액의 67%를 차지했다. 홈쇼핑 상품을 구매하는 행태도 바뀌고 있다. 2019년 한국미디어패널 조사에 따르면 TV홈쇼핑 상품을 스마트폰으로 구매하는 비중은 71.4%였고, 유선전화나 TV를 통해 직접 구매하는 T-커머스 비중은 25.8%에 불과했다.

이에 따라 홈쇼핑 사업자들은 모바일 중심으로 사업구조를 전환하고 있다. CJ ENM은 디지털 역량을 강화하기 위해 200억 원을 투자해 차세대 영업시스템 MSA(Micro Service Architecture)를 구축하고, 100명 규모의 IT(정보통신) 인력을 충원할 방침이다.

상품기획 방식도 달라진다. 기존엔 홈쇼핑과 온라인 쇼핑에 별도의 상품기획자(MD)를 뒀지만, 앞으로는 한 명의 MD가 홈쇼핑과 온라인 쇼핑몰, 인플루언서(인터넷 유명인) 커머스 '픽더셀' 등을 총괄하며 각 채널에 맞는 상품을 기획하고 판매할 예정이다.

2019년 모바일TV를 선보인 롯데홈쇼핑은 채널명을 '엘라이브(Llive)'로 변경하고 모바일 생방송을 강화한다. 롯데홈쇼핑은 지난해 11월 모바일 생방송 전문 PD와 MD 등 30여 명으로 구성된 콘텐츠 부문을 신설해 모바일 쇼핑 주 고객인 MZ세대(밀레니얼+Z세대, 1980~2004년생)를 겨냥한 맞춤형 콘텐츠를 선보이고 있다. 지난달에는 쇼호스트 20여 명과 유명 인플루언서들의 소셜미디어 계정을 연계해 공동구매를 진행하는 '셀럽라운지'를 출범했다.

현대홈쇼핑도 지난 3월 모바일 애플리케이션(앱)을 개편하고, TV홈쇼핑 · 현대홈쇼핑플러스샵(T커머스) · 쇼핑라이브(라이브커머스) 등 세 가지 채널의 상품을 구매하도록 했다. 또 라이브커머스 운영 인력을 강화해 올해 라이브커머스 매출 규모를 1,000억 원대로 키운다는 목표를 세웠다.

자료: 조선비즈, 2021.4.26.
(https://biz.chosun.com/site/data/html_dir/2021/04/26/2021042600393.html)

6) 인터넷 쇼핑몰

인터넷 쇼핑(internet shopping)은 컴퓨터를 통한 가상공간에서 구매자와 판매자가 만나 쌍방향 커뮤니케이션을 통해 상품에 관한 정보를 교환하고 거래하는 방식을 의미한다. 인터넷 쇼핑은 활발한 상호작용, 집약된 정보, 전 세계와의 접촉과 같은 독특한 이점 때문에 급격한 성장세를 보이고 있다. 우리나라의 경우 인터넷 쇼핑몰은 다른 업태에 비해 성장률이 높으며, 이러한 성장이 계속된다면 인터넷 쇼핑은 소매산업에 상당한 영향을 줄 것이다.

인터넷 쇼핑의 경험은 소비자에게 여러 가지 이점을 주고 있다. 첫째, 엔터테인먼트 및 사회적 경험의 제공을 들 수 있다. 소비자들은 인터넷상에서 제품이나 서비스에 대한 정보탐색이나 구매 이외에도, 인터넷 사이트를 항해하면서 다양한 오락적 즐거움을 경험한다. 또한 동일한 관심과 취미를 가진 사람들과의 커뮤니티를 형성하거나 채팅을 하거나 게시판의 활용을 통해 사회적 경험을 할 수 있다.

둘째, 풍부한 상품대안을 제공한다. 다른 소매업체와 비교했을 때 인터넷 쇼핑의 가장 큰 이점은 고객들에게 풍부한 상품의 대안을 제공한다는 점이다. 한 예로, 미국의 도서전문점인 반스앤노블(Barnes & Noble)의 경우는 점포에 약 30만 권 정도의 도서를 보유하고 있지만, 도서전문사이트인 아마존(Amazon)의 경우는 300만 권 이상의 도서 DB를 갖추고 소비자가 원하는 거의 모든 도서 정보를 제공하고 있다.

셋째, 비교쇼핑의 용이성을 들 수 있다. 소비자들이 물리적 점포에서 상품을 구매하기 위해 정보를 탐색하고 비교하기 위해서는 여러 점포를 방문하는

〈표 4-4〉 전자상거래와 전통상거래의 차이점

구분	전자상거래	전통적인 상거래
유통경로	기업 ↔ 소비자	기업 ↔ 도매상 ↔ 소매상 ↔ 소비자
거래대상지역	전 세계(global marketing)	일부지역(limited place)
거래시간	24시간	제약된 영업시간
고객 수요 파악	온라인으로 수시획득 재입력이 필요없는 디지털 데이터(digital data)	영업사원이 획득 재입력 필요
마케팅 활동	쌍방향 통신을 통한 1대 1마케팅(interactive marketing)	구매자의 의사와는 상관없는 일방적인 마케팅
고객대응	고객의 수요를 신속히 포착 즉시대응	고객 수요의 신속한 포착이 어렵고 대응 지연
판매거점	네트워크상의 가상공간(cyberspace)	판매공간(점포) 필요

수고를 해야 한다. 그러나 인터넷 쇼핑의 경우, 공간적 편의성으로 인해 소비자들은 적은 시간으로 여러 사이트를 방문하여 상품에 대한 정보를 비교하거나, 또는 정보중개상과 같은 사이트를 방문하여 다양한 상품에 대한 정보를 획득할 수 있다.

넷째, 저렴한 가격의 상품제공이다. 인터넷 쇼핑은 여러 유통업자를 이용하지 않고 직접 소비자에게 상품을 판매함으로써 비용을 절감할 수 있다. 이를 통해 인터넷 소매업자는 저렴한 가격으로 상품을 소비자에게 제공함으로써 소비자를 인터넷상으로 이끈다.

이러한 다양한 이점에도 불구하고 인터넷 쇼핑은 개인정보나 신용정보의 노출, 상품주문과 배달상의 위험, 실제 상품의 확인 불가능 등과 같은 단점을 가지고 있다. 그러나 인터넷 쇼핑의 위험보다 혜택을 더 크게 인지하는 소비자들이 늘어나고 있다는 측면에서 인터넷 쇼핑의 미래는 상당히 밝다고 할 수 있다.

7) 이동통신기기(모바일)를 이용한 판매

PC기반 인터넷 쇼핑은 2013년부터 성장률의 감소폭이 더욱더 커지고 있다. 스마트기기가 보편화되면서 고객들이 모바일 환경에 익숙해지고 사용자가 증가함에 따라 TV홈쇼핑에서 운영하는 인터넷몰부터 오픈마켓 업체까지 모바일 쇼핑에 집중하고, 소셜커머스 시장도 2014년 모바일 판매가 PC 매출보다 높아지면서 인터넷 쇼핑과는 반대로 모바일 쇼핑은 폭발적인 성장을 거듭하고 있다. 이러한 모바일 쇼핑은 인터넷 쇼핑의 장점에 언제 어디서나 편리하게 상품을 구매할 수 있다는 특성을 더해 온라인 쇼핑 채널 중에서 가장 높은 성장률을 이어갈 것으로 보인다.

8) 자동판매기를 통한 판매

점포를 통해 판매하기 어려운 시간과 장소에 24시간 판매와 셀프서비스를 하며 파손 가능성이 적은 편의품을 주로 판매하는 소매방식이다. 자동판매기는 설치비용이 높고 파손 위험이 높으며, 시간 및 장소효용을 제공하기 때문에 일반적으로 높은 가격 수준을 유지한다. 국내의 경우에는 커피, 음료수, 휴지 등의 자동판매기가 있으며, 은행의 현금지급기 등도 자동판매기로 볼 수 있다. 주로 학교, 공공장소, 공장 등에 설치되지만, 저품질로만 인식되었던 자동판매기도 고객을 사로잡기 위해 새로운 장소효용 창출 등 다양한 노력을 기울이고 있다.

Section

3 소매업 발전이론

3.1 소매수레바퀴이론

소매수레바퀴이론(wheel of retailing)은 소매윤회설이라고도 하는데 미국의 멕네어(Steve McNair)가 주장한 이론으로 소매기관의 발달을 설명하는 데 가장 보편적으로 받아들여지고 있다. 이 이론에 따르면 고객서비스의 최소화, 소박한 쇼핑시설, 저렴한 지대의 입지 그리고 한정된 상품믹스의 제공 등을 기반으로 저가격 · 저비용 · 저마진의 혁신적인 소매형태가 나타나는 진입기가 1단계로 나타난다. 그러면 다음 2단계에서는 모방기업들의 등장으로 디스플레이의 개선, 보다 경쟁력 있는 입지의 확보, 광고비의 증대 그리고 신용, 배달 및 기타 고객서비스 제공 등을 통해서 타사와 차별화를 시도하는 격상기로 넘어가고, 서서히 그 영업의 질을 높여나가는 결과 당초에 내세웠던 소구점이 퇴색하게 되고 고가격, 고비용, 고마진의 소매형태로 변화하게 되며, 이러한 소매환경의 변화는 새로운 유형의 혁신적인 소매점이 저가격, 저마진, 저비용으로 시장에 진입할 수 있는 여지를 제공하게 되는 취약기 등과 같은 3단계의 순환주기를 따른다는 것이다.

이와 같이 하나의 혁신적인 소매형태가 성숙기에 도달하면 다음의 소매형태의 혁신이 나타나고 그러한 순환이 차례로 이어져 간다는 것인데 이는 소매업에서의 경쟁논리의 전개와 대응해서 설명되고 있다. 정상적인 시장경제체제하에서는 항상 생산과잉현상이 존재하고 이 문제의 해결을 위한 대량판매방식의 탄생을 자극하는데, 이러한 압력 하에 어떤 대량판매형태가 출현하게 되는 것이다. 이것은 최초에는 저가격에 의한 대량수요의 흡인을 지향

한다. 그러나 이러한 방식을 택하는 점포 내지 소매상이 다수 등장하게 되면 경쟁은 어느덧 선형점끼리 경쟁이 되어버리고 그 결과 가격소구를 자기 점포를 유리하게 하는 수단으로 삼을 수 없는 상태가 도래하게 되어 이제는 가격 이외의 상품구색 갖추기 등의 기타 특이성을 추구하게 된다. 박리다매에 의한 고회전율 상품취급에 집중함으로써 가격소구가 가능했던 당초의 사정과는 달리 이제는 저회전율의 상품도 취급하지 않을 수 없게 되므로 소매업자로서는 그만큼 이폭의 상승이 필요하게 된다. 나아가서는 무료배달, 무료가공, 신용공여, 트레이딩 스탬프 등 서비스 경쟁에 돌입하게 되며 이로 인해 영업경비의 증대가 불가피해지고 따라서 더 큰 이폭이 필요하게 된다. 이러한 정황에 이르면 당초 대량염가판매를 표방했던 형태가 이제는 도리어 고마진 영업으로 변질하여 새로이 다른 형태의 대량염가판매방식이 도입될 기회를 마련해 주는 셈이 되는 것이다.

[그림 4-2]는 이러한 순환과정을 나타내고 있다. 그런데 이 소매수레바퀴 이론은 미국의 소매업태의 변천과정을 부분적으로는 설명하고 있지만, 모든 국가의 모든 유형의 소매업태들의 발전과정에 적용하기는 어렵다. 예를 들면, 편의점, 자동판매기 등은 초기 시장에 진입할 때부터 고비용·고마진 방식을 기반으로 하였으며, 우리나라의 경우는 선진국에서 개발된 다양한 업태의 소매점이 동시에 또는 순서가 뒤바뀌어 도입되었기 때문에 소매수레바퀴이론

[그림 4-2] 소매수레바퀴이론

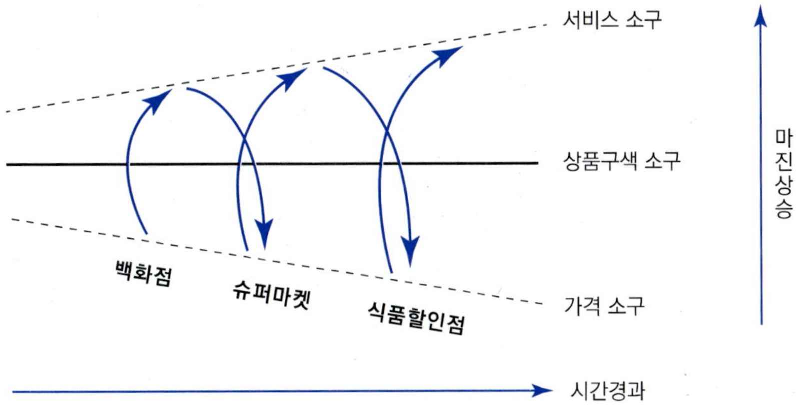

에 의해 소매업태의 변화과정을 설명하기에는 무리가 있다.

3.2 소매수명주기이론

소매수명주기이론(retail life cycle theory)은 제품수명주기 개념을 기반으로 소매기관의 유형이 초기 도입기, 성장기, 성숙기, 쇠퇴기의 단계를 거치면서 진화한다고 주장한다. 도입기는 기존 규범에 대한 이탈현상으로서 기존 소매업자를 능가하는 중요한 경쟁우위를 보유하는 새로운 소매기관이 탄생하여 일반대중의 수용력을 확보하면서 매우 급속한 매출증가를 향유하게 된다. 성장기(accelerated development)에서는 혁신자의 지리적 확장과 모방적 경쟁자의 진입현상이 전형적으로 나타나면서 판매량, 수익성, 그리고 시장점유율 등이 급격히 증가하게 되며, 성숙기(maturity)에는 과잉팽창의 결과로서 비용상승에 의한 저항을 받게 되어 소매기관의 초기생존력의 소멸과 새로운 소매형태의 경쟁적 공세라는 현상이 나타난다. 마지막 쇠퇴기(decline)에서는 소매기관의 상대적 취약성이 명백해지면서 시장점유율이 떨어지고, 수익이 감소하여 결국 경쟁에서 뒤처지게 되는 단계가 된다.

예를 들면, 우리나라의 경우 재래시장은 이미 쇠퇴기에 접어들었고, 백화점은 성숙기, 할인점은 성장후기, 인터넷 쇼핑몰은 성장기, 드러그스토어와 유기농전문점 등은 성장가능성이 높은 도입기의 소매형태라 할 수 있으며 이러한 변화의 과정은 앞으로도 계속될 것이다.

일반적으로 소매기관의 발전에 관한 다른 이론들은 어떤 특별한 변화에 대한 예측과 대처가 불가능하지만, 소매수명주기이론은 소매 관리자가 각 수명주기단계를 세부적으로 분석하여 수명주기의 각 단계로의 변화를 예측하고, 이러한 환경변화에 가능한 효과적으로 소매조직을 적응시킬 수 있다.

그러나 소매상의 성장과 쇠퇴과정은 소매수명주기이론이 설명하고 있는 것처럼 필연적인 진화의 과정이 아니라 사업환경의 변화에 대한 경영자의 지원 및 대처능력에 기인하는 것으로 볼 수 있으며, 또한 소매기관들이 수명주기의 발전과정에 이미 적응해 나가고 있고, 소매수명주기상에서 소매점의 정

[그림 4-3] 소매수명주기이론

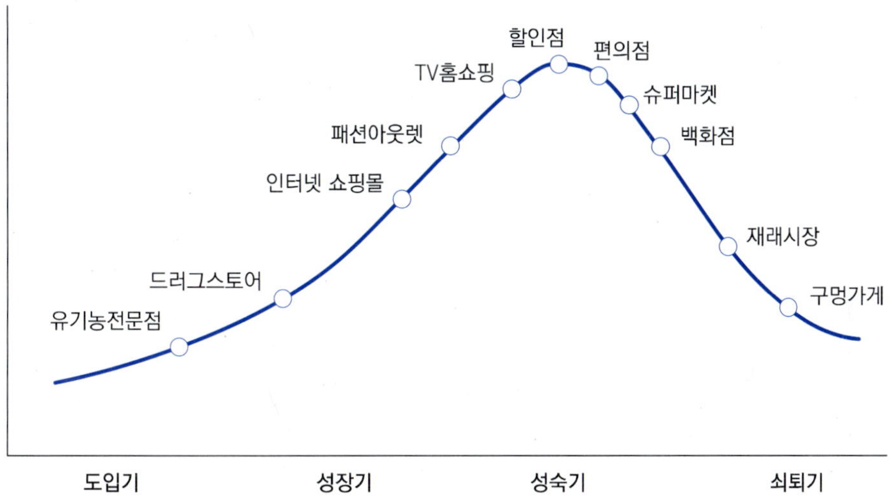

확한 위치와 각 단계의 지속기간을 예측하기가 어렵다는 단점이 있다.

3.3 진공지대론

앞에서 말한 소매수레바퀴이론과 유사한 가설을 덴마크의 학자 닐센(O. Nielsen)이 진공지대론(vacuum zone theory)이란 이름으로 발표하였다. 이것은 소매수레바퀴이론의 결함을 극복하고 보다 설득력 있는 설명을 제공하기 위한 시도로 제시된 것이다. 그 내용의 개요는 다음과 같다.

지금 지리적으로 동일한 시장에 소비자집단이 있다고 하자. 이 집단에 대하여 특정 제품 계열의 상품을 판매하고 있는 몇몇 소매점들이 있고 이들 소매점이 제공하는 서비스의 정도는 각각 상이한 수준에서 행해지고 있다고 하자. 취급하고 있는 상품은 동종이라 할지라도 구색의 폭이 넓다면 그 자체가 하나의 서비스로 간주될 수 있으며 기타 각양각색의 서비스가 존재한다. 서비스의 제공은 그 점포의 평균판매가격수준에 반영되어 서비스가 고도화될수록 그만큼 가격은 높아지기 마련이다. 그리하여 소매기업 사이에 고서비스·고가격과 저서비스·저가격이란 관계가 성립한다.

[그림 4-4] 진공지대론

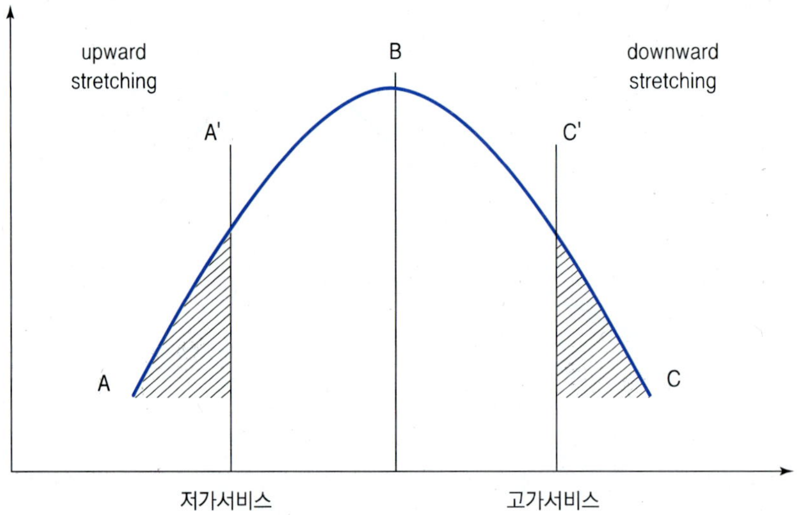

이러한 각종 판매형태에 대응하여 [그림 4-4]와 같이 고객집단에서의 선호분포가 얻어진다고 하자. 이 그림의 횡축 상에는 저서비스 · 저가격점으로부터 고서비스 · 고가격점까지 좌에서 우로 분포되어 있다. 즉, A, B, C점이 그림에 나타나 있는 바와 같은 서비스 · 가격조합수준의 형태로 운영되고 있는 것으로 한다.

이 경우 경쟁은 A 대 B 및 C 대 B에 있어 행해지는데 이들 경쟁은 A와 C로 하여금 선호분포의 중심을 향하여 이동시키는 효과를 가진다. 왜냐하면 B점의 서비스 · 가격수준이 가장 소비자에 의해서 선호되고 있는 까닭에 A점과 C점이 매출을 증대시키자면 A점은 격상전략을 갖고 B점에 가까워지려 노력하며, C점은 격하전략으로써 역시 B점에 접근하려 한다. 그 결과 A와 B 사이, 그리고 C와 B 사이에는 고객의 눈에 차이가 인식될 수 있는 정도의 차별을 남기는 한도까지 이동하게 되어 A점은 A′로 변하고 C점은 C′로 변한다. 이러한 A 및 C의 이동으로 말미암아 빗금으로 나타나 있는 양단 부분의 고객이 원하는 서비스 · 가격수준을 제공해 주는 소매점이 없어지게 된다. 이를 가리켜 진공지대라 하는데 이 진공지대는 새로운 진입자가 등장할 가능성을 제공해 준다는 것이다.

3.4 아코디언이론

소매아코디언이론(retail accordion theory)은 일반형－특수형－일반형 주기이론(general-specific-general cycle theory)이라고도 하는데, 소매시스템에서 우세한 소매형태가 취급하는 상품계열수의 측면에서 현대 상업시스템의 진화를 설명하는 이론이다. 즉, 종합상품계열(general merchandise line)을 취급하는 소매기관이 보다 한정된 상품계열을 취급하는 전문화된 전문형 소매기관(specialist)에 의해 대체되고, 후에는 이것이 다시 종합상품계열을 가진 업체에 의하여 대체되는 식으로 순환되는데 이러한 리듬식 소매기관의 발전패턴이 아코디언을 닮았다 하여 이렇게 이름 붙여진 것으로 본다. 실제로 소매점 역사를 되돌아 볼 때, 비록 정확하게 증명하기는 어렵지만 일반잡화점, 백화점, 통신판매점, 전문점으로 발전해 오다가 다시 하이퍼마켓이나 창고형 소매기관처럼 수십만 종의 품목을 종합적으로 취급하는 소매기관이 나타나고 다시 소수품목만 거래하는 전문점이 발전하는 것이 사실인 만큼 이 이론은 나름대로의 설득력을 갖고 있다고 하겠다.

소매아코디언이론은 상품계열수의 자유로운 변경이 가능하다는 동태적

[그림 4-5] 소매아코디언이론

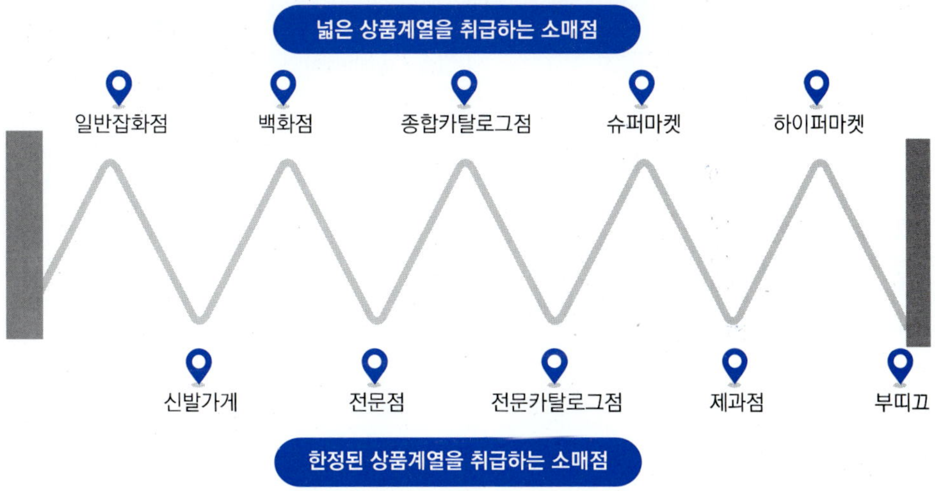

관점을 설명하고 있다는 장점이 있지만, 이것은 다만 역사적 흐름에서 순환의 대방향을 보여주는 데 그칠 뿐 변화가 발생하는 시점과 장소에 대해서는 설명해 주지 못한다는 단점이 있다.

3.5 변증법적 과정

변증법적 과정(dialectic process)은 변증법의 정(thesis) - 반(antithesis) - 합(synthesis)의 논리에 따라 소매기관의 변화를 설명하려는 이론이다. [그림 4-6]과 같이 특정 유형의 소매기관이라는 정이 정반대형의 소매기관이라는 반에 의해서 도전을 받게 되면 결국 양자의 융합과정(melding process)에 의해 절충형 소매기관인 합이 등장하고, 다시 합은 새로운 협상과 동화의 국면을 위한 정이 된다는 것이다. 예를 들면, 전통적인 식품점 - 슈퍼마켓 - 셀프서비스형 식품점이나 백화점 - 할인점 - 할인백화점의 등장을 들 수 있다.

[그림 4-6] 변증법적 과정

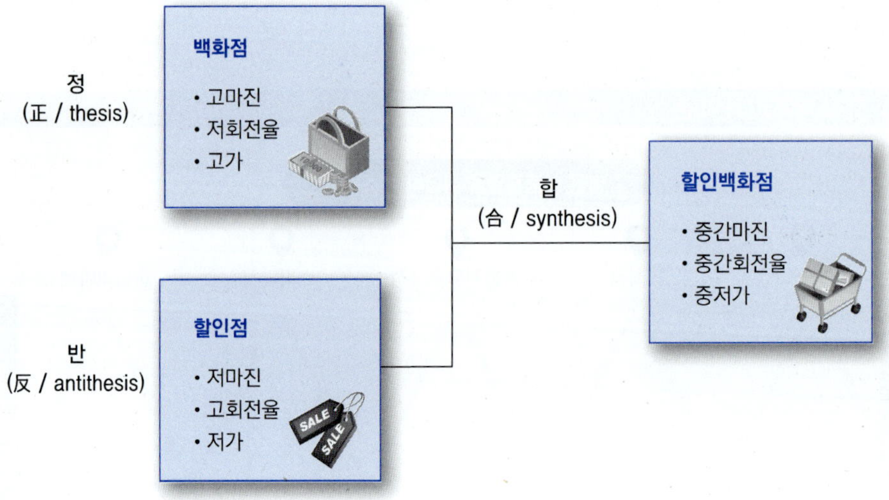

3.6 자연도태설

다윈(Charles Darwin)의 자연도태설(natural selection)을 근거로 소매업태의 변화과정을 설명하려는 이론이다. 환경적응적 소매점은 존속하게 되지만 환경적응에 실패하는 소매기업은 도태된다는 주장이다. 이는 적응행동이론(adaptive theory)으로 소비자 구매행동, 과학기술, 법적 환경 등의 소매환경에 효율적으로 적응가능한 소매업태의 번창을 예고하고 있는데, 1940~50년대 미국 도심 백화점이 퇴조하고 외곽 백화점이 설립된 원인을 설명해 준다.

유통실무 Focus

만지고 느끼고 공간체험의 힘 – 오프라인 유통매장의 반격

'온라인을 잡아야 살아남는다.'

지난 몇 년간 이 말은 유통업계의 금과옥조와도 같았다. 굳이 매장에 가지 않아도 스마트폰 터치 몇 번이면 새벽에 현관 앞까지 제품을 가져다주는 시대에 오프라인이 설 자리는 없어 보였다. 하지만 최근 주목할 만한 변화가 나타나고 있다. 당일배송, 간편결제 시스템과 결합한 온라인 쇼핑의 성장세는 여전히 굳건하지만 오프라인 매장의 가치에 주목하는 기업이 점점 늘고 있는 것이다.

온라인 사업만 하던 기업들이 잇달아 오프라인에 '쇼룸'을 내면서 고객과의 접점을 만드는 것은 이런 변화를 반영한다. 공간에 대한 투자는 가시적인 성과로 연결된다. 미국 온라인 안경 전문점 와비파커(Warby Parker)는 쇼룸 덕을 톡톡히 본 사례다. 쇼룸이 생기면 온·오프라인 상관없이 해당 상권의 최초 구매자가 7% 이상 증가했다. 온라인 채널의 신규 구매자 비율이 75%인 데 비해 쇼룸의 신규 구매자 비율은 83%에 달한다. 쇼룸이 새로운 고객을 창출하는 통로 역할을 하는 셈이다.

오프라인 매장만의 강점에 주목 – 색다른 경험·재미 추구 밀레니얼 세대

오프라인 매장이 온라인과 차별화되는 가장 큰 무기는 '경험'이다. 오프라인 매장은 감각적인 경험이 점점 사라져가는 영역에서 손으로 만지고 느낄 수 있는 물건을 체험하고 소유하는 기쁨을 준다. 유튜브에서 아무리 많은 언박싱 동영상을 시청하더라도 직접 몸으로 경험하는 상호작용은 온라인상에서 느낄 수 없다.

매트리스 업체 시몬스가 2018년 9월 경기 이천에 문을 연 복합문화공간 '시몬스테라스'가 대표적인 사례다. 100여 년 전 쓰이던 침대를 전시하는 박물관, 수면의 질을 높이는 데 도움을 주는 각종 농작물과 식물을 재배하는 공원, 수면 습관을 확인하고 그에 맞는 매트리스를 추천받는 체험공간, 다양한 예술가의 작품이 전시된 라운지 등은 오프라인에서만 가능한 경험을 더욱 특별하게 만든다.

소비자들의 달라진 소비 경향도 오프라인 매장의 발전 가능성을 높이는 요소다. 요즘 소비자는 같은 소비 행위를 하더라도 색다른 경험과 재미를 추구한다. '힙한' 감성이나 참신한 즐길거리를 위해 일부러 멀리 있는 매장을 찾아가는 것도 자연스러운 일이다. 기존 용도에서 벗어나 의외성을 부여한 '카멜레온존'이 주목받는 것은 이런 소비 경향이 반영된 결과다. 최근 소비 트렌드를 주도하는 밀레니얼 세대는 기존의 틀을 깬 독창적인 매장을 접할 때 신선함과 흥미를 느낀다. SNS 등에 공유하며 자발적인 홍보대사가 되는 일도 비일비재하다.

창업 5년 만에 매출 1,800억 원을 달성한 선글라스 업체 젠틀몬스터의 성공비결은 바로 '공간'에서 찾을 수 있다. 젠틀몬스터는 매장 인테리어에 '브랜드 이미지를 담아 젊은 소비자가 방문하고 싶은 핫플레이스를 만들자'는 철학을 녹여냈다. 50년 된 목욕탕을 쇼룸으로 개조한 북촌점이 대표적이다. 원형 그대로 보존된 사우나실과 욕탕에 선글라스가 놓여 있다. 실제 배(船)를 인테리어용으로 들여놓거나, 매장 인테리어를 1년에 수십 번씩 바꾸기도 했다. 이런 '예측 불가능함'이 브랜드의 핵심 가치로 소비자 사이에서 입소문을 타면서 열성적인 팬층이 생겨났다.

안 사도 돼~ 100% 체험 매장 확산 – 제품 이해 · 브랜드 충성도 up up

아모레성수에서 진행하는 터치업 서비스와 메이크업 · 다도 · 플라워 클래스는 대부분 무료거나 재료비만 받는다. 유료라 해도 1만~3만 원 선. 수익 창출보다는 경험 제공에 중점을 뒀다.

체험 전문매장 운영은 화장품 업계 전반으로 확산되고 있다. AHC는 명동에 플래그십스토어 '퓨처살롱'을, 애경산업은 홍대입구에 '루나시그니처' 매장을 냈다. 퓨처살롱에서는 스킨 스캐너로 피부 진단 테스트를 제공한다. 고객에게 설명하는 역할은 직원이 아닌 키오스크가 대신한다. 1층에는 제품을 직접 써볼 수 있는 에스테틱 살롱과 스킨 스캐너 등 최신 기기로 편하게 쇼핑할 수 있는 '미래의 뷰티존'이 공존한다. 퓨처살롱 직원은 "피부 진단 테스트는 개인이 선택한 고민사항을 바탕으로 진단을 내려준다. 진단 후에는 고객에게 맞는 화장품을 추천해준다"고 설명했다.

CU가 업계 최초로 선보인 'CU 서초그린점'은 도심형 친환경 편의점을 내세워 관심을 끌었다. 태양광 등기구, 단열 유리의 아웃테리어는 물론, 유해물질 방출을 최소화하는 친환경 등급 마감재와 페인트로 시공한 인테리어, 화학냉매 대신 자연냉매를 사용하는 냉동고와 실외기 등 환경보호를 위한 세심한 배려가 매장 곳곳에 배어 있다. 새로운 시도에 고객도 감화된 것일까. 일부 고객은 편의점인데도 장바구니를 들고 오더라고. CU 관계자는 "오픈한 지 한 달 정도 됐는데 매출이 일반 매장의 1.5~2배에 달한다. 과거 편의점 경쟁력을 '접근성'이 좌우했다면 요즘은 '콘텐츠'가 중요하다. 친환경 가치를 선호하는 고객이 멀리서도 찾아오도록 만드는 게 핵심"이라고 강조했다.

뭉치면 산다 '이종업태 간 협업' – 복합 · 퓨전… 콘텐츠 단위로 이합집산

업의 경계가 무너지는 시대다. 이종 브랜드 간 협업이나 제휴, 복합매장 등 하이브리드 전략으로 승부를 보는 오프라인 매장도 늘고 있다.

의료기기 업체 '세라젬'과 한방차 전문 프랜차이즈 '오가다'는 '1층에 오가다, 2층에 세라젬' 형식의 복합매장을 10여 개 운영 중이다. 오가다 한방차와 세라젬의 주 고객층이 건강에 관심 많은 중장년층임에 착안, 한방차를 마시러 온 고객이 세라젬도 체험해보도록 한 것이다. 최승윤 오가다 대표는 "오가다에서 음료를 구매한 고객은 2층에서 40분간 세라젬 의료가전을 체험할 수 있다. 구매의사가 확정 안 된 상태에서 세라젬 체험 매장에 방문하는 것은 부담스러울 수 있는데 이런 문턱을 낮춘 것"이라며 "의료가전이 수백만원짜리 제품임에도 체험한 고객 100명 중 3명은 제품 구매로 이어진다고 하니 복합매장 효과가 탁월한 것으로 분석된다"고 전했다.

한 가게에서 복수의 프랜차이즈 브랜드를 운영하는 복합매장도 인기다. 초저가 커피 '커피온리'와 대만 버블티 '팔공티', 저가주스 '쥬씨'와 중국 밀크티 '차얌'을 같이 운영하는 식이다. 을지로와 강남에서 커피온리&팔공티 매장을 운영 중인 점주는 "하나만 운영했을 때보다 매출이 두 배가량 늘었다"며 흡족해했다.

약국도 업의 개념을 확장해나가는 모습이다. 박종화 온누리약국체인 대표는 약국이 '약'을 취급하는 공간을 넘어 '건강'을 종합적으로 추구하는 영역으로 변화해야 한다고 주장한다. 박 대표는 "약국은 치료(약)의 가치를 넘어 건강과 아름다움, 생활과 편의까지 추구하는 통합·퓨전 매장이 돼야 한다. 인공지능 시대에 약국이 살아남기 위해서는 약만 있는 업종점에서 건강에 관련된 모든 제품, 서비스를 제공하는 업태점으로 변화해야 한다"고 말했다.

오프서 사서 바로 택배 '옴니채널' – 월마트, 오프라인 구매력+온라인 배송

"시대에 뒤처진 줄 알았던 거인이 되살아났다." 일본 경제주간지 닛케이비즈니스의 최근 커버스토리 기사 '월마트의 부활' 첫 문장이다. 온라인 쇼핑 시대에 대한 늦은 대응 탓에 아마존에 밀려 침잠하는 줄 알았던 월마트가 되살아나고 있다. 월마트의 지난해 3분기 미국 내 매출과 영업이익은 전년 동기 대비 각각 3%, 6% 성장했다. 같은 기간 기존점 매출 성장률은 3.2%를 기록하며 2년 누적 6.6% 성장률을 유지했다. 2015년 10월 57달러대까지 떨어졌던 월마트 주가는 1월 29일(현지 시간 기준) 115달러로 두 배 가까이 상승했다.

어떻게 가능했을까. 온라인 배송 기능을 강화함과 동시에 신선식품 분야에서 오프라인 채널의 강점을 십분 활용한 옴니채널 전략이 주효했다는 분석이다.

쿠팡, 마켓컬리 같은 온라인 쇼핑몰은 재고 부담 때문에 신선식품을 대량으로 매입할 수 없다. 온라인으로 파는 신선식품은 조금만 시들해도 불안해서 소비자가 기피하기 때문이다. 반면 오프라인 매장에서는 신선도가 조금 떨어져도 할인하면 소비자가 직접 보고 만져본 뒤 구매한다. 재고 부담이 없으니 도매상을 거치지 않고 산지와 직접 계약이 가능해 가격경쟁력이 훨씬 높다.

오프라인의 반격 어떻게 될까 – 온라인 경쟁 완화되면 기회 올 것

전문가들은 온라인 쇼핑업체 간 치킨게임이 극에 달한 현재가 오프라인 업체에는 기회가 될 수 있다고 말한다. 가격경쟁이 완화되면 비로소 오프라인 업체 본연의 경쟁력이 힘을 발휘할 것이라는 기대에서다.

미국은 아마존이라는 절대 강자가 있지만 우리나라는 그런 업체가 없어 역마진을 감수한 가격경쟁이 치열하다. 이 때문에 오프라인 업체의 공간경쟁력이 가격경쟁력에 밀리는 형국이 계속되고 있다. 그러나 온라인 업체의 출혈경쟁은 어느 정도 한계에 다다랐다고 본다. 온라인 업체가 적자에서 벗어나 손익분기점(BEP)만 도달해도 준비된 오프라인 업체는 수익을 낼 수 있게 될 것이다.

자료: 매일경제, 2020.2.7.
(https://www.mk.co.kr/news/economy/view/2020/02/126691/)

CHAPTER

05 소매상 마케팅

C/O/N/T/E/N/T/S

매장 오면 떠나기 어려울걸요… 롯데백화점이 바뀌고 있다

롯데백화점이 변화하고 있다. 본점에 루이비통 남성 전문 매장을 오픈하면서 MZ세대(밀레니얼+Z세대)를 위한 감성 마케팅을 선보인다. 남성 명품관이 백화점 업계에서 흔해진 만큼 차별화 전략을 고민한 흔적이다. 롯데백화점은 김포공항점과 개점을 앞둔 동탄점에도 체험존과 지역 특색을 살려 가능한 오래 머물게 하는 전략을 펴고 있다.

2021년 8월 17일 롯데백화점에 따르면 19일 본점 5층 남성 해외패션관에 시그니처 향과 음악 큐레이션 서비스를 도입할 예정이다. 지난달 리뉴얼 오픈한 본점 남성 해외패션관에 루이비통 남성 전문 매장을 추가 개점하면서 본격적인 감성 마케팅으로 경험을 중시하고 감각에 예민한 MZ세대를 집중 공략하겠다는 방침이다.

롯데백화점은 오감 중에서도 후각과 청각에 더욱 집중한 모양새다. 백화점을 상징할 수 있는 시그니처 향기 '플리트비체'를 내세워 소비자들을 공략한다는 목표다. 롯데백화점 관계자는 "유명 호텔들의 향기 마케팅을 담당하고 있는 센트온과 함께 개발해 문화센터에 적용됐던 '플리트비체'가 이제는 매장까지 확대 적용됐다"며 "고객들이 롯데백화점을 자연스럽게 기억하게 하고 올해와 내년에 걸쳐 순차적으로 진행하고 있는 본점의 층별 리뉴얼 일정에 맞춰 발향기기를 추가로 설치하고 향후 지역별 거점 점포를 거쳐 전점으로 확대하는 방안을 검토 중"이라고 설명했다.

더불어 애플뮤직의 에디터들이 엄선한 음악을 즐길 수 있는 음악 큐레이션 서비스도 국내 백화점 최초로 도입한다. 기존의 배경음악 시스템은 소수의 음악 리스트를 랜덤으로 송출하는 방식으로 공간별 심층적인 차별화를 두기 어려운 구조였으나 롯데백화점은 MZ세대를 포함한 고객들의 다양해진 음악적 안목을 반영해 '애플뮤직 포 비즈니스' 서비스로 고객들의 청각까지 책임진다는 방안이다.

이 외에도 코로나19로 여행을 떠나지 못하는 소비자들의 심리를 반영한 체험공간을 구성하기도 했다. 롯데백화점 김포공항점은 제주항공과 함께 체험형 기내식 카페 '여행의 행복을 맛보다(여행맛)'을 지난 12일 선보였다. '여행맛'은 실제 기내에서 볼 수 있는 소품을 활용해 인테리어를 구성했으며 승무원들이 직접 기내식 인기 메뉴와 음료를 제공하는 것이 특징이다. 특히 '여행맛'에서는 어린이 고객들을 대상으로 항공안전체험교실과 객실승무원 체험을 해볼 수 있는 객실승무원 직업 체험존을 선보인다.

20일 문을 여는 롯데백화점 동탄점도 슬로건인 '새로운 감각을 채우는 특별한 경험'을 테마로 예술과 문화가 접목된 콘텐츠를 도입해 고객이 계속 머물고 싶은 백화점이라는 개념에 초점을 맞춰 백화점을 단순히 쇼핑하는 곳이 아닌 특별한 경험을 공유하는 공간으로 재해석했다. 특히 젊은 부부의 거주 비율이 높은 지역 특성을 반영해 '동탄맘'과 '동탄키즈'를 위한 키즈 매장과 이유식 브랜드 등을 입점한다.

업계 관계자는 "MZ세대는 차세대 주요 소비층으로 각광받고 있다"며 "향후 이들의 특색이 담긴 소비 패턴이나 감성은 전 연령대를 중심으로 확산돼 업계의 관련 마케팅도 더욱 강화될 것"이라고 말했다. 이어 "이제는 온라인으로 구매를 하는 시대라서 향기나 음악처럼 오프라인 매장에서 살릴 수 있는 특징을 강화해 MZ세대들이 실제 경험할 수 있는 요소의 수준을 높이는 것이 핵심"이라고 전했다.

자료: 아시아투데이, 2021.8.18.
(https://www.asiatoday.co.kr/view.php?key=20210817010009250)

Section

1 상품계획

상품계획(merchandising)이란 소매기업의 목표 달성을 위하여 제품믹스(product mix: 소매기관들이 그들의 고객들에게 제공하고자 하는 모든 상품이나 서비스)를 개발, 확보, 관리하는 과정을 의미한다.

1.1 제품의 개념 및 유형

1) 제품의 개념

제품에는 단지 제품 자체뿐만 아니라 디자인, 포장, 서비스 등과 같은 요소들도 포함되어 있다. 제품이 튼튼하고 소비자들이 원하는 편익을 제공한다고 해도 예쁘지 않다든지 포장이 엉성하다든지 또는 기타 서비스가 없다면 많이 팔릴 수 없다. [그림 5-1]과 같이 제품전략에서는 이런 제품의 하위믹스까지도 함께 고려해야만 한다.

기업은 표적시장의 욕구를 충족시킬 수 있는 제품을 만들어야 한다. 제품을 많이 판매하려면 제품에 대한 고객의 욕구를 충족시킬 수 있어야 하고, 그러기 위해서는 먼저 소비자의 욕구를 정확히 파악하여 소비자의 입맛에 맞는 제품을 개발하고 부가가치를 높여 타사의 제품과 차별화해야 한다. 경쟁제품보다 경쟁우위에 서려면 제품차별화 전략이 필요하다.

제품차별화 전략은 자사제품이 경쟁제품보다 우수한 편익을 제공하고 소비자에게 독특하게 인식되도록 하는 전략을 말한다. 제품을 차별화하려면 단지 제품의 기능, 품질, 편익뿐만 아니라 가격, 포장, 디자인, 이미지, 서비스

[그림 5-1] 제품 개념의 3단계

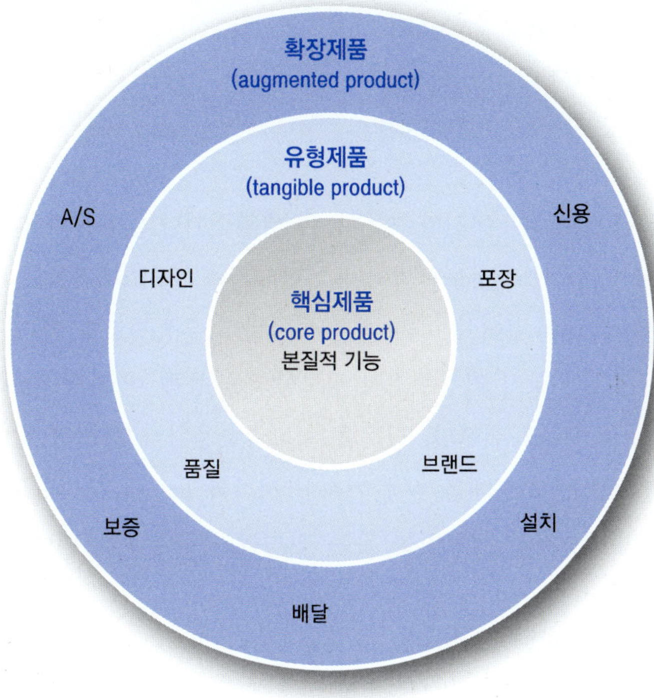

등도 종합적으로 고려해야 한다.

2) 제품의 유형

제품은 다양하고 복잡하여 분류기준 또한 명확하지도 않다. 그러나 보편적으로 사용되는 몇 가지 기준을 요약하면 다음과 같다.

우선 제품의 사용 목적에 따른 분류에 따라 소비재와 산업재로 분류된다. 소비재는 최종소비를 목적으로 사용되는 제품이며, 산업재는 재생산을 목적으로 한다. 예를 들어, 포스코에서 생산하는 철강은 산업재이며 철강을 사용하여 만든 자동차는 소비재가 되는 것이다. 산업재는 다시 원료, 가공품, 부품, 설비, 보조장비, 소모품 등으로 분류된다.

<표 5-1>과 같이 소비재는 사용빈도와 구매자의 접근성에 따라 편의품,

〈표 5-1〉 소비재의 특성과 경로전략

제품 사용목적	유형	가격수준	구매에 따른 위험	유통경로전략
소비재	편의품	저가격	저	개방적 유통경로
	선매품	중가격	중	선택적 유통경로
	전문품	고가격	고	전속적 유통경로

선매품, 전문품으로 나누어진다. 편의품은 생필품이나 일용품과 같이 일상생활에 흔히 구할 수 있고 정보탐색이 용이한 제품으로, 소비자들이 언제 어디서든 쉽게 구매할 수 있어야 하기 때문에 개방적 유통경로를 띈다. 선매품은 가구나 전자제품과 같이 일정수준의 정보탐색을 통해 비교 구매하는 제품으로 선택적 유통경로를 취한다. 전문품은 고급승용차나 명품과 같이 브랜드 로열티가 상당히 높고 구매를 위해 기꺼이 시간과 노력을 투여하는 제품으로 특정 지역에 한두 개의 점포만을 두는 전속적 유통경로를 취한다.

3) 기타 제품 관련 요소

(1) 브랜드

브랜드(brand)란 타제품과 구별할 수 있도록 이름이나 표식, 상징 등을 포함하는 광범위한 개념이다. 기술수준의 표준화와 시장경쟁이 갈수록 치열해지고 있는 시장상황에서 브랜드의 중요성과 역할은 갈수록 증가하고 있는데, 왜냐하면 자사제품을 타사제품과 구별할 수 있는 가장 중요한 요소이므로 소비자의 품질에 대한 신뢰도를 증가시켜 구매의사결정에 도움을 줄 수 있으며, 기업의 촉진활동을 용이하게 하기 때문이다. 또한 브랜드는 서비스와 같이 무형적인 재화에 대해서는 가시적인 역할을 함으로써 소비자에게 보다 용이하게 접근할 수 있는 수단이 된다. 이와 같이 브랜드의 중요성과 역할이 증가함에 따라 최근에는 브랜드를 기업의 자산의 일부로 인식하여 그 가치를 부여하게 되었는데 이를 브랜드자산(brand equity)이라고 한다.

브랜드는 제조업자 상표(NB: national brand)와 유통업자 상표(PB: private brand)로 구분되고 제조업자 상표는 다시 기업 자체의 이름인 기업상표(corporate brand)와 특정 제품계열에 공통적으로 사용되는 계열상표(family brand), 그리고 각 제품별로 상이한 상표를 부여하는 개별상표(individual brand)로 분류된다. 최근에는 유통업체가 대형화되고 인지도가 향상됨으로 인해 경로상의 힘이 증가함에 따라 유통업체가 직접 자체 브랜드인 유통업자 상표를 부착하여 높고 안정적인 수익을 확보하려는 시도가 늘어나고 있는 추세이다.

(2) 포장

제품을 구성하고 있는 중요한 요소 중의 하나가 포장인데 제품을 보호하는 가장 기본적인 기능에서 출발하여 최근에는 촉진기능이 더욱 중요하게 부각되고 있다. 포장(package)은 1차포장(primary package), 2차포장(secondary package), 선적포장(shipping package)으로 나뉘는데, 1차포장은 제품의 내용물을 담고 있는 용기이며 2차포장은 1차포장을 싸고 있는 포장이다. 그리고 선적포장은 제품의 운송을 위해 사용되는 포장을 의미한다.

(3) 디자인

소비자 취향이 점점 더 세련되고 제품의 시각적인 요소가 중요해짐에 따라 디자인(design)은 시장에서 제품의 성패를 좌우하는 매우 중요한 역할을 수행하게 되었다. 기술수준의 진보로 인한 제품수명주기의 단축과 경쟁제품의 범람으로 인해 소비자의 관심을 유도하고 단기적인 매출신장을 꾀하기 위해서는 디자인이 핵심적인 역할을 담당해야 할 것이다. 소비자가 제품을 결정할 때 가장 중요하게 영향을 미치는 요인 중의 하나가 디자인이라는 최근 조사결과를 볼 때도 앞으로 디자인의 중요성은 더욱 증가할 것으로 기대된다.

1.2 상품믹스 전략

최적의 상품믹스 전략을 수립하기 위해서는 넓이, 길이, 깊이 등의 세 가지 기준을 고려하여야 하는데 업태별 상품믹스 전략은 [그림 5-2]와 같다. 상품라인은 서로 밀접한 관계를 가지고 있는 제품의 그룹으로 구성된다. 왜냐

[그림 5-2] 업태별 상품믹스 전략

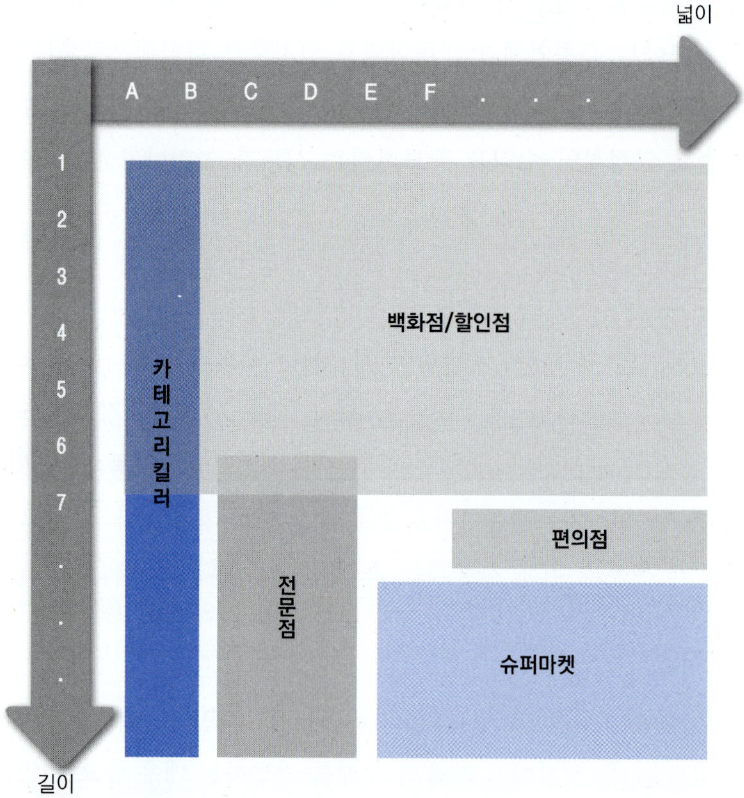

하면 그것들은 동일한 사용용도와 동일한 고객집단 그리고 주어진 가격범위가 비슷하기 때문이다.

1) 넓이

상품믹스의 넓이(breadth)는 소매상이 점포 내에 가지고 있는 카테고리의 수를 말한다. 상품 카테고리란 소비자가 상호 연관된 것으로 인식하면서 서로 대체될 수 있는 상품의 집합을 말하는 것으로 의류 카테고리, 식품 카테고리, 가전 카테고리 등으로 범주를 나눌 수 있다. 예를 들어, 백화점은 매우 다양한 상품 카테고리를 가지고 있는 반면, 사무용품 전문점은 사무용품이나 사무비품 등 소수의 카테고리를 가지고 있다.

2) 상품믹스의 길이

길이(length)는 구색(assortment)이라고도 하며, 하위 단계의 상품 카테고리를 말하는 것으로 해당 카테고리 분류 하위에 속하는 세부 카테고리 분류라 볼 수 있다. 카테고리 범주에 따라 상대적으로 달라질 수 있지만, 흔히 카테고리 내의 브랜드의 수를 말한다. 슈퍼마켓의 경우에 케첩 카테고리에 6~7개의 브랜드와 개별 상표 및 무상표 제품 등 여러 종류의 브랜드를 취급할 수 있지만, 편의점은 한 두 종류의 브랜드만 취급한다. 어떤 편의점은 취급하는 상품의 브랜드 수가 너무 많아 실패한 경우도 있는데 너무 많은 브랜드 수는 편의점이나 규모가 작은 점포에서는 부적절한 전략이 될 수 있다.

3) 상품믹스의 깊이

깊이(depth)는 각 브랜드의 재고관리를 위한 최소단위를 말하는 재고유지단위(SKU: stock keeping unit)의 수를 말하는 것으로, 용량과 포장형태에 따라 달라지는 개별 상품의 수이다. 예를 들어, 슈퍼마켓이나 할인점은 다양한 용량과 용기형태의 우유를 판매하고 있지만 편의점은 가장 잘 팔리는 용량의 종이팩 우유만을 한정해서 판매할 것이다.

4) 상품믹스 전략수립을 위한 고려요인

최적의 상품믹스의 설계에 영향을 미치는 네 가지 고려요인을 제시하면 다음과 같다. 유의해야 할 것은 각각의 점포의 상권이 서로 다르듯이 모든 점포의 최적 상품믹스 또한 점포에 따라 다르다. 상품믹스 결정은 소매상의 자금과 회전율에 대한 제약, 경쟁자와 소비자에 의해 야기되는 제약과 점포공간의 제약 등 여러 가지 제약조건들을 면밀하게 검토하여 결정하여야 한다.

(1) 자금동원능력

상품의 넓이, 길이, 깊이 모두를 충족시킬 만큼 충분한 자금이 있는 경우는 드물다. 다양성을 강조하려고 결정한 경우, 동시에 상품 넓이와 깊이를 강조한다는 것은 불가능하다. 예를 들어, 선물점포를 운영한다고 할 경우 보석,

크리스탈, 양초, 게임, 카드, 재떨이, 시계, 라디오 등의 다양한 선물종류를 취급하려고 한다면 단일 품목에 대해서는 많은 상품을 취급하지 못할 것이다.

어떤 소매상은 취급상품의 재고비용을 공급업자에게로 전가시킴으로써 이러한 한계점을 극복하기도 한다. 소매상이 단지 상품을 위탁판매하는 형태로서 공급업자가 제품의 소유권을 가지고 있으면서 판매가격도 정하고 제품이 판매될 때 판매대금을 받는 형태이다. 또는 공급업자가 판매된 제품에 대한 지불기간을 연기하는 방법도 있는데, 예를 들면 대부분의 교과서 출판사들은 위탁판매하거나 아니면 일정기간 지불여유기간을 두고 있다.

(2) 공간할당

소매상은 또한 공간제약성도 고려하여야 한다. 만약 제품 깊이와 넓이가 증가하면 그에 상응하는 공간이 요구되며, 다양성이 강조되면 서로 다른 상품을 구분해 줄 수 있을 만큼의 여유공간이 확보되어야 한다. 일부 소매상(특히 식료품업계)은 공간적인 제약을 극복하기 위해 공간점유비용을 제조업자에게 비용을 부담케 하는 방법(slotting fees)으로 이익을 창출하기도 한다.

(3) 마진과 회전율

마진(margin)은 소매기관이 상품을 판매함으로써 얻을 수 있는 이익의 양을 의미하며, 회전율(turnover)은 일정기간 동안 평균재고가 판매되는 횟수를 의미하는 것으로 회전율과 마진에 따라 상품을 분류하면 [그림 5-3]과 같다.

상품의 깊이가 깊어질수록, 그리고 점점 더 작아지는 세분시장을 공략하기 위해 소매상은 점점 더 다양한 제품을 취급하게 될 것이다. 따라서 재고회전율은 악화되고 재고부족의 가능성은 증가한다. 그렇다고 회전율을 최대화하기 위해 다양성, 넓이, 깊이를 최소화할 필요는 없지만 다양한 상품믹스는 재고회전율에 영향을 미칠 수 있다는 사실을 알아야만 한다.

(4) 소비자 특성

시장, 즉 소비자는 상품믹스의 다양성, 넓이, 깊이의 결정에 영향을 미친다. 이 세 가지 요소는 소비자의 점포에 대한 인식과 점포로 유인하는 데 중

[그림 5-3] 마진과 회전율

대한 영향을 미친다. 소비자들은 전문점에 대해 적은 다양성과 넓이를 가지고 있지만 취급라인 내에서는 상당한 제품 깊이가 있는 것으로 인식하고 있다. 그러므로 남성복과 같이 소수의 상품라인을 가지고 있으면서 깊이 있는 상품을 찾는 개인은 남성정장에 전문화하고 있는 남성의류 소매점에 끌리게 될 것이다. 반면 양판점은 매우 많은 다양성과 넓이를 가지고 있으면서 좀 더 제한된 깊이의 제품을 가지고 있는 것으로 인식된다. 그러므로 여러 상품라인을 여러 번 구매해야 할 필요성을 가지고 있는 구매자와 제품구색의 깊이를 그리 중요하게 여기지 않는 사람은 일반 양판점에 좀 더 끌릴 것이다.

유통실무 Focus

롯데백화점이 자체 편집매장을 늘리는 이유

온라인 쇼핑의 폭풍성장에 밀려 고전 중인 오프라인 유통망의 대표적 사례로 꼽히는 백화점 업계가 차별화를 위해 매장구성과 품목 등에 변화를 꾀하고 있다. 어디에시니 쉽게 검색해서 구입할 수 있는 브랜드의 물건을 온라인 가격보다 더 비싼 가격으로 구입하려 백화점까지 발걸음을 하는 소비자들이 크게 줄어드는 데 따른 것이다.

롯데백화점은 올해 봄・여름 시즌을 맞아 백화

점이 주도해 선보일 수 있는 차별화된 매장구성 및 상품을 선보인다고 1일 밝혔다. 온라인에 빼앗긴 트렌드 주도권을 다시 회복하겠다는 계획이다. 백화점 측은 "사실 그간 유통시장의 경우 유명 브랜드들에서 선보이는 획일화된 매장 구성과 상품이 새로운 트렌드가 되는 경우가 많았다"면서 "최근 국내 소매시장이 온라인으로 확장되며 구매 채널이 다양화되고, 소셜 네트워크의 발달로 인해 트렌드의 중심이 고객 스스로가 되는 등 시장 트렌드가 빠르게 변화하고 있다"고 분석했다.

백화점은 이에 따라 트렌드를 백화점이 직접 이끌어 갈 수 있는 '편집매장'을 확대할 계획이다. 기존 백화점의 영업방식은 업체에 매장을 임대해주고 수수료를 받는 방식인데, 어디에나 있는 물건으로는 오프라인 차별화를 이루기 어렵다. 다른 곳에 없는 상품을 구비해놔야 젊은 소비자들이 지갑을 열게 된다. 이에 따라 롯데백화점은 올해 상반기에 20여 개 편집매장을 오픈해 현재 전 점에서 운영 중인 89개의 매장을 100개 이상으로 확대한다는 계획이다. 'SNS 인플루언서'(SNS 내 영향력 있는 개인) 편집매장을 확대하는 차원에서 지난해 12월 본점 2층에 '아미마켓'을 꾸리고 '바이미나', '컬러풀DNA' 같은 브랜드를 입점시켰다.

신세계가 '스타필드' 등을 통해 선보인 '체험형 매장'도 업계 전반에 확산되는 양상이다. 롯데백화점은 이달 중에 프라모델과 피규어 테마형 커뮤니티 카페인 '하비 플레이스 토비즈(TOBBYS)', 업계 최초 만화책 전문 매장인 '마블/DC 코믹 스토어'를 롯데아울렛 광명점에 열 계획이다. 쇼핑에서 어떤 경험을 얻는지가 중요해진데다, 고객들의 체류시간을 늘릴 수 있다는 장점이 있다. 과거의 백화점은 매장 동선을 따라 걸으면서 물건을 고르는 방식이었던 반면, 이제는 쇼핑공간이 '재미있는지' 여부가 중요해졌다.

자료: 경향비즈, 2018.3.1.
(http://m.biz.khan.co.kr/view.html?art_id=201803011431001&code=920501#c2b)

1.3 상품믹스 전략의 유형

1) 고마진 · 저회전율/저마진 · 고회전율 전략

상품의 깊이가 깊어질수록, 그리고 점점 더 작아지는 세분시장을 공략하기 위해 소매상은 점점 더 다양한 제품을 취급하게 될 것이다. 따라서 재고회전율은 악화되고 재고 부족의 가능성은 증가한다. 그렇다고 회전율을 최대화하기 위해 다양성, 넓이, 깊이를 최소화할 필요는 없지만 다양한 상품믹스는 재고회전율에 영향을 미칠 수 있다는 사실을 알아야만 한다. 그래서 마진과 회전율을 함께 고려한 상품믹스 전략이 중요하게 다루어지게 되었다.

마진(margin)은 소매기관이 상품을 판매함으로써 얻을 수 있는 이익의 양

[그림 5-4] 마진과 회전율

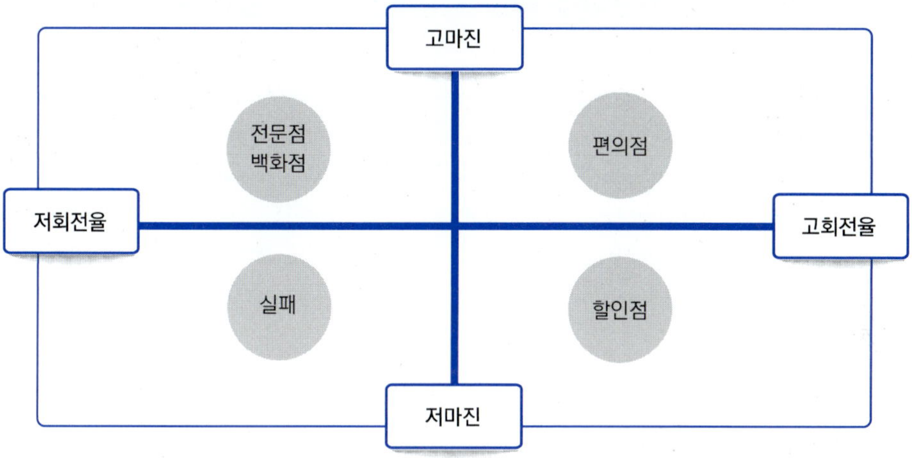

을 의미하며, 회전율(turnover)은 일정기간 동안 평균 재고가 판매되는 횟수를 의미하는 것이다. 회전율과 마진에 따라 점포를 구분하면 [그림 5-4]와 같다. 모든 소매점은 네 개의 사분면에 위치하게 된다. 경우에 따라서 너무 저가경쟁에 휘말리게 되어 낮은 마진을 남기게 되면 사업을 수행하기 어려울 정도로 판매를 달성하기 어렵게 될 수도 있다. 이는 제3사분면의 저마진 · 저회전율의 국면에 해당하는데 성공적이지 못한 경우가 될 것이다. 이와 반대로 마진도 높으면서 회전율도 높은 고마진 · 고회전율로 성공한 사례는 편의점이 해당된다. 이는 상식적으로 달성하기 어려운 전략이지만 편의점이 소비자들과 가까운 곳에 점포를 입지시키고 편의성을 강화한 상품구색으로 시간효용까지 극대화했기에 가능한 것이다.

고마진 · 저회전율 전략에는 전문점과 백화점 같이 제품의 회전율은 낮지만 마진이 확보되는 구색을 취급하는 것으로, 마진이 높은 제품이기 때문에 판매과정에서 판매원의 상세한 설명이나 상담 등이 중요하게 작용한다. 이와 반대로 마진이 낮은 경우에는 판매량을 늘리는 고회전율 전략을 활용하여 수익을 확보해야 한다. 이러한 전략은 주로 할인점과 같은 저가격 중심의 소매상이 해당된다. 이처럼 저가로 승부하는 소매점에서는 회전율이 성패의 관건

〈표 5-2〉 저마진/고회전율 전략과 고마진/저회전율 전략의 비교

저마진 고회전율 전략	고마진 저회전율 전략
• 잘 알려진 제품 • 점포에 오기 전에 고객이 구매를 결정 • 저가격이 가장 높은 애고 이유 • 최종 서비스 제공 • 독립지역이나 임대료가 싼 곳 위치 • 단순한 소매점포의 조직	• 잘 알려지지 않은 제품 • 점포에 와서 구매결정 • 서비스, 특징적 상품, 판매기법이 고객 애고를 결정하는 요인 • 판매지원, 신용, 배달 등 다양한 서비스 • 시내나 쇼핑센터 밀집지역 위치 • 복잡한 소매점포 조직

이다. 여성의류를 판매하는 아웃렛 점포는 백화점이나 전문점보다 평균 40~70% 낮게 공급하고 있다. 이러한 저가판매가 가능한 것은 수익을 악화시킬 수 있는 불필요한 투자는 최소화하기 위해 생산자의 재고정리 품목이나 초과분을 취급하고, 고급스런 인테리어, 최신 스타일, 입지 편의, 신용 거래 등의 서비스는 제공하지 않고 방문객수를 늘려 회전율을 높이는 것이 중요하다. 이러한 두 가지 주요 전략을 <표 5-2>에서 비교하여 설명하였다.

최근 유통업계에서 초대형점포가 성장함에 따라 매우 낮은 마진으로 대량의 상품을 판매하는 저마진·고회전율의 마케팅전략의 활용이 증가하고 있다. 이러한 전략에서는 고객응대보다는 대량의 다양한 상품에 대한 수요 예측과 주문, 보관 등의 기술이 중요하게 다루어지고 있기에 하이테크(high tech) 소매상이라 볼 수 있다. 상대적으로 고객과의 커뮤니케이션을 강화하고 고객접점관리를 통해 회전율은 낮더라도 높은 마진을 추구하는 전문점과 같은 소매상은 하이터치(high touch) 소매상이라 볼 수 있다. 이 두 가지 전략은

〈표 5-3〉 하이테크 · 하이터치 소매상

하이테크(high tech) 소매상	하이터치(high touch) 소매상
• 저마진 고회전율 • 대형점포 • 보관기술 • 셀프서비스 • Wal-Mart	• 고마진 저회전율 • 전문점 • 철저한 관리 • 전문화 • Toys'R'us

가장 많이 활용되는 마진/회전율 전략으로 이들 전략유형으로 경쟁이 집중되는 양극화현상을 보이고 있으며, <표 5-3>은 이들의 특성을 설명하고 있다.

2) 특선전략(creaming approach)

특선전략은 회전율이 높고 판매가 보장된 제품을 선택하여 취급하는 소매전략이다. 이를테면 막대사탕과 같은 충동적인 구매를 유발하는 제품을 추가하는 전문품점은 전형적으로 전시할 만한 20여 브랜드 중에서 가장 잘 팔리는 몇 가지 품목만을 제공하는 것이 보통이다. 특선전략은 적은 위험을 부담하면서 적지만 확실한 이익을 챙기는 전술로 고객의 강력한 선호도를 유지하고 있는 제품을 통해 소매 마진을 보장해 준다. 슈퍼마켓 체인 등은 할인점의 제품믹스에 비해 특선전략을 취하고 있는 경향이 있다. 주로 잘 팔리는 인기제품, 예를 들면 카메라, 캠핑장비 등을 몇 가지씩 골라서 취급하지만 결코 그런 제품라인으로 전체를 할애하지는 않는다.

3) 스크램블드 머천다이징(scrambled merchandising) 전략

스크램블드 머천다이징 전략은 혼합적 상품화계획이라고도 하며 소매상이 매출을 증가시키기 위한 수단으로 복합구색을 추구하는 데 있어 기존의 상식을 깨고 수익성이 좋은 새로운 부문이나 품종을 취급하는 것을 일컫는 말이다. 즉, 소매상이 자기 업종 고유의 상품계열을 벗어나 이익을 남길 수 있는 갖가지 관련 상품을 효율적으로 구성하여 판매하는 방식을 말한다.

스크램블드 머천다이징은 주로 대형 소매점에서 이용하는 전략이며 다음과 같은 특징을 가진다. 첫째, 스크램블드 머천다이징은 많은 이익을 가져다 줄 것이라고 예상되는 기존의 제품라인과는 전혀 다른 새로운 품종의 제품을 취급한다. 슈퍼마켓 같은 곳에서 사람들이 거의 찾을 것 같지 않은 장비나 설비를 몇 가지 비치해 두는 것은 한번 팔리기만 하면 많은 마진을 얻을 수 있기 때문이다. 둘째, 스크램블드 머천다이징을 통해 일괄구매장소(one-stop-shopping center)의 이미지를 강조할 수 있다는 장점이 있다. 주택가의 편의점에서 가정용품 중 희귀하거나 구매빈도가 매우 적은 제품을 취급함으로써 비슷한 개념으로 인식되고 있는 소매점들 중에서 찾는 제품은 무엇이든 있는 점포라는 이미지를 고객에게 심어줄 수가 있다. 셋째, 유동인구를 많이 유발함으로써 소매점 내 쇼핑시간을 연장하게 하는 방법이 되어서 자연스럽게 매출증대로 이어지게 할 수 있다. 일본의 경우에는 서점에서 간단한 식음료와 액세서리류를 판매함으로써 지나치던 고객들이 꼭 책이 필요하지 않더라도 필요한 제품을 찾아 방문한 후 다른 전시된 서적에 관심을 돌리게 하거나 반대로 책을 고르는 중에 휴식할 수 있는 공간으로서의 역할을 보다 충실하게 할 수 있다.

이러한 특선전략과 스크램블드 머천다이징 전략은 현대의 소매기구들이 전통적인 상품라인을 다양화시키고 있음을 보여주는 예이다. 그러나 대부분의 경우 다양한 형태의 소매상들은 일반적인 머천다이징 전략을 계획하고 있다. 일반적인 머천다이징 전략을 계획하기 위해 소매상은 다음과 같은 세 가지 의사결정을 하게 된다. 첫째, 일괄구매점포의 편리성을 제공할 것인가 아니면 입지적인 위치의 편의를 제공할 것인가를 취사선택하는 문제를 의사결정해야 한다. 둘째, 거래가 가능한 거의 모든 제품라인을 실질적으로 통합하는 전략을 구사함으로써 일괄구매점포로서의 기능을 최고로 극대화시키는 전략이다. 마지막으로 도매상, 소매상, 협동조합 등의 PB(private brand) 제공 전략을 적극 활용하는 것이다.

유통실무 Focus

식품업계 휩쓴 추억 소환 콜라보 열풍

최근 패션에 이어 식품업계에서도 아련한 추억을 소환하는 레트로 콜라보레이션이 인기다. 곰표 시멘트를 입은 곰표 밀맥주는 인기에 힘입어 최근 IPO 추진까지 진행해 눈길을 끈다. 2021년 3월 하이트진로의 뉴트로 컨셉 진로 소주와 스트리트 캐주얼 차이나타운마켓이 협업을 진행, 온라인 플랫폼 무신사에서 빅히트를 쳤다.

이처럼 옛 감성을 느낌과 동시에 재미를 선사하는 레트로&이색 협업이 MZ세대 사이에서 재미와 함께 매출 상승에도 큰 역할을 하고 있다. 유니크

한 디자인은 물론 스토리텔링이 담긴 콘텐츠가 더해지면서 소비자들도 지갑을 열고 있는 것이다.

업계 관계자는 "레트로 감성을 담은 협업은 기성세대에게는 어린 시절을 회상할 수 있고, 젊은 세대들에게는 새로운 경험을 줄 수 있어 인기를 끈다. 특히 코로나19로 각박해진 여유를 찾고 싶은 소비자들의 내재되어 있는 심리가 작용했을 수도 있다"고 말했다.

자료: 시사Cast, 2021.7.20.
(http://www.sisacast.kr/news/articleView.html?idxno=33577)

Section

2 가격결정 전략

소매상이 직면하는 가장 중요한 의사결정 중 하나가 가격책정에 관한 것이며 특히 가격을 경쟁우위의 원천으로 채택하고 있는 업태(할인점)의 경우에는 더욱 중요한 의사결정 사항이 된다. 가격결정은 그 기업의 사명, 목표와 목적, 전략, 운영관리(상품계획, 촉진믹스, 건물 및 설비, 서비스 수준)와의 결합으로 형성된 상호작용적인 의사결정이다.

또한 가격은 취급하는 상품의 종류에 따라 복잡해질 수 있는데, 특히 서비스업종의 경우에는 서비스의 특성상(무형성, 소멸성, 이질성, 비분리성) 가격을 책정하는 데 있어 보다 많은 어려움에 직면하게 된다.

2.1 가격결정의 영향요인

가격책정은 소매점포의 전략수립에 요구되는 다양한 요인에 의해서 이루어진다.

1) 목표

가격전략은 또한 기업이 설정한 목표를 달성하는 데 공헌할 수 있어야 한다. 일반적으로 가격목표에는 이익지향목표, 판매지향목표, 현상유지목표 등이 있다. 이익지향목표는 목표수익 달성과 이익극대화를 추구하게 되다. 판매지향목표는 기업의 판매를 향상시키기 위한 목표로서 매출액 증대와 시장점유율 유지 또는 향상 등 두 가지로 분류할 수 있으며, 이 경우 상품가격을 상대적으로 낮게 책정하는 시장침투가격전략(market penetration)을 활용할 수 있다. 마지막으로 현상유지목표는 가격안정 및 경쟁을 회피하려는 목적으로 활용되며 다른 가격목표에 비해 방어적이며, 현재 시장에서의 지위를 유지하려는 데 그 목적이 있다.

2) 상품

가격을 결정하기 위해서는 자사가 취급하는 상품의 구매원가와 그리고 소비자들이 인식하는 상품의 가치를 규명하여야 하는데, 전자는 원가가산법, 후자는 가치중심적 가격결정방법이 활용된다.

상품 원가는 판매가격의 하한선을 결정하는 핵심적인 요소이기 때문에 반드시 고려되어야 할 가격결정 요인이다. 원가가산법(cost plus pricing)은 생산, 유통, 판매 등에 소요되는 비용을 충당하고, 일정 수준의 마진을 더하여 가격을 결정하는 방법이다. 소매상은 제품을 구입하여 점포까지 이동하는 데 지불한 금액에 마진을 추가하면 된다. 가치중심적 가격결정(value pricing)은 상품 원가보다는 고객이 지각하는 가치에 따라 가격을 설정하는 것이다. 즉, 소비자의 욕구와 가치에 대한 고객의 지각을 분석하는 것으로 시작하여, 소비자가 지각하는 가치에 부합하는 가격을 설정하게 된다. 만약 상품의 속성에서 뚜렷한 차별성이 존재한다면 소비자가 지각하는 가치는 높을 것이며, 이 경우 초기고가전략(market skimming)을 활용할 수 있다.

3) 입지

소매점포의 입지는 부가적인 가격에 중요한 역할을 하며, 핵심상권에서 영업을 하는 점포의 경우는 추가적인 비용(건물임대료, 지대 등)이 높기 때문에 비용을 상쇄하기 위해서는 상품가격에 반영되어야 하기 때문이다. 그리고 경쟁점포가 밀집해 있는 경우 가격책정의 유연성은 줄어들 것이다. 또한 점포와 고객 간의 거리도 중요한데, 멀리 떨어져 있는 고객에 도달하기 위해서는 더 많은 촉진노력이 필요하기 때문이다.

4) 촉진

소매마케팅믹스는 상호 밀접한 관련성을 가진다. 만약 소매상이 촉진활동에 대한 투자를 증가시키면 상품가격에 영향을 미치며 가격 상승요인으로 작용하게 되지만 수요를 증가시킬 수 있는 이점도 있다.

5) 결제수단의 다양성

고객이 다양한 결제수단을 사용할 경우 그렇지 않은 경우보다 보다 높은 수요를 창출할 수 있다. 예를 들어, 현금으로 결제할 경우와 신용카드로 결제하는 경우에 가격이 달라질 수 있다.

6) 고객서비스

고객에게 제공하는 서비스 수준에 따라 소매상의 가격책정은 달라질 수 있다. 만약 고객에게 다양한 서비스(배달, 선물포장, 교환, 쾌적한 쇼핑 환경, 판매지원)를 제공하는 소매상들은 높은 가격을 유지하려 할 것이다.

7) 점포이미지

가격은 소비자들의 점포이미지 형성에 영향을 미치며 바람직한 점포이미지를 형성하는 데 도움을 줄 수 있어야 한다. 예를 들어, 스타벅스는 소비자에게 긍정적인 점포이미지를 형성하기 위해 커피가격을 높게 책정하고 있다.

8) 법률적 요인

가격결정이 상대적인 결정이 아닐지라도 법적 환경의 영향을 조사한 후에야만 비로소 형성되어야 한다. 법률적 요인과 관련된 가격은 재판매가격유지와 오픈 프라이스가 있다.

일부 제조업자들은 중간상의 제품 판매가격을 통제하고자 하는데, 이를 재판매가격유지(resale price maintenance)전략이라고 하며 자사제품의 이미지를 유지하기 위함이 목적이다. 재판매가격유지전략은 가격통제와 할인을 방지함으로써 중간상의 안정적인 수익을 보장할 수 있지만, 지나친 가격의 통제는 제품가격 인상과 과다한 이익을 초래할 수 있기 때문에 소비자에게는 불합리한 가격전략이 될 수 있다.

오픈 프라이스(open price)란 유통업체가 상품의 판매가격을 스스로 결정해 표시하는 것이다. 지금까지 제품가격은 제조업체가 원가에 이윤을 붙여 제시하는 권장소비자가격에 맞춰 결정되었다. 제조업체가 유통업체와 소비자 간 거래에 참고할 수 있는 기준을 제시한다는 명분에 따른 것이다. 그러나 이는 제조업체가 권장소비자가격을 높게 표시한 뒤 대폭 할인해 주는 것처럼 소비자를 현혹시키는 결과를 초래하였다. 또한 권장소비자가격은 경쟁을 통한 유통업체의 판매가격 인하를 막는 걸림돌로 작용했다. 이러한 문제를 해결하기 위해 도입된 가격책정방법이 오픈 프라이스제도이다.

유통업체가 상품가격을 자율적으로 결정하기 때문에 가격을 낮추는 경쟁이 치열해져 유통업체마다 가격 차이가 나타나게 된다. 결과적으로 소비자는 가격에 대한 선택의 폭이 늘어나게 되고 합리적인 소비를 영위할 수 있다.

그러나 유통업체별로 다양한 가격이 제시되면 정보탐색에 소요되는 소비자의 노력이 증가하게 되며, 제품가격에 대한 기준이 모호하기 때문에 오히려 소비자의 혼란을 가중시킬 수 있다. 또한 유통업체 간의 지나친 경쟁으로 인해 대형업체 위주의 시장구도가 형성될 수 있기 때문에 상대적으로 열악한 중소업체는 경쟁력을 상실할 위험이 증가하게 된다.

9) 경쟁

경쟁 또한 가격을 결정하는 데 중요한 영향요인으로 작용한다. 신제품의 차별적 우위는 시장에 경쟁자가 진입하게 되면 점점 더 감소하게 된다. 시장 진입장벽이 낮거나 기대이익이 크다고 판단될 경우 잠재적인 경쟁기업의 위협은 증가하게 된다. 즉, 판매자의 가격은 경쟁자의 가격에 맞게 설정되거나 높게 아니면 낮게 설정된다. 경쟁에 따른 가격결정은 <표 5-4>와 같다.

대능가격전략은 비교적 실행하기가 용이하다. 다수의 공급사가 존재하는 시장에서 소매상은 일반적으로 통용되는 가격이 얼마인지를 확인하고 자사

〈표 5-4〉 경쟁상황에 따른 가격결정

유 형	내 용
대등가격전략	• 통용되는 시장가격수준에서 자사의 판매가격결정 • 적용: 제품의 차별성이 없는 완전경쟁시장 • 표준화된 제품을 생산하는 중소기업, 대부분의 농산물
상대적 저가전략	• 저가격/저서비스를 추구하는 할인점과 같은 소매업태 • 제품의 차별성이 뚜렷하지 않다는 인식 • 치열한 가격경쟁 유발
상대적 고가전략	• 시장형성가격보다 높게 책정 • 제품의 우수성, 기업의 명성이 존재할 때 활용 가능

의 관습적인 이폭률을 고려한 후 판매가격을 결정하게 된다. 시장에 기초한 가격전략에서 사용할 수 있는 또 다른 방법은 상대적 저가전략으로서, 주요 경쟁자에 비해 가격을 낮게 설정하는 것이다. 이러한 방법은 저가격·저서비스를 추가하는 할인점 등과 같은 소매업태에서 흔히 볼 수 있다. 마지막으로 상대적 고가전략은 시장에서 형성된 가격보다 오히려 높은 가격으로 진입하는 것이다. 이 전략은 제품이 우수하거나 판매업체가 그 분야에 상당한 명성을 갖고 있을 때에 가능한 방법이다.

유통실무 FOCUS

"쿠팡보다 비싸면 차액 환급"… 이마트의 '가격전쟁' 선포

이마트는 8일 이마트 애플리케이션(앱)을 개편해 '최저가격 보상 적립제'를 시작한다고 밝혔다. 이마트와 최저가격 비교대상 업체는 쿠팡, 롯데마트몰, 홈플러스몰이다. 구매 당일 오전 9~12시 이마트 가격과 타사 3곳 판매가격을 비교해 고객이 구매한 상품 중 이마트보다 저렴한 상품이 있으면 차액을 'e머니'로 적립해 준다. e머니는 이마트 오프라인 매장과 앱에서 현금처럼 쓸 수 있는 포인트다.

예를 들어, 이마트에서 1,500원에 구입한 과자가 쿠팡에서 1,000원, 롯데마트몰에서 1,100원, 홈플러스몰에서 1,200원이라면 가장 낮은 가격인 1,000원과의 차액 500원을 돌려준다. 고객은 앱 왼쪽 아래 '영수증' 메뉴에서 '가격보상 신청'을 누르면 포인트가 자동 적립된다.

모든 상품이 대상인 건 아니다. 가공·생활용품

매출 상위 상품 500개가 비교대상이다. 신라면, CJ햇반, 서울우유, 코카콜라, 삼다수 등 각 상품군별 1위 상품을 비롯해 빙그레 바나나맛 우유, 칠성사이다, 새우깡, 케라시스 샴푸, 리스테린, 크리넥스 두루마리 휴지 등도 포함된다.

최근 성공적인 상장으로 막대한 자금을 유치한 쿠팡은 물류센터 추가 건립으로 배송 속도를 올리고 1개만 주문해도 익일 무료배송 등 공격적인 마케팅 행보를 이어가고 있다. 카카오, 네이버도 e커머스 사업을 본격적으로 확장하고 있다. 이마트와 롯데, 홈플러스는 매물로 나온 이베이코리아 인수전에 참여하며 생존을 건 고객 확대 경쟁이 치열하게 진행 중이다.

이마트는 마진을 일부 포기해서라도 채널 입지 강화에 나선 것으로 보인다. 이마트의 관계자는 "오프라인 이마트는 리뉴얼, 그로서리(신선식품) 차별화 등으로 경쟁력을 강화해 왔다"며 "매장 체험 요소 강화와 더불어 가격경쟁력까지 강화하는 계기가 될 것"이라고 밝혔다.

자료: 한국일보, 2021.4.8.
(https://n.news.naver.com/article/469/0000595445?ntype=RANKING)

2.2 특수한 형태의 가격전략

가격책정은 표적고객의 특성과 기업의 목표에 따라 탄력적으로 운영되어야 한다. 특정 시장에서는 상품 제공, 예비서비스, 편리한 입지, 확대된 영업시간 등 다양한 비가격 요인을 통한 차별화로 높은 가격을 유지할 수도 있으며, 할인점이나 회원제 창고형 도매클럽 등과 같이 저가격으로 소비자를 만족시킬 수도 있다. 또한 재고의 조절이나 일시적인 판매증대를 위해 다양한 형태의 특수한 가격전략을 채택할 수 있다.

1) 관습가격

관습가격(customary price)은 소매상이 제품과 서비스의 가격을 정하고 이러한 가격을 일정기간 이상 지속적으로 유지하기를 원할 때 발생한다. 이는 신문, 영화, 자동판매기 등의 가격책정 방법이다.

2) 변동가격

수요와 공급의 불균형으로 인해 발생하는 가격전략으로, 예를 들어 꽃은 졸업시즌이나 어버이날 등에 수요가 증가하여 가격이 상승하게 된다.

3) 탄력가격

동일 제품과 양을 다른 소비자에게 다른 가격으로 제공하는 것을 의미하는 것으로 소매상들은 소비자와 개별적인 접촉을 통해 판매가 이루어질 경우 고객과의 협상에 따라 탄력적으로 가격을 설정할 수 있는데, 예를 들어 자동차 딜러나 보석상의 경우 협상력에 따라 차별적인 가격을 적용한다.

4) 단일가격 정책

모든 고객에게 동일한 가격을 부과하는 것이다. 단일 가격결정 정책은 거래의 효율성을 향상시키며 판매원의 능력이나 자질에 대한 필요성을 감소시킨다.

5) 가격층

소매상들은 가격결정 절차를 단순화하고 소비자들이 상품비교를 할 수 있도록 돕기 위해서 상품 분류를 위한 가격대를 형성시키고 있다. 예를 들어, 남성정장의 경우 25만 원, 35만 원, 45만 원 등으로 가격대를 한정시키는 경우이다. 가격대가 형성되면 고객은 쇼핑이 보다 편리해질 수 있다는 장점이 있다.

6) 단수가격

99,000원이나 199,000원과 같이 아라비아 숫자 5, 8, 9로 끝나는 소매가격 설정 활동을 의미하며 소비자는 이러한 단수가격을 실제 가격보다 낮다고 인식하게 된다. 단수가격(odd price)은 실제 가격보다 낮은 가격으로 소비자들이 인식되기 때문에 시장가격보다 낮은 가격전략을 구사하거나 시장가격대로

판매하는 소매상의 의해 자주 사용된다.

7) 복합단위가격

소비자들이 복합단위로 판매되는 상품을 구매하는 경우에는 각각 개별 단위로 구매하는 경우보다 저렴한 가격으로 구매할 수 있다. 예를 들어, 식료품을 취급하는 소매상들은 담배, 전구, 사탕, 음료의 판매에 광범위하게 복합단위 가격결정을 사용하며 의류를 판매하는 소매상 또한 속옷, 양말, 셔츠의 복합단위를 판매한다.

8) 묶음가격

교차판매(cross selling)를 위한 가격전략이며 관련있는 상품을 패키지 형태로 판매하는 가격전략으로, 예를 들어 여행사는 휴가 패키지를 위해서 항공요금, 호텔, 식사 등을 패키지화함으로써 묶음판매를 사용한다.

9) 유인가격

유인가격전략은 보통 점포의 판매를 증가시키기 위한 촉진전략의 일환으로 사용되며, 특정 상품(loss leader)의 가격을 저렴하게 책정함으로써 소비자들을 점포로 유인하여 다른 제품의 매출을 증가시키는 가격전략이다.

10) 유통업자상표 가격전략

소매상들은 높은 가격을 유지하고 있는 유명 상표의 제조업자 상표에 비해 비교적 저렴한 가격으로 유사한 품질의 상품을 소비자에게 공급하기 위해 자체 상표를 개발하여 판매하기도 하는데, 이 경우 소매상들은 보다 많은 가격결정 자율권을 가지며 수익도 증가시킬 수 있다.

2.3 가격인상과 인하

1) 가격인상

가격인상은 제품원가의 상승, 상품의 취급과 재고유지에 소요되는 비용, 상품을 취급하는 경쟁업체의 수, 계절적 수요변동의 폭, 상품의 수요탄력성 등의 요인에 의해 가격인상률을 결정하여야 한다. 제품이 소수의 점포만이 취급하거나 제품의 취급비용과 재고비용이 높을수록, 제품의 계절성 때문에 가격인하의 위험이 크고 수요의 탄력성이 높을수록 인상률도 커지게 된다.

2) 가격인하

판매를 증가시키기 위해 상품가격을 할인하는 가격할인과 그 외 다른 요인으로 인한 할인은 제품의 가격을 요구수준보다 낮은 가격으로 판매하는 것인데 가격할인은 다음과 같은 요인이 영향을 주게 된다.

(1) 구매 실패

구매 시 실수는 가격결정 문제의 공급측면에서 일어난다. 그러한 실수는 소매상이 잘못된 상품을 구매하거나 너무 많은 양의 상품을 구매한 결과이다.

(2) 가격결정 실패

제품의 가격을 너무 높게 책정해서 적정한 시기에 적절한 판매량을 달성할 수 없는 경우에 가격할인을 고려할 수 있다.

(3) 상품화 실패

점포의 이미지와의 관련과 점포 표적시장 니즈의 만족에 관련한 실패이다. 또한 상품화 실패는 판매조직이나 상품의 비효율적인 시각적 표현에 의한 상품의 부적당한 취급에 의해서도 발생한다.

(4) 촉진 실패

적절한 제품이 적절한 양으로 구매되어서 정확하게 가격이 매겨졌을 때 상품은 계획한 대로 움직이는데 실패하는 경우가 자주 있다. 이러한 상황에서 보통 촉진 실패가 일어난다. 촉진 실패는 소비자가 구매와 관련한 적절한 정보를 전달받지 못할 때 발생한다. 일반적으로 광고, 판매촉진 활동, 점포 내 전시 등이 빈약하거나 빈번하지 못하여 잠재구매자에게 강력한 어필을 하지 못한 경우이다.

Section

3 촉진믹스

소매상은 표적고객에게 소매상이 제공하는 상품 및 서비스를 인지시키는 것뿐 아니라 긍정적인 기업이미지나 점포이미지를 형성시키는 데 있어 중요한 수단이 되고 있다. 물론 소매상은 소매믹스를 구성하고 있는 다른 요소와 조정되어야 한다.

3.1 촉진목표의 설정

촉진목표는 기업의 전체적인 목표에서 도출되어야 한다. 촉진목표는 장기목표와 단기목표로 구분될 수 있다. 장기목표 설정 시에는 첫째, 소매상이 그의 경쟁자와 차별적으로 제공하고자 하는 긍정적인 이미지를 소비자의 마음속에 구축하거나 강화하는가에 대해 고려할 수 있으며, 둘째로는 소비자가 소매상을 그 지역사회에서 좋은 시민으로 인식하게 하는 것을 지향하는 것이다. 예를 들어, 자선단체에 기부, 지역 운동선수와 유명학자의 추모를 위한 후원 등이다.

단기목표 설정 시에는 기존고객과의 관계 강화 및 신규고객 창출에 대해 고려해야 한다. 기존고객과의 관계를 강화함으로써 지속적인 매출을 유지하고 장기적으로 충성도 높은 고객을 확보해야 하며, 점포매출의 상당부분을 차지하는 1차상권 지역에 새로운 고객을 확보하고 나아가 지리적 범위의 확대를 위한 다양한 촉진믹스를 이용하여 2차상권의 신규고객을 유인해야 한다. 촉진믹스에는 광고(advertising), 판매촉진(sales promotion), PR 및 홍보(publicity), 인적판매(personal selling) 등이 있다.

3.2 광고전략

1) 광고전략 수립 단계

소매점포에서 광고전략을 수립하는 단계는 [그림 5-5]와 같으며 각 단계별 구체적인 내용은 다음과 같다.

첫째, 광고목표 설정단계이다. 광고목표는 촉진목표에 기인하여야 하며 더 나아가 기업의 전체적인 목표와도 부합하여야 한다. 소매상에서 활용되고 있는 광고목표를 요약하면 <표 5-5>와 같다.

[그림 5-5] 소매점포의 광고전략 수립과정

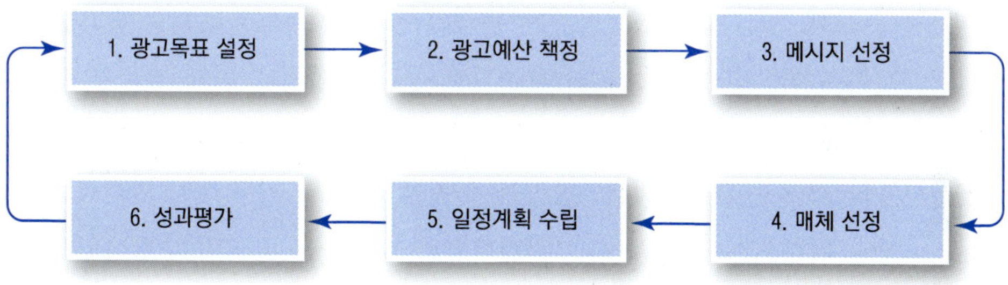

〈표 5-5〉 광고목표 예시

광고목표	내 용
가격우위	거래지역에 있는 소비자들에게 가장 낮은 가격의 점포로 인식시킨다.
점포인지도 향상	거래지역에 있는 새로운 고객들에게 점포의 존재를 확인시킨다.
상품의 다양성과 충분한 재고보유	충분한 상품과 재고를 보유하고 있다는 사실을 인식시킨다.
수요 조절	판매가 저조한 시기에 거래를 증가시킨다.
재고정리	판매시즌의 끝에 묵은 상품을 이전시킨다.
점포이미지 향상	자사 점포의 이미지 또는 명성을 강화시킨다.
점포의 재포지셔닝	고객의 마음속에 점포의 이미지를 재포지셔닝한다.
신규고객 창출	새로운 고객을 유인한다.
기존고객 유지	기존고객을 유지한다.
휴먼고객 유인	이전에 고객이었지만 현재 구매하지 않는 고객을 유인한다.
필요 → 욕구	고객이 제품에 대한 필요가 발생할 때 자사를 먼저 떠올리도록 한다.

〈표 5-6〉 광고예산 책정방법

예산책정 방법	내 용	장 · 단점
가용예산기준법	기업의 총 예산에서 광고비로 할당된 금액만큼 사용	광고가 판매 또는 수익을 자극하는 것이 아니라 판매와 수익에 의해 지원
매출액기준법	산업의 자료나 과거 매출액에 비례하여 광고예산을 할당	통제 가능 인과관계의 오류(광고는 매출액 증가를 위한 목적으로 활용되는 경우가 많음) 부서간의 격차가 심해짐
과업 또는 목적 관련 기준법	광고목표나 과업을 달성할 수 있을 정도의 금액을 광고예산으로 책정	광고예산의 효과성을 증가시킬 수 있지만 효율성은 떨어질 수 있음
경쟁사기준법	경쟁기업의 광고예산에 비례하여 자사의 광고예산을 책정	자사의 능력보다 과중한 예산 책정이 될 수 있음

둘째, 광고예산을 책정하는 문제는 소매상이 독자적으로 광고를 수행할 것인지 아니면 다른 소매상/제조업자 등과의 협력을 통해 광고를 수행할 것인지에 따라 달라질 수 있다. 그리고 어떤 경우는 유통경로구성원인 제조업자와 소매상이 공동캠페인전략을 사용할 수 있다. 수직적인 협력광고는 소매상과 다른 경로구성원이 광고의 부담을 공유하는 것이며 수평적인 협력광고는 둘 또는 그 이상의 소매상이 협력하여 광고의 비용을 공유하는 것이다. 광고예산 책정방법을 요약하면 <표 5-6>과 같다.

광고캠페인을 개발하는 데 있어서 세 번째 단계는 소매상이 목적에 도달할 수 있는 크리에이티브 메시지를 설계하는 것이다. 소매광고에서 크리에이티브는 소비자들의 주의를 끌 수 있어야 하며 광고전략의 목적을 달성하여야 한다.

그리고 중요한 사실은 법률적인 제약요건을 면밀히 검토하여 오류를 감소시켜야 한다. 소매상이 사용할 수 있는 크리에이티브를 살펴보면 <표 5-7>과 같다.

네 번째 단계는 매체선정(media selection)으로, 광고 크리에이티브가 확정되었다면 어떠한 매체를 통해 전달해야 할 것인가를 결정하여야 한다. 4대 매체(신문 · 잡지 · TV · 라디오)와 기타 매체별로 설명하면 <표 5-8>과 같다.

〈표 5-7〉 소매상의 크리에이티브

구 분	광고 실행의 예
생활의 단면	• 식탁에서나 자동차에서와 같은 일상생활의 모습을 묘사한다. • 광고모델로 무명인(보통사람)도 자주 이용한다. • 소매상의 제품을 이용하는 소비자의 생활단면을 연출한다.
라이프스타일	• 소매상의 제품이 소비자의 라이프스타일과 부합하는가를 보여준다. (예: 주5일 근무로 전원주택 선호경향 증가와 관련 광고)
대변인/증언	• 유명인, 기업 임원, 전형적인 소비자가 제품을 증언하거나 보증하는 모습을 보여준다.
환상	• 소매상의 제품 소비자에게 환상을 창조한다. (예: 연인과 함께 스포츠카를 몰고 해변을 달리는 모습의 광고)
유머	• 유머는 주의환기와 관심을 불러일으키기 위해 대체로 고관여제품보다는 저관여제품에서 자주 사용된다. 소매상의 제품의 사용과 관련된 유머를 창출한다.
실제/애니메이션 상의 제품상징	• 광고에서 제품을 나타내는 하나의 캐릭터를 창출한다. (예: 문화상품으로서의 캐릭터 상품(아바타))
분위기나 이미지	• 평화, 사랑, 아름다움 같이 제품의 분위기나 이미지를 만든다. (예: 예물용 고급 보석광고)
실연	• 기대편익을 소비자에게 보여준다. 많은 소비재가 이 기법을 사용한다. (예: 세제 없이 세탁이 어떻게 이루어지는지를 보여주는 새로운 세탁기 광고)
음악	• 노래를 통해서 광고 메시지를 전달한다. 노래는 직접 혹은 배경음악으로 사용될 수 있다. (예: CM song)
과학적 증거	• 경쟁자보다 제품의 우수성을 가진다는 연구나 과학적 증거를 사용한다. 이것은 정보제공적인 비교광고나 전문가의 증언기법을 종종 사용한다. (예: 자동차의 성능 및 특징 비교광고)

매체선정에 있어서는 매체의 도달범위, 빈도 등을 결정할 필요가 있다. 그런데 도달범위는 광고메시지에 접한 목표고객의 실제 총수를 말하는 것이다. 다른 이용가능한 용어는 누적 도달범위로서 이는 한 기간 동안 달성한 도달범위를 말하는 것이다. 노출빈도는 주어진 시간동안 광고에 노출된 횟수를 말하는 것이다. 천 명당 비용 계산법(CPM: cost per mile)은 매체에 있어 광고의 비용을 도달범위 또는 누적 도달범위로 나누는 것이다.

매체선정 후 광고일정에 대한 계획을 세우게 된다. 광고는 소비자의 실질적인 구매시점 직전에 하는 것이 효과적이며, 소매상이 광고자금에 제약을

〈표 5-8〉 매체별 특징

구 분	장 점	단 점
신문	신축성, 적시성, 범위 한정이 용이함, 광범위한 수용성, 높은 신뢰성, 짧은 리드타임, 비교적 기술적 수준이 낮아 영세한 소매상에 적합	짧은 수명, 재현도 낮음, 독자 수 적음
잡지	지리적·인구통계적 선별성, 신뢰성 확보 가능, 장기적 광고 수명	광고게재에 소요되는 시간 김, 일부 부수의 효과 상실
라디오	대량이용, 지리적/인구통계적 선별성, 저비용	청각에만 의존 주의력 낮음, 순간적 노출
TV	역동성, 감각적 소구, 주의도 높음, 노출·도달범위 넓음	고비용, 과다 광고로 인한 광고 혼잡, 단기적 노출, 청중의 무작위성
옥외매체	신축성, 반복 노출도 높음, 저비용, 낮은 경쟁 강도	청중을 선별하지 못함
인터넷	높은 선별성, 상호작용성, 상대적 저비용	노출이 제한됨
직접우편	명확한 표적고객 대상, 소매상에 피드백 정보 제공	광고의 효과성이 낮음

가지고 있다면 수요가 가장 높은 시점에만 집중하는 것이 바람직하다.

광고전략의 마지막 다섯 번째 단계에서는 광고의 성과평가가 이루어지게 된다. 광고가 원하는 결과(광고의 목적을 달성하는 데 도움이 되는 것)를 얼마만큼 달성하였는가 하는 광고 효과성(effectiveness)과 광고의 결과가 최소의 노력(예: 광고비용)으로 달성되었는가에 관련된 광고 효율성(efficiency)을 측정하게 된다.

3.3 판매촉진

판매촉진은 광고에 비해 상대적으로 단기적인 수요를 촉진하는 데 주된 목적이 있다. 그리고 소매상이 경쟁자들로부터 차별화하는 데 상당한 도움이 될 수 있다. 그러나 판매촉진의 비용은 흔히 소매상이 촉진적 활동으로 취급하지 않는 점포 내 경비를 상승시키는 결과를 초래할 수도 있다. 판매촉진에는 다음과 같은 유형이 있다.

1) 프리미엄

촉진된 상품을 구매할 때 고객에게 여분의 상품을 더 제공하는 것을 말하는 것으로, 기존 소비자의 소비를 증가시킴과 동시에 촉진 제품을 시용하도록 함으로써 비사용자를 설득하는 것이다.

2) 컨테스트와 경품

소비자가 어느 정도의 노력이 포함되어야 하는 것으로 소매상의 제품에 대한 흥미를 유발하고 반복된 구매 및 상표 전환을 고무하기 위해 고안된 것이다.

3) 상용고객 우대제도

고객과의 결속력을 강화하기 위해 소매상들이 그들의 데이터베이스 시스템을 이용하여 구매빈도나 구매액이 많은 고객들을 우대해주는 제도이다.

4) 쿠폰

소비자에게 특정 상품의 구매가격을 할인해준다는 증서로서, 최근 가장 널리 활용되고 있는 판매촉진 기법의 하나이다. 사용이 증가함에 따라 그 사용방법과 형태가 다양한 쿠폰이 등장하고 있다.

5) 점포 내 전시

거래를 생성시키고 개개 품목을 돋보이게 하며 구매충동을 자극하기에 촉진적인 진열이라고 볼 수 있다. 점포 내 전시(POP: point-of-purchase)는 소매상의 점포에서 특정 제조업자의 제품이 더욱 고객들에게 주목받게 할 수 있다는 것을 의미한다. 결과적으로 제조업자는 이러한 진열을 위한 공간을 확보하기 위해 소매상에게 대가를 지불한다.

6) 시연과 샘플제공

소비자의 제품 구매에 지각된 위험을 감소시키려고 의도하는 점포 내에서 제공되는 것이다. 사용의 편리성, 제품 우수성 등에 대한 시연은 일반적으로 제조업자에 의해서 비용이 부담되고 서비스를 제공하는 소매상의 비용보다 더 높은 것이 사실이다.

3.4 PR 및 홍보

PR(public relations)은 기업과 관련된 모든 집단과의 관계를 우회적으로 구축하기 위한 모든 노력을 포함한다. PR의 대상은 기업과 관련된 공중으로, 직접적인 소비자 외에도 잠재적 소비자 주주, 채권단, 지역주민, 언론, 정부, 시민단체 등 기업환경을 구성하는 모든 집단을 포함한다. PR은 효과의 측정이 어렵고 결과가 장기에 걸쳐 나타난다는 단점이 있지만, 광고보다 저렴하고 비상업적인 메시지 제공으로 거부감이 적다. 그러므로 해당 기업이나 제품에 대한 우호적 이미지가 마케팅 커뮤니케이션의 궁극적 목표라는 점에서 PR은 현대 기업에서 매우 중요한 촉진수단의 하나이다.

홍보는 매체를 통하여 기업에 대한 정보를 제공하는 무료의 커뮤니케이션이다. 홍보는 일반대중에게 객관적이고 신뢰성을 심어줄 수 있다는 것이 장점이지만, 반면 기업에 의해 통제되기가 어렵고 적절한 시기를 조절하기도 불가능하다는 단점이 있다.

3.5 인적판매

인적판매는 기업과 고객의 의사소통에서 중요한 전략적 역할을 한다. 보험회사의 경우를 보면 매체광고를 이용하기도 하지만 대부분의 판매를 인적판매에 의존하고 있다. 소비자들에게 선택가능한 대안을 설명하는 가장 적절한 상품을 권하는 것이 판매원의 과업이다. 인적판매는 다른 촉진 요소에 비해 비용이 과다하게 소요된다는 단점이 있지만 소비자가 제품이나 서비스에

[그림 5-6] 판매원의 판매단계

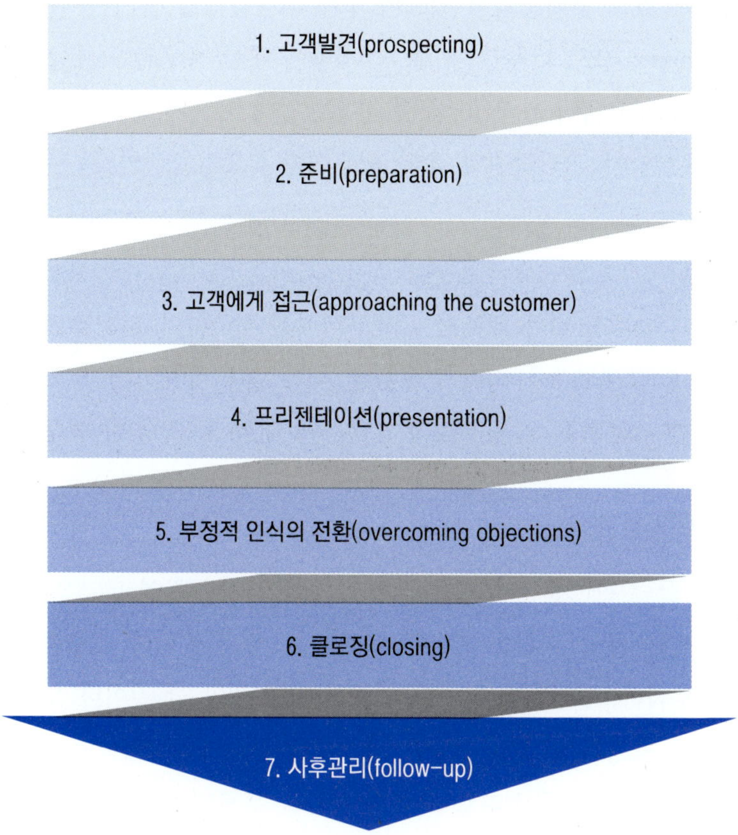

대한 추가적인 정보를 제공할 수 있으며, 또한 고객의 요구사항에 따라 메시지를 변경하기가 쉬워 효과적인 대응을 할 수 있다.

판매원의 판매단계는 보통 [그림 5-6]처럼 7단계로 구성된다. 이들 단계는 고객발견(prospecting), 준비(preparation), 고객에게 접근(approaching the customer), 프리젠테이션(presentation), 부정적 인식의 전환(overcoming objections), 클로징(closing), 사후관리(follow-up)로 이루어진다.

1) 고객발견

판매원의 판매는 고객발견으로부터 시작한다. 잠재고객을 발견함으로써 제품 판매를 위한 과정을 수행하게 된다. 잠재고객의 유형은 크게 세 가지로,

향후 고객이 될 소비자(lead), 이미 제품에 관심을 가진 고객(prospect), 제품에 대한 욕구가 있고 구매능력이 있으며 구매 의사결정을 할 권한도 있는 고객(qualified prospect)으로 나눈다. 이들 중 제품에 대한 욕구와 구매능력, 권한을 모두 가진 잠재고객이 가장 가치 있는 집단인데 고객의 폭을 좁혀서 이들을 선별해 내는 일이 고객발견의 주된 업무이다.

2) 준비

판매원이 준비를 하는 과정은 잠재고객에게 접근하여 질문할 것을 수집하는 과정이다. 잠재고객을 만나서 상담을 하기 전에 잠재고객의 욕구, 잠재고객의 불만이나 문제점, 잠재고객의 경쟁자에 대한 정보 등을 수집해야 한다.

3) 고객에게 접근

준비가 끝난 판매원은 욕구 고객에게 최초로 접근하여 고객의 욕구를 이해하고 주의를 끌고 관심을 자극하게 된다. 고객의 필요와 욕구를 치밀하고 상세하게 분석하여 고객의 관심을 끌 수 있도록 해야 할 것이다. 먼저 질문을 하면서 편한 표정과 미소로 친밀한 관계를 만들려 노력하는 것이 중요하다. 전화를 걸 때는 밝은 목소리로 고객의 이름을 부르며 고객의 개인적인 문제에 대해 관심을 표시하는 것도 잊지 말아야 할 것이다.

4) 프리젠테이션

잠재고객의 관심을 유도하기 위해 프리젠테이션에서는 자극을 줄 수 있는 메시지를 제공해야 한다. 고객에게 제품의 특별한 속성을 강조한다거나 또는 점포에서 제공할 수 있는 서비스에 대한 설명 등을 하는 과정이다.

프리젠테이션의 유형으로는 자극-반응형(stimulus-response format), 공식적 판매형(formula selling format), 그리고 필요-만족(need-satisfaction format) 등이 있다. 이를 그림으로 표시하면 [그림 5-7]과 같다.

첫째는 자극-반응형이다. 자극-반응형 프리젠테이션은 판매원이 적당한 자극을 제공하면 고객이 제품을 구매할 것이라는 입장이다. 대표적인 예

[그림 5-7] 판매 프리젠테이션의 유형

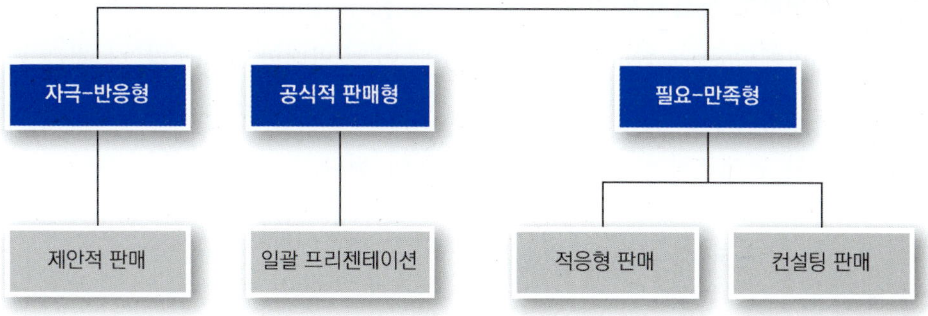

로는 카탈로그를 제작하여 구매를 유도하거나 식당의 메뉴를 제시하여 주문을 유도하는 제안적 판매(suggestive selling)를 하게 된다.

둘째, 공식적 판매형의 프리젠테이션은 보다 정형화된 방식으로 고객에게 제품 관련 정보를 체계적으로 엮어서 전달하려는 방식이다. 판매원이 중요한 제품정보를 빠뜨리지 않게 되고 프리젠테이션 순간에 보충설명을 할 수 있다. 일괄 프리젠테이션(canned presentation)은 주로 전화 판매원이 암기한 표준화된 판매 메시지를 들려주는 방식을 예로 들 수 있다. 텔레마케팅이 이러한 방식을 이용함으로써 보다 충실한 메시지를 구상하여 꼼꼼히 모든 정보를 전달할 수 있게 된다.

셋째, 필요-만족형 프리젠테이션은 고객의 필요와 욕구를 파악하기 위해 질문을 하고 대답을 듣는 방식으로, 가장 깊이 있는 프리젠테이션 방식이다. 적응형 판매(adaptive selling)는 여러 가지 질문에 대한 다양한 대답도 준비하여 고객의 예상 밖의 질문에도 전문가다운 답변을 하는 방식이다. 컨설팅형 판매(consultative selling)는 고객이 미처 모르는 제품의 장단점과 문제해결 방식을 판매원이 숙지하여야 하며 그러기 위해서는 보다 많은 판매원의 훈련이 요구된다.

프리젠테이션을 실시하는 형식으로는 크게 면대면(face-to-face) 방식이나 전화를 통한 판매방식의 두 가지가 있다. 면대면 방식에서는 판매원의 외모가 고객에게 중요한 첫인상을 심어 줄 것이다. 판매원은 설명을 위한 충분한 자료를 준비하고 고객의 필요와 욕구에 자신의 제품이 가장 적합하다는 것을 분명하고 독특하게 강조할 줄 알아야 한다. 전화를 통한 판매방식은 흔히 텔레마케팅(telemarketing)이라 불리는데, 이는 면대면 방식보다 더 적은 비용으로 더 많은 잠재고객을 만날 수가 있다. 그래서 판매원 판매를 할 자금이 부족한 판매조직에게는 매력적인 방법이 된다.

5) 부정적 인식의 전환

잠재고객이 제품의 외관이나 가격에 대해 불만족하거나 지금 당장은 그 제품이 필요하지 않은 경우 구매를 망설이거나 꺼리게 된다. 이런 경우 판매원은 고객에게 구매를 적극적으로 설득해야 하다. 유능한 판매원이라면 고객의 의사표시를 수용하고 이러한 망설임의 진정한 의미를 간파하여 궁극적으로는 자신의 고객으로 만들어내는 지혜를 발휘할 것이다.

만약 잠재고객이 판매원의 제품이 경쟁자 제품에 비해 열악하다고 평가한다면 판매원은 자신의 제품이 더욱 적합함을 설명하고 설득해야 한다. 자신의 제품의 약점이 있음에도 불구하고 경쟁제품에 대비한 강점이 이를 상쇄시키고도 남는다는 점을 강조해야 한다.

6) 클로징

판매과정에서 제품구매가 성사되는 완성 과정인 클로징(closing)은 판매원이 주도해야 한다. 최종제품구매를 권하는 클로징이 판매원의 몫인데도 이것을 주저한 나머지 주문 획득을 하지 못하는 판매원이 의외로 많다. “자 이제 이 제품으로 하시겠습니까?”라고 요구하지 않고서 고객이 구매를 결정할 때까지 망설이며 기다리기만 하는 것은 어리석다.

대표적인 클로징을 세 가지 유형으로 나눌 수 있다. 첫째는 판매원이 냉장고의 모델이나 자동차의 색상 등의 제품의 특별한 속성을 강조하면서 고객에게 구매결정을 유도하는 방식(trial closing)이다. 둘째, 구매를 망설이는 고객에게 외상구매나 배달 혜택 등을 강조하면서 구매의사결정을 하도록 유도하는 방식(assumptive closing)이 있다. 셋째는 판매원이 이자율이 증가하고 있는 현

유통실무 Focus

촉진에 있어서의 기본지침

- 점포이미지와 일치하고 점포이미지를 향상시킬 수 있는 촉진전략을 수립하라.
- 촉진전략의 성과에 대한 지속적인 평가를 통해 향후 바람직한 촉진전략을 수립하라.
- 보편적으로 사용되는 촉진을 활용하되 새로운 촉진 유형을 개발하라.
- 목표시장에 맞는 흥미롭고 현실적인 소구방식을 이용하라.
- 측정가능한 촉진목표를 설정하라.
- 달성가능한 목표를 수립하라.
- 다양한 촉진유형을 통합한 통합적 커뮤니케이션 전략을 개발하라.
- 새로운 점포는 기존 점포보다 더 많은 촉진예산을 책정하라.
- 외곽지역에 위치한 점포는 중심상권의 점포보다 더 높은 촉진예산을 책정하라.

실을 설명하거나 요금이 곧 인상할 것이라는 정보를 귀띔해 주거나 재고가 곧 바닥이 날지도 모른다는 사실을 알려줌으로써 즉시 의사결정할 필요가 있음을 알려주는 방식(urgency closing)이다. 판매원은 자기가 취급하는 제품이나 서비스뿐만 아니라 시장 여건에 맞게 이들 여러 유형의 클로징 중 하나를 이용하게 된다.

7) 사후관리

클로징으로 판매를 완성한 것이 판매의 끝이 아니다. 유능한 판매원은 사후관리를 통해서 제품이나 서비스를 구매한 고객의 만족을 극대화시킬 뿐 아니라 반복구매를 유도할 수도 있다. 가장 흔한 전화를 통한 사후관리로 주문된 제품의 안전한 배달, 제품의 정상적 기능 작동, 제품이 실내공간에 적절히 잘 배치되는지 여부 등을 확인할 수 있다. 또한 사후관리 과정에서 판매원은 고객이 불만족을 느끼기 전에 문제를 발견하고 해결하는 방법을 습득하는 기회를 찾아야 한다.

Section

4 상권분석

4.1 상권의 구조

소매상들이 지리적 정보와 관련된 지리적 정보시스템 소프트웨어를 활용하여 상권을 분석하는 시대가 되었다. 지리적 정보시스템(GIS: geographic information system)이란 인구의 지리적 특성, 고객구매, 현재 및 미래의 경쟁자와 관련된 정보 등을 체계적으로 제공해 주는 정보원천이다. 그러므로 이러한 GIS 소프트웨어는 화상으로 원하는 지역이나 점포의 상권을 그림으로 도식해 줄 수 있게 되었다.

상권(trading area)이란 특정 점포 혹은 점포들의 집단이 고객을 수용할 수 있는 지역의 한계 범위를 지칭하는 말이다. 상권의 이름을 세 가지 범주로 나누어 부르는데 가장 큰 범주의 고객 수용력을 가진 것부터 지역상권, 지구상권, 그리고 개별점포상권으로 나타낸다.

지역상권(general trading area)은 서울상권, 부산상권, 대전상권 등과 같이 부를 수 있는 개념이다. 행정구역과 비슷한 경계를 지니고 있고 하나의 지역 안의 모든 상업적인 유통업자들의 고객 유인 범주를 나타낸다고 할 수 있다.

지구상권(district trading area)은 지역상권 내의 구역별로 형성되는 여러 개의 상권을 나타낸다. 유통점포의 입지 여부와 구매고객의 인접성 등에 따라 지구상권의 모양과 크기가 결정된다. 특정 지구 안에 대형 유통점포가 많은 경우에는 그 지구상권의 크기가 크게 형성될 것이다. 서울상권을 을지로상권, 영등포상권 등의 지구상권으로 나눌 수 있다.

개별점포상권(individual trading area)은 각 점포가 형성하게 되는 고객의 유

[그림 5-8] 상권의 구분

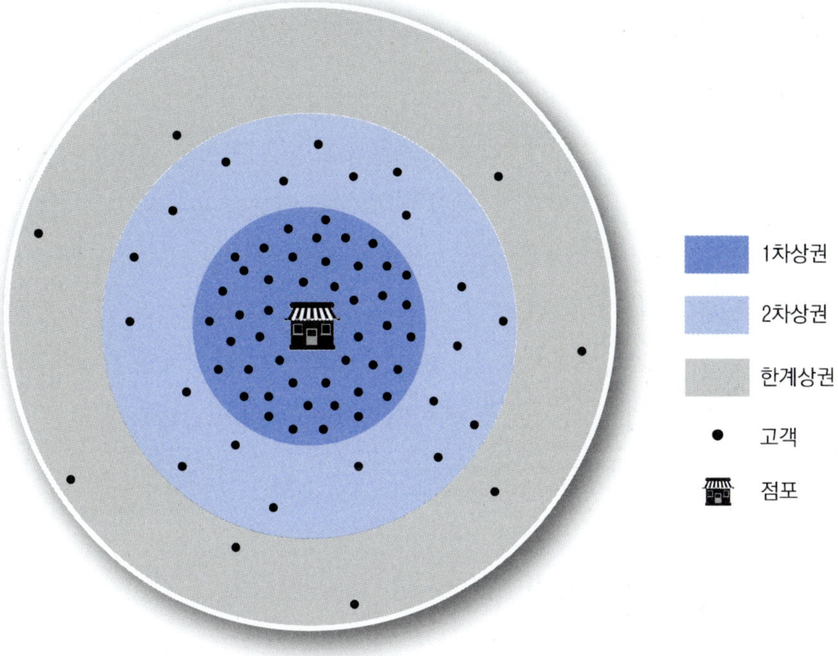

인 범위이다. 도심에 있는 점포일수록 개별점포상권이 클 것이고 점포의 규모가 클수록 상권의 크기도 커지게 된다.

모든 상권은 다시 세 부분으로 구분할 수 있는데 [그림 5-8]에 나타난 1차상권(primary trading area), 2차상권(secondary trading area), 한계상권(fringe trading area) 등이 그것이다.

개별점포상권의 경우 1차상권은 점포 고객의 50~80%를 포함하는 지역을 의미한다. 이 상권은 점포에 가장 가까운 지역이고 그 지역인구 중 그 점포에 오는 고객의 밀도가 가장 높다. 1차상권 고객은 그 점포에 대한 1인당 매출액도 2차나 한계상권의 고객보다 높은 것이 보통이다.

2차상권은 1차상권 바깥지역으로 점포의 나머지 15~25%의 고객을 포함하는 지역범위이다. 1차상권 외곽에 위치하고 있기 때문에 고객들은 흩어져 있는 셈이다. 한계상권은 나머지 모든 고객을 포함하는 지역으로 가장 멀리 흩어져 있다. 예를 들어, 어떤 점포의 1차상권이 4km까지 형성되어 있다면

2차상권은 5km까지, 그리고 한계상권은 8km까지 널리 퍼져 있을 것이다. 한계상권의 고객은 특정 점포를 애고하여 멀리까지 이동하는 것을 마다않는 원거리 고객일 가능성이 많다.

상권의 모양을 [그림 5-8]과 같이 나타낼 수는 있지만 실제로는 이러한 동심원의 모습을 하기 어렵다. 상권의 모양은 점포의 업태 유형, 점포의 크기, 경쟁자의 입지 등과 같은 다양한 요인의 영향을 받아서 결정된다. 또한 여기서 언급한 상권에 포함되는 고객의 비율도 상권을 설명하는 학자마다 조금씩 다르게 표시하기도 한다. 중요한 것은 1차상권의 고객은 기업의 매출액 대부분을 차지하는 고객이고, 2차상권 고객은 탐색적 구매를 할 가능성이 많고 점포전이빈도가 높을 것으로 예상되며, 한계상권의 크기는 점포의 영향력의 한계를 가늠하게 한다는 점이다.

4.2 상권분석기법

신설점포 상권분석 방법으로는 가장 많은 정보를 내포할 수 있고 다양한 추론을 가능하게 하는 보편적이고도 필수적인 방법으로 기술적 방법(descriptive method)이 있고, 상권의 크기를 결정하는 이론적 근거를 제시하는 모형으로 규범적 모형(normative model)이 있으며, 여러 가지 가정을 근거로 고객이 특정 점포에서 구매할 확률을 설명하는 확률모형(probability model)이 있다.

1) 기술적 방법

기술적 방법으로는 보통 체크리스트법과 유추법을 이용하고 있다.

(1) 체크리스트법

체크리스트법(checklist method)은 상권의 크기와 형태에 영향을 미치는 다양한 요인들의 목록을 작성하여 각각에 대해 점검하고 이를 토대로 상권의 구조를 예측해 보는 방법이다. 이때 상권은 1차, 2차 혹은 한계상권의 범위일 수도 있다. 물론 소매기업의 업태와 업종 그리고 고객과 시장의 경쟁상태에

〈표 5-9〉 체크리스트법의 평가목록

평가 부분	평가 항목
상권 내 제반 입지 특성	• 행정구역, 행정구역별 인구통계적 특징 • 자연경계(강, 산, 개천) 특징 • 도로 및 교통 관련 특징 • 산업구조 소매시설현황 • 도시계획, 행정/법적 규제 및 조치 • 대형 건축물, 교통유발시설물
상권 내 고객 특성	• 배후상권고객 : 상권 배후 경계 안 거주자 특성 • 유통성배후고객 : 점포주변 직장인 및 학생 특성 • 유동고객 : 점포주변 유동인구 특성
상권경쟁구조	• 위계별 경쟁구조 : 동일 지역 및 지구 경쟁자 특성 • 업태별 경쟁구조 : 각 소매업태별 경쟁 현황 • 업태 내 경쟁구조 : 동일 업태 경쟁자 현황 • 잠재 경쟁구조 : 입점 예정/가능 경쟁자 특성 • 경쟁/보완관계 : 동종 소매점 간 경쟁 혹은 보완 여부

따라 조사해야 할 목록의 내용은 달라질 수 있다. 체크리스트법에서 작성하게 될 목록의 내용을 <표 5-9>에 제시하였다.

여기서 보는 것처럼 체크리스트법에서 분석하는 부분은 크게 세 가지 영역인데 첫째는 상권 내 제반 입지 특성에 대한 분석이다. 이것들은 자연적인 환경과 인공적인 환경으로서 쇼핑의 편리성과 효율성을 가늠하게 하는 항목들을 점검하는 과업이다. 둘째는 상권 내 고객 특성에 대한 분석으로 고객의 수, 남녀별·연령별 유형, 소득, 구매력 등을 점검하는 부분이다. 이와 함께 각 계층의 고객이 잠재고객, 구입가능 고객, 사용고객, 목표고객 중 어디에 해당하는지도 검토해야 한다. 셋째는 상권경쟁구조에 대한 분석이다. 이는 자사가 소매업을 경영하려는 시장의 경쟁 정도와 양상 및 방향을 가늠하려는 분석이다. 경쟁의 수준을 세분화하여 업태별 혹은 업태 간 혹은 업태 내 경쟁 정도를 측정하는 것으로 소매점포의 포지셔닝 방향을 정할 수 있을 것이다.

(2) 유추법

하버드 비지니스 스쿨의 애플바움(William Applebaum)이 제안한 것으로 그는 CST(customer spotting technique) 지도 혹은 CIT(customer interview technique)를 이용하여 상권을 결정하는 방법을 설명하고 있다. CST는 점포에 방문하는 고객 면접을 통해 고객의 주거지를 지도 위에 표시하는 방식이다.

이렇게 고객들의 거주지를 지도 위에 표시하여 동심원을 [그림 5-9]에서처럼 그리게 되면 자연스럽게 상권을 확인할 수 있게 된다. 점포에서 가까운 곳부터 반경 1km나 5km 등의 동심원을 그리게 되면, 그 상권 내 고객들의 그 소매점포에서의 주간 매출액을 계산할 수 있다. 예를 들어, 반경 1km 안에 자기 점포 고객의 30%가 살고 있고 점포의 주간 매출액이 1백만 원이라고 하자. 이때 반경 1km 내의 고객의 주간 매출액은 1백만 원 × 30(%) = 30만 원이라고 쉽게 계산될 수 있다.

이러한 CST를 이용하는 유추법(analogue method)은 자사가 신설하려는 소매점포와 유사한 점포를 택하여 그 점포의 상권을 분석하여 자사 점포의 상권과 매출예상액을 가늠하는 방식이다. 유추법에 의한 상권분석의 과정을 다음과 같은 과정으로 설명할 수 있다.

[그림 5-9] CST(customer spotting technique) 지도

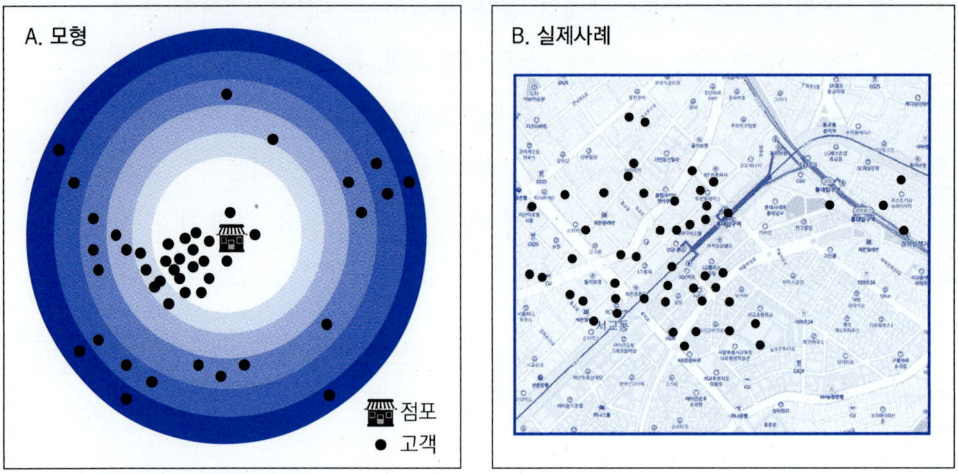

① 자사의 설립 예정 소매점포와 업태 및 업종, 고객 유형, 고객의 구매력, 시장의 경쟁 상태 등의 측면에서 가장 유사한 실존하는 유사점포를 택한다.

② 유사점포의 상권범위는 고객 유인 정도가 전체 고객의 75~80%를 포함하는 지역경계까지로 한다. 여기서 유사점포의 상권규모를 반경 몇 km씩으로 나누어 추정하는 것은 앞에 설명한 CST방식을 이용한다.

③ 전체 고객의 대부분을 포함하는 전체 상권을 반경 km에 따라 소규모의 간격으로 나누고 각 간격 내에서 유사점포가 달성하는 매출액을 그 간격 내의 인구수로 나누어서 각각의 간격 내의 고객의 1인당 주간 매출액을 계산해 낸다.

④ 앞의 ①부터 ③까지의 과정을 신설 자사점포에도 그대로 적용하여 계산하면 각 간격 내의 고객의 1인당 주간 매출액을 도출해 낼 수 있다. 그러나 신설점포는 아직 영업을 하지 않은 상태이기 때문에 자료가 부족한 관계로 이제 유사점포의 자료를 이용한 결과를 좀 활용하기로 하는 것이다. 그렇기 때문에 자사 소매점포가 기존 유사점포의 상권크기와 특성이 같다고 보고 개점 예정인 신설점포의 각 간격 내의 인구수에 앞의 ③에서 계산된 그 간격의 유사점포의 주간 1인당 매출액을 곱하게 되면 신설점포의 주간 예상매출액을 얻게 된다. 신설점포의 주간 총예상매출액의 크기는 각각의 간격의 주간 예상매출액을 모두 합하면 된다. 신설점포의 주간 총예상매출액을 모두 신설점포와 유사점포와의 차이가 있을 수 있는 부분, 즉 입지와 경쟁 특성을 고려하여 조정될 수 있다.

이제 유추법에 의한 신설점포의 주간 예상매출액을 계산하는 예를 들어보기로 하자. <표 5-10>에서 먼저 유사점포의 자료를 이용한 기초자료를 계산하고 <표 5-11>에서는 이를 활용하여 신설점포의 예상매출액을 계산하고 있다.

<표 5-10>에서 유사점포의 고객의 35%가 점포로부터 반경 0.5km 내에

〈표 5-10〉 유사점포의 매출액

① 반경 (km)	② 고객비중 (%)	③ 누적고객비중 (%)	④ 주간 매출액 (천원)	⑤ 인구 수 (명)	⑥ 1인당 주간 매출액 (④/⑤(원))
0.5 이내	35	35	1,200	5,000	240
0.5~1.0	21	56	960	4,700	204
1.0~1.5	10	66	840	6,500	129
1.5~2.0	5	71	300	3,500	86
2.0~2.5	3	74	150	2,700	56
2.5~3.0	3	77	110	2,500	44
3.0~3.5	2	79	80	3,000	27
3.5~4.0	1	80	60	2,600	23

〈표 5-11〉 신설점포의 예상매출액

반경(km)	인구 수(명)	1인당 주간 매출액(원)	간격별 주간 매출액 추정(천원)
0.5 이내	5,200	240	1,248
0.5~1.0	4,800	204	980
1.0~1.5	5,700	129	737
1.5~2.0	3,900	86	334
2.0~2.5	2,900	56	159
2.5~3.0	2,800	44	123
3.0~3.5	3,100	27	83
3.5~4.0	2,700	23	62
총 주간 매출액 추정치			**3,726**
총 주간 매출액 조정 추정치			**4,026**

거주하는데 이들이 달성한 주간 매출액은 1,200,000원이다. 이 간격 내의 고객의 수가 5,000명이기 때문에 1인당 주간 매출액은 240원이 된다. 이 표의 나머지 칸도 이와 같은 방법으로 작성되었다. 유사점포의 고객의 80%가 반경 4km 안의 거주자임을 알 수 있다.

이제 여기에 계산된 유사점포의 각 간격별 1인당 매출액을 신설점포의 같은 간격 내의 1인당 매출액에 잠정적으로 그대로 대입해 쓰게 된다. 애초에 신설점포와 가장 유사한 점포의 자료를 분석한 것으로 가정했기 때문에 이러한 대입을 하게 되었다.

신설점포의 각 간격별 예상매출액을 계산하는 과정도 기존점포와 같은 과정으로 점포에서 가까운 거리부터 동심원을 그리고 각 간격 내의 고객의 수를 이차자료로 확인하여 <표 5-11>에서처럼 간격별 인구수를 계산한다. 1인당 매출액 칼럼은 기존 유사점포 자료의 ⑥번 칼럼의 1인당 매출액을 이용하여 그대로 대입하게 된다. 그렇게 되면 반경 0.5km 내의 주민들의 1인당 매출액은 240원이 되고 그 간격 내의 주간 매출액 추정치는 인구수(5,200) × 1인당 매출액(240) = 1,248,000원이 된다.

이와 같은 방법으로 다른 모든 칸을 메우고 모든 간격의 주간 추정 매출액을 합하게 되면 주간 총 예상매출액은 3,726,000원이 된다. 그런데 이 계산값은 반경 4km 밖의 고객들과 유동고객의 구입 가능분을 계산에 넣지 않았다. 따라서 여러 가지 상황을 고려한 상권분석 담당자의 안목과 경험으로 계산되지 않은 고객들의 가능 매출액을 추정하여 300,000원 추가로 합하여 총 주간 매출액 조정 추정치 4,026,000원을 구하게 된다.

유추법의 장점은 유사점포의 실제자료를 이용하여 고객들의 구매패턴을 반영하는 방법이기 때문에 매우 현실적인 추정을 가능하게 해준다는 것이다. 그러나 이 방법은 분석 담당자의 주관적인 판단이 개입하는 부분이 많기 때문에 자칫 오류를 범할 가능성이 있다. 유사점포를 여러 개 선정하여 신설점포의 경우와 비교하는 방식을 택한다면 보다 효율적이고 정확한 추론이 가능할 것이다.

2) 규범적 모형

개별점포입지를 결정하는 보다 이론적인 근거를 밝히려는 모형은 초기 상권분석의 도구로 주로 이용되었다. 여기서는 크리스탈러(Walter Christaller)의 중심지 이론, 라일리(William Reilly)의 소매중력법칙 그리고 컨버스(P. D. Converse)의 분기점 공식을 소개하기로 한다.

(1) 중심지 이론

• **중심지 개념:** 중심지(central place)는 배후지역에 제품과 서비스를 제공해 주는 기능을 하는 정주공간을 의미한다. 중심지는 배후지지역의 중심에 위치하고 거의 모든 도시는 사실상 중심지기능을 수행하는 중심지이다. 중심지기능(central place function)이란 일반적으로 3차산업의 기능으로서 서비스요인을 포함하는 기능이다. 그것들은 유통기능, 교통, 행정, 교육, 기타 모든 서비스 기능을 포함하는데 중심지가 가진 이러한 기능의 정도와 크기를 중심성(centrality)이라 한다. 인구규모가 클수록 중심지 기능은 커지게 되며 배후지규모는 중심지규모가 클수록 커지게 된다.

• **중심지 이론:** 중심지 개념을 이용하여 도시와 같은 주거지 상호 간의 분포, 거리, 지역구조 등에 대해 설명하는 이론이 중심지 이론(central place theory)이다. 중심지 이론은 독일의 지리학자 크리스탈러가 1933년에 주장한 것으로 도시와 취락의 공간현상을 설명하는 기초 이론으로 자리 잡게 되었다.

중심지 이론은 몇 가지의 전제를 가정하고 있다. 첫째, 지표공간은 균질적 표면(isotropic surface)이고 공간거리를 극복하기 위한 교통수단은 유일하고 수송비용은 거리에 비례한다. 둘째, 인구는 공간상에 균일하게 분포한다. 셋째, 주민의 구매력과 소비패턴은 동일하다. 넷째, 인간은 합리적 사고로 의사결정하며 최소비용으로 최대의 이익을 추구하는 경제인(economic man)이다. 그런데 이러한 전제는 사실상 오늘날의 도시와 취락의 공간구조를 설명하는 데 있어서는 무의미한 전제인지도 모른다. 그것은 이러한 전제는 우리가 상식적으로 생각해도 지극히 당연히 그러리라고 공감할 수밖에 없는 가정이기 때문이다. 이제는 중심지 이론으로 설명할 수 없는 소비자의 구매행위와 유통경로구성원 간의 관계를 설명하는 데 익숙해져 있기 때문이기도 하다.

• **기본구성:** 중심지 이론을 구성하고 있는 기본적인 세 가지 개념은 최소요구치(threshold size), 최대도달점(range of goods or service), 그리고 배후지(hinterland) 등이다.

상업중심지가 중심지로서의 역할을 다하려면 제품과 서비스를 제공하는

[그림 5-10] 중심지 이론

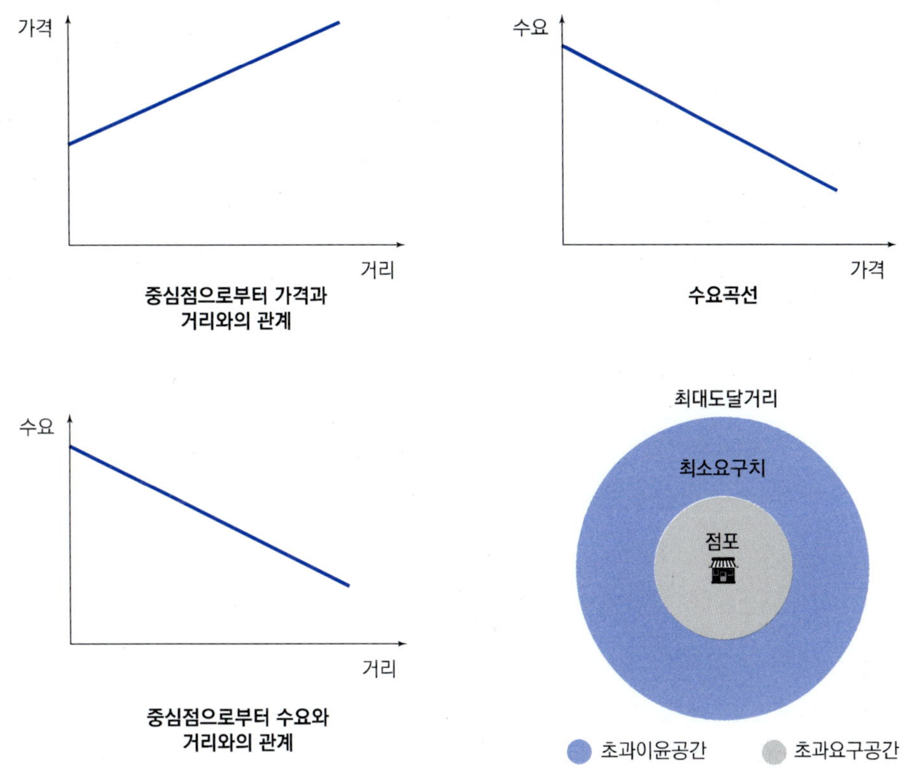

기능을 계속적으로 수행할 수 있도록 수요가 발생해야 한다. 중심지로서 유지되기 위한 최소한의 수요 혹은 그 수요를 발생시키는 상권범위를 최소요구치라고 한다. 최소요구치는 중심지 기능을 수행하는 데 고객을 제공해주는 배후지의 범위를 의미하고 있다. [그림 5-10]에서 중심지 이론의 기본 개념을 설명하고 있다.

최대도달점은 중심지 기능이 중심지로부터 미치는 한계점을 의미한다. 최대도달거리를 내기 위해서는 기본적으로 중심지는 최소요구치를 확보하고 있어야 한다. 중심지 기능의 가격과 그것을 확보하기 위한 이동에 드는 교통비가 최대도달점을 결정할 것이다. 이론적으로 최대도달점이 최소요구치보다는 커야 상업적인 중심지가 존재 가능하게 된다. 제품이나 서비스의 가격이 낮으면 최대도달거리가 멀어지겠지만 수송비가 커지게 되면 무한히 먼 곳

[그림 5-11] 중심지의 배후지 변화과정

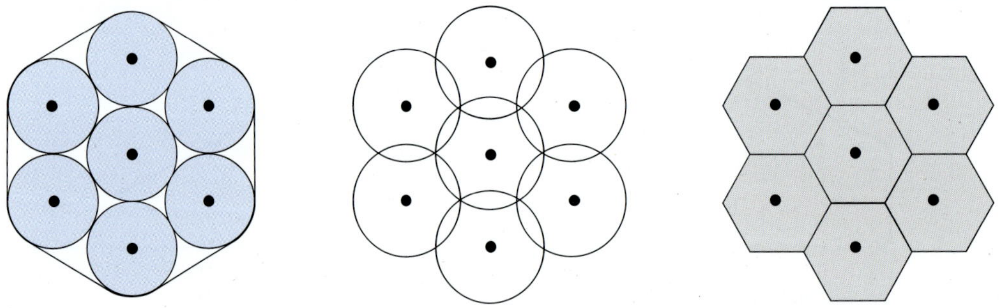

(a) 배후지 외접형 (b) 배후지 중첩형 (c) 배후지 완결형(6각형)

까지 공급될 수는 없을 것이다. 중심지로부터 최대도달점까지의 사이에 존재하게 되는 공간을 보완구역이라 하는데 이 보완구역이 결국 중심지의 배후지 역할을 하게 된다.

중심지의 배후지 모양의 변화과정을 [그림 5-11]에 표시하였는데, 중심지가 특정 공간에 유일하게 하나만 존재한다면 가장 이상적인 배후지의 모양은 원처럼 둥글게 나타날 것이다. 그러나 동일한 수준의 중심지가 다수 존재하게 되면 중심지 상호 간에는 시장과 고객을 확보하기 위한 경쟁이 발생할 것이다. 원형의 배후지가 서로 외접하게 되면 중심지 상호 간에는 어떤 중심지의 중심지 기능도 받지 못하는 소외된 공간지역이 생긴다.

이때 인접 중심지는 이 소외된 공간지역을 확보하기 위한 배후지 확대 경쟁이 생기게 되어 결과적으로는 서로 중첩된 배후지를 확보하는 모습이 될 것이다. 중첩된 배후지 모습이 되면 중복된 지역에는 필요 이상의 마케팅 노력이 투하되는 비효율적인 기업 활동이 이루어지게 되고, 이러한 손실을 알아차리게 되는 중심지의 점포는 서로의 경쟁에서 가장 효율적인 이익을 취할 수 있는 배후지의 모습을 찾게 될 것이다. 이러한 가장 이상적인 배후지의 모양은 6각형의 완결형이다.

이처럼 배후지가 완결형의 모습을 찾아가는 과정은 마치 생태계가 변화하는 것과 유사하다. 하나의 생태계에 새로운 침입자가 등장하게 되면 초기에는 경쟁을 통해 서로의 특징을 뚜렷하게 하거나 갈등을 겪게 되지만 일정한 시일이 지나면 새로운 생태환경으로 천이해 가는 경우도 생기게 된다. 이러한 침입, 경쟁, 천이의 과정이 배후지 확보 경쟁과정에서도 발생할 것이다.

- **중심지 계층:** 중심지 계층이란 중심지 간에 중심성, 즉 중심지 기능 수행력의 차이를 의미한다. 일반적으로는 중심지나 배후지의 인구수가 많은 중심지가 중심성이 클 것이다. 중심성이 큰 기능들을 보유한 중심지를 고차중심지(higher order central place), 중심성이 작은 기능들을 보유한 중심지를 저차중심지(lower order central place)라 한다. 중심지 상호 간에 차수가 다를 경우에 고차중심지는 저차중심지가 가진 기능들을 다 가지고 또 자신만의 특징적인 고차중심지 기능을 가지게 된다.

고차의 중심지일수록 중심지 유지를 위한 최소요구치는 커야 되고 최대도달점도 저차의 중심지보다 클 것이다. 하나의 공간상에서 고차중심지의 수보다는 저차중심지의 수가 많을 것이고 저차중심지 간의 거리는 고차중심지 간의 거리보다 가까울 것이다.

- **중심지 계층의 포섭관계:** 중심지 계층의 포섭관계는 고차중심지와 저차중심지 간의 공간할당을 설명하는 이론이다. 고차중심지의 배후지 안에 저차중심지의 배후지 몇 개가 어떻게 분할되어 포함되는지를 보여주게 된다.

중심지 계층의 공간포섭원리를 설명하기 위해 k값을 이용하고 있다. [그림 5-12]와 같이 중심지 계층관계에서 고차중심지의 배후지에 저차중심지의 배후지가 몇 개 포함되는가를 설명하기 위한 것이 k값이다. 만약 어떤 공간구조가 k값이 3이라고 한다면 저차중심지의 배후지 3개가 차상위 고차중심지의 배후지에 포함되게 된다는 뜻이다. 이때 차상의 중심지 간의 거리는 차하중심지 간의 거리에 $\sqrt{3}$배씩 증가하면서 중심지 계층 간의 공간구조가 이루어지고 있다.

이 그림에서 k값이 3인 공간구조를 보면 6개의 차하중심지와 그 배후지의 소비자는 이론상 가장 가까운 차상의 중심지 기능을 이용할 것이다. 그들은 3개의 차상중심지로부터 같은 거리에 있기 때문에 결국 가장 효율적으로 1/3씩 나누어져서 가장 가까운 거리의 차상위 중심지를 이용하게 된다. 그러므로 고차중심지 6각형 안에는 1/3씩 분할되어 포섭된 차하의 배후지 6개와 온전한 차하 배후지 1개가 들어가게 된다. 그러므로 차상의 중심지와 배후지에 들어가는 차하의 중심지와 배후지 수는 (6×1/3) + 1 = 3이 된다. 따라서 이 공간구조의 k값을 3이라 하는 것이다. k값이 3인 경우의 공간구조에서는 고차중심지 기능이 가능한 한 가장 짧은 거리에 있는 주변의 저차 배후지에 공급되는 성향이 있기 때문에 크리스탈러는 k = 3의 공간포섭원리를 특별히 마케팅원리(marketing principle)라고 한다.

그리하여 크리스탈러는 k값을 3, 4, 7 등과 같이 제시하였는데, 저차중심지

[그림 5-12] 중심지 계층의 공간포섭원리

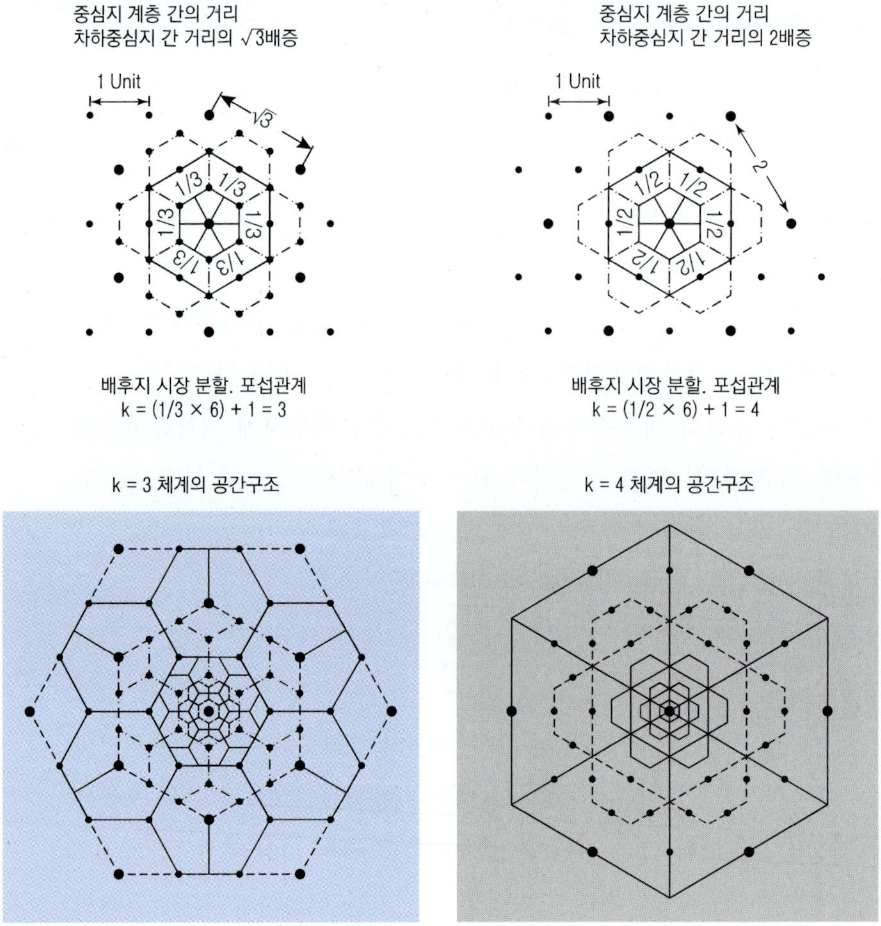

의 배후지가 고차중심지의 배후지에 포섭되는 개수는 k값이 3이면 3개, 4이면 4개, 7이면 7개가 된다. 따라서 k값이 클수록 그 상업지의 공간은 고차중심지 간의 간격이 큰 경우이고 이때는 중심지의 상권의 크기가 큰 것이다.

(2) 소매중력법칙

라일리(William Reilly)의 소매중력법칙(law of retail gravitation)은 도시들 간 혹은 점포들 간의 상권규모를 결정하는 데 이용되는 법칙이다. 이 법칙은 도시의 상권규모에 기본적으로 도시의 인구수와 점포(도시)까지의 거리가 중대한 영향을 미친다는 가정에서 출발하였다. 이 법칙의 기본 원칙은 「경쟁관계에 있는 두 도시 A와 B로부터 거리상으로 중간 지점에 위치한 도시 C에서 A와 B로 유인될 수 있는 상권규모는 A와 B 각 도시의 인구에 비례하고 각 도시와 C의 거리제곱에는 반비례한다」이다.

이제 예를 들어 A도시와 B도시의 중간에 C도시가 위치하고, A와 B의 인구가 각각 423,000명, 92,000명이라 한다. A와 C 간의 거리는 80.4km이고 C와 B 간의 거리는 61.8km라고 한다면 이 공식은 다음과 같이 계산된다.

$$\frac{R(A)}{R(B)} = \frac{P(A)}{P(B)} \times \left[\frac{D(B)}{D(A)}\right]^2$$

$R(A)$: 도시 A의 상권규모
$R(B)$: 도시 B의 상권규모
$P(A)$: 도시 A의 인구
$P(B)$: 도시 B의 인구
$D(A)$: 도시 A로부터 중간도시까지의 거리
$D(B)$: 도시 B로부터 중간도시까지의 거리

이 계산에 의하면 C에서 A도시로 유인되는 구매력의 크기는 73.1%이고, B도시로 유인되는 구매력은 26.9%가 된다. 이는 2.7 : 1의 비율로 A도시로 유인되는 구매력이 훨씬 크다는 것을 알 수 있다. 라일리의 법칙에 의하면 더 많은 인구를 가진 도시의 구매력 유인이 크기 때문에 선매품 구매에 대한 구매력의 유인에는 상당한 설명력이 있는 것으로 간주되어 실제에 많이 이용되고 있다. 그러나 실제로 소비자들은 이 법칙에서 기준으로 삼고 있는 것과 같이 주요 도로를 이용하여 특정 상업지구로 이동하지 않을 수도 있고, 또 실제로 공간상의 거리보다는 시간거리의 개념이 더 정확한 수송비용을 계산해 줄 것이다.

(3) 분기점 공식

컨버스(P. D. Converse)의 분기점 공식(breaking-point formula)은 라일리의 소매중력법칙을 수정하여 도출된 공식이다. 이 공식의 의미는 두 도시 혹은 지역 간에 무차별점(point of indifference)을 설정함으로써 두 집단 각각의 상권을 자연스럽게 설정할 수 있다고 보는 것이다. 이 무차별점은 소비자가 양쪽 지역을 쇼핑할 가능성을 같게 하는 분기점이 되는 셈이다.

$$D(B) = \frac{d}{1+\sqrt{\dfrac{P(A)}{P(B)}}}$$

$D(B)$: B도시의 상권의 한계점(=작은 도시로부터 분기점까지의 거리)
d : A도시와 B도시 간의 거리(=$D(A)+D(B)$)
$P(A)$: A도시의 인구
$P(B)$: B도시의 인구

이 공식을 이용하여 실제로 두 도시 간의 상권을 나누어 줄 무차별점을 찾아보도록 하자. A도시의 인구는 80,000명이고 B도시의 인구는 20,000명이다. 이때 두 도시 간의 거리가 30km라고 한다면 두 도시 간의 무차별점을 구하여 보면 다음과 같다.

$$D(A) = \frac{30}{1+\sqrt{\dfrac{20,000}{80,000}}} = 20\ ,\ \ D(B) = \frac{30}{1+\sqrt{\dfrac{80,000}{20,000}}} = 10$$

따라서 A도시의 무차별점은 20km이고 B도시의 무차별점은 10km가 된다. 그러므로 A도시의 상권의 규모가 B도시의 2배가 된다고 볼 수 있다. 그러나 컨버스의 분기점 공식도 라일리 법칙처럼 인구수와 거리를 근거로 상권을 구분했기 때문에 실제로는 상권을 정확하게 구분하기 어려운 점이 있다.

3) 확률모형

확률모형은 특정 지역 내의 다수의 점포 중에서 소비자가 특정 점포를 쇼핑장소로 선택할 가능성을 확률적으로 계산하려는 방법이다. 여기서는 루스(R. D. Luce)의 선택공리와 허프(David Huff)의 법칙, 수정된 허프 법칙 등에 대해 설명하기로 한다.

(1) 루스의 선택공리

수학심리학에 근거를 두고 개발된 루스(R. D. Luce)의 선택공리(choice axiom)는 복수의 점포들의 고객 흡인력을 측정하는 단순한 개념을 공식화한 것이다. 이 공식은 특정 소비자가 동일 지역 내의 여러 개 중 어디를 선택하여 쇼핑할 것인가를 보여주기 위해 다음과 같이 쓰고 있다.

$$P_{ij} = \frac{U_{ij}}{\sum_{j=1}^{J} U_{ij}}$$

P_{ij}: 소비자 i가 점포 j를 선택할 확률
U_{ij}: 소비자 i에게 있어서 점포 j의 효용(또는 매력도)
J: 소비자가 고려하는 총 점포의 수

이 공식을 보면 i라는 소비자가 어떤 점포 j를 선택할 확률은 대안적 점포에 대해 그가 느끼는 효용(매력)의 총합 중에서 점포 j에 대한 효용의 크기가 차지하는 비율로 나타나 있다. 만약 i라는 소비자가 특정 지역 안에서 세 개의 점포 대안 A, B, C 중 어느 곳을 쇼핑할지 고민하고 있고 A, B, C 점포의 효용이 각각 8, 6, 5라고 한다면 그가 A점포를 선택할 확률은 8/(8+6+5)=0.42가 되어 42%라고 말할 수 있다.

그런데 중요한 것은 여기서 중요한 변수로 이용되고 있는 「효용」을 어떻게 조작적으로 정의하며 그것을 또 어떻게 정확히 측정할 것인가라는 문제가 남게 된다. 효용은 말 그대로 소비자가 특정 점포를 방문할 때 느끼는 매력을 말하는데, 소비자 개인의 매력을 명확히 조작화하고 계량화하는 것은 쉬운

작업이 아니다. 보통은 소비자가 소매점포에 대해 느끼는 효용을 다음과 같이 계산할 수 있다.

$$U_{ij} = A_j^a D_{ij}^b$$

U_{ij} : 소비자 i의 점포 j에 대한 효용
A_j : 점포 j의 매력
D_{ij} : 소비자 i가 점포 j까지 가는 거리
a : 점포에 대한 매력에 대해 소비자가 느끼는 민감도(=1.0)
b : 점포 j까지의 거리에 대한 소비자의 민감도(=−2.0)

이 공식을 이용하여 어떤 소비자 i가 특정 지역에서 A, B, C 세 점포에 대해 느끼는 효용을 계산해 보도록 하자. 소비자가 A, B, C 세 점포에 대해 느끼는 매력도는 각각 8, 6, 10이고 세 점포까지의 거리는 각각 1km, 1km, 2km이다. 그러므로 A점포에 대한 소비자의 효용은 U_{iA}=81.0 × 1 − 2.0=8 × 1 =8이다. 이런 식으로 타 점포에 대한 효용도 계산할 수 있다. 이를 요약하면 <표 5-12>와 같이 정리할 수 있다.

이 표에서 보면 점포 C의 점포 자체의 매력성은 A나 B점포보다 크지만 점포까지의 거리가 2배로 먼 까닭에 점포의 효용은 타 점포에 비해 훨씬 떨어지고 말았다.

그런데 여기서는 라일리의 법칙을 근거로 하여 점포매력도에 대한 민감도 a는 1.0으로, 거리에 대한 소비자의 민감도 b는 −2.0으로 고정하였다. 그러나 만약 거리에 대한 소비자의 민감도가 크거나 작아지면 점포 C의 효용도 크게 달라질 수 있음을 명심해야 한다.

〈표 5-12〉 루스의 선택공리의 효용 계산

	A	B	C
A_{tt}(점포매력도)	8	6	10
D (거리)	1	1	2
U_{ij}(각 점포의 효용)	8	6	2.5

(2) 허프의 법칙

허프의 법칙(Huff's law) 혹은 허프의 모형 역시 특정 지역 내의 복수 점포 중에서 소비자가 특정 점포를 선택할 확률을 계산하는 공식을 제시하고 있다. 그래서 이를 구매자 유인의 법칙(Huff's law of shopper attraction)이라고도 한다. 허프의 법칙은 소비자가 특정 점포에 대해 느끼는 효용은 점포의 면적과 점포까지의 시간 또는 거리라는 두 가지 요인에 의해 결정된다고 보고 있다. 점포의 크기가 클수록 효용은 증가하고 거리가 멀수록 효용은 감소한다고 본다. 또 하나의 원칙은 특정 점포를 소비자가 쇼핑할 확률은 전체 대안적 점포들의 총효용 중에서 특정 점포의 효용이 차지하는 비중으로 계산하고 있다. 이러한 근거로 허프모형은 다음과 같이 공식화된다.

$$P_{ij} = \frac{S_j^a D_j^b}{\sum_{k=1}^{i} S_k^a D_{ik}^b} = \frac{\text{점포 } j\text{에 대한 효용}}{\text{모든 대안적 점포효용의 총합}}$$

P_{ij} : 소비자 i가 점포 j를 선택할 확률
$S_j^a D_j^b$: 소비자 i가 점포 j에 대해 느끼는 효용
S_j : 점포 j의 매장 넓이
D_{ij} : 소비자 i가 점포 j까지 가는 데 걸리는 시간
a : 점포 크기에 대해 소비자가 느끼는 민감도
b : 점포까지의 거리에 대해 소비자가 느끼는 민감도
j : 소비자가 고려하는 대안적 점포 총수

만약 A지점에서 소비자가 각각 다른 방향의 점포 B, C, D로 쇼핑하러 갈 확률을 이 허프모형을 이용하여 계산하여 보자.

B점포의 매장면적은 5,000㎡이고 거리는 15분 거리에 있고, C점포의 매장면적은 4,000㎡이고 거리는 10분 거리에 있고, D점포의 매장면적은 1,000㎡이고 거리는 15분 걸리는 곳에 있다고 하자. 이때 a와 b는 각각 1.0과 −1.0이다. a와 b는 각각이 점포 크기와 거리에 대해 소비자가 느끼는 민감도인데 이러한 수치로 가정한 것은 민감도를 거의 고려하지 않은 것으로 볼 수 있다. 이때 A에서 B점포로 쇼핑하러 갈 확률 P_{AB}를 계산해보자.

$$P_{AB} = \frac{\frac{S_B}{D_{AB}}}{\frac{S_B}{D_{AB}} + \frac{S_C}{D_{AC}} + \frac{S_D}{D_{AD}}} = \frac{\frac{5}{15}}{\frac{5}{15} + \frac{4}{10} + \frac{1}{15}} = 0.417$$

이런 방식으로 B, C, D 점포로 쇼핑하러 갈 확률을 계산하면 각각 41.7%, 50%, 8%가 된다.

〈표 5-13〉 허프 법칙의 예

점포	매장면적(㎡)	걸리는 시간(분)
B	5,000	15
C	4,000	10
D	1,000	15

(3) 수정된 허프 법칙

앞에서 살펴본 허프의 법칙은 복수의 도시, 상업시설, 점포의 고객 유인 정도를 나타내는 매우 유용한 모형이다. 그러나 공식에서 a와 b라고 표시되는 점포크기와 점포까지의 거리에 대한 고객의 민감도는 사실상 깊이 있는 시장조사를 실시해야만 정확하게 측정할 수 있는 모수이다. 따라서 현실적으로 이 법칙을 적용하기가 용이하지 않은 경우가 많다.

이에 따라 이 문제를 해결하기 위해 수정된 허프 법칙(Adjusted Huff's law)을 고안하게 되었다. 이는 라일리의 소매중력법칙 중 「유인할 수 있는 상권규모는 거리 제곱에 반비례한다」는 부분을 중시하여 허프의 법칙을 일부 수정한 것이다. 즉, 이 공식의 모수 a의 값을 1.0으로 하고 b의 값을 －2.0으로 표준화하였다. 그래서 수정된 허프 법칙은 「소비자가 점포를 애고하는 확률은 그 점포의 매장면적에 비례하고 도달하는 데 걸리는 시간 또는 거리의 제곱에 반비례한다」고 정리된다. 이 법칙에서 복수의 점포 중 특정 점포를 쇼핑할 확률을 계산하는 공식은 다음과 같다.

$$P_{ij}=\frac{S_jD_{ij}^{-2}}{\sum_{k=1}^{i}S_kD_k^{-2}}=\frac{\text{점포 }j\text{에 대한 효용}}{\text{모든 대안적 점포효용의 총합}}$$

P_{ij} : 소비자 i가 점포 j를 선택할 확률
S_j : 점포 j의 매장 넓이
D_{ij} : 소비자 i가 점포 j까지 가는 데 걸리는 시간
j : 소비자가 고려하는 대안적 점포 총수

이제 앞의 허프의 법칙 사례를 다시 한 번 수정된 모형으로 풀어보기로 하자. 이는 앞의 허프의 법칙에서 민감도 모수만 고정된 것으로 보고 풀이하면 된다.

$$P_{AB}=\frac{\frac{S_B}{D_{AB}^2}}{\frac{S_B}{D_{AB}^2}+\frac{S_C}{D_{AC}^2}+\frac{S_D}{D_{AD}^2}}=\frac{\frac{5}{15^2}}{\frac{5}{15^2}+\frac{4}{10^2}+\frac{1}{15^2}}=\frac{1}{3}$$

이는 B점포에서 쇼핑할 확률이 1/3로 계산된 것이다. 이 수정된 허프모형에서 중시할 것은 점포를 쇼핑하러 갈 확률에 크게 영향을 미치는 모수가 a와 b라는 사실이다.

만약 거리에 대한 민감도를 나타내는 모수 b가 −3.0, −4.0 등으로 커지게 되면 소비자는 조금만 거리가 멀어도 쇼핑하기를 매우 꺼리게 된다는 상황을 나타내게 된다. 점포 크기에 대한 민감도 a는 양의 값만 갖게 되어 있기 때문에 a가 2.0, 3.0 등으로 커지게 되면 소비자는 점포의 매장면적이 조금만 더 커져도 그 점포를 매우 선호하게 된다는 뜻이다. 따라서 상권분석을 실시하는 경우에는 이러한 고객들의 소비패턴이나 만족 및 불만족 요인에 대한 깊이 있는 고찰 과정을 거쳐서 보다 정확하고 적절하게 수정된 모형을 활용해야 한다.

유통실무 Focus

주요 프랜차이즈들이 경쟁하는 상권은?

2018년 말 기준 공정거래위원회가 발표한 주요 브랜드 정보공개서와 나이스지니데이타의 전국 주요 1,300개 상권 업종 · 브랜드별 점포수와 지역별 분포도를 살펴보고 신규입점 지역을 분석해 봤다.

주요 프랜차이즈 전문점 점포 수를 살펴보면 의미 있는 첫 번째 숫자는 '1,300'이라고 할 수 있다. 프랜차이즈 본부가 점포 수를 늘리다가 첫 번째 만나게 되는 한계점이 1,300개 점포인데 이는 우리나라의 '주요상권 수'와 일치한다. 중소기업부 산하 소상공인시장진흥공단에서 발표하는 전국 주요상권이 1,100~1,200개 수준인데 여기에 신규로 형성되는 신도시 상권을 더하면 대략 1,300개 정도의 상권이 형성되어 있다고 할 수 있다. 이러한 전국 주요상권마다 1개 매장을 운영한다고 가정했을 때, 1,300개 정도 점포를 오픈하고 나면 더 이상 점포를 낼 만한 상권이 없다는 의미다.

이 같은 현상은 어제오늘의 일이 아니라 주요 가맹사업자가 궤도에 오른 2010년 이후 꾸준히 관측되고 있다. 공정위 정보공개서는 가맹점 위주로 등록되는 정보이므로 직영점 위주의 스타벅스, 올리브영, 다이소 등의 브랜드는 전체 점포가 등록되어 있지 않다. 그러나 이들을 포함해 배스킨라빈스, 롯데리아, 아리따움, 투썸플레이스 등의 브랜드가 1,000~1,300개 점포로 1,300개 한계점에 걸려 있다.

두 번째, 눈여겨볼 숫자는 '3,000'이다. 1,300개 주요상권보다 배가 넘는 이 수치는 '주거지역에도 매장을 내는 특징'을 내포하고 있다. 주요 상권을 넘어 주거지역 상권에도 공격적으로 출점한 브랜드들이라고 할 수 있다. 파리바게뜨, 해법공부방, 크린토피아, 이디야, 온누리약국 등의 브랜드를 생각해 보면, 주요 상권에도 분포하지만 주거밀집지역에서 심심치 않게 발견할 수 있다는 걸 깨달을 수 있다. 주요 상업지역보다 아예 주거지역에서만 발견되는 브랜드들도 눈에 띈다.

마지막으로 눈여겨볼 수치는 '1만'이라는 숫자다. 국내에서 단일 브랜드로 1만 개 점포를 넘어선 프랜차이즈는 CU, GS25, 세븐일레븐(1만 개에 근접) 편의점 3사 정도이다. 상업 · 주거지역은 물론 직장가, 대학가, 기타지역, 특수시설, 유원지, 병원, 휴게소 등 거의 모든 지역과 상권에서 찾아볼 수 있다는 의미다. 말 그대로 생활편의를 위한 '편의'점이기 때문에 가능한 숫자라고 할 수 있다.

'단일 업종/브랜드로 국내에서 어디까지 증가할 수 있을까?' 하는 질문을 확인하기 위해 이번에는 업종별로 점포 수 상위 5개 브랜드를 집계했다. 음식업 중에서는 제과나 커피, 음료, 아이스크림, 치킨, 패스트푸드 등의 업종에서 단일 브랜드 점포 수가 많은 것으로 나타난다. 반면 투다리를 필두로 한 주점 업종을 제외하고, 한식/중식/일식/양식/기타외국식 등은 일반적인 유명세에 비하면 단일 브랜드 점포 수가 많지 않음을 확인할 수 있다.

이유는 간단하다. 프랜차이즈는 점포별 품질이 동일하다는 특징을 가져야 하는데 일반음식업의 경우에는 '조리방식'에 따라 품질(맛)이 달라질 가능성이 높아 모든 점포의 품질을 균일하게 관리하기 힘들기 때문에 폭발적으로 점포 수를 늘리기 힘든 것이다. 반면 빵이나 커피, 치킨과 같이 주원료를 본부에서 제공하고, 비교적 간단한 조리방식으로 제품의 품질을 유지할 수 있는 업종은 매장 수가 많음을 확인할 수 있다.

자료: 매일경제, 2019.11.28.
(https://www.mk.co.kr/news/culture/view/2019/11/994822/)

CHAPTER

06 도매상

C/O/N/T/E/N/T/S

패션 메카 동대문의 '제2 전성기'

지난 14일 새벽 1시 동대문 디오트상가. 상가 밖 도로변은 옷을 싼 짐들로 가득했다. 영하 5도를 밑도는 날씨였지만 패딩조끼만 입은 젊은이들이 부지런히 뛰어다니며 짐을 옮겼다. 상가 안에서도 20~30대 남성들이 매장을 돌며 옷봉지를 부지런히 나르고 있었다. 걸어서 3분 거리에 있는 상가 'apM 럭스'로 옮겼다. 이 상가에는 중국어를 쓰는 사람이 더 많았다. '동대문 패션'을 쇼핑하러 온 이들이다.

패션 메카 동대문이 활기를 되찾고 있다. 온라인 개인 쇼핑몰은 저물어 가던 동대문시장을 다시 살린 기폭제가 됐다. 인스타그램, 페이스북, 네이버마켓 등에 옷가게를 연 사람 가운데 동대문을 거치지 않는 사람은 거의 없다. 스타일난다, 안다르 등도 동대문이 출발지였다. 무신사가 거래액 1조 원에 육박할 정도로 성장한 것도 동대문 기반의 쇼핑몰 덕분이다. 입점 쇼핑몰 상당수가 동대문에서 옷을 가져다 판다. 한류는 중국인들까지 동대문으로 불러모으며 제2의 전성기에 불을 붙였다.

숫자도 동대문의 부활을 말하고 있다. 청평화 상가 기준시가(1층)는 ㎡당 4,000만 원에 육박할 정도로 올랐다. 옷장사를 하겠다고 나선 이들이 상가 가격을 밀어올렸다. 의류 온라인 플랫폼 신상마켓에 등록된 도매상만 1년 만에 2,000개 늘어 1만 1,400개에 달한다. 소매상은 12만 개를 넘었다.

젊은이들도 동대문으로 향하고 있다. 이곳에서 사업기회를 찾겠다는 스타트업(신생 벤처기업)이 생겨나고, 도매상가에서 물건을 받아 옷가게에 보내주는 '사입삼촌'들은 젊어지고 있다. 원단상가와 도소매상가, 봉제공장 등 패션 인프라를 두루 갖춘 동대문은 하루 수만 개의 신제품을 쏟아내며 온라인 쇼핑시대의 새로운 중심지로 재탄생 중이다.

동대문 의류 도·소매상 연결 플랫폼을 운영하는 김준호 딜리셔스 대표는 "온라인 시장을 중심으로 동대문 상권이 제2의 황금기를 맞고 있다"고 말했다.

이와 같은 최근의 추세는 동대문의 '원스톱 인프라'에 기인한다. 동대문 일대는 세계 어디에서도 찾아보기 힘들 정도로 패션 관련 산업이 근거리에 집적돼 있다. 광희동부터 창신동, 신당동 등 반경 10km 이내에서 옷을 만드는 데 필요한 모든 과정을 해결할 수 있다. 원단 및 부자재 판매부터 옷 디자인, 생산 및 도·소매상 간 거래가 한 번에 이뤄지기 때문에 '세계 최대의 패션 클러스터'라고 불린다. 동대문 패션 시장이 여러 번 부침을 겪으면서도 다시 살아날 수 있었던 이유는 이 같은 밀집구조 때문이다. 이런 밀집구조는 가장 빨리 신상품을 제조할 수 있는 속도로 이어졌다.

동대문역 인근 창신동, 신당동 일대에서 운영 중인 의류 도매점 수는 2만여 개. 이들 도매상이 옷을 만들기 위해 가장 먼저 찾는 사람은 디자이너다. 디자이너들에게 특정 컨셉에 맞는 옷을 주문하면, 디자이너들이 원단상가에 가서 재료를 찾고 그에 맞는 공장을 섭외해 옷 샘플을 만들어 온다. 원단 패턴과 옷 샘플을 제작하는 디자인 개발업체만 수백 개에 달한다.

옷 디자인이 정해지면 원단·부자재 가게로 향한다. 지하철 동대문역 9번 출구 앞에 있는 동대문종합시장은 이 일대의 원단·부자재를 다루는 상가다. 총 네 개 동이다. 총 4,300여 개의 매장에서 체크, 레이스 등 셀 수 없는 종류의 패턴이 들어가 있는 다양한 소재의 원단을 판다. 청계천변을 따라서도 5,000개가 넘는 원·부자재 업체가 있다.

본격적으로 옷을 만드는 곳은 봉제공장이다. 동대문종합시장 건너편, 동대문역 1번 출구로 빠져나오면 서울 시내에서 손꼽히는 봉제 거리가 나온다. 동네 이름을 따서 '창신동 봉제 골목'이라고 부른다. 이 골목에서 재봉틀을 돌리고 있는 봉제공장은 현재 약 900개. 청계천변과 신당동까지 동대문 전역에서 영업 중인 봉제공장은 3,500개에 달한다.

완성된 옷은 공장에서 곧바로 동대문 일대 도매상가로 배달된다. 20여 곳의 도매상가는 이 물건들을 받아 전국 각지의 의류 소매상과 온라인 쇼핑몰에 새벽 차로 주문 물량을 보낸다.

동대문을 이루는 인프라는 주로 2~3인이 모여 일하는 업체와 공장들로 구성돼 있다. 패션 대기업이 운영하는 매장이나 중국, 동남아시아에 진출한 생산공장들과는 비교할 수 없을 정도로 규모가 작다. 하지만 이들은 입소문과 수십 년 동안 이어온 관계를 기반으로 거래를 하고 있다.

자료: 한국경제, 2020.1.19.
(https://www.hankyung.com/economy/article/2020011976251)

Section

1 도매상의 개념과 기능

1.1 도매상의 정의와 특성

유통경로에서 구조적으로 가장 복잡하고 다양한 형태로 나타나는 부분이 도매상(wholesaler)이다. 도매상의 이름은 중개상, 상인, 배급업자, 중간상 등으로 다양하고 제조업자대리인, 판매대리상, 브로커, 위탁상인 등도 모두 도매상의 범주에 들기 때문에 도매상을 설명하는 데 한층 어려움을 가중시킨다. 또한 도매상은 도매활동(wholesaling)만을 하는 것이 아니라 소매활동(retailing)을 같이 수행하는 경우도 있기 때문에 주된 기능이 무엇인가를 기준으로 도매 혹은 소매로 분류하기도 한다. 도매는 소매상, 다른 도매상, 산업사용자, 기관사용자, 상업사용자 등에게 판매하지만 최종소비자에게는 판매하지 않는 사람이나 기관을 의미한다. 즉, 생산자로부터 대량으로 상품을 구매하여 다른 분배자에게 판매하는 것이 도매이다.

도매상은 산업용 구매자, 정부 대리인, 소매상, 다른 도매상 등을 대상으로 하는 영업으로, 도매입지는 도심번화가나 인구 밀집지역이 아니어도 무방하다. 소매입지보다 입지의 중요성이 상대적으로 낮아 임차료가 저렴하고 대규모 도매단지가 조성된 교외지역에 입지를 선정하는 경우가 많다. 한 번 결정된 입지는 바꾸기 어렵기 때문에 신중하게 고려하여야 한다.

1.2 도매상의 기능

도매기능은 생산과 소비를 조정하면서 다양한 경제적 기능을 하고 있다.

[그림 6-1] 도매상의 기능

제품과 서비스가 생산되어 소비되기까지의 과정을 연결해 주면서 수요와 공급의 불일치를 조화시키고 수급을 조절하여 유통경로상의 생산성 향상에 기여하며, 이질적인 수요를 다양한 수준에 맞게 구색을 갖추는 역할을 하는 셈이다. 구체적으로 도매상은 제조업자와 소매상 사이에서 경로의 소유권 이전, 물적소유, 촉진, 재무적 기능, 위험 부담, 주문 등의 활동을 수행하면서 경로의 윤활유와 같은 역할을 하게 된다. 도매상의 기능을 제조업자를 위한 기능과 소매상을 위한 기능으로 나누어 살펴보면 [그림 6-1]과 같다.

1) 제조업자를 위한 기능

(1) 시장담당기능

제조업자가 수많은 소매상을 대상으로 거래를 수행하려면 비용이 엄청나게 소요될 것이다. 따라서 도매상이 제조업자를 대신하여 합리적인 비용으로 거래관계를 수행하는 것은 제조업자에게 커다란 도움이 될 것이다.

(2) 판매접촉기능

전국적인 소매상을 담당하는 판매원을 선발·교육·관리하는 비용은 제조업자의 부담을 가중시킨다. 그리므로 도매상이 시장의 판매를 대행해 준다면 제조업자는 비용절감 효과를 얻을 수 있다.

(3) 재고유지기능

제조업자를 대신해 도매상이 재고를 갖게 되므로 제조업자는 재고관리를 보다 효율적으로 수행할 수 있고, 재고관리 비용과 재고부담의 위험을 덜 수 있다.

(4) 주문처리기능

소매상이 제조업체에게 하게 되는 소량의 빈번한 주문을 도매상이 대신해 줌으로써, 주문의 크기를 늘리고 주문 빈도도 낮아져 주문처리 업무의 효율화와 비용절감의 효과를 누리면서 보다 체계적이고 일상화된 업무처리가 이루어질 것이다.

(5) 시장정보제공기능

도매상이 제조업자보다 시장과 가까운 쪽에 있으므로, 시장 판단과 제품 계획에 유용한 최신의 정보를 제조업자에게 제공하여 도매상은 여러 가지로 시장경쟁력을 제고시켜 줄 것이다.

(6) 소비자지원기능

소비자들은 제품을 구매하는 것뿐만 아니라 여러 가지의 부수적인 서비스를 기대하거나 필요로 하고 있다. 제품 수리를 의뢰하는 것도 제조업자들이 처리해야 할 업무인데 소비자와 보다 가까이 있는 도매상이 대신해 주게 되면 비용을 절감하고 소비자의 편의성도 높일 수 있다.

2) 소매상을 위한 기능

도매상은 다른 분배기관인 도매상과 소매상뿐만 아니라 산업사용자, 기관사용자 등에게도 판매를 하고 있다. 대표적으로 소매상을 위한 기능이라 표시하였지만 도매상의 고객을 위한 기능으로 볼 수 있다.

(1) 제품공급기능

제품공급기능은 도매상이 소매상에게 가장 큰 역할을 수행하는 부분으로 도매상이 완제품, 부품, 반제품을 제공하는 것은 제조업자가 다수의 소매상에게 직접 수행하는 것보다 효율적이라 할 수 있다.

(2) 구색제공기능

도매상이 제품을 공급해주기 때문에 자연스럽게 소매상이 필요로 하는 구색을 제공하는 셈이다. 도매상이 다수의 제조업체로부터 제품을 받아 소매상이 원하는 구색으로 맞추어서 제공하는 것이다.

(3) 소량분할기능

소규모 소매상의 경우에는 대량구매를 할 필요가 없다. 또한 한 제조업체만 거래하는 것이 아니므로 다수의 제조업체를 대상으로 구매활동을 하게 되면 다수의 대량구매를 할 수 없는 상황이다. 주된 품목은 대량으로 주문하더라도 소량주문 품목이 없을 수가 없기 때문에 제조업자가 각각의 소매상에게 소량의 주문을 받는다는 것은 지극히 시간소모적이고 노동집약적인 업무가 되기 때문에 도매상이 대량으로 구매한 제품을 소량으로 나누어서 필요한 양만큼 공급하게 된다.

(4) 신용 및 재무기능

제품을 구매하는 소매상에게는 오랜 관계 속에서 신뢰를 바탕으로 신용거래를 허용해 주기도 하고, 아직 구매하지 않은 제품을 재고로 창고에 보관함으로써 언젠가는 소매상이 구매하게 될 때까지의 재고비용을 대신 부담해 주는 역할을 하기도 한다.

(5) 고객지원기능

소매상들은 배달, 수리, 품질보증 등과 같은 서비스를 필요로 하는데, 제조업자를 대신하여 도매상이 보다 효율적으로 이러한 기능을 수행하게 된다.

도매상의 이러한 기능은 소매상의 판매 노력을 상당히 경감시켜 주는 효과가 있다.

(6) 조언 및 기술지원기능

제품에 대한 기술적인 문제, 판매 현장에서의 문제에 대처하는 방법, 그리고 판매원 교육과 관리와 관련되는 문제 등에 대해 도매상이 소매상에게 조언해 줄 수 있다. 대부분의 경우 도매상은 제품의 특징과 시장의 여건을 누구보다도 잘 아는 상황이기 때문이다.

Section

2 도매상의 유형

각각의 목표시장이 필요로 하는 서비스의 유형이 다르기 때문에 도매상의 종류도 다양한 모습으로 나타나고 있다. 시장의 경로구성원의 기능 위양의 여러 가지 방법을 제공함으로써 도매상의 각 유형은 제각기 특징적인 경로구성원의 역할을 수행하고 있는 것이다. 이러한 다양한 유형의 도매상은 제조업자나 소매상이 시장에서 전략을 수행하는 경우에 선택대안의 수를 증가시켜 주기 때문에 시장의 구조를 복잡하게 하는 경향도 있다. 도매상의 유형은 [그림 6-2]와 같이 상인도매상, 대리도매상, 제조업자도매상으로 나누어진다.

2.1 상인도매상

상인도매상(merchant wholesaler)은 제품에 대한 소유권을 가지고 자기의 책임 하에 거래를 하는 도매상이다. 상인도매상은 모든 도매기능을 수행하는 완전기능도매상과 여러 가지의 도매기능 중 몇 가지만을 수행하는 한정기능도매상으로 나눌 수 있다.

1) 완전기능도매상

완전기능도매상(full function wholesaler)은 제품의 소유권을 획득하고 자기 책임 하에 거래를 수행한다. 도매상이 할 수 있는 모든 기능과 서비스를 제공하고 자사의 창고를 이용하여 저장하면서 보관과 출하시기를 조절하기도 하며 신용을 제공하거나 주문에 대한 배달서비스까지를 수행하는 것이 보통이다. 취급하는 제품라인의 형태에 따라 일반상품도매상, 한정상품도매상, 그리

[그림 6-2] 도매상의 유형

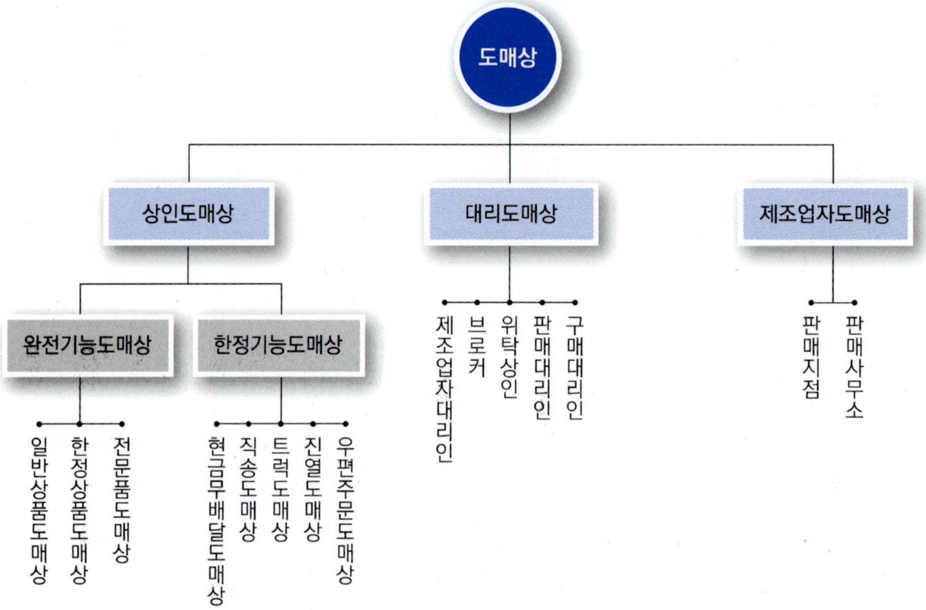

고 전문품도매상으로 나뉜다.

(1) 일반상품도매상

일반상품도매상(general merchandise wholesaler)은 서로 간에 관련성이 없는 다양한 제품을 취급하는 도매상이다. 보통은 전문품이 아닌 일반적인 잡화에 해당하는 전기제품, 전자제품, 가구제품 등 다양한 품목을 거래한다.

(2) 한정상품도매상

한정상품도매상(limited line wholesaler)은 서로 간에 관련성이 있는 제품들을 몇 가지 동시에 취급하는 도매상이다. 음료수, 설탕, 조미료 등의 구색으로 단지 몇 가지의 제품라인을 취급하지만 그 규모에 있어서는 일반상품도매상에 버금갈 수 있다.

(3) 전문품도매상

전문품도매상(specialty wholesaler)은 일부 몇 가지의 전문품 라인만을 취급하는 도매상이다. 한두 가지의 품목라인만을 취급하기 때문에 그 제품라인 안에서는 거의 모든 상표의 제품을 갖추는 구색의 깊이에 철저한 경향이 있다. 폭이 좁고 깊이가 깊은 구색에서 전문적인 시장정보와 수준 높은 고객서비스 제공이 가능하다.

2) 한정기능도매상

완전기능도매상이 모든 도매기능을 제공하는 데 비해 한정기능도매상(limited function wholesaler)은 특징적인 몇 가지의 도매기능을 특화하여 수행하는 도매상이다. 도매상의 고유기능을 몇 가지는 제공하지 않는 이유는 제조업자가 이러한 도매업의 기능을 수행함으로써 전방을 통합적으로 관리하는 입장에서 유통부분에 대한 통제력을 높일 수 있고, 소매상은 제조업자와 직접 거래하는 장점을 가질 수 있으며, 소비자도 협동조합을 결성하여 제조업자와 직접 의사소통할 수 있는 방식이다.

(1) 현금무배달도매상

현금무배달도매상(cash-and-carry wholesaler)은 현금으로 거래하며 수송서비스를 제공해 주지 않는 도매상이다. 소매상에게 신용을 제공하지 않기 때문에 거래 대상 소매상이 제한적이기는 하지만 재무적인 위험을 질 염려가 없다는 장점이 있다. 그러나 대상이 현금거래가 가능해야 하고 수송수단을 갖춘 소매상으로 그 폭이 좁기 때문에 경기가 좋을 때에는 사업을 확장할 수 있는 기회를 잃게 될 수 있다.

(2) 직송도매상

직송도매상(drop shipper, desk jobber)은 제품에 대한 소유권을 갖고 제조업자로부터 제품을 취득하여 소매상에게 바로 직송하는 도매상이다. 스스로가 제품을 창고에 보관하지는 않기 때문에 일반관리비와 인건비를 줄일 수 있다. 보관이 어렵거나 비싼 제품인 경우에는 물리적인 소유를 함으로써 생길 수 있는 위험을 부담하지 않게 된다. 직송도매상이 제품을 구매하여 소유권을 취득한 이후에도 실제로는 제조업자가 어느 정도의 기간 동안은 소유하다가 소매상과의 계약이 체결되고 나서 제품을 소매상에게 직송하는 경우도 있다. 이들의 취급 품목은 주로 석탄, 목재, 곡물 등이다.

(3) 트럭도매상

트럭도매상(truck wholesaler, truck jobber)은 트럭에 제품을 싣고 전국을 돌며 이동판매를 하는 현금판매원칙의 도매상이다. 과일이나 야채 등과 같은 부패성이 있는 제품이나 식료품을 공급하는데, 주로 정해진 경로를 따라서 정해진 소매상을 찾아 이동하는 형태이다.

(4) 진열도매상

진열도매상(rack jobber)은 주로 식료와 잡화류를 취급하는 도매상이며, 재고수준에 대한 조언, 저장방법에 대한 아이디어 제공, 선반진열업무 등을 소매상을 대신하여 직접 수행하고 있다. 도매상이 진열해 준 제품이라도 판매가 된 제품에 대해서만 값을 치르고 팔리지 않은 제품은 반품도 할 수 있다. 진열도매상은 결과적으로 배달, 재고관리, 재고유지, 선반진열, 금융 등의 서비스를 제공하는 셈이다.

(5) 우편주문도매상

우편주문도매상(mail-order wholesaler)은 우편을 통해 카탈로그와 제품주문서 등을 발송하여 주문을 접수하여 제품을 배달해 주는 도매상이다. 유행하는 제품이나 부패가능성이 있는 제품은 피하고 주로 가구, 의류, 액세서리, 보석류, 기계류 등을 취급한다. 저비용으로 점포를 운영할 수 있고 전국적인 마케팅을 할 수도 있지만 목표시장을 잘못 잡은 경우에는 카탈로그 제작과 발송이 부담이 될 수도 있다.

2.2 대리도매상

대리도매상(agent wholesaler)은 제품에 대한 소유권을 확보하지는 않고 수수료나 요금을 받고 제한된 마케팅기능만을 수행하는 도매상이다. 주로 제품 판매가격의 2~6%의 수수료를 받거나 계약된 일정액의 요금을 받는데, 그야말로 제조업자를 대리하여 시장상황에 대처하거나 판매지역을 확보하는 것과 같은 기능을 수행한다. 대리도매상의 종류로는 누구를 대리하느냐에 따라 제조업자의 대리인, 브로커, 위탁상인, 판매대리인 그리고 구매대리인 등이 있다.

1) 제조업자 대리인

제조업자 대리인(manufacturer's agent)은 장기적인 계약을 통해 제조업자의 제품을 특정 지역에서 판매대행을 하는 도매상이다. 제조업자의 제품의 일부만을 취급하며 거의 모든 판매 관련 사항을 계약을 통해 정하게 된다. 주로 몇 개의 비경쟁적인 제품을 생산하는 제조업자를 대신하고 비용은 제조업자와 공동으로 부담하게 된다. 새로운 시장에 대한 경험이 없는 제조업자가 신시장에 진출하는 경우에 제조업자 대리점을 이용하는 것은 좋은 대안이 될 수 있다.

우리나라에서는 흔히 전속대리점이라 불리는데, 한정된 특정 지역에서 해당 제조업체의 제품만을 판매하는 도매상으로, 특정 제조업체에 담보를 제공하고 제품을 공급받아 소매점에 판매하면서 제조업체의 매출향상에 기여하면서 시장점유율과 브랜드 파워에 큰 영향을 주고 있다. 시장점유율이 높은 브랜드의 대리점은 독과점적 경쟁력을 가지고 있어 소매점에 우월적 지위를 가지고 판매하게 되지만, 브랜드 인지도가 낮거나 제조업체의 시장점유율이 낮은 경우에는 소매점에 적극적인 영업을 실시해야 하는 어려움이 있다. 제조업체의 대리상으로서 상품판매를 위한 대리 역할을 하므로 유통경로 내에서 상류상의 위치는 제조업체의 일부분이기도 하고, 물류상의 위치는 도매상으로서 개인사업자 성격을 띠기도 한다. 따라서 어떤 경우에는 제조업체 입장을 대변하고 또 어떤 경우에는 중간상인의 입장에서 애로 사항을 토로하기도 한다. 전속대리점은 경쟁회피를 위한 일부 기업의 전략으로 활용되면서 가격인상 및 구색제공의 한계, 본사의 과잉간섭 등의 문제로 개선의 필요성이 제기되기도 한다.

2) 판매대리인

판매대리인(selling agent)은 기업의 마케팅부서와 같은 기능을 수행하는 도매상이다. 비경쟁적인 제품을 생산하는 몇 개의 제조업자를 대신하여 비교적 넓은 지역을 대상으로 판매를 수행한다. 가격, 촉진, 포장 등에 대해 제조업자의 통제를 받게 되지만 자체적으로 시장조사를 수행하여 경쟁상태, 소비자 욕구의 변화, 제품의 개선방향 등에 대해 제조업자와 논의하기도 한다.

제조업자의 대리인과 유사하지만 다음과 같은 면에서 차이가 있다. 첫째, 판매대리인은 전량까지도 취급하지만 제조업자의 대리인은 일부 제품만을 취급한다. 둘째, 판매대리인이 제조업자의 대리인보다는 활동범위가 넓고 비교적 자율적인 의사결정이 가능하다. 셋째, 판매대리인은 모든 지역에서 판매를 하지만 제조업자의 대리인은 제조업자의 시장지배력이 약한 지역에서만 활동한다. 넷째, 판매대리인은 신용을 제공하는 반면 제조업자의 대리인은 그렇지 못하다. 다섯째, 제조업자대리인이 특정 제조업자의 판매를 대신하는 역할에 한정되어 해당 제조업체의 인지도와 시장점유율에 의해 파워가 결정된다면, 판매대리인은 보다 독단적 기업으로 다수 제조업체의 상품을 매입하고 판매하여 스스로의 상품구색, 공급가격, 일괄물류 등에서 파워를 가질 수 있다.

3) 브로커

브로커(broker)는 거간이라고도 하는데, 주로 거래를 알선하는 기능을 수행하며 소유권을 취득하지는 않고 제3자의 위치에서 구매자와 판매자를 찾아서 거래를 성사시켜 거래 양 당사자로부터 수수료를 받는 도매상이다. 소유권을 가지지 않기 때문에 위험을 부담하지 않으며 금융기능도 수행하지 않는다. 시장의 상황이나 정보를 미리 파악하고 있다가 적절한 시기에 매매를 성사시키고 수시로 판매자에게 정보를 제공하게 된다. 판매와 구매 양자의 업무에 경험 있는 전문적인 도매상이다.

흔히 브로커와 위탁상인은 비슷한 기능을 하는 도매상으로 취급하지만 실상은 전자가 제3자 명의로 거래에 임하는 반면, 후자는 자기 명의의 거래를 하는 점과 전자가 거래 양 당사자로부터 수수료를 받지만 후자는 판매자로부터만 받는다는 점 등에서 분명히 차이가 난다.

4) 위탁상인

위탁상인(commission house, commission agent)은 객주라고도 하며, 제조업자가 위탁한 제품을 자기 명의로 자기 책임 하에 위험을 일부 부담하면서 직접 보관하며 판매를 진행시키는 도매상이다. 판매가 끝나면 수수료, 수송비, 그리고 기타 비용을 제하고 남은 판매대금을 위탁자에게 지급한다.

브로커보다는 비교적 많은 기능을 수행하는데 판매, 보관, 등급화, 재포장, 금융기능 등을 주된 업무로 하고, 판매자가 제시한 판매조건에 따라야 하기 때문에 브로커보다는 덜 자유롭다. 브로커가 거래 양 당사자를 대신한다면 위탁상인은 주로 판매자만을 대표하게 된다.

우리나라에서는 옛부터 객주라는 도매상은 독특한 특징을 지니고 있었다. 객주집은 흔히 여러 개의 방을 대여해 주고 상인들이 며칠씩을 지내면서 마땅한 거래 제품을 기다리는 장소였다. 위탁받은 제품을 보관하기도 하며 금전적인 어려움이 있는 구매자에게는 구매대금을 빌려 주기도 하고 원거리까지 제품 수송을 대행해 주기도 하였다. 위탁상인은 보통 숙박업을 겸하면서 시장의 형성과 확장, 새로운 거래조건의 개발, 그리고 포괄적인 시장정보의 제공 등의 기능을 수행하였다.

5) 구매대리인

구매대리인(purchasing agent)은 구매자를 대리하여 상품을 구매하여 주는 도매상이다. 판매대리인이 판매자가 원하는 지역에서 제품의 판매를 대행해 주는 역할을 하는 것이라면, 구매대리인은 구매자가 원하는 제품을 조달해

주는 역할을 대행해 주는 것이다. 일반적으로 구매대리인은 구매자와 장기간 관계를 유지하면서 상품을 구매하고 인수받은 상품을 검사하여 창고에 보관하며, 구매자에게 제품을 보내주는 역할을 한다. 의류제품 거래에서 많이 이용되는 것을 볼 수 있으며 기업에서 생산에 소요되는 재료나 장비 또는 제품 생산과 직접 관련된 원자재를 제외한 소모성 자재(MRO: maintenance, repair and operation) 구매를 대행해 주는 경우도 이에 해당된다고 볼 수 있다.

2.3 제조업자 도매상

제조업자가 운영하는 도매상으로 제조업자의 판매지점(sales branches)과 판매사무소(sales offices)가 있다. 판매지점에는 창고시설을 갖추고 본사의 지휘를 받아서 제품재고를 보유하면서 판매원을 두고 있다. 판매지점이 존재하는 것은 제품의 판매단위당 가격이 고가이거나 취급이 어렵고 보증과 수리업무가 중요한 제품인 경우이다. 판매지점은 주로 인구 밀집지역이나 시장 집중지역에서 제조업자의 자금규모가 크고 창고의 여유가 있는 경우에 운영이 유리하다. 지점은 주로 목재, 자동차 정비, 부품산업에서 활용되는 도매상이다.

제조업자의 판매사무소는 창고시설이 없어서 재고를 보유하지 않고 공장이나 창고로부터 직송을 받아 제품을 판매한다. 주로 일상 생활용품, 잡화류, 건조상품 등을 취급하고 있다.

유통실무 Focus

도매시장 수난시대

우리나라에서 가장 좋은 품질의 농축산물을 찾으려면 도매시장에서 최고가를 받는 상품을 리스트 업(list-up) 하면 된다. 굳이 경매가 아니어도 유통인들은 품질 높은 상품에 좋은 점수를 부여하는 능력을 수십 년간 쌓아왔다. 좋은 상품에 가장 높은 가치를 부여하는 역할은 도매시장 기능 중 하나다.

도매시장은 수요와 공급의 최적점을 찾는 곳이

다. 산지에서 농축산물이 모여들고 소비지로 분산되는 장소인 동시에 가격을 발견함으로써 상품의 가치를 돈으로 환산해준다. 이때 도매시장은 환산된 가격을 생산자에게 지급하고 소비지에서 지불받음으로써 상품과 돈을 매개하는 상징적인 곳이기도 하다.

이런 기능 외에도 출하할 방법을 찾지 못한 농민들에게 그들이 생산한 상품을 받아주는 기능도 도매시장이 제공한다. 또한 그동안 거래돼 왔던 유통정보를 빅데이터화해 수급을 예측하고 시장에 신호(signal)를 줌으로써 시장 충격을 완화시켜주기도 한다.

수요가 공급보다 넘쳐나거나 산지가 대형화되고 교섭력이 커지면 도매시장과 같은 유통채널은 많은 장점에도 불구하고 기피의 대상이 된다. 산지에서 도매시장에 수수료를 주면서까지 출하할 유인이 사라지기 때문이다. 우량 출하자들은 굳이 판로를 확보하지 않아도 공급할 곳은 넘쳐난다.

가령 우리나라 돼지 유통은 산지 농가들이 대형화 · 규모화됨으로써 도매시장 기능이 크게 위축됐다. 1년간 우리나라에 돼지 10마리가 출하된다면 1마리도 채 도매시장을 거치지 않는다. 민간기업이 농민을 계열화한 생닭 시장은 도매시장 자체가 존재하지 않는다. 도매시장 기능이 축소되고 있는 대표적인 품목은 곡물산업이다. 산지의 규모화와 기계화, 소비지의 대형화, 쌀의 포장유통 등 다양한 원인이 복합적으로 작용하며 도매시장을 축소시켰다. 우리나라에서 유일하게 존재하는 양재동 양곡시장은 존폐 위기까지 거론되고 있다.

자료: 팜인사이트, 2019.6.19.
(http://www.farminsight.net/news/articleView.html?idxno=2492)

Section

3 도매상의 현황과 혁신전략

3.1 도매업 현황

통계청의 한국표준산업분류에서는 도매업종을 산업용 농·축산물 및 산동물 도매업, 음·식료품 및 담배도매업, 가정용품 도매업, 기계장비 및 관련 물품 도매업, 건축자재 철물 및 난방장치 도매업, 기타 전문도매업, 상품종합 도매업, 상품중개업 등의 총 8개의 소분류로 구분하고 있다. 도매업 및 중개업 사업체 수가 22만 6천여 개이며 가정용품 도매업이 5만 3천여 개로 가장 많으며, 동네 슈퍼마켓에 상품을 공급하는 음·식료품 및 담배도매업 사업체가 5만여 개로 나타났다. 업종별 사업체 수와 종사자 수, 매출액 분포는 <표 6-1>과 같다.

통계청에서 실시한 도소매업조사에서는 <표 6-2>와 같이 도매업 전체 사업체 중 약 80%가 종사자 수 4인 이하의 소상공인으로 구성되어 있는 것으로 나타났으며 50명 이상의 사업체 수 비중은 0.6%에 불과하다. 57.4%의 종사자가 10명 미만의 소규모 사업장에 종사하고 이들이 차지하는 매출액 비중은 43.2%이다. 4명 이하 종사자인 도매상 수 비중이 미국과 일본에 비해 월등히 높다. 도매업체당 종사자 수는 평균 2.4명, 평균 매출액은 274.2백만 원(월 22.8백만 원), 사업체당 건축연면적은 110.6m^{2}로 매우 영세한 규모임을 알 수 있다.

최근에는 유통환경 변화에 따라 대형소매업체들이 직접 물류센터를 운영하면서 도매기능을 대체해 가고 있고, 강력한 구매력을 기반으로 도매업에도 뛰어들어 동네 영세 슈퍼마켓에 도매공급을 실시하고 있다. 또한 온라인을

〈표 6-1〉 도매업 업종 및 현황

		사업체 수 (개)	종사자 수 (명)	매출액 (백만원)	비중(%)		
					사업체 수	종사자 수	매출액
도매업 및 상품중개업		226,228	997,652	396,822,247	100.0	100.0	100.0
도매업	구입한 새로운 상품 또는 중고품을 반영하지 않고 소매업자, 산업 및 상업사용자, 단체, 기관 및 전문사용자 또는 다른 도매업자에게 재판매하는 산업활동	219,721	967,476	386,432,391	97.1	97.0	97.4
산업용 농·축산물 및 산동물 도매업	가공하지 않은 농·축산물 및 수렵물을 도매하는 산업활동을 말함. 이러한 것들은 산업용으로 많이 사용되며 산동물을 도매하는 산업활동도 여기에 포함	7,613	23,532	5,765,719	3.4	2.4	1.5
음·식료품 및 담배도매업	과실, 채소, 식용유지, 도축고기, 수산물, 설탕, 설탕과자 및 빵류, 음료, 커피, 차, 코코아 및 조미료, 가공담배 등을 도매하는 산업활동	50,264	223,946	70,753,869	22.2	22.4	17.8
가정용품 도매업	각종 가정용품을 도매하는 산업활동	53,238	252,536	72,348,884	23.5	25.3	18.2
기계장비 및 관련 물품 도매업	산업용 기계장비 및 기타 기계장비를 도매하는 산업활동	42,396	210,571	83,627,236	18.7	21.1	21.1
건축자재 철물 및 난방장치 도매업	일반 건설자재, 철물 및 냉난방 장치, 기타 건축자재를 도매하는 산업활동	24,552	83,280	26,597,899	10.9	8.3	6.7
기타 전문 도매업	고체, 액체 및 기체연료 등의 각종 연료, 화학 물질제품, 방직용 섬유 및 사, 재생재료, 폐품 및 기타 산업용 중간제 등을 도매하는 산업활동	40,571	159,432	101,197,231	17.9	16.0	25.5
상품종합도매업	종합상품을 자기 계정으로 구매하여 도매하는 산업활동	1,087	14,179	26,141,552	0.5	1.4	6.6
상품중개업	통상 구매자와 판매자를 연결시켜 그들의 사업을 영위하거나 상업적 거래를 대리하는 산업활동	6,507	30,176	10,389,856	2.9	3.0	2.6

자료: 제9차 한국표준산업분류(통계청), 국내 도매업 현황과 시사점(Retail CEO Report 제8호, 대한상공회의소).

〈표 6-2〉 도매업 종사자 규모별 현황

	사업체 수 (개)	종사자 수 (명)	매출액 (백만원)	비중(%)		
				사업체 수	종사자 수	매출액
전체	219,721	967,476	386,432,391	100.0	100.0	100.0
1~4명	174,994	369,473	95,969,115	79.6	38.2	24.8
5~9명	29,628	186,019	71,289,580	13.5	19.2	18.4
10~19명	9,896	128,322	50,364,764	4.5	13.3	13.0
20~49명	3,849	110,528	49,927,386	1.8	11.4	12.9
50명 이상	1,354	173,134	118,881,546	0.6	17.9	30.8

자료: 도소매업조사(통계청), 국내 도매업 현황과 시사점(Retail CEO Report 제8호, 대한상공회의소).

통한 도・소매 거래량도 증가하고 있어 도매기능을 대체해 가고 있다. 이처럼 소매업 생산지수는 성장하고 있는 반면, 도매업의 생산지수는 지속적으로 감소하는 등 도매상의 입지가 점점 줄어들고 있어 도매업 경쟁력 강화를 위한 지원 및 정책이 필요하다.

3.2 도매업 혁신전략의 방향

도매상의 필요에 관한 여러 이론과 실제 역할에도 불구하고, 도매상은 유통경로 내에서 불필요한 존재라는 부정적인 입장도 있다. 사실 우리나라의 경우 농수축산물의 유통경로를 보면 여러 가지 이름의 도매상이 모두 불필요할 뿐만 아니라 유통구조 전체를 개혁하는 일이 시급하다. 산지에서 생산물의 가격이 폭락하더라도 수집상을 시작으로 가격이 상승하기 시작하여 최종 분배자인 소매상에 이르게 되면 평상시 가격과 별 차이 없이 공급되고 있는 것이 우리나라 유통의 현실이다. 이에 따라 다양한 주체를 통해 여러 가지 도매기능 활성화와 효율성 증진방안이 모색되고 있다. 최근에는 도매상의 기능이 종전보다 세분화・전문화되고 있다. 이는 과거에는 완전기능도매상이 많았으나 최근에는 한정기능도매상이 늘어나고 있으며, 이것은 이들의 경쟁력이 더욱 우수하다는 것을 뜻한다.

국내 도매업은 제조업체 중심의 유통구조와 도매업체의 영세성으로 인해 경쟁력이 약화되고 있다. 특히 최근에는 소매상의 대규모화와 파워의 증대로 제조업체와 직거래가 증가하고, 도매상의 주거래업체인 중소업체의 부진으로 도매상의 입지마저 흔들리고 있다. 이러한 도매업의 문제를 파악하고 해결방안을 모색할 필요가 있다. 따라서 도매상들은 합리적인 경영의 도입을 통해 경로상의 영향력을 키워가고 있으며, 제조업자와 소매기업들의 틈바구니에서 그리고 도매상 자신들과의 경쟁에서 살아남기 위해 노력하고 있다. 도매상의 혁신전략을 요약하면 <표 6-3>과 같다.

〈표 6-3〉 도매상의 혁신전략

(1) 도매상의 합병과 매수(M&A)	기존시장에서의 지위확보, 다각화를 위한 전·후방 통합
(2) 자산의 재배치	회사의 핵심사업 강화 목적, 조직의 재설계
(3) 회사의 다각화	유통다각화를 통한 유통라인 개선
(4) 전방과 후방통합	이윤과 시장에서의 지위강화를 위한 통합
(5) 자산가치 높은 브랜드의 보유	시장에서의 지속적인 경쟁력을 획득하기 위한 전략
(6) 국제시장으로의 확장	합작투자와 전략적 제휴를 통한 해외진출 가속화
(7) 부가가치가 높은 서비스의 개발	급행 서비스에서부터 주문 서비스에 이르기까지 가치를 증가시키기 위한 다양한 서비스의 제공
(8) 시스템판매(system selling)	종합적인 구매관리 프로그램
(9) 새로운 게임전략	자신과 경쟁자의 유통관련 변수 고려
(10) 틈새전략	특정 범위에 특화함으로써 중요한 경쟁적 우위를 얻기 위함
(11) 복합마케팅	이익률 하락을 막기 위한 방어적 측면 단기적인 성과를 올리기 위한 공격적 측면
(12) 유통의 새로운 기술	온라인 주문과 발주 시스템, 향상된 재고관리, 창고 자동화

유통실무 Focus

벤더(vendor)

수집과 분배의 기능을 중심으로 단순히 제조업자와 최종소매업자 사이에서 주로 중개기능을 하던 과거의 도매상과는 달리 여러 제조업자들로부터 제품을 구매하고 이를 최종소매업자에게 분배하며 그들 사이에서 시장개척과 제품개발, 재고관리, 마케팅, 홍보활동 등의 기능들을 수행하며 보다 확대된 역할을 하는 벤더(vendor)가 성장하고 있다. 벤더는 협력업체, 하청업체, 납품업체 등으로 불리는데, 최근 주요 유통업체들의 대형화·기업화와 더불어 소비자의 욕구가 더욱 다양화됨에 따라 유통경로상에서의 벤더의 역할 및 중요성이 더욱 커지고 있다.

벤더는 기존의 도매상들이 한 업종에 주력하던 것과는 달리 전산화된 물류체계를 갖추고 편의점이나 슈퍼마켓 등 체인 소매업체들에게 식품, 공산품, 잡화 등 분야별로 특화된 상품들을 다품종 소량으로 공급하는 도매업자이다. 미국과 일본 등 선진국에서는 오래 전부터 정착된 유통업 형태이나 국내에는 편의점과 함께 선보이기 시작했다. 우리나라 최초의 벤더는 1990년 1월 사업에 착수한 (주)콜롬부스코아퍼레이션이며, 한국에 도입되자마자 기존의 가공공장·창고업·운수업·도매업의 기능을 광범위하게 대체하면서 재래식 중간도매상이나 물류업체를 위협하는 존재로 떠올랐다.

편의점의 경우 배송물량의 50% 정도가 벤더를 통해 이루어지며, 특히 신선하게 운반해야 하는 패스트푸드, 일배생식품, 일배가공식품을 전문 벤더에 위탁배송한다. 미국의 편의점들은 벤더가 발주도 담당하고 있다.

최근 인터넷 전자상거래를 비롯해 할인점, 홈쇼핑 활성화에 맞춰 더욱 늘어나는 추세이며, 유통업체와 생산업체를 연결하는 형태의 사업으로 인식되고 있다. 홈쇼핑 경우는 중간 유통업체가 아닌 거래업체를 단순하게 벤더로 통칭하고 있기도 하다. 할인점의 경우도 마찬가지로 대부분 직거래가 주류를 이루고 있지만 벤더의 공급비중도 30% 정도 차지하고 있다. 이들은 냉장벤더 · 냉동벤더 · 잡화벤더 외에 랜(LAN)벤더 · 멀티벤더 · 노트북벤더 · 통신기기벤더 · 소프트웨어벤더 · 전산화벤더 등 취급품목에 따라 다양한 형태로 세분화되면서 유통시장에 뿌리를 내리고 있으며, 앞으로도 그 추세가 계속 확산될 것으로 보인다.

이러한 벤더는 일반적인 도매상과는 다른 특성을 가진다. 첫째, 벤더는 기업과 기업 간의 거래로서 특정 기업의 사이에서 이루어진다. 제조업자는 일반적으로 도 · 소매상을 통하여 불특정 다수인을 대상으로 제품과 서비스를 생산하고 판매하지만, 벤더는 계약된 특정 품목을 제조업자와 최종소매업자 사이에서 유통하는 특징을 가지고 있다.

둘째, 벤더는 도매상과 비교하여 거래관계가 비교적 오랜 기간에 걸쳐 이뤄진다는 특징을 가지고 있다. 벤더는 제조업자와 최종소매업자의 협력업체로서, 이들 간의 거래가 일회성으로 그친다면 벤더 또는 협력업체라고 할 수 없다.

셋째, 유통경로가 고도화될수록 유통경로상에서의 벤더의 역할이 심화되는 특성을 가지고 있다. 예를 들면, 최종소매업자와 제조업자가 대형화됨에 따라 제품 또는 서비스의 원활한 관리를 위해 유통경로상의 벤더의 역할이 강화되고 거래의 수가 증가된다. 벤더는 다른 유통업체들과 달리 공급사슬선상에서 제조업자 또는 최종소매업자에 제품 혹은 서비스를 공급함과 동시에 시장의 각종 제품 및 서비스에 관한 정보를 개발하고 제공한다. 상품을 유통하는 단순 기능에서 탈피해 최근에는 자사 브랜드를 갖고 생산에서 직접유통부문까지 참여하는 등 영역을 점차 확대해 나가고 있는 상황이다.

유통실무 Focus

탈 도매시장 현상 먼 이야기가 아니다

도매시장은 1980년대 이후 유통혁신의 아이콘이었다. 한우 가격을 안정시키기 위해 도입된 것이 농협의 축산물 공판장이었다. 공판장을 통해 가격과 수급 문제를 해결했고, 유통비용을 절감시키는 등 많은 순기능을 발휘했다. 가락동 농수산물 도매시장도 물류비용 절감, 투명성 확보, 거래비용 감소와 같은 순기능으로 인해 도입된 지 30년이 넘었지만 아직도 수도권 주요 농수산물 공급 기지로서 역할을 수행하고 있다.

도매시장의 위기

ICT(정보통신기술)의 발전, 물류기법의 고도화와 함께 산지조직화, 소매유통의 대형화, 온라인 소매 유통 플랫폼의 약진 등으로 인해 도매시장을 거치지 않는 직거래가 활성화되고 있다. 아직까지 도매시장의 반입물량 등이 크게 줄지 않고는 있으나 유통비용을 절감하고자 하는 욕구, 과거와는 다른 맞춤형 상품에 대한 욕구 증가는 도매시장의 미래를 어둡게 하고 있다.

여기에 1~2인 가구 증가와 고령화는 장을 봐서 집에서 직접 조리를 하는 가정식은 줄어들고 편의점 등에서 판매하는 간편식으로 눈을 돌리게 하고 있다. 저녁이 있는 삶이 점점 일상화되고 있는 라이프스타일의 변화는 회식문화의 종말을 고했고 이로 인한 외식시장, 밤 유흥 업계도 얼어붙게 하고 있다.

외식업계는 인건비의 증가, 임대료 상승 등이 더해지면서 저렴하게 한 끼를 때울 수 있는 식당들이 줄고 있어 미국을 비롯한 서구 선진국, 일본 등과 같이 도시락이나 패스트푸드로 끼니를 해결하는 문화가 우리나라에도 곧 시작될 것으로 전망된다. 이러한 상황을 종합해 보면 지금 도매시장의 주요 거래처라 할 수 있는 중소 식당과 슈퍼마켓의 영향력은 조금씩 감소하고 간편식을 제조 유통하는 업체, 온라인 유통업체로의 농산물 거래의 무게추가 넘어갈 가능성이 높다.

라이프스타일의 변화, 라이프스타일의 분화는 과거 가성비 중심의 농산물 거래 패턴에 균열을 내고 있다. 채소류의 경우 가격이 매우 중요한 거래 변수였으나 이제는 품질, 신선도의 중요성이 높아지고 과거와는 다른 이력과 스토리를 찾는 소비자가 늘어나면서 로컬푸드, 유기농, 자연농법, 친환경, 산지 배송, 직거래, 텃밭 등 새로운 키워드가 각광받고 있다.

현재 도매시장에서 제값을 받을 수 없는 농산물도 다른 채널에서는 기존 도매시장보다 높은 가격이나 비슷한 가격에 거래가 성사되는 경우도 많고 도매시장이라는 물량 중심의 플랫폼이 담아내지 못하는 이력과 스토리를 찾아 산지와 직거래나 계약을 통해 물량을 확보하는 경우가 많아지고 있다.

대농, 거래비용보다 유통비용 절감의 필요

산지 조직화와 농가의 대형화는 도매시장을 통한 거래에 염증을 느끼고 있다. 들쭉날쭉인 가격, 높은 수수료는 농가들이 도매시장을 이탈하게 하는 주된 변수다. 이미 1990년대 중반부터 도매시장이 아닌 농장 문전 거래, 농장 직거래가 일상화된 양돈업, 철저히 계약에 의해 사육이 되고 있는 육계는 소규모일 때는 부담 가능한 비용들이 농장이 대형화되면서 회피해야 할 비용으로 바뀌며 직거래를 더 고착시키고 있다.

한우 도매시장이나 공판장 상장수수료는 1.5%로 내외로 한우 평균 경락가격을 850만 원 정도로 가정하면 12만 7,000원 정도의 상장수수료를 부담하게 된다. 1년에 20두 정도를 출하하는 중소 농가라 하면 1년에 수수료가 250만 원 정도에 불과하지만 100두가 되면 1,270만 원, 200두가 되면 2,500만 원이 되기 때문에 농장이 규모화될수록 상장수수료를 회피하고자 노력할 수밖에 없다.

실제로 도매시장과 공판장의 유통비중이 50%를 유지하고 있는 한우의 경우 한우협회가 직거래 사업을 3년 전부터 시작해 어느 정도 궤도에 올려놓았고, 유통업체들도 소규모이지만 직거래 플랫폼을 만들어 대응하고 있다. 농산물 도매시장의 상장수수료율은 축산물보다 더 높아 산지경영체나 대규모 농가의 경우 직거래를 통해 수수료를 회피하고자 하는 노력을 더 할 수밖에 없다.

이러한 이유로 인해 축산물의 직거래나 계약거래는 이제 유통의 대세가 되어가고 있고 농산물도 대형마트 정도나 대응했던 산지 직거래가 새벽 배송 등의 히트에 힘입어 온라인 유통업체로 이어지고 있어 귀추가 주목되는 부분이다.

도매시장 체질 개선 시급

이상의 이슈들은 탈 도매시장 현상을 설명하는 주요 변수들이다. 도매시장이 미래에도 지금과 같은 기능을 유지하기 위해서는 이러한 다양한 요구와 이슈에 능동적으로 대응할 수 있는 체질 개선이 요구된다.

제일 먼저 요구되는 것이 다양성을 품을 수 있는 플랫폼으로의 전환이다. 다양성은 단순히 농가들이 생산한 농산물을 경매하는 수준에 그치는 것이 아니라 적극적으로 소비자의 욕구를 분석하고 그들이 요구하는 상품을 산지와 함께 기획해 제안할 수 있는 능력으로 이야기해야 한다. 그러기 위해서는 도매상들 하나하나가 자신들의 시장, 고객들을 분석하고 그 고객들에게 적합한 상품을 수집해 제안할 수 있을 때 가능하다.

미래의 농산물 유통이 어떤 식으로 전개될지 속단하기는 어렵다. 다만, 포용적이고 다양성을 확보하지 못한다면 도매시장은 조금씩 쇠락의 길을 걸을 수밖에 없을 것으로 추측된다. 현재 도매시장은 농산물 유통 트렌드 변화 속도를 따라가지 못하고 있는 것은 확실하다. 탈 도매시장 현상을 극복하기 위해서는 다양한 거래방식을 통해 위험을 회피하고 다양한 상품을 취급할 수 있는 능력을 배양해 내야 한다. 또한 단순히 수집과 분산 기능을 넘어 새로운 트렌드에 맞는 상품을 기획하고 상품을 제안하는 역할을 수행해야 한다.

이상의 조건을 갖추지 못한다면 비싼 수수료를 물면서 도매시장에 출하할 이유가 사라지게 되고, 수요자들도 좋은 상품, 자신이 필요한 상품을 제안하는 공급자를 찾아 산지로 떠나는 것을 막을 수 없다.

지금은 ICT의 발달로 마음만 먹으면 산지와의 거래가 가능하다. 그리고 직거래를 하고 싶어하는 산지 경영체들도 무수히 많다는 것을 잊지 말아야 한다.

자료: 팜인사이트, 2019.7.5.
(http://www.farminsight.net/news/articleView.html?idxno=2585)

CHAPTER

07 유통경로설계

C/O/N/T/E/N/T/S

도입사례

레드오션에서 종근당건강이 차별화에 성공한 비결은

건강기능식품 시장은 최근 몇 년간 수많은 제약사와 식품회사들이 새롭게 뛰어들어 '레드오션'으로 인식됐다. 신상품을 내놓아도 제품마다의 차이를 잘 모르니 '센트룸'(GSK컨슈머헬스케어)과 같은 스테디셀러의 영향력이 큰 구조였다.

1996년 설립된 종근당건강 역시 수많은 건강기능식품 회사 중 하나였다. 비타민, 오메가3 등 여러 종류의 건강기능식품을 내놓았지만 제품의 차별 포인트를 찾아보기 힘들었다. 별 볼일 없었던 회사인 종근당건강이 회사 체질을 완전히 바꾸는 대변신을 시도한 건 5년 전이다. 소비자 타깃에 맞춘 제품 기획, 개발, 마케팅을 처음으로 했고, 약국 중심이던 기존 유통망을 온라인으로 바꿨다.

프로바이오틱스 건강기능식품 '락토핏'은 이런 전략으로 단일 브랜드 매출 기준으로 업계 1~2위권에 오르게 됐다. 2015년 637억 원이던 매출은 2020년 4,973억 원(개별 재무제표 기준)으로 5년 만에 7.8배 불었고, 같은 기간 영업이익은 26배(26억 원→677억 원) '점프'했다.

연령별 제품으로 맞춤형 공급

종근당건강은 유행에 맞는 제품을 빠른 시간에 내놓는 업계의 일반적인 판매전략을 탈피했다. 우선 많은 돈과 시간을 들여 심층 소비자조사(5,000여 명 대상)부터 했다. "좋은 제품을 내놓으려면 소비자들이 뭘 원하는지부터 알아야 한다"는 이유에서였다. 이 회사가 신제품을 출시하기 전에 대규모 소비자조사를 한 건 이때가 처음이었다.

여기서 찾은 해법은 두 가지였다. 프로바이오틱스 제품군의 큰손은 '아이를 둔 엄마'(구매비중 67%)며, 이들이 원하는 건 기술력을 내세운 제품보다 '우리 아이, 우리 남편에게 꼭 맞는 제품'이라는 것이었다.

이 결과를 통해 락토핏을 유아, 어린이, 성인 등 3개 군으로 나눴다. 제품의 배합도 싹 바꿨다. 유아용에는 모유성분을 더 많이 넣고, 어린이용에는 뼈 성장 등에 도움을 주는 비타민D 등을 추가했다. 이후 성인용을 여성, 남성, 노년으로 세분화한 연령별 타깃마케팅을 시행했다.

"어려운 기술 설명에 집착하지 말자"

프로바이오틱스 제품의 가장 큰 숙제는 유산균이 장까지 죽지 않고 가는 것이다. 이를 위해 경쟁업체들은 "프로바이오틱스를 여러 번 코팅했다"고 소비자를 설득시키는 데 주력했다.

하지만 제품을 사용하는 소비자들은 이런 코팅 기술의 차이를 잘 감지할 수 없다. 종근당건강 관계자는 "코팅을 더 많이 했다고 제품을 사는 소비자가 많지 않다는 걸 알게 됐다"고 말했다.

락토핏은 장까지 안전하게 배달할 수 있는 제품 기술력은 갖췄지만 '2중 코팅'과 같은 기술적 설명은 마케팅 과정에서 쓰지 않았다. 오히려 귀에 쏙 들어오는 로고송을 만들었다. "건강기능식품은 신뢰감을 줘야 한다"며 점잖은 광고를 만들던 과거와는 180도 다른 접근이었다. 회사 관계자는 "한 번 들어도 열 번 들은 것 같은 중독성 있는 로고송 덕분에 락토핏의 인지도가 순식간에 올라갔다"며 "젊은 엄마들에게 오히려 쉽게 다가갈 수 있었다"고 말했다.

"유통채널을 완전히 바꿔라"

락토핏 이전 건강기능식품들은 약국과 방문판매 등 오프라인이 주 판매 창구였다. 이런 접근법은 많은 영업사원 또는 판매사원을 필요로 했다. 하지만 약국 등에선 기존 회사들이 공고히 쌓아 놓은 장벽 때문에 종근당건강이 파고들 틈도 보이지 않았다. 락토핏은 이 시장을 과감히 포기하고 G마켓, 11번가 등 온라인 쇼핑몰에 집중했다.

'아이를 둔 엄마'들의 쇼핑무대가 온라인이란 걸 겨냥한 것이다. 온라인에서 잘 팔리자 홈쇼핑, 대형마트 등 오프라인 시장도 조금씩 열렸다.

영업사원이나 약국 등 유통망에 주는 돈이 줄어들자 가격경쟁력도 생겼다. 락토핏은 경쟁 브랜드보다 20%가량 가격이 낮다. 이를 위해 생산체계도 완전히 바꿨다. 대다수 건강기능식품업체들은 위탁생산회사(CMO)에 생산을 맡기고 있으나 종근당건강은 자체 생산시설을 갖추고 있다. 락토핏 판매가 크게 늘어 2019년부터 콜마비앤에이치에 일부 생산을 맡기고 있지만, 연말께 충남 당진 신공장이 완공되면 다시 100% 자체 생산체제로 바뀐다.

락토핏은 현재 '국민 유산균'이라 불릴 정도로 인기를 끌고 있다. 매출은 출시 첫해인 2016년 180억 원에서 지난해 2,620억 원으로 4년 만에 14.5배 증가했다. 1초에 한 통씩 팔린다는 뜻으로 '1초 유산균'이란 별명도 얻었다. 이런 유명세는 후발 주자들과 차이를 더욱 벌릴 수 있는 마케팅 포인트가 되고 있다.

자료: 한국경제, 2021.7.23.
(https://www.hankyung.com/economy/article/202107233202i)

Section

1 유통목표 설정

설계란 목적에 따라 실질적인 계획을 세우는 것이다. 유통경로설계는 기존의 유통경로가 없는 상황이나 기존 경로를 수정하기 위해 마케팅목표와 유통목표에 따라 유통경로를 계획하는 것을 말한다. 이러한 유통경로설계 작업은 제조업자, 도매상, 소매상 누구나 할 수 있다. 그러나 마케팅전략을 수립하여 실행하는 관점에서 본다면 제조업자가 설계하는 경우가 보편적이며 가장 많은 경우라 할 수 있다.

이번 장에서는 제조업자의 관점에서 마케팅하고자 하는 제품의 유통경로를 설계하는 과정을 살펴보게 된다. 참고로 도매상이나 소매상 같은 유통업자의 관점에서 경로를 설계하는 것은 상품을 어떤 경로로 매입할 것인가의 의사결정범위에 속하기 때문에 소매관리의 머천다이징(merchandising) 분야에서 살펴볼 수 있다. 경로설계의 절차는 [그림 7-1]과 같이 진행된다. 각 단계가 순차적으로 이루어지는 것이 원칙이지만 상황에 따라 순서가 바뀌거나, 동시에 고려될 수도 있고 불필요한 단계는 생략될 수도 있다.

경로설계 시 가장 먼저 이루어져야 할 의사결정은 목표를 설정하는 것이다. 경로설계의 이유는 주로 제품출시, 시장상황의 변화 또는 기존 경로에 개선이 필요한 경우에 발생하게 되는 것이다. 그래서 명확한 목표설정을 위해서는 두 가지 사항에 대한 분석이 선행되어야 한다. 첫째는 설계하는 제품의 마케팅전략을 먼저 파악하는 것이다. 유통경로는 마케팅전략에서 설정된 목표에 따라 목표고객에게 제품의 가치 및 효용을 제공하는 마케팅 채널이기 때문에 마케팅전략을 먼저 파악해야 하며, 유통 외의 마케팅믹스 요소인 제품, 가격, 촉진전략과도 연계되어 고려되어야 할 것이다.

[그림 7-1] 경로설계의 절차

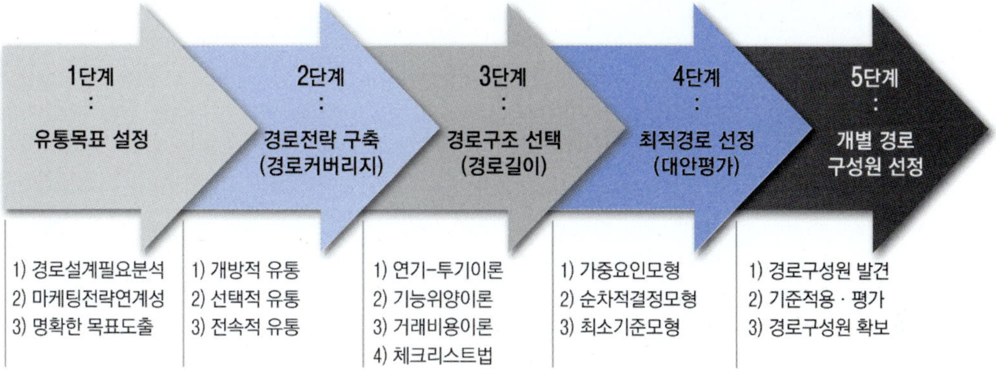

둘째는 경로설계의 원인을 명확히 인식하는 것이다. 주로 제조업자가 경로설계의 필요성을 인식하게 되는 상황은 <표 7-1>에 제시되어 있는 예시와 같이 다양하다. 유통경로의 설계와 선택은 다른 마케팅 의사결정에 비해 장기적인 의사결정이며, 비용이 크게 들고 복잡하고 쉽게 변경할 수도 없다. 특히 경로를 변경하는 일은 기업의 전체적인 특징 및 이에 대한 인식에도 큰 영향을 미치기 때문에 경로구조의 변경은 드문 일이고 매우 위험스런 일이다. 기업이 간혹 경로구조를 수정할 수는 있지만 급격한 변경은 신중하게 고려되어야 한다. 그렇기 때문에 경로설계를 해야만 하는 이유가 무엇이며, 설계를 통해 무엇을 달성하고자 하는지가 명확해야지만 경로구성원의 역할이나 경로의 길이, 소매점포의 수 등 구체적인 의사결정이 가능하며 신중한 의사결정이 가능해진다. 이처럼 유통경로의 목표를 설정하기 위해서는 경로설계 및 개선의 구체적인 이유를 인식하고, 현재 유사제품 또는 기존 제품의 유통경로의 현황과 문제를 명확히 분석해야 하며, 다른 마케팅믹스 요소와의 조화도 충분히 고려되어야 한다.

이러한 상황에 대한 인식과 분석이 명확히 이루어지게 되면 유통경로설계의 목표가 명확히 제시되어야 하므로 목표의 범위, 시기, 측정가능성 등이 고려되어야 한다. 그래서 전체 경로의 장기적인 목표에 부합해야 하고 양적인 용어로 작성되어야 한다. 예를 들어, 식품유통업체가 고품질 냉동 패스트

〈표 7-1〉 경로설계가 필요한 상황의 예시

구 분	원인의 예시
신규개발	• 신제품 개발 • 기존제품의 시장확대 또는 지리적 유통망 확대로 인한 신시장 유통경로개발 • 마케팅전략 및 마케팅믹스의 변화 또는 새로운 이미지 구축을 위한 경로 변경 • 기술발전으로 인한 새로운 유통경로의 개발(인터넷, 모바일 등)
기존경로	• 중간상 정책의 변화로 인한 경로 변경 • 경쟁환경의 변화로 인한 경로 변경 • 새로운 도매상의 등장 • 새로운 소매상 또는 업태의 등장 • 기존 유통경로와의 갈등 • 현재 유통경로 성과 미흡 • 소비자 욕구의 변화

푸드 제품을 개발하여 슈퍼마켓과 편의점에서 판매하고자 하는 경우, 이 제조업자의 경로목표는 「서울의 직장 여성들의 70%가 10분 이내 운전하여 구매할 수 있도록 경로를 구축하는 것이며, 이러한 목표 수준을 제품 출시 후 12개월 안에 달성하는 것이다」라고 구체적으로 정리될 수 있다. 고객이 원하는 서비스 수준을 깊이 분석하는 일과 경로의 목표들, 이를테면 투자수익률, 시장점유율, 절대적인 이익의 크기 등과 같은 장기적인 경영목표를 토대로 하여 작성된다. 이러한 구체적인 목표를 설정하는 것은 목표 달성을 위한 동기를 부여하고 전략수행의 방향을 제시해주어서 전략을 구체적으로 실행하는 지침의 역할을 한다. 특히 초기 설정한 목표를 달성했는지 성과측정을 통해 유통경로 개선이나 개발을 진행하는 환류로 이어져야 하기 때문에 성과측정이 가능한 목표가 설정되는 것이 중요하다.

간혹 양적이지 못한 목표를 설정하여 성과를 측정할 수 없는 문제가 발생하거나, 양적인 목표를 설정하고도 평가를 제대로 하지 못하는 오류가 발생하기도 한다. 예를 들면, 여러 가지의 목표를 설정한 후 사후적으로 목표 달성 여부를 확인하는 경우에 하나의 항목으로만 목표달성도를 평가하는 오류, 처음에 설정한 목표와 다른 항목을 사후에 검증하여 목표달성도를 확인하는 오류 등이 있으므로 평가 시에도 주의가 필요하다.

유통실무 Focus

현대백화점그룹… 10년 뒤 매출 두 배로 달성

현대백화점그룹이 창립 50주년을 맞아 "오는 2030년 매출 40조 시대를 열겠다"는 '비전 2030'을 발표했다.

4일 현대백화점그룹이 발표한 '비전 2030'을 보면, 그룹은 '유통, 패션, 리빙 · 인테리어' 등 3대 핵심 사업에 대한 맞춤형 성장전략을 수립해 추진하는 한편, 기존 사업과 시너지를 창출할 수 있는 미래 신수종 사업에도 적극 진출해 10년 뒤 그룹 매출 규모를 현재의 두 배 수준인 40조 원대로 키우겠다는 목표를 세웠다.

핵심 유통채널인 현대백화점과 현대아울렛은 온 · 오프라인 채널의 융복합으로 질적 성장에 초점을 맞춘다는 계획이다. 이커머스 경쟁력 강화를 위해 더현대닷컴과 '현대식품관 투홈'의 전문화를 추진하고, 라이브커머스(실시간 방송 판매) 사업도 확대할 방침이다. 차별화된 상품으로 구성된 '근린형 유통 플랫폼'과 상권 특성에 맞춰 식음료(F&B)를 구성해 운영하는 '푸드 플랫폼'(셀렉트다이닝) 등 연관 업태 진출도 계획 중이다.

아울러 뷰티 · 헬스케어 · 바이오 · 친환경 · 고령친화 등의 분야를 미래 신수종 사업으로 정하고, 사업 포트폴리오 확장에 드라이브를 건다는 구상이다. 현대백화점그룹 관계자는 "메가 트렌드 및 소비 패턴 변화에 맞춰 미래 수요가 확대되고 있는 사업 중 그룹의 성장전략(생활 · 문화)과 부합하는 분야에 대한 투자와 인수합병(M&A) 등을 통해 사업 다각화에 속도를 낼 방침"이라고 말했다. 예를 들어, 친환경 비즈니스 분야에서는 대체가공육, 생활 폐기물 처리 등으로 사업 진출을 검토하기로 했고, 고령친화 비즈니스 분야는 건강하고 편리한 노후생활에 필요한 상품 · 서비스를 제공하는 '토탈케어 솔루션 플랫폼' 사업을 추진할 예정이다.

앞서 현대백화점그룹은 10년 전에도 10년간 그룹이 추구해야 할 사업 추진 방향을 담은 '비전 2020'을 발표한 바 있다. 현대백화점 쪽은 비전 발표 이후 지난 10년간 신규 출점 등 대규모 투자와 10여 건의 인수합병(M&A)을 진행해 '유통, 패션, 리빙 · 인테리어'를 3대 축으로 한 사업 포트폴리오를 완성했다고 평가했다. 그 결과 2010년 7조 8,000억 원이던 그룹 매출은 2020년 20조 원까지 늘었다. 재계 순위(2019년 자산 기준)도 22위로 2010년(30위)보다 8계단 상승했다.

정지선 현대백화점그룹 회장은 "불확실성이 상시화된 상황에서, 산업 패러다임이 급변하는 환경에 기민하게 대응하고 새로운 성장기회를 창출해내기 위해 '비전 2030'을 수립하게 됐다"며 "'비전 2030'은 앞으로 10년간 그룹이 추구해야 할 핵심가치와 사업 추진 방향을 제시하는 나침반이 될 것"이라고 말했다. 정 회장은 전날 발표한 신년사에서도 '고객의 본원적 가치'를 강조하며 "고객이 궁극적으로 원하는 가치를 찾아 사업 프로세스와 일하는 방식을 바꿔 미래 성장을 준비해 나가자"고 밝힌 바 있다.

자료: 한겨레신문, 2021.1.4.
(https://www.hani.co.kr/arti/economy/marketing/977222.html)

Section

2 경로전략 구축

유통경로전략은 목표를 달성하기 위한 시장 커버리지이다. 주어진 지역 안에서 몇 개의 판매점포를 설정하여(커버리지 전략) 각각의 점포들로 하여금 어떠한 서비스를 제공하도록 할 것인가를 의사결정(지원 업무)하여 고객을 만족시키는 것이다. 예를 들어, 제품을 주문하여 도착하기까지 시간이 많이 걸릴수록 소비자의 불편은 증가한다. 패스트푸드점과 자판기는 고객의 대기시간을 단축시켜 성공한 예이다. 반면 카탈로그를 보고 구매 주문을 하는 고객처럼 기꺼이 기다릴 수 있는 고객들은 그 대가를 비용할인으로 보상받으려고 한다. 컴퓨터 수리점이나 주문품 배달 등에 있어서 며칠을 기다리라는 안내를 쉽게 따르는 경향이 있는 소비자들이 있는 반면, 지금 당장 서비스를 받을 수 없으면 크게 실망하거나 다른 대안을 찾으려는 경향이 아주 강한 소비자들도 있다. 고객들의 조급증은 느긋하게 기다리면서 충분한 서비스를 받거나 비용 절감 혜택을 누릴 수 있는 기회를 놓칠지도 모른다. 그러나 신속한 서비스를 제공하려면 소비자들이 이용할 수 있는 점포의 수를 늘리는 것을 고려해야 할 것이다.

2.1 커버리지 전략

시장 커버리지(market coverage)는 주어진 지역 안에서 중간상의 업무를 수행할 점포, 구체적으로는 소매점의 숫자를 의미한다. 소매점의 수가 늘어날수록 더욱 강력하고 적극적인 유통을 실행하게 되는 것이므로 유통 강도(distribution intensity)라고도 한다. 커버리지 전략의 세 가지 대안은 개방적 유통,

선택적 유통, 그리고 전속적 유통 등이 있다.

1) 개방적 유통

개방적 유통(extensive distribution)은 제품, 상표, 서비스가 가능한 한 많은 소매점에서 취급되는 유통을 의미하는 것으로 해당 제품의 유통을 원하는 소매상은 누구든 제품을 취급할 수 있도록 광범위하게 개방하는 것이다. 소매점의 수가 늘어나므로 더욱 이 시장에 집중적이고 공격적인 유통이 가능하므로 집중적 유통(intensive distribution)이라고도 한다. 흔히 소비자가 최소한의 노력으로 빈번히 구매하기를 원하는 경우에 이용되며, 대중시장을 목표로 하는 제품에 적합하다. 이를테면 담배, 비누, 신문, 껌, 사탕, 휘발유, 사무용품 등의 일상적인 생활용품이 해당된다. 산업재의 경우에는 운영에 필요한 소모품을 개방적으로 유통시키는 경우가 많다.

유통실무 Focus

이디야커피, 홈카페 제품 인기, 유통망 지속 확대

이디야커피는 코로나19로 인한 사회적 거리두기로 집에서 커피를 즐기는 홈카페 문화가 트렌드로 자리 잡으면서 자체 스틱커피 브랜드 '비니스트(BEANIST)'를 중심으로 홈카페 제품군 확대와 동시에 유통망 확장에 나서며 경쟁력 강화에 힘쓰고 있다고 밝혔다.

'비니스트'는 이디야커피가 지난 2012년 국내 커피 프랜차이즈 최초로 선보인 자체 스틱커피 브랜드로, 2020년 4월부터 드림팩토리에서 자체 생산 중이다. 아메리카노 3종과 매장 인기 메뉴를 스틱으로 선보인 라떼 4종에 드림팩토리 기술력을 기반으로 개발한 '커피믹스' 2종까지 총 9종으로 구성됐다. 비니스트를 찾는 사람이 늘면서 판매처도 전국 가맹점과 대형마트, 편의점까지 확대했다.

2020년 11월에는 이디야커피랩 커피를 집에서도 즐기도록 '비니스트 캡슐커피' 3종도 출시했다. 이디야커피랩은 이디야커피가 서울 강남구 논현로에 설립한 500평 규모 커피연구소이자 복합 커피 문화공간이다. 국내 최고 커피전문가들이 커피 개발과 맛 연구를 지속하고 있다. 편리미엄 트렌드에 캡슐커피 수요가 증가하자 2021년 2월 캡슐커피 유통망을 전국 가맹점으로 확대했다.

이디야커피는 이디야 탄산음료 '퓨레어(Purair: Pure, Real, Air)'를 출시하며 홈카페 제품군을 지속 확장했다. 퓨레어는 이디야커피의 제품 개발력을 바탕으로 천연 과일향과 맛, 탄산압이 완벽한 황금비율을 이뤄 기분 좋은 깔끔함을 느낄 수 있다. 퓨레어는 출시 이후 카카오 쇼핑과 11번가, G마켓 등 온라인 채널을 통해서만 판매됐음에도 6개월 만에 누적 판매 90만 개를 돌파하며 인기를 끌었다. 이에 이디야커피는 편의점으로 유통망을 넓히며 보다 많은 고객이 퓨레어를 편리하게 만나도록 했다.

국내 외에도 이디야커피는 최근 커피믹스 2종(스페셜 모카블렌드 · 스페셜 골드블렌드)을 미국에 첫 수출했다. 창사 이래 첫 미국 수출이다. 2020년 8월 출시된 이디야커피 커피믹스 2종은 출시 8개월 만에 국내에서 약 33억 원 매출을 올리는 등 좋은 반응을 얻어왔다. 이디야커피는 해외에서도 한국 커피믹스 제품이 편리하면서도 합리적인 가격, 뛰어난 맛으로 인기를 끄는 점에 주목, 높은 경쟁력을 갖춘 커피믹스 2종으로 글로벌 시장 확대에 나섰다.

이디야커피 관계자는 "여러 소비자 취향을 고려해 다양한 방법으로 이디야커피 제품을 즐기도록 관련 제품을 확대하고 있다"며 "이디야커피 매장은 물론 온라인, 대형마트, 편의점 등 언제 어디서나 이디야커피 제품을 즐기길 바란다"고 말했다.

자료: 이코노믹리뷰, 2021.5.28.
(https://www.econovill.com/news/articleView.html?idxno=534018)

2) 선택적 유통

선택적 유통(selective distribution)은 모든 소매점이 취급하도록 개방하는 것이 아니라 신중하게 선택된 소매점에서만 판매를 허용하는 방법으로 개방적 유통과 전속적 유통의 중간 유형에 해당된다. 이 유통전략은 소비자가 제품이나 서비스를 탐색하는 데 깊이 있게 무한히 노력하지는 않지만 어느 정도의 노력을 기울이고 비교구매를 하는 경우에 적절한 전략이며, 보다 세분화된 목표시장을 대상으로 하는 마케팅전략에 적합하다. 같은 제품이라도 판매하는 소매점의 이미지에 따라 제품의 선택이 달라질 수도 있는 경우에 해당되므로, 생산자는 자사 제품을 선택적으로 유통시키기 위해 특정 지역 안에서 자격을 갖춘 소매상들 중에서 몇 개의 점포만을 선택하거나 특정 유형의 소매업태(백화점이나 전문점) 중에서 선택을 하게 된다. 특정 상표명의 텔레비전(삼성 Neo QLED TV), 침대(시몬스 침대), 화장품(랑콤 화장품), 시계(롤렉스) 등은 선택적 유통을 취하고 있는 좋은 예이다. '파로돈탁스'라는 치약은 약국에서 판매함으로써 일반 소매점의 치약보다는 치료약 개념과 고가제품 개념을 더 잘 전달할 수 있을 것이다.

3) 전속적 유통

전속적 유통(exclusive distribution)은 주어진 지역 안에서 단지 하나의 점포에서만 특정의 제품, 상표, 서비스가 제공되도록 하는 유통전략이다. 그래서 해당 점포는 특정 지역 내에서 독점권을 가지게 되며, 쉽게 구할 수 없는 차별화된 이미지를 구축하게 된다. 이 유통전략을 이용하는 이유는 크게 두 가지인데 첫째, 고객이 제품이나 서비스를 탐색하는 데 많은 노력을 기꺼이 하는 경우이다. 이는 입지 편의성이 고객에게 중요한 경로서비스가 아니라는 뜻이다. 예를 들면, 신형 롤스로이스(Rolls-Royce)를 사기 위해 전국에 하나뿐인 대리점까지 가는 것을 마다하지 않을 것이다. 둘째, 전속적 유통은 상표 내 경쟁(intrabrand competition)을 제거해 주기 때문에 공급자와 판매상은 상표 간 경쟁(interbrand competition)에만 대비하면서 긴밀한 유대를 형성할 수 있다. 이러한 의미에서 배타적 유통이라고도 하며, 신형 자동차, 산업용 에어컨 장비, 특정 몇 가지 의류, 고가 기구, 건축 및 농업용 기계 등이 이러한 방식으로 유통된다.

유통실무 Focus

"우리 매장에만 있어요"… 단독 상품 찾는 발길

백화점, 대형마트, 편의점 등 오프라인 유통매장들이 온라인 쇼핑 공세에 밀리지 않기 위해 '우리 매장'에 와야만 살 수 있는 단독 상품을 잇달아 선보이고 있다. 와인부터 집밥용 먹거리, 럭셔리 조명과 시계까지 다양하다.

2021년 4월 6일 유통업계에 따르면 이마트24는 올해 스팀슨 에스테이트 샤도네이와 멜롯, 안티구아스 리제르바 카베르네 소비뇽 등 총 3종의 '단독 와인'을 출시했다. 와인은 수입사가 들여와 다양한 유통채널에 넘기는 것이 일반적이지만, 이 와인은 수입사가 이마트24에만 납품했기 때문에 국내에서는 오로지 이마트24 매장에서만 구입할 수 있다. 희소성 덕분에 반응이 좋아 출시 이후 스팀슨 멜롯은 2만 1,200병, 안티구아스는 1만 병이 팔려 나갔을 정도다. '국민 와인'으로 불리는 G7의 500㎖ 소용량 3종도 현재 이마트24에서만 판매하고 있다. 이를 포함해 현재 이마트24가 취급하는 단독 와인은 11종이며 올해 10종이 추가될 예정이다.

이마트도 오직 이마트 매장에서만 살 수 있는 단독 와인 확대에 힘을 쏟고 있다. 1병당 4,900원이라는 초저가로 선보인 '도스코파스' 5종은 출시

후 현재까지 350만 병이나 팔린 스테디셀러로 자리매김했다. 대량 매입을 통해 가격을 낮춘 '국민와인'도 이마트 대표 단독 상품이다. '피터르만 바로산 시라즈'로 출발한 국민 와인은 가장 최근에 나온 '콜롬비아크레스트 레드 블렌드'를 포함해 총 10종으로 늘었다. 일반 와인보다 최고 6배 많은 2만~3만 병을 한꺼번에 수입하는 전략으로 판매가를 1만 원대 후반으로 낮췄다. 이 덕분에 국민와인 시리즈는 출시 후 한 달 새 각 1만 병 이상씩 팔리며 인기를 주도하고 있다.

롯데백화점은 강남점과 본점에 전남 나주에서 200년간 종갓집 음식을 이어오고 있는 '남파고택' 한식당을 열고 된장, 들기름, 김부각, 우리콩 청국장, 김치, 보리굴비 등의 식당 메뉴를 집에서도 즐길 수 있게 만든 먹거리 제품 40여 종을 판매하고 있다. 남파고택에서 운영하는 식당은 별도 매장이 없고 현재 롯데백화점에 있는 매장 2곳이 전부라 여기서 파는 제품을 구입하려면 백화점에 와야만 한다. 백화점 관계자는 "식당을 들르는 손님 10명 중 1명은 먹거리 제품을 사러 올 만큼 반응이 좋다"고 설명했다.

생활용품에서도 이 같은 단독 전략으로 고객을 끌어모으고 있다. 롯데백화점이 강남점에 국내 최초로 문을 연 영국 프리미엄 리빙 편집숍 '더콘란샵'에서는 여기서만 살 수 있는 해외 럭셔리 리빙 제품을 선보여 완판 행진을 이어가고 있다. 영국 '앵글포이즈' 조명이 대표적인데, 이 브랜드 제품 중 '콘란 블루' 색상을 입힌 상품은 오직 더콘란샵에서만 구입 가능하다. 4가지 색상의 옻칠 마감이 특징인 콘란 익스클루시브 찹스틱(젓가락) 세트는 선물용으로 주목받으며 4만 5,000원이라는 가격에도 불구하고 출시할 때마다 잇달아 매진돼 벌써 세 번째 재주문이 들어간 상태다.

현대백화점은 더현대 서울에 영국 프리미엄 스파 브랜드 '뱀포드'와 이탈리아 바버숍(이발소) '바베노리스' 매장을 국내 최초로 선보였다. 뱀포드 국내 1호점에서는 프리미엄 스파 서비스는 물론 화장품과 의류, 잡화도 판매한다. H&M그룹의 SPA 브랜드 '아르켓' 매장도 한국뿐만 아니라 아시아를 통틀어 이번에 더현대 서울에 처음으로 문을 열었다.

자료: 매일경제, 2021.4.7.
(https://www.mk.co.kr/news/business/view/2021/04/333876/)

2.2 커버리지 전략 선택 시 고려요인

1) 고객의 애호 동기

시장 커버리지의 중심적인 결정 요인은 고객 애호 동기(customer patronage motives)인데 현재 및 잠재 고객이 점포와 제품을 어떻게 인식하고 있느냐에 따라 달라진다. 커버리지 전략은 <표 7-2>와 같이 점포와 제품의 조합에 의해 결정된다. 소비자에게 편의품으로 인식된 제품은 개방적 유통으로, 동질적 선매품으로 인식된 제품은 가격비교가 용이한 점포를 선택해서 유통시키며,

〈표 7-2〉 소비재 유형별 일반적인 경로목표

범 주		경로목표
편의품	필수품	최대의 노출을 필요로 하므로 낮은 비용으로 광범위하게 유통
	충동품	필수상품과 유사하지만, 특히 효과적인 진열을 구사
	긴급품	사용이 있을 법한 시간과 장소에서 가용하도록 함
선매품	동질적	가격비교가 용이하도록 노출
	이질적	주요 쇼핑지역에 있어서 유사한 다른 선매품 가까이에 노출
전문품		제품의 경로는 다소 제한적일 수도 있으나, 전문품으로 인식하지 않고 있는 고객에게 도달하기 위해서는 편의품 및 선매품들과 함께 취급
미탐색품		제품에 대한 주의를 환기시키고, 유사제품이 탐색되고 있는 장소에서 가용하도록 함

이질적 선매품은 유사한 제품을 판매하는 곳을 선택하여 품질비교가 가능하도록 유통시키는 것이다. 그런데 이러한 소비재 유형은 정해진 것이라기보다 소비자 인식과 소비패턴에 따라 얼마든지 달라질 수 있기 때문에 같은 범주의 전문품도 각기 다른 커버리지 전략을 취할 수 있다. 예를 들면, 전문의약품은 전문품이지만 편의를 위해 편의점에서 개방적 유통이 되기도 하며, 고가의 명품이나 선물세트도 편의점이나 카탈로그를 통해 판매될 수 있다. 제품의 유형을 어떻게 정의하고 어떤 커버리지 전략을 적용시키는가에 따라 고객의 인식과 애호 동기를 바꾸고 새로운 경쟁우위가 되기도 한다.

2) 유통 포화의 정도

유통 강도를 결정하는 또 다른 요인은 특정 상권 안에 자사의 제품이나 서비스를 유통시키는 점포의 수이다. 점포의 수가 너무 많으면 각 점포들은 다른 점포의 수요를 빼앗게 되는 일이 발생하게 된다. 새로운 점포가 기존 점포에 너무 가깝게 자리하게 되므로 판매와 시장점유율의 성장이 기존 점포들의 비용이 되는 셈이다. 이러한 경우를 제살깎아먹기(cannibalization)라고 한다. 제살깎아먹기를 막기 위해 신설점포는 경쟁사의 고객들을 끌어들일 수 있어야 한다. 그러나 고객들이 이미 지역적 편의성, 특별한 서비스, 오랜 관계 등

[그림 7-2] 시장 커버리지와 시장점유율 간의 관계

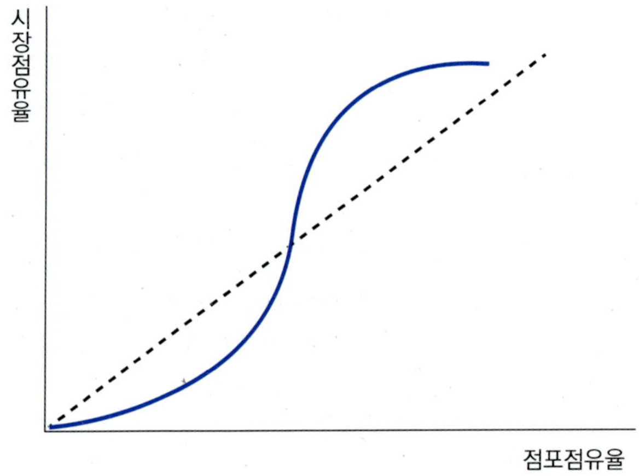

의 이유로 인해 기존 경쟁점포에 충성도가 높다면 신설점포로의 유입이 어렵다. 따라서 시장이 진정으로 포화되어 있는 경우라면 점포를 추가하는 것은 상표 내 경쟁을 증가시키게 되어 경로 내에 갈등을 유발시키게 된다. 이는 궁극적으로는 그 제품라인을 포기하게 할 수 있으므로 신중해야 한다.

점포의 수가 너무 적으면 판매 및 시장점유율 확보에 어려움이 있고, 광고와 촉진에서 경제성을 달성하기 어려울 수 있다. 점포 수가 줄어들수록 고객이 점포를 접할 기회가 적어지므로 회상하지 못할 가능성이 있다. 그러므로 점포의 수가 적은 경우에는 점포 수가 많을 때 보는 촉진효과를 실현할 수 없다. 오히려 인지도를 높이기 위한 광고비 부담이 증가할 수 있다. 그래서 특정 상권 내에 적당한 수의 점포를 출점하고 유지하며, 전략적으로 조정하는 것이 중요하다.

[그림 7-2]는 시장 커버리지와 시장점유율 간의 관계를 보여주고 있다. 점포의 점유(시장 점유)는 경쟁사에 대비한 자사의 유통의 강도를 나타내고 있다. 그러므로 '점포점유율=(자사 점포 수 / 경쟁사 점포 수) × 100'이라는 수식으로 계산되는 셈이다. 이 그림에서 주목할 점은 점포점유율이 낮으면 시장점유율이 낮아서 기업의 경쟁력이 생기지 않지만 점포점유율이 상당 수준 이상 증가하게 되면 자사의 경쟁력이 생길 정도로 시장점유율을 확보할 수 있다

는 점이다. 그런데 자사의 점포 수가 너무 많아져서 점포점유율이 일정 수준 이상이 되어버리면 더 이상은 시장점유율이 증가하지 않게 된다. 따라서 기업은 커버리지를 적당한 수준으로 조절하여 시장점유율면에서 경쟁력을 가져야 하지만 너무 많은 점포로 제살깎아먹기의 경쟁이 되어버리면 곤란하다.

유통실무 Focus

발 빠른 이마트24… 3년새 점포 5,000개로

편의점업계 후발주자인 이마트24가 '틈새 점포'를 공략하면서 점포 수를 꾸준히 늘려가고 있다. 스무디킹을 숍인숍 형태로 운영하는 복합 점포, 골프장 내 무인편의점 등 새로운 형태의 점포를 꾸준히 늘리면서 최근 점포 수가 5,000개를 돌파한 것으로 나타났다.

2020년 10월 기준 이마트24는 지난해 말 4,488개였던 점포 수가 5,131개(올 9월 말 기준)로 늘었다. 2020년 한해 동안 643개의 점포가 신규 출점했다. 위드미에서 이마트24로 브랜드명을 바꾼 2017년(2,652개) 이후 3년 만에 약 두 배가 됐다. 국내 편의점업계가 포화상태에 이른 상황에서 후발주자로서 성장세가 두드러진다는 평가다.

이마트24는 지난해 업계 최초로 골프장 그늘집에 편의점을 여는 등 새로운 영역을 꾸준히 개척했다. 2020년 9월에는 남대문시장 한가운데 면적이 8㎡에 불과한 초소형 매장을 선보였다. 자판기 형태의 매장을 제외하면 전국에서 가장 작은 규모의 점포다. 이마트24 관계자는 "소규모 상가의 활용도를 극대화하려는 가맹점주의 수요가 있어 점포를 개발하게 됐다"며 "시장 방문객과 상인들이 즐겨 찾는 식료품 위주로 판매하는 매장을 열게 됐다"고 설명했다.

새로운 가맹 형태도 이마트24가 영역을 확장하는 방식이다. 이마트24와 스무디킹을 동시에 운영하는 복합 점포는 전국 170여 개 지점으로 늘었다. 이마트24는 올해 상반기 편의점 계산대 공간을 활용해 스무디킹을 함께 판매할 수 있는 새로운 가맹 형태를 선보였다. 지난달에는 사무용품 전문점인 오피스디포와 협업해 '숍인숍' 매장도 도입했다. 오피스디포 본사가 직접 가맹계약을 맺고 서울 여의도에 1호점을 열었다.

점포 수 기준으로 편의점업계 4위인 이마트24의 공격적인 출점은 당분간 지속될 전망이다. 업계 선두권인 GS25와 CU의 점포 수는 지난해 말 기준 각각 1만 3,918개, 1만 3,877개에 달했다. 3위인 세븐일레븐의 점포 수도 9,870개였다. 이마트24의 점포 수는 선두 업체의 3분의 1 수준에 머물고 있다. 업계 관계자는 "통상적으로 점포 수가 7,000개 수준은 돼야 편의점 본사가 이익을 낼 수 있다"며 "후발주자인 이마트24는 공격적인 출점을 계속할 수밖에 없는 상황"이라고 말했다.

자료: 한국경제, 2020.10.21.
(https://www.hankyung.com/economy/article/2020102143911)

3) 경로구성원의 통제 및 협력 수준

유통경로구성원이 마케팅 기능을 통제하려는 욕망의 정도도 부분적으로는 시장 커버리지 전략의 결정에 영향을 미치게 된다. 만약 경로구성원이 개방적 시장 커버리지 전략을 채택하게 되면 시장에서 이루어지는 마케팅에 대한 통제는 상당 부분 포기하게 된다. 마케팅 흐름에 많이 가담하는 길만이 통제가 가능한 방법이기 때문에 경로구성원이 선택적 유통을 하게 되면 마케팅 기능에 대해 더 분명한 통제를 가하게 된다. 이때 경로구성원들 간에는 누가 어떤 기능을 수행할지에 대한 공식 혹은 비공식적인 합의를 하게 된다. 그러한 합의의 내용은 주로 취급 제품, 담당 지역, 재고 수준, 초기 설비 설치 서비스, 수리 보수 서비스, 판매량 할당, 그리고 광고 및 촉진 활동 등이 될 것이다. 유통경로에서 이루어지는 통제의 모든 이슈들은 시장 커버리지의 정도와 상관없이 경로관리에 매우 중요한 영향을 미치는 것들이다. 어떤 경우에는 경로구성원과의 협력을 통해 기업전략을 수행하고자 하는 경우도 있다. 이러한 경우에는 신중하게 파트너를 선정하여 협력할 수 있는 기준과 역할을 명확히 협의하여 진행해야 할 것이다.

Section
3 경로구조 선택

경로커버리지가 결정되면 소비자에게 도달해야 할 소매점의 분포나 수가 결정되므로 소매상까지 도달할 수 있는 구조를 설계해야 한다. 경로관리자는 목표시장에 효과적이고 효율적으로 도달하기 위해서 종종 하나 이상의 경로구조를 선택할 것이다. 경로구조는 경로를 구성하는 구성원들의 구체적인 형태, 수, 조직 등을 일컫는 말이다. 이것은 몇 개의 중간상을 개입시켜 어떤 역할을 할당할 것인가의 문제에 대한 의사결정이므로 결국 경로의 단계, 즉 경로 길이를 결정하는 것이다.

경로의 단계는 제조업자에서 소비자로 바로 직접유통이 이루어지는 0단계부터 소매상이 개입되는 1단계, 도매상과 소매상이 개입되는 2단계 등과 같이 한 개의 중간상이 개입될 때마다 한 단계씩 늘어나게 된다. 보통은 소비자가 더 높은 서비스 수준을 요구할수록 경로구조에 더 많은 중간상들이 가담해야 한다. 만약 소비자가 소량 단위로 구매하기를 원하면 많은 수의 도매상과 소매상이 가담하여 제조업자와 최종소비자 사이에서 분류작업을 해야 할 것이다. 만약 대기시간을 줄이려면 더 많은 편의점이 생겨야 하고 그러자면 더 빨리 전달해 줄 수 있는 많은 중간상이 경로구조에 포함되어야 할 것이다. 그러므로 만약 소비자가 구매하는 단위가 소량이며 대기 및 배달시간을 최소화하길 원하고, 제품의 폭과 깊이를 다양하게 원한다면 이러한 세부적인 역할을 신속하게 담당해줄 중간상의 수가 늘어나 경로의 길이가 길어질 수 있다.

그러나 이처럼 경로서비스 수준이 올라가게 되면 비용도 증가하게 된다. 이러한 고비용이 가격에 반영된다면 소비자는 그 경로를 외면하게 될 것이며 가격이 같은 수준이라면 더 높은 수준의 서비스를 제공하는 유통경로를 선호하게 될 것이다. 그러므로 경로구조는 소비자가 유통경로에 대해 원하는 서비스 수준과 그 비용의 상호작용에 따라 결정된다. 비용을 낮추면서도 서비스 수준을 올리려는 유통경로의 구조가 필요하기 때문에 경로 소유권과도 관련된다. 고객의 욕구에 맞는 전문화된 기능을 직접 제공할 수 있는지에 대한 제조업자의 역량에 따라 제조업자가 구성원의 역할을 직접 제공할지, 아니면 더 저렴하게 효과적으로 수행할 수 있는 다른 경로구성원에게 경로 기능을 맡길지의 여부가 함께 고려되기 때문이다. 경로구조를 결정하는 방법에는 연기-투기이론, 기능위양이론, 거래비용이론, 체크리스트법 등이 있다.

3.1 연기–투기이론

경로구조는 흔히 재고를 경로의 어느 구성원이 가지는가에 따라 결정된다. 재고가 경로의 어느 부분에 있는가에 따라 적절한 서비스의 제공, 제품 분류작업의 이행, 그리고 경로구성원에게 적절한 이윤 배분 등이 다르게 이루어지게 된다. 재고의 위치를 결정하는 것과 관련된 이론 중의 하나가 연기-투기이론(postponement-speculation theory)이다.

연기(postponement)란 중간상이 재고의 보유를 연기하여 제조업자가 재고를 가진다는 의미이다. 이것은 유통경로의 효율성을 달성하는 방법으로 유통경로의 가장 최후의 시점까지 제품을 완성품으로 만들거나 소유하는 것을 미루는 것이다. 예를 들면, 자전거 제조업자는 자전거의 완성품 조립을 가능하면 주문이 발생하여 배달이 임박할 때까지 연기하였다가, 주문이 들어오면 자전거를 조립하여 중간상에게 직접 배달한다. 이렇게 하면 제조업자는 완성품 재고를 가질 필요가 없게 되고, 중간상은 판매가 발생할 시점까지 최대한으로 재고의 보유를 미루게 되어, 재고의 위치를 가능한 한 시간상으로 가장 늦은 시점으로 연기하는 것이다.

이처럼 연기는 제품을 보유함으로 인해서 생기는 위험을 다른 경로구성원에게 떠넘기는 방법이다. 이를테면 다음과 같은 방법이다. 특수 산업용 기계

제조업자는 주문을 받지 않는 한 생산을 연기할 수 있으며, 중간상은 배달을 더 빨리 해주는 판매업자로부터 구매를 함으로써 구매시점을 연기하고 재고를 후방으로 떠넘길 수 있다. 또한 소비자는 한 번에 대량구매하여 보관하기보다는 소매상의 선반에서 직접 구매할 수 있는 소매상을 선택함으로써 구매시점을 최대한으로 연기할 수 있다. 이러한 연기의 결과는 재고를 제조업자 쪽으로 혹은 되도록이면 후방으로 떠넘기는 결과를 낳게 된다.

투기(speculation)란 연기의 반대 개념으로 재고를 중간상이 보유하는 현상을 의미한다. 결과적으로는 재고를 전방으로 떠넘기는 유통방식인데 마케팅 시스템의 비용을 줄이기 위해 유통과정의 가능한 가장 빠른 시점에 재고를 보유하는 것이다. 그러므로 중간상이 위험을 떠넘기는 것이 아니라 위험을 제조업자 대신 부담하게 된다. 투기의 경우에는 중간상이 미리 구매를 해주기 때문에 제조업자가 대량생산을 통한 규모의 경제를 달성할 수 있으며, 빈번한 주문 횟수를 줄임으로써 주문 처리와 수송비를 줄일 수 있다. 또한 중간상은 재고고갈을 줄일 수 있으므로 고객불만과 잠재적인 상표전환에 따르는 비용을 줄일 수 있다. 그러나 재고부족이 발생하면 재고 보충 시까지 고객이 기다려야 하는 시간 등 고객불만이나 상표전환의 위험이 있다. 이렇게 볼 때 소비재의 정확한 판매예측은 투기를 위한 필수적인 과업이다.

연기와 투기의 이론은 경로구조를 이해하는 데 유용한 근거가 된다. 예를 들어, 투기적인 재고(speculative inventory)를 가짐으로써 중간상은 경로에서 입지를 굳힐 수도 있다. 투기적인 재고가 존재하면 간접유통경로를 유지할 수 있다. 즉, 생산자와 소비자 사이에 하나 이상의 중간상이 개입하는 형태이다. 이러한 중간상은 다른 구성원들에게 재고로 인한 위험(물적 소유와 소유권 흐름에 가담하여 발생하는 비용)을 부담하는 비용을 감소시켜 줄 수 있다. 반면 연기는 위탁운송업자, 배달업자, 대리중간상 등 다양한 형태의 구성원들을 끌어들이게 된다. 그들은 제품의 소유권을 갖지는 않지만 투기적 재고가 없는 유통경로에서 신속한 주문과 배송을 담당하여 직접유통을 가능하게 해준다.

투기와 연기의 원칙은 소비재 구매와 산업재 구매의 차이를 이해하는 데에도 많은 도움을 준다. 대부분의 소비재는 낱개, 소량, 빈번한 구매, 그리고

[그림 7-3] 경로구조 결정을 위한 연기-투기 개념의 응용

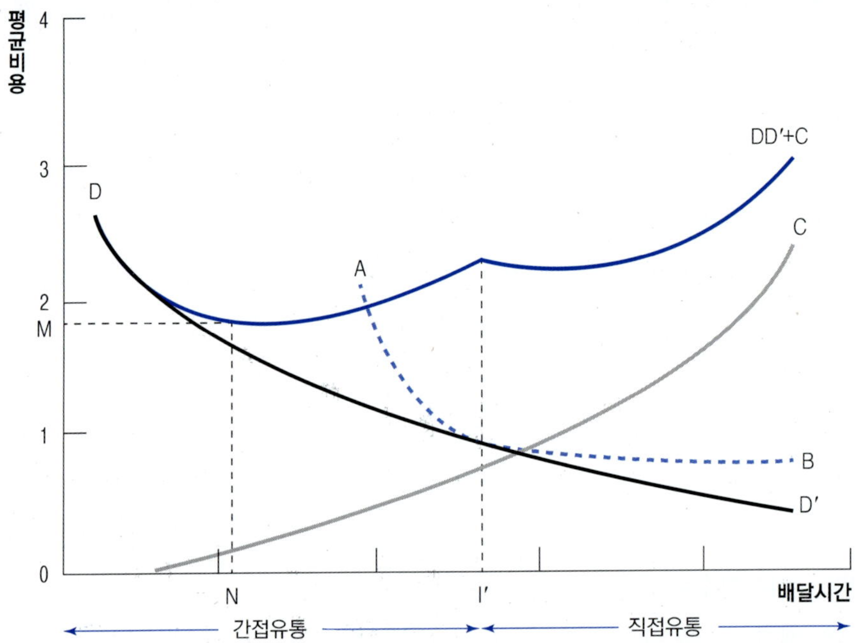

편의품점과 선매품점에서 구매되는 것과 같은 특징을 갖는다. 대량의 가정용 소비재의 재고를 소비자가 보유하는 일은 비교적 고비용이다. 그러므로 편의품 유통에는 더 긴 경로를 이용한 유통, 즉 간접유통이 이용되고 있다. 즉, 소비자에서 생산자까지의 유통단계가 많은 간접유통인데 최종 유통단계인 소비자가 편리한 구매장소가 많은 상황에서 재고 유지를 연기하게 하고 중간상이 투기하는 것은 합리적이다. 투기는 그러한 제품의 유통경로구조에서 중요한 결정요인이다. 왜냐하면 그러한 유통경로에서는 재고가 유지될 수 있는 지점이 많기 때문이다. 반면 산업재 유통에서는 소수의 구매자가 한꺼번에 대량구매를 하는 경향이 있기 때문에 중간상은 수요발생 시점까지 재고를 연기하게 된다. 그러므로 산업재의 유통경로는 직접유통경로이고 경로길이가 짧게 된다.

연기-투기이론의 변수들을 [그림 7-3]에 표시하였다. 수직축은 주어진 제품 한 단위를 생산하기 위한 비용이다. 수평축은 주문을 받고 구매자에게 그

제품을 배달하기까지 걸리는 배달시간이다. 이러한 두 가지 요소가 결합하여 유통경로에서 수송시간에 대비하여 특정 마케팅 기능의 비용을 측정하게 된다. 이 그림에는 세 가지 기본적인 곡선이 있다. 곡선 C는 구매자가 부담하는 재고유지비를 나타낸다. 곡선 AD′는 제조업자로부터 일정 거리 떨어져 있는 구매자에게 직접 공급하는 데 드는 비용을 나타낸다. 그러므로 이 곡선이 연기비용곡선이며 직접유통비용곡선이다. 곡선 DB는 제품을 똑같은 제조업자로부터 투기적 재고(제조업자의 유통센터, 공공 창고, 도매상, 소매상 등 중간상의 재고 보유)를 거쳐 구매자에게 이동시키는 데 소요되는 비용이다. 그러므로 이 곡선은 투기비용곡선이며 간접유통비용곡선이다.

연기-투기이론은 경로구조는 곡선 C, AD′, 그리고 DB의 상호관련성에 의해 결정된다고 본다. 그 과정을 하나씩 살펴보자. 첫째, 먼저 최소비용을 부담하게 되는 유통방식에 대해 생각해 보자. 가능한 모든 수송시간을 이용하여 구매자에게 제품을 공급하는 최소비용은 곡선 AD′와 DB로부터 도출된다. 그림에서처럼 특히 빠른 배달서비스는 간접유통을 하는 것이 직접유통보다 싸게 이루어진다. 배달시간이 아주 빠른 유통은 투기만 가능하고 연기의 경우(AD′)는 아주 빠르게 배달할 수 없게 되어 있다. 그러나 배달시간이 I′이 되면 직접유통비용이 간접유통의 비용곡선과 교차하고 간접유통비용곡선 아래로 내려가게 된다. 간접유통과 직접유통의 비용곡선들로부터 최소의 비용곡선을 그리면 DD′곡선이 된다. 유통경로비용의 관점에서 보면 배달시간이 I′보다 짧은 것을 구매자가 원하는 경우에는 투기적 재고로 구매자에게 공급해 주는 것이 저렴하다. 그러나 구매자가 I′(시간의 축으로 생각할 것)보다 긴 배달시간을 수용할 수 있다면 직접유통이 저렴하다.

둘째, 직접유통과 간접유통의 선택 문제를 생각해 보자. 지금 현재 이 그림에서는 최소비용점이 I′의 왼쪽에 위치하고 있어서 간접유통을 하는 것이 바람직한 상황이다. 배달시간과 관련한 최소 총비용곡선은 제품수송비용 DD′와 재고유지비용 C를 합하여 DD′+C로 만들어진다. 총경로비용은 원래 배달시간이 길어지면 감소하게 된다. 왜냐하면 구매자의 비용 증가가 경로의 다른 부분에서 절감(대량수송의 경제)되어 보상되기 때문이다. 그러나 이러한 절감분은 점차 감소하게 되고 구매자의 비용은 급격히 증가하게 된다. 드디어 최소비용점은 N이라는 배달시간에서 M 수준에 도달하게 되고 그로부터 경로비용이 증가하게 된다. N지점의 의미는 만약 배달시간이 N보다 조금 더 걸리게 되면 DB곡선에서 수송비용은 감소하지만 재고를 더 많이 가져야 하므로 재고비용이 수송비용 감소분을 능가하지 못해서 총비용은 M보다 커지게 된다.

경로구조는 이 최소비용점의 위치에 의해 조정된다. 만약 지금처럼 I′의 왼쪽에 최소비용점이 위치하면 제품은 투기적 재고를 거쳐서 유통될 것이다. 반면 연기를 통한 구매자의 절감분이 그렇게 크지 않다면 최소비용점은 I′의 오른쪽에 나타날 것이고 직접유통이 이루어질 것이다. 소비자가 재고를 유지하는 비용이 낮은 경우, 즉 곡선 C의 경사가 더 낮아지게 되면 I′의 오른쪽에 최소비용점 M이 생기게 되고 그렇게 되면 직접유통으로 연기의 비용을 최소화시킬 것이다.

참고로 [그림 7-3]에서 세 가지를 분석해 보자. 첫째, 곡선 DB가 곡선 AD′보다 I′의 왼쪽에서는 비용이 낮은 이유, 즉 투기가 연기보다 비용이 저렴하여 간접유통을 하는 이유는 무엇일까? 이는 배달시간이 빨라서 수송비가 비싼 영역이므로 중간상이 재고를 가지고 있어야 빨리 공급할 수 있고 아주 빠른 배달을 하려면 연기를 하여 주문이 발생하는 시점에 배달하는 것으로는 불가능할 것이다. 곡선 AD′는 아주 빠른 배달시간에는 나타나지 못하고 적당히 빠른 배달서비스부터 가능한 것으로 나타나 있음을 보면 알 수 있다.

둘째, 곡선 DB가 곡선 AD′보다 I′의 오른쪽에서는 비용이 높은 이유, 즉 연기가 투기보다 비용이 저렴하여 직접유통을 하는 이유는 무엇일까? 이는 주문을 하고 배달까지 오랜 시간적 여유가 있는 산업재 유통과 같은 경우이므로 중간상을 모두 거치게 되면 오히려 수송비용이 증가하기 때문이다.

셋째, 곡선 C, 즉 재고유지비가 배달시간이 길어질수록 증가하는 이유는 무엇인가? 이는 배달시간이 긴 경우에는 필연적으로 안전재고를 더 많이 확보하여야 하므로 재고량이 많아지기 때문이다.

3.2 기능위양이론

경로구조를 결정하기 위한 기본적인 접근방법으로 기능위양이론(functional spin-off theory)이 있다. 이 이론의 핵심은 유통경로에서 다른 경로구성원이 더 저렴하게 수행할 수 있는 기능은 위양하고 자신이 더 저렴하게 수행할 수 있는 과업은 직접 수행하는 것이다. 마케팅 흐름의 모든 과업의 상대적 비용을 알게 되므로 기능위양이론은 유통경로를 설계하는 데 이용될 수 있다.

제조업자가 두 가지 유통경로 중에서 택일을 해야 하는 상황을 가정해 보자. 대안 1은 제조업자가 자신의 판매원을 고용하여 자사 소유의 창고를 운영하고 있는 경우이다. 대안 2는 제조업자가 중간상을 통하여 판매하는 것이고 공공창고를 임대하여 쓰고 있는 경우이다. 대안 1에서는 제조업자가 인적판매를 하고 제품저장기능을 직접 수행하지만, 대안 2의 경우에는 제조업자는 인적판매기능을 전문화된 도매상에게 위양하고 저장기능은 전문화된 물류기업에게 위양한 것이다.

[그림 7-4]는 이러한 두 가지 대안과 관련되는 평균 비용을 나타내고 있다. 제조업자에게 있어서 대안 2의 평균 비용은 모든 기능을 위양함으로써 판

[그림 7-4] 기능위양 형태

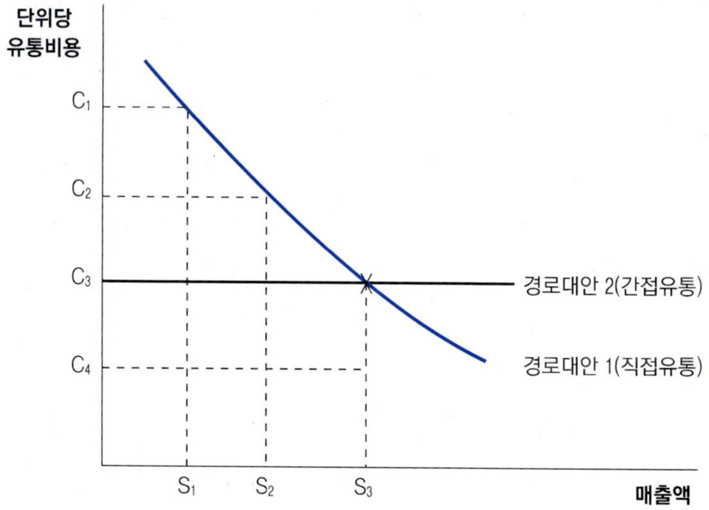

매량과 상관없이 일정하게 나타나고 있다. 반면 대안 1의 경우에는 자사의 판매원과 창고를 이용하기 때문에 판매단위당 비용이 판매가 증가함에 따라 감소하고 있다. 이 단순한 사례에서 두 대안의 비용이 같아지는 점은 X이다. 따라서 판매량이 S_3보다 적은 경우에는 제조업자가 대안 2를 선택해야 한다. 이때 제조업자는 인적판매와 저장기능을 중간상과 공공창고에게 각각 위양하게 된다. 만약 판매량이 S_3보다 큰 경우에는 제조업자는 이러한 기능들을 자신이 수행하는 것이 유리해진다. 이처럼 기능위양이론은 특정 판매량까지는 간접유통이 유리함을 보여준다.

그러나 현실적으로 항상 그렇지만은 않다. 기업의 제품 생산의 규모나 시장이 제한되어 있을 때는 기능을 다른 경로구성원에게 위양하게 되지만 기업의 규모가 너무 작은 경우에는 도매상, 광고대행사, 금융기관 등이 신용을 위험스럽게 생각하기 때문에 기능을 위양하기가 어려울 때도 있는 것이다. 그렇다면 소규모 기업도 그런 경우에는 어쩔 수 없이 그러한 기능들을 통합해야 한다. 판매량이 S_1 수준이라면 제조업자는 인적판매와 저장기능을 위양하는 것이 저렴하지만 직접 통합해야만 할 것이다. 그 이유는 그 정도의 판매량으로는 다른 기관들을 유인할 만한 수준이 못되기 때문이다. 그러나 판매량이 S_2 수준이 되면 다른 기관들을 유인할 정도가 되기 때문에 인적판매와 저장기능을 위양할 수 있다.

유통경로의 구성원뿐만 아니라 조직적 구매자나 가정의 일반 소비자도 기능위양 여부를 관여하게 된다. 예를 들면, 창고형 식품시장의 성공 여부는 소비자들이 자신들의 식료품을 가방에 담으려 하는가, 직접 들고 다니려 하는가, 다른 곳에서 환불해 주는 병값을 지불하려 하는가 등과 같은 문제에 달려 있다. 그러므로 소비자에게 기능을 위양하는 것은 새로운 소매업태의 개발에 중요한 역할을 하게 된다.

수직적 마케팅시스템의 생성을 설명하는 데도 기능위양이론은 설득력이 있다. 경쟁시장에서 한정된 자원을 가진 신설 기업은 다른 전문화된 독립기관들에게 특정 경로기능을 위양할 것이다. 예를 들어, 소규모 전자회사는 자신의 판매원을 갖기보다는 대리인을 통하는 것이 훨씬 저렴할 것이다. 그러나 기업의 규모가 커지게 되면 이러한 기능을 스스로가 저렴하게 수행할 수 있는 능력을 축적했기 때문에 기능을 재통합할 것이다. 이러한 진보는 단지 생산자에게 국한된 것만은 아니다. 미국 백화점 시어즈(Sears)는 1886년 우편 주문 소매상으로 시작했지만 수평적으로 확장했다. 규모가 점점 커지게 되자 자사의 창고를 갖추면서 후방으로 통합을 하였고 급기야는 자사 소유의 생산 설비를 갖추는 정도까지 기능을 통합하기에 이르렀다. 온라인 쇼핑몰 아마존(Amazon)은 배송시스템을 직접 운영하기 위해 소형 무인비행기인 드론(drone)을 이용한 무인배달시스템을 도입하고자 한다.

3.3 거래비용이론

유통경로에서 거래를 수행하려면 누가 상품을 보유해야 하는지, 어떤 조건으로 상품을 거래하는지, 거래조건에 대한 협상은 누가 어떻게 하는지, 계약을 어떻게 이끌어 내고 체결된 계약의 이행을 위해서 누가 어떠한 노력을 해야 하는지 등등 거래 관련한 여러 가지 비용이 발생하게 된다. 경로구성원 간의 거래를 위해 거래 상대방을 탐색하고 계약을 체결하고, 또한 지속적으로 계약을 이행하는지 감시하는 모니터링까지 다양한 비용과 시간, 노력이 투입된다. 이처럼 교환을 통해 거래를 수행하는 데 드는 비용을 거래비용이라고 한다. 윌리암슨(Oliver Williamson)이 1979년 제안한 거래비용이론(transaction cost theory)은 이러한 거래비용을 기반으로 외부시장으로부터 구입을 하는 것이 내부적으로 생산을 하는 것보다 높다면 내부화(수직적 통합으로 내부화, 직접유통)를 통해 직접 실행하는 것이 낫고, 내부적 생산비용보다 거래비용이 낮다면 외부화를 통해 거래(간접유통)하는 것이 낫다는 관점에서 '생산과 구매(make-or-buy)'에 관한 의사결정을 한다는 것이다.

거래비용은 인적요인, 환경적 요인, 거래적 요인에 의해 발생하는데, 이러한 비용을 최소화시키기 위한 경로구조를 선택하게 된다. 거래비용을 높이는 요인을 구체적으로 살펴보면 다음과 같다. 첫째, 인적요인으로 제한된 합리성(bounded rationality)과 기회주의(opportunitism)가 있다. 인간은 자신의 합리성에 따라 모든 판단과 행위를 한다는 것이 전통적인 경제학의 관점이지만 실제로 정보처리능력에 제한이 있기 때문에 인간의 행동은 제한된 범위 내에서 합리적일 수밖에 없다는 것이다. 또한 인간은 자신의 이익을 추구하기 위해 정보를 조작하거나 의도 및 성과를 왜곡하여 남을 속이는 기회주의적 행동을 하게 된다는 것이다. 즉, 거래과정에서 인간은 제한된 합리성 하에서 의사결정을 하게 되는데 거래 상대방의 기회주의적 행동 때문에 거래비용이 높아진다는 것이다. 특히 거래자의 수가 적을 때는 이러한 기회주의적 행동 가능성이 높아진다. 이러한 기회주의적 행동의 피해 가능성이 높아져, 철저한 감시체계나 타율적 제재 등 권위통제 메커니즘을 통한 보호장치의 필요성을 증가시킴으로써 수직적 통합의 가능성을 높이고 직접 수행하게 된다. 효율적 시장에서는 외부조달원의 성과를 평가하여 미흡할 시에는 다른 구성원으로 대체함으로써 시스템의 효율성을 높일 수 있지만, 외부조달원의 성과측정이 어려우면 외부조달의 효율성을 감소시키게 되므로 수직적 통합이 촉진되는 것이라 볼 수 있다.

둘째, 환경적 요인에는 거래자의 수, 정보비대칭성, 환경불확실성이 포함된다. 거래자의 수가 적을 때는 기회주의적 행동이 극대화되어 이로 인한 거래비용이 높아지게 된다. 또한 거래당사자 간 정보비대칭으로 인해 정보가 한쪽에만 편중되어 있는 경우에도 거래 상대방이 그 정보를 얻기 위해 대가를 지불해야 하므로 거래비용이 상승하게 된다. 또한 거래환경의 불확실성도 거래 상대방의 의사결정 예측을 어렵게 하고 명확한 의사결정을 할 수 없기 때문에 다양한 상황에 대한 대비를 하므로 거래비용을 높이는 요인이 된다.

셋째, 거래적 요인으로 자산특유성, 성과 지속성, 거래빈도 등이 있다. 거래빈도는 거래특유자산에 대한 투자 및 활용에 따라 비용이 발생하는데 내부화를 통해 직접 소유한 경우에는 거래빈도가 높으면 소유에 따른 비용을 최소화하므로 효율적이다. 이때 거래특유자산(자산특유성)이란 거래를 위해 특별히 투입된 자산으로, 거래가 중단되면 사라지는 거래관련 매몰비용이기도 하다. 실물자산(특수장비), 인적특수자산(교육 및 기술전수), 입지특유자산(재고 및 수송비를 고려한 근접성), 고객특유자산(특정 고객과의 거래를 위해 설치된 자산) 등이 있으며 이러한 거래특유자산이 많으면 기회주의에 노출될 위험이 높아지고 행동의 불확실성이 초래되어 내부화가 된다. 거래특유자산은 특정 당사자와의 거래에만 적용되도록 투자한 것이므로 쉽게 전환될 수 없기 때문에, 거래특유투자는 거래 상대방에 대한 경제적 희생을 높이고 관계 결속을 강화하게 되며, 거래 상대방을 변경하는 데 있어 전환장벽이 된다.

보통 거래특유자산이 많고 수요변동성이 크며, 거래빈도 및 규모가 작을 때에 거래비용이 높아지기 때문에 이러한 경우에 거래비용을 줄일 수 있는 내부화가 발생할 가능성이 높다. 그래서 경로 역할을 직접 수행하거나 수직적 계열화를 통해 통합해 가게 되므로 경로길이가 짧아지게 된다. 이 이론에 따르면 프랜차이즈를 통해 가맹점으로 운영하는 경우에도 거래비용이 높다면 직영점을 늘려가는 것이 효율적이다.

3.4 체크리스트법

경로구조를 결정하는 데 여러 가지 고려해야 할 요인들을 고려하여 중간상을 결정하는 방법을 설명하는 모형이 체크리스트법(checklist method)이다. <표 7-3>은 제조업자가 중간상의 수와 형태를 결정하는 경우에 고려해야 할 요인들을 정리한 것이다. 경로구조를 결정하는 데 고려해야 할 요인으로는 크게 다섯 가지가 있다. 보통의 일반적인 상황으로 제시한 것이므로 설계상황을 구체적으로 검토하여 적용해야 할 것이다.

1) 시장요인

목표시장의 특징이 유통경로의 구조와 설계를 결정하게 된다. 고객의 수가 적을수록 목표시장의 크기는 커지게 되고, 시장이 지역적으로 집중되어 있을수록 제조업자는 직접유통경로를 이용할 것이다. 반대의 상황이라면 경로관리는 더 복잡할 것이고 부담을 덜기 위해 중간상을 이용한 간접유통을 할 것이다. 또한 작은 단위로 판매를 하게 되면 대량소비자들은 비용이 증가되고 소비의 효율성을 잃게 된다. 반면 대량으로 판매를 하게 되면 개별 소비

〈표 7-3〉 체크리스트법의 고려요인

요 인		간접유통	직접유통
시장요인	시장규모	소규모	대규모
	지역적 집중도	분산	집중
	구매빈도	낮다	높다
	평균 주문량	소량	대량
제품요인	크기와 중량	소규모/소량	대규모/대량
	부패성	낮다	높다
	단위당 가치	낮다	높다
	제품표준화	높다	낮다
	제품라인의 폭	좁다	넓다
	제품라인의 깊이	얕다	깊다
	기술적 복잡성	낮다	높다
기업요인	규모	소규모	대규모
	재무적 능력	약하다	강하다
	경영 전문성	낮다	높다
	통제에 대한 욕망	적다	많다
경로구성원요인 (중간상요인)	중간상 획득가능성	높다	낮다
	중간상의 마케팅 수행의지	높다	낮다
	중간상의 서비스 숫자	많다	적다
	중간상의 서비스 품질	높다	낮다
	구성원 이용비용	낮다	높다
환경요인	환경적 고려요인의 수	적다	많다

자들은 구매와 소비 간에 시간 격차가 발생하여 제품 저장과 보관을 부담하게 된다. 그러므로 소량판매의 경우 경로 중간에 저장 및 보관 기능을 담당할 중간상이 개입해야 하므로 경로의 길이가 길어질 것이다. 만약 소비자가 대기 및 배달시간을 줄이길 바란다면 제품을 빨리 공급해 줄 수 있는 중간상의 기능이 중요하므로 신속한 공급과 저장 기능을 하게 될 중간상이 많이 개입하게 되어 경로의 길이가 길어질 수 있다. 이때 유통경로가 담당하게 될 목표시장의 고객욕구를 분석하는 것은 산업재구매자, 기관구매자, 가정구매자, 그리고 개별구매자 등 다양한 계층의 욕구를 모두 고려해서 실시해야 한다. 보통 소비자가 더 높은 서비스 수준을 요구할수록 경로구조에 더 많은 중간상들이 가담해야 하므로 경로의 길이가 길어질 것이다.

2) 제품요인

크기가 크고 중량이 높은 제품은 수송거리와 화물취급작업을 최소화할 수 있는 경로가 필요하다. 부패 가능성이 높은 제품은 직접유통을 해야 하고 최소한 제품을 빨리 회전시킬 수 있는 중간상을 이용하여야 한다. 단위당 가치가 낮을수록 경로는 더 길어지게 된다. 중간상이 취급하는 다른 많은 제품들과 유통비용을 공유하여 규모의 경제와 범위의 경제를 달성하여 비용절감이 가능하기 때문이다. 상대적으로 고가품이나 명품은 고급스러운 이미지 유지뿐만 아니라 취급 및 운송비용이 제품가격에 비해 상대적으로 낮기 때문에 직접유통을 하게 된다. 판매에 기술적인 전문성을 요하는 복잡한 제품은 구매자가 정확한 정보를 얻을 수 있도록 직접유통경로가 필요하다. 표준화가 높은 제품은 간접유통이 가능하며, 제조업자가 많은 수의 제품라인을 운영하고 있다면 유통비용을 여러 품목으로 분산시킬 수 있으므로 직접유통이 가능하다. 제품수명주기에서 도입기에는 공격적인 마케팅을 위해 소수의 중간상과 협력하여야 하므로 경로의 길이가 짧으나, 성장기와 성숙기로 가면서 판로확대를 위해 경로의 길이가 길어질 수 있다.

3) 기업요인

재무적 능력, 특정 판매상이나 공급자와 거래한 경험, 마케팅 기능을 직접 수행하는 능력, 그리고 자사 제품이 마케팅되는 방식을 통제하려는 욕망 등은 기업마다 다르다. 재무적으로 강한 기업은 자신이 많은 마케팅 기능을 수행하려 할 것이고 마케팅 흐름을 많이 통제하려 할 것이며, 이에 따라 직접유통경로를 택할 것이다. 기존의 방식을 바꾸는 일이 불확실성을 증가시키고 경우에 따라서는 특정 계층의 종업원들의 일자리를 없애는 결과를 초래하게 될 수도 있어서 조직의 경직성이 높은 경우에는 쉬운 결정이 아니다. 유통경로에 관한 의사결정은 장기적이고 조직의 특성을 변경하게 될 수도 있어서 경로구조의 변화는 서서히 이루어지고 힘든 과정이기도 하다. 그렇기 때문에 많은 기업들이 그러한 구조의 변화를 꺼리고 실제로도 변화는 잘 실행되지 않는 경우가 많으므로 기업의 특성에 따른 의사결정을 고려하는 것도 중요하다.

4) 경로구성원요인

유통경로의 구축에 있어서 경로기능을 담당할 기관들의 특징을 검토해 보아야 한다. 특정 상권에서 필요한 마케팅 기능을 수행할 수 있는 마케팅 기관을 획득 가능한지, 그러한 기관들이 마케팅 기능을 수행해 주려는지, 그 기관들이 몇 가지의 경로서비스를 수행해야 하는지, 그리고 여러 경로구성원들의 상이한 업무수행비용 등이 그것이다.

유통경로에서 경로구성원을 선택하는 것은 특히 제한적인데 구성원이 특정 공급자나 중간상을 위해 마케팅 기능을 수행하지 않으려 하거나 수행할 구성원을 찾을 수 없는 경우가 있다. 개인용 컴퓨터 시장의 경우에 1983년 초 미국에서는 150여 개 생산자가 2,100여 개 소매점에서 경쟁하고 있었다. 소규모 신설 기업들은 거의가 소매점에 제품을 공급하는 것이 어려웠다. IBM과 애플(Apple)은 이 시장에서 우월하였기 때문에 진열장의 가장 좋은 위치를 차지하였고 소매상들 입장에서는 소규모 생산자들에게 소비자의 욕구가 발생한다고 생각하지 않았기 때문에 공간을 할애할 생각이 없었다. 소규모 생산자들은 대부분 제품전시회, 인쇄물 출판, 구전 등에 의존하면서 소비자 광고를 하지 못하였기 때문에 결과적으로는 1980년대 중반까지 거의가 소매유통을 확보하지 못하고 역사 속으로 사라지고 말았다. 국내에서도 1990년대 등장한 중소기업의 중저가 컴퓨터나 조립컴퓨터의 경우 기존 유통망을 활용할 수 없어 직접 대리점을 모집하여 운영한 바 있다.

5) 환경요인

법률 및 정치적, 기술적, 경쟁적, 경제적 분위기 등은 유통구조와 경로구성원의 행동에 영향을 미치는 요인들이다. 이러한 환경적 제약조건들은 유통경로 선택을 제한할 수 있다. 의사결정자는 법이나 조례를 위반하지 않도록 신중해야 하며 법률 제정 등과 관련된 정치적인 분위기를 거스르지 않도록 해야 한다. 판매상은 흔히 구매자에게 판매지역을 독점적으로 허용하는 경우가 있는데 그러한 약속은 법적인 효력이 있으므로 새로운 제조업자가 그 시장에 진출하려는 경우에는 판매상을 설득하는 경우가 있다. 제조업자가 자신의 제품이나 서비스의 안전과 품질을 지키려고 하기 때문에 법적인 계약에 대해 거래당사자는 서로 준수할 의무를 지니게 된다.

Section

4 최적경로 선정

이상의 과정을 거쳐 경로의 구조(길이)와 전략(강도)을 결정하게 되면 이론적으로 수많은 대안이 만들어지게 된다. 대안적 유통경로구조를 평가하기 위한 몇 가지 의사결정 모형이 있다. 이들 모형들은 평가과정 모형에서 수학적 모형 등에 이르기까지 다양하지만 여기서는 평가과정 모형 몇 가지를 살펴보기로 한다. 평가과정 모형은 비교적 이해가 쉽고 이용이 간편하며 의사결정자가 경제적 기준과 양적 기준을 종합적으로 평가하게 된다. 의사결정자는 자신의 경험, 직관, 주관적 판단에 비추어서 평가하게 되므로 평가자의 판단으로 항목의 추가나 점수의 할당을 할 수 있다.

1) 가중요인 모형

가중요인 모형(weighted factor model)은 각각의 경로 대안들의 성과를 예측하여 가장 훌륭한 성과를 낼 수 있는 대안적 경로를 발견하는 방법이다. 그 과정은 다음과 같다.

- 현실적으로 구축할 수 있는 대안적 경로를 구상한다.
- 대안적 경로를 비교하여 평가하기 위해 경로의 목표와 제약점을 설정한다.
- 앞의 단계의 목표와 제약점들 자체의 상대적 중요도를 계산한다.
- 대안적 경로 각각에 대한 목표와 제약점 부분을 평가한다.
- 각각의 대안적 경로의 평점을 계산해 낸다.
- 가장 높은 평점을 받은 대안적 경로를 선택하게 된다.

이제 이러한 과정을 실행하기 위해 순차적으로 작업을 수행하기로 한다. 첫째, 1단계 작업은 대안적 경로를 설정하는 과업이다. 어떤 화학제품 제조회사가 수영장에 공급하기 위한 신제품으로 살균제를 생산한 경우 고려할 수 있는 대안적 경로는 다음과 같다.

- 경로 1: 현재의 도매상을 통해 유통하는 방식
- 경로 2: 수영장과 거래하고 있는 새로운 도매상을 통해 유통하는 방식
- 경로 3: 소규모 도매상을 인수하여 유통하는 방식

둘째, 2단계 작업은 대안적 경로를 평가하기 위한 경로목표와 제약점을 설정하는 작업이다. 경로목표로는 ① 판매(크기 및 성장률) ② 수익성 ③ 환경변화에 대비할 수 있는 유연성 ④ 통제가능성 등이고, 제약점으로는 ① 투자비 ② 위험 두 가지를 가정하였다.

셋째, 경로목표와 제약점의 상대적 중요도를 계산하는 과정이다. 이는 <표 7-4>에서 상대적 중요도 부분에서 계산되어 있다. 가장 중요하게 인식하고 있는 항목은 투자비와 수익성의 항목이다. 그러므로 이 두 가지 항목의 점수가 다른 항목들의 점수보다 더 큰 영향을 미치게 된다.

넷째, 각각의 경로 1, 경로 2, 경로 3이 경로목표와 제약점 부분에서 어떠한 평가를 받게 되는지 계산해 보는 과정이다. 경로 1은 기존 유통경로를 이

〈표 7-4〉 대안적 경로의 평가표

경로목표/제약점	상대적 중요도	대안적 경로 평가		
		경로 1	경로 2	경로 3
경로목표				
판매	0.15	3	6	3
수익성	0.3	5	4	7
유연성	0.1	8	5	8
통제가능성	0.1	9	4	10
제약점				
투자비	0.2	10	7	4
위험	0.15	10	8	6
계	1.0	7.15	5.6	6.05

용하기 때문에 투자비와 위험 부분에서 가장 좋은 점수를 받았고, 경로 3은 소규모 소매상을 인수하여 자사가 소요하는 경영을 하게 됨으로써 통제가능성에서 가장 높은 점수를 받았다.

다섯째, 각각의 대안적 경로의 평점을 계산해 내는 과정이다. 각각의 대안적 경로의 평점은 평가항목의 상대적 중요도에 각각의 대안적 경로의 평가를 곱하여 계산된다. 따라서 경로 1, 경로 2, 경로 3의 평점은 다음과 같다.

- 경로 1: 0.15(3) + 0.3(5) + 0.1(8) + 0.1(9) + 0.2(10) + 0.15(10) = 7.15
- 경로 2: 0.15(6) + 0.3(4) + 0.1(5) + 0.1(4) + 0.2(7) + 0.15(8) = 5.6
- 경로 3: 0.15(3) + 0.3(7) + 0.1(8) + 0.1(10) + 0.2(4) + 0.15(6) = 6.05

여섯째, 가장 높은 평점을 받은 대안적 경로를 선택하는 과정이다. 여기서 경로 1이 가장 높은 평점 7.15를 받았다. 따라서 가중요인 모형에 근거하여 평가한 결과 기존의 도매상을 통하여 신제품 살균제를 유통시키는 것이 가장 바람직한 경로구조의 선택이 될 것이다.

2) 순차적 결정 모형

순차적 결정 모형(lexicographic model)은 대안적 경로를 상정하여 각각의 경로의 목표와 제약점을 평가하는 과정은 가중요인 모형과 같은 과정을 거친다. 순차적 결정 모형에는 크게 두 가지 방식이 있는데, 순차적 선택 모형과 순차적 제거 모형이 그것이다.

(1) 순차적 선택 모형

순차적 선택 모형(regular lexicography model)에서는 가장 중요한 평가 부분에서 가장 높은 평가를 받은 대안을 선택하게 된다. 만약 두 가지 이상의 대안이 가장 중요한 평가 부분에서 똑같이 높은 평가를 받게 되면 다음으로 중요한 평가 부분에 대해서 평가를 하게 된다. 위 사례에서는 가장 중요한 평가 부분이 경로목표와 제약점을 통틀어서 상대적 중요도가 0.3으로 추정된 '수익성' 항목이다. 따라서 가장 높은 수익성을 내는 것으로 평가된 대안적 경로 평가 결과는 소규모 도매상을 인수하여 유통하는 것이 가장 합리적인 의사결정이라고 할 수 있다.

(2) 순차적 제거 모형

순차적 제거 모형(sequential elimination model)에서는 가장 중요한 평가 부분에서 가장 낮은 평가를 받은 대안적 경로를 제거하고 그 다음으로 중요한 평가 부분에 대해 남은 대안 중 가장 낮은 평가를 받은 대안을 또 제거하게 된다. 이렇게 순차적으로 제거하게 되면 최종적으로 남게 되는 대안을 선택하게 된다. 이는 통과(pass) 혹은 탈락(fail)과 같은 방법으로 각 평가단계를 통과하고 최종적으로 남은 대안이 가장 좋은 대안으로 선택되는 것이다. 위 사례에서는 가장 중요한 평가 부분이 '수익성'인데 수익성 부분에서 가장 낮은 평가를 받은 대안적 경로는 경로 2이므로 첫 번째 단계에서 경로 2는 탈락하고 경로 1과 3은 통과한다. 이어서 두 번째로 중요한 평가 부분인 '투자비' 부분에서 가장 낮은 평가를 받은 대안적 경로인 경로 3이 탈락하게 된다. 그러므로 이제 남은 것은 경로 1을 최종적으로 선택하게 된다. 순차적 제거 방법으로 의사결정한 결과 현재의 도매상을 통해 유통시켜야 한다는 것이 합리적인 결론이다.

3) 최소기준 모형

최소기준 모형(minimum requirement model)은 각각의 평가 부분마다 최소한으로 요구하는 평가 수준을 미리 결정한 후 각각의 대안이 이 최소 요구점에 도달하는지를 보고 그 대안의 선택 여부를 결정하는 방식으로, 하회 제거법과 상회 선택법이 있다.

(1) 하회 제거법

하회 제거법(conjunctive method)은 각각의 대안을 평가 부분 모두에 대해 평가하여 하나의 부분에서라도 최소한의 기준점에 도달하지 못하면 그 대안을 제거하게 된다. 여기에서 경로목표와 제약점의 모든 평가항목에 있어서 최소 요구점이 4점이라고 한다면 경로 1과 3은 제거되고 경로 2가 남게 된다.

(2) 상회 선택법

상회 선택법(disjunctive method)은 각각의 대안들이 하나의 평가 부분에서라도 최소한의 요구점을 만족시키면 그 대안을 선택하는 방법이다. 이 사례에서 경로목표 부분은 최소 요구점이 6이고 제약점 부분은 최소 요구점이 7이라고 사전에 결정하였다. 이때 경로목표 부분에서는 모든 대안적 경로가 선택되지만 제약점 부분에서는 경로 3이 탈락하게 된다. 따라서 경로 1과 2를 선택하게 된다.

4) 모형의 활용방법

이러한 평가과정 모형들은 경우에 따라서는 복합적으로 동시에 고려하게 될 수도 있다. 이는 먼저 선택의 폭을 줄인 후 하나의 대안을 선택하는 방법이다. 먼저 대안적 경로의 수가 많을 경우에는 최소한의 수준을 갖춘 대안으로 선택의 폭을 줄여야 할 것이다. 이때 우리는 가장 많은 대안을 선택할 수 있는 방법인 최소 기준 모형의 상회 선택법을 이용하여 경로 1과 경로 2를 선택한다. 이어서 가중요인 모형을 이용하여 경로 1을 최종적으로 선택하게 되는 것이다.

이러한 평가과정 모형들은 대안적 경로를 평가하는 데 이해가 쉽고 계산이 용이하다는 점이 유용한 부분이지만 몇 가지 한계를 지니고 있다. 우선 평가와 관련된 점수들은 평가자의 주관에 의한 판단과 경험적인 정보를 근거로 작성되는 경향이 있다. 그러므로 누가 평가표를 작성하는가에 따라 상이한 결과를 얻을 수 있다. 이를테면 경제적인 전망을 어둡게 보는 사람이거나 기업 내 성장 배경이 재무관리와 무관한 사람이 평가를 한다면 수익성이나 위험 부분을 중시할 것이고, 인사관리나 노사분규를 어려운 과업으로 생각하는 평가자라면 유연성과 통제력을 중시하는 상대적 중요도를 매길 것이다. 또한 각 경로 대안의 평가 점수를 부여하는 과정에서도 개인적인 이익이나 친분을 고려한 의사결정을 할 가능성을 배제하기 어렵다.

또한 대안들의 각 평가 부분에 대한 평점을 아직 실현되지 않은 유통과업을 염두에 두고 평가자가 추정한 것일 뿐이라는 한계가 있다. 매출액과 수익성이 상대적으로 객관적이고 양적인 기준이 될 수 있지만 관련 자료를 근거로 산출하는 점수여서 향후 마케팅 환경의 변화가 가져올 유통산업의 변동 부분은 누구도 감안하지 못한다. 그래서 이러한 주관적 · 단기적 예측을 보완할 수 있는 객관적이고 계량화된 근거를 함께 제시하면서 분석할 수 있어야 한다. 또는 부정적 관점과 긍정적 관점 등 여러 관점을 설정하여 시나리오별 평가점수를 도출하여 시장상황의 변화를 관찰하면서 적용하는 방법도 병행할 수 있다.

Section

5 개별 경로구성원 선정

경로설계의 마지막 의사결정은 경로를 구성하게 될 개별 중간상들을 선택하는 업무이다. 보통은 개방적 유통의 경우에는 재무현황 등 아주 기본적인 요소만 검토하여 많은 소매점으로 유통시키면 되지만, 선택적 유통전략을 취하는 경우에는 보다 많은 기준으로 신중한 결정이 이루어지게 될 것이므로 이 5단계의 내용이 더 중요하게 다루어질 것이다.

또한 개별 경로구성원의 선정은 기존 경로를 변화시키지 않는 경우에도 수시로 실행되는 경우가 많다. 만약 전속적 유통에서 선택적 유통으로 전략을 변화시키는 경우 더 많은 경로구성원이 필요하므로 추가적인 개별 경로구성원을 선정하거나, 기존의 경로구성원과의 협력이 어렵거나 갈등이 발생하는 경우에도 다른 경로구성원을 탐색해야 하는 경우가 있기 때문이다. 개별 경로구성원의 선정은 보통 경로구성원의 발견, 기준 적용 및 평가, 경로구성원 확보의 3단계로 진행된다고 볼 수 있다.

5.1 경로구성원 발견

경로구성원을 발굴하는 방법은 기존 제품을 유통하고 있는 중간상을 검토하거나 새로운 구성원을 발견하는 것이다. 새로 유통시키고자 하는 제품의 경쟁제품이나 유사제품의 경로를 탐색하여 기준으로 삼거나 벤치마킹하는 것이 가능하다. 또한 기존에 거래하고 있는 중간상이 있다면 문의하여 정보나 대안을 확보할 수 있으며, 자사 마케팅팀이나 영업사원의 경험과 친분을 바탕으로 확보할 수도 있다. 기존 경로와는 다른 구성원을 새롭게 발견하려면 제품별 유통협회(한국의약품유통협회, 한국계란유통협회 등등)나 점포유형별 협회(한국체인스토업협회, 한국농수산물도매시장법인협회 등등), 업계 출판물(월간유통저널, 리테일매거진, 물류신문, 식품저널 등등), 연감(유통업체연감, 식품유통연감 등등), 인터넷 홈페이지 및 쇼핑몰, 소셜네트워크사이트(SNS) 등의 자료를 활용할 수 있다. 이러한 자료에는 업체별 리스트뿐만 아니라 파트너를 맺고자 하는 광고도 볼 수 있어 다양한 구성원을 발견하는 데 용이하다.

5.2 기준 적용 및 평가

제조업자는 어떤 유형의 중간상이 목표시장의 고객에게 가장 적합한 경로서비스를 제공할 수 있을지 결정해야 하고, 중간상은 어떤 제품이 목표시장의 고객에게 가장 적합한 것이고 어떻게 그들 업무를 지원해야 할지 결정하게 된다. 경로구성원을 선택하기 위해 다음과 같은 여섯 단계의 절차를 수행하는 것도 유용한 방법이다.

- 각각의 중간상들이 필수적으로 해야 할 업무의 목록을 작성한다.
- 각각의 중간상들에게 바람직한 업무의 목록을 작성한다. 이는 필수적으로 중간상에게 요구되는 것은 아니지만 중간상이 할 수 있다면 더 좋은 업무내용들이다.
- 목표시장에 필요한 기능들을 수행하는 경로구성원들의 목록을 작성한다. 경쟁자의 경로구성원들을 포함시키는 것이 좋다.
- 앞의 세 번째 단계에서 정리된 자료를 근거로 잠재적인 중간상들을 첫 번째 단계의 필수적인 업무를 기준으로 평가한다.
- 앞의 네 번째 단계에서 가장 매력적인 것으로 나타난 중간상을 두 번째 단계에서 나타난 바람직한 업무 기준으로 평가한다.
- 앞의 다섯 번째 단계의 결과를 기준으로 가장 적절한 개별 중간상을 선택한다.

〈표 7-5〉 제조업자가 중간상을 평가하는 기준

1. 중간상의 판매 노력 평가

1.1 중간상의 판매원 활동 내용과 범위

1.2 판매원이 실제로 판매 노력을 하는가? 주문만 받는가?

1.3 중간상의 촉진에 요구되는 제조업자의 지원 정도

1.4 중간상이 취급하는 라인의 수

a. 취급 라인이 많아서 하나의 제조업자 라인에 최선을 다 못할 가능성

- 중간상이 '과도한 광고, 유리한 마진, 싼 가격'을 실행할 가능성
- 여러 라인 중 특정 라인을 선호하고 여타 라인을 소홀히 할 가능성

b. 중간상이 제조업자의 경쟁 라인 제품 취급 여부

2. 중간상과 제품 유통경로와의 관계 평가

2.1 다수의 고객(중간상)을 통하는 폭넓은 유통 수행 여부

2.2 특정 고객(중간상)이 필요할 때 요구를 수용할 능력

2.3 도매상과의 관계의 질적 수준과 관계 지속 가능성

2.4 촉진, 가격정책, 재무관리 등의 업무에서 경로구성원과 협동하는 정도

2.5 제조업자와 관계 지속을 소망하는 정도

이렇게 볼 때 제조업자가 중간상을 선택하는 경우 우선은 중간상이 갖추어야 할 필수적인 여건이 무엇보다도 중요한 고려대상이 아닐 수 없다. 제조업자는 제품 이미지에도 신경을 쓰기 때문에 자사의 제품이 경쟁사에 의해 직접적인 비교의 대상이 되는 것은 원하지 않는다. 그러므로 중간상이 자사 제품과는 조금 다르거나 보완적인 제품라인을 취급하고 있는 편이 중간상 라인에서 자사 제품이 타사 제품과 직접 경쟁이 되지 않는다고 본다. 또한 제조업자는 중간상 라인의 질적 수준이 자사의 수준 이상이기를 기대한다. 이러한 내용과 관련하여 제조업자가 중간상을 선택할 때 고려해야 할 기준들이 <표 7-5>에 제시되어 있다.

한편 제조업자에 대한 중간상의 평가기준은 <표 7-6>과 같으며 일반적으로 가장 빈번하게 이용하는 기준은 재무적 능력이다. 이는 향후 지불능력과 기업의 계속적인 사업 수행 여부를 결정하는 중요한 요인이 되기 때문이다. 아울러 대안적 제조업자의 중간상의 판매원의 숫자, 질적 수준, 기술적 경쟁력 등도 평가하는데 이는 푸시전략을 펼치는 제조업자들의 능력을 평가하

〈표 7-6〉 중간상이 제조업체를 평가하는 기준

1. 재무적 능력	**8. 광고 및 판매 촉진 프로그램**
수익과 손실	**9. 훈련 프로그램**
대차대조표	자기관리
2. 판매능력	제조업자 가담 허용 의지
판매원의 수	**10. 판매보상 프로그램**
판매 및 기술적 경쟁력	**11. 공장, 장비, 설비**
3. 제품라인	수송/배달: 방법과 기록
경쟁제품	재고: 종류와 규격
대체제품	재고 최소량(안전재고)
보완제품	서비스 수준
4. 명성	창고: 현장 제공력
리더십	효율적 선적능력
지명도	**12. 주문 및 지불 절차**
지역사회에서의 지위	**13. 설치 및 수리 서비스**
핵심중역의 배경	판매 후 관리
전문성 수준	보증업무
5. 시장 담당구역	**14. 실연 프로그램의 질적 수준**
지리적 담당구역: 상권 내의 점포의 수	**15. 개별 라인/제품에 자원을 제공하려는 의지**
산업의 담당범위	**16. 공동 프로그램에 협동하려는 의지**
담당구역의 밀도와 강도	**17. 자료를 공유하려는 의지**
6. 판매성과	고객 자료
관련 라인의 성과	판매원 자료
전체 판매 성과	재고 자료
성장 전망	수송 관련 자료
판매달성 능력	시설과 장비 자료
판매 시장/고객 도달 성공	경쟁자 자료
판매 후 관리	**18. 할당을 수용하려는 의지**
7. 경영능력	제품
계획	판매 책임량
노사문제	
마케팅 지향성	
전략 방향	

자료: Douglas M. Lambert, *The Distribution Channel Decision*(New York: National Association of Accountants, 1978), p.37.

는 결정적인 기준이 되기 때문이다.

푸시전략(push strategy)은 주로 유통경로를 통해 이루어지는 촉진전략인 반면에, 풀전략(pull strategy)은 시장조사와 광고 등을 통해 이루어지는 촉진방식이다. 제조업자가 시장지배력을 가졌거나 경쟁력이 우월할 경우에 제조업자 → 도매상 → 소매상 → 소비자로 이어지는 수직적 마케팅 경로를 통하여 제품을 밀어내는 방식이 전형적인 푸시전략이다. 반대로 풀전략은 광고를 통해 소비자의 새로운 욕구를 유발하거나 시장조사로 신제품 개발을 하여 목표시장의 수요가 진전되기를 도모하는 마케팅전략이다.

5.3 경로구성원 확보

경로구성원에 대한 평가가 이루어지고 확보해야 할 구성원이 선정되면 중간상이 본사의 제품 유통을 맡을 수 있도록 파트너십을 제안하는 과정을 수행해야 한다. 제조업자만 중간상을 선택하는 것이 아니라 중간상도 자신이 판매하는 제품의 구색과 이미지를 고려하여 제조업체를 선택하기 때문이다. 제조업자, 도매상, 소매상, 혹은 다른 마케팅기관들도 때로 유통경로에 가담하기를 기피하기도 한다. 그러므로 경로구성원의 의지가 경로구조를 결정하거나 개별 경로구성원을 결정하는 데 핵심적인 요인이 된다.

또한 실무적으로는 개별 경로구성원의 선택이 경로구조의 결정과 밀접하게 맞물려 있다. 강력한 파워를 가진 브랜드를 소유한 제조업자의 경우에는 제품을 유통시키고자 하는 중간상이 먼저 파트너십이나 거래 제안을 하는 경우도 있겠지만, 그렇지 않은 경우에는 자사와의 파트너십과 자사 제품 유통을 통해 중간상이 얻을 수 있는 효익을 명확히 인식시킬 수 있어야 한다. 그래서 서로 간의 파트너십이 상호 모두에게 이익이 되며 어떠한 방식으로 그 보상이 이루어질 것인지를 구체적으로 보여줄 수 있어야 한다.

PART

03

유통관리실무

CHAPTER

08 유통경로 계열화

C/O/N/T/E/N/T/S

13인 양돈농가에서 '3조 기업'으로… 도드람의 '성장 매직'

도드람은 1990년 이천의 양돈농가 13인이 세운 협동조합이다. 설립 31주년을 맞은 도드람은 사업규모가 3조 2,295억 원(지난해 말, 금융부문 포함)에 달하는 기업으로 성장했다. 조합원 570명이 평균 3,300두씩 사육하고 있다. 조합원 한 명당 연간 약 55억 원의 사업성과를 올리는 셈이다. 가공 전문 계열사인 도드람푸드만 해도 지난해 4,662억 원의 매출을 거뒀다. 5년 만(2015년 매출 2,131억 원)에 두 배 이상 성장했다.

협동조합에서 출발해 돈육 전 과정(종돈, 컨설팅, 사료, 도축·가공, 유통, 문화)에 걸쳐 기업형 수직 계열화를 달성한 사례는 국내 처음이고, 세계적으로도 드물다. 미국만 해도 타이슨푸드, IBP 등 글로벌 기업들이 사료 공급 및 완제품(돈육) 구매라는 구매독점자의 지위를 쥐고, 양돈농가를 하청업체로 전락시켰다.

수직 계열화와 첨단 가공시설은 도드람 돈육 맛의 핵심이다. 도드람의 조합장은 "아직 대부분의 도축·가공시설은 불결·청결의 문이 하나인 경우가 많다"고 지적했다. 산 돼지가 들어가는 문과 가공 후 완제품이 출하되는 문이 같다는 것이다.

도드람은 가공 및 유통 과정에서 미생물 감염을 '제로'로 만들기 위해 '15·2·5 원칙'을 철저히 지키고 있다. 도축할 때 15℃, 가공 및 유통 과정에선 2℃로 맞추고, 매장 온도는 5℃로 유지한다는 철칙이다. 도드람의 조합장은 "미생물에 조금이라도 노출된 돼지고기는 식후 복통을 유발하기도 한다"며 "도드람이 만든 돼지고기를 먹고 배 아픈 경우는 맛있어서 너무 많이 먹을 때 외에는 없을 것"이라고 자신했다.

도드람의 향후 과제는 '브랜드 파워'다. 국내 돈육시장 1위 브랜드고, 180여 개 돈육 브랜드 중 역사가 가장 오래됐긴 했지만 시장점유율은 고작 6%(작년 말) 남짓이다. 전국의 지역별 조합과 중소업체들이 난립해 있다는 얘기다. 코로나19로 e커머스(전자상거래)를 통한 돈육 소비가 커지고 있다는 점은 도드람에 도약의 기회를 안겨주고 있다. 도드람의 지난해 온라인 판매실적은 전년 대비 106% 증가했다. 자체 판매 플랫폼인 도드람몰의 작년 매출은 전년 대비 56.7% 늘었다. 도드람의 조합장은 "마트나 정육점에서 돼지고기를 살 때 '삼겹살 주세요'가 아니라 '도드람 주세요'라고 주문하는 소비자들이 더 많이 늘어나도록 남은 임기 동안 총력을 기울이겠다"고 말했다.

자료: 한국경제, 2021.3.28.
(https://www.hankyung.com/economy/article/202103280356i)

Section

1 전통적 유통경로

경로설계를 통해 어떤 경로구성원이 어떤 기능을 수행할 것인지를 결정하였다면, 경로구성원 간의 관계를 설정하고 어떤 조직을 갖출 것인지에 대한 결정이 필요하다. 유통경로 계열화는 제조업자가 자사 제품의 판매를 용이하게 하고 소매가격을 유지하기 위해 도·소매점을 조직화하여 배타적인 유통경로를 형성하는 것이다. 도매상이 판매를 위해 소매상을 조직화하는 것도 포함된다. 계열화를 위해 유통전문회사를 설립하거나 자본투자나 지원, 대리점 등의 판매자 조직 구성 등이 이루어진다. 이렇게 함으로써 제조업자는 경로리더가 되어 경로를 구성하고 지원하여 경로 전체의 성과를 관리·통제하게 된다. 때로는 수평적 관계에서의 전략적 제휴를 통해 계열화를 이루기도 한다. 이러한 조직화가 이루어지지 않은 형태를 전통적 유통경로라 하는데, 전통적 유통경로에 대해 살펴본 다음 계열화가 어떻게 이루어지게 되었는지를 이해하고, 그 유형별로 설명하고자 한다.

전통적 유통경로(conventional marketing channel)는 별개의 독립적인 경로구성원들로 구성되어 각자의 업무만을 수행하며 다른 경로구성원들의 마케팅 활동에는 관심을 두지 않는 경로 형태이다. 경로 내의 공동목표가 없이 의사결정과 통제활동이 개별적으로 수행되며 경로갈등을 해소할 공식적 기구가 존재하지 않는다. 따라서 경로구성원들 간의 조정은 사전계획보다는 협상을 통해 이루어진다.

전통적 유통경로가 형성되기 이전에는 일회적 거래 경로(single transactional channel)이다. 이 단계의 유통경로는 경로구성원이 과거 경험이나 구두의 약속도 없이 우연한 기회에 지나치던 도매상이 소매상에게 제품을 한 번 공급해

[그림 8-1] 유통경로의 결속력

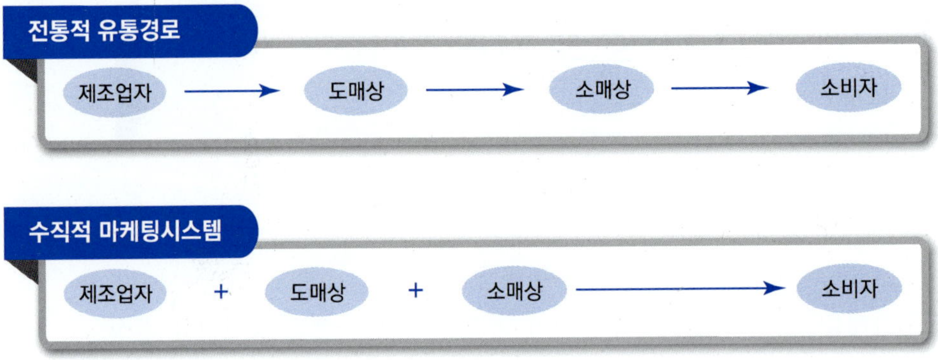

주는 정도의 가장 초기적인 단계의 유통이다.

유통경로의 구성원들은 각각 합리적인 방법으로 경로의 목표를 지향하는 방향으로 나름대로의 역할과 기능에 맞추어서 제품이나 시장과 관련된 결속력(commitment)을 가지게 되는데, 결속력을 가지게 되면 궁극적으로 유통경로의 말단인 시장 부분에서 경쟁하기가 더욱 용이해진다. 그럼에도 불구하고 많은 경영자들은 이 점을 간과하여 경로의 다른 구성원과의 결속을 하지 않는 경우가 바로 전통적 유통경로이다. 그러나 대신에 경로구성원들은 서로 간에 간섭을 하지 않으므로 자율성(autonomy)을 제한 없이 누릴 수 있다는 장점이 있다. 그 결과 이러한 전통적 유통경로는 시장의 급격한 환경변화나 구성원 자신의 전략 변경이라는 측면에서 상당한 유연성(flexibility)을 가질 수 있다. 각 유통경로의 결속력을 그림으로 표시하면 [그림 8-1]과 같이 나타낼 수 있다.

전통적 유통경로에서는 취급하는 제품의 유형이나 다양성, 촉진의 수준, 그리고 소매점포의 위치 등이 계획에 의해 이루어지기보다는 제조업자와 중간상이 판매자와 구매자로 상호작용하는 메커니즘에 의해서 결정된다. 특히 가격이라는 시장 메커니즘과 관련된 시장경제 논리에 따라 운영되기 때문에 경로구성원 간의 활동을 조정하는 것은 근본적으로는 상세하게 짜여진 계획에 의한 것이 아니고 거래당사자 간의 협상과 조율로 이루어지게 되고 대부분의 의사결정이 과거의 관례에 의해 이루어진다. 경로구성원 간의 이러한 느슨한 관계는 기업들이 이 경로에 가담하거나 탈퇴하는 것을 쉽게 해준다. 이런 이유로 전통적 유통경로는 불안정할 수밖에 없다. 전통적 유통경로의 본질이 그러하다 보니 경로구성원 간에는 충성도가 부족하고 공동의 목표가 거의 없다.

그래서 전통적 유통경로의 구성원은 가끔 시스템으로 통합되지 않을 때 가질 수 있는 혜택을 모르는 공급자나 고객들로부터 이용당하기도 한다. 결속력이 약하기 때문에 기회주의적 행동이 급증할 수 있으며, 새로운 거래를 시작해야 하는 경우가 많기 때문에 거래비용이 증가할 수 있다. 뿐만 아니라 경로 전체의 강력한 힘이나 조정이 필요한 경우에는 어려움에 처하기도 한다. 하지만 이러한 약점에도 불구하고 전통적 유통경로는 자본주의 사회에서 가장 흔한 형태의 유통경로이다. 수직적 마케팅시스템의 효율성과 효과를 달성하지 못한다는 단점을 가지지만, 자율성과 유연성이 높으므로 시장의 변화하는 환경과 욕구에 대처하면서 자유롭게 경쟁할 수 있다는 강점을 가지기 때문이다. 또한 표준화가 이루어지지 않은 제품이나 서비스 분야의 산업에서는 이러한 유통경로가 더욱 효과적이다. 이를테면 기성복, 주방용품, 가공식품, 사무용품, 가구, 보험, 건강 관련 제품, 중고자동차 등은 전통적 유통경로를 통해 많이 공급된다.

전통적 유통경로의 문제점을 보완하고 경로 전체의 관점에서 성과를 향상시킬 수 있도록 경로구성원 간의 관계설정에 관심을 가지고 조직을 갖추게 되는데 이를 위해 등장한 것이 바로 수직적 마케팅시스템이다.

Section

2 수직적 마케팅시스템

수직적 마케팅시스템(VMS: vertical marketing system)은 유통경로의 환경 변화와 상황에 보다 효과적으로 적응하기 위한 경로관리 방식으로, 유통리더가 유통활동을 조정하고 통제하기 위하여 수직적으로 조직화하는 것이다. 수직적 통합의 정도, 즉 관계유형에 따라 관리형 VMS, 계약형 VMS, 기업형 VMS가 있다. 통합의 정도가 가장 낮은 수준이 관리형 VMS, 통합 수준이 가장 높은 형태가 기업형 VMS이다. 통합의 수준이 강력해질수록 시스템을 유지하는 데 더 많은 투자와 관료제가 필요하게 되고 결과적으로 구성원들의 자율성과 유연성이 떨어지게 된다. VMS의 유형을 구체적으로 살펴보면 [그림 8-2]와 같다.

[그림 8-2] 수직적 마케팅시스템

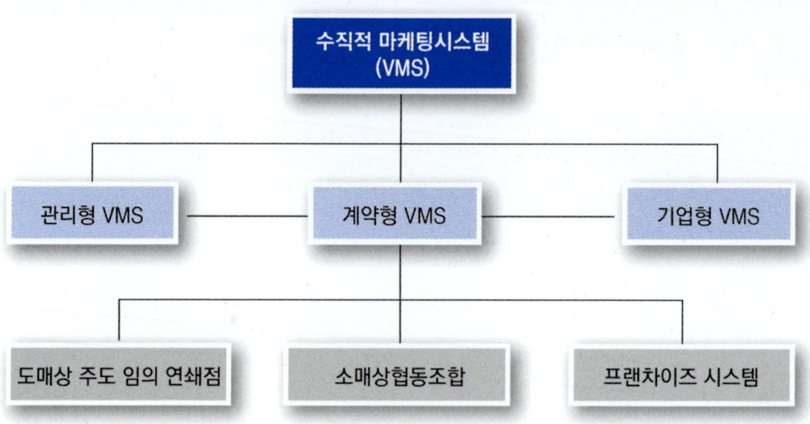

2.1 관리형 수직적 마케팅시스템

관리형 VMS에서는 경로리더가 개발한 프로그램을 통하여 마케팅 활동이 조정된다. 이는 VMS 유형 중에서 경로구성원 간의 통합의 수준은 가장 낮고 자율성은 최대한으로 보장되는 통합방식이다. 관리형 VMS에서는 구성원들이 자신의 개별적인 목표를 추구할 뿐 그들 간의 공식적인 조직은 없다. 다만, 비공식적으로 그들이 공유하는 목표를 달성하기 위해 노력하게 된다. 그들은 각각 자신의 소유권을 가지고 있지만 궁극적으로는 그들 경로의 마케팅 과업을 분담하려고 할 것이다. 전통적 유통경로처럼 경로구성원 간의 전체 경로에 대한 결속력의 수준은 높지 않다. 관리형 VMS가 전통적 시스템과 다른 것은 경로구성원들이 최소한 시스템지향성을 가지고 있다는 점이다. 과거에는 관리형 VMS에서는 제조업자가 경로리더가 되는 것이 일반적이었으나 이제는 대형 소매상들도 경로리더가 되어 경로의 관리자가 되곤 한다.

대규모의 전문적인 몇 개의 도매상을 제외하면 도매상의 정보수집능력, 판매원 관리 및 교육 능력, 그리고 소매상과의 협상능력 등은 부실한 경우가 대부분이다. 도매상이 제조업자의 기능을 대신해서 시장에서의 경쟁적 지위를 유지하기 위해서는 시장의 위험에 체계적으로 대비할 수 있는 능력이 필수적이지만 현실적으로는 도매상이 위험을 회피하려는 경향이 지배적이다.

제조업자의 제품을 시장에 경쟁력 있게 마케팅하기 위해서 도매상이 갖추어야 할 기능으로는 촉진능력, 의견수렴능력, 기술적인 능력, 교육 및 훈련능력, 시장조사능력, 그리고 경영전략 수립능력 등이 요구된다. 제조업자가 경로에서 경쟁력 있는 위치를 유지하기 위해 필요한 요소들은 [그림 8-3]과 같다. 이러한 기능들을 유통경로에 제공하면서 궁극적으로는 자사의 전체 경로의 효율성을 찾게 된다. 도매상이 이러한 제조업자의 역할과 기능을 이해하고 하나의 경로구성원으로 협동해야 할 것이다.

제조업자는 도매상의 기능을 조정하고 통합하여 자사의 경영목표에 맞는 경로구성원으로 활용하는 프로그램을 가질 필요가 있다. 제조업자는 자사의 동기부여 프로그램과 능력배양 프로그램을 통해 경로핵심요소를 효과적으로

[그림 8-3] 제조업자의 도매상 관리

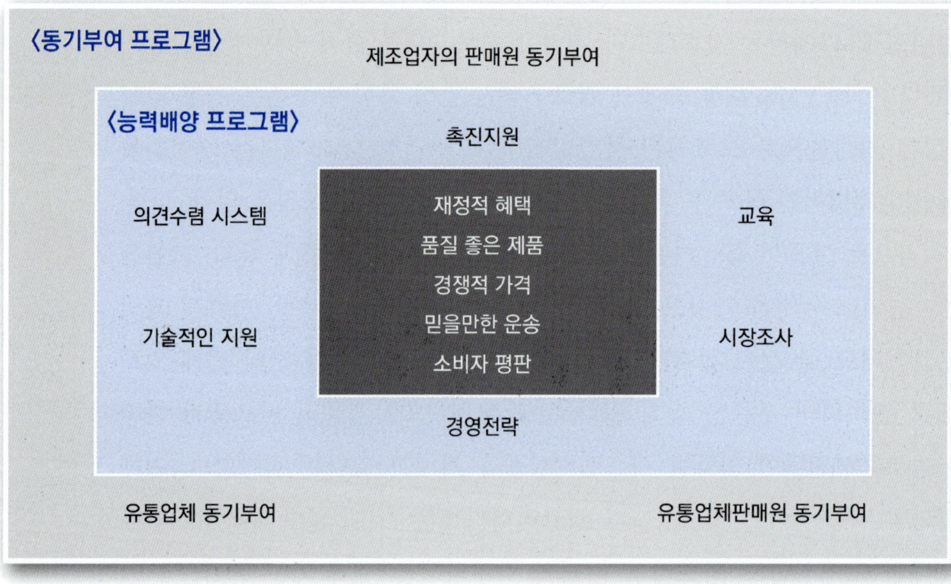

실천하는 목표를 가지고 있다. 따라서 이러한 프로그램과 시스템에 부응하도록 도매상을 관리하고 계속적으로 동기부여하는 운영시스템을 갖추는 것이 제조업자가 할 일이다.

성공적인 관리형 VMS를 개발하기 위해서는 훌륭한 상품계획과 참신한 아이디어가 필요하기 때문에 공급자와 소매상은 제품라인 관리를 위해 <표 8-1>과 같은 항목들로 개별 소매상과 상품에 맞는 소매지원시스템(RSS: retail support system)의 프로그램을 계획하고 실행하기도 한다. 소매지원시스템은 크게 기능적 지원과 전문적 지원으로 나누어 볼 수 있다. 기본적인 소매지원활동은 전문적 지원을 중심으로 이루어지는데, 이러한 지원이 제대로 이루어지도록 본사에서 기능적 지원을 함께 실행하는 것이 필요하다.

미국의 식품회사 플레밍(Fleming)은 도매상과 소매상에 마케팅 업무를 지원하여 협조를 구하였고, 우리나라의 제일제당도 소매지원시스템을 통해 거래하는 소매상들에게 상품계획, 구색 갖추기, 판촉, 입지 등의 정보를 제공함

〈표 8-1〉 소매지원시스템의 지원 내용

지원 유형	실시 주체	지원 항목	지원 내용 예시
기능적 지원 (간접)	기업 (본사)	머천다이징	판매계획, 마진계획, 구색계획, 이익률 계획
		발주시스템	재고회전율, 재고관리, POS 시스템, 발주시스템
		물류시스템	물류비 절감, 물류계획 수립, 공동물류
전문적 지원 (직접)	영업사원	시장정보 제공	판매정보, 고객정보, 제품정보
		상품정보 제공	판매제품 설명자료 제공, 교육지원상품정보 제공
		상품믹스	상품구색 관리 및 신상품 도입, 가격조정
		판매촉진	광고 및 판촉 예산 설정 및 진행, 매체계획
		비주얼머천다이징	점포레이아웃, 진열, POP, 가격표시
	전문가	정보화	유통정보시스템 활용
		교육	점장, 간부, 종업원, 신입사원 등 교육
		점포개발	신규점 및 신업태 출점, 점포확장 및 리뉴얼
		경영지도	경영정보분석 및 진단, 컨설팅

으로써 유기적인 관계를 구축하였다. 이러한 프로그램을 보다 효과적으로 개발하기 위해서는 공급자와 소매상 등에 높은 차원의 협력이 요구된다. 최신 시장정보를 바탕으로 소매상의 현재 상태를 정확히 분석하고 거래당사자들이 공동으로 계획 작성하고 상호 마케팅 흐름에 대한 긴밀한 조정을 통해 개발해야 하기 때문이다.

관리형 VMS를 통해 공급자가 얻을 수 있는 혜택으로는 다음과 같은 것들이 있다.

- 최대 매출액과 잠재적인 이익을 매일 산출하지 않아도 추정할 수 있다.
- 판매예측능력의 정확성을 높여 생산과 유통계획 수립이 용이해진다.
- 소매상의 필요 재고량을 정확하게 예측함으로써 재고관리를 효율적으로 할 수 있다.
- 생산과 유통활동의 안정적 · 지속적 계획으로 판매촉진 활동을 계획적으로 지속할 수 있다.
- 전체적으로 조정, 계획, 통제된 마케팅 안목을 가지므로 보다 고객지향적인 과업을 수행할 수 있다.

한편, 공급자와 거래관계를 갖고 있는 도매상이나 소매상이 관리형 VMS에 협력함으로써 얻을 수 있는 주된 혜택은 다음과 같다.

- 상품 공급을 적시에 적절하게 받을 수 있다.
- 공급자들의 관심과 배려를 받을 수 있다.
- 구색갖춤 계획이 가능하고 상품계획 조정에 대해 지원받을 수 있다.
- 필요한 재고량 예측의 정확성이 높아진다.
- 상품계획과 관련된 가격 등의 비밀을 지킬 수 있다.
- 발주 및 재고관리 관련 업무를 공급자에게 맡길 수 있다.

전통적 유통경로와 관리형 VMS는 공식적으로 기구를 결성하거나 계약을 맺지 않는다는 점에서 두 경로가 유사하다. 하지만 전통적 유통경로는 단기적인 목표를 지향하며 판매지향적인 특징이 있는 반면, 관리형 VMS는 거래당사자 간의 관계로 인식하는 경향이 있어서 계획에 근거한 장기적인 목표를 지향하고 있다는 점에서 차이가 있다.

2.2 계약형 수직적 마케팅시스템

유통경로구성원들은 경로관리와 조정을 더욱 계획적으로 정교하게 하기 위해 계약적인 합의를 통해 관계를 공식화하기를 원한다. 궁극적으로 상거래는 모두 어떤 형태로든 계약에 의한 것이지만 VMS에서 계약이란 경로구성원이 수행하는 기능을 구체적으로 협의하는 것이다. 대표적인 계약형 VMS는 도매상 주도의 임의 연쇄점, 소매상협동조합, 그리고 프랜차이즈 시스템 등이 있다.

1) 도매상 주도의 임의 연쇄점

도매상 주도의 임의 연쇄점(wholesaler-sponsored voluntary chain)은 독립적인 소매상들이 도매상을 중심으로 수직통합한 유통경로이다. 소매상은 독립적으로 운영할 때보다 촉진의 혜택과 대량구매의 이점을 누리기 위해 체인에 가담하게 된다. 가장 잘 알려진 도매상 주도의 임의 연쇄점은 IGA(independent grocers alliance)이다. 일반적으로 도매상 주도의 임의 연쇄점이 소매상협동조합보다 더 경쟁력이 있는데, 소매상협동조합의 힘은 조합원인 소매상들 전체에게 분산되기 때문에 유통경로의 기능을 조정하고 통합하기가 어려운 반면, 도매상 주도의 임의 연쇄점은 이를 주도하는 도매상이 리더십을 발휘하기 위해 전문성이나 시장지배력을 행사하기 때문이다.

유통실무 Focus

바로코사, 도매상 주도의 임의 연쇄점

깔끔한 매장과 저렴한 가격 그리고 첨단 마케팅 기법으로 무장한 대형 유통업체와 외국계 할인점들이 '지역 밀착형 업종'으로 대표되는 구멍가게의 생존을 위협하면서 소규모 영세상인들이 수난시대를 맞이하였다. 더 이상의 주먹구구식 영업을 하다가는 시장에서 도태될 것은 불 보듯 뻔한 일이었다. 이에 2000년 5월 31일, 전국 11만 중소 유통업자를 대변해 도매상 주도 연쇄점 (주)바로코사가 설립되었으며, 한국형 슈퍼마켓 프랜차이즈 시스템을 도입해 이들 '위기에 처한 구멍가게'에게 생존 돌파구를 제시하고자 하였다.

바로코사는 '디지털 슈퍼' 시대의 신호탄을 쏘아 올리며 4,000여 품목의 슈퍼마켓 상품과 가전, 가구, 의류, 제화, 생활용품 등 무려 20,000여 종류가 넘는 제품군을 취급하며 국내 유통시장의 판도를 재편하며 화제를 모았다. 또한 온라인상에서 슈퍼마켓 상품뿐만 아니라 일반상품까지 주문 가능하게 하여 소비자의 편의를 보다 도모하고자 하였다.

바로코사는 유통점포에 공급할 상품을 조합에서 공동구매, 직거래를 통해 공급원가를 하락시킴으로써 영세 중소상인을 보호하고 자생력을 높여 대형 유통업체와의 경쟁력을 높인 것이 특징이다. 또한 물류 합리화를 통해 효율적인 운영과 유통을 전문화하여 조합과 조합원의 권익을 증진하고 이익을 창출하고자 하는 것을 사업 목적으로 두고 있다.

최근에는 전국 5개의 지역(경인, 충주, 부산 동래, 부산 사하, 부산 만덕)에 공동 물류센터를 운영함으로써 물류비용을 최소화하여 저렴한 가격에 제품을 공급하여 소비자의 가계 안정을 도모하고 중소상인의 경쟁력을 강화시켜 지역경제 및 물가를 안정화하고자 한다. 뿐만 아니라, 유통업에 있어 관례적 문제였던 무자료거래를 근절하여 세무 투명성을 확보하고자 노력하고 있다.

자료: 바로코사 홈페이지
(http://www.barokosa.com/business/areas.asp)

2) 소매상협동조합

소매상협동조합(retailer cooperative)은 소매상들이 공동으로 결합하여 공동 소유의 협동조합을 결성하여 운영하는 시스템이다. 도매상 주도의 임의 연쇄점처럼 자발적인 모임이지만 도매상 대신에 소매상 스스로가 주체가 되어 체인을 결성한 것이 특색이다. 소매상들은 민주적으로 결합하여 자체적으로 도매기능을 가진 협동조합을 운영하게 된다. 수평적인 결합으로 볼 수 있지만, 조직된 소매상 중에 리더 역할을 하는 구성원이 존재하기 때문에 수직적인 결합으로 분류된다.

역사적으로 미국의 소매상들은 식품산업에서 경쟁력의 우위를 점하고 있으며 총 도매 매출의 35%를 소매상협동조합이 차지하고 있다. 우리나라에는 소매상협동조합으로 전국 중소상인 연쇄점협회와 한국 슈퍼마켓 협동조합 등이 있고, 정부에서는 나들가게의 형태로 협동조합을 구성하게 하여 지원하고 있다.

소유권의 차이를 제외하면 도매상 주도의 임의 연쇄점이나 소매상협동조합은 유사하게 운영되는 점이 많다. 소매상 회원들은 협회로부터 판매할 제품을 구매하고 광고, 소매점 경영방식, 간판 등에 있어서 표준화된 기준을 채택하여 통일한다. 회원들은 공동광고를 위한 기금을 마련하기도 하며 공동의 명의로 점포를 운영하기도 한다. 이러한 표준화와 공동화 덕택에 시장에서 영향력을 가지게 되며 촉진과 구매에서 규모의 경제도 달성할 수 있다.

유통실무 Focus

이탈리아 코나드, 중소 슈퍼마켓들의 전형적인 사업자협동조합

이탈리아에서는 1950년대 중반부터 여러 지역에서 소매상들이 자발적으로 공동구매 그룹을 조직하려는 움직임이 이어지다가, 1962년 14개 공동구매 그룹의 420명 소매상들이 볼로냐에 모여 전국소매상컨소시엄(CONAD)을 결성하기에 이르렀다. 이제 코나드는 3,000여 소매상(슈퍼마켓 주인)들이 가입한 협동조합으로 이탈리아 전체 소매시장의 11.3%를 점유하는 대기업으로 성장했다.

매출액 110억 유로, 직원들은 4만 6,000명에 이른다(2012년 수치). 이탈리아에서 소매시장 1위 업체는 시장점유율 15.3%의 소비자협동조합 코프 이탈리아이다. 둘의 점유율을 합하면 26.4%로, 이탈리아 전체 소매시장의 4분의 1 이상을 협동조합 부문에서 차지하는 셈이다.

코나드는 국내 중소 슈퍼마켓들의 전형적인 사업자협동조합 모습을 대체로 유지하고 있다. 조직구조는 단순한 2단계로, 3,000여 슈퍼마켓을 운영하는 2,800여 슈퍼마켓 주인(조합원)들이 8개의 지역협동조합에 가입하고, 8개의 지역조합이 전국 단위 조직인 코나드 컨소시엄을 구성하는 식이다. 코나드 컨소시엄은 조합원들의 슈퍼마켓에서 판매할 상품의 구매, 자체 상품 개발 및 생산, 홍보 · 마케팅 등 프랜차이즈 본사의 기능을 수행한다. 8개 조합의 출자로 운영되는 코나드 컨소시엄의 자기자본은 6,500만 유로이고, 물품 공급 10억 유로, 175명의 직원을 보유하고 있다. 코나드 컨소시엄의 이사회는 8개 협동조합을 대표하는 12명 이사들로 구성되며, 이사회 산하에 경영위원회와 브랜드위원회가 설치되어 있다.

조합원들은 가게 크기에 따라 90평 미만의 소규모 점포(Daisy), 90~180평 규모의 중간 크기 점포(Conad City) 그리고 600평 이상의 대규모 점포(Conad Superstore)를 운영하는 소매상으로 나뉜다. 조합원들은 점포 크기에 상관없이 동일한 수준의 서비스를 제공받는다. 대규모 슈퍼마켓들은 처음부터 큰 가게를 시작했다기보다는, 작은 점포를 운영하던 조합원들이 합병과 공동출자 등을 통해 힘을 합치는 과정에서 많이 생겨났다고 보는 게 타당할 것이다. 코나드의 슈퍼마켓을 운영하는 조합원들이 지역 주민이고 사업의 뿌리를 지역에 두고 있는 만큼 지역사회를 위한 다양한 활동도 전개하고 있다.

자료: 프레시안, 2016.11.11.
(https://www.pressian.com/pages/articles/143973#0DKU)

3) 프랜차이즈 시스템

(1) 프랜차이즈 시스템의 개념

프랜차이즈 시스템(franchise system)은 본부인 프랜차이저(franchisor)와 가맹점인 프랜차이지(franchisee)의 계약에 의한 시스템이다. 일정기간 동안 특정 지역에서 프랜차이지가 독점적으로 프랜차이저의 상표, 상호, 사업방식, 제품, 서비스, 기타 계약에 명시된 혜택을 이용하고 이에 대한 비용을 지불하는 방식이다.

프랜차이즈(franchise)란 1400년을 전후하여 생겨난 말로 당시에는 주로 정치 분야에서 사용되던 용어였는데, 1865년 미싱 브랜드 싱거(Singer)가 전국에 판매권을 가지는 제조업자-소매업자 관계를 구축하여 사업화함으로써

[그림 8-4] 프랜차이즈 시스템의 요소

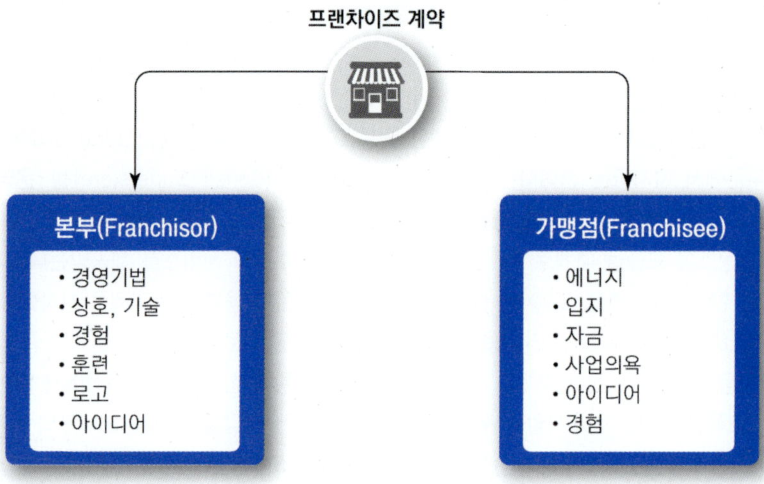

처음으로 경제 분야에 사용되는 용어가 되었다. 프랜차이즈라는 단어의 어원은 옛날 불어의 'francer'라는 말로 그 의미는 '자유로운 것', '용역의무 또는 금지로부터 해제된 상태'라는 뜻에서 출발하였다가 중세에 '타인에게 부여된 특권'의 뜻으로 변하였다. 중세 봉건 영주의 기사나 집사는 드넓은 영토의 수확물을 거둬들이는 책임을 지고 있었는데, 영주는 정해진 지역의 관할권을 그들 기사나 집사에게 주고 대리권을 가진 그들 각자가 맡은 지역의 소작농을 관리하고 일정량의 수확을 세금으로 거두어들이게 하였다. 이 과정에서 그들은 특정 지역에서의 수세권을 특권으로 누리게 되었고 다른 누구도 그들의 권리를 대신하거나 빼앗아 갈 수 없었다. 이는 특정 지역 범위 안에서 배타적으로 행사가능한 독점권을 의미하며 프랜차이즈의 본질적인 개념으로 발전하였다. 현대에 이르러서 이러한 프랜차이즈의 의미는 '본사 소유의 사업체명과 영업방식을 가맹점에게 허용하는 사용인가계약'으로 통용되고 있다.

근대적 기업 형태로서의 프랜차이즈 시스템은 1898년 전기증기자동차를 판매하는 한 독립 상인의 판매권에서부터 시작되었다. 이후 1940년대까지 프랜차이즈 시스템은 자동차 제조업, 석유판매업, 청량음료업 등의 산업에 국한

[그림 8-5] 프랜차이즈 시스템

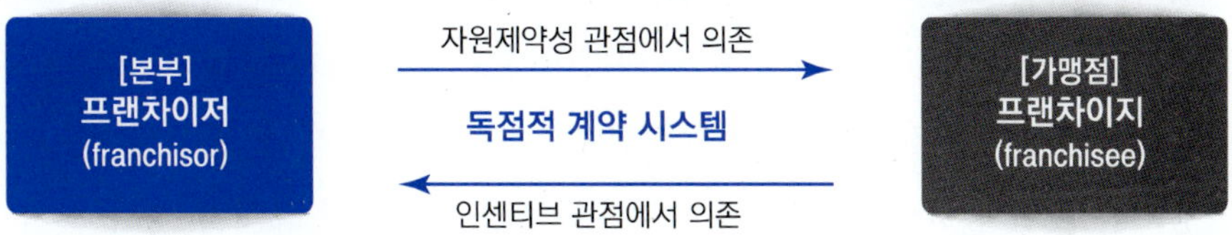

되었으며, 제조업자들이 생산활동에 전념하고자 판매독점권을 부여함으로써 마케팅 비용을 절감하고자 하는 제한된 자본의 보완을 위한 목적으로 프랜차이징을 수행하였다.

프랜차이즈 시스템이 현대 마케팅에서 가장 특징적인 유통방식의 하나로 발전하게 된 이유는 다음의 두 가지 관점에서 분석해 볼 수 있다. 이는 개별 소매상이 프랜차이즈 시스템의 가맹점이 되는 이유에 대한 근원적인 해답이 되기도 한다. 첫째는 자원제약성(resource constraint) 관점이다. 이 관점은 프랜차이즈 시스템의 존재 이유를 프랜차이저가 자원이 부족하기 때문에 자원이 풍족한 프랜차이지를 찾아 프랜차이즈 계약을 하게 된다고 설명한다. 이 경우 프랜차이저는 프랜차이지의 재무적 자원, 인적 자원, 경영 경험, 특정 지역에서의 경영 전문성 등을 기대하게 된다. 특정 지역 시장에 대한 진출 경험이 없고 정보가 축적되지 않은 상태에서 프랜차이저는 그 지역의 실력자 격인 소매상과 제휴할 가능성이 많아진다. 무엇보다도 프랜차이지의 지역 시장에 대한 경험과 자금을 바탕으로 쉽게 시장을 확보할 수 있는 장점이 있다.

프랜차이저는 사업 경험이 쌓이고 지역 시장에 대한 정보를 축적하게 되면 프랜차이지 점포를 직영점으로 전환하려 할 가능성이 높다. 따라서 이 자원 제약성 관점은 기반이 약한 프랜차이저가 지역의 든든한 기반을 가진 프랜차이지를 확보하여 초기 경영 경험을 쌓은 후 직영점으로 전환해 가는 형태를 시사하고 있다.

둘째는 인센티브(incentive issue) 관점이다. 이 관점은 프랜차이즈 시스템의 존재 이유를 자원이 열악하고 경험이 미숙한 프랜차이지가 명성이 높고 경영 노하우를 많이 축적한 프랜차이저를 찾아 프랜차이즈 계약을 하게 된다고 설명한다. 이 경우 프랜차이저는 다양한 경험과 정보를 바탕으로 사업운영의 기법과 전망을 프랜차이지에게 제공해 주므로 프랜차이지가 계약에 응할 충분한 인센티브를 제공하게 된다. 프랜차이지도 여러 가지 명목의 비용을 프랜차이저에게 제공하므로 프랜차이저는 가맹점을 확보할 노력을 할 유인이 발생하는 것이다. 따라서 시간이 지날수록 프랜차이지의 규모가 커지고 거기에 따르는 인센티브도 증가하게 되면 직영점포를 프랜차이지로 전환하게 될 것이라는 시각이다.

서로에 대한 의존성 때문에 장기계약을 맺는 등 계약형 VMS 중에서는 가장 유연성이 떨어지는 유형으로 볼 수도 있다. 일반적으로 프랜차이즈 본부는 가맹점에 대한 통제욕구를 높이려 하고 가맹점은 더욱 자율성을 가지고 싶어 하는데, 장기계약의 경우 실적이 부진한 대리점 정리에 곤란을 겪는가 하면, 점포 수가 많은 경우 통제와 관리에 대한 어려움이 크기 때문에 의존성과 욕구 간의 상쇄관계를 신중히 고려하여 운영해야 유연성을 관리할 수 있을 것이다. 유연성을 높이기 위해 본사는 가맹점과 직영점을 동시에 운영하는 복수유통(dual distribution)을 하는데, 이를 통해 직접 경쟁함으로써 수익을 증대시키는 등의 시너지효과도 누리고, 직영점을 모델점포로 운영하면서 문제를 파악하고 가맹점에 대한 통제력을 높이기도 한다.

(2) 프랜차이즈 시스템의 비용과 의무

프랜차이저가 프랜차이지를 모집하게 되면 계약에 근거하여 프랜차이지는 다양한 의무를 지게 된다. 동시에 프랜차이지는 여러 가지 명목의 비용을 치르게 되는데 <표 8-2>에 가장 대표적이고 일반적인 것들을 나열하고 있다. 물론 모든 프랜차이지가 이러한 모든 명목의 비용을 부담하는 것은 아니고 계약의 내용에 따라 합의한 명목에 대한 것들만 치르면 된다. 각각의 항목은 실질적으로 프랜차이저가 어떠한 형태로든 프랜차이지를 지원한다는 것을 전제로 한다.

프랜차이즈 시스템은 본부와 가맹점이 계약관계에 의해 상호 간의 약점을 보완하여 효율성을 제고하기 위한 계약형의 유통방식이다. 따라서 프랜차

〈표 8-2〉 프랜차이지가 지불하는 비용

비 용	내 용
가맹비 (inital franchise fee)	계약 초기에 실비 수준으로 지급하는 경비로, 원료와 설비를 제공하는 것. 프랜차이저의 상호와 이미지, 개점 지원, 점포운영 방식 안내, 교육 프로그램 등에 대한 대가 혹은 미래 지원을 전제로 함
연회비 (annual royalty fee)	매년 계약관계 지속의 의미로 지불하는 금액. 실제로는 교육훈련, 시장계획, 수요 예측, 전국 광고, 촉진자료, 회계시스템, 재고관리기법, 법률자문 등과 같은 경영자문에 대한 보답으로 지급하는 것. 통상 총매출액의 1~18% 수준에서 결정되지만 4% 수준을 유지하는 예가 많음
광고비 (annual advertising fee)	전국 광고나 지역 광고 및 판촉과 관련한 비용으로 지불하는 경비. 보통 총매출액의 1~4% 수준에서 지급. 특정 지역군으로 분류하여 지역군별로 공동으로 지역광고를 하는 데 쓰이기도 함
패키지 비용 (franchise package fee)	계약 당시에 프랜차이저로부터 여러 가지 시설 및 물품을 구매하는 조건으로 프랜차이징을 하는 경우에 발생하는 비용. 가맹비, 연회비, 빌딩 임대비용 등을 포함하는 패키지 비용을 부담하기로 계약함
상권분석 비용 (site-evaluation fee)	상권분석이 필요한 경우에 프랜차이저가 개점 장소를 선택하고 평가하는 데 지불하는 경비. 토지사용계획, 교통량 조사, 건축물 관련 구획 자료, 경우에 따라서는 개점 비용 등을 계산해 주는 대가
교육비 (initial training fee)	프랜차이저가 프랜차이지의 종업원을 교육하는 데 드는 비용. 프랜차이지의 종업원은 순번을 정하여 교육을 받거나 일정 시간 경과 후에 정기적으로 교육을 받음

이저와 프랜차이지는 계약에 명시된 약속을 이행해야 할 의무가 있다. 프랜차이저의 의무는 다음과 같다.

- 새로운 프랜차이지의 종업원을 교육시켜야 한다.
- 새로운 프랜차이지의 영업을 지원하여야 한다. 광고, 판촉, 실내 장식 등에 대한 노하우를 적용시킬 수 있어야 한다.
- 계속적인 경영지원을 하여야 한다. 프랜차이지 점포 운영과정에서 발생하는 문제를 해결해야 한다.
- 기타 계약서에 명시된 모든 약속을 이행해야 한다.

프랜차이지의 의무는 아래와 같다.

- 정기적으로 실내 장식을 보수하여야 한다. 이러한 경우, KFC는 프랜차

이지에게 일정액의 리베이트를 제공하기도 한다.

- 정해진 영업시간을 유지하여야 한다. 개점, 폐점, 최소의 영업시간 등의 요구를 수용하여야 한다.
- 표준 회계시스템을 운영하여야 한다. 또한 이렇게 유지된 회계 관련 자료를 프랜차이저가 요구하는 경우에 언제든지 제시하여야 한다.
- 최소한의 보험에 가입하여야 한다. 프랜차이저와 프랜차이지 양자의 재산과 이미지 보호를 위한 보험 가입이 필수적이다.
- 지역 광고를 하는 경우 프랜차이저의 승인을 받아야 한다. 이는 일관성 있는 메시지의 전달 및 획일적인 기업, 상표, 제품, 이미지의 유지를 위한 것이다.
- 프랜차이저의 인사정책을 수용하여야 한다. 종업원 교육, 표준 임금, 상여금 규정 준수 등이다.
- 지정된 원재료 공급자와 거래하여야 한다. 미국의 경우 패스트푸드 프랜차이지의 70%가 자신의 프랜차이저로부터 원료를 구매하고 있다고 보고되고 있다. 통상 패스트푸드의 경우 원료의 50%를 구매하고 있는 것으로 나타났다.
- 부정기적인 프랜차이저의 실사를 수용하여야 한다. 감독관이 프랜차이지의 점포를 방문하여 정해진 표준 경영지침을 준수하는지 조사할 수 있다.
- 지역제한을 준수하여야 한다. 점포 확장 및 판매지역의 확대는 계약을 따라야 한다.
- 프랜차이저의 가격정책을 수용하여야 한다. 최고가나 최저가를 제시하는 경우 이를 지켜야 한다.
- 정당한 비용(가맹비, 보증금, 연회비 등)에 대한 지불을 이행하여야 한다.

프랜차이즈의 장·단점을 프랜차이저와 프랜차이지, 소비자 입장에서 각각 정리해 보면 <표 8-3>과 같다.

〈표 8-3〉 프랜차이즈 시스템의 장 · 단점

관 점	장 점	단 점
프랜차이저	① 사업확장을 위한 자본조달이 용이함 ② 공동대량구매를 통한 규모의 경제 ③ 공동 광고를 통한 판매촉진 활동으로 광고효율성과 효과가 높음 ④ 프랜차이저는 직접 경영에 참가하지 않으므로 프랜차이즈 사업상품 개발에 전념 ⑤ 프랜차이지가 각각 종업원을 채용하고 관리하므로 노사문제에 대한 우려가 낮음	① 계속적인 지도와 원조 때문에 비용과 노력이 소모되기 쉬움 ② 프랜차이지의 수가 급격히 증가할 경우에 통제의 어려움 ③ 프랜차이저는 프랜차이즈 시스템이라는 구조 속에서 우월한 지위를 갖는다는 사고로 시스템 전체의 활력이 없어질 우려 ④ 프랜차이저가 스스로 점포를 확장하는 것보다 투자수익률은 높지만 이익의 크기 자체를 크게 증가시키기는 어려움
프랜차이지	① 프랜차이저가 합리적인 방법에 의해 개발한 사업상품으로 인해 실패 위험 낮음 ② 상품과 원재료를 프랜차이저가 공급해 주므로 개업초기의 재고부담이 적음 ③ 프랜차이저의 교육 프로그램, 경영방식 등의 지도로 쉽게 사업을 시작 가능 ④ 프랜차이저가 개발한 우수한 품질의 상품, 점포, 디자인, 지명도가 높은 상표명을 사용하므로 처음부터 소비자의 신뢰 확보 ⑤ 프랜차이저가 일괄적인 광고 등으로 광고효율성과 효과가 높음 ⑥ 프랜차이저 공동집중구매로 품질과 가격면에서 우월한 공급을 받을 수 있음 ⑦ 프랜차이저가 계속적으로 개발, 개선해 주므로 시장여건변화에 보다 적절히 대응 ⑧ 회계처리, 상품개발 등 프랜차이저가 집중관리해 주기 때문에 판매활동에만 전념	① 프랜차이저가 제공하는 서비스는 애매하게 경비로 계산되는 경우가 많음 ② 대다수의 프랜차이지가 일반적으로 높은 만족을 느끼지만 프랜차이저와의 최초의 계약대로 약속이 이루어지지 않을 경우에는 갈등의 조정이 어려움 ③ 상표 및 상호의 가치가 의문시되는 경우가 있음 ④ 프랜차이저에게 의존하는 경향이 커져서 스스로의 문제 해결 능력이나 경영개선의 노력을 등한시할 수 있음 ⑤ 프랜차이저는 시스템 전체의 효율을 고려하여 계획을 설립하고 운영하기 때문에 특정 점포의 실정에 맞지 않을 수도 있음 ⑥ 하나의 프랜차이지의 실패가 프랜차이즈 시스템 전체와 타점포에 영향을 줄 수 있음
소비자	소비자에게 제공되는 제품과 서비스의 수준이 향상되고, 프랜차이저가 개발한 표준화된 제품과 서비스를 공급받으며, 효율적인 경영의 결과로 비용절감을 달성하므로 염가로 제공받을 수 있음	프랜차이저의 파워가 강력하게 행사될 때는 프랜차이지가 불리한 입장에 서게 되므로 결과적으로는 소비자가 가격과 서비스면에서 불이익을 당할 수 있으며, 책임소재 불분명으로 소비자가 보호받기 어려움

(3) 프랜차이즈 시스템의 유형

프랜차이즈 시스템은 서비스나 제품 등 어느 업종에서나 폭넓게 운영되고 있는데 기본적인 유형은 크게 세 가지로 분류할 수 있다. 첫째, 단순 재판매 프랜차이즈(straight product distribution franchise)이다. 이 경우 가맹점의 주요 마케팅 기능은 제조업자가 공급하는 제품을 있는 그대로의 상태로 소비자에게 재판매하는 점포의 구실을 할 뿐이어서 원칙적으로는 마케팅믹스의 변경의 기회가 거의 없다고 할 수 있다. 자동차딜러의 경우가 이에 해당된다.

둘째, 제품-보증 프랜차이즈(product-license franchise)이다. 이러한 유형에서는 제품의 균일성을 보증하기 위해 본사의 통제가 시스템의 운영에 중요한 요소가 된다. 본사는 제품의 품질을 결정하는 주요 제품믹스 요인, 이를테면 원료나 재료의 혼합비율, 원재료 공급자 지정, 제품 포장 방식 등에 관한 일정기준을 정하여 프랜차이지가 이를 준수할 것을 약속하는 형태이다. 본사의 기업 이미지나 전통이 유지되게 하는 것이 마케팅전략의 중요한 부분을 차지하게 된다. 대부분의 패스트푸드 관련 프랜차이즈가 여기에 해당된다.

셋째, 사업자명 프랜차이즈(trade name franchise)는 단순히 사업자의 명의만을 빌려주고 가맹비를 징수하지만 가맹점에 대한 통제는 거의 없는 형태이다. 서비스 기업이 본부의 이름으로 나름대로의 서비스를 제공하는 경우이다. 각 개별 프랜차이즈는 자신의 시장환경에 맞는 상품 개발과 고객지향적인 마케팅전략을 펼칠 수 있다. 세계적인 호텔 체인점포들은 모기업의 사업자명은 공유하지만 각각의 관광지나 휴양지에 맞는 상품, 룸서비스, 식음료 서비스 등으로 다양하고 차별화된 시장 접근을 하고 있다. 또 다른 분류방법으로 <표 8-4>와 같이 계약의 주체와 가맹점의 형태에 따라 분류해 볼 수도 있다.

〈표 8-4〉 계약의 주체와 가맹점의 형태에 따른 프랜차이즈 유형

유 형	본 사	가맹점	업 종
제조업자-소매상 프랜차이즈	제조업자	소매상	자동차업계, 석유업계
제조업자-도매상 프랜차이즈	제조업자	도매상	음료업계 공급체인
도매상-소매상 프랜차이즈	도매상	소매상	제약업, 잡화점, 자동차정비업
상표허가자-소매상 프랜차이즈	서비스업체	소매상	패스트푸드, 패밀리레스토랑, 호텔, 헬스클럽

2.3 기업형 수직적 마케팅시스템

기업형 VMS는 경로구성원들이 특정 제품의 유통을 위해 각기 다른 수준에서 경로를 구성하고 있지만, 그 경로구성원들이 모두 하나의 조직에 의해 소유되고 관리되는 유통경로이다. 제조업자가 도매상이나 소매상을 소유하거나 도매상이 소매상을 설립하는 기업형 전방통합(corporate forward integration)이나 소매상이나 도매상이 후방으로 통합하는 기업형 후방통합(corporate backward integration)을 통해 이루어진다.

공급자나 유통업자는 다음의 세 가지 이유에서 기업형 전방통합을 하게 된다. 첫째, 경로구성원들은 물적유통과 소유권 이전에 가담하는 조직을 얻게 됨으로써 더 큰 효과와 효율성을 달성할 수 있다. 둘째, 전방의 시장을 향하여 통합을 이룸으로써 유통활동에 대한 통제가 가능해진다는 점이다. 셋째, 전방통합으로 공급자는 관여하기 어려웠던 유통경로에 접근할 수 있게 된다. 전방에 대한 수직적 통합은 부분적으로 이루어지기도 하는데, 이는 제조업자가 자신의 도매기능을 스스로 수행하고 소매기능은 독립된 소매상에게 맡기는 것으로 독특한 모습이다. 또한 어떤 시장에서는 제조업자가 설립한 도매상이 도매기능을 수행하고(일부만 전방통합된 경우) 다른 시장에서는 독립 도매상이 도매기능을 수행하기도 하여 직영점과 가맹점을 동시에 운영하는 복수유통(dual distribution)을 실행하기도 한다.

기업형 후방통합은 소매상이나 도매상이 자신의 유통경로에서 후방에 있는 공급자나 제조업자를 소유하는 경우에 해당하는 유통시스템이다. 대형 유통체인들은 가끔 자신의 제품 공급업자인 협력업체 혹은 하청업체를 소유하고 있는 경우가 많은데 이는 후방통합의 좋은 예이다. 기업형 후방통합은 다음의 세 가지 이유로 인해 실행된다. 첫째, 자사의 공장이나 도매상을 운영함으로써 경로구성원은 일정한 품질의 제품을 계속적으로 공급받을 수 있다는 보장이 된다. 둘째, 물적흐름, 정보교환, 거래흐름이 수직적 마케팅 경로보다 효과적이고 효율적으로 수행된다. 셋째, 중간상이 종종 경쟁적인 맥락에서 제품을 공급받을 수 있다.

유통실무 Focus

곡물유통부터 육가공까지… 농업기업 최초 대기업된 하림

자산 총액 10조 원이 넘는 국내 최초 농업 대기업이 탄생했다. 닭고기 회사로 알려진 하림이 곡물유통부터 사료, 축산, 육가공식품까지 수직 계열화 성공 신화를 쓰면서 재계 30위(자산 기준)에 올랐다.

공정거래위원회는 하림그룹을 '2017년 상호출자제한기업집단'으로 신규 지정했다. 하림은 자산 총액 10조 5,000억 원으로 상호출자, 채무보증 등이 제한되는 대기업 집단에 포함됐다. 국내에서 농업기업이 대기업 명단에 오른 것은 이번이 처음이다.

하림은 국내 양계업계 최초로 병아리 위탁 사육 시스템을 도입했다. 하림은 부지매입, 인건비 부담을 줄이는 대신 계약 농가에 시설재, 사료 등 부재료를 공급하는 방식으로 사업을 키웠다. 운도 따랐다. 아시안게임, 올림픽 등 이후 1세대 치킨 프랜차이즈가 인기를 끌면서 하림도 급성장했다. 1997년에는 코스닥시장에 상장했고 식탁에 오르는 육가공 식품공장까지 지었다.

하림은 이후 적극적인 기업 인수합병(M&A)으로 수직계열화 작업에 돌입했다. 2001년 천하제일사료와 한국농수산방송(현 NS홈쇼핑), 2007년 선진(돈육가공), 2008년 팜스코(축산물 사육), 2011년 미국 닭고기 업체인 알렌패밀리푸드 등을 잇따라 인수했다.

2015년에는 자산 4조 원이 훌쩍 넘는 해상화물 운송업체인 팬오션을 인수해 몸집을 불렸다. 하림이 해운사를 인수한 것은 핵심사업인 닭고기·돼지고기 등 축산을 비롯해 식품가공업, 사료 부문 계열화를 완성해 시너지를 낼 수 있다는 판단에서였다. 팬오션은 한때 상업 곡물 수송분야 세계 선두였던 회사로 항만네트워크는 물론 곡물시장 정보를 꿰뚫고 있다. 원래 5조 원을 밑돌던 하림의 총 자산이 지난해 9조 9,000억 원으로 껑충 뛴 것도 팬오션 인수 영향이다.

지난해에는 서울 양재동 파이시티 부지를 인수했다. 하림은 이 부지에 첨단 물류 유통기지와 도심형 연구개발(R&D)센터를 조성해 종합식품기업으로 도약한다는 청사진을 갖고 있다.

자료: 머니투데이, 2017.5.2.
(https://news.mt.co.kr/mtview.php?no=2017050116432117556)

2.4 수직적 마케팅시스템의 특징

전통적 유통경로와는 달리 VMS의 경로구성원들은 자신들의 상호연관성을 잘 인식하는 조직들로 구성되어 있다. 그 결과 그들은 세세하게 계획을 세우고 전반적인 프로그램을 만들어서 마케팅 흐름이 수행되는 과정을 조정한다. 물론 목표는 말할 것도 없이 최종적인 목표시장에 효과적이고도 효율적으로 대처하는 것이다. 이러한 VMS는 어떤 구성원이 경로의 마케팅 활동에 가담하고 가담하지 않는지를 통제한다. 계약형과 기업형 VMS에서는 계약과 소유권을 취득함으로써 경로구성원들이 전체적으로 시스템에 충성하게 된다. 그러므로 이 경우의 경로는 안정적일 가능성이 크다. 경로의 의사결정자는 모든 마케팅 업무 과정에서 비용, 수량, 그리고 투자 등에 초점을 맞추는 전문적인 경영자일 것이며, 또한 그러한 경영자는 전통적이고 유행이 지난 실무보다는 보다 진보된 마케팅 개념을 적용하는 데 관심을 가질 것이다.

전통적 유통경로와는 달리 VMS는 계획적인 조직 운영, 규모의 경제, 표준화의 이점 등을 유통의 다양한 차원에서 적용하려고 노력할 것이다. 반면 독립 경로에는 장기적인 계획이 없어 더 높은 유통비용을 유발시키지만, 독립 소매상들은 시장의 욕구에 더 잘 대응할 수 있고 수많은 제조업자와 도매상으로부터 자유롭게 제품을 구매할 수 있다. 그렇기 때문에 수직적 마케팅 시스템을 통하면 유통비용을 줄일 수는 있지만 시장의 변화에 대응하여 경쟁력을 갖추기는 어렵다. 또한 VMS에서는 경로 성과의 표준화된 수준을 측정할 수 있지만 전통적 유통경로에서는 그것이 어렵다. 산업 구매자나 가계의 소비자 모두는 그들이 구매하는 제품과 서비스의 품질이 동일하게 유지되는 것을 선호하기 때문에 수직적 마케팅시스템은 유통경로상에서 강력한 경쟁력을 가질 수 있다.

관리적 측면에서 보면 VMS는 여러 경로구성원들이 수행하는 기능에 대한 비용과 품질을 통제하고자 개발된 것이다. 그러한 시스템의 강도는 경로구성원들에게 마케팅 과업을 이전해 주거나 할당하는 역할을 얼마나 잘 수행하는지 보면 알 수 있다. 이론적으로는 VMS의 성과는 가장 이상적인 경로의 성과에 근접할 것이다. 그 이유는 수직적 마케팅시스템에서는 구성원들이 더 이상의 이익을 낼 수 없고 제품 원가가 더 이상의 고객 만족을 낼 수 없을 정도로 구성원 결합을 할 것이기 때문이다.

VMS의 경영자는 전체 경로를 경쟁과 관련된 구성원으로 간주한다. 반면 전통적 경로에서 독립된 조직들은 그들의 경쟁적 생존능력은 그들 경로의 개별 수준에서 취한 행동에 달려 있다고 생각한다. 이러한 차이점들 때문에 계획된 시스템, 즉 VMS는 유통의 우월한 형태로 인식되어 전통적 유통경로를 급격한 속도로 대체해 나가고 있다.

VMS의 경쟁적 강점을 감안하여 전통적 유통경로구성원들은 생존을 위해 경로전략을 새롭게 정비하여야 한다. 전통적 유통경로구성원들이 취할 수 있는 전략은 다음과 같다. 앞의 세 가지 전략은 단기적으로 실행가능한 것이고, 마지막은 장기적으로 고려할 필요성이 있는 것이다. 전통적 유통경로구성원이 마지막 전략을 실행하고자 계획하는 것은 수직적 마케팅시스템으로 전환하고자 하는 것과 같다.

- 고객의 경쟁력을 강화하는 프로그램 개발 : 이 대안은 제조업자와 도매상을 중앙집권적인 회계 및 경영 보고시스템에 대한 후원, 협동적 촉진 프로그램의 정형화, 쇼핑센터 임대에 공동 서명 등의 활동에 관여하게 하는 것이다.
- 새로운 시장에 진입 : 예를 들면, 철강 창고업자가 유리와 플라스틱 제품 라인을 추가하여 창고를 늘리는 것이다. 산업재 유통업자가 무재고 구매계획과 일괄주문계약을 시도함으로써(재고를 가지지 않고 일괄주문을 받아 제조업자와 소비자를 연결시켜 줌으로써) 중간상을 거치지 않고 직접 구매하는 고객들에게 효과적으로 대처할 수 있게 되었다.
- 경영정보시스템을 개발함으로써 경영의 효율성 제고 : 전통적 유통경로의 중간상이 공급자와 함께 전자문서교환(EDI: electronic data interchange)시스템을 운영함으로써 재고관리의 효율성을 제고할 수 있다.
- 경로조사를 통해 어떤 경로구성원이 마케팅 흐름을 재조직할 만큼의 충분한 힘을 가지고 있는지 결정 : 경로에서 누군가는 잠재적인 경로리더가 될 수 있는 역량을 가지고 있다.

지금까지 살펴본 수직적 마케팅시스템의 특징을 요약하여 <표 8-5>에 제시하였다. 관리형의 수직적 마케팅시스템에서 기업형의 수직적 마케팅시

〈표 8-5〉 전통적 유통경로시스템과 수직적 마케팅시스템의 비교

<table>
<tr><th></th><th>전통적 시스템</th><th>관리형 VMS</th><th>계약형 VMS</th><th>기업형 VMS</th></tr>
<tr><td rowspan="2">공동목표에 대한 경로구성원의 관계</td><td>공동목표의 부재</td><td>각각의 분리된 목표, 비공식적 공동의 노력</td><td>각각의 분리된 목표, 어느 정도 구조화된 공동목표</td><td>공동목표의 달성을 위해 조직화된 경로구성원</td></tr>
<tr><td>소매상: 판매증대와 마진 확보
제조업체: 대량주문 확보</td><td colspan="3">VMS: 수익성 있는 관계지속, 경로 전체의 수익과 고객만족 고려</td></tr>
<tr><td rowspan="2">공동 의사결정의 중심</td><td>경로구성원 내부</td><td>공식적 구조 없이 구성원 간의 상호작용</td><td>구성원 비중에 근거하는 공동구조</td><td>공동구조</td></tr>
<tr><td>개별 조직의 지역판매원 또는 구매부서원 (하위)</td><td>비공식적 협력단체</td><td>승인된 본부</td><td>기업 집중적 (상위)</td></tr>
<tr><td>권한의 중심 구조</td><td>구성원 수준에서 분산되어 있음</td><td>구성원 수준에서 분산되어 있음</td><td>구성원 수준에서 분산되어 있으나 우선권이 있음</td><td>상위 부분에 집중</td></tr>
<tr><td>소유권
통제력
결속력
비용</td><td colspan="4">낮음 ←→ 높음</td></tr>
<tr><td>자율성
유연성</td><td colspan="4">높음 ←→ 낮음</td></tr>
</table>

스템으로 갈수록 경로구성원들의 결속력은 점점 강화되고 경로리더를 제외한 경로구성원들의 자율성은 점점 줄어들게 된다. 경로구성원들의 자율성이 줄어들게 되는 과정에서 경로 전체의 유연성도 따라서 줄어들게 된다.

Section

3 수평적 마케팅시스템

수평적 마케팅시스템(horizontal marketing system)은 유통경로의 동일한 수준의 둘 이상의 기업이 새로운 마케팅 기회를 찾아서 결합하는 유통방식이다. 이러한 결합은 제휴를 통해 이루어지거나 다른 조직의 인수·합병을 통해 이루어지기도 한다. 자본, 생산설비, 그리고 기타 마케팅 자원을 결합하여 개별 기업이 달성할 수 있는 수준 이상의 목표 달성이 가능하다. 일시적인 결합과 영구 결합이 있고 경우에 따라서는 별도의 기업을 설립하기도 한다. 예를 들어, 은행이 편의점에 은행현금지급기를 설치하면 은행은 저렴한 비용을 들여 새로운 시장에 진출하게 되었고, 소매상은 자기 점포 내에 은행을 유치함으로써 내점 고객들에게 가까운 장소에서 은행 업무를 처리할 수 있는 편리성을 제공하게 된다.

수평적 마케팅시스템을 구축하는 기업들은 경쟁자와 결합할 수도 있고 비경쟁자와 결합할 수도 있다. 경쟁관계에 있는 동종업체 간의 유통 결합을 공생마케팅(symbiotic marketing)이라 한다. 이를테면 지역적인 거리를 좁히고 보다 신속하고 편리한 연계 서비스를 제공하기 위해 서울의 플라자 호텔, 부산의 그랜드 호텔, 경주의 호텔이 연계하여 수평적 통합체계를 구축한 것이나 항공사가 좌석을 공유하여 운행하는 경우가 있고, 한국네슬레가 생산한 네스카페와 네스티는 한국코카콜라에서 유통하고 네스퀵은 남양유업이, 앙팡은 서울우유, 키켓 등의 과자는 농심의 유통망을 통해 유통시키는 사례가 이에 해당한다고 볼 수 있다. 커피믹스로 유명한 동서식품이 스타벅스와 제휴하여 병커피를 생산하여 유통하고 있다. 이처럼 공생마케팅은 둘 이상의 기업들이 여러 자원을 결합하여 마케팅 문제를 해결하는 기법인 것이다.

공생마케팅과 비슷한 개념이지만 본질적으로 이종업체 간에 이루어지는 유통결합을 결합마케팅(hybrid marketing)이라 한다. 펩시콜라와 롯데리아는 결합마케팅을 통해 롯데리아 매장에서 펩시콜라를 판매하고 있다. 앞서 제시한 편의점이 은행 현금지급기를 설치하는 것뿐만 아니라 택배, 영화티켓발매 서비스를 함께 실시하는 제휴도 결합마케팅이라 할 수 있다. 이 외에도 이마트는 풀무원과 공동으로 상품을 개발하고 함께 마케팅하고 있으며, 다양한 분야의 제품이 함께 공동물류를 활용하는 사례도 이에 해당된다.

CHAPTER

09 유통경로의 힘

C/O/N/T/E/N/T/S

“더 싸게 납품하라”는 쿠팡… 외면하는 기업들

비대면 소비 증가로 쿠팡이 온라인 유통시장의 강자로 자리를 굳혀가는 가운데 일부 기업이 쿠팡과 빚고 있는 갈등이 수면 위로 떠오르면서 ‘갑질’ 논란이 일고 있다. 쿠팡이 상품을 판매하는 방식은 두 가지다. 하나는 납품업체로부터 직매입한 물건을 로켓배송을 통해 판매하는 방식, 또 하나는 판매자와 소비자를 연결해 판매수수료를 받는 오픈마켓 방식이다. 오늘 주문하면 내일 도착하는 로켓배송은 직매입 상품에만 해당한다.

쿠팡은 그동안 최저가 상품과 로켓배송이라는 고객 서비스로 시장점유율을 늘려왔다. 일부 제조업체는 바로 이 과정에서 쿠팡이 대규모 유통업자의 지위를 이용해 제품에 대한 과도한 가격 인하와 불공정 거래를 요구해 왔다고 주장한다.

대표적으로 LG생활건강이 2020년 6월 쿠팡을 정면에서 저격하고 나섰다. LG생활건강은 쿠팡이 상품 반품 금지, 경제적 이익 제공 요구 금지, 배타적 거래 강요 금지 등 ‘대규모유통업법’과 일방적으로 주문을 취소하고 거래를 종결하는 등 ‘공정거래법’을 위반했다는 내용으로 쿠팡을 공정거래위원회에 제소했다. 이와 관련한 공정위 조사는 아직 끝나지 않은 상황이다. LG생활건강은 공정위 제소 이후 쿠팡에 제품을 납품하지 않고 있다. 현재 쿠팡 내에서 판매되고 있는 LG생활건강 제품은 오픈마켓 셀러가 판매하는 제품으로 로켓배송이 적용되지 않는다. LG생활건강 관계자는 “지난해 공정위에 쿠팡을 제소하면서 생활용품과 자회사 음료제품 등 전 제품을 뺐다. 오픈마켓에서 개별 사업자가 판매하는 제품이 있긴 하지만 직매입이 아니기 때문에 본사와는 관계가 없는 일이다”라고 설명했다.

주방생활용품 기업 크린랲도 지난해 7월 쿠팡을 ‘독점규제 및 공정거래법 위반 혐의’로 공정거래위원회에 제소했다. 크린랲 측은 “쿠팡이 대리점이 아닌 본사와의 직거래를 요구하면서 이를 거부하면 크린랲 취급을 중단하겠다고 통보해 왔다”며 부당거래를 강제했음을 주장했다. 공정위는 관련 내용에 대해 지난 4월 “법을 위반한 것은 아니다”라고 결론을 내리며 쿠팡의 손을 들어줬다. 크린랲은 이후 쿠팡과의 거래를 끊고 다른 온라인 유통채널과의 거래를 확대하고 자사몰을 여는 방향으로 판매방향을 전환했다.

이밖에 또봇, 콩순이 등을 만드는 완구 콘텐츠 기업 영실업도 납품가격 갈등 이후 쿠팡과 거래를 끊었다. 영실업은 2년 전까지만 해도 쿠팡에서 활발한 판매를 진행했지만 납품가격에서 마찰을 빚은 이후 쿠팡을 떠나 대형마트와 완구도·소매점에서만 제품을 판매하고 있다. 마진 등에 대한 협상 문제로 일부 상품을 직거래 품목에서 뺀 업체도 있다. 농심은 백산수를 직거래 품목에서 뺐다. 다만, 협력업체를 통해서 납품이 이뤄지고 있어 대상 품목을 완전히 없앤 건 아니라는 입장이다. 다른 통로를 통해 자사 제품이 납품돼 소비자에게 배송되고 있기 때문이다.

제조업체와의 마찰에 대해 쿠팡 측은 고객에게 최저가 상품을 제공하기 위해 진행되는 협상과정일 뿐 문제될 게 없다는 입장이다. 쿠팡 관계자는 “쿠팡은 최저가 상품을 제공하기 위해 중간 유통업자 없이 공급업체와 직거래를 선호하고 있으며 대량주문으로 낮은 단가를 요청한다”면서 “이와 함께 실시간으로 국내 주요 쇼핑몰의 가격을 비교해 가격을 최저가에 맞춰 변경한다"고 설명했다. 이 관계자는 "쿠팡의 사명은 고객들이 '쿠팡 없이 어떻게 살았을까?'라고 이야기할 때까지 고객이 원하는 모든 상품을 갖추고 이를 가장 싼 가격에 편하게 구입할 수 있도록 돕는 것"이라며 "쿠팡이 고객을 위해 더 낮은 가격을 요구하는 협상은 잘잘못을 가릴 일이 아닌 정상적인 경제활동이다"라고 부언했다.

이와 관련해 한 유통업계 관계자는 "최저가 판매로 소비자 만족을 끌어내겠다는 쿠팡의 말은 얼핏 들으면 좋은 것 같지만 제조업체에는 국내 최대 온라인 유통기업이 부리는 횡포로 느껴질 수 있다"고 짚으면서 "말은 하지 않아도 판매량 대비 수익이 나지 않는 구조에 불만을 느끼는 기업이 많을 것"이라고 말했다. 또 다른 유통업계 관계자는 "쿠팡이 아니더라도 네이버 쇼핑, SSG 닷컴 등 다른 온라인 유통채널들이 존재하고 있고 이러한 플랫폼을 통해서도 충분히 매출을 일으킬 수 있기에 쿠팡과 등을 돌린다고 해서 긍정적인 대안이 없다고 볼 수는 없다"고 전했다.

자료: 그린포스트코리아, 2020.10.27.
(https://www.greenpostkorea.co.kr/news/articleView.html?idxno=122858)

Section

1 유통경로의 힘

1.1 힘의 개념

사회적 힘(social power)은 변화의 주체가 객체에게 영향을 미칠 수 있는 능력이다. 혹은 힘은 강제 없이는 하지 않을 행위를 하게 하고 개인이나 집단에게 영향을 미칠 수 있는 능력이다. 힘이 강제력이나 상대방의 저항을 필수적으로 수반하는지에 대한 견해가 엇갈리고 있지만 강제력이 없는 경우는 힘이라고 보기 어렵다. 강제력이 없어도 영향을 미칠 수 있는 경우에는 힘을 행사할 필요성이 없기 때문이다. 유통경로에서 힘(power)은 한 구성원이 다른 구성원의 의사결정에 영향을 주거나 그 의사결정을 변경시키는 능력이다.

힘과 유사한 용어들의 혼동이 많은데, 힘은 개인이나 조직이 목표달성을 위해 조직의 의사에 상관없이 영향력을 행사하는 것임에 비해, 권한(authority)은 합법적인 힘이며, 조직 내의 지위에서 발생하고, 수직적 계층구조에서 공식적 명령체계를 따르므로 부하에 의해 자발적으로 수용된다. 또한 힘은 상대방이 따르지 않으면 제재를 가하는 것이지만, 영향력(influence)은 남의 행위에 영향을 미치지만 제재를 가하지 않는 경우이다. 정치(politics)는 힘을 획득하고 유지하여 사용하는 일련의 과정을 말한다.

보통 힘은 행동유발, 저항정도, 행동변화, 잠재적 영향력 등으로도 설명이 가능하다. 힘을 행동유발로 인식하는 입장에서는 “B가 하려 하지 않은 것을 A가 하도록 한다면 그렇게 할 수 있는 정도가 A가 B에 대해 가지는 힘이다” 라고 정의하게 된다. 이는 사람의 행동을 유발시킨 양으로 힘을 측정한다는 뜻이다.

힘을 저항정도로 인식하는 입장에서는 힘을 "행위자 B에 대한 행위자 A의 힘은 A에 의해서 잠재적으로 극복되어질 수 있는 B의 저항정도이다"라고 정의한다. 이때 주목할 것은 B의 저항정도이지만 A가 극복할 수 있는 저항수준까지라는 점이다. 이것은 행위자 B의 행위에 변화를 초래하는 행위를 A가 할 때 B가 저항한다는 것은 A가 B에게 영향을 미친다고 보기 때문에 A가 B에 대하여 힘을 가지고 있다고 정의하였다.

힘을 상대방의 행동을 변화시키는 정도로 보는 입장에서는 "힘은 한 사람의 행동변화가 다른 사람의 행동을 변화시키는 대칭관계"와 "힘은 어떤 사람이 다른 어떤 사람에게 통제를 가하고 그것을 계속하는 행위" 혹은 "힘은 한 기관이 다른 기관의 의사결정이나 명백한 행위에 영향을 미치는 능력으로 볼 수 있다" 등으로 정의되고 있다. 이것들은 행위자가 다른 행위자가 하려고 하지 않는 것을 하도록 하는 능력이라는 힘의 본질을 규정한 것이다.

힘은 한 기업이 다른 기업 구성원의 지각, 행동, 또는 의사결정에 영향을 미치는 '잠재적 영향력'이라는 정의도 있다. 이는 하나의 기업이 다른 기업의 신념이나 행동에 실제적인 영향을 미치는 것과는 구별된다. 이 시각은 힘을 결정하는 요인을 권한과 의존성으로 보았다. 권한은 두 기업 간의 관계에서 특정의 행동에 영향을 미칠 수 있는 권리로서 목표기업이 다른 기업의 지도에 자발적으로 응하게 하는 영향력은 상대 기업의 권한에서 생기는 것이다. 권한을 가지고 있다고 해서 항상 영향력을 행사할 수 있는 것은 아니고 이는 단지 잠재적 영향력의 원천이 되는 것이다. 이러한 권한의 생성은 사업상의 합의와 경로 내에서의 상대적 위치에 의존한다. 의존은 필요한 목표를 달성하기 위한 거래관계를 유지할 필요성의 존재를 의미한다.

이처럼 힘에 대한 다양한 관점과 분석 수준이 존재한다. 첫째, 힘을 구조적 현상(structural phenomenon)과 사회적 상호작용(social interaction) 중 어떤 의미로 이해하느냐에 따라 해석이 달라질 수 있다는 점이다. 거래당사자 A와 B의 관계에서 A가 가진 자금과 정보를 B가 가진 그것과 비교하는 것은 힘을 구조적 현상으로 보는 것이고, A의 자금과 정보에 B가 대응하는 태도를 중시한다면 이는 사회적 상호작용으로 힘을 이해하는 것이다. 둘째, 맥락이라는 현상과 의사결정이라는 현상 중 어떤 측면으로 인식해야 하는지에 대해서도 고민할 수 있다. 거래당사자 A와 B의 관계에서 평소의 상호 간의 경로 분위기를 말하는 것은 전자의 입장이고, 중요한 대안 선택에 대한 상호 간의 입장을 분석하는 것은 후자의 측면으로 힘을 인식하는 것이다. 힘을 분석하는 수준에 있어서도 개인, 집단 혹은 조직 등으로 다양하기 때문에 일반적인 논의가 어렵고, 사회심리학, 사회학, 조직론, 정치학 등의 제 학문영역에서 연구가 되고 있다. 이러한 정의와 관점에서 찾을 수 있는 뚜렷한 공통점은 '다른 사람의 행위에 변화를 초래하는 능력'으로 힘을 정의한다는 점이다.

유통경로에서는 힘을 측정하는 것이 경로분석을 위한 선행조건이기 때문에 대부분의 유통 관리자들은 힘으로 유통경로를 관리하려고 한다. 힘에 대한 연구는 이상의 다양한 관점을 기반으로 유통경로에서 힘의 수준, 힘의 사용, 그리고 힘 사용의 방식 등에 관한 이론적 구조를 형성하는 것이다. 유통경로에서 힘(영향력)을 행사하는 입장에 있는 기업을 원천기업(source firm)이라 하고, 힘(영향력)을 받아들이는 입장에 있는 기업을 목표기업(target firm)이라 한다. 만약 목표기업의 의존 정도가 높으면 원천기업의 힘의 크기가 클 것으로 기대된다. 유통경로에서 의존성이 생기는 원인은 기업 간의 임무분화와 마케팅 경로상의 기능적인 차이점들이다. 한 기업의 역할 수행의 정도가 높으면 관련 기업의 목표달성에 공헌하게 되며 그 결과로 그 기업에 대한 의존성이 커지게 된다. 제조업자가 발생시킨 제품의 수요, 거래당사자의 문제에 대한 제조업자의 협조 정도, 제품의 할당 및 배달, 제조업자가 제공하는 정보의 질, 경로구성원 간의 협조, 제품보증의 이행 등 제조업자의 역할이 많다고 인식되면 의존성이 커지게 되고 제조업자의 힘도 커지는 것으로 본다.

[그림 9-1]은 시소(seesaw) 유추에 의한 유통경로구성원들의 다양한 능력을 서술하고 있는데, 그림에 따르면 시소 받침대(화살표)는 각 상대방이 이용 가능한 수익 및 마진, 최종사용자의 상표선호를 유지하는 공급업자의 능력, 그리고 도매상과 소매상의 다른 원천선택 등과 같은 요소에 의해 좌우된다. 이러한 변수들은 모두 경로 힘에 관련된 것으로 이는 한 경로구성원이 같은 경로의 다른 단계에 있는 구성원의 마케팅전략을 통제하는 능력을 말하는 것

[그림 9-1] 유통경로구성원들의 다양한 역할과 힘

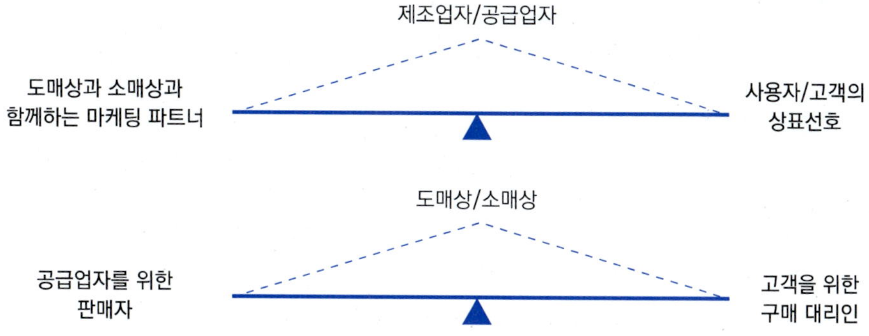

자료: Frank V. Cespedes, *Channel Management*(Boston: Harvard Business School, 1989), p.13.

이다. 예로서 도매상이 높은 수익마진을 가지게 하고 최종 고객의 상표충성도가 높은 제품을 공급하는 것은 제조업자의 경로 힘에 공헌하는 것이다. 반대로 도매상이 다른 원천으로부터 상대적으로 유리한 제품을 공급받는 것이 가능하다면 도매상에게 경로 힘이 제공되는 것이다.

1.2 힘의 원천

지금까지의 유통경로 시스템의 힘의 원천을 힘의 원천(power source) 혹은 힘의 기초(power base)로 쓰면서 그 개념을 명확히 구분하지 않은 경우가 많았다. 개스키(John Gaski)는 힘의 기초는 힘을 가진 자가 보상을 베풀거나 처벌을 실행할 수 있는 능력이라고 한다면, 힘의 원천은 힘을 가진 자가 보상을 베풀거나 처벌을 실행할 수 있는 능력을 가지고 있다는 것을 힘을 받는 자가 지각할 때 존재하는 것이며, 이때 힘은 대상의 행위를 변화시킬 수 있는 능력이라고 정의하였다.

1) 힘의 원천의 기본유형

힘의 원천에 대한 초기의 대표적인 연구인 프랜치(John French)와 라븐(Bertram Raven)의 연구에서는 힘의 원천을 다섯 가지 종류로 분류하였는데,

〈표 9-1〉 힘의 원천 사례

힘의 원천	사 례
보상적	거래유지, 가격할인 허용, 판매지원, 영업활동지원, 관리기법, 시장정보 제공, 금융지원, 신용조건, 마진폭의 증대, 특별할인, 리베이트, 광고지원, 판촉물 제공, 신속한 배달, 빈번한 배달, 감사패 제공, 지역독점권 제공
강압적	배달시간 지연, 유사 제품 배달, 상품공급의 지연, 대리점 보증금의 인상, 마진폭의 인하, 대금결제 기한의 단축, 전속적 지역권의 철회, 인접지역에 새로운 점포의 개설, 끼워팔기, 밀어내기, 기타 보상적 힘의 원천의 행사 기피, 계약에 새로운 강제조항 삽입
합법적	거래당사자의 관행, 상식, 계약에 따라 당연하게 인정되는 권리, 상표등록, 특허권, 프랜차이즈 계약에 따른 프랜차이저의 힘의 원천(여러 가지 비용을 부담시키고 경영지도를 하는 행위), 기타 법률적 조항에 따라 발생하는 힘의 원천
준거적	유명상표를 취급한다는 소매상의 긍지와 보람, 유명업체 또는 관련 산업의 선두주자의 소매점에 유통시킨다는 긍지, 상호 간 목표의 공유, 상대방과의 관계 지속, 상대방의 신뢰 및 결속, 자신의 거래업체가 경쟁사보다 우월하다는 생각
전문적	오래도록 동일 사업을 경영한 경험을 통한 지식, 오랜 경영관리에 대한 상담과 조언, 영업사원의 전문지식, 종업원의 교육과 훈련, 상품의 진열 및 전시 조언, 경영 정보, 시장 정보, 우수한 제품, 다양한 상품, 신제품 개발 능력

이를 요약적으로 제시하면 <표 9-1>과 같다.

이들은 구체적으로 보면 다음과 같다.

(1) 보상적 힘의 원천(reward power source)

보상적 힘의 원천은 B가 자신에 대한 보상을 중재하는 능력을 A가 갖고 있다고 지각하는 경우이다. B가 귀하게 여기는 자원을 A가 가지고 있을 때 할 수 있는 물질적 보상과 B의 어려운 부분을 위로해 줄 수 있는 심리적 보상이 있다. 제조업자가 도매상에게 높은 마진을 허용하거나 판매독점권 제공이나 특별할인이나 리베이트 등을 허락하는 것은 물질적 보상이고, 계속적인 거래 유지와 사업보증을 하거나 감사의 표현을 하는 것은 심리적 보상에 해당한다.

- 판매영역 및 입지 보호 : 경로구성원은 주어진 영역에서 판매활동을 독점적으로 수행할 수 있다. 계약적 유통경로에서 이러한 조항을 계약에 넣음으로써 계약주체는 가맹점에 보상적 혜택을 준다.

- 성과-책임 보호 : 경로구성원에게 성과 요구수준을 조정해 줄 수 있다. 일정한 할인을 허용하기 위해 필요한 매출 수준을 낮추어 주거나 경로구성원이 해야 할 제품 광고, 고객에 대한 기술지원 및 창고 기능 등을 면제해 준다. 이러한 보상을 하기 위해서는 규모나 재정적 능력에 여력이 있어야 한다.
- 고객 보호 : 경로구성원을 대신하여 경로구성원의 고객과 직접 협상 및 접촉함으로써 경로구성원의 고객을 경쟁자로부터 보호해 준다. 법적인 지식과 관련된 문제해결 경험이 풍부한 제조업자는 중간상의 대리인 역할을 해준다.

(2) 강압적 힘의 원천(coercive power source)

B가 자신에 대한 처벌을 중재하는 능력을 A가 갖고 있다고 지각하는 경우에 A가 가진 힘의 원천이다. 마진폭 인하와 판매독점권의 철회 등이 좋은 예인 바, 단기적으로는 효과적일 수 있지만 장기적으로는 부정적인 효과를 낳을 가능성이 크다. 어쩔 수 없이 목표기업인 B가 따를 수밖에 없는 경우에는 효과가 있을 수 있지만 시간이 흐르면서 B는 여기에 대항하려고 할 것이다. 대항힘(countervailing power)이란 A가 B의 의사결정변수에 영향을 미치는 것을 B가 금지시키는 능력을 의미하며 이것은 B가 A의 의사결정변수를 변동시키는 능력이 아니다. 그러나 B가 A로 하여금 어떠한 행위를 하지 못하도록 하는 힘은 결국 B의 힘이라고 할 수 있다. 그러므로 유통경로 내에 대항힘이 존재한다는 것은 경로 내의 갈등을 증가시키고 대항힘을 가진 목표기업의 만족에도 부정적인 영향을 미치게 될 것이다.

이처럼 장기적으로 부정적인 결과를 낳을 수 있는 강압적 힘의 원천은 때로 원천기업을 곤경에 빠뜨릴 수도 있다. 플로리다의 오렌지 경작자들은 식료품 체인의 강압적 활동에 대항하기 위해 조합을 결성했으며, 패스트푸드, 석유, 자동차 산업 등의 프랜차이지들은 종종 프랜차이저의 강압적 힘의 원천 행사에 대항하기 위해 모임을 만드는 일이 있다. 강압적 힘의 원천의 행사는 다른 경로구성원을 자극하게 되고 결과적으로는 스스로에게도 유익하지 못하게 되고 만다. 일반적으로 재무적인 불균형이 경로구성원 간에 큰 경우와 소비자의 상표충성도가 높은 브랜드를 취급하는 경우에 생산자는 강압적 힘의 원천을 갖기 쉽다.

(3) 합법적 힘의 원천(legitimate power source)

경로구성원 B가 자신의 행위에 대한 규제를 할 수 있는 합법적인 권한이 A에게 있다고 지각하는 경우에 A가 가진 힘의 원천이다. 또한 이것은 B 스스로가 A의 영향력을 받아들여야 하는 의무가 있다고 생각하는 경우이다. 이러한 힘의 원천은 유통경로 내에서 분명하게 인지되는 상황에서 나타나게 된다. 계약형의 VMS의 경우에 계약 본부가 가질 수 있는 힘의 원천은 대부분 여기에 속한다. 그러나 경우에 따라서는 전통적 마케팅 경로에서도 존재할 수 있다. 특정 대기업이 다른 경로구성원들에게 경로리더로 인정된다면 그 기업은 원천기업으로 합법적 힘의 원천을 가지는 것이다. 그렇지만 계약형의 유통경로인 프랜차이즈 시스템에서는 프랜차이저가 공급 원재료의 수량, 가격, 가맹점의 매출 할당액, 점포의 넓이, 판매지역 등에 대해 프랜차이지가 의무적으로 따르도록 하고 있다.

(4) 준거적 힘의 원천(referent power source)

준거적 힘의 원천은 경로구성원 B가 A와 일체감을 가지려고 하는 경우이다. 이것은 B가 일체감(identification)을 소망하는 경우에 발생하므로 일체적 힘의 원천(identification power source)이라고도 한다. 도매상이나 소매상이 특정 상표(선매품이나 전문품)를 취급하는 것을 자랑스럽게 생각하는 경우나, 제조업자가 자사 제품이 특정 점포(유명 전문점이나 유명 코너)에서 판매되는 것을 자랑스럽게 생각하는 경우에 제조업자나 제품의 공급자는 준거적 힘의 원천이 있는 것이다. 제조업자의 입장에서도 자사 제품이 유명 점포, 이를테면 롯데백화점이나 현대백화점에서 판매되거나 점포 안의 유명 코너인 명품관, 신제품 코너 등에서 전시되는 것을 자랑스럽게 여길 수 있다. 이때 제조업자는 그 소매상이나 제품 취급 코너의 지시나 방침을 기꺼이 준수하게 된다.

(5) 전문적 힘의 원천(expert power source)

경로구성원 A가 특별한 지식이나 전문성을 갖고 있다고 B가 지각하는 경우에 A가 가진 힘의 원천이다. 의약품, 식품 관련 도매상이 소매상에게 종업원의 판매교육이나 점포 디스플레이에 관한 조언 등을 하는 경우 소매점은 그 도매상에게 의존하게 된다. 전문적 힘의 원천을 행사하는 기업은 주로 전문적인 업종이거나 전문품을 장기간 취급한 기업이다. 전문적인 지식을 가진 원천기업은 목표기업에게 계속적인 유인(incentive)의 역할을 할 수 있는 새로운 가치를 생산해야만 전문적 힘의 원천을 가질 수 있다.

2) 기타 힘의 원천

(1) 정보적 힘의 원천(information power source)

프랜치(French)와 라븐(Raven)의 분류에 정보적 힘의 원천과 법률적 법 및 전통적 법에 근거한 힘의 원천을 포함시킨 연구가 있다. 이들의 연구에서 합법적 힘의 원천은 법률적인 법과 전통적인 법의 힘의 원천으로 구분되고 정보적인 힘의 원천도 도입한 경우이다. 법률적인 법은 프랜차이즈 계약에 나타나는 것이고 전통적인 법은 상거래의 관례에 나타나는 내용에 준한다.

정보적인 힘의 원천은 과거에 B가 이용할 수 없었던 정보나 알지 못하던 정보를 A가 제공하거나 지적할 수 있을 때 A가 B에 대하여 가지는 힘의 원천이다. A의 정보적 힘의 원천은 A의 전문성보다는 A의 주장의 논리성을 B가 수용함으로써 발생되는 영향력이기 때문에 전문적 힘의 원천과는 다르다. 따라서 B의 수용을 유도하는 논리성이라는 측면에서 보면 이는 설득(persuasion)이다. 유통현장의 정보를 수집 분석하여 관련 유통경로구성원에게 제공함으로써 계속적으로 원천기업으로 남을 수 있다.

(2) 경제적 힘의 원천(economic power source)

과거 힘의 원천을 경제적인 힘의 원천과 비경제적인 힘의 원천(non-economic power source)으로 구분한 바 있는데, 후에 이러한 구분을 새로이 하여 보상적, 강압적, 합법적 힘의 원천은 경제적인 힘의 원천으로 규정하고, 준거적, 전문적, 정보적, 전통적 법의 힘의 원천은 비경제적인 힘의 원천으로 보기도 하였다. 전통적 법의 힘의 원천은 규모가 큰 제조업자가 유통경로 내에서 마케팅 정책결정에 관여하는 것이 정당하다고 인정되는 경우에 존재한다.

(3) **직접적 힘의 원천**(direct power source)

힘을 가진 자가 결과를 직접적으로 통제하는가의 여부에 따라 직접적 힘의 원천과 간접적 힘의 원천(indirect power source)으로 구분하였다. 직접적 힘의 원천에는 강압적, 보상적, 합법적인 법 등의 힘의 원천이 포함되고, 간접적 힘의 원천에는 정보적, 전통적인 법 등의 힘의 원천이 포함되며 그 중간의 성격을 갖는 힘의 원천에는 준거적, 전문적 힘의 원천이 있다고 한다.

(4) **상황적 힘의 원천**(contingent power source)

상대방에게 영향을 미치는 주체의 노력이 외적 수단에 의존하는가에 따라 상황적 힘의 원천과 비상황적 힘의 원천(non-contingent power source)으로 구분한 연구도 있다. 상황적 힘의 원천에는 처벌과 보상이라는 외적 요인에 의존하여 영향을 행사하는 강압적, 보상적 힘의 원천이 포함되고, 비상황적 힘의 원천에는 상대방의 가치기준과 의견에 호소하여 영향을 미치는 전문적, 준거적, 합법적 힘의 원천을 포함시켰다.

1.3 힘의 원천의 분류와 힘의 행사

1) 유형적/무형적 힘의 원천

힘의 원천을 유형의 유인물을 제공하는가의 여부에 따라 유형적 힘의 원천(mediated power source)과 무형적 힘의 원천(non-mediated power source)으로 나눈 연구가 있다. 유형적 힘의 원천은 행동의 변화를 유발하기 위해 거래당사자에게 유형의 유인물을 제공하는 것으로서 강압적, 보상적, 합법적 힘의 원천이 이에 해당하며, 무형적 힘의 원천에는 유형의 유인물이 개입되지 않는 정보적, 전문적, 전통적, 준거적 힘의 원천이 있다. 이런 까닭에 유형적 힘의

〈표 9-2〉 유형적 힘의 원천과 무형적 힘의 원천의 행사 결과

유형적/무형적	힘의 원천	결 과
유형적	강압적 보상적 합법적	낮은 수준의 협동 높은 수준의 갈등 순응을 유발하기 곤란 성과를 통제할 필요 발생 단기적 반응
무형적	정보적 전문적 준거적	높은 수준의 협동 낮은 수준의 갈등 순응을 유발하기 용이 성과를 통제할 필요 없음 장기적 반응

원천은 매개된 힘의 원천으로, 무형적 힘의 원천은 비매개된 힘의 원천으로 부르기도 한다. 이들 힘의 원천의 행사 결과를 요약하면 <표 9-2>와 같다.

유형적 힘의 원천은 낮은 수준의 협동심을 유발하고, 높은 수준의 갈등을 초래하고, 순응을 얻기 어렵고, 성과를 통제할 필요성이 높고, 단기적인 반응을 얻기가 쉽다. 반면 무형적 힘의 원천은 높은 수준의 협동심, 낮은 수준의 갈등, 높은 수준의 순응도, 낮은 성과통제 필요성, 장기적 반응 등의 결과를 낳을 것이라고 예측된다.

2) 강압적/비강압적 힘의 원천

힘의 원천을 강압적 힘의 원천(coercive power source)과 비강압적 힘의 원천(non-coercive power source)으로 구분하고 보상적, 합법적, 준거적, 그리고 전문적 힘의 원천을 비강압적 힘의 원천으로 보는 분류는 과거 전통적으로 유통경로 연구에서 모형으로 이용되고 있던 프랜치(French)와 라븐(Raven)의 5가지 힘의 원천 구분을 대치할만한 모형으로 등장하였다. 실제로 유통업에 종사하는 사람들이 자신과 거래하고 있는 다른 경로구성원의 힘의 원천을 다섯 가지로 구분하여 이해하기는 쉬운 일이 아니었다. 그래서 이를 목표기업의 입장에서 크게 긍정적인 원천과 부정적인 원천으로 나누고 보니 실무자들이 이해하기 편하고 두 구분 간에는 뚜렷하게 차이나는 점이 많은 구분이 되었다.

이러한 헌트(Shelby Hunt)와 네빈(John Nevin)의 분류는 후에 유통경로의 연구에서 흔히 사용되는 모형이 되었다.

보통은 강압적 힘의 원천을 처벌로 인식하고 비강압적 힘의 원천을 보상으로 보기 때문에 강압적 힘의 원천을 행사하는 경우에는 경로 내의 만족은 감소시키고 갈증을 증가시키며, 이와 반대로 비강압적 힘의 원천의 행사는 만족과 성과를 높이며 갈등은 감소시킨다. 그런데 이러한 힘의 원천을 보유하고 있다고 하더라도 그것을 행사하지 않고 유보하는 경우에는 다른 결과가 나타날 수도 있다. 처벌로 인식하는 강압적 힘을 행사하지 않는 경우에는 목표기업이 오히려 배려라고 생각하기 때문에 갈등은 감소하고 만족이 증가하게 된다. 만약 비강압적 힘을 행사하지 않는 경우에는 갈증이 증가하고 만족이 오히려 감소하게 되는데, 이는 배려의 박탈 또는 보상의 유보라고 여겨지기 때문이다.

1.4 힘에 대한 반응

힘의 행사에 대한 반응은 다음과 같이 세 가지로 요약할 수 있는데, 이러한 결과는 경로의 타 구성원의 반응을 정확히 기대하여 의도하지 않은 반대효과를 감소시키는 데 참고할 수 있다.

- 순응(compliance) : 단지 경로구성원 A로부터 좋은 반응을 기대하는 이유만으로 B가 A의 지시를 따르는 것을 의미한다. B의 행동이 A에 의해 감시된다고 믿고 행동하는 변덕스러운 B의 반응이다.
- 동일시(identification) : B가 바람직한 관계를 A와 맺거나 유지하기를 원할 때 B가 A를 따르는 것을 의미한다. B가 자신을 A와 동일시할 때 일정기간 동안 지속되는 예측가능한 B의 반응이다. B는 A처럼 보이거나 A의 일부로 귀속되고 싶은 희망을 가진 경우이다.
- 내재화(internalization) : A의 요구가 B의 판단과 일치하기 때문에 B가 A의 의도에 따르는 것을 의미한다. 상호 간의 유사한 견해에 근거하여 장기간 지속되는 반응이다.

이처럼 힘에 대한 반응은 힘의 원천과 관련이 되는 것으로 지적되었다. 첫째, 강압적 혹은 보상적 힘의 원천을 우월한 경로구성원이 사용하면 다른 구성원이 '순응'을 할 것이라고 했다. 이는 보상이나 처벌과 같은 힘의 원천을 따르는 것은 스스로가 바라는 대로 한다기보다는 외적 요인에 따르는 것으로 생각하기 때문이다. 둘째, 우월한 경로구성원이 준거적 혹은 전문적 힘의 원천을 행사하면 타 구성원의 '동일시'를 유발할 것이다. 이는 보상이나 처벌을 분명히 집행하지는 않는 덜 강력한 수준의 힘의 원천을 행사하기 때문에 협동의 수준이 높아진 것이다. 셋째, 우월한 경로구성원이 합법적인 힘의 원천이나 정보적 힘의 원천을 행사하면 비교적 높은 수준의 협동을 가져오는 '내재화'를 유발할 것이다. 이는 영향을 주려는 경로구성원의 지시에 관계없이 의무감을 갖고 경로에 임하는 상태에 있기 때문이다.

Section

2 영향전략

어떤 한 기업이 다른 기업에게 영향을 미치기 위한 의사소통을 하는 형태를 영향전략(influence strategies)이라 한다. 경로구성원이 힘의 원천을 가지고 있다는 것은 영향을 미칠 수 있는 잠재력을 가지고 있다는 것을 의미한다. 영향전략은 경우에 따라서는 힘을 실행하는 대안적 방법이기도 하다. 그러므로 다른 경로구성원의 행동을 변화시키기 위해서는 다양한 수단의 영향전략을 펼쳐야 한다. 영향전략은 힘을 적용시키기 위해 사용하는 의사소통의 수단, 즉 언급인 셈이다.

영향전략을 사용할 때 원천기업이 목표기업의 인식을 변경하려고 의도하는 경우와 그렇지 않은 경우가 있다. 원천기업이 목표기업의 신념과 행동에 영향력을 행사하려는 동기는 크게 세 가지로 요약될 수 있는데 ① 기업 간의 협력과 마케팅전략의 실행, ② 경로상의 목표가 상충될 때, ③ 경로담당자의 영역에서 수행목표에 부합하려는 욕구가 발생할 때 등이다.

목표기업의 인식을 변화시키려고 의도하는 경우의 영향전략으로는 다음의 두 가지가 있다.

- 정보교환(information exchange) : 목표기업이 최고의 수익을 낼 수 있도록 목표기업의 일반적인 인식을 고쳐주기 위해 원천기업이 사용하는 토론과 같은 방법이다.
- 충고(recommendation) : 만약 목표기업이 원천기업이 제시하는 구체적인 행동을 따르면 수익성이 좋아질 것이라고 분명하게 말해주는 전략이다.

한편 목표기업의 인식을 변화시키지 않고 목표기업이 관심 없던 부분에 대한 행동을 유도하는 경우의 영향전략으로는 네 가지가 있다.

- 약속(promises) : 목표기업이 원천기업의 요구에 따르면 구체적인 보상을 하겠다고 약속하는 전략이다.
- 위협(threats) : 기대되는 행동을 목표기업이 수행하지 못하면 원천기업이 목표기업에게 부정적인 제재를 가할 것이라는 의사를 전달하는 전략이다.
- 법적 호소(legalistic pleas) : 형식을 갖춘 법적인 계약이나 비정형의 합의사항으로 목표기업의 확실한 행동을 요구하거나 제안하는 전략이다.
- 요구(request) : 원천기업이 목표기업에게 수행할 행동을 단지 알려 주기만 하고 목표기업의 수행 여부에 따르는 결과를 언급하거나 직접 암시해 주지는 않는 전략이다.

이러한 영향전략을 크게 강압적 전략과 비강압적 전략으로 구분하여 위협, 법적 호소, 약속은 강압적인 전략으로 보고, 요구, 충고, 정보교환은 비강압적인 전략으로 분류한 경우도 있다. 이러한 구분은 목표기업이 지시에 불응할 경우에 원천기업이 부정적인 제재를 행사할 수 있는 정도를 기준으로 삼았다.

제조업자가 강압적인 영향전략을 사용하면 딜러가 지각하는 친근감이 사라지고 당사자들 간의 관계에 부정적인 영향을 미치게 되며 딜러도 강압적인 전략을 사용하게 된다고 지적하였다. 따라서 제조업자의 강압적인 영향전략의 사용은 경로 내의 만족과 역의 상관을 갖는다고 한다. 영향전략을 힘과 깊게 관련된 것이라 하며 이를 크게 간접영향전략, 직접영향전략, 그리고 행동조정전략으로 구분하기도 했는데, 정보교환전략을 간접영향전략으로, 약속이나 위협 등의 전략을 직접영향전략으로, 법적 호소를 목표기업의 행동에 대한 보상이나 처벌을 가하는 것으로 보고 행동조정전략으로 분류했다.

유통실무 Focus

불매운동 충격 오래 가네…MP그룹 · 남양유업 등 '진행형'

소비자 등 돌리자 증시서도 퇴출 위기

최근 한국거래소 코스닥시장본부는 미스터피자 운영사인 MP그룹에 대한 상장폐지 여부를 놓고 심사를 진행하고 있다. 상장폐지 사유는 5년 연속 영업손실이다. MP그룹은 지난 2015년부터 적자에서 벗어나지 못하고 있다. 개별 기준으로 2015년 73억 원, 2016년 89억 원, 2017년 110억 원, 2018년 46억 원 등 매년 큰 폭의 영업손실을 입었고, 작년에는 그나마 손실 규모가 2억 원으로 줄었다. 이 기간 매출도 1,428억 원에서 656억 원으로 54%나 감소했다. 가맹점 숫자도 2014년까지만 해도 434개에 달하면서 업계 1위에 올랐지만 지금은 40% 가까이 급감했다. 지난해 9월 기준 가맹점 수는 262개에 불과하다.

잘나가던 미스터피자가 손실로 돌아선 건 2015년 시작된 불매운동의 여파가 컸다. 미스터피자는 2015년 미스터피자 가맹점주 100여 명이 매출의 4%에 달하는 광고비가 부당하다고 본사에 항의하자 가맹점주협의회 회장의 가맹점을 해약한 사실이 알려졌다. 프랜차이즈에서 탈퇴한 점주의 가게 근처에 직영점을 내고 '보복 영업'에 나서 해당 점주가 자살하기도 했다.

남양유업, 불매운동으로 직격탄

남양유업의 갑질 여파가 심각하다. 남양유업은 2020년 연결기준 영업이익이 4억 원에 그쳤다. 전년 85억 원과 비교하면 채 5%도 안 된다. 전 국민이 다 알고 있고, 자산 규모가 1조 원이 넘는 회사임을 감안하면 초라하기 짝이 없는 수준이다. 개별 기준 영업이익은 1억 5,845만 원의 적자를 기록하며 아예 마이너스로 돌아섰다.

남양유업은 지난 2013년 영업사원이 대리점주에게 욕설이 섞인 폭언을 하는 녹취록이 공개되면서 불매운동 대상에 올랐다. 녹취록 공개 당시 해당 영업사원이 사표를 내고, 회사는 사과문을 내면서 원만하게 마무리되는 듯했다.

하지만 남양유업이 대리점주들을 명예훼손으로 고소하면서 사태가 커지기 시작했다. 이에 반발한 대리점주들이 남양유업 직원이 떡값을 요구하는 녹취록과 이를 송금한 내역까지 공개하면서 공정거래위원회의 조사와 검찰의 수사가 이어졌다.

공정위의 조사 결과 밀어내기 관행을 아예 전산에 입력해 시스템화했으며, 이를 은폐하려던 사실까지 드러났다. 결국 편의점 중심의 소매점주들과 일반 국민이 참여하는 대대적인 불매운동으로 이어졌다.

남양유업은 불매운동의 여파로 16년 만에 매일유업에 매출과 시가총액을 추월당하면서 1위 우유회사 타이틀도 뺏겼다. 최근 남양유업이 자회사인 남양에프앤비(F&B)의 사명을 '건강한사람들'로 바꾼 이유도 이를 의식한 것이란 해석이 나온다. 실제로 남양유업이 운영하는 아이스크림 전문점 '백미당'은 남양을 언급하지 않는다. 매일유업의 폴바셋이 '매일우유가 만드는 우유를 쓴다'라는 사실을 강조하는 것과 대조적이다.

자료: 워치뉴스, 2020.3.31.
(http://news.bizwatch.co.kr/article/consumer/2020/03/31/0006)

CHAPTER

10 유통경로의 관계

C/O/N/T/E/N/T/S

도입사례

뜨는 프랜차이즈 비결은 '상생'이었다

2018년 매일경제가 선정한 100대 프랜차이즈에는 신규 업체 19곳이 등장했다. 이 중 100대 프랜차이즈에 새롭게 진입한 브랜드는 총 14곳이다. 올해 신규 브랜드들의 가장 두드러진 특징은 '상생'이다.

이 중 '써브웨이'는 100개 기업 중 유일하게 외국 본사가 직접 가맹사업을 한다. 미국 코네티컷에 본사를 둔 글로벌 샌드위치 브랜드인 써브웨이는 1994년 한국 가맹본부를 설치했으나, 경영실패로 브랜드 평판이 바닥에 떨어지자 본사가 직접 한국 사업에 뛰어들었다. 점포 절반 이상을 폐쇄해 매장 수는 2011년 40여 개밖에 남지 않았다. 하지만 이후 '로열티 8%, 광고판촉비 4.5% 외에는 모두 점주 몫'이라는 원칙으로 상생을 추구하면서 한국 써브웨이는 고속 성장하기 시작했다. 2014년 121개였던 가맹점은 2월 말 현재 311개까지 늘어났다.

'GS슈퍼마켓'은 슈퍼마켓 체인으로는 처음으로 매경 100대 프랜차이즈에 진입했다. 기업형슈퍼마켓(SSM)으로 직영점 위주였던 GS슈퍼마켓은 최근 가맹점이 빠르게 늘어나 2015년 80개에서 올해는 112개까지 늘어났다. 경쟁 SSM들 중에서 가맹점 숫자와 비율(38.7%)이 가장 높다. 이처럼 가맹점 수를 늘리는 것은 자영업자들과 상생하자는 GS리테일 영업 취지에 따른 것이다.

신규 브랜드들의 또 다른 특징은 낮은 창업비용, 높은 회전율, 유행을 타지 않는 아이템으로 대표될 수 있다. 이는 가맹점주가 망하지 않고 본사와 상생하는 브랜드의 특징이다. 2015년 만들어진 '순남시래기'는 유행을 타지 않는 '시래깃국'이라는 메뉴와 점심시간에 3회전이 가능하다는 점 등을 내세워 최근 점포 수 100개를 돌파했다. '이화수 전통육개장'도 '육개장'이라는 유행을 타지 않는 아이템과 함께 빠른 회전율을 내세우고 있다. 이 브랜드는 최근 매장 수 190개를 돌파했다.

2018년 매일경제 100대 프랜차이즈의 평균 가맹사업운영 연한은 13.8년으로 전체 프랜차이즈 브랜드의 평균 운영 연한인 4년 4개월에 비해 장수 브랜드 비율이 훨씬 높음을 알 수 있다.

심사위원장을 역임한 임영균 광운대 경영학과 교수는 "최근 가맹본부와 가맹점 간 갈등이 심각한 수준에 이르러 모두가 상생이 아닌 공멸의 길로 내닫고 있다"면서 "100대 프랜차이즈의 영예를 안게 된 가맹본부가 가맹점 · 지역사회와의 진정한 상생을 도모할 수 있기를 기대한다"고 말했다.

2020년까지 100만 명 고용 앞장

국내 프랜차이즈 산업은 다양한 업종에서 일자리를 창출해 국가 경제에 기여해왔다. 한국프랜차이즈산업협회에 따르면 프랜차이즈 분야 종사자는 1999년 55만 6,000명에서 2016년 75만 1,000명으로 35% 증가했다. 2020년이면 프랜차이즈 산업에서 일하는 근로자가 100만 명에 달할 것으로 예상된다.

하지만 최근 국내 프랜차이즈 산업은 어려움에 처해 있다. 업체가 늘면서 경쟁이 심해지고 임대료와 인건비 등 비용이 상승했으며 외국계 브랜드 공습 등으로 삼중고를 겪고 있다. 공정거래위원회에 등록된 프랜차이즈 가맹본부는 2016년 기준 4,268개로 인구 1만 명당 42.7개에 이른다. 이는 우리나라보다 국내총생산(GDP) 규모가 13배 큰 미국(24.3개)이나 일본(20.6개)에 비해 훨씬 많은 것이다. 반면 가맹본부당 가맹점 수는 평균 51개로 미국(235개), 일본(197개)에 비해 4분의 1에 불과하다.

정부는 2017년 9월 프랜차이즈 본사가 가맹점에 공급하는 필수품목의 공급가격과 마진 등을 공개하도록 하는 가맹사업법 시행령 개정안을 27일 국무회의를 열고 통과시켰다. 개정안은 필수품목별 공급가격 상·하한, 가맹점 사업자별 평균 가맹금 지급 규모, 매출액 대비 필수품목 등이다. 프랜차이즈 업계는 필수품목 공급가격 공개에 대해 반발해왔다. 한 치킨 프랜차이즈 대표는 "공급가격이 공개되면 소비자들은 인건비, 임대료 상승, 광고비 등 부대비용을 고려하지 않은 채 본사가 폭리를 취하는 것으로 오해할 수 있다"면서 "정당한 제품가격 인상이 어려워질 것"이라고 밝혔다. 프랜차이즈만을 대상으로 원가를 공개하는데 따른 형평성 논란도 있다. 업계는 가맹본부와 가맹점 간 다양한 상생 방안을 내놓고 있는 만큼 정부도 규제보다는 지원에 초점을 맞춰 달라고 주문하고 있다.

자료: 매일경제, 2018.3.27.
(https://www.mk.co.kr/news/business/view/2018/03/196181)

Section

1 경로리더십

1.1 경로리더십의 개념

경로리더(channel leader, channel captain)는 다른 경로구성원의 마케팅 의사결정을 통제할 수 있는 경로구성원이다. 제조업자, 도매상, 소매상, 소비자로 이어지는 전형적인 수직적 유통구조에서 누가 경로리더인가는 그 유통경로의 분위기와 힘의 방향을 결정짓는 중요한 사항이다.

역사적으로 미국의 경우는 처음부터 중간상이 경로리더인 경우가 지배적으로 많았다. 이는 광활한 대륙에 제품과 서비스를 제공하고 긴 수송경로를 관리하기에는 제조업자의 힘으로는 감당하기 어려웠기 때문이다. 이와 달리 일본의 경우에는 제조업자가 경로리더인 경우가 많았다. 이는 일본의 제조업 성장과정에서 오래도록 가문이나 세대를 이어서 기술을 이전하고 기술에 대한 애착으로 기업경영을 하기 때문에 제조업자가 유통업을 주도하고 스스로가 직접 유통하는 방식을 많이 택했던 것이다. 그러나 이제는 독립 유통업자가 많이 등장하여 유통산업 전반으로 볼 때는 제조업자와 중간상의 경로리더 비중이 변화하고 있다. 우리나라도 일본과 비슷하게 제조업이 발달하고 후속산업으로 유통산업이 성장하였기 때문에 대부분의 경우 제조업자가 경로리더이다. 아직도 우리나라에서는 제조업자가 리더인 경우가 더 많지만 이제 유통산업의 개방과 신업태의 균형의 변화가 이루어지고 있다.

경로리더가 다른 경로구성원에게 영향력을 행사하기 위해서 꼭 모든 마케팅 기능에 대해 통제해야 하는 것은 아니다. 일반적으로 특정 유통경로 내의 개별 구성원은 특정 기능에 대해서만 전문성을 가지므로 경로리더는 몇

[그림 10-1] 경로리더십과 경로통제가 이루어지는 과정

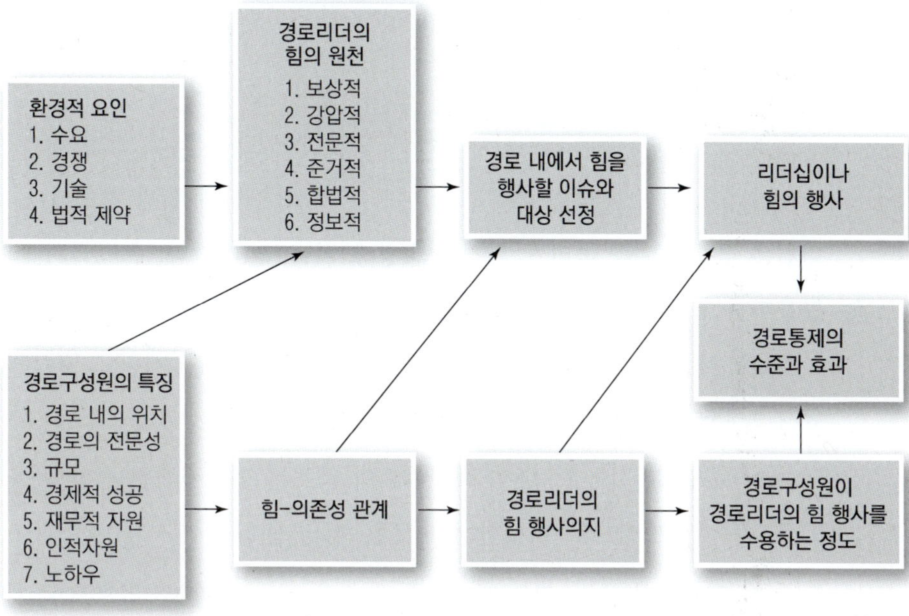

자료: Michael Etgar, "Channel Environment and Channel Leadership," *Journal of Marketing Research*, Vol.14(Feb. 1977), p.70.

가지의 마케팅 기능에 대해서만 힘을 행사하더라도 효과적으로 경로구성원을 통제할 수 있다. 이러한 경로리더십과 경로통제가 이루어지는 과정은 [그림 10-1]과 같다.

이 그림에서 제시된 상황은 구체적으로 다음과 같은 의미를 담고 있다.

① 힘의 원천은 환경적 요인의 결과 나타나기 때문에 경로구성원들에 따라 다를 것이고 경로구성원의 구체적인 특성을 반영할 것이다.

② 힘을 행사할 이슈와 대상은 경로구성원이 축적한 힘의 원천의 함수이다. 즉, 경로구성원이 가진 힘과 의존성과 관련된 경험에 따라 다르게 나타날 것이다.

③ 리더십이나 힘의 행사는 경로구성원이 힘을 가지고 있고 그 힘을 행사하기를 원할 때만 발생할 것이다.

④ 경로통제의 수준이나 효과는 리더십의 질적 수준, 힘의 유형과 크기, 다른 경로구성원이 수용하는 힘 등의 함수이다.

1.2 경로환경과 경로리더십

경로구성원이 경로를 통제하는 능력은 힘의 원천에 의해 결정된다. 힘의 원천은 유통경로를 둘러싼 환경요인(경쟁, 기술, 법적 제약, 수요)들과 이들을 활용하는 능력을 반영하고 있다. 힘의 원천을 가진 경로구성원이 다른 경로구성원을 통제할 수 있는 통제력은 다음과 같은 환경 하에서는 일반적으로 증가하게 된다.

- 수요가 계속적으로 감소할 때 : 수요의 감소는 경로구성원들 간의 응집력을 떨어뜨리므로 어떠한 형태로든 힘의 원천을 행사할 것이다.
- 수요가 안정적이지 않을 때 : 수요에 대한 예측을 할 수 없으므로 계속적인 거래관계를 위해 힘의 원천을 행사하여 수요를 유지시키려 한다.
- 인적판매와 판매 후 서비스가 중요한 시기 : 사람의 노력으로 마케팅 성과를 제고할 수 있는 상황에서는 힘의 원천을 행사하여 필요한 인력투자를 권유할 것이다.
- 경로 간의 경쟁이 심할 때 : 경로 내의 경쟁이 아니라 경로 간의 경쟁은 한 경로의 타 구성원에게도 영향을 미칠 수 있는 결과를 낳을 수 있기 때문에 통제가 필요하다.
- 다양한 환경요인이 경로리더십에 영향을 미칠 때 : 환경의 영향을 많이 받을수록 인위적인 통제의 필요성은 증가한다.

Section

2 경로리더십의 행사

2.1 유형적 힘의 원천과 무형적 힘의 원천의 행사

어떤 경로구성원이 다른 경로구성원을 통제하기 위해서는 힘의 원천을 가지고 있어야 한다. 힘의 원천은 상황에 따라 그 효과가 달라진다. 이를테면 경로리더는 단기적인 통제를 원하는가 혹은 장기적인 통제를 원하는가에 따라 필요한 힘의 원천이 달라진다. 유형적 힘의 원천(강압적, 보상적)은 무형적 힘의 원천(정보적, 전문적, 준거적)보다 단기적 경로통제에 더 효과적이다. 그 이유는 첫째, 유형적 힘의 원천은 각 경로구성원의 입장에서 개별적으로 구체적인 경로구성원에 대해 행사될 수 있기 때문이다. 둘째, 유형적 힘의 원천은 경로구성원의 구체적인 성과와 연관될 수 있기 때문이다. 반면, 무형적 힘의 원천은 유형적 힘의 원천에 비해 이를 행사하는 리더 입장에서는 유연성(flexibility)이 떨어지는 단점이 있다. 또한 이는 특정 마케팅 과업에 대한 다른 경로구성원의 성과와는 관련이 없는 경우가 많으므로 단기적 통제를 위해서는 유용하지 못하다. 그러나 유형적 힘의 원천을 행사하면 경로구성원 간의 갈등을 야기하고 그 결과로 장기적으로도 경로구성원 간의 관계를 불안정하게 만들 수 있음을 유의해야 한다.

경로조직의 유형이 전통적 유통경로인지 VMS인지에 따라서도 경로관리자는 선택할 힘의 원천의 유형을 달리 고려하여야 한다. 전통적 유통경로의 리더는 주로 제조업자일 것이고 그는 주로 제품 관련 부분에서 힘의 원천을 행사할 것이다. 제조업자가 활용할 부분은 제품 선택의 폭, 즉각적인 배달, 신제품의 개발 및 도입, 배달의 빈도, 제품의 전문성 등이 될 것이다. 한편 VMS

의 리더는 계약형 VMS의 계약본부가 될 것이고 그는 전자의 제조업자에 비해 더 다양한 유형 및 무형의 힘의 원천을 보유할 것이다. 계약본부는 주로 판매원 교육, 점포관리 및 배치, 새로운 판매기법의 전수 등과 같은 부분과 관련된 힘의 원천을 행사할 것이다. 기업형 VMS와 계약형 VMS의 경로리더는 전통적 유통경로나 관리형 VMS의 경로리더보다 더 많은 합법적, 준거적, 전문적 힘의 원천을 가질 것이다.

2.2 경로구성원의 힘의 원천 수용 정도

경로구성원 A가 B에 대해 리더십을 행사하는 능력의 크기는 B의 마케팅 활동에 대한 A의 통제를 B가 수용하는 정도에 달려 있다. B가 선택할 수 있는 대안이 적을수록 혹은 B가 A로부터 독립하는 것을 원하지 않을수록 B는 A의 통제를 더 잘 수용할 것이다.

또한 B의 기대 수준에 따라 A의 통제를 수용하는 정도도 달라질 것이다. 만약 B가 특정 부분의 마케팅 흐름을 통제하면 성공할 확률이 A보다 높다고 믿으면 B는 스스로 그 흐름을 통제할 것이다. 그런데 만약 어떤 A와 B 중 누가 마케팅 흐름을 통제하더라도 성공할 수 있다고 믿는다면 B는 A와 공동으로 통제하게 될 것이다. 반대로 A가 마케팅 흐름을 통제하는 경우에 B가 A만큼 성공적이지 못하다고 믿으면 B는 A에게 통제를 맡길 것이다. 그런데 만약 그 누구도 마케팅 흐름을 성공적으로 통제할 수 없다고 믿으면 B는 현재의 상태를 그대로 유지할 것이다.

경로리더가 경로를 통제하거나 조정하는 능력은 크게 다음과 같은 세 가지 요인의 영향을 받게 된다.

- 경로구성원들이 자신이 속한 유통경로를 하나의 시스템으로 보는가 아니면 단지 자신의 공급자와 고객과 관련되어 있다고 보는가라는 시각의 문제이다. 만약 경로구성원이 자기 자신을 전체 시스템의 구성원으로 인식하지 않고 있다면 조정하는 것은 더욱 어려울 것이다.
- 경로구성원들이 경로 내의 통제과정에 대한 인식의 차이가 존재하는가

에 대한 문제이다. 경로구성원들이 통제과정에 대해 서로 다르게 인식하고 있다면 비슷한 상황에서 구성원들의 반응은 제각기 다른 형태로 나타나는 문제가 발생할 것이다.

- 경로구성원들이 누가 어떤 마케팅 활동을 통제하고 있다고 인식하는 부분에서 통일된 공감대를 갖느냐의 문제이다. 모든 마케팅 과업에 대해 리더십을 발휘하거나 통제할 수는 없기 때문에 경로구성원들이 통제의 주체와 대상에 대해 비슷하게 인식하지 않고 있다면 통제는 바람직한 조정을 낳지 못하고 오히려 혼란스런 결과를 낳을 수 있다.

Section

3 경로리더

누가 경로리더가 되어야 하는가라는 문제는 특정 유통경로에서 어떤 조직이나 기업이 힘의 균형을 유지해야 하는가라는 문제와 직결된다. 이제 일반적으로 경로리더가 될 수 있는 제조업자, 도매상, 소매상, 물류기업 등의 수준에서 각각이 어떤 능력을 가질 수 있는지 살펴보자.

3.1 제조업자

흔히 제조업자를 경로리더라고 생각하고 중간상을 경로 추종자들이라고 가정하곤 한다. 그러나 제조업자가 항상 경로리더인 것은 아니다. 대규모의 제조업자는 규모와 시장지배력으로 인해 항상 경로리더가 될 가능성을 가진다. 제조업자의 힘은 대부분 풍부한 자금력에 기인하는데 이를 기반으로 우수한 제품 개발, 다양한 형태의 촉진 활동을 통한 많은 프랜차이지 확보, 계속적인 시장정보흐름 관리, 중간상에게 높은 마진과 지원 제공, 최종소비자가 구매할 때까지 제품에 대한 통제 등을 할 수 있다.

반면 소규모의 제조업자도 제한된 재정적 자원을 갖고 있지만 좋은 제품으로 힘의 원천을 삼아 승부를 할 수도 있다. 경쟁력 있는 제품을 제공하기 때문에 판매방식이나 양을 제한한다든지, 다른 제품과는 다른 독창적인 제품 컨셉 관련 이미지를 부각시키거나, 자사 제품과 관련된 시장정보 등으로 특권을 누릴 수 있다.

제조업자가 주도하는 유통경로는 기본적으로 제조업자가 제품을 생산하고 유통라인을 구축하기 때문에 스스로가 마케팅 정책을 타 경로구성원에게 제시하고 유통경로의 활동을 지시한다고 볼 수 있다. 수많은 제조업자 주도의 유통경로가 이러한 이유로 제조업자가 리더가 되지만 다음과 같은 더 많은 요인들을 고려해야 경로관리를 할 수 있다.

- 제조업자라고 해서 항상 경로관리에 적극적인 것은 아니다. 제조업자의 일차적인 관심은 직접거래가 닿는 공급자나 유통업자이지 재판매업자나 원공급자는 아니다. 마케팅 관리능력의 한계나 제한된 마케팅 지원 때문에 제품과 관련된 연구개발에만 노력을 쏟을지도 모른다.
- 제조업자가 다른 유통경로구성원들이 자사의 정책을 따르게 할 만큼 충분히 힘을 가지지 못한 경우도 있다. 중간상이 상대적으로 대규모인 경우에는 대체상품을 유통시킬 가능성이 크기 때문에 특정 제조업자의 제품 취급을 중단하고 회전이 빨라서 진열이나 창고 관련 비용을 줄일 수 있는 제품으로 전환할 수 있다.

결과적으로 제조업자가 경로리더로 인식되기 위해서는 소비자의 수요가 크거나 제품 사용과 관련된 독특한 서비스를 제공하는 경우여야 한다. 그렇지 않다면 중간상이 취약하여 자원이 빈약하거나 거래처를 전환할 여력이 없는 경우에만 가능할 것이다.

제조업자가 경로를 리드하는 방법은 최종소비자에 대한 매력성을 개발하거나 제품에 대한 충성도를 유도하는 것이 가장 중요한 방법일 것이다. 이것은 특정 판매지역에서 점포의 선택 대안이 없고 인적판매가 거의 없는 지역에서 편의품점에서 판매되는 제품의 경우에는 특히 주목할 점이다.

광고를 통해서 강력한 상표 이미지를 제조업자가 구축할 수 있는 경우라면 첫째, 소매상의 입장에서는 소비자의 구매의사결정에 거의 영향을 미칠 수 없다. 둘째, 제조업자의 강력한 상표 이미지는 그 제품에 대한 소비자의 수요를 창조하고 그 결과 소매상의 이익을 확실히 보장해 주므로 소매상은 그 제조업자와의 거래를 거절할 수 없게 만든다.

제조업자는 강압적 방법이나 정책을 사용할 수도 있는데, P&G는 자사의 제품을 매번 협상을 통해서만 사려는 중간상에게는 팔지 않고 있다. 뿐만 아니라 제조업자는 재판매지역의 제한, 전속적 유통, 거래협약 등을 요구하기도 한다. 중간상이 제조업자의 제품을 취급하려는 의지가 강하거나 대체가능한 경쟁상표가 별로 없다든지 제품 취급에 따르는 보상이 많은 경우에는 강압적 수단이 효과를 거둘 수 있다.

제조업자가 전문적, 준거적, 합법적 힘의 원천을 보유하고 있다면 오랫동안 중간상과의 관계를 통해 시장정보를 확보할 수 있고 거기에다가 계속적인 제품 개발과 경영혁신으로 오래도록 리더의 역할을 수행할 수 있다. 그 결과로 다른 경로구성원들은 제조업자를 리더로서 인정을 하게 된다.

3.2 도매상

한때 중요시됐던 도매상의 역할은 이제 많이 감소되었다. 미국에서 1800년대 중반까지는 상인도매상(merchant wholesaler)이 소규모 제조업자와 소규모 소매상 사이에서 자연스럽게 경로를 주도하였다. 그러던 것이 1800년대 후반에 급격한 경제 성장으로 대규모 제조업자와 소매상이 도매상에게 압력을 가해오기 시작했다. 제조업자는 이제 증가된 생산능력으로 스스로가 중간상을 배제하고 시장 활동을 할 수 있다는 것을 깨닫게 되었다. 소매상도 규모가 증대되면서 제조업자로부터 직접 구매함으로써 지금까지 도매상들이 가졌던 할인혜택을 누리게 되었다. 이렇게 되고 보니 구매자와 생산자의 규모가 작은 산업, 지역적으로 많이 떨어져 있는 산업 등처럼 제조업자가 재무적으로 빈약하고 마케팅 전문성이 떨어지는 산업을 제외하고는 도매상이 경로를 주도할 수 있는 경우는 제한적으로 적어지게 되었다.

불과 몇 가지 산업을 제외하고는 이제 그러한 부분은 더 이상 존재하지 않는다. 이제 도매상이 경로 주도자로서 역할하기 위해서는 변화하는 환경에 맞게 변신하는 노력이 필요하게 되었다. 최근 급성장한 도매상인 벤더의 경우에는 기존의 도매상이 중점적으로 제공하지 않던 시장정보관리와 제품구색의 전략적 제공에서 차별화하면서 편의점 등에 공급하는 중요한 역할을 하고 있다. 소매상 못지않게 자신의 PB를 개발하여 공급하는 도매상도 있다. 도매상이 오늘날 고도로 발달된 산업부문에서 불과 몇몇 산업재 영역을 제외하면 경로리더의 위치에 서지 못하고 있지만, 도매상의 장점은 상품구색을 창조하는 역할, 제품구색 개발, 고객들에게 신뢰할만한 제품 공급자의 역할 등으로 다양하므로 차별적 혜택을 더욱 개발하여 위축되고 있는 입지를 늘려가야 할 것이다.

3.3 소매상

상당히 많은 소매상들이 규모면에서 대규모의 제조업자의 경쟁상대 혹은 오히려 능가하는 수준에 이르고 있다. 이러한 소매상들은 그들이 속한 경로에서 다른 구성원들을 통제하려고 할 것이다. 대규모의 소매상들은 도매기능을 통합했고 그 중 상당수는 후방으로 제조 기능까지 통합했다. 대규모의 제조업자처럼 그들은 상당한 정도로 강압적, 보상적, 그리고 전문적 힘의 원천을 가지고 있어서 경로 통제에 이용할 수 있다. 소매상의 경로 통제는 다음과 같은 유형으로 나타나고 있다.

첫째, 소매상들은 지역시장에 밀착하여 있으므로 정보력을 축적하여 지역사회에서 소비자의 욕구에 계속적으로 부응할 수 있다. 경로의 다른 구성원들이 정보수집 작업을 하는 동안 그들은 그 정보를 활용할 방안을 찾을 수 있다. 둘째, 이마트나 롯데백화점 같은 대규모의 소매상들은 제조업자가 닿으려고 노력하는 거대한 시장에 이미 연결되어 있다. 사실 그들은 정보를 제한하거나 통제하는 문지기(gate keeper)인 셈이다. 그들이 감당하는 시장이 크면 클수록 그들은 제조업자에게 더욱 중요한 기업이 되고 그 결과 리더십이 잠재적으로 더 커지게 된다. 셋째, 이러한 소매상들에게 다른 대안적인 공급자가 존재하는 한 제조업자는 더욱 의존적일 것이고, 특정 제품군에서 포괄적인 수요가 형성되어 있는 경우는 특히 그러하다.

대규모의 소매상들이 경로관리를 할 힘을 이미 갖추고 있으면서도 실행하지 않는 경우도 있다. 그들은 가끔 신제품 개발이나 촉진 및 재고 정책 등과 같은 측면에 강력한 영향력을 행사하는 것보다는 구체적인 형태의 양보를 얻어내는 데 관심을 가지고 있다. 넓은 지역의 시장에서 소매하는 결과로 대규모 소매상의 경영자들은 재고의 선택과 유지와 함께 그러한 제품을 제공하거나 포장하는 방법에 신경을 곤두세우고 있다.

경로리더에게 중요한 두 가지의 기능은 제품 개발과 수요 예측인데 크게 보면 대규모 소매상의 경우 제품 개발에는 별로 관심이 없다. 궁극적인 소비자와 가깝고 연계되어 있다는 점 때문에 소매상은 소비자가 선호하는 것을 정확히 발견할 수 있는 가장 좋은 위치에 있다. 그러나 소매상들은 점포관리에만 집중하고 있어서 경로 전체 수준에서 이러한 기능들을 어떻게 수행할 것인가를 고민할 여유가 없다. 그렇기 때문에 소매상이 차지하여야 할 리더의 역할이 쉽게 제조업자에게 넘어가기도 한다.

1) 대규모 소매상이 경로를 주도하는 방법

대규모의 소매상이 자신이 속한 유통경로에서 경로를 주도할 수 있는 방법은 다양하다. 제조업자의 경우처럼 가장 흔한 방법은 광고, 판매촉진, 그리고 상표개발 등으로 소비자 호응을 얻는 것이다. 유명한 거대 소매상들은 목표시장에 맞는 제품을 결합하여 그러한 구색을 촉진하고 관련되는 부대 서비스를 제공하면서 충성스런 소비자 계층을 형성하게 된다. 제조업자가 마케팅 믹스의 다양한 요소를 결합하여 시장에서 승부하는 것처럼 소매상이 효과적인 소매믹스요소를 전략적으로 계획하여 성공적으로 목표를 달성할 수 있다.

대규모 소매상들은 자사상표를 도입하여 소비자의 충성도를 유발하고 촉진시킴과 동시에 경로를 통제하게 되었다. 그러나 도매상의 경우와 마찬가지로 이때도 시장에서 이미 그 제품이 널리 보급된 후에야 소매상의 상표가 효과적일 수 있다. 한편으로 만약 포괄적인 제품 수용이 존재하는 경우에는 대규모 소매상은 자신의 상표로 시장에 뛰어드는 의사결정뿐만 아니라, 어떤 선두 상표를 택해서 취급할지를 정해야 한다. 이렇게 되면 소매상이 여러 공급자들 중에서 하나의 제품을 선택하여 유통시켜 주므로 한 점포에서 공급자들이 서로 경쟁하는 꼴이 된다. 그러므로 이러한 과정에서 소매상은 공급자들 간에 경쟁을 붙여서 다양한 양보를 얻어내는 것이 가능할 수 있다.

제조업자가 자신의 제품에 대한 소비자의 강력한 호응을 얻지 못하면 대규모의 소매상에게 힘이 실리게 되는 것은 당연한 결과이다. 그러나 앞서 지적한 것처럼 이러한 소매상들이 항상 리더십을 발휘하려고 하지는 않는다. 이 경우 다양한 경로 시스템의 자원을 통제하는 과업은 다른 구성원에게 넘어가게 된다.

이러한 경우에 경로구성원들은 어려움에 처하게 되는데 그 이유는 다음과 같다. 첫째, 가장 많은 힘을 가진 구성원이 역할을 구체화해주고 경로 과업을 조정하는 데 적극적인 역할을 하려 하지 않을 수 있기 때문이다. 둘째, 경로 전체에 힘을 재할당하려는 다른 구성원들의 시도에 거부권을 행사할 만큼 구성원들의 힘이 클 수 있기 때문이다. 즉, 서로 간에 조정이 되지 않을 정도로 팽팽한 힘의 분산이 존재할 수 있는 경우이다. 예를 들면, 편의품 제조업자가 광고를 통해 상표 이미지를 개발할 수 없는 경우, 소매상이 중요한 판매지원을 하고 중심적인 위치에 서게 됨으로써 경로리더가 되기도 한다.

유통실무 Focus

이마트 '노브랜드'

노브랜드는 정용진 신세계그룹 부회장이 주도해 2015년 선보인 자체 브랜드(PB)로, 캐나다 유통업체 로블로의 '노네임'을 벤치마킹해 만들었다. 유통업계가 온라인, 모바일 시장에 주력하고 있는 와중에도 정 부회장은 오프라인 매장 육성에 눈을 돌렸다. 노브랜드 전문점은 소비자들 사이에서 가성비(가격 대비 성능) 브랜드로 입소문이 나면서 2016년 7개 매장에서 현재 전국 280여 개 매장으로 불어났다.

이마트에 따르면 노브랜드는 최적의 소재 및 제조 방법을 찾아 최저가 상품을 만드는 것에 초점을 맞췄다. '브랜드가 아니다. 소비자다'라는 문장을 핵심가치로 삼으며 상품개발 시작부터 판매시점까지 소비자를 중심에 뒀다. 이마트 관계자는 "상품소재, 제조공정, 유통과정에서 발생되는 불필요한 요소를 제거해 가성비 있는 노브랜드 상품을 기획하고 있다"며 "노브랜드 소비자를 스마트 컨슈머(여러 가지 종합적인 정보를 바탕으로 합리적인 선택을 하는 소비자)로 정의하고 가성비 소비문화가 정착될 수 있도록 노력하고 있다"고 말했다.

노브랜드 전문점에서는 저렴한 가격의 다양한 생필품을 판매한다. 출시 초기에는 생수, 건전지, 과자를 판매했으나 현재는 가전제품까지 선보이고 있다. 지난해 매출 1위를 기록한 제품은 노브랜드 닭꼬치로 지난해에만 총 판매량 180만 봉지, 매출 240억 원을 기록했다. 뒤이어 노브랜드 미네랄워터, 굿밀크, 돈육, 계란 등이 인기 제품 순위에 이름을 올렸다.

노브랜드 상품은 해외에서도 인기를 끌고 있다. 필리핀, 몽골, 중국 등 20여 개 국가에 수출되고 있으며 수출액은 2015년 20억 원에서 지난해 115억 원 규모로 늘었다. 이마트는 2019년 11월 필리핀 마닐라에 현지 유통업체 로빈슨스 리테일을 통해 프랜차이즈 형태로 노브랜드 전문점 필리핀 1호점을 개점했다. 필리핀에서는 노브랜드 쿠키, 감자칩 등 과자 제품이 인기를 끌면서 현지 소비자들을 유인했다. 이마트는 현재 필리핀에서 4개의 노브랜드 전문점을 운영하고 있다.

이마트는 노브랜드를 통해 국내 중소기업의 판로를 개척하고 있다고 자부한다. 현재 노브랜드와 거래하고 있는 389개의 협력회사 중 중소기업은 301개에 달하며 이는 전체 협력회사의 77%가량을 차지한다. 이외에도 이마트는 전통시장 활성화를 위해 2016년 8월 충청남도 당진 어시장 안에 노브랜드 상생스토어를 열기도 했다. 대형 유통매장이 전통시장의 경쟁자로 대립하는 것이 아니라 젊은 소비자들을 유인함으로써 전통시장의 활성화를 돕는다는 개념이다.

자료: 서울파이낸스, 2021.2.26.
(https://www.seoulfn.com/news/articleView.html?idxno=411861)

2) 소규모 소매상이 경로를 주도하는 방법

전체적으로 볼 때 소규모 소매상은 경로활동에 상당한 압력을 행사하는 것으로 알려져 있다. 소매상은 경쟁에 제약이 되거나 변화에 걸림돌이 되는 것을 제거하기 위한 입법을 위해 지방정부, 자치단체, 정부 등에 다양한 방법으로 영향력을 미치고 있다. 이러한 활동을 통해서 소매상은 경로의 마케팅 전략에 가끔은 영향을 미치게 되어서 시장침입 제한, 허가 제한, 방문판매법, 자동판매기 사업 관련법, 요일 영업 제한법, 광고 제한 등과 관련된 법률 및 규정을 철폐 및 완화시키는 결과를 가져왔다. 분명 이러한 부정적인 경로리더십은 바람직한 것만은 아니다. 그 결과들이 오히려 유통산업의 장기적인 혁신과 발전에 저해요인이 되는 경우가 많기 때문이다.

한편 소규모 소매상들은 소매상 주도의 협동조합을 결성하면서 긍정적인 경로리더십을 보인 경우도 있다. 소매상협동조합은 개별 소매상이 규모와 그에 따른 구매 불이익을 극복하기 위한 분명한 노력이다. 그러나 소매상협동조합은 매우 다양한 문제들에 직면하게 된다. 그 조직 안에서는 힘이 분산되기 때문에 기업형이나 자발적 체인과 경쟁하여 성공하기 위해 강력한 통제 메커니즘이 필요하다. 그렇기 때문에 중앙조직에 자율성과 독립성의 일부를 제한할 수 있는 힘을 허락해 주는 전략이 필요할 때도 있다.

유통실무 Focus

동네슈퍼 협업, CU · GS25 극복한다

최근 들어 사지로 내몰린 동네 슈퍼마켓들이 골목상권을 장악한 대기업 편의점 프랜차이즈 CU(BGF리테일)와 GS25(GS리테일)를 극복하기 위해 뭉친다. 중소벤처기업부는 대기업 편의점과 기업형슈퍼마켓(SSM) 등의 골목상권 침탈로 어려움을 겪는 동네슈퍼를 위해 슈퍼마켓협동조합을 중심으로 동네슈퍼 협업화 지원사업을 추진한다고 16일 밝혔다.

최근 폐점한 성남시 복정로에 있는 한 마트. 3km 정도의 이곳 복정로에는 CU와 GS25, SSM 등 15개 점포가 치열한 경쟁을 펼치고 있다. 이 사업은 지역 협업화와 전국 협업화로 나뉘어 각각 추진된다. 이 중 지역 협업화를 위해 중기부는 슈퍼조합 10개를 선정해 협업시스템 개발, 공동구매와 마케팅, 점포환경 경영 개선 등에 21억 원을 지원한다.

아울러 전국 협업화는 동네슈퍼 공동브랜드, PB(자체브랜드)상품 개발, 전국 공동구매와 마케팅 등을 위해 슈퍼조합연합회에 5억 원을 지원하는 것이다. 이 사업은 최근 대기업 편의점의 공격적 출점으로 동네슈퍼가 매년 5,000개씩 줄어드는 상황을 감안한 것으로, 슈퍼업종 소상공인들의 협업을 촉진해 체인형 슈퍼조합으로 육성하기 위한 것이라고 중기부는 설명했다.

중기부는 이 사업의 경우 유럽 소매상인들이 과거 위기 상황에서 협동조합을 설립해 체인형 슈퍼조합으로 성공한 점과 국내 편의점 모델을 벤치마킹해 동네슈퍼의 자생력을 키우기 위한 전략이라고 강조했다. 실제 유럽의 슈퍼협동조합인 레베, 에데카, 르클레르 등은 대기업과 소비자조합의 시장 잠식을 감안해 출범한 영세 소매업자 협동조합으로 협업화를 통해 규모화에 성공했다.

이들 조합은 공동구매를 기반으로 브랜드를 체인화해 자국의 소매시장의 강자로 부상했으며, 고용과 매출에서 절대 비중을 차지하고 있는 것으로 파악됐다. 중기부 관계자는 "대기업 편의점과 온라인 쇼핑 증가 등으로 동네슈퍼의 생존이 위협받고 있다"면서 "유럽의 소매상들이 위기 상황을 협업을 통해 기회로 바꾼 것처럼, 이번 사업을 통해 새로운 동네슈퍼에 희망을 줄 수 있도록 최선을 다하겠다"고 말했다.

자료: 중소기업투데이, 2018.4.12.
(http://www.sbiztoday.kr/news/articleView.html?idxno=1411)

3.4 물적유통업자

경로 관련자들에 대한 잠재적 경영자들을 모두 고려해 보지는 않았지만 운송업자가 힘의 원천을 더욱 효과적으로 이용한다면 그런 역할을 수행할 수도 있다. 거의 모든 유형의 물적유통업자는 제조업자, 도매상, 그리고 소매상의 주된 관심 사항이 되는 여러 가지 경로 정책 및 활동과 관련하여 중립적인 위치에 있다는 점은 부인하기 어렵다. 제조업자, 도매상, 소매상 등은 그들과 직접 거래하는 공급자와 고객의 관점에서 벗어나서 보기 어렵지만 물적유통기구는 경로의 문제를 보다 폭넓은 시각에서 볼 수 있다.

경로리더십은 각각의 마케팅 흐름을 개별적으로 보거나 함께 모아야만 정상적으로 발휘될 수 있다. 그러기에 운송업자는 물적 소유의 흐름이라는 관점에서 경로를 주도할 수 있지만 나머지의 흐름과 관련된 영향력은 최소가 될 것이다.

다시 말해서 운송업자의 힘의 영역은 그가 직접 관여하는 부분과 관련된 활동으로 제한된다는 뜻이다. [그림 10-2]는 일반화된 경로 배치에서 운송업자가 차지하는 위치를 나타내고 그가 가질 수 있는 힘의 원천을 몇 가지 제시한 것이다.

[그림 10-2] 운송업자의 힘의 원천

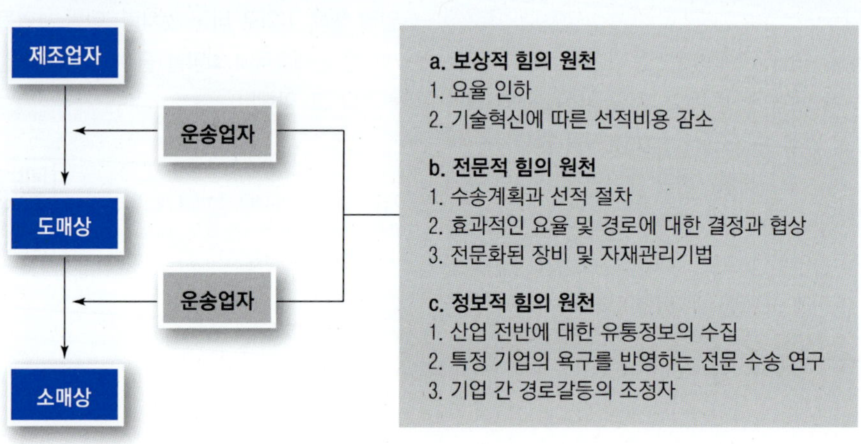

운송업자가 지금까지 그래왔고 실제로 가질 수 있는 몇 가지 보상적 힘의 원천과 전문적 힘의 원천은 다음과 같다.

- 하주에게 부과되는 요금의 요율에 대한 인하이다. 경쟁적 반응으로 인해 이러한 인하는 장기적으로는 제한적인 효과만을 가져올 것이다.
- 멸실 및 파손과 관련된 클레임, 특별한 스케줄, 그리고 최소 중량 요구 등을 제거함으로써 전체 수송경비를 감소시키는 방법이다.
- 특별한 고객에게 제공하기 위해 특수 제작한 장비를 임대해 주는 차량 임대 등의 방식으로 특별한 임무를 수행한다. 특별한 장비를 제공해 주게 되면 하주가 그 운송업자에게 더 많은 의존성을 갖게 된다.
- 특정 산업부문의 요금 요율, 수송경로, 그리고 기타의 부대 서비스 등에 대해 전문 직원을 고용하여 상담 서비스를 제공하면서 조언한다. 전통적으로 운송업자는 자신의 업무지역에서 입지와 관련하여 조언해 왔다.
- 선적과 관련된 정보를 전체 유통경로의 의사소통시스템에 제공하기 위해 운송업자의 대형 컴퓨터 설비를 이용할 수 있도록 허용한다.
- 다른 경로구성원의 요구에 부응하기 위해 수송 및 재료관리와 관련된 정보를 제공한다. 그러므로 운송업자는 경로구성원들 간의 물적 및 정보 교류를 효율적으로 조정할 수 있는 시스템을 경로구성원들에게 제안할 수 있다.

이러한 물적유통기구와 마찬가지로 유통센터도 전문성과 정보적 자원을 활용하여 경로관리에서 중요한 역할을 수행할 수 있다. 유통센터의 관리자는 고객, 고객의 고객, 운송업자, 그리고 유통경로의 다른 기관들의 유통 목표와 형태를 잘 인식하고 있다. 그러므로 그들의 욕구, 분위기, 영업부문을 잘 이해할 기회를 가질 수 있는 장점이 있다. 결과적으로 유통센터의 관리자가 이러한 이해를 바탕으로 적절한 서비스를 제공하게 되면 이용자들은 더욱 의존하게 되고 유통센터는 더 큰 힘을 가지게 된다.

Section

4 경로파트너십

경로파트너십(channel partnership)은 유통경로구성원 간에 서로 협의한 일정한 기간 동안 이익과 부담을 공유하는 연계를 의미하며, 상호의존성을 토대로 협력을 강화하여 경로 내 위치를 개선시키거나 공유된 목표를 성취하기 위한 공동의 시스템이다. 또한 유통경로파트너십은 경로구성원 간에 제품의 주문과 유통을 위해 유통경로의 목적, 정책, 그리고 절차에 동의하여 지속적으로 협력하는 것이다. 상호신뢰성, 개방성, 위험 및 보상의 공유에 근거한 원만한 경로파트너십은 경쟁우위를 가져오고, 개별 경로구성원들에 의해서 얻을 수 있는 것보다 더 큰 경로성과를 가져올 수 있다.

이와 같이 경로파트너십은 경로구성원들 사이에서 지속적인 거래를 하는 하나의 거래 유형에 해당되며, 일회적인 거래에서와 같이 단속적이고 단기적인 거래가 아닌 당사자의 협상이나 의사교환에 의하여 상호이익을 극대화하기 위한 장기적이고 반복적인 거래가 이루어지는 것을 의미하고 있다.

최근 많은 유통업체들이 경로 내 파트너십 및 협력을 강화하고 있는데, 이는 유통경로파트너십을 통해 경로구성원 간의 경쟁우위를 향상시킬 수 있다는 전략적인 측면에 주목하고 있기 때문이다. 전통적인 유통경로에서 변화된 유통경로파트너십을 비교해 보면 <표 10-1>과 같다.

먼저, 전통적인 유통경로관리에서는 공급자와 경로구성원 간의 관계적 측면에 대해 주목하고 있는 반면, 경로파트너십에서는 보다 강력해진 결속력을 강조하고 있는 것을 볼 수 있다. 전통적인 유통경로 관계에서는 유통비용을 절감할 수 있는 것에만 초점을 두고 가격 중심으로 경로구성원을 선정하였으며, 단기적으로 다수의 공급자와 계약관계를 형성하고 있으며 제품이나 판매

〈표 10-1〉 전통적인 유통경로 관계와 경로파트너십

전통적인 유통경로 관계	경로파트너십
• 비용 및 가격 중심의 공급자 선정	• 다수의 기준에 의한 유통경로구성원 선정
• 공급자와의 단기적 계약	• 공급자와의 장기적 제휴
• 계약 자체에 대한 평가	• 파트너의 부가가치 평가
• 다수 공급자와 계약하여 활용	• 적정 수의 핵심 공급자 활용
• 정보 독점, 기업 중심의 의사결정	• 정보 공유, 유통경로 중심의 의사결정
• 권력 중심의 문제해결	• 상호주의적인 문제해결

자료: Michael. J. M. and Benton, W. C., "Supply Chain Partnerships: Opportunities for operations research," *European Journal of Operational Research*, Vol.101(1997), pp.419-429.

에 대한 여러 정보들을 단독으로 보유하고 의사결정에 활용하였다.

그러나 경로파트너십의 관점에서는 비용 외에 고객서비스의 향상이나 고품질의 서비스 제공, 협력 수준 및 정보화 수준 등 여러 기준에 따라 공급자를 선정하고 있으며, 핵심적인 소수의 공급자와 파트너십을 맺고 장기적으로 유지해 나가고 있음을 볼 수 있다. 또한 정보를 공유하면서 전체 유통경로 차원에서 의사결정하고 상호주의적인 문제해결의 관점을 가지고 있다는 차이를 볼 수 있다.

유통경로 간의 관계는 독립적인 거래관계인 수평적 통합에서 두 조직 이상의 수직적 통합에 이르기까지 다양하다. 가장 많이 볼 수 있는 통합 중 하나인 수평적 통합의 거래관계에서 판매업자는 표준화된 제품 및 서비스를 표준화된 거래조건에 따라 고객에게 제공한다. 독립적 거래관계에서도 장기간에 걸쳐 여러 차례의 거래가 이루어지기도 하지만 공동의 자원투입과 공동운영은 존재하지 않고 당장의 거래가 끝나면 모든 거래가 끝맺음되는 단기계약이라 볼 수 있다. 이러한 독립적이고 단기적인 계약관계가 중요한 경우도 많지만, 유통경로파트너십이라고 할 수 있는 보다 긴밀하고 통합적인 관계가 요구되는 경우가 늘고 있다.

대부분의 유통경로파트너십은 공통의 요소와 특징을 갖고 있지만 모든 상황에 적합한 단일의 이상적인 유형은 존재하지 않는다. 각 유형은 그만의 독특한 환경과 동기요인들을 가지고 있기 때문에 파트너십의 목적, 존속기간, 범위, 강도, 긴밀성 등은 사례별로 그리고 시간의 흐름에 따라 다양한 양상을 띠게 된다. 유통경로파트너십의 구축목적에 따라 파트너십 유형을 분류하면 경쟁적 파트너십, 협력적 파트너십, 전략적 파트너십으로 구분할 수 있다.

1) 경쟁적 파트너십

경쟁적 파트너십은 유통경로 구축 시 비용감소 및 거래비용감소에 그 목적을 두고 있다. 유통경로 내에서 발생하는 비용 및 거래로 발생하는 비용을 감소시키기 위한 프로세스 구축에 목적이 있다. 파트너에게 제품을 납품하거나 공급받을 때 파트너 간 정보공유 및 상호조화를 통하여 프로세스를 구축하여 비용을 감소시키는 유형으로, 이때에 한 기업을 대상으로 한 파트너십을 구축하는 것이 아니라 최소 2개 기업 이상을 대상으로 다수의 파트너십을 구축함으로써 파트너 간 경쟁적 파트너십을 구축하여 추가적인 비용 및 거래비용을 감소시키기 위한 유형을 말한다. 이러한 경쟁적 파트너십을 형성하면 객관적인 공급 및 비용감소에 이상적인 알맞은 형태가 된다.

2) 협력적 파트너십

협력적 파트너십은 기존의 공급체인을 지원해 파트너의 성과 개선을 위해 지원활동을 하고, 친밀한 관계를 가지며, 공동문제해결팀(joint solving team)을 구성해 지속적으로 협력한다. 이처럼 협력적 파트너십은 유통경로를 구축하면서 문제해결 및 상호협조체제에서 주력하는 유형이기 때문에 공동으로 직면하는 문제에 관해 파트너와 함께 긴밀하게 대처함으로써 위험 및 수익을 공유하고 파트너 간 협조체제를 강화하기 위한 파트너십 유형이다.

3) 전략적 파트너십

전략적 파트너십은 유통경로를 구축하면서 신제품개발 및 프로세스 혁신에 주력하는 형태의 유통경로파트너십 유형이다. 유통경로구성원 간 파트너십을 형성하면서 상호보완적인 장점을 장기적으로 신제품개발 및 프로세스 혁신을 통하여 경쟁적 이점을 얻기 위해 전략적 제휴를 취하는 형태이다. 기술적 측면 및 업무프로세스 측면에서 파트너십을 형성함으로써 전략적 제휴를 통하여 경쟁력을 향상시키는 형태이다.

이와 같이 파트너십의 유형에 따라 협력 및 경쟁적 구조가 다르기 때문에 파트너십의 유형은 경로파트너십의 구조와 성과를 결정짓는 중요한 요인이라 할 수 있다.

유통실무 Focus

일본 장수기업 성공사례: 마루야 · 카쿠큐 및 시마즈제작소

장기적 파트너십

빨리 가려면 혼자 가도 되지만, 멀리 가려면 같이 가야 한다. 장수기업에는 반드시 장기적 파트너십을 맺어온 협력사가 있다. 1337년 창업해 682년간 미소(된장)를 만들어온 '마루야핫초미소(이하 마루야)'가 대표적인 예다. 핫초미소는 다른 일본식 된장과 달리 밀을 넣지 않고 오직 대두와 소금만으로 만든 나고야식 된장을 말한다.

현재 일본에서 핫초미소를 만드는 기업은 마루야와 카쿠큐 둘뿐이다. 에도로 향하는 가도 '토카이도(東海道)'를 사이에 두고 나란히 위치한 양사는 라이벌 관계지만 수백 년간 신사협정을 맺어왔다. 최근에도 삼나무통에서 2년간 숙성하는 전통 유기농 생산방식을 고수하고 이를 지키는지 서로 직원을 보내 검사한다. 한 번은 NHK가 카쿠큐를 소개하는 특집방송을 제안하자 카쿠큐 측에서 "마루야도 함께 촬영해달라"고 요구해 같이 방송되기도 했다.

노부타로 아사이 마루야핫초미소 사장은 "카쿠큐와 우리는 서로 잡아먹으려 하지 않는다. 선의의 경쟁을 할 뿐이다. 신사협정도 구두로만 한 것일 뿐, 서류로 작성한 것은 없다"고 말했다. 이뿐 아니다. 마루야는 협력사에 주문할 때 할인을 요구하지 않는 것을 원칙으로 한다. 협력사가 매긴 가격을 신뢰하고 그 가치를 온전히 지불하는 것이다. 경영철학이 맞지 않다 싶으면 과감히 관계를 끊는다. 일례로 과거 유통업계 강자였던 '다이에'가 마루야에 "된장을 만드는 재료는 다 비슷하니 굳이 유기농으로 재배할 필요는 없다"고 말했다. 이에 마루야는 '이 회사와 거래하면 안 되겠다' 싶어 손실을 무릅쓰고 납품을 중단했다.

장기적 파트너십은 직원에게도 해당한다. 마루야는 태평양전쟁 당시 직원이 징병돼 회사에 못 나오게 돼도 매달 월급을 줬다. 그러자 전쟁이 끝난 후 직원들이 잇따라 복직, 숙련된 인력을 바로 확보할 수 있었다. 지금도 마루야는 종신고용제를 시행한다. 노부타로 아사이 사장은 "체력만 있다면 평생 회사에 다닐 수 있다. 이는 회사뿐 아니라 사회에서 일익을 담당하는 일이기 때문이다. 최근에는 전 직원 연봉도 올려줬다. (요즘 일본은 인력난이 심각한데) 우리 회사는 직원들이 지인에게 적극 추천해준 덕분에 인력난을 겪고 있지 않다"고 자랑했다.

시마즈제작소도 교토 지역 중소·중견 협력사 121개사와 함께 '시마즈협력회'를 운영한다. 시마즈제작소 제품을 위탁생산하는 이들의 기술력을 높이기 위해 함께 연구회를 진행하는 등 각종 지원을 아끼지 않는다. 교토대와의 산학협력도 활발하다. 코지 후루사와 시마즈제작소 상석(上席) 전무는 "시마즈제작소는 전쟁 전부터 사업을 해와서 지역의 대학이나 기업들과 협력할 수 있는 노하우가 많이 축적돼 있다. 전후 생겨난 다른 기업들에는 없는 유리한 배경"이라고 말했다.

자료: 매일경제, 2019.7.4.
(https://www.mk.co.kr/news/economy/view/2019/07/487367/)

CHAPTER

11 유통경로의 갈등

CONTENTS

본사와 가맹점주 간의 유통경로 갈등

프랜차이즈 산업이 지속적인 성장세다. 하지만 이면에는 적잖은 가맹점주들이 본사로부터 광고비, 인테리어 공사비용 전가, 필수물품 구매 등 여전한 갑질에 시달리고 있다.

이를 개선하기 위해 일각에서는 가맹점사업자 단체 신고제 및 협의개시 의무화, 광고 · 판촉 추진 시 본사와 가맹점 간 사전동의제 등이 담긴 가맹사업법 개정안이 신속하게 국회 문턱을 넘어야 한다는 주장도 제기된다.

공정거래위원회가 발표한 '2020년 가맹분야 실태조사 결과'에 따르면 지난해 가맹점을 운영하고 있는 업주 1만 2,000명 중 절반가량은 여전히 본사 갑질에 불편을 호소했다. '가맹본부로부터 불공정거래를 경험한 적이 있는가'를 묻는 질문에 응답자 중 42.6%는 불공정거래를 경험한 적이 있다고 답했다. 유형별로는 '광고비 등 비용을 부당하게 전가하는 행위'를 경험했다는 응답자가 13.5%로 가장 많았다. 이어 특정 상대방과의 거래 강제 13.3%, 우월한 지위를 이용해 불이익을 준 행위 11.9% 등이다. 가맹점의 갑질을 근절하기 위한 방안으로 어떤 조치가 필요한지 여부에는 96.1%의 점주가 '광고 · 판촉행사 때 점주들의 사전동의가 필요하다'고 답변했다.

광고 · 판촉행사 때 점주들의 사전동의가 제대로 이뤄지지 않아 본사와 가맹점주 간 갈등을 빚는 사례는 최근에도 발생했다. 에그드랍 본사와 가맹점 협의회의 로열티 인상에 따른 갈등이다.

에그드랍 가맹점 협의회는 본사로부터 기존에 납입하던 로열티를 3%에서 7%로 인상된다는 내용을 통보받았고 일방적인 인상 요구를 받아들일 수 없어 공정위에 불공정행위 신고를 했다. 본사 측은 가맹계약서상 '광고 및 판촉활동 시 반드시 참여해야 한다'는 내용과 비용을 본사와 가맹점이 5 대 5로 분담해야 한다는 내용을 기반으로 로열티는 3%로 변동이 없고, 광고 판촉비를 4% 인상했다는 입장이다. 에그드랍을 운영하는 골든하인드 관계자는 "올해는 PPL 등 마케팅 활동을 대대적으로 하려고 해 광고 판촉비를 인상했다. 가맹점은 본사에서 집행한 광고 판촉비 예산의 반을 일시불로 내야 하지만, 금액이 워낙 높게 책정돼 부담을 줄여주려고 분납할 수 있도록 한 것"이라고 설명했다.

관례라는 점을 악용해 본사가 납품업체를 상대로 갑질을 벌인 경우도 있다.

기업형슈퍼마켓 GS더프레시의 운영사 GS리테일은 2016년부터 2년 넘게 납품업자에게 줄 대금 5%를 발주 장려금이라는 명목으로 가로챘다. 떼먹은 금액만 39억 원에 달하는 것으로 알려졌다. 또 약정에 없는 일방적 반품을 하기도 했다. 빼빼로 등 특정 시기에 팔리다 남은 상품 56억 원 어치를 일방적으로 납품업체에 반품하는 갑질을 하다 공정거래위원회에 적발돼 역대 최대인 과징금 54억 원을 부과받았다.

이 같은 사태 등을 미연에 방지하기 위해 공정위는 가맹점주 보호를 위해 광고 · 판촉 사전동의제와 직영점 경험 의무화 등을 담은 가맹사업법 개정안을 국회에 제출, 통과시킨다는 계획이다. 하지만 개정안이 언제 통과될지, 국회의원들의 동의를 받아 통과될 수 있을지 여부 등은 미지수다. 가맹사업법 개정으로 인해 또 다른 문제점이 발생할 수 있다는 우려도 제기되고 있어서다.

한국유통법학회장은 2020년 11월 국회에서 실시된 'K-프랜차이즈, 선진화 방향으로 가고 있는가' 정책토론회에 참석해 가맹점사업자단체 신고제 추진에 대해 "단체 난립의 부작용 방지를 위해 신중하게 추진돼야 한다"고 말했다. 또 광고·판촉 사전동의제에 대해 "계약을 통해 사전에 일정 비율로 비용을 납부한 경우도 인정하는 등 공정위의 합리적인 해석·운용이 전제돼야 가맹본부의 우려도 덜 수 있다"고 주장했다.

자료: 뉴시스, 2021.4.23.
(https://newsis.com/view/?id=NISX20210423_0001417219)

Section

1 갈등의 개념

갈등(conflict)은 둘 혹은 그 이상의 실체들이 실제적으로 보이는 반응이나 기대하는 반응이 상호불일치하는 경우에 발생하는 긴장이다. 일반적으로 경로구성원은 자원의 제한성과 부족한 기능들로 인해 자신들이 상호의존적이라는 사실을 알고 있지만 독립적인 기업인 경우에는 자사의 경영에 대해 어느 정도의 독립성을 가지려고 애쓸 것이다. 상호의존적인 상황에서 자율성을 찾으려는 이러한 노력 때문에 경로구성원들은 여러 가지의 동기를 가지게 된다. 경로구성원들은 한편으로는 경로 전체의 효율성과 협동을 바라고 다른 한편으로는 자신들의 개인적인 목표달성을 희망한다. 경로구성원들 간에 상호의존성이 클수록 그들의 개인적인 목표를 지키기 위해 서로의 능력을 방해해야 하는 경우가 많아질 것이다. 이러한 까닭으로 경로의 갈등은 증가되게 된다.

갈등이 실제로 발생하려면 경로구성원들이 우선 불일치가 발생할 수 있는 이슈들, 이를테면 총 마진의 크기, 협동광고비 할인 폭, 재고수준과 구색 등에 대해 인식을 하고 있어야 한다. 의견불일치는 일반적으로 경로구성원들이 자신의 과업을 기대 수준만큼 수행하지 못할 때 발생한다. 성과가 기대에 못 미치는 이유는 다양한데, 주로 소매상권에서의 가격전쟁과 같은 상황적 요인과 양립할 수 없는 목표, 경로구성원들 간의 분명하고 공개된 의사소통 흐름 그리고 경로구성원들 간의 예상의 차이 등이 있을 것이다.

경로구성원들이 갈등을 알아차리고 나면 그들은 일반적으로 갈등을 수용하고 다른 경로구성원에 대해 감정을 가지게 된다. 그리고 나면 서로가 어떻게 행동할 것인지 결정하게 되는데 공공연하게 서로를 반대하거나 서로의 영향력에 대해 소극적으로 대하거나 갈등 상황을 무시한다든지 그들 간의 차이를 해결하려고 노력할 것이다. 어떠한 행동을 취하게 되든 몇 가지의 결과가 도출된다. 즉, 아무런 해결이 되지 않는 것, 부분적인 해결, 갈등을 완전히 해결하는 것 등이다.

유통경로에서 발생하는 여러 가지의 갈등은 크게 수평적 갈등, 경로형태 간의 갈등, 그리고 수직적 갈등으로 분류할 수 있다. 수평적 갈등(horizontal conflict)은 미시경제학에서 다루어지는 경쟁과 관련된 갈등으로서 유통경로의 동일한 수준(도매상들 간이나 소매상들 간)이나 유사 기업 간에 발생하는 경우가 많기 때문에 수평적 갈등이라 한다. 이를테면 동일한 고객집단을 대상으로 하는 동일업종의 도매상이나 제조업자들 사이에 빚어지는 갈등의 형태이다. 남대문시장의 도매상이 청계천의 도매상과 같은 소매상들에게 제품을 공급하는 경우에 이들 도매상 간에는 갈등이 생길 것이다.

수평적 갈등 중에서 유통경로 내의 동일한 수준에 있는 서로 다른 형태의 중간상들 간의 경쟁으로 생기는 갈등은 경로형태 간의 갈등(intertype conflict)이라 한다. 즉, 동일한 고객집단을 대상으로 경쟁하는 서로 다른 기관들 간에 생기는 수평적 갈등이다. 예를 들면, 동일한 가전제품을 판매하는 대리점과 백화점의 갈등이 있다. 갈등 발생의 또 다른 원인은 신제품을 개발한 제조업자가 기존 유통경로 외의 새로운 경로를 이용하여 판매를 하는 경우이다. 이를테면 미국의 유명 패션기업인 헤인즈(Hanes)에서 개발한 스타킹의 유통경로를 결정하는 과정에서 기존의 백화점과 여성의류 전문점이 아닌 슈퍼마켓을 경로로 결정한 적이 있는데 이러한 경우에 유발된 갈등은 경로형태 간의 갈등이다. 최근 온라인 경로가 활성화되면서 기존의 오프라인 경로와의 갈등이 많아지는 것도 이에 해당한다.

수직적 갈등(vertical conflict)은 특정 유통경로 내의 서로 다른 수준에 있는 구성원들 사이에서 생기는 갈등을 의미한다. 앞의 헤인즈사의 예에서처럼 제조업자가 새로운 경로를 채택하는 결과로 수직적 관계를 맺고 있던 기존 경로구성원이 심한 갈등을 느끼게 되는 경우이다. 수직적 관계를 맺고 있는 경로구성원 간의 이러한 갈등은 상호 간의 협동적 교환관계에 심한 손실을 미칠 수 있다. 이러한 수직적 갈등은 최근의 기업들의 경영혁신 과정에서 비즈니스 리엔지니어링(business reengineering)의 목표인 시간단축, 비용감소, 하청업체 관리, 간접비 감축, 문제점의 해결, 조정과 업무 연계, 대고객서비스 등과 관련하여 빈번히 발생하고 있는데, 이는 경쟁에서의 우위를 지키기 위한 프랜차이저들의 노력이 남다른 패스트푸드 산업에서 특히 중대한 문제이다.

Section

2 갈등의 원인과 결과

2.1 갈등의 원인

갈등의 원인을 지적한 연구는 많지만 궁극적으로는 경로구성원 간의 상호의존성이 여러 가지 갈등의 원인을 설명할 수 있는 중요한 변수이다. 경로구성원 간의 경제적 목적과 이념의 차이가 갈등의 원인이라고 지적한 연구도 있고, 갈등의 원인을 경로구성원 간의 목표의 양립 불가능, 활동영역과 지위 및 역할의 불일치, 부적절한 의사소통, 현실에 대한 인식의 차이, 이념적 차이 등이라고 하기도 한다.

갈등의 발생 근거를 기준으로 경제문제 갈등, 목표 갈등, 그리고 역할 갈등 등으로 나누어 볼 수 있다.

첫째, 경제문제 갈등(economic issue conflict)은 협상력이 강한 경로구성원이 자신이 원하는 구매가격을 협상력이 상대적으로 약한 타 구성원에게 강요하거나 생산자가 소매업자에게 일정한 수준의 판매가격을 유지하도록 강요하는 경우에 생기는데, 이러한 갈등의 발생은 경제적인 이해관계에서 비롯되는 것이다.

둘째, 목표 갈등(goal conflict)과 역할 갈등(role conflict)은 경제문제 갈등과 비교하면 비가격 갈등으로서, 경로구성원들이 지향하는 목표가 불일치하거나, 한 구성원이 타 구성원에게 기대하는 바가 실현되지 않을 때 발생하는 것이다. 예를 들어, 생산자가 새로운 경로구성원을 선정하려고 하거나 소매상에게 일정한 판매기법이나 판촉방법을 강요하는 경우가 있다.

이외에도 희소자원에 대한 경쟁, 목표의 차이, 그리고 경로에서 차지하는 임무에 대한 경쟁적 입장 등이 구성원들 간의 갈등을 유발할 수도 있는데, 이들 원인을 종합해서 설명하기에는 에트거(Michael Etgar)의 연구가 적절하다. 그가 주장한 갈등의 원인은 목표불일치, 희소자원 확보를 위한 경쟁, 역할, 기대, 자치권에 대한 욕구, 지각, 의사소통으로 요약되는데 이를 크게 경로구성원의 태도에 기인하는 원인과 구조적인 원인으로 분류하여 다음과 같이 소개하고 있다.

〈표 11-1〉 갈등의 원인

구 분	갈 등
목표의 불일치	구성원 사이의 목표가 서로 다르고 이들 목표를 동시에 달성할 수 없음
역할-영역의 불일치	각자의 역할과 영역이 서로 합의되지 않으면 구성원 간 제품, 시장, 기능의 세 가지 영역에서 불일치가 발생함
지각의 불일치	동일한 상황에 대해서 서로 다른 반응을 불러일으킴으로 인해 갈등을 유발함
상호의존성	상호의존성이 커질수록 서로의 목표달성이 방해될 가능성이 커지고 거래당사자 사이의 불균형이 발생함
이념의 차이	대기업과 소기업 간의 사업확장, 유지에 관한 이견과 같은 경영이념의 불일치는 갈등이 유발됨

1) 태도에 기인하는 원인

태도에 기인하는 갈등의 원인은 경로 및 환경에 대한 정보처리 방법에 연유하는 것으로 역할, 기대, 지각, 의사소통의 불일치와 관련된 갈등을 말한다.

- 역할(roles) : 역할에 대해 경로구성원 간의 일치된 합의가 없을 때 발생할 수 있는 갈등이다. 역할이란 경로구성원이 위치한 특정의 지위에 따라 당연히 수행해야 하는 것으로 기대되는 행위를 말한다. 이는 기대되는 행위를 해야 할 의무와 타 구성원의 특정한 행위를 기대할 수 있는 권한을 결정한다. 따라서 이러한 역할을 제대로 수행하지 못하거나 역할의 정의가 구성원 간에 명확하게 정의되어 있지 않으면 갈등을 초래하게 된다. 이를테면 제조업자는 대리점에서 일정 수준의 매출을 달성할 것으

로 기대하여 판매량을 할당하지만 대리점의 입장에서는 제조업자가 판촉지원이나 판매원 교육 등을 통해 충분한 지원을 해야 한다고 서로 간의 기능에 대한 역할을 다르게 인식하는 경우에 갈등이 발생할 수 있다.

- 기대(expectations) : 경로구성원 간에 서로 상대방의 능력에 대해 일치된 합의가 없을 때 발생할 수 있는 갈등이다. 사용가능한 정보의 보유 정도, 정보처리 능력, 경험 등에 따라 그 구성원의 성과 및 전략수행에 따르는 이익에 대한 기대가 다를 수 있다. 한 구성원이 타 구성원의 성과가 실제보다 크리라고 기대하는 경우에 타 구성원에게 어떠한 형태의 압력이 작용할 수 있으므로 갈등이 발생할 것이다.
- 지각(perceptions) : 주로 특정 사건이나 실체에 대해 경로구성원 간에 서로를 지각하는 정도가 다르기 때문에 갈등이 발생할 수 있다. 환경과 경로 자체에 대한 경로구성원의 지각은 서로 상이할 수 있는데, 대리점의 입장에서는 그들의 영역 내의 수요나 경로 내의 경쟁에 관심이 많지만 제조업자는 경로 간의 경쟁이나 전체적인 경로의 수요에 더 많은 관심을 가질 것이므로 상호 간에 갈등의 소지가 있다. 이를테면 대리점의 재고부족을 본사는 대리점이 안전재고를 미리 확인하지 않은 탓으로 돌리는 반면, 대리점은 본사가 출고시기를 지키지 못한 탓으로 돌리는 경우의 갈등이다.
- 의사소통(communications) : 신제품과 관련된 정보전달의 지연, 메시지의 잘못된 해석, 효율적인 정보제공 능력이 결여된 판매원 등은 딜러의 갈등을 유발시킬 수 있는 요인이다. 또한 시장 상황에 대한 정보순환의 지체나 부족, 주문의 지연 및 취소가 생산자로 하여금 갈등을 느끼게 할 수 있다.

2) 구조적 원인

구조적인 원인으로 발생하는 갈등은 이해의 상충에 연유하는 것으로 목표의 불일치, 자치권에 대한 욕구, 희소자원 확보를 위한 경쟁으로 나누어 볼 수 있다. 태도에 기인하는 원인에 비해 보다 본질적이고 근원적인 부분에서 갈등의 원인을 일으키는 것이다.

- 목표 불일치(goal divergence) : 경로구성원 간에 행위에 대한 의견의 일치가 이루어지지 않거나 상이한 목표를 추구할 때 유발되는 갈등이다. 예를 들면, 생산자는 이익의 극대화를 경영철학으로 하는 반면에 딜러는 위험의 극소화를 목표로 할 수도 있다. 또한 대리점은 공급자와의 관계에서 독립된 위치를 차지하기를 원하는데 공급자는 통합을 희망할 수 있다. 경로구성원들 간의 성장성과 수익성 목표에 대한 의견불일치는 흔히 일어난다. 대규모의 제조업자는 신속한 시장 침투로 시장확대를 꾀하려 하는데 소규모의 소매상은 수익성 증대라는 목표를 가질 수 있다. 이때 제조업자는 저가정책을 주장하고 소매상은 고가정책을 지향할 수 있기 때문에 갈등이 발생할 수 있다. 제조업자와 산업재 유통업자 간에 빈번히 발생하는 갈등으로는 첫째, 대규모의 거래량을 수송하는 문제, 유통업자에게 적절한 재고의 수준, 유통업자의 경영의 질적 수준, 유통업자들 간의 중복되는 담당지역, 유통업자의 마진의 크기, 그리고 유통업자의 필수적인 임무와 로열티가 고객을 위한 것인가 제조업자를 위한 것인가라는 철학적 문제 등이다.
- 자치권에 대한 욕구(drive for autonomy) : 경로구성원의 한쪽이 다른 구성원의 고유영역이라고 생각되는 행위를 통제하려 하거나 그러한 시도에서 벗어나려고 할 때 생기는 갈등이다. 제조업자가 소매상의 가격정책을 간섭하려고 하거나 소매업자가 제조업자의 제품결정에 영향력을 행사하려고 할 때 이러한 갈등이 유발된다.
- 희소자원 확보를 위한 경쟁(competition for scarce resources) : 경로 내의 자원의 수요가 공급을 초과하는 경우에 이러한 유형의 갈등이 생긴다. 따라서 딜러와 도매상은 특정 시장에 대한 독점적 권한을 유지하기 위해 희소자원을 계속적으로 획득하려고 경쟁할 수도 있다. 신제품을 공급하는 제조업자는 생산량이 주문을 당해내지 못해 고민하게 되고 그

결과 유통업자를 선별적으로 이용하게 되는데, 이때 유통업자가 서로 더 많은 공급물량을 확보하려는 과다한 노력이 갈등을 낳을 수 있다.

2.2 갈등의 진행과정

갈등은 한순간에 발생하여 한순간에 해결되는 것은 아니다. 갈등은 일정한 과정을 거치면서 가볍게 해결되기도 하지만 큰 문제가 되기도 한다. 갈등은 심리적인 단계와 행태적인 단계에서 모두 나타날 수 있는 것으로 갈등이 잠재적 갈등 → 지각된 갈등 → 감정적 갈등 → 명백한 갈등 → 갈등 후유증의 단계를 거치는 것으로 구체적인 과정을 설명할 수 있다.

- 잠재적 갈등 : 이 단계에서는 갈등이 내부적으로 발생하고 있지만 아직 갈등의 존재를 모르는 상태이다.
- 지각된 갈등 : 갈등이 존재한다는 사실만을 알고 있는 상태이다.
- 감정적 갈등 : 갈등에 대해 싫어하거나 긴장하는 등의 감정을 느끼고 있는 상태이다.
- 명백한 갈등 : 갈등이 서로 간에 어려움을 야기하는 행동으로 드러나는 상태이다.
- 갈등 후유증 : 갈등이 행동으로 드러난 이후 그 결과로 갈등이 없어지거나 서로 양보하는 상태이다.

유통경로와 관련한 갈등의 연구를 보면 경로 내의 갈등의 과정을 갈등의 원인 → 갈등 행동 → 갈등 결과의 세 단계로 보는 시각이 있는가 하면, 갈등을 변화의 과정으로 간주한 연구는 그 이후에도 계속되는데, 갈등의 원인이 갈등의 수준을 결정하고 그 수준이 결과를 낳는 것으로 보아야 한다는 주장도 있다. 이때 갈등의 결과는 다시 갈등의 원인에 영향을 주는 것으로 드러났다.

한쪽이 자신의 관심사가 상대방에 의해 좌절되었거나 좌절되려 한다고 지각할 때 시작되는 과정인 갈등은 좌절 → 개념화 → 행위 → 결과의 단계로 이행된다고 보기도 했다. 이때 행위에 따른 타인의 반응이 개념화의 과정에 영향을 미친다고 본다. 갈등을 갈등 잠재력 → 갈등 지각 → 결과적 행동 → 갈등 여파의 과정을 보고, 갈등여파 이전의 각 단계에 의존성이 영향을 미치는 것으로 지적한 연구도 있다.

이러한 과정적인 성격을 갖는 갈등은 크게 세 단계로 구분할 수 있는데 첫째는 갈등의 잠재적 상태로 역할 불이행, 목표 불일치, 불충분한 의사소통과 자치권의 추구 등에서 생기는 가장 최초의 갈등 상태이다. 둘째는 감정적 상태로 스트레스, 긴장, 적대감 혹은 불안감을 느끼는 상태이며, 셋째는 공공연한 행동으로 표시되는 명백한 갈등의 상태이다.

갈등의 원인을 태도적 원인과 구조적 원인으로 구분하고 두 가지의 원인으로 생기는 갈등이 인지적 혹은 감정적 갈등에 영향을 미치고 그 결과로 갈등이 명백해지며 명백한 갈등은 갈등 결과로 이어진다고 한다. 이때 갈등의 결과에 이르기 전의 각 단계에서 갈등의 해소가 있을 수 있는 것으로 파악했다.

결론적으로 갈등의 개념을 종합해 보면 갈등이란 자신의 욕구가 좌절되거나 목표달성이 방해를 받고 있다고 경로구성원이 지각하는 상황에서 나타나며 그 결과로는 불만족, 긴장, 마찰 등이 빚어지는 현상이다. 이는 경로구성원들 간의 상호의존성 때문에 필연적으로 발생하며 그것이 경로구성원에게 미치는 영향은 순기능적일 뿐만 아니라 역기능적이기도 하다.

유통실무 Focus

화장품 유통시장의 갈등 사례

국내 화장품 산업을 대표하는 아모레퍼시픽과 LG생활건강의 최근 행보가 방판특약점 · 브랜드숍가맹점 · 방판카운슬러 등과의 상생 · 동반성장과는 한참 동떨어진 양상을 보인다는 비판에 직면해 있다. 두 기업이 행한 최근의 정책적 결정 가운데 이슈가 되고 있는 사안은 묘하게도 정반대로 나타났다.

즉, 아모레퍼시픽은 '최저가격, 로켓배송'을 표방하는 온라인몰 쿠팡에 대표 방판브랜드 설화수 입점 판매를 시작해 방판 특약점주와 카운슬러의 거센 항의와 단체행동에 대처해야 할 처지에 놓여 있다. 반대로 LG생활건강은 원 브랜드숍 더페이스샵과 멀티 브랜드숍 네이처컬렉션에 대한 자사 인터넷 쇼핑몰을 운영을 중단하고 매장 안내 · 제품

정보 · 프로모션 안내 등의 기본 기능만을 수행하고 있는 상황이다.

양사의 이 같은 결정과 관련해 브랜드숍 가맹점주와 방판 특약점주 · 카운슬러 단체들은 "상생과 동반성장을 요구하는 가맹점과 특약점, 카운슬러의 정당한 요구에 대해 본사가 가용할 수 있는 최대한의 위력을 이용해 입을 막고 유통질서를 스스로 혼란케 하는 행태를 계속하고 있다"고 지적하고 "온라인 채널의 성장을 막을 수 없다는 현실은 누구보다 잘 알고 있다. 그래서 상생할 수 있는 방안을 모색하자는 요구를 하고 있음에도 갑자기 (자사몰이긴 하지만)온라인 판매를 중단하거나, 방판 채널 전용 브랜드를 최저가 판매로 위세를 떨치는 온라인 쇼핑몰에 버젓이 공식 입점 판매를 한다는 것은 묵과할 수 없는 사안"이라고 목소리를 높이고 있다.

온라인 채널의 지속적이고 가파른 성장, 채널 간 브랜드 · 제품 혼재에 따른 본사-가맹점주-(방판)특약점주-카운슬러 간의 갈등 등이 한 번에 맞물리면서 국내 랭킹 1, 2위 화장품 기업들이 직면한 상황이 앞으로 어떠한 해결 방안을 통해 전개될 것인지 귀추가 주목된다. 더구나 갈수록 공유와 평등 분배, 우월적 지위를 이용한 불공정거래 사안 근절 등에 대한 국민적 관심이 높아지고 있는 가운데 상대적 약자에 놓여 있는 가맹점(특약점), 카운슬러 등의 시정 요구를 어떻게 수용, 개선해 나아갈 수 있을지도 하루빨리 풀어야 할 과제로 던져졌다.

자료: 코스모닝, 2019.6.23.
(https://www.cosmorning.com/news/article.html?no=33837)

2.3 갈등의 결과

갈등이 어떠한 형태로 해결되든지 그 갈등의 결과로 나타나는 적응행위는 갈등의 결과가 순기능적이거나 역기능적임을 보여줄 것이다. 갈등이 경로구성원 간의 안정적인 관계유지를 저해하므로 역기능적인 것이라는 주장이 있으나, 갈등으로 인해 유통경로의 구성원들이 갈등해소를 위해 서로 협동하고 노력하는 점이 인정되므로 순기능적이라고 할 수도 있다. 원론적으로는 갈등의 결과가 첫째, 완벽하게 갈등을 해결하거나, 둘째, 갈등을 부분적으로 해결하거나, 셋째, 경로구성원 간의 관계를 해체시키는 것으로 나타날 수 있다.

따라서 긍정적인 결과를 낳을 수 있다면 적당한 수준의 갈등은 경로의 유지를 위해서뿐만 아니라 경로구성원의 성과를 극대화시키기 위해서도 필요할 수 있는데, 어느 정도의 갈등의 수준이 목표달성을 위해 도움이 되는 정도인지는 알기 힘들다. 이에 갈등의 결과가 갖는 순기능적인 측면, 역기능적인 측면, 그리고 중립적인 측면을 요약해 보면 다음과 같다.

1) 순기능적 측면

경로구성원들이 현재 공유하는 목표가 충족되기 어려운 상황이거나 더 이상의 목표설정이 불가능하다고 구성원들이 판단한다면 이때 발생하는 갈등의 결과는 순기능적인 측면을 갖는다. 갈등의 결과가 성과를 개선시키는 방향으로 나타난다면 순기능적인 것인데 경로구성원들이 목표달성과 경로구성원과 고객의 욕구를 충족시키는 노력을 하는 경우에는 가능하다.

갈등이 성과와 어떤 관계를 갖는가를 알기 쉽게 표시하면 [그림 11-1]과 같다. 이 그림에서 순기능적인 갈등은 C_1에서 C_2 사이의 갈등으로 이때는 갈등이 강력할수록 성과를 증가시키게 된다. 이처럼 갈등이 경로의 성과에 긍정적인 영향을 미치는 것은 경로구성원이 다음과 같은 노력을 할 때 가능할 수 있다. 첫째, 과거의 사례를 조사하고 자료를 수집하여 갈등의 근본원인을 발견하여 적절한 조치를 취한다. 둘째, 경로구성원들 간의 효과적인 의사소통을 통해 각자의 고충을 토로하는 창구를 구축한다. 셋째, 경로구성원들이 개별 구성원보다는 전체 경로의 이익을 중시하는 방향으로 경로 자원을 균등하게 배분하는 데 합의한다. 넷째, 갈등을 해소할 방법을 공식화함으로써 구성

[그림 11-1] 갈등과 성과의 관계

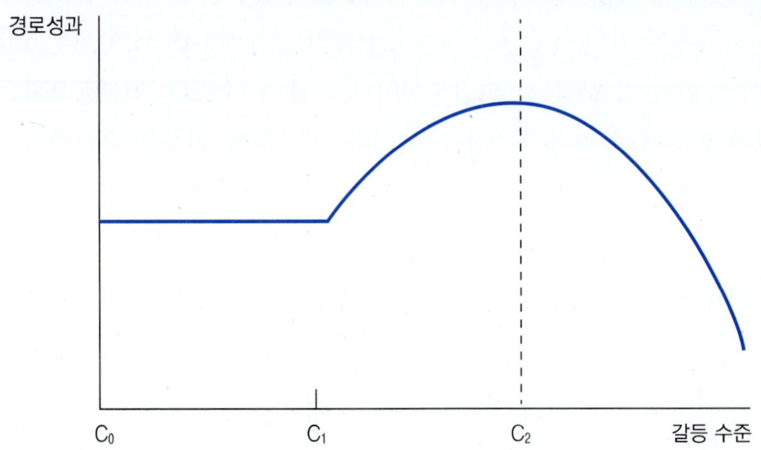

원들 간의 관계를 안정시킨다. 다섯째, 특정 경로구성원에 의한 무차별적인 힘의 남용을 제한하고 자원의 균등한 배분을 보장할 뿐만 아니라 분쟁이 없다는 점을 경로리더가 안심시킨다.

2) 역기능적 측면

갈등이 존재하는 유통경로에서는 각 구성원들의 노력이 전체 시스템의 차원에서 보면 중복되거나 낭비가 되는 결과가 발생할 가능성이 많다. 이러한 갈등은 새로운 갈등으로 연결되거나 소모적인 측면을 가질 수 있는데 이는 다음과 같은 상황에서 찾을 수 있다. 일반적으로 경로갈등은 역기능적인 측면을 가지고 있기 때문에 비생산적이고 경로의 성과에 부정적인 영향을 미친다고 인정된다.

[그림 11-1]의 C_2보다 오른쪽에 위치하는 갈등으로 이는 성과를 감소시키게 된다. 갈등이 역기능적인 효과를 낳을 것이라는 주장의 근거는 크게 세 가지로 요약할 수 있다. 첫째, 갈등이 존재하면 경로구성원들이 서로 협동하는 수준이 떨어지고 그 결과 다른 구성원이 대신 수행해 주던 마케팅 과업을 각자가 수행하게 되므로 각 단계마다 유통기능이 중복되어 경로 내에 비능률이 발생하게 된다. 둘째, 갈등이 심화되면 서로 불신하게 되므로 정보의 전달이 왜곡되고 정보공유가 불가능하게 된다. 셋째, 갈등이 생기면 경로구성원들은 일상적인 업무에 많은 시간과 노력을 쏟아야 하므로 독창적이고 혁신적인 경영활동을 할 여유가 없어진다. 따라서 갈등이 해결되더라도 경로 성과에 부정적인 효과를 오래도록 미칠 수 있다.

3) 중립적 측면

갈등은 그 자체로서 역기능이나 순기능적인 것이 아니라 중립적이어서 경로 성과에 아무런 영향도 미치지 않는다는 관점이다. 경로구성원들이 매우 상호의존적이어서 그들이 분쟁을 일으켜서 경로 성과에 영향을 일으키지 않아야 된다고 학습한 경우이다. [그림 11-1]의 C_0에서 C_1까지의 갈등이 여기에 해당된다.

Section

3 갈등의 해결

갈등을 해결하는 방법은 크게 두 가지로 분류하여 볼 수 있는데, 먼저 경로리더에 의한 시스템화된 방법으로는 공동대표 설정, 대표기구 구성, 구성원 상호교환 등의 프로그램을 실행하는 것이 있고, 다른 한편으로는 행동과학적인 메커니즘을 이용하는 방법이 있다. 이러한 행동과학적 메커니즘은 갈등해결에 관련된 경제적, 물질적, 사회적 비용을 위험으로 상정하고 문제해결, 설득, 협상, 정치 등의 방법을 제시하고 있다.

3.1 경로리더의 시스템적 갈등해결

경로리더가 갈등을 체계적으로 해결하는 방법으로는 경로구성원 간의 상호의존성의 수준에 따라 크게 세 가지로 나뉠 수 있다. 상호의존성이 높은 경우에는 고차원적인 수준에서 해당 조직의 입장을 초월하여 공동의 상위목표를 설정하는 방법을 이용하고, 상호의존성이 보통인 경우에는 상호침투하는 입장에서 상호선출, 인적교류, 공동위원회, 교육과 선전 등의 방법을 이용하며, 상호의존성이 낮은 유통경로에서는 경로관리자를 이용한 대외교섭이라는 방법을 이용하는 것이 적절할 것이다.

1) 상위목표(superordinate goals)

경로구성원 전체의 이익과 관련되는 높은 수준의 공동목표를 설정하는 것으로 구성원 간의 이해를 도모하여 갈등을 해소하는 방법이다. 그렇기 때문에 경로구성원 중 한 기업의 노력으로는 목표를 달성하기 어렵고 전체 경로구성원이 동의할 만한 공동의 목표를 설정하는 일이 필수적이다. 마케팅 수행자는 전문적인 지식이나 계약에 근거한 합법적인 힘의 원천 등에 의지하여 공동목표를 마련해야 할 것이다. 상위목표를 설정하여 갈등을 해소하는 방법은 경쟁사의 위협과 같은 외부의 위협이 존재할 경우에는 효과적일 것이다. 외부의 위협에 대처하다 보면 경로구성원은 서로의 목표, 영업방식, 사업상의 문제점 등을 더 잘 이해하게 될 것이다. 외부의 위협이 있기 전에 발생했던 갈등은 외부의 위협에 대항하는 힘을 쏟다 보면 점차 사라지게 될 것이기 때문이다. 그런데 만약 외부의 적에 의한 위협에도 불구하고 경로구성원들이 단결하지 못하게 되면 앞서 나타났던 갈등이 다시 생기게 될 것이다. 상위목표를 설정하는 것이 경로구성원 간의 상호의존성이 높을 때 효과적이지 않는 경우가 있는데 그 주된 이유는 경로구성원들이 현재의 목표에 동의하지 못하기 때문이다. 그런 경우에는 부가적으로 상위목표를 설정하는 것이 갈등해결에 필수적이다.

2) 상호선출(cooptation)

경로구성원들이 자신들이 구성한 대표기구에 관련자들의 대표도 포함시킴으로써 공동체의식을 갖고 의사결정을 함으로써 갈등을 해결하려는 방법이다. 이렇게 함으로써 각자 서로의 주장을 하기보다는 거래당사자의 입장에서 문제를 볼 수 있는 시각을 가지게 된다.

3) 인적교류(exchange-of-person)

경로구성원 간의 인력 상호교환 프로그램은 일정기간 동안 상대방의 기업에서 자사 종업원들이 일하도록 하는 제도이다. 일시적으로나마 상대편의 업무를 담당해 봄으로써 상대방의 역할과 역할수행의 어려움을 이해하게 하여 본질적으로 상호이해를 달성할 수 있다는 장점이 있다. 그러나 서로가 어느 부서에 종업원을 파견할지 결정하기 위해서는 서로의 갈등 발생처를 정확히 발견해야 할 것이다. 인적교류가 효과를 거두기 위해서는 교류에 참가한 종업원이 경로관리자로서 역할을 충실히 수행할 수 있어야 하는데, 미흡할 경우에는 종업원들이 자사로 돌아가서 계속적인 의사소통의 원동력이 되지 못할 수도 있다. 그저 개인적인 접촉으로만 그친다든지 하위 일선의 의견으로 머물러서 의사결정자가 그들의 교류효과를 정책에 반영하지 못하는 것도 한계점으로 지적된다.

4) 공동위원회(joint membership)

유통경로구성원들이 관련된 협회나 위원회에 함께 가입함으로써 공동의 문제해결에 접근하는 방식이다. 제조업자들이 중간상이 결성한 협회에 가입하거나 중간상들이 제조업자의 위원회에 가입함으로써 갈등을 해소하는 방법이다. 회원 활동을 효과적으로 조정할 수 있고 회원들 간의 우호를 증진시킬 수 있다. 그러나 협회의 모임이 있을 때에만 산발적으로 의견을 교환하기 때문에 일상업무상의 의견불일치나 목표 대립을 적기에 해결하기는 어려운 점이 있다.

5) 교육과 선전(education and propaganda)

정보를 교환하거나 교육활동을 통해서 갈등을 해결하려는 방법이다. 대체적으로 이러한 활동은 첫째, 상호 간에 지식을 축적하고 이해를 증진시키며, 둘째, 경로구성원 간의 우의를 다지고 경쟁자나 경쟁적인 입장에 있는 유통경로의 우의를 무너뜨리기 위한 것이고, 셋째, 경로구성원들 간에 서로의 경영방침을 따를지 말 것인지에 대해 분명한 태도를 결정하는 것이다. 제조업자와 도매상은 소매상들을 대상으로 수익성을 제고하는 방법이나 수익성에 대한 새로운 인식을 갖도록 교육하는 예가 흔히 있다. 이러한 교육 프로그램을 통해 경로구성원들이 직접 만나 일상업무에 대한 정보교환이 이루어지면 그들의 규범과 가치관이 쉽게 변할 수 있다. 이러한 변화를 의도적으로 주도함으로써 갈등의 발생을 사전에 차단할 수 있다.

6) 대외교섭(diplomacy)

경로 내의 특정 구성원의 경로관리자가 타 경로구성원의 위치에 있는 조직에 대해 경로관계를 지시하고, 조정하고 관리하는 방법이다. 이것은 수직적으로 통합되지 않은 유통경로에서 힘이 있는 기업이 다른 조직을 관리하기 위해 취하는 갈등 해결 방식이다. 이를테면 다음과 같은 활동들이 여기에 해당한다. 첫째, 자동차 제조업자가 유통을 담당하는 딜러를 대상으로 경영자문을 수행하면서 자사의 제품을 이해시키고 마케팅전략을 전달함으로써 갈등을 해결한다. 둘째, 공장건설 전문회사는 전기장비 유통업자를 지원함으로써 갈등을 줄인다. 셋째, 식품회사의 경로관리자가 도매상이나 소매상에게 정책을 설명하고 이해를 돕기 위해 적절히 해명해 줌으로써 갈등을 미연에 막을 수 있다.

3.2 행동과학적 갈등해결

1) 문제해결(problem solving)

두 집단의 공통의 목표가 존재하고 높은 위험상황 하에 있을 때 이용하는 방법인데, 이때 문제해결은 신뢰와 협동을 바탕으로 새로운 대안을 찾는 것이다. 문제해결은 두 집단의 의사결정기준을 모두 충족시키는 해결책을 찾는 통합적인 과정이다. 상호 간에 정확한 사실관계를 확인할 수 있는 올바른 정보교환으로 상호 공동체의식을 가지고 양보하는 자세가 필요하다.

2) 설득(persuasion)

상대방의 의사결정기준이나 시각을 바꾸려는 시도로서 공통의 상위목표가 존재하지만 하위목표는 상호 간에 상이한 경우에 이용된다. 이때는 문제해결보다는 다소 높은 수준의 위험이 존재하고 협동을 필요로 한다. 힘의 원천이 있거나 강력한 리더십을 가진 거래당사자 중 한쪽이 상대방의 인식을 바꾸려는 시도를 하는 것이다.

3) 협상(bargaining)

집단 간의 공통의 목표가 없고 목표의 불일치가 명확하고 협상 결과에 대한 기대와 제약이 많은 경우에 이용된다. 낮은 수준의 위험을 취하고 상호 간의 양보가 부족하고 협박이나 경직성이 있을 수 있는 갈등 해결방법이다. 더 이상 갈등이 커지지 않도록 노력하는 것으로 상호 간에 조금씩 양보하여 타협점을 찾게 되고, 그 결과 본질적인 의견 불일치는 사라지지 않을 수도 있다.

4) 정치(politics)

집단 상호 간에 확실한 목표불일치가 존재하는 것을 전제로 영합(zero-sum) 지향적인 방법이다. 갈등의 중재를 위해 제3자의 개입이 따르게 되고 낮은 수준의 위험을 수반하지만 가장 비협조적인 갈등해결의 단계라고 할 수 있는데, 여기에는 조정과 중재가 있다. 조정(conciliation and mediation)은 경로구성원들이 판사, 교수, 경영자문가 등을 고용하거나 소속 협회를 통하여 의견 불일치를 조정한다. 해결안을 수용하는 것은 당사자들의 판단에 맡기며 구속력은 없다. 중재(arbitration)는 중재위원회, 공정거래위원회 등의 정부기관이나 법원의 판결에 의해 갈등을 해소하는 방법이다. 그러나 이러한 방법은 근본적인 해결책이 되지 못하며 또 다른 경로 갈등을 발생시킬 가능성이 있다. 중재 결과에 대해서 당사자들은 수용해야만 한다. 이러한 조정과 중재는 경로구성원 간의 상호의존성이 높은 경로, 이를테면 수직적 마케팅시스템(VMS)에서 적절히 이용될 수 있다.

유통실무 Focus

스포티파이서 아이유 음악 듣는다… 갈등 해결

갈등의 골이 깊던 음원 스트리밍 플랫폼 스포티파이와 음원 유통사 카카오 엔터테인먼트(구 카카오M)가 합의를 마쳤다. 양사 모두에게 피해를 낳을 수 있는 상황인 만큼 갈등을 장기간 지속하기보다는 비교적 빠르에 합의했다는 평가가 나온다.

스포티파이는 카카오 엔터테인먼트와 글로벌

음원 라이선싱 재계약 협의를 마쳤다고 11일 밝혔다. 이번 계약은 국내외 음원 유통을 포괄하는 내용이다. 스포티파이는 이번 계약으로 카카오 엔터테인먼트가 제공하는 다수 아티스트 음원을 170개 국가 3억 4,500만 이용자에게 제공할 수 있게 됐다고 밝혔다. 한국에도 7,000만 곡 이상의 트랙과 40억 개 이상의 플레이리스트를 지원한다고 더했다.

앞서 양사는 국내외 음원 라이선싱 계약에 합의하지 못해 갈등을 빚은 바 있다. 카카오 엔터테인먼트 모회사는 음원 스트리밍 플랫폼 '멜론'을 운영하는 카카오다. 스포티파이가 2월 국내 정식 서비스를 선보이면서 경쟁관계로 떠오르자 카카오 엔터테인먼트가 음원을 제공하지 않았다는 업계 해석이 나온다.

스포티파이가 카카오 엔터테인먼트와 국내 라이선싱 계약을 맺지 못하면서 스포티파이 국내 서비스에서는 아이유와 임영웅, 에픽하이 등 다수 아티스트의 음원을 들을 수 없었다. 양사 간의 힘겨루기가 해외 라이선싱 재계약 논의에서도 이어지면서 기존 계약이 3월 1일자로 종료됐지만 재계약이 바로 성사되지 않았다. 스포티파이 글로벌 서비스에서 카카오 엔터테인먼트가 제공하는 음원을 들을 수 없게 된 이유다.

이 같은 상황이 벌어지자 국내외 스포티파이 이용자 항의가 빗발쳤다. 케이팝(K-POP)을 선호하는 해외 사용자들 사이에선 카카오 엔터테인먼트가 음원을 제공하지 않았다며 소셜미디어상에서 '#카카오엠_아웃(KAKAOM_OUT)'이라는 해시태그 운동을 벌이기도 했다.

음원 스트리밍 업계는 스포티파이와 카카오 엔터테인먼트의 갈등이 양사 모두에게 피해를 낳는 상황이 지속하다 보니 갈등을 유지하기보다는 합의를 택하게 된 것으로 예상한다. 스포티파이는 이번 재계약으로 음원 서비스 범위를 확장하게 됐고, 카카오 엔터테인먼트는 음원을 내주지 않는다는 이용자 비난에서 벗어나게 됐다는 설명이다.

카카오 엔터테인먼트 관계자는 "더 많은 세계 음악 팬들이 우리의 아티스트를 만나고 K팝을 즐길 수 있는 기회가 될 것으로 기대한다"며 "앞으로도 창작자의 권리를 보호하고, 대한민국 음악산업의 성장과 안정적인 창작 생태계 조성을 위해 최선을 다하겠다"고 말했다. 스포티파이 관계자는 "앞으로 스포티파이는 아티스트, 레이블, 권리자 단체와의 협업으로 한국의 음원 스트리밍 생태계에 긍정적인 영향을 가져올 수 있도록 지속해서 노력하겠다"고 말했다.

자료: IT Chosun, 2021.3.11.
(http://it.chosun.com/site/data/html_dir/2021/03/11/2021031100927.html)

PART

04

물류관리실무

CHAPTER

12 물류관리

C/O/N/T/E/N/T/S

아마존의 글로벌 유통전략과 활용법

아마존은 수라장(修羅場)이다. 그만큼 치열하고 혼란스럽다. 플랫폼의 절대 강자이기에 자칫 판매자에겐 무덤이 될 수 있다. 영리한 활용법을 궁리해야 한다.

'데스 바이 아마존(Death by Amazon)'이란 말이 있다. 번역하면 '아마존 공포종목지수'로, 아마존 때문에 위기에 처한 상장기업 종목 주가를 지수화한 것을 말한다. 이런 단어가 생길 정도로 아마존은 막강하다.

한국무역협회 뉴욕지부에 따르면 "2020년 아마존은 미국 전자상거래 시장의 38.7%를 점유하고 있으며 2021년에는 40%를 넘어설 것으로 전망"된다.

아마존의 2020년 미국 소매전자상거래 매출은 17.2% 증가한 2,609억 달러. 아마존 유료 멤버십인 아마존 프라임(Amazon Prime)에 가입한 가입자 수는 2020년 9월 기준 1억 2,600만 명을 돌파했으며, 이는 아마존 쇼핑객의 65%를 차지한다.

이런 아마존 성장 원동력은 첫째 '공격적이고 효율적인 제품 유통망 구축'으로 경쟁기업과 비교했을 때 더 짧은 배송기간 안에 더 많은 제품을 고객에게 공급하는 전략이다. 쿠팡이 아마존의 한국판이라는 점을 떠올리면 된다. 쿠팡은 전국 어느 소비자라도 11킬로미터 이내에 물류센터를 두고 있다. 이를 더욱 줄이는 게 나스닥 상장에서 얻은 자금의 투자계획이다.

코로나19 사태는 오프라인에서 온라인으로 전환 중이던 미국의 유통 패러다임 변화를 가속화했다. 국토가 넓고 도시화의 편차가 큰 미국은 비대면으로 유통시장 재편 영향을 더욱 크게 받았다. 아마존은 미국 전역 도시와 교외에 최대 1,500여 개의 소규모 물류창고를 추가로 건설, 자체 배송 시스템을 확대해 기존 67%에서 85%까지 비중을 늘릴 계획이다.

아마존의 랜덤 스토우(Random Stow) 방식은 딥 러닝을 통해 작업자가 임의의 위치에 상품을 넣더라도 시스템이 해당 위치를 기억하고 최적의 유통 동선을 짜는 고도의 알고리즘을 도입했다.

또 알고리즘에 따라 과거 구매정보를 활용해 구매예상 품목을 소비자와 가까운 물류센터로 보내, 소비자가 물건을 주문하기 전에 사전 배송 서비스까지 신속하게 수행한다. 자주 주문되지 않는 제품은 위탁해 자체 물류 유통망 혼선을 줄이고 효율성을 증대하는 전략을 사용한다. 현재 제3자가 판매한 제품은 34억 개 이상으로 집계된다.

둘째, 온라인 플랫폼과 오프라인 매장을 결합한 옴니채널(Omnichannel) 마케팅이다. 온라인 소비자의 제품사용 경험을 바탕으로 오프라인 매장에서도 소비욕구를 끌어내고(Amazone Books, Amazon 4Star) 오프라인 경험을 온라인에 결합하는(Wholefoods Market, Amazon Fresh 등을 론칭) 등 투자를 아끼지 않고 있다.

아마존의 공급체계는 ① FBA(Fulfillment By Amazon) ② FBM(Fulfillment By Merchant) 두 가지다. FBA는 아마존이 판매자의 제품을 직접 보관·관리하면서 포장~재고관리를 대행한다. 전반적인 판매, 물류관리 프로세스가 크게 단순화되는 만큼 스타트업 기업, 1인 기업 등 적은 인력으로 운영되는 기업체들이 손쉽게 전자상거래 인프라를 확충할 수 있다. 판매자는 마케팅에 집중할 수 있다.

이를 북미유통기업 ALC21 알렌 정 대표는 “너는 팔아라, 우리는 배송하겠다(You sell it, We ship it)”라는 의미라며 “FBA의 장 · 단점을 떠나 장기적으로 이런 과정을 통해 소비자에게 아마존 판매제품은 모두 검증이 된 제품이라는 인식을 주게 된다. 빠른 배송을 통하여 차별화를 보여주는 FBA의 혜택은 정말 무시할 수 없는 부분”이라고 경험을 전했다.

다만, 아마존이 청구하는 각종 수수료로 사입비용이 많이 들고, 고객에 유리한 판매정책으로 인해 반품 제어가 어렵다. 기본적으로 월별로 납부하는 판매자 계정 수수료, 주문처리 수수료, 재고 제거 수수료, 라벨링 수수료, 반환 처리 수수료 등이 포함되며, 6개월 이상 재고 장기 보관 시 별도 보관비용이 부과된다.

반면 판매자가 자신의 물류창고에서 직접 혹은 지정업체를 통해 구매자에게 배송하는 공급체계가 FBM이다. 아마존 판매 플랫폼의 이점을 가지면서 판매업체 스스로 재고관리와 배송시스템, 고객응대 방식 등에 들어가는 수고와 비용을 직접 통제할 수 있다.

FBA의 경우 제품 규격과 특성에 따라 수수료를 차등 부과하므로 이익 마진이 적거나 회전율이 낮은 제품, 무겁거나 부피가 큰 제품의 경우 배송비와 보관 수수료를 절감하기 위해 직접 공급하는 것이 효율적일 수 있다. 다만, 판매자가 모든 과정을 신경 써야 하므로 단점도 크다.

KITA(무협 뉴욕지부) 백상한 매니저는 “대표제품의 Buy Box는 FBA 제품이 차지하므로 경쟁력을 갖추기 위해서는 제품가격을 낮추거나 증정품을 추가로 제공하는 등 다소 이익 마진 감소를 감수해야 한다. 배송이나 재고관리에서 오류가 발생하면 아마존 측에서 그에 대한 책임을 물어 판매계정 정지 등의 불이익 등을 받을 수 있다”고 설명했다.

마케팅 조사업체 DataFeedWatch에 따르면 66%의 판매자가 FBA만을 이용하고 있고 29%의 판매자가 FBA와 FBM을 혼용하고 있으며 오직 6%의 판매자만 FBM만을 이용하고 있다.

따라서 온라인 유통에 집중될 미래 미국의 유통시장 흐름을 고려했을 때 북미시장에 진출하고 효과적으로 제품을 판매하기 위해서는 아마존 플랫폼에 대한 이해가 필요하다.

자료: CNC News, 2021.4.5.
(https://www.cncnews.co.kr/news/article.html?no=5918)

Section 1 물적유통관리의 개념 및 기능

1.1 물류의 정의와 중요성

물적유통관리란 고객의 욕구를 충족시키기 위하여 제품을 적절한 장소로 적시에 이전시키는 물리적 흐름을 계획하고 실행하며 통제하는 모든 활동으로 구성된다. 물류관리를 통해 마케팅 비용을 크게 절감할 수 있다는 측면뿐만 아니라 보다 효율적인 물적유통을 통해 고객만족을 향상시키는 일도 중요한 측면을 가진다. 따라서 물적유통은 비용관리와 함께 새로운 수요를 창출하기 위한 훌륭한 잠재적 도구로 인식되어야 한다. 그러므로 유통경로를 설계하고 관리하는 제조업자의 입장에서 상류와 물류를 분리하여 인식하고 이를 어떻게 전략적으로 통합 또는 분리할 것인가가 중요하다.

[그림 12-1] 물적유통의 개념

협의의 개념 : 물적유통 physical distribution

생산지점으로부터 소비되는 이용지점까지 재화의 이동을 관리하는 것으로서, 상적유통(거래활동)을 지원하는 개념이 강하다.

광의의 개념 : 로지스틱스 logistics

원자재의 조달 및 제품의 생산을 거쳐 최종소비자에게 이르기까지 일련의 과정에서 물리적 재화 및 관련 정보가 효율적이고 효과적으로 흐르도록 계획, 실시 및 통제하는 것.

물적유통관리는 제2차 세계대전 중 적시에 원하는 장소로 필요한 군수물자를 공급하기 위한 병참관리(logistics management)에서 개발된 초기의 개념들을 응용하는 데에서 출발하였지만, 다음과 같은 현상들이 물적유통관리에 대한 관심을 더해 주고 있다.

- 에너지의 비용이 급속히 상승하고 수송에 사용될 연료의 부족으로 인하여 재래식 물적유통 방법은 많은 비용을 수반하게 되었다. 제품의 운송, 보관, 재고통제 등의 물류분야는 관리의 혁신을 통하여 대폭적인 비용절감을 기대할 수 있으나 관심 부족으로 타 분야에 비하여 미개척 분야로 남아 있기도 하다.
- 생산 및 여타 부문의 효율성을 추구함에 있어서는 상당한 진보를 가져왔기 때문에 더 이상의 효율개선이 곤란한 상태에 도달해 있지만 물적유통분야는 아직도 효율개선의 여지가 많이 남아 있다. 기업활동에 있어 제품, 가격, 판매촉진, 유통경로 등은 마케팅믹스(marketing mix)의 발전을 통하여 상당한 진전을 가져왔으나 제품의 물적 흐름에 관해서는 단지 기업활동의 보조나 지원수단으로 인식하여 왔다. 그러나 기업활동에서 제조부문에서의 원가절감은 기계화 및 원가관리의 합리화 그리고 자본의 고정화에 따른 고정자산의 증대로 인하여 어려운 것이 현실이다. 그러나 기술혁신에 의하여 운송, 보관, 하역, 포장기술이 발전되었고 정보면에서는 그 발전 속도가 현저하게 높다.
- 재고통제방법의 발달로 인하여 유통경로 내의 재고가 도매상에게 집중되는 경향이 있으며, 다단계 유통구조의 집중저장의 원리는 신뢰 가능한 물적유통을 전제로 한다.
- 제품계열 확장에 따른 품목의 다양화는 재고관리와 수송 등 물적유통의 문제를 가중시킨다.
- 고객의 요구는 다양화, 전문화, 고도화되어 고객서비스 향상이 특히 중요시되고 있다. 물류서비스를 개선하고 물류비 절감을 통하여 기업은

고객에 대한 서비스 수준을 높일 수 있으며 이는 높은 수요를 창출할 수 있다. 기업 간 경쟁에서 승리하기 위해 물류면에서 우위를 확보하여야 한다.

이러한 추세들은 유통비용을 절감하고 고객서비스를 개선하여 마케팅 개념을 실천하려는 마케터들에게 물적유통관리에 대한 관심을 크게 불러 일으켰다. 물적유통이란 단순히 제품의 물리적 흐름을 의미하지만, 물적유통관리(PDM: physical distribution management)란 효율적인 물자흐름체계의 개발과 운용을 의미한다. 이러한 의미에서 생산자의 물적유통관리는 원재료를 공급자로부터 생산라인에 이르게 하는 흐름과 완제품을 고객에게 이전시키는 흐름까지를 모두 포괄하여 관리할 필요성이 높아졌다.

이러한 물류의 중요성에 대하여 미국의 드럭커(Peter Drucker) 교수는 '경제

[그림 12-2] 물류산업의 발전단계

초기 단순수송 단계

소형 자가용 위주의 단순수송이 중심이고, 운송업체는 영세하여 대부분 지입 차량에 의존한다. 편도 위주이므로 공차율이 높고 사업도 일정지역에 머무르는 경향이 있다.

개별물류관리 단계

기업별로 물류체계가 형성되고 택배업이 등장한다. 아직도 편도 위주의 소형차 운송이 지배적이기 때문에 공차율이 높지만, 서비스 제공지역은 국내 전역으로 확대되어 수송의 시대에서 물류의 시대로 전환된다.

공동물류관리 단계

경쟁은 매장에서, 수·배송은 공동으로 한다는 공동물류와 이를 위한 물류 제휴가 활발해진다. 물류업체의 전문화, 대형화에 따라 물류 전문업체에 의한 서비스가 중요한 위치를 차지하고, 수송차량은 대형차 위주로 바뀌며, 운송 횟수, 운송 시간 조정 등으로 공차율을 줄이기 위한 왕복 물류가 시도된다. 그리고 종합물류기지의 구축과 사업영역의 국제화가 시도되는데, 현재 일본·싱가폴 등이 이에 해당된다고 할 수 있다.

계획물류 단계

제조·유통·물류업체가 상호 유기적으로 연계되어 물류가 기업경영 전반에 걸쳐 전략적 차원에서 계획·실행된다. 사업영역의 국제화로 복합운송업체(forwarder)와 무선박운송업체(NVOCC: Non-vessel Operating Common Carrier)에 의한 복합상품의 집단배송 및 왕복물류가 실현되고, 물류의 스피드화로 소화물 특송업체들이 전 세계를 대상으로 영업망과 첨단 택배 시스템을 구축한다. 이 단계에서는 기업 간의 경쟁이 아니라 물류활동을 매개로 한 전략 제휴의 활성화 및 체인 간의 경쟁이 가속화된다. 현재 구미 선진국이 이 단계에 속한다고 볼 수 있다.

의 암흑대륙'으로 그리고 파커(D. D. Parker) 교수는 '비용절감을 위한 최후의 미개척분야'로 표현하고 있으며, 일본에서도 1965년부터 물류에 대하여 '제3의 이윤원', '비용절감의 보고', '암흑대륙' 등으로 물류의 중요성을 표현한 바 있다.

1.2 물류의 기능

물류는 상품을 생산자로부터 소비자에게 옮기는 역할을 하는 것으로 다음과 같이 세 가지 기능을 담당하고 있다. 첫째, 물류라는 기본적인 기능으로서 수요충족기능이 있다. 이는 고객에 대한 상품공급활동을 뜻하며 또한 수요에 대한 충족활동이다. 생산된 상품을 소비에게까지 도달시키는 과정에 관

[그림 12-3] 물류의 기능

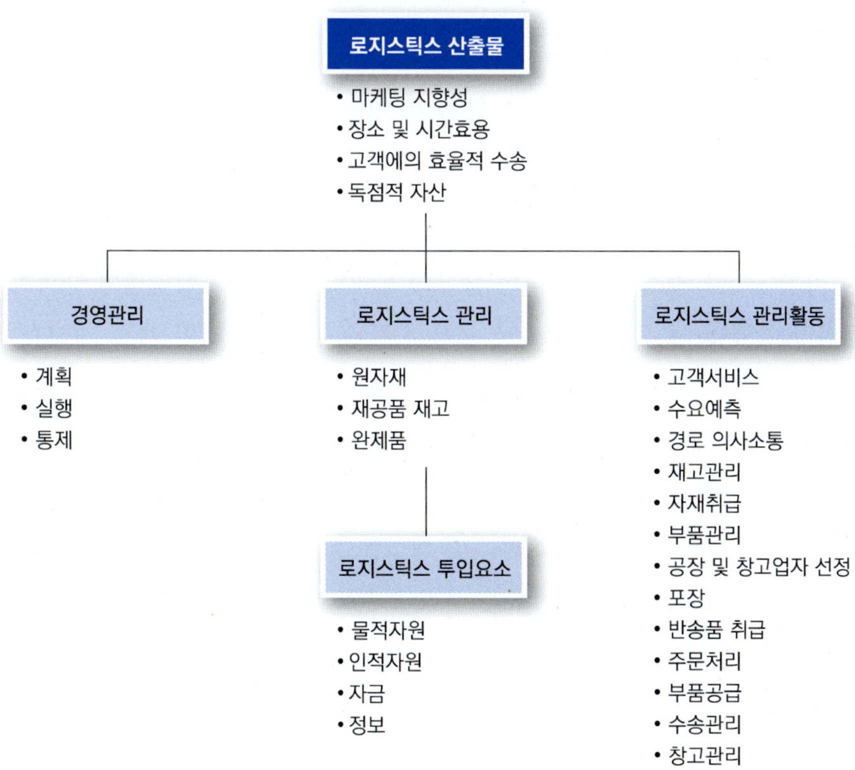

련된 제반활동으로 필요한 물품을, 필요한 장소에, 적정한 가격으로 전달하는 일련의 과정을 말하는 것이다. 이러한 과정을 통해 생산자로부터 생산된 재화가 일반 소비자에게 전달되는 것이다.

둘째, 물류는 상품력으로서의 기능을 담당하고 있다. 고도화된 생산기술로 인해 상품의 품질이나 가격의 차별화가 쉽지 않게 되었다. 이런 상황에서 다른 기업과 차별화를 갖기 위해서는 물류 측면에서의 차별화가 이루어져야 한다. 즉, 물류서비스를 타사와 차별화함으로써 판매경쟁수단으로 활용할 수 있다는 기능을 갖고 있다.

마지막으로 수급조절을 통한 재고율의 최소화를 이룰 수 있다. 이는 각 점포에서 재화의 판매정보(실수요정보)와 재고정보(품절이나 과잉재고)를 파악하여 기업이 재고를 최소화할 수 있도록 수요와 공급을 원활히 연결하여 주는 기능을 담당한다.

1.3 물류의 목적과 역할

1) 국민경제적 관점에서의 물류의 역할

국민경제적 관점에서 살펴보면 물류의 목적은 '원가절감과 이를 통한 물가상승억제'에 있다. 이러한 목적은 물류 합리화와 물류 생산성 제고를 통하여 이루어진다. 물류의 합리화는 상류의 합리화를 가져와 상거래의 대형화를 유발하고, 유통 효율의 향상으로 물류비를 절감하여 기업의 체질 개선과 소비자 및 도매 물가의 상승을 억제한다. 또한 정시배송을 통한 서비스 향상에 이바지하여 수요자들에게 양질의 서비스를 제공하게 되며 자재와 자원의 낭비를 방지하여 자원의 효율적인 이용을 가능하게 하고 지역경제발전의 기회를 주게 되어 인구의 지역적 편중을 해소할 수 있게 해준다. 물류 합리화를 위해서는 사회자본의 증강과 각종 설비투자를 필요로 하게 되는데 이것은 결과적으로 국민경제개발을 위한 투자를 늘려준다.

2) 사회경제적 관점에서의 물류의 역할

물류는 유·무형을 불문하고 모든 경제재의 흐름을 말하는 것으로 산업구조상 커다란 비중을 차지하고 있다. 사회경제적 관점에서 본 물류활동은 물리적 흐름에 관한 경제활동으로 그 범위는 운송통신활동과 상업활동을 주체로 하며 이들을 지원하는 제 활동을 포함한다. 물류가 잘 발달되어 있는 미국이나 일본 등지에서 GDP의 10% 정도가 물류비로 지불되는 등 사회경제적으로 물류가 미치는 영향은 매우 크다.

3) 개별 기업적 관점에서의 물류의 역할

기업적 관점에서 물류의 목적은 '최소 비용으로 고객 서비스를 극대화'하는 데 있다. 영리를 목적으로 하는 개별 기업 입장에서의 물류는 최소의 비용으로 소비자를 만족시키는 서비스의 질을 높임으로써 매출신장을 꾀하는 역할을 하게 된다. 개별 기업은 마케팅 분야에서 상품을 제조 또는 판매하기 위한 원재료 구입과 제품 판매와 관련된 물류의 제 업무를 종합적으로 총괄하는 물류관리에 중점을 두게 된다. 앞으로는 개별 기업의 입장에서 볼 때 서비스의 경쟁 특히 고객의 욕구를 만족시킬 수 있는 물류서비스가 판매경쟁에 있어 중요한 역할을 하게 될 것이다.

특히 물류는 제3의 이익원이다. 기업의 이익을 높이기 위한 첫 번째 방법은 매출의 증대이며, 두 번째는 원가를 절감시키는 것이다. 물류는 이익을 높일 수 있는 세 번째 방법이 될 수 있다. 예를 들어, 매출액 대비 순이익률이 5%이고, 물류비가 매출액의 20%를 차지하고 있을 때(예: 매출액 100억, 물류비 20억, 순이익 5억), 물류비를 10% 절감하면(20억 → 18억) 순이익이 40% 증가하는 결과가 된다(5억 → 7억).

물류합리화를 실현하면 적정재고의 유지로 재고비용 절감에도 기여한다. 재고는 유동자산으로 평가되기 때문에 재무비율에는 긍정적인 영향을 미치게 된다. 그러나 과다한 재고의 보유는 재고유지비용을 증가시킴은 물론 현금과 달리 유동성이 부족하기 때문에 불황일 경우 자칫 흑자도산의 원인이 되기도 한다. 그러나 물류합리화를 이루게 되면 불필요한 재고를 보유하지 않아도 되므로 재고비용을 절감할 수 있다. 또한 상품과 상거래의 표준화, 즉각적인 정보전달이 가능한 물적유통정보시스템을 도입하여 상물분리를 실현한다면 유통합리화 실현이 가능하다.

1.4 물류의 7R 원칙

물류는 마케팅의 절반을 차지한다. 물류가 마케팅 기능으로서 간주되기 시작한 것은 미국의 경우 1950년대부터이다. 특히 마케팅학자 컨버스(P. D. Converse)가 '물류는 마케팅의 절반이다(The other half of marketing)'라고 발표하고 나서부터 물류는 마케팅의 중요한 요소로 취급되어 왔다. 지금은 고객조사 · 가격정책 · 판매조직화 · 광고만으로는 마케팅을 실현하기 힘들고, 결품방지나 즉납서비스 등의 물리적인 고객서비스가 수반되지 않으면 안 되는 시점이라고 할 수 있다. 또한 물류는 판매기능을 촉진한다. 물류는 고객서비스를 향상하고 물류비용을 절감하여 기업이익을 최대화하는 데 목표가 있다.

[그림 12-4] 물류의 7R 원칙

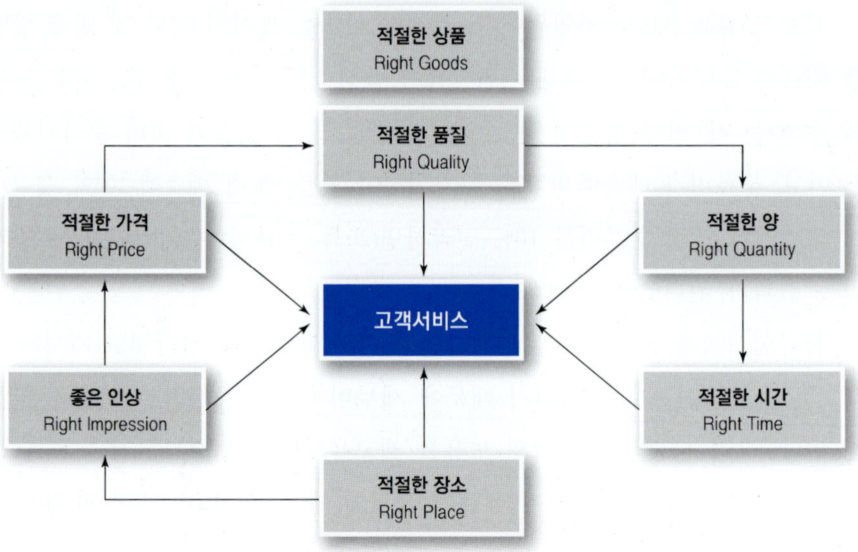

판매기능은 물류의 7R 기준을 충족할 때 비로소 달성될 수 있다.

종합적으로 보면 물류는 서비스 향상과 물류비용 절감을 추구하되 인간을 노동으로부터 해방시키고 인간의 생활수준을 향상시킨다는 인간중심에 목적을 두고 있다고 할 수 있다. 적절한 상품(right commodity)을 적절한 품질(right quality)로써, 적절한 양(right quantity)만큼 적절한 시기(right time)에 적절한 장소(right place)에 적절한 인상(right impression)을 주면서, 적절한 가격(right price)으로 거래선에게 전달하는 것이 물류이다. 여기서 적절하다는 말은 바로 고객이 요구하는 서비스의 수준을 뜻한다.

Section

2 물류의 영역과 수행

2.1 물류영역

물류는 일반적으로 로지스틱스(logistics)와 동의어로 사용되고 있지만, 로지스틱스가 물류보다 광의의 상위 개념이라고 말할 수 있다. 물류활동에 따라 영역별로 다음과 같이 분류할 수 있다. 여기서 물류는 생산된 제품을 판매

〈표 12-1〉 물류영역과 활동

물류영역	활 동
조달물류	• 포장의 표준화, 규격화 • 임시 보관장소 폐지 • 팔레트나 용기 등의 표준화, 규격화 • 협력업체와의 공동화 • JIT납품 • 공차율 감소 • 수송루트 적정화 • 차량 회전율 증대
생산물류 및 사내물류	• 작업교체 및 생산사이클 단축 • 중간품, 반제품 등의 그룹화 • 공정재고의 제로화 • 흐름화 및 평준화 • 외주의 적정화
판매물류	• 수배송시스템화를 위한 수배송센터의 설치 • 팔레트풀시스템의 이용 • 유통가공에서의 콜드체인화 • 공동물류센터 구축
반품물류	• 물류거점별 품질보증체계 확립 • 매출예측정밀도 향상으로 반품 감소 • 반품에 대한 페널티제도 실시

[그림 12-5] 물류영역

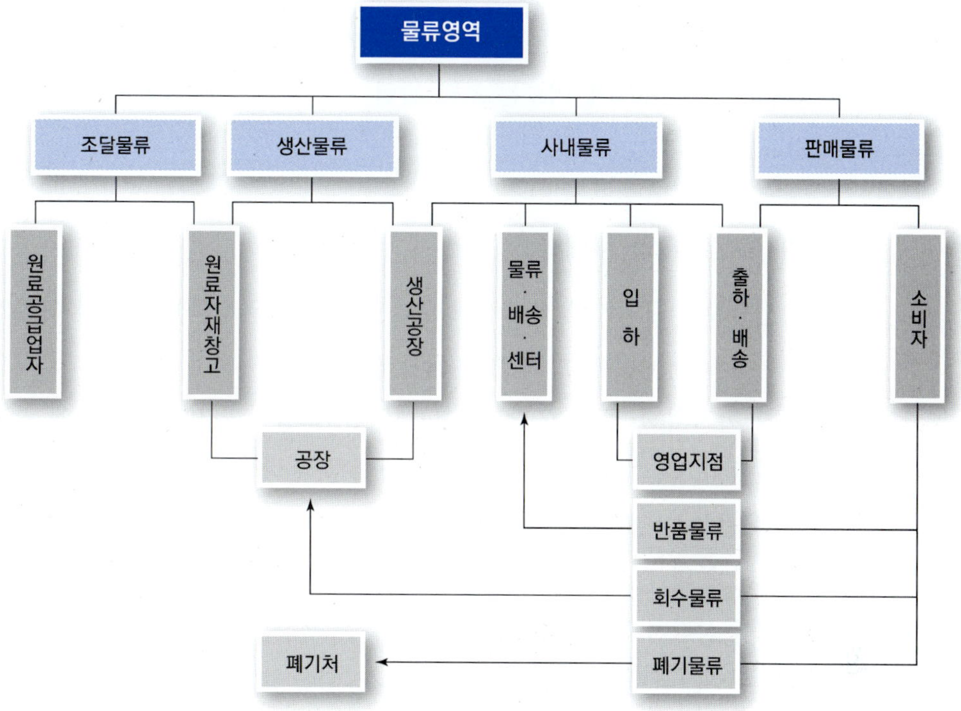

하는 과정에서 소유권의 이전과 함께 발생하는 물건의 흐름을 뜻하는 것으로 판매물류를 칭하는 것이다. 로지스틱스는 완제품이 만들어지기 이전의 단계에서 발생하는 조달·생산·사내물류도 포함하는 개념으로 이해하면 된다.

1) 조달물류

물류의 시발점으로 물자가 조달처로부터 운송되어 매입자의 물자 보관창고에 입고·관리되어 생산공정(또는 공장)에 투입되기 직전까지의 물류활동을 말한다. 기업이 필요로 하는 각종 원자재를 구두나 전화 등의 수단을 통하여 도착하기까지의 전 과정을 관리하는 것으로, 협력업체의 입장에서는 판매(납품)물류가 되고, 구입처의 입장에서는 조달물류가 되는 양면성을 가지고 있다. 조달물류는 전체 물류의 출발점으로서 후속되는 모든 물류과정에 영향을 미치므로 신중하게 관리해야 한다. 즉, 바로 다음에 이어지는 생산부서에 대응하기 위해 협력회사의 조건을 충분히 검토하여 결품방지나 적기납품을 달성하는 것이다. 조달된 물품은 원가 구성상 재료비에 해당되므로, 재료비의 구성비율이 70~80%에 이르는 조달 관련 비용의 절감에 관심을 기울여야 할 것이다.

2) 생산물류와 사내물류

생산물류는 물자가 생산공정에 투입될 때부터 완제품의 생산에 이르기까지의 물류활동을 말한다. 조달된 원자재를 고객에 대한 판매가 최종적으로 확정되기까지의 전 과정을 관리하는 것이다. 조달된 원자재를 일시에 한꺼번에 처리할 수 없기 때문에 제품생산과정에서 발생하는 원자재, 반제품, 재공품, 제품 등의 다양한 형태를 관리하는 것이다. 물자는 정지되어 있는 순간부터 보관비 등의 손실이 발생하므로 정확한 공정분석을 통하여 공정을 단축하고 재고를 삭감하도록 노력한다. 사내물류는 생산업자의 생산된 완제품 출하시부터 판매보관창고에 이르기까지의 물류활동을 말한다.

3) 판매물류

판매물류란 공장에서 생산한 제품을 소비자에게 전달하기까지 일체의 과정을 관리하는 것이다. 생산된 제품을 고객의 요구에 따라 제품창고에서 출고하는 과정과 배송센터 내에서 유통가공, 분류, 배송 등의 유통과정에서 발생하는 물류활동을 관리한다. 제품은 판매되어야 다시 돈으로 환산되어 기업에 돌아오게 되므로 되도록 창고에 머무는 시간을 줄여야 한다. 따라서 기업에서 만든 제품을 효과적으로 소비자에게 전달하는 모든 과정들이 관리대상이 된다.

유통실무 Focus

"남의 물류센터, 내것처럼" 셀러플렉스 확대하는 이커머스

셀러플렉스는 판매자를 뜻하는 셀러(Seller)와 신축성이 있다는 의미의 플렉스(Flex)가 결합한 말이다. 벤더플렉스(Vendor Flex)라고도 한다. 물류처리과정에서 입점상인의 자율성을 최대한 보장한다는 의미가 담겨 있다.

셀러플렉스는 미국 아마존이 지난 2013년 미국 소비재 기업인 P&G와 파트너십을 맺은 물류 협업 프로젝트로 처음 세상에 알려졌다. 이후 아마존은 셀러플렉스를 시범 도입해 운영하다 2017년 50개 기업으로 확대 도입했고 꾸준히 참여기업을 늘리는 중이다. 아마존 인도는 지난달 자체 물류창고를 보유한 기업이 제3자에게 공간을 대여할 수 있도록 하는 진화된 버전의 셀러플렉스, 멀티셀러플렉스(MSF)를 도입했다.

한국 이커머스 대표기업인 쿠팡과 이베이코리아도 셀러플렉스를 확대 도입하는 추세다. 두 회사는 2018년 셀러플렉스를 시범 도입한 뒤 참여기업을 꾸준히 늘리고 있다. 이베이코리아는 그동안 입점상인이 풀필먼트(상품 보관・포장, 출하, 배송 등 일괄 처리) 서비스를 통으로 계약하도록 하는 벤더플렉스를 운영하다 2021년 4월 배송만 맡길 수 있는 셀러플렉스를 도입했다.

셀러플렉스는 오픈마켓과 입점상인 모두 비용을 절감하고 배송 속도는 단축할 수 있다는 장점이 있다. 오픈마켓은 물류센터 임차나 매입, 운영에 드는 비용을 줄일 수 있다. 이베이코리아는 국내 물류센터가 경기도 용인, 동탄, 인천 3곳뿐이기 때문에 국내 오픈마켓 가운데 셀러플렉스 도입에 적극적이었다. 입점상인은 자체 보유한 물류센터를 최대한 활용할 수 있고 배송기간을 단축할 수 있어 소비자 만족도를 높일 수 있다.

자료: 조선비즈, 2021.8.6.
(https://biz.chosun.com/distribution/channel/2021/08/06/RODURYWQUBDCZNMEBWMUQLUYRQ/)

4) 반품물류

소비자에게 판매된 제품이나 상품 자체의 문제점(상품 자체의 파손이나 이상)의 발생으로 상품의 교환이나 반품을 위한 물류활동이다. 반환된 물품을 회수, 운반, 분류, 정리, 보관, 처리하는 업무가 이에 해당되며, 최근에 확산되고 있는 리콜제와 함께 중요한 문제가 되고 있다.

반품은 판매자 실수에 의한 것, 구매자 실수에 의한 것, 관행상 팔고 남은 물품의 반환 등으로 발생한다. 물품이 반환되는 것은 물품의 공급처로부터 소비자를 거쳐 다시 공급처로 돌아오는 물품반환의 과정에서 발생하는 물류

경비가 과다하게 소요될 뿐만 아니라, 품질의 저하에 따른 부대비용의 발생으로 가격상승을 부채질하고 있는데도 불구하고, 실제 판매가격은 더 떨어지고 이익을 잠식하는 경우가 많기 때문이다.

반품은 처음부터 발생하지 않는 것이 바람직하지만, 환경조건의 변화에 따라 다양한 형태의 반품이 발생하게 되므로, 회사의 전사적인 입장에서 고객의 요구를 파악한 후, 제품설계부터 관련 부문이 서로 협조하여 반품의 소지를 없애는 것이 바람직하다.

5) 폐기물류와 회수물류

파손 또는 진부화 등으로 제품이나 상품, 또는 포장용기 등이 기능을 수행할 수 없는 상황이나 기능을 수행한 후 소멸되어야 할 상황일 때 제품 및 포장용기 등을 폐기하는 물류활동이다. 제품 및 포장재, 수송용기류 등 각종의 물품에 의해 발생된 폐기물을 관리하기 위한 물류를 말한다. 이들은 조달, 생산, 판매 등의 과정을 거치면서 매일 대량으로 폐기되고 있다. 폐기물은 일반폐기물과 특정폐기물로 구분되는데, 물류와 관련된 사항으로는, 가정이나 기업 등에서 발생된 폐기물을 폐기물처리업자 등이 수집, 운반, 보관, 매립, 소각하거나, 재활용 등의 방법으로 처리하고 있다. 재활용을 위해 공장으로 회수되는 경우를 회수물류라 한다. 주로 물류에 이용된 포장재나 용기를 재사용하기 위해 이루어진다.

유통실무 Focus

'택배'를 넘어선 쿠팡의 물류

쿠팡은 로켓배송으로 이커머스 업계에는 전무후무한 물류센터부터 배송, 반품 네트워크까지 아우르는 네트워크를 구축했다. 한국의 종합물류기업이 B2B 기업물류를 중심으로 물류망을 형성했고, 이커머스 물류시장 진입은 비교적 초기임을 봤을 때 쿠팡의 B2C 전자상거래 물류망은 대형 종합물류기업들의 전자상거래 물류 인프라와 비교해도 뒤처지지 않는다는 평가가 나온다.

로켓배송 인프라에 함께 결합되는 것은 '시스템'이다. 쿠팡은 로켓배송을 시작한 2014년 이래로 오랫동안 직접 물류망을 운영하면서 시스템을 고도화하고 운영 노하우를 축적했다. 쿠팡의 상장 신고서에 따르면 쿠팡은 머신러닝 기술 기반으로 고객 수요를 예측해서 재고를 최종고객과 가까운 인근 물류거점에 전진배치하는 식으로 물류 운영에 활용한다. 고객 주문과 목적지에 따라서 최적의 배송 라우팅을 조합하여 할당하는 데는 단 몇 초밖에 걸리지 않는다는 게 쿠팡측의 설명이다.

쿠팡은 직접 구축한 인프라와 시스템을 기반으로 2018년을 기점으로 택배업체들이 하지 못하는 영역까지 치고 들어왔다. 익일배송이 기본이었던 로켓배송에 '새벽배송'과 '당일배송'을 입혔다. 최근에는 쿠팡이 쿠팡이츠를 통해 확보한 도보, 자전거, 이륜차, 자가용 등 크라우드소싱 물류 네트워크를 통해 '2시간 배송' 서비스를 준비하고 있다는 소식 또한 전해졌다.

'역물류', 예컨대 반품물류 또한 택배업체가 쉽게 따라갈 수 없는 쿠팡의 역량이 된다. 그 이유는 쿠팡이 배송기사를 직접 고용했기 때문이다. 특수형태근로종사자 형태로 배송기사를 외주화한 국내 대부분의 택배업체와는 처음부터 접근방법이 달랐다. 한국의 택배기사 대부분은 건당 수수료로 돈을 버는 개인사업자(특수형태근로종사자)다. 그리고 택배기사들에게 '반품' 수령은 돈이 안 된다. 이커머스 화주사에 방문하면 한 번에 여러 개의 상품을 픽업할 수 있지만, 반품이라 하면 기껏해야 1~2건이라 택배기사가 받는 수수료가 상대적으로 적기 때문이다. 택배기사들의 반품 업무가 후순위로 밀릴 수밖에 없는 이유다. 하지만 쿠팡은 택배기사를 직접 고용하기 때문에 원하는 고객 서비스 품질에 맞춰서 반품 서비스 타임라인을 통제할 수 있다.

쿠팡이 '프레시백'이라 명명한 재활용 포장재를 확산할 수 있었던 이유도 쿠팡이 직접 구축한 물류 네트워크가 있었기 때문에 가능했다. 쿠팡 배송기사는 고객의 자택에 상품을 배송하면서 동시에 재사용 가능한 프레시백을 수거한다. 쿠팡 물류센터에서는 이 프레시백을 세척하는 라인을 비치하여 세척을 마치고 다시 한 번 고객 배송에 활용한다. 이 또한 외주화로 인해 택배기사의 반품물류를 통제하기 힘든 택배업체에게 있어 쉽게 접근하기 어려운 진입장벽이 된다. 쿠팡의 관계자는 "고객에게 한 번 배송된 프레시백은 쿠팡의 배송 네트워크를 통해 다시 수거하여 재사용한다"며 "예전 쿠팡의 화물차가 배송을 마치고 공차로 복귀했다면 지금은 고객이 사용한 프레시백을 채워서 돌아온다"고 설명했다.

자료: Byline.Network, 2021.2.16.
(https://byline.network/2021/02/16-125/)

2.2 물류의 수행

기업의 물류를 직접 수행하는 수준에 따라 다음과 같이 분류된다. 제1자물류는 직접 물류업무를 수행하기 위해 자사에 물류조직을 갖추고 운영하는 것이며, 제2자물류는 자회사를 통해 물류서비스를 제공하는 것임에 비해 제3자물류(TPL 또는 3PL: third party logistics)는 기업의 물류기능 전부 또는 일부를 아웃소싱하는 것이다. 화주 기업과 물류서비스 공급업체 간의 공동 목표인 물류효율화 달성을 위해 양자가 장기적인 계약 하에서 정보를 공유하면서 전략적 제휴를 맺는 관계를 말하는 것으로, 단순히 비용절감을 위하여 물류기능을 외부에 위탁하여 실행하는 아웃소싱에 해당하는 낮은 수준에서부터 공급체인상의 물류시스템을 구축하고 운영하는 측면에 이르기까지 그 범위가 매우 다양하다고 볼 수 있다. 외주물류가 주로 운영 측면에서 원가절감 효과를 확대하는 데 초점을 두고 있는 반면에 제3자물류는 전략적인 관점에서 원가절감 그 이상의 성과인 경쟁우위의 획득을 위한 것이다. 제4자물류는 물류정보기술 및 고객서비스, 수주관리 등 보다 넓은 범위에서 공급사슬 전반의 전략적 관리를 위해 컨설팅과 통합솔루션을 제공하며 물류서비스를 수행하는 것이다.

〈표 12-2〉 물류의 수행

구 분	내 용
제1자물류(1PL)	사내에 물류조직을 갖추고 직접 물류업무를 수행
제2자물류(2PL)	자회사의 물류조직을 통해 물류서비스를 제공
제3자물류(3PL)	외부 물류전문업체에게 물류서비스를 아웃소싱
제4자물류(4PL)	전략적 관리를 위한 통합솔루션과 컨설팅을 통해 물류서비스를 제공

Section

3 물적유통의 총체적 시스템 개념

물적유통 개념은 비용과 서비스의 관계에 대한 문제 해결방식이다. 통합적인 물적유통망을 구성하게 되면 특정 수준의 고객서비스를 달성하는 조건에서 전체 유통비용을 최소화하는 것을 목표로 하게 된다. 물적유통의 네 가지 주요 개념은 총비용 관점, 비용 간의 상쇄 개념, 부분최적화의 제거, 그리고 전체시스템 관점 등이 있다.

3.1 총비용 관점

총비용접근법의 핵심은 특정 수준의 고객서비스 수준을 달성하려면 물적유통의 각 요소의 비용을 가시적인 것과 숨겨진 부분을 모두 동시에 고려하는 것이 필요하다는 사고이다. 모든 물적유통 활동은 상호의존적이기 때문에 한 부분의 변화가 다른 부분에 영향을 미치게 된다. 각각의 요소의 비용을 최소화하기보다는 물적유통의 전체 비용을 최소화하는 경영이 되어야 한다.

3.2 비용상쇄 개념

비용상쇄의 개념은 서로 다른 활동의 비용 패턴이 경우에 따라서는 서로 간에 상충하는 경우가 발생한다고 인식하는 개념이다. 한 부분의 비용이 증가하더라도 다른 부분에서 그만큼의 비용을 줄일 수 있다면 전체적인 물류비용은 제어할 수 있다는 입장이다. [그림 12-6]에서 보는 것처럼 창고의 수가 증가하면 수송비는 감소하고 재고유지비와 주문처리비는 증가하게 된다. 따

[그림 12-6] 물류비용 상쇄

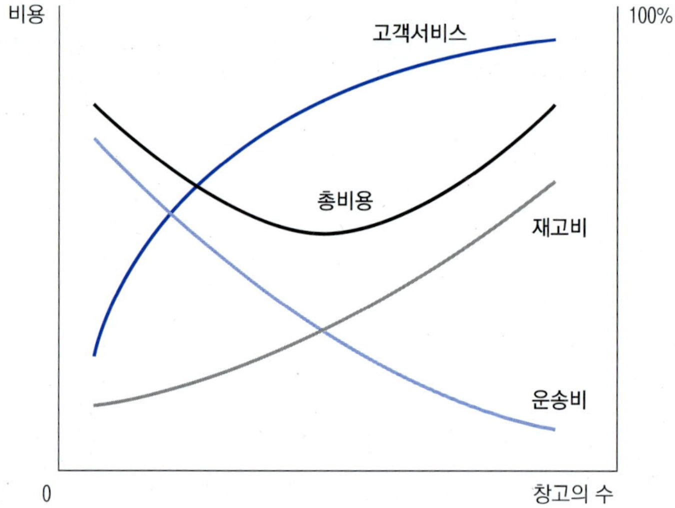

라서 창고의 수가 적을 경우에는 창고의 수를 늘리면 재고유지비와 주문처리비는 증가하지만 수송비의 감소분이 이를 상쇄시키고도 남기 때문에 전체 물류비용은 줄게 된다. 그렇다고 무작정 창고의 수가 늘어나서 엄청나게 많아진다면 수송비는 계속 감소하지만 재고유지비와 주문처리비가 수송비 감소분을 상쇄시키는 수준보다 더 증가하기 때문에 총물류비용은 증가하게 된다.

3.3 부분최적화의 제거

한 부분의 유통기능이 최적화되어 그 결과가 다른 유통기능의 성과에 손실을 주게 된다면 이는 부분최적화(suboptimization)일 뿐이다. 유통망의 목표는 한 부분의 목표 달성을 통해서 다른 유통 부분의 목표를 달성하게 되고 결과적으로 전체 경로의 목표를 달성할 수 있는 구조가 되어야 한다. 부분최적화는 어느 일부분의 기능이 최적화되는 것이 전체 경로에는 유익하지 못한 결과를 낳는 경우인데 다음과 같은 예가 부분최적화에 해당된다.

- 재고수준을 줄여 창고비를 감소시키면 고객서비스 수준을 저하시키거나 구매담당자가 대량구매로 할인을 받을 수 있는 기회를 박탈하기 때

문에 효율적인 구매를 할 수 없게 만든다.

- 재고를 줄인다는 것은 구색의 수준을 저하시킨다는 의미가 되기 때문에 주문에 즉시 응하기 어려운 결과를 낳을 수 있다.
- 배달 속도를 증가시키는 것은 고객서비스의 수준을 증가시키지만 수송비를 높이기 때문에 총비용을 증가시키는 결과를 초래하게 된다.
- 고객서비스 수준을 높이는 정책은 재고량과 재고유지비의 증가라는 부정적인 효과를 낳을 수 있다.
- 낮은 수송비 수준을 유지하는 목표를 달성하는 것은 재고량의 증가와 고객서비스 수준의 저하라는 것과 맞물려 있을 수 있다.

물적유통기능을 조정하고 통합하게 되면 시스템관리의 초점은 부분최적화를 최소화하거나 제거하는 방향으로 목표를 설정하게 된다. 이는 결국 로지스틱스나 물적유통은 기업조직의 하나의 하위시스템에 불과하기 때문에 기업의 다른 기능의 효율성을 잃으면서 물류기능을 최적화해서는 안 된다는 맥락이다. 이는 각각의 기업이 전체 경로시스템에서는 하나의 구성원이기 때문에 전체 경로의 비용을 증가시키거나 효율성을 잃으면서 개별 기업의 최적화를 도모하지 말아야 한다는 뜻이기도 하다.

3.4 전체시스템 관점

전체시스템의 관점은 물적유통 개념을 확장한 것으로 물적유통기능 관리의 핵심 부분이다. 이는 전체 유통경로를 통해 서로 다른 기능을 수행하는 비용을 상쇄시키는 데까지 물적유통의 개념을 확장한 관점이다. 이를테면 제품의 가격표를 붙이는 작업은 소매상의 몫이지만 그 작업은 시간 소모적이고 노동집약적이기 때문에 대형 소매점의 경우에는 생산라인으로 이 작업을 이전해주려고 공급자와 협의를 할 수 있다. 소매상이 최신의 가격 목록을 미리 공급자에게 전해주면 소매상은 가격표가 붙은 제품을 공급받게 될 것이다. 물론 제조업자는 작업을 더 하는 대신에 제품의 가격을 인상할 것이고 소매

[그림 12-7] 전체시스템 관점의 물적유통

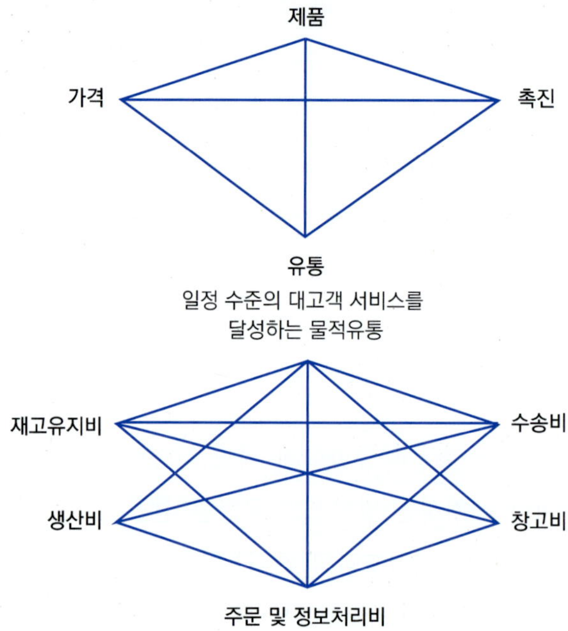

상은 비용을 줄일 수 있기 때문에 이러한 제품가격 인상을 자연스럽게 받아들이게 된다. 이러한 일련의 의사결정의 결과는 전체 경로의 총유통비용을 줄이게 될 것이다.

물적유통 개념을 실행하기 위해 전체시스템의 구성요인을 조정하여 주어진 수준의 고객서비스를 달성하면서도 비용을 최소화하는 경영관리가 바람직한 모습일 것이다. [그림 12-7]은 이러한 전체시스템의 관점에서 물적유통을 설명하고 있다. 이 그림에서는 우선 마케팅의 기능 영역을 제품, 가격, 촉진, 유통이라는 네 가지의 분류로 전통적인 입장에서 이해하고 있다. 이러한 기능 중에서 단지 하나의 영역으로 유통기능이 존재하는 것이고 유통기능의 하위 영역이 물적유통이라고 표현되고 있다. 물적유통이 일정 수준의 경로가 기대하고 고객서비스 수준을 달성하는 것은 관련 업무 기능이 제 몫을 다할 때이다. 물적유통의 주요 기능과 관련한 비용은 재고유지비, 생산비, 수송비, 창고비, 주문 및 정보처리비 등인데 이들의 총비용은 결국 목표로 정한 고객서비스 수준을 달성하기 위한 최소비용으로 관리하는 것이다.

Section

4 물적유통시스템 설계

4.1 고객서비스 수준의 결정

경로전략의 수립은 서비스 산출물에 대한 고객의 기대와 요구 수준을 결정하는 것으로부터 시작된다. 고객서비스의 주된 요인은 [그림 12-8]에서와 같이 거래 전 요인, 거래 요인, 거래 후 요인 등으로 나눌 수 있다. 거래 전 요인은 물적유통과 직접 관련되지는 않지만 훌륭한 고객서비스를 제공해 줄 수 있는 분위기를 만들 수 있는 기회를 제공하는 항목들이다. 그렇기 때문에 이것들은 제품 판매에 커다란 영향을 미치게 된다. 거래요인은 제품을 고객에게 이동시키는 과업과 직접 관련된 활동들이다. 따라서 고객은 이 과정에서 제공되는 서비스 수준의 직접적인 영향을 받게 된다. 거래 후 요인은 제품이 판매된 후에 영향을 발휘하게 되는 항목들이다. 고객들이 제품으로 피해

[그림 12-8] 고객서비스 요인

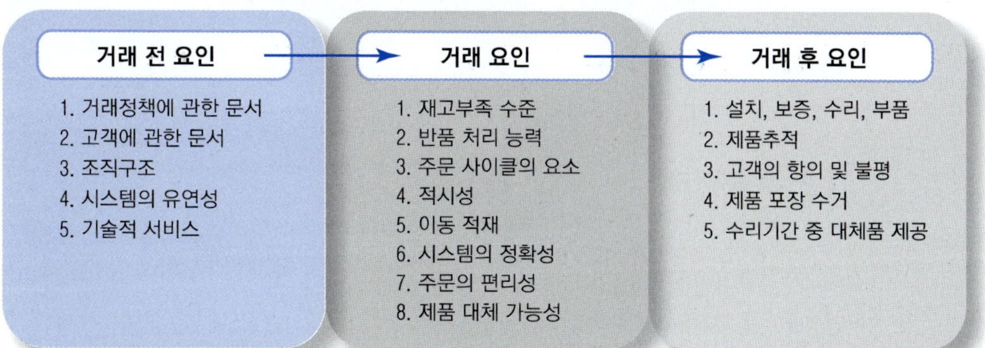

를 입는 것을 막아 주고 무료로 포장을 수거해 주며 불평과 클레임을 해결해 주는 것과 관련된 활동이다. 이러한 서비스는 고객의 구매의사 결정에 중대한 영향을 미칠 수 있다.

고객서비스의 수준을 결정할 때 가장 먼저 해야 할 것은 어떤 요인이 고객들에게 가장 중요한지를 결정하는 일이다. 이러한 정보는 고객서비스에 대한 설문조사를 통해 얻을 수 있다. 물적유통 서비스의 상대적 중요성을 알아볼 수 있는 정보 같은 것이 유용할 것이다. 고객들이 중시하는 서비스 항목은 산업마다 다르겠지만 보통 식료품 도·소매점이 중시하는 물적유통 관련 서비스 항목으로는 적시배달 가능성, 주문의 완결성, 제품의 구매 가능성에 대한 의사소통 가능여부, 수송의 안전성, 팔레트화 등이 있다. 고객들이 중시할 서비스 항목을 결정하는 것으로부터 조정작업까지의 과정을 설명하면 <표 12-3>과 같다. 서비스 표준은 경영층이 생각하는 수준의 것이 아니라 고객이 필요로 하는 수준으로 결정해야 한다. 실제적인 서비스와 서비스 표준과의 차이는 어떠한 차이가 나더라도 상세히 보고하고 이를 정확히 분석해야 할 것이다. 고객서비스 성과를 개선하려는 전략을 수립하는 마지막 과정은 기업의 장기적인 이익과 투자수익률 목표와 관련해서 고려해야 할 것이다.

〈표 12-3〉 고객서비스 수준의 결정 과정

1. 고객들에게 가장 중요할 것 같은 서비스 항목을 결정한다.
2. 각 서비스 요인의 성과에 대한 양적인 표준을 설정한다.
3. 각 서비스 요인에 대한 실제적인 성과를 측정한다.
4. 실제로 제공되는 서비스와 서비스 표준과의 차이를 분석한다.
5. 실제 서비스와 서비스 표준과의 차이를 줄이기 위한 조정작업을 수행해야 한다.

4.2 수송관리

부적절한 수송서비스와 불확실한 수송 소요시간은 계획보다 긴 시간 동안 재고를 보유하게 하기 때문에 전체 시스템의 운영에 손실을 초래하게 된다. 이러한 문제는 재고유지비를 증가시키고, 재고에 투자된 자본의 회전율을

〈표 12-4〉 수송 형태

수송형태	비 용	성 과			
		평균 소요시간	소요시간 편차	편차발생비율	분실/파손
기 차	3	3	4	3	5
트 럭	2	2	3	2	4
해상운송	5	5	5	4	2
파이프라인	4	4	2	1	1
항공운송	1	1	1	5	3
기 준	1 = 최고	1 = 가장 빠름	1 = 최소	1 = 최소	1 = 최소

떨어뜨리고, 고객서비스 수준과 촉진도 기대에 미치지 못하게 할 것이다. 결과적으로 적절한 수송수단의 결정과 수송관리에 적당한 노력을 투입하는 것은 유통의 목표를 달성하는 선행조건이 된다. 수송은 장소효용(place utility)을 가장 많이 창출하는 과업 중의 하나이며 대량생산, 대량유통, 대량소비의 특징을 갖는 현대 마케팅 환경에서 효율적인 수송관리의 필요성이 날로 증대하고 있다. 과거에는 장소적 이동이 가장 큰 관리요소였지만 이제는 주문의 접수, 포장, 창고, 하역, 유통 중 가공 등과 같은 업무와 관련되어 전체 경로의 비용을 최소화하는 수송의사결정을 주로 다루게 되었다.

대표적인 수송 형태로는 기차, 트럭, 해상운송, 파이프라인, 항공운송 등의 다섯 가지를 꼽을 수 있는데 이러한 운송수단을 적절히 조합하는 복합수송 방식이 등장하여 단일 운송방식이 제공할 수 없었던 물류서비스를 제공하고 있다. 수송의 형태를 결정하는 데는 비용, 소요시간, 신뢰성, 분실이나 파손을 입을 가능성 등을 고려해야 한다. <표 12-4>는 이러한 평가영역에서 다섯 가지의 수송 형태의 성과를 비교해 본 자료이다.

1) 수송의 형태

우리나라 기업물류비용은 2018년 기준으로 총매출액의 6.5% 수준이다. 이는 1991년 14.7%에서 2001년 11.1%, 2011년 8.03%로 점차 감소 수준을 보이며 90년대 이후 최저치를 기록하였다(통계청 기업물류비). 2016년 국토교통부 통계에 의하면 국내 수송은 주로 공로운송(91.1%)에 의해 이루어지고 해상운송(7.25%), 철도(1.65%) 순이다. 국내 항공운송은 거의 이루어지지 않고 있다. 국제운송은 해상운송(99.7%)이 대부분이며 일부 항공운송(0.3%)을 통해 이루어진다.

수송 형태를 결정할 때는 수송의 거리와 비용을 고려하여 보통의 경우에 300km 이하 구간에는 트럭, 300~500km 구간은 철도, 500km 이상의 구간은 해상운송 수단을 이용하는 것이 경제적이다. 각각의 수송 형태의 특징을 상호 비교하여 우위를 평가하면 <표 12-5>와 같이 나타낼 수 있다.

〈표 12-5〉 수송 형태별 우위

수송 형태의 특징	철 도	트 럭	해상운송	파이프라인	항 공
속 도	3	2	4	5	1
이용가능성	2	1	4	5	3
신뢰도	3	2	4	1	5
수용능력	2	3	1	5	4
이용빈도	2	5	1	3	4
단위당 비용	3	4	2	1	5

수송 형태를 결정할 때는 무엇보다도 다음과 같은 세 가지 측면에서의 의사결정을 해야 할 것이다. 첫째, 단일 수송을 할지 결합수송을 할지를 결정해야 한다. 둘째, 수송 형태를 결정해야 한다. 셋째, 수송 형태의 결합과 선택은 주요 수송 형태별 기능들을 비교하여 분석한 후 결정하여야 한다. 수송기술, 비용구조, 고객서비스 요구 수준 등의 변화는 다양한 수송 형태의 시장점유율을 계속적으로 변화시키고 있다.

(1) 기차

다른 수송 형태의 발달로 상대적인 비중은 감소하였지만 절대적인 규모면에서는 계속적인 증가를 보이고 있으며 수송비용이 가장 저렴하다는 특징 때문에 중요한 수송 형태로 인식되고 있다. 아직도 석탄과 곡물 등과 같은 원재료를 수송하는 데는 널리 이용되고 있다. 철도의 특징은 도착시간을 보증할 수 있는 정도가 다른 수송 형태에 비해 상대적으로 훨씬 높다는 것을 장점으로 들 수 있지만, 화차를 이용하기 위해서는 화물량을 대량으로 만들어서 화차의 칸을 채워야 하는 경우도 있고 소량 수송 시 출발할 때까지 상당 시간을 기다려야 하는 것과 같은 단점도 있다.

(2) 트럭

트럭을 이용한 수송은 기차운송과 함께 육상 운송수단으로 경쟁적 입장에 있다. 트럭운송은 기차에 비해 택배(door-to-door)서비스, 수송일정계획의 유연성, 기동성 있는 배달, 다양한 고객욕구에 맞는 배달, 운송단위의 다양성 등의 특징을 갖고 있다. 최근 우리나라에서 트럭운송이 급증하고 있는 이유는 신규 자금을 대규모로 투입하지 않고도 도심, 공업지대, 상가단지 등 목적지까지 운송이 가능하다는 점, 공차(LTL: less than truckload)로도 긴급한 화물수송이 가능하다는 점, 단거리 운송에서 기차보다 높은 경제성을 보유하고 있다는 점, 규모의 경제에서 얻는 이익이 거의 없기 때문에 소규모 투자로도 효과적인 결과를 얻을 수 있다는 점, 그리고 무엇보다도 직접 화주와의 접촉이 용이하기 때문에 고객이 원하는 서비스를 제공하는 고객밀착경영이 가능하다는 점을 들 수 있다.

(3) 해상운송

해상운송은 기차나 트럭운송에 비해 대규모로 대량의 화물을 수송한다는 특징이 있다. 반면에 운송시기와 횟수에 있어서는 유연성이 낮기 때문에 화물운송을 의뢰하는 화주의 입장에서는 절차가 복잡하고 시기를 맞추기 어려운 점이 있다. 가격이 저렴하다는 특징 때문에 수출화물의 경우에는 다른 수송 형태보다 인기 있는 수단으로 알려져 있다. 그러나 최종목적지까지 수송하는 데는 한계가 있기 때문에 육상의 철도수송과 연계한 복합수송으로 피쉬백(fishy back) 서비스를 제공하게 되었다. 이는 기차와 해상수송이 연계된 수송방식으로 일정 지점까지 선박으로 수송한 화물을 기차가 최종목적지까지 운송하게 된다.

(4) 항공수송

항공수송은 정기적으로 화물수송을 하는 화주에게는 갈수록 인기 있는 수송 형태가 되고 있다. 운임이 비싸기 때문에 수송 분담률은 낮지만 고객의 규모는 점점 증가하고 있다. 항공수송의 가장 큰 특징은 수송시간이 최대한으로 짧은 수송수단이라는 것인데, 고객이 원하는 지점까지 수송하기 어렵다는 단점이 있다. 그 결과 최종목적지까지 수송하는 시간은 비효율적으로 낭비가 되는 경우도 있다. 이런 단점을 해결하기 위해 다른 수송 수단과 결합하는 수송방식으로 버디백(birdy back)이 이루어진다. 이는 트럭과 항공기가 결합하여 수송하는 복합수송방식으로 특정 지점까지 항공기가 수송하게 되면 육로로 최종목적지까지는 트럭이 이어서 수송을 완료하는 방식이다.

(5) 파이프라인

우리나라에서는 아직 파이프라인(pipeline) 수송이 극히 제한적으로 이용되고 있지만 국토의 면적이 넓고 인접한 지역이나 국가 간의 협조가 이루어지는 경우에는 시설이 가능하기 때문에 화물을 안전하게 이용할 수 있는 수송 형태이다. 지금까지는 주로 가스나 액체로 된 화물을 수송하는 방식이지만 수송과정의 제품 파손과 분실 가능성이 가장 적은 수송형태라고 할 수 있다.

2) 복합수송(intermodal transportation)

앞에서 몇 가지의 복합수송방식을 설명하였지만 실제로는 컨테이너를 이용한 복합수송이 다양한 형태로 이루어지고 있다. 컨테이너의 사용이 증가하면서 복합수송의 방식과 이용빈도가 증가하고 있는 추세인데 다음과 같은 수송방식이 등장하였다.

(1) TOFC(trailer on flatcar)

TOFC는 트레일러 수송방식으로 트랙터(tractor)가 컨테이너(container)를 실은 트레일러(trailer)를 견인하여 일정 거리를 수송한 후 트랙터를 분리하여 컨테이너를 실은 상태의 트레일러를 철로의 무개화차(flatcar)에 실어 나르는 수송방식이다. 트레일러 수송은 견인을 하는 트랙터를 견인차로 이용하고 적하 부분 또는 피견인차를 트레일러로 하여 수송하는 방식을 지칭하는 말이다.

(2) Trailer and tractor on flatcar

트레일러 수송방식으로 트랙터가 트레일러를 견인하여 일정 거리를 수송한 후 트랙터와 트레일러를 모두 무개화차에 실어 최종목적지로 수송하는 방식이다.

(3) Roadrailer

이는 혁신적인 복합수송방식으로 기술적인 개발을 통해 가능한 수송이다. 트레일러에 트럭 타이어와 기차바퀴 두 가지 모두를 부착한 트레일러로 개조해서 이용하게 된다. 육로는 통상적인 트럭 타이어를 이용하여 트레일러를 이동시킨 후 철로에서는 무개화차 위로 옮겨 싣지 않고 트레일러에 부착되어 있던 기차바퀴를 내뻗어서 기차에 매달려서 트레일러 자체가 기차 선로 위를 달려서 운송하는 방식이다.

(4) COFC(container on flatcar)

COFC는 트레일러 수송방식을 이용하여 트랙터로 컨테이너를 트레일러에 싣고 일정 구간을 수송한 후 트레일러 위의 컨테이너만을 철로의 무개화차 위에 옮겨 싣고 최종목적지까지 수송하는 방식이다. 컨테이너 하단에 철판을 부착하는 방식으로 일부 개조하여 무개화차 적재를 가능하게 해야 한다.

(5) 피기백(piggy back)

피기백수송방식은 본래 무개화차와 트레일러를 이용한 수송방식을 일컫는 용어이다. 이는 육로운송의 이점과 철로운송의 이점을 모두 취하는 복합수송방식으로 트레일러나 컨테이너를 무개화차에 싣는 방식인 TOFC와 COFC방식이 여기에 해당한다.

[그림 12-9] 복합수송

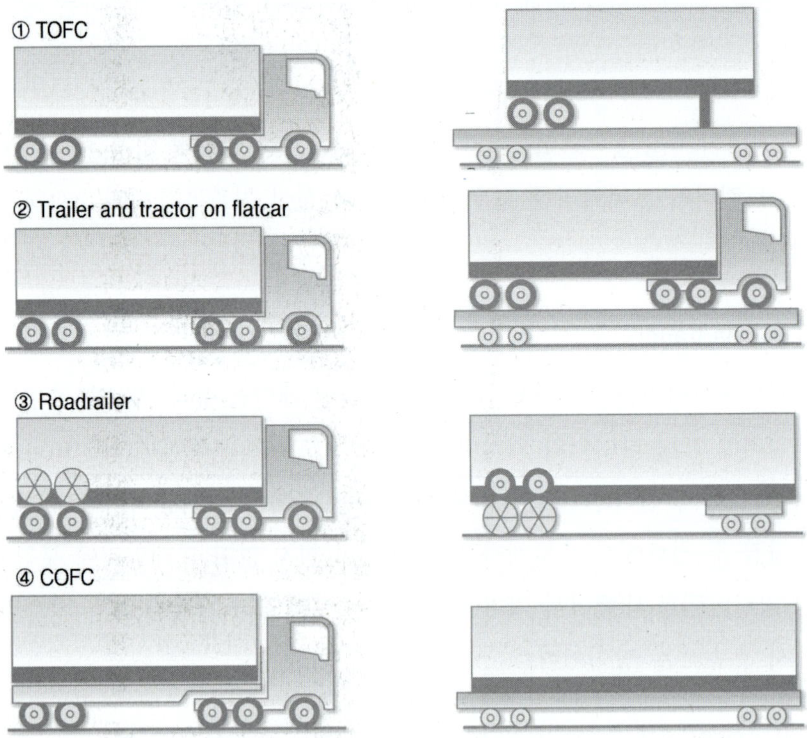

4.3 창고관리

경로구성원이 이용할 수 있는 창고의 유형으로는 창고의 운영형태에 따라 자가창고, 영업창고, 공공창고, 그리고 임대창고로 나눌 수 있다. 자가창고는 자사가 소유한 창고이고 영업창고는 소매상, 도매상, 제조업자 등이 임대한 창고이다. 일반적으로 자가창고는 저장과 운영에 맞는 설계, 창고시설과 운영에 대한 통제, 정보의 피드백, 그리고 단위당 보관비용 등의 부분에 있어서 유리하다.

반대로 영업창고는 개별 이용자가 특별히 투자할 필요는 없고 언제든지 필요한 만큼의 공간을 이용할 수 있는 유연성을 제공해 준다. 한 계절을 온통 보관시켜야 하는 것과 같은 경우에는 비용을 절감시켜 주기도 하며 공공창고

〈표 12-6〉 자가창고와 영업창고의 비교

	영업창고	자가창고
영업비용	고비용	충분한 물량이면 저렴
초기 투자	없다	설비, 창업, 장비, 교육에 투자
통제	통제가 유리	종업원 및 절차에 대해 직접 책임
위험	최소	기술적 진부화에 따르는 위험
세금 혜택	특정 지역 세금 혜택	감가상각 허용
규모의 경제	여러 고객 상대로 가능	기업의 규모에 따라 가능
저장 및 유지비	정확한 요금 책정	추정만 가능

는 타 창고와의 경쟁에서 고객을 유치하기 위해 다양한 서비스를 제공해 주기도 한다. 공공창고와 임대창고도 엄밀한 의미로 보면 영업창고의 한 유형으로 볼 수 있다.

1) 자가창고

자가창고는 자사의 물품을 보관하기 위한 창고로 자재나 제품을 보관하는 공장지역에 있는 공장창고와 사무실 지역에 위치하고 있는 상업창고 등이 있다. <표 12-6>에서 보는 것처럼 자가창고는 자사의 취급 품목의 특징에 맞게 창고를 설계할 수 있고, 인원을 줄이기 위한 기계화가 가능하며, 가장 효율적인 시간에 적정량으로 입출고를 할 수가 있다. 반면 자가창고를 갖기 위해서는 초기 투자가 부담이 되고, 확장을 하기 어려운 경우가 많으며, 계절적인 수요에 탄력적인 대체가 어려운 단점도 있다.

2) 영업창고

제품을 제조하여 소비자에게 제공하기까지 다양한 단계를 거치게 되기 때문에 보관을 위해 필요한 창고의 형태도 다양하다. 영업창고는 다른 사람의 물품을 보관하고 그 대가로 보관료를 받는 창고이다. 우리나라에서는 물류정책기본법 시행규칙에서 창고별로 보관할 수 있는 물품의 종류와 창고에서 보관하는 물품을 분류하고 있는데 창고의 유형을 1급창고, 2급창고, 3급창고, 야적창고, 수면창고, 저장창고, 위험물창고, 냉장창고 등 8가지로 나눈다. 이들 각각의 창고가 보관할 수 있는 보관물품을 제1종물품부터 제8종물품이라 부르고 있다.

이제는 이러한 각각의 유형의 창고가 결합된 형태의 창고가 등장하고 있다. 이를테면 야적창고에는 제4종물품인 철재, 동판, 시멘트제품 등 야적이 가능한 물품을 보관하게 되어 있고, 2급창고에는 밀, 보리, 사료, 제철류, 시멘트 등의 제2종물품을 보관하게 되어 있다. 그렇다면 2급창고에 야적장을 설치하게 되면 야적이 가능한 시멘트 등을 보관할 수 있을 것이다. 이것은 야적창고이면서 2급창고이다. 또한 1, 2, 3급 창고에 냉동저장고를 설치하여 냉동보관하는 8종물품을 보관하게 되는 창고도 결합형태의 창고이다.

영업창고는 위의 <표 12-6>에서 본 것처럼 창고보관면적을 탄력적으로 운영할 수 있고, 완벽한 관리와 요금체계로 효율성을 제고할 수 있으며, 시장변화에 대처할 능력이 있다는 것이 장점인데 현장에서 재고를 보충하거나 출하를 결정하기가 곤란한 경우가 많다는 단점이 있다.

3) 공공창고

관공서나 공익사업을 하는 기관이 공익을 목적으로 설치한 창고로 공공창고는 3가지 유형으로 나눌 수 있다.

- 공립창고 : 창고의 부족을 해결하기 위해 정부와 지방자치단체가 항만지역 등에 설립하여 민간에게 그 운영을 위탁한 창고이다.
- 관설상옥(官設上屋) : 정부나 지방자치단체가 해상과 육지 연결용으로 부두 등에 설치하고 민간업자나 일반에 제공하는 창고이다.
- 관설보세창고 : 관세법에 따라서 세관장의 허가를 받아 세관의 감독하에 수출입세를 미납한 상태의 화물을 보관하는 창고이다.

4) 임대창고

창고업으로 등록한 영업창고가 아닌데도 기업체나 개인이 자기 소유의 창고를 임대료를 받고 타인에게 제공하는 창고이다. 임대창고의 경우 그 운영과 요금은 임대창고의 소유주의 권한이지만 전문적인 영업창고가 아니기 때문에 고객과의 관계에서 제품의 파손이나 부패 등과 관련한 문제발생 소지가 있고 요금의 책정과 수금에서도 곤란한 점이 발생할 가능성이 많다.

5) 창고 수의 결정

경로구성원이 자가창고를 이용할지 영업창고를 이용할지를 결정하는 문제는 몇 개의 창고를 어디에 입지시키느냐는 문제를 해결하는 것부터 시작해야 한다. 창고의 수와 입지를 결정하는 문제는 자사가 제공하려는 고객서비스의 수준과 창고가 수행해야 할 서비스 수준에 달려 있다.

높은 고객서비스 수준을 제공해야 할 경로구성원은 여러 개의 창고를 설립할 것이다. 만약에 창고 내의 물품이 가공해야 하는 것이라면 창고는 제조업자의 공장 근처에 위치할 것이다. 반대로 창고가 완성품의 보관을 위해 필요하다면 창고는 소비자시장 근처에 입지할 가능성이 크다. 모든 변수를 고려할 때 창고는 최소의 유통비용으로 기대되는 것만큼의 서비스 수준을 제공할 수 있도록 위치해야 한다. 최소의 비용을 내는 방법은 각각의 기업마다 고객서비스 표준, 재고유지비, 수송비, 기타 물류비용이 다르기 때문에 여러 가지 방법이 있겠지만 전체 시스템의 총비용은 창고 결정의 상쇄효과에서 설명한 것처럼 일반화될 수 있을 것이다.

유통시스템에서는 창고 수가 증가하면 수송비가 감소하게 되고, 재고유지비가 체증하고, 주문처리비가 일정하게 증가하게 된다. 따라서 비용상쇄 효과를 고려한다면 전체 물적유통시스템의 총비용의 최소값은 수송비와 재고유지비가 만나는 지점에서 발생하게 된다.

창고의 위치는 기업의 경쟁력이나 전체 유통경로의 경쟁력에 커다란 영향을 미치는 요인이다. 창고의 수가 기업과 경로시스템의 대고객서비스 능력과 물류비용에 직접적인 영향을 미치는 것처럼 창고의 위치가 미치는 영향도 그와 다름없다. 창고의 위치를 결정하는 모형과 최적해를 찾는 다양한 방식들이 만들어져서 이러한 의사결정을 도와주고 있다. 그런데 이러한 모형들이 중요하게 다루는 변수로는 창고로부터 멀기 때문에 고객을 잃게 되어서 매출액이 감소하는 비용, 창고유지비, 수송비 등이 있다.

유통실무 Focus

스마트 물류창고

물류창고는 기존의 단순한 업무처리에서 벗어나 기능이 복잡해지고 고도화되고 있어 다양한 시스템 및 기계장치 도입이 가속화되고 있다. 이에 발맞춰 '스마트 물류창고'라는 개념이 등장했다. 스마트 물류창고란 단순히 제품만 보관하던 기존의 물류창고에서 벗어나 물류센터 내 정보시스템, 출입과 솔루션을 구성해 부가가치를 창출할 수 있는 창고를 일컫는다. 스마트 물류창고의 기술은 ICT 연동기술, 창고운영 관리시스템, 안전물류 등으로 나눌 수 있으며 각각의 기술이 상호 유기적으로 연동되어 입고예정, 입고, 보관, 출고의 전체 프로세스를 관리할 수 있다.

국내 물류산업은 2000년 이후 전자상거래 확대 등에 따라 급격한 양적 성장을 이루었으나 시스템 도입에는 인색했다. 하지만 물류 수요의 변화와 기술 발전에 따른 국내외 물류시장이 변화하고 물류창고의 자동화, 시스템화, 로봇화에 대한 요구가 증가하고 있다. 글로벌 물류기업들은 이미 물류창고의 상당 부분을 자동화했으며, 완전 무인창고 건설을 위한 시도가 늘어나고 있다.

아마존은 2012년 KIVA System을 인수해 3만대가 넘는 물류로봇을 도입해 물류창고 자동화에 박차를 가하고 있다. 최근에는 서버에 있는 인공지능이 홈페이지와 창고 내의 모든 물품을 파악해 로봇을 조종하는 방식의 무인창고를 운영하고 있다. 또한, 물품을 싣고 떠다니는 거대한 열기구형 공중 창고인 '항공수송센터'를 개발하고 있다, 항공 수송센터는 고객의 주문이 들어오면 드론을 통해 상품을 집까지 배송하는 방식이다.

중국의 경우 AGV(Automated Guided Vehicle) 수요가 늘어나면서 택배기업인 STO, 전자상거래 기업인 징둥 등이 유통의 전 과정 혹은 일부 과정을 완전 자동화하려는 시도가 늘어나고 있다. 일본의 히타치 제작소는 물류창고 선반에서 물품을 픽업하고 검품용 특정 상자에 넣는 집품작업을 수행하는 AI 물류창고 관리시스템을 개발했다. 히타치가 개발한 인공지능은 계속해서 추가되는 업무 데이터가 사람의 손을 거치지 않고 자동으로 저장되며 업무 효율이 높아지는 업무방법을 도출하고 작업자에게 지시를 내리는 형태이다.

국내에서도 다이소가 2013년 1,500억 원을 투입해 6.5km에 달하는 컨베이어 시스템, RFID 태그 등이 부착된 자동화 물류센터를 설립했다. 삼성SDS의 스마트 물류솔루션인 'Cello'는 기존의 WMS 방식에서 탈피한 데이터관리 및 최적의 의사결정을 지원하고 있다. 이는 3PL을 넘어 4PL이라고 칭할 만큼 다양한 물류 효율화 방안을 제공하고 있다. 특히, Cello Loading Optimizer는 전세계적으로 사용되고 있는 삼성SDS의 대표적인 적재 시뮬레이션 도구로 박스는 물론 파렛트, 컨테이너 등 다양한 적재 작업을 지원하며, 사전 설정을 통해 사용자가 원하는 방식으로 적재가 이루어질 수 있도록 돕고 있다.

CJ대한통운은 최첨단 '3D Visibility 시스템'을 개발해 2010년부터 현장에 적용하고 있다. 창고 내의 각 랙 공간마다 RFID 칩을 부착해 특정 랙 공간에 보관된 제품 정보를 중앙시스템에서 실시간으로 파악하고 정보를 터치스크린 화면에 3D 영상으로 보여주는 시스템이다. 제품의 정보를 한눈에 파악할 수 있으며, 터치스크린 방식이기 때문에 보고 싶은 랙이나 셀을 찾아 상세정보를 확인할 수도 있다.

자료: 물류신문, 2018.3.14.
(http://www.klnews.co.kr/news/articleView.html?idxno=117156)

4.4 재고관리

재고의 통제와 관리는 고객의 수요에 대응하기 위한 유통경로의 필수적인 업무 중의 하나이다. 재고는 생산시점에서도 존재하지만 도·소매상이 보유할 수도 있고 경우에 따라서는 이동 중에 있을 수도 있다.

재고문제를 다루지 않는다면 사실은 창고관리의 필요성도 거의 의미가 없을 것이다. 창고의 소유형태, 유형, 위치 등에 대한 의사결정이 중요하지만 재고관리 및 통제와 관련된 해답이 창고의사결정과 상관없이 모든 상적 유통경로구성원의 생존능력에 커다란 영향을 미치게 된다. 물류관리를 가장 잘 하는 기업과 가장 못하는 기업 간에는 평균 재고일자가 상당히 차이가 나게 된다. 평균 재고일수가 긴 기업들은 상당한 대가를 지불하기 때문에 높은 이자를 오랫동안 지불하는 셈이다. 이는 이미 정해진 수준의 경쟁적 약점을 가지고 있는 꼴이다. 재고가 거의 모든 제조업자, 도매상, 소매상들에게는 자산 중 가장 큰 단일투자항목이라는 점을 생각하면 이러한 문제는 더욱 절실해진다.

제조업자의 재고자산 투자는 총자산투자의 30% 정도라면 도·소매상의 재고자산 투자는 50%를 넘을 것이다. 이처럼 재고를 다량으로 보유하려는 최근의 유통시장의 경향은 다양한 세분시장의 욕구를 충족시키려는 경쟁시장을 반영하는 결과이다. 뿐만 아니라 오늘날의 소비자는 다양한 제품구색에 익숙해져 있어서 여러 가지의 대안적 제품을 요구하는 경향이 있다. 이러

[그림 12-10] 재고관리

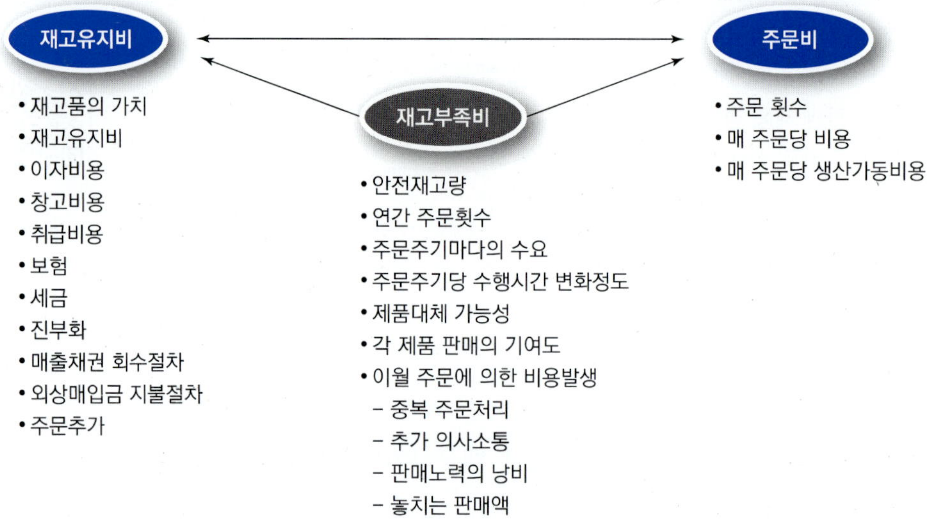

한 욕구에 부응하기 위한 방편으로 재고보유 수준을 높이는 결과가 나타난 것이다.

일반적으로 재고통제이론은 미래의 수요에 대비하여 최적의 재고량을 획득하는 과정을 다루고 있다. 재주문의 시점과 양과 관련된 의사결정은 서로 상충하는 과정을 다루고 있다. 재주문의 시점과 양과 관련된 의사결정은 서로 상충하는 비용함수의 균형점을 찾는 문제이다. 이러한 작업의 목표는 수요와 서비스의 제약조건 아래서 총재고비용을 최소화하는 것이다. 균형점을 찾아야 할 기초적인 비용함수는 재고유지비, 주문비, 재고고갈 위험과 관련된 것들이다. [그림 12-10]은 서로 관련되는 비용함수와 각각의 구성요소들 간의 상쇄효과를 보여주고 있다. 모든 재고통제시스템의 기본적인 목적은 기업에게 ① 재주문량, ② 재주문 시점, ③ 최소의 비용으로 재고 고갈을 통제하는 방법 등을 알려주는 것이다.

1) 주문량과 주문 시기

고객들의 수요가 무작위로 발생하기에 정확하게 예측이 불가능한 경우에는 재고를 관리하는 전통적인 모형을 이용하게 된다. 이 모형은 기본적인 가정과 한계를 지니고 적정 주문량, 주문횟수, 총재고비용을 구하는 방법을 설명하는 구조를 갖고 있다. 이 모형을 우리는 경제적 주문량(EOQ: economic order quantity)모형이라고 부른다. 이 모형에서는 총재고비용은 주문비와 재고유지비의 합이라고 가정하고 있다.

총재고비용 = 주문비 + 재고유지비

총재고비용 = (1회 주문비×주문횟수) + (단위당 재고유지비×평균재고)

이를 공식화하면 총재고비용 TC는 다음과 같다.

$$TC = \frac{C_o \times D}{C} + \frac{C_c \times Q}{2}$$

D : 연간 수요량
Q : 1회 적정 주문량
C_c : 단위당 재고유지비
C_o : 1회 주문비

적정 주문량은 [그림 12-11]에서 보듯이 재고유지비와 주문비가 같아지는 지점에서 얻어질 수 있다. 따라서 주문비=재고유지비라 하면 다음과 같다.

$$\frac{C_o \times D}{C} = \frac{C_c \times Q}{2}$$

이 식을 Q에 대해서 풀게 되면, 1회 적정 주문량 Q를 구할 수 있다.

$$Q = \sqrt{\frac{2C_oD}{C_c}}$$

주문횟수는 매년 필요로 하는 연간 수요량을 1회 적정 주문량으로 나누어서 계산하는 것이 상식적인 계산이 될 것이다. 따라서 연간 주문횟수 N은 다

[그림 12-11] 재고비용 관리

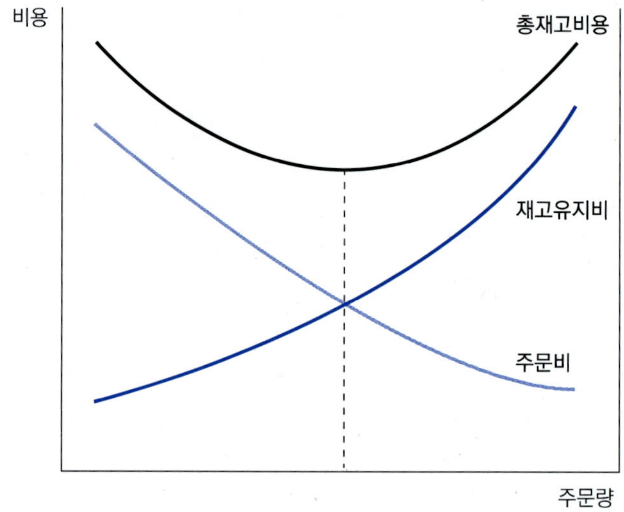

음과 같이 나타난다.

$$N = \frac{D}{Q}$$

예를 들어, 한국자전거주식회사가 자전거 조립을 하는데 연간 부품을 1,000개 사용하고 1회 주문비가 200원이고 재고 단위당 40원의 유지비가 발생한다고 할 때 1회 적정 주문량, 연간 적정 주문횟수, 연간 총재고비용을 구해보면 다음과 같이 계산된다.

- 1회 적정 주문량 $Q = \sqrt{\frac{2C_oD}{C_c}} = \sqrt{\frac{2 \times 200 \times 1,000}{40}} = 100$개
- 연간 적정 주문횟수 $N = \frac{D}{Q} = \frac{1,000}{100} = 10$회
- 총재고비용 $TC = \frac{C_o \times D}{C} + \frac{C_c \times Q}{2} = \frac{200 \times 1,000}{100} + \frac{40 \times 100}{2}$

$$= 2,000 + 2,000 = 4,000\text{원}$$

EOQ의 기본적인 가정은 재고유지비와 주문비를 정해진 것으로 생각하지만 실제로는 변동하는 것인데 그렇다고 이를 고정비와 변동비로 구분하는 것도 쉬운 일이 아니다. 그렇기 때문에 재고관리자의 주관적 판단으로 정하게 되는 경향이 있다. 그런데 이 공식대로라면 하루에 10개를 사용하는데 10일에 한 번 주문하는 주기를 가지는 경우에 주문 첫날은 100개의 재고를 가지게 된다. 그렇다면 90개의 재고는 불필요한 재고이고 그 다음 날도 80개의 과다재고를 가지는 셈이다.

뿐만 아니라 예상치 못한 고객의 과다 수요나 다음 주문시점까지 주문사이클이 길어지는 일이 발생하는 경우를 대비해서 보유하는 안전재고(safety stock)도 보유해야 하기 때문에 실질적으로는 엄청난 과다재고를 가질 수 있다.

재고에 대한 주문량을 결정하는 문제만큼이나 중요한 의사결정이 주문시기를 결정하는 문제이다. 주문을 하면 금방 갖다 주는 것이 현실적으로 불가능하고 수요량도 정확한 예측이 되지 않기 때문에 주문 시기를 결정하는 문제가 더욱 복잡해진다. 주문 시기로는 정해진 일정한 시점에 주문하는 정기 발주와 필요할 때 주문하는 부정기 발주가 있다. 정기 발주는 주로 부정량 발주를 하게 되는데 이는 정기적으로 필요한 재고량을 파악하여 주문하는 방식이다. 반면 부정기 발주는 정량 발주를 하게 되는데 이는 재고량이 일정 수준이 되면 그때마다 발주하는 방식이다.

4.5 생산통제와 자재소요계획

대부분의 기업에서 생산통제, 구매, 원재료관리는 자재관리기능에 속하는 것으로 되어 있다. 물론 이러한 기능들은 물적유통, 재료관리, 제조, 마케팅 등과 인접한 의사결정 영역이다. 자재관리자는 대개 ① 자재소요량의 예측, ② 자재소요계획의 개발, ③ 자재의 원천확인과 획득, ④ 자재를 기업 내로 이동, ⑤ 현재 자산으로서의 자재의 위상 검토 등의 업무를 수행하게 된다. 자재관리자는 구매 및 획득, 생산통제, 내부수송, 창고 및 저장, 정보시스템에 대한 관리, 재고계획과 통제, 폐기물과 부산물 처분 등의 기능을 책임져야 한다. 자재관리 활동은 완성품의 유통과정에서 수행되는 활동과 유사하다. 자재관리는 재고통제, 창고 및 저장, 주문처리, 수송, 그리고 다른 거의 모든 유통활동이다. 자재관리와 완성품 유통의 주된 차이는 자재관리에서 취급되는 대상이 완제품이 아닌 원재료, 부분품, 재공품 등이라는 점이다. 또한 자재관리의 제품수령자는 최종소비자가 아닌 생산이나 제조관련 부서라는 점이다.

자재소요계획(MRP: material requirements planning)은 재고관리시스템의 성공적 운영에 결정적으로 중요한 부분이다. 자재소요계획은 재고를 최소화하면서도 생산을 정상적으로 수행하는 전산화된 생산 및 재고통제시스템이다. 제품의 생산 및 일정을 토대로 그 제품 생산에 필요한 원자재, 부분품, 공정품, 조립품 등의 소요량 및 소요시기를 역산하여 자재조달계획을 수립하게 된다. 자재소요계획은 공급자와 내부의 생산과정을 연결하는 고리를 제공하는 것으로 생산을 위한 자재의 주문과 관련한 리드타임을 안정적으로 유지하고 믿을 만한 공급자와의 관계를 통해서 안전재고의 수준을 최소화하게 된다.

한편 비용의 증가, 재고로 인한 기회비용의 증가, 그리고 운영상의 문제 증가 등으로 인해 선진국의 물류시스템에는 혁신적인 접근법인 무재고생산(JIT: just-in-time)의 개념을 도입하게 되었다. JIT는 매우 간단한 개념으로 자재가 물류시스템을 통해 필요한 시간에 적절한 위치에서 사용될 수 있도록 이동되어야 한다는 접근이다. 이론적으로는 이 개념은 알맞은 재료를 적절한 시간에 적당한 양으로 제공하게 되고 그렇다면 재고가 필요 없다는 입장이다. 완성품은 적시에 판매되도록 생산되고 수송되며, 부분품은 적시에 완성품으로 조립되며, 부품은 적시에 부분품으로 조립되며, 그리고 재료는 적시에 부품으로 조립된다는 개념이다. 즉, 미리 재고로 생산해 두는 것이 아니라, 주문이 들어오면 즉시 생산하는 것이다. JIT 개념은 모든 부품과 재료가 생산과정품(WIP: work-in-process)이라고 보고 수송비를 계산하거나 징수하기 위해 멈추는 시간도 용납하지 않는 시스템이다. JIT 교환의 관계는 공급자와 구매자의 엔지니어링, 구매, 생산, 자재관리, 그리고 마케팅시스템을 통합하여 부품과 재료의 원활한 흐름을 달성하게 된다. 따라서 JIT는 재료의 이동에 초점을 맞추고 물류에 재료자산이 투입되는 것과 관련한 생산성 극대화의 중요성을 인식하고 있다. JIT의 기본적인 목적은 경로의 생산과 운송 시스템 전반에서 낭비 요소를 제거하는 것이다.

4.6 포장관리

포장의 기능은 제품을 유지 · 보호하는 것뿐만 아니라 제품을 광고하고 차별적인 소구를 하는 촉진 수단으로써의 의미도 지니게 된다. 포장의 종류를 겉포장, 속포장, 낱포장으로 구분하는데 겉포장은 제품의 안전한 보호와 대량의 물량을 저장할 수 있도록 견고하게 만들 필요가 있다. 속포장은 충격을 완화하고 필요한 경우에는 특수한 재질로 내용물을 보호하는 설계가 요구된다. 낱포장은 제품의 수량을 구분하는 기초 단위의 역할을 하고 사용 중의 소비자와 인접한 의사소통을 하기 때문에 부담 없고 친근한 이미지로 설계되어야 한다.

포장이 매출을 제고시키는 역할을 함과 동시에 유통비용을 증가시키기 때문에 서로 간의 상쇄효과를 고려한 효과적인 의사결정을 해야 한다. 포장의 표준화를 통해 효율적인 보관, 수송, 하역을 달성하는 것이 포장 의사결정의 중요한 영역인데 표준화되지 않은 포장은 컨테이너 적재의 효율성을 떨어뜨려서 비용을 유발시키는 결과를 초래하게 된다. 이러한 적재의 효율성을 높이기 위해서는 팔레트(pallet)를 표준화시키는 노력부터 선행되어야 하는데 각국의 표준 팔레트 규격은 다양하지만 우리나라에서는 KS규격으로 1,100 × 1,100mm와 1,100 × 800mm의 두 종류가 있다. 표준화된 포장전략을 포장의 모듈(module)화라고 하는데 포장 표준화 전략의 이행과정은 다음과 같다.

- 표준 팔레트 규격 결정 : 통용되고 있는 여러 가지의 규격을 통일하여 기업 내부적으로, 동일 산업 내부적으로, 국가 전체적으로, 그리고 궁극적으로는 세계적인 표준 치수를 활용해야 한다.
- 낱포장 포장재 설계 : 제품에 맞고 겉포장에 맞는 포장재로 낱포장의 포장재를 결정한다.

- 겉포장의 규격 설계 : 낱포장을 고려한 겉포장의 재질과 치수를 결정하여 표준 규격의 포장 제품을 완성한다.
- 낱포장의 규격 결정 : 겉포장의 표준 치수에 맞추어서 낱포장의 치수를 결정하여 낱포장을 완성한다.

4.7 하역관리

하역을 표준화하는 작업에는 유닛로드시스템(unit load system)이 필수적이다. 동일 제품을 여러 가지의 묶음으로 포장을 하면 하역 작업과정에서는 비효율이 발생하게 된다. 되도록 동일 제품은 가능한 한 큰 묶음을 만드는 것이 효율적인데 이처럼 동일 제품을 최대한 크게 하나의 묶음으로 만든 것이 유닛로드라고 하고 이 커다란 묶음, 즉 유닛로드를 하역하는 것을 유닛로드시스템이라고 할 수 있다. 유닛로드시스템을 위해서는 팔레트(pallet)를 표준화시켜야 한다. [그림 12-12]에서 보듯이 팔레트는 기본형으로 만들어진 것이 평면 팔레트, 박스모양으로 된 것이 박스 팔레트, 그리고 팔레트 네 모서리에 기둥을 세운 것이 포스트 팔레트이다. 팔레트화의 범위는 크게 부분 팔레트, 일관 팔레트, 팔레트 풀 시스템으로 구분할 수 있다.

부분 팔레트는 팔레트를 이용하는 범위가 특정 회사나 특정 작업현장이나 창고 등에 한정적으로 이용되고 있는 상태이다. 일관 팔레트는 이에 비해 제품의 수송과정 전체에 팔레트가 이용되고 있는 것으로 전체 경로에 일관되게 이용하기 때문에 일관 팔레트라 한다. 이는 스웨덴에서 발달되었기 때문에 스웨덴 운송방식이라고 한다. 여러 가지의 운송수단을 이용하는 경우에도 팔레트를 그대로 적하하고 적재하기 때문에 효율을 꾀할 수 있다. 팔레트 풀 시스템(pallet pool system)은 팔레트의 규격, 척도 등을 표준화하고 상호 교환이 가능하도록 하여 이를 서로 공동으로 사용하도록 함으로써 각 유통경로구성원의 물류합리화로 비용절감과 전체 시스템의 효율성을 꾀하는 하역방식이다. 팔레트 풀 시스템을 이용하게 되면 경로구성원들은 일관 팔레트 수송이 가능해지기 때문에 더 큰 효율성을 확보하게 된다.

[그림 12-12] 팔레트의 유형

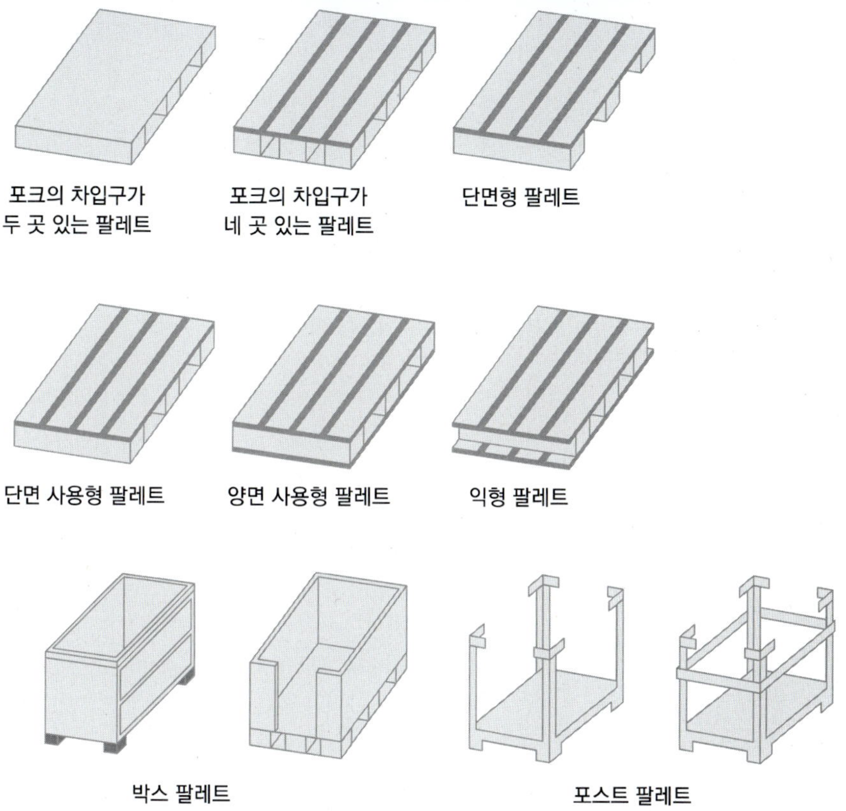

물류자동화를 달성하거나 이를 통한 물류생산성과 수익성을 제고하기 위해서는 팔레트의 규격을 표준화하려는 기업과 정부의 노력이 병행되어야 하고 이와 함께 하역작업을 수행하는 포크리프트(folklift) 등과 같은 장비의 개발과 보급이 널리 확산되어야 할 것이다. 뿐만 아니라 공장 내부의 환경이나 작업통로를 정비하는 것과 같은 일도 하역작업의 효율성을 제고하는 준비작업이 될 것이고, 기업 내부나 기업 간에 일관 팔레트나 팔레트 풀 시스템에 대한 경영층의 이해와 실행이 동반되어야 할 것이다.

CHAPTER

13 물류정보시스템

C/O/N/T/E/N/T/S

도입사례

디지털 입은 전통시장, 상품 · 유통 경쟁력 '쑥쑥'

AI(인공지능), 빅데이터 등 신기술이 동대문이나 가락시장 등 전통시장에 활력을 불어넣고 있다. 신기술 기반 스타트업들이 뛰어들어 기후변화나 코로나19(COVID-19) 등 대외환경 변화에 따른 사업상 변수들을 예측하는 시스템을 만들거나 수기로 하던 정산업무 등을 디지털로 전환하면서 전통시장의 상품 · 유통 경쟁력이 배가되는 모습이다.

스포카는 올 상반기 식당 비용관리 모바일 애플리케이션 '도도카트'에 농산물유통정보시스템(KAMIS)과 연동한 농산물가격 예측 정보서비스를 추가할 예정이다. 한국농수산식품유통공사에서 제공하는 빅데이터와 연계해 농식품 판매량, 가격변동 정보, 납품 및 거래처 정보 등의 분석 데이터를 앱 내에서 제공할 계획이다.

'도도카트'는 외식업을 운영하는 소상공인을 겨냥한 비용관리 서비스다. 식자재명세서를 등록하면 거래처와 주요 품목의 변화를 매월 리포트로 비교 분석해서 확인할 수 있고 결제일도 관리할 수 있다. 2020년 11월 기준 가입자 7,000여 명을 돌파했으며 누적 거래액은 200억 원을 돌파했다.

최재승 스포카 대표는 "식당 운영비에서 식자재 비용이 차지하는 비중이 약 40% 정도로 인건비 · 임차료보다 높은 비중이지만 거래과정이 복잡해 지출 내역이나 손익을 집계하는 데 어려움이 있었다"며 "식자재 유통정보를 간편하게 볼 수 있도록 제공하면 식당을 운영하는 소상공인들이 원가를 절감하는 데도 도움이 될 것"이라고 말했다.

한국식자재유통협회에 따르면 국내 식자재 유통시장 규모는 약 38조 원에 달한다. 반면 개별 식당 입장에선 매장당 평균 7개 식자재 공급사와 거래하고 한 달에 평균 38건을 발주하는 등 거래 과정이 복잡해 식자재 비용 계산조차 쉽지 않은 경우가 대부분이다. 스포카에 따르면 회원 7,000여 명이 거래하는 식자재 납품업체 수는 1만여 곳, 거래 품목 수는 10만 개에 달한다.

국내 패션산업의 '메카'인 동대문시장 역시 연간 거래액이 15조 원에 이르며 디자인 · 생산, 도 · 소매상 등 관련 업체만도 30만 개가 넘지만 거래시스템은 아직 전화주문, 수기 영수증, 현금 거래 등 옛날 방식 의존도가 높은 편이다.

쉐어그라운드는 이 시장을 겨냥해 2020년 5월 B2B(기업대상) 거래 플랫폼 '셀업'(SELL UP) 앱을 출시했다. 거래주체별로 필요한 기능이 다르다는 데 착안해 앱은 도매 · 소매 · 사입 등 3종류로 운영된다.

소매상이 '셀업 소매' 앱을 통해 도매상에 물건을 주문하면 도매상이 자신의 '셀업 도매' 앱을 통해 주문내역을 확인하고 제품을 보내준다. 각 매장을 돌며 물건을 대신 구입하는 동대문 '사입 삼촌'(사입을 대신 해주는 전문업자)들이 따로 소매상별 주문을 확인할 수 있는 기능은 '셀업 사입' 앱에 넣었다. 앱 내에서 주문내역을 일괄적으로 관리할 수 있고 정산, 세금계산서 발급 등의 업무도 가능하다.

링크샵스는 동대문 소매업체가 온라인으로 구매할 수 있는 중개플랫폼을 운영해 아예 '사입 삼촌'의 역할을 대신한다. 이 회사에는 도매상

8,000여 개가 입점해 있어 상품 사입부터 검수·검품, 재고·물류관리, 포장·배송업무까지 일련의 모든 서비스를 소매상에 제공하는 B2B 모델이다.

투자업계에서도 B2B 플랫폼 혁신에 주목하고 있다. 벤처캐피탈 관계자는 "시장과 디지털 기술이 만나면 유통환경에 유연하게 대응할 수 있을 뿐 아니라 도·소매상, 소비자 등 모두가 윈윈할 수 있는 환경이 만들어지게 될 것"이라고 말했다.

자료: 머니투데이, 2021.1.8.
(https://news.mt.co.kr/mtview.php?no=2021010517411229218)

Section

1 유통경로 의사소통

1.1 유통경로 의사소통의 개념

유통경로에서 의사소통시스템은 경로의 기능과 활동을 경로환경에 맞게 조정하는 수단이다. 이론적인 관점에서 보면 유통경로의 의사소통과정은 다음과 같은 수많은 사실들을 포함하고 있다.

- 내용 : 의사소통의 내용은 제품, 촉진, 가격, 성과 정보와 같은 메시지를 담고 있다.
- 형태 : 의사소통의 형태로는 면대면, 인적, 의사소통기술을 이용한 비인적 의사소통과 같은 형태가 있다.
- 방향 : 경로의 결과물을 만들어 내는 의사소통은 경로구성원의 반응과 만족 및 불만족과 관련하여 일방향 혹은 양방향의 의사소통이 있다.
- 결과 : 의사소통의 효과는 경로 조정과 경로구성원의 성과를 개선하는 것으로 나타날 것이다.

경로구성원들이 이러한 측면을 조정하고 통제함으로써 효과적인 의사소통을 하게 되는데 이를 통해 경로시스템의 성과의 효율성을 증대시킬 수 있다. 오해 혹은 정보전달의 지연은 효율적으로 업무수행을 하지 못하게 하므로 경로구성원들 간의 불화를 만들게 된다. 그것이 경로 내의 갈등의 주된 근원 중의 하나이다.

유통경로는 피라미드를 닮아서 제품의 상업적 경로에서 제조업자가 피라미드의 꼭대기를 구성하게 된다. 제조업자, 도매상, 소매상 각각은 하나의 경로구조에서 별개의 계층을 형성하게 된다. 실제로 이들 각각의 경로 기관들은 복수경로 시스템을 구성하게 된다. 이것들은 최종적인 고객과 물적유통경로, 고객서비스 경로, 그리고 시장정보를 수집하는 경로 등을 통해 연결된다. 의사소통은 모든 측면에 스며들고 피라미드 구조를 통해 수직으로 이동할 뿐만 아니라 동일 수준의 기업들 간에 수평적으로 이동하게 된다. 정보는 각각의 수준에 있는 구성원들 간에도 교환되고 수준 간에도 교환된다.

1.2 유통경로 의사소통전략

<표 13-1>은 경로의 여건과 의사소통의 방향 간의 관계를 보여주고 있다. 경로구조의 두 가지 유형은 관계적 구조와 시장구조이다. 관계적 구조는 장기적 교환관계를 의미하며 시장구조는 수시로 발생하는 교환관계이다. 경로 분위기는 지원적 분위기와 비지원적 분위기 두 가지가 있는데, 전자는 조직간 관계에서 상호 신뢰와 지원을 하는 분위기이고 후자는 그 반대의 분위기를 의미한다. 힘의 상태는 균형적인 것과 불균형적인 것으로 이분화되었는데, 전자는 각 부서 간에 힘이 균형을 이루고 있는 것이고 후자는 그렇지 못한 상황을 의미한다.

의사소통의 내용이 직접 혹은 간접이라는 구분은 전자가 의사소통전략이

〈표 13-1〉 경로여건과 의사소통의 방향 간의 관계

경로의 여건	의사소통의 여러 측면			
	빈도	방향	내용	형태
경로구조				
관계적 구조	높음	양방향	간접	비공식
시장구조	낮음	일방향	직접	공식
분위기				
지원적	높음	양방향	간접	비공식
비지원적	낮음	일방향	직접	공식
힘				
균형	높음	양방향	간접	비공식
불균형	낮음	일방향	직접	공식

목표기업의 행위를 변경시키기 위한 직접적 영향전략과 같은 요구전략, 권고전략, 약속전략 등이라는 의미이다. 후자는 목표기업의 태도와 신념을 바꾸려는 영향전략으로 특정 행위를 요구하지 않는 보편적인 영향전략으로 정보교환전략과 같은 의사소통을 펼치는 경우이다.

의사소통의 형태로서 공식적인 것과 비공식적인 것으로 나누고 있는데, 전자는 문서화된 것 혹은 공식적인 회의 등과 같은 방식으로 이루어지는 것을 의미하고 후자는 개인적인 의사소통으로 구전(word-of-mouth)과 같은 유형이다.

<표 13-1>을 구체적으로 살펴보면 경로구조가 관계적일 때 의사소통이 양방향으로 활발하게 일어나며, 분위기가 지원적인 경우가 역시 의사소통을 증가시킬 것이고, 힘이 균형을 이룬 상태가 의사소통을 더 많고 비공식적인 것으로 유도할 가능성이 크다는 것을 알 수 있다.

한편 의사소통전략과 경로구조, 분위기, 그리고 힘 등은 경로의 산출물(output)의 수준을 결정하기 위해 상호작용을 하는 것으로 [그림 13-1]과 같이 표시할 수 있다. 여기서 자율적 의사소통전략(autonomous communication strategy)은 낮은 빈도, 일방적, 직접적, 그리고 공식적 의사소통으로 특징지어지는 것을 의미한다. 반면 협동적 의사소통전략(collaborative communication strategy)

[그림 13-1] 의사소통 전략과 경로여건의 상호작용

의사소통전략 / 경로여건	협동적 전략	자율적 전략
관계적 구조 지원적 분위기 힘의 균형	산출물 증가	
시장구조 비지원적 분위기 힘의 불균형		산출물 증가

은 높은 빈도, 양방적, 간접적, 그리고 비공식적 의사소통으로 특징지어지는 의사소통이다.

이 그림에서 대각선 방향으로 산출물이 증가하는 조합이 나타나고 있는데 이는 의사소통전략이 경로의 여건에 맞는 상황이라는 뜻이다. 그렇지 않은 두 개의 칸은 산출물이 증가하지 않은 상황으로 이는 의사소통전략이 경로 여건에 맞지 않는 경우를 나타내고 있다. 산출물의 증가는 초기에는 질적 측면에서 나타나다가 시간이 흐르면 양적인 산출물 증가로 전파될 것이다.

유통실무 Focus

'디지털 유통 혁신' 바람이 분다

지난 7월 1일 한국농수산식품유통공사(aT)는 '농식품거래소'를 신설한다고 밝혔다. aT에 따르면 비대면 방식의 ICT를 기반으로 농식품 유통 효율화를 본격적으로 추진하기 위해 농식품거래소를 만들었다. 이는 기존의 '사이버거래소'를 확대 개편한 것이다. aT는 지난해부터 산지와 소비지 간 신개념 B2B 유통모델인 온라인경매를 운영해 왔다. 올해 하반기는 실시간 영상 기반 모바일 경매플랫폼도 선보일 예정이다.

서울시농수산식품공사의 가락시장의 '스마트 마켓' 추진 움직임도 눈길을 끈다. SK C&C는 2020년 6월 30일 서울시농수산식품공사의 '가락시장 스마트 마켓 구축 종합 계획 연구 용역 사업'에 착수했다고 밝혔다. 농수산물 산지 수확부터 배송, 하역, 거래, 품질 검사 및 도소매 판매 등 유통 전 과정에 인공지능(AI) · 빅데이터 · 블록체인 · 클라우드 등 디지털 기술을 접목한 '스마트 시장'을 만들 것이라고 덧붙였다. 구체적인 청사진을 보면 먼저, 온라인 화상 거래 등 다양한 거래에 대응할 수 있는 '거래 플랫폼'을 만들겠다고 한다. 이를 통해 물류를 효율화하고 유통비용은 줄인다는 구상이다. 블록체인 기술을 활용한 식품 이력제도 선보인다. 이와 함께 온 · 습도 센서 조절 장치 등 콜드체인을 적용한 '농수산물 신선도 관리 시스템'으로 안전하고 좋은 품질의 농산물을 소비자에게 전달하겠다는 청사진도 제시됐다.

가장 주목할 만한 대목은 빅데이터 기반의 '유통정보시스템'이다. 생산자로부터 소비자에게 농수산물이 전달되는 과정에서 생성되는 정형 · 비정형 유통 데이터를 활용한 '농수산물 유통정보시스템'이 그것이다. 이렇게 되면 대량으로 거래되는 농수산물 도매유통에서 물량, 가격 등 유통정보를 제공함으로써 물량이 일시에 집중되는 현상을 완화해 준다. 가격 안정화에 큰 도움을 줄 것으로 기대된다.

농산물 유통혁신에는 농협도 빠질 수 없다. 농협은 지난 5월 27일 '온라인 농산물 거래시스템', 일명 온라인농산물거래소를 오픈하고 시범 운영에 들어갔다. 온라인농산물거래소는 온라인상의 농산물 도매시장과 같은 개념이다. 전국의 주요 생산자조직이 시스템에 사진 등 상품 정보을 직접 등록하고, 다양한 구매자들이 시간적·장소적 제약 없이 참여해 B2B 거래를 한다. 거래가 체결되면 상품을 직배송 해준다. 거래의 편의성은 제고되고 중간유통비용은 절감된다. 상·하차 등으로 인한 감모·손실이 줄어 상품의 신선도는 높아지고, 유통량 조절 등을 통해 물량이 일시에 집중되는 현상을 완화함으로써 가격 안정에 기여할 수 있을 것으로 기대된다.

자료: 한국영농신문, 2020.7.3.
(http://www.youngnong.co.kr/news/articleView.html?idxno=31430)

1.3 유통경로 의사소통의 본질

1) 정보의 적시성

경로 흐름과 활동의 수직적인 조정이 이루어지려면 경로의사소통은 적시에 이루어져야 한다. 경로시스템 내의 의사소통의 적시성(timing)은 메시지의 조정과 해석에 직접적인 영향을 미친다. 정보가 너무 일찍 접수되면 접수자가 관련성을 알지 못하게 되어 간단히 간과되기 쉽다. 너무 일찍 알고 있던 사실은 시간이 지나고 나면 흔히 「아하 그것이 그 정보였구나」 하는 식의 후회를 만들어내는 법이다. 정보전달이 지연되면 전체 경로에 재고불균형, 서로 간에 조율되지 않은 촉진 내용 등과 같은 역기능적인 결과들을 낳게 된다.

적시성은 차례에 따르는 순차적인 것과 동시적인 것이 있다. 순차적인 흐름에서는 메시지는 경로구성원의 몇몇에게 전달되고 나면 그들이 다른 구성원에게 그것을 이어서 전달하게 된다. 이와는 대조적으로 동시적인 의사소통은 메시지의 영향을 받게 되는 경로의 모든 구성원이 동시에 그 메시지를 접수하게 된다.

이들 두 가지의 흐름 중에서 동시적인 흐름이 더 나은데, 이는 메시지가 늦게 전달되어서 생길 수 있는 역기능적인 갈등의 발생소지를 없애주기 때문이다. 만약 신제품 촉진 캠페인을 효과적으로 조정해야 제품을 성공적으로 마케팅 할 수 있는 경우에 동시적인 메시지의 흐름은 조정을 가능하게 한다. 제품이 소매상의 선반에 없을 때 제조업자의 광고비용을 낭비하지 않기 위해서 촉진 및 재고 흐름은 조정되어야만 한다. 따라서 유통경로에서 조정은 의사소통시스템의 적시성에 따라 움직이게 된다.

컴퓨터를 이용한 정보시스템과 전자적인 의사소통 매체의 발달은 경로구성원 간의 정보흐름을 가속화시키면서 동시에 정확도를 높여 주면서 경로의 의사소통에 영향을 미쳐 왔다. 경로구성원은 주문을 접수하고, 처리하고, 주문을 내는 경로구성원과 직접 연결되어 있다. 시장 여건과 판매율에 대한 적시의 정보는 재빠른 가격정책과 촉진정책의 수정을 통해 시장 여건에 맞추어 나갈 수 있게 해준다. 경로 의사결정에서 적시성의 결정적인 역할은 이러한 영역에 사람들이 더 많은 관심을 가지게 했다는 것이다.

2) 정보인식

경로구성원들 간에 다양한 의사소통 흐름을 통한 빈번한 상호작용은 서로의 행위를 이해하게 만들어 주기 때문에 서로의 역할을 이해하고 미래의 행위를 예측할 수 있게 해준다. 경로구성원들이 다른 구성원의 행위가 자신의 성과, 자율성, 목표달성에 방해가 된다고 생각할 때 갈등이 발생하게 된다. 그러한 갈등은 유통경로에서 불가피하게 발생하고 있다.

경로 내 갈등의 원천은 두 개의 주된 영역으로 나누어지는데 하나는 태도적인 갈등이고 하나는 구조적인 갈등이다. 태도적인 갈등은 경로구성원이 경로와 그 환경에 대한 정보를 접수하고 처리하는 방법에 기인하는 것이다. 구조적인 갈등은 경로구성원 간의 관심사의 차이로서 목표 불일치, 자율성에 대한 욕구, 그리고 자원에 대한 경쟁 등을 반영하는 것이다. 의사소통과 관련된 여러 요인들이 태도적인 갈등의 생성에 크게 기여하는 셈이다. 이것들은 역할에 대한 인식, 비밀에 대한 욕구, 그리고 의사소통 방해 등과 같은 것이다. 정보와 관련된 의사소통이 갈등을 만들어 낼 수 있다는 사실은 경로의 의사소통 방식과 의사소통할 정보의 내용에 대해 고민해야 한다는 점을 말해주고 있다.

3) 정보의 비밀성

경로구성원들은 중요한 정보를 서로에게 알리지 않는 경우가 있는데 이는 메시지를 변경하여서 경쟁적 자료가 새는 것을 막거나 다른 경로구성원이 대항힘(countervailing power)을 가지는 것을 막기 위한 까닭이다. 예로 소매상은 협상력을 가지기 위해 공급자들에게 제품이동률에 대한 정보를 제공하지 않는 경우가 있다. 제조업자는 소비자나 최종소비자와의 직거래를 원하는 경우에는 비밀성(secrecy)을 요한다. 그러므로 효율적인 조정을 할지 아니면 경쟁적인 자료를 특정 경로구성원에게 주지 않아야 할 것인가라는 두 가지 중 어떤 것을 택할지 고민하게 된다.

비밀성을 완화시킨다는 것은 제조업자가 유통업자에게 더욱 의존하게 되었다는 뜻인데 이는 산업재의 유통에서 특히 그러하다. 직접매출비용, 재고유지비, 국내 및 국제 경제의 증가, 그리고 고객이 원하는 서비스 수준의 상승 등과 같은 요인들은 제조업자가 산업재 유통업자에게 더욱 의존하게 되는 몇 가지 이유들이다. 이 같은 현상으로 인해 경로구성원 간의 보다 강력하고 협동적인 파트너십이 형성되게 되었다. 새로운 관계의 주된 측면은 양자 간의 공동의 목표를 위해 신뢰와 결속을 통해 성공적이고 효과적인 파트너십을 형성하기 위해 시장 정보를 공유하며 이용하는 것이다. 이러한 파트너십은 경로에서 정보가 꽉 차 넘쳐나는 경향을 막게 된다.

4) 정보의 잡음

메시지를 잘못 이해하게 하는 주된 요인은 잡음(noise)이다. 상세한 정보가 풍부한 경우에는 정보 수용자의 처리능력을 초과할 수 있기 때문에 오해될 가능성이 있다.

의사소통시스템에서 정보과부하를 막기 위해 정보교환은 수신자가 필요로 하는 정보에 국한되어야 한다. 이는 뒤에서 제시될 유통경로의 정보시스템 설계 단계에서 보듯이 순서적 절차가 전체 의사소통시스템의 정보량을 감소시키게 되어 잠재적인 잡음을 줄이게 된다.

메시지의 잡음, 비밀성, 그리고 오해를 줄일 수 있는 효율적인 방법 중의 하나는 자동인식(auto ID: automatic identification)을 이용하는 것으로, 이는 전문화된 컴퓨터 언어를 이용하여 수작업으로 키보드를 치지 않고도 수많은 재고 품목에 대한 자료를 수집하여 저장할 수 있다. 자동인식은 제조업, 도매상, 소매상에서 이용되고 있고 이제는 건강센터, 수송, 재무적 서비스 산업에도 이용되고 있는 실정이다.

자동인식방법으로는 자기선(magnetic stripe), 광학문자인식기(OCR: optical character recognition), 스마트카드(smart card), 라디오 주파수 부착기(radio frequency tagging), 머신 비전(machine vision), 음성인식기(voice recognition) 그리고 바코딩(bar coding) 등의 기술이 있다.

자기선은 많은 자료를 입력할 수 있고 자료의 수정이 용이하지만 바코딩에 비해 비용이 비싸고 원거리 판독 불능이라는 한계가 있다. 플라스틱 카드에 부착되어 개인 ID나 은행 등에서의 재무적 거래에 많이 이용된다. 광학문자인식기는 재고 파악을 위해 사람의 수작업으로 바코딩처럼 코딩하는 것이지만 바코딩에 비해 속도가 느리고 정확도도 떨어진다. 스마트카드는 컴퓨터 칩을 내장하고 있어서 상당히 많은 양의 정보를 저장할 수 있는 장점이 있다. 라디오 주파수 부착기는 장거리의 정보 인식이나 환경이 나쁜 상황에서의 정보 판독에 용이한데 제품 속에 부착하는 것으로 송신기와 수신기를 이용하여 자료의 송출이 가능하다.

바코딩은 유통경로 전체에서 재고의 위치를 확인할 수 있고 언제든지 실시간의 정보를 제공해 준다. 재고 흐름과 관련된 계획수립을 가능하게 해주기 때문에 효과적인 재고관리를 가능하게 하고 재고와 관련된 창고비용 등을 감소시켜 줄 수 있는 방법이다.

바코드(bar code)는 국가, 제조업체, 제품 품목 등에 대한 정보를 담고 있다. 상품의 식별과 상품정보의 교류를 위한 국제표준상품코드를 관리하고 보급을 전담하는 기관으로서 세계 100개국 이상이 가입한 국제기구인 GS1 (Global Standard No.1)에서 국가번호를 부여하는데, 우리나라는 1988년 가입, 880을 부여받았다. 제조업체코드는 대한상공회의소 유통물류진흥원이 부여

한다. 원래 북미지역에서 개발된 UPC(universal product code)와 유럽 중심의 EAN(european article number) 코드 중 우리나라는 EAN 코드체계에 가입하고 따르고 있었지만 2005년 UCP와 EAN의 통합으로 GS1이라는 통합명칭이 사용되면서 우리나라도 GS1-13코드를 사용하고 있는 것이다. 제조업자가 생산하면서 부착한 바코드를 생산자마킹(source marking)이라 하고 이러한 마킹이 없는 경우 소매상이 유통효율을 꾀하기 위해 자체적으로 부착한 것은 점포별 마킹(instore making)이라 한다. 이 마킹은 표준화가 되지 않기 때문에 효율성이 떨어지지만 점포에서 포장되는 제품 마킹에 유용한 방법이다.

이러한 바코드는 판매시점의 정보를 이용하여 경영활동에 반영하는 POS 시스템의 운영에 필수적인 수단이다. 뿐만 아니라 고객의 요구를 정확하게 파악하고 서비스의 질적 수준을 증가시켜서 온라인으로 자동발주를 하는 EOS(electronic ordering system)시스템을 가능하게 하는 근거가 된다. 이 자동발주 시스템은 컴퓨터단말기에 「A제품 10개 요구」라고 입력하면 즉시 본사와 공장에 온라인으로 연결된 통신망을 통해 제품이 자동적으로 주문되는 시스템이다.

유통실무 Focus

요즘 어디가나 꼭 찍어야 하는 QR코드, 그 비밀은?

QR코드는 'Quick Response Code'의 약자로, 말 그대로 '빠른 응답'이 가능한 코드로 도요타의 자회사인 덴소 웨이브가 1994년 개발했다. 덴소 웨이브는 특허권을 행사하지 않고 무료로 사용할 수 있도록 했고, QR코드를 누구나 활용할 수 있게 되었다. QR코드는 무료에 카메라로 스캔하는 방식이라 스마트폰 보급에 따라 활용 범위가 많이 늘어났다.

QR코드는 기술 자체로 새로운 시장을 만들기보다는 여러 산업분야의 효율성을 높여주는 자유로운 기술이다. 사실 QR코드 개발 전까지 사용하던 바코드에는 담을 수 있는 정보의 한계가 있었다. 바코드는 1차원 코드라고 하는데, 더 많은 정보를 담고자 2차원 코드(Matrix Code)인 QR코드를 개발했다. 바코드는 최대 20여 자의 숫자 정보만 넣을 수 있지만, QR코드는 정사각형에 숫자는 최대 7,089자, 문자는 4,296자를 넣을 수 있다. 따라서 인터넷 주소(URL), 사진이나 지도 등 많은 정보를 담을 수 있다.

QR코드는 정사각형이라 어느 방향으로 스캔해도 인식률이 높고, 최근 대부분의 스마트폰 기본 카메라에 QR코드 스캔 기능이 탑재되어 있어 사용하기 편리합니다. QR코드를 제작하려면 네이버 등 각종 사이트에서 제공하는 서비스를 이용하면 편리하다.

QR코드는 크게 세 가지 요소로 구성된다. 먼저 QR코드의 세 군데 모서리에 자리한 위치 패턴이 있다. 위치 패턴은 어느 방향에서 스캔하더라도 빠른 응답이 가능하도록 기준점의 역할을 한다. 두 번째 얼라인먼트 패턴은 곡면에 QR코드가 위치하거나 각도로 코드 모양이 일그러져도 왜곡을 줄이고 잘 인식될 수 있도록 돕는 역할을 한다. 마지막 셀 패턴은 흑백의 점과 여백 부분으로 데이터를 저장하는 역할이다. 이밖에 충분한 여백이 확보되어야 하고 타이밍 패턴과 같은 여러 요소가 정사각형 안에 포함되어 있다. 만약 QR코드 한 개에 데이터를 다 담을 수 없는 경우 분할하여 만들 수도 있다. 최대 16개까지 분할해 길고 좁은 곳에 인쇄를 할 수 있다.

QR코드는 26년 전 만들어진 이후 꾸준히 진화했다. QR코드는 최초 모델1이 나온 이후 모델2라는 기본 코드가 규격화되어 있다. 이후 작은 공간에 인쇄하기 위해 만든 마이크로 QR코드, QR코드 내부에 사진이나 문자를 넣기 위해 만들어진 프레임 QR코드, 빨강과 파랑 등 색깔이 입혀진 컬러 QR코드 등 다양한 형태로 진화하고 있다.

요즈음은 길거리 광고판을 보면 곳곳에 QR코드가 자리하고 있다. 오프라인에서는 주로 버스나 지하철 광고에 활용되고 홍보물에 인쇄되어 있다. QR코드는 검색이라는 절차를 줄이고 소비자의 즉각적인 행동을 유도할 수 있어 광고, 마케팅 등에 활용되고 있다. QR코드는 간편 결제에서도 사용한다. 오프라인에서 제로페이, 카카오페이 등 간편 결제 수단을 이용할 때 QR코드를 스캔해 결제할 수 있다. PC나 태블릿에서 결제하는 경우 신용카드사 PC 결제에 QR코드를 사용한다. 신용카드사 모바일 앱을 열어 화면에 비추면 결제가 자동으로 이루어진다. 식품 인증이나 물류 분야에도 이력을 관리하고 정품 인증에 활용한다. 바코드에서 얻을 수 있는 정보보다 더 많은 정보를 확인할 수 있어 생산지역, 인증정보, 유통기한 등 다양한 내용을 확인할 수 있다.

이처럼 QR코드는 정보 제공 능력, 사용 편의성 등을 바탕으로 다양한 곳에서 활용 가능하다. 지난 26년간 지속해서 진화한 QR코드는 인공지능, 증강현실 등 다른 IT 기술과 만남을 통해 더욱 스마트하게 진화할 전망이다.

자료: 중앙일보, 2020.8.31.
(https://news.joins.com/article/23860720)

1.4 경로 잡음의 원천과 극복 방법

1) 잡음의 원천

유통경로 의사소통의 생략(omission)과 왜곡(distortion)은 잡음의 특징적인 두 가지 형태인데 이는 다양한 원천으로부터 생기는 것이다. 잡음의 원천으로는 정보 과부하, 비밀성, 의사소통 시간의 부적절성, 그리고 경로구성원 간의 인식 차이 등이다.

(1) 정보 과부하(information overload)

의사소통 메시지를 처리하고 반응할 수 있는 능력은 경로구성원 누구에게나 한정적인 수준에 있는데, 정보가 너무 많이 제공되면 다 처리할 수가 없어서 생략할 수도 있고 똑같지 않은 정보가 있는 경우에는 자연히 어느 것은 다른 정보에 맞게 왜곡되어서 의사결정자는 하나의 결론에 도달할 수 있을 것이다. 정보는 수신자가 적당한 수준으로 환기되어 있어서 주의를 집중할 수 있는 시기에 한두 가지만 제공하는 것이 효과적일 것이다. 적당한 수준으로 환기된 상태가 정보처리능력이 가장 뛰어날 수 있는 시기이기 때문이다.

(2) 비밀성(secrecy)

경로의사결정자는 중요한 의사결정을 하는 경우에는 비밀스럽게 정보송수신을 하게 될 것이다. 그런데 너무 비밀스럽게 되면 의사소통의 문제와 갈등을 유발하게 된다. 만약 어떤 가전제품 회사가 TV광고로 자사의 신제품을 광고하는 경우, 신제품이나 광고와 관련된 정보는 도매상과 소매상들에게도 중요한 뉴스일 것이다. 만약 이 회사가 비밀스럽게 정보관리를 해서 도매상과 소매상이 충분한 제품정보를 갖고 있지 않다면 광고를 보고 소매점을 찾는 소비자들의 실망은 상당할 것이다.

(3) 의사소통 시기의 부적절성(poor timing of communication)

너무 빨리 접수된 정보는 수신자가 간과할 가능성이 크고 너무 늦게 도착된 정보는 가치가 없어진다. 정보시스템이 낙후되어 있던 제품이 도착하고 나서야 그 제품의 촉진 캠페인 기간이 막 시작되었음을 알리는 정보가 접수된다면 제품과 관련된 재고계획과 재고관리가 어려울 것이다. 한편 수많은 부품 공급자로부터 부품의 선적시기를 알리는 정보를 본사의 공장에 실시간으로 접수시킨다면 경우에 따라서 본사의 정보관리자는 아주 오래전에 접수한 정보의 의미를 간과할 가능성이 생길 수도 있다.

(4) 경로구성원 간의 인식 차이(perceptual differences among channel members)

경로구성원들이 정보를 다르게 해석하는 이유는 크게 세 가지로 볼 수 있다. 첫째, 의사소통에 이용되는 언어가 표준화되지 않을 수 있다는 점과 무형이라는 데 가장 큰 원인이 있다.

둘째, 경로구성원들이 서로 다른 준거의 틀을 가지고 있다는 점이다. 유통경로구성원들은 서로 다른 목표를 지니기 때문에 의사소통의 잡음을 발생시키게 된다. 예를 들어, 자동차 산업에서 자동차 생산자는 경제적인 생산규모를 유지하기 위해 적절한 수준의 판매량을 중시할 것이지만 딜러는 판매와 자동차 서비스를 통해 수익성을 달성하는 데 많은 관심을 가지고 있을 수 있다. 딜러는 전체 매출만 적절한 수준으로 달성할 수 있다면 개별 브랜드 각각의 판매량에 크게 집착할 필요는 없을 것이다. 그러나 제조업자는 비용 부담으로 공장 가동의 어려움을 겪지 않기 위해서 특정 모델의 제품 혹은 주력제품에 대해 딜러가 보다 관심을 가져 주기를 기대할 것이다. 이와 같은 준거기준의 차이는 메시지가 부정확하게 입력되거나 부적절하게 출력되게 할 수 있다.

셋째, 정보원천의 신뢰성과 적법성이 의사소통의 효과에 영향을 미칠 수 있다. 만약 소매상이 진실을 말하지 않는 경향이 있다면 공급자는 소매상의 메시지를 의도와는 다르게 해석하려 할지도 모른다. 똑같은 정보라도 전문성, 신용성, 적법성 등을 지닌 사람이나 매체를 통해서 듣게 되면 수신자는 이를 훨씬 신빙성 있는 정보로 이해하게 된다는 뜻이다.

2) 잡음 극복 방법

유통경로 내의 잡음을 제거하거나 줄이는 방법들은 여러 가지가 있다. 그 중 특별히 강조할 만한 것들은 피드백, 특수한 언어 사용, 기술 변경, 순서와 차례 기다리기, 중복과 반복, 정보수요예측 등이 있다.

(1) 피드백

의사소통의 잡음을 줄이는 가장 간단한 방법 중의 하나가 수신된 메시지가 의도된 메시지였는지를 알아낼 수 있는 피드백 장치를 마련하는 것이다. 경로로부터 피드백을 얻기 위한 몇 가지 방법이 있다.

첫째, 판매원들이 유통기관에 전화를 거는 것은 경로 내의 의사소통이 효과적으로 이루어지고 있음을 확인할 수 있는 가장 간단한 방법이다.

둘째, 기업이 입수하게 되는 판매량이나 주문 크기 등과 같은 일상적인 정보는 자신의 마케팅 프로그램의 효과에 대한 직관적인 안목을 갖게 해준다.

셋째, 소비자를 대상으로 하는 설문조사, 점포 감사, 혹은 딜러를 대상으로 하는 조사 등은 피드백을 얻는 또 다른 방법이다.

넷째, 제조업자는 피드백을 얻기 위해 제조업자가 선발하거나 다른 딜러가 추천한 12~25명 정도의 딜러로 구성된 딜러 자문회를 활용하기도 한다. 자문회 구성원들은 경로관계에 대한 자신들의 의견을 제조업자에게 전달하게 된다.

다섯째, 경로 내의 여러 가지 활동에 대해 유통기관들이 정보를 피드백 받을 수 있는 방법으로 회의나 전시회 등에 참석하는 것도 좋은 기회가 될 것이다.

여섯째, 피드백을 얻는 또 다른 방법은 유통기관의 경영자가 다른 경로기관의 관리자들과 비정형적인 대화의 시간을 갖는 것을 생각할 수 있다. 구체적인 대화의 목적이나 소재 및 주제를 정하지 않고 이런 시간을 가짐으로써 기대하지 않았던 정보를 획득할 수도 있을 것이다.

(2) 특수언어

기술적으로 만들어낸 뜻을 금방 알아볼 수 없는 말이나 정부의 관청용어를 이용하면 몇 가지의 상징물로서 송수신자는 엄청난 양의 정보를 서로 교환할 수 있게 된다. 이러한 특수언어의 대표적인 예가 바코드로, 제조업자, 도매상, 소매상들이 보다 정확하게 의사소통할 수 있는 의미를 나타내면서 전자적인 문서교환방식을 따르게 되면 그 효과는 엄청나게 증가한다.

(3) 기술 변경

메시지를 송수신하는 형태를 변화시킴으로써 기업은 유통경로에서 발생하는 잡음의 양을 줄일 수 있다. 일반적으로 다른 기술을 이용하게 되면 의사소통의 품질과 속도를 개선할 수 있다. 그것은 의사소통시스템의 개발에서 경로구성원이 메시지의 순서와 시기를 고려하게 만든다.

(4) 순서와 차례 기다리기

앞서 살펴본 것처럼 유통경로 의사소통의 잡음은 종종 수신자가 너무 많은 메시지를 한꺼번에 처리하려 한다는 이유만으로도 발생하는 경우가 있다. 이러한 과부하는 메시지가 수신자에게 한 묶음으로 도착하게 될 때 발생하게 된다. 이때 의사소통의 잡음을 제거하는 방법으로는 메시지에 순서를 정하게 되면 수신자는 그 메시지를 정확하게 처리할 수 있는 적절한 시간을 갖게 될 것이다. 경로 의사소통의 잡음은 메시지가 순서 없이 도착할 때도 발생할 수 있다. 이때 메시지가 적절한 순서로 처리될 수 있도록 정상적인 순서를 정하는 일이 필요하다.

(5) 중복과 반복

송신자가 같은 메시지를 여러 가지 의사소통 매체를 통해 여러 번 보내게 되면 이것은 경로 의사소통에서 생략과 왜곡을 줄이기 위해 중복(redundancy)을 하고 있는 셈이다. 이러한 잡음 제거 메커니즘은 두 가지 방향으로 작동하고 있다. 하나는 서로 다른 의사소통 매체를 이용함으로써 송신자는 수신자가 그것들 중 어느 것에 대해서 가질 수 있는 편견을 없앨 수 있다. 예를 들어, 업계지에 실린 광고는 흔히 별로 자랑스러운 것으로 생각되지 않지만 신뢰하는 판매원을 통해서 그 내용을 들은 경우에는 더욱 가치 있는 정보로 생각하게 될 것이다.

다른 하나는 반복을 함으로써 최초의 전송에서 유실된 일부 메시지가 수신될 수 있을 것으로 기대하는 경우도 있다. 포화광고를 하는 이유도 바로 이러한 이유 때문이다.

(6) 정보수요예측

이제 유통경로가 조직 간 시스템으로서 성공적인 업무를 수행하려면 모든 마케팅 흐름에 대한 의미 있는 의사소통이 불가피하다는 것이 명백해졌다. 경로정보 및 의사소통 시스템 개발의 중요한 단계는 마케팅 기능을 효과적으로 수행하려면 어떤 유통기관이 어떤 정보를 필요로 하는지를 이해하는 일이다. 이러한 이해가 있을 때 비로소 유용한 메시지만이 의사소통시스템을 통해 전송될 것이다. 진정으로 정보를 필요로 하는 경로구성원만이 그것을 수신하게 될 것이다. 따라서 다른 경로구성원들은 건너뛰게 되는 셈이다. 이렇게 하게 되면 유통경로에서 불필요하거나 무관한 정보가 전송되거나 수신되는 경우가 크게 줄 것이다.

하나의 유통경로구성원이 시장수요정보와 같은 가치 있는 정보를 수집하고 해석하여, 다른 경로구성원에게 전송하는 이른바 불확실성의 흡수(uncertainty absorption)는 경로 의사소통시스템을 통해 이동되는 정보의 양을 줄일 수 있는 또 다른 방법이다. 이 과정으로 불필요한 정보를 제거함으로써 원래의 자료에서 나온 정보들만 전송할 수 있게 된다.

3) 잡음 제거의 문제점

의사소통의 잡음을 줄이려는 시도가 가끔 좋지 않은 부작용을 낳기도 한다. 다시 말해 잡음을 없앤다는 것이 잘못되어 추가적인 잡음을 불러올 수 있다는 뜻이다. 이를테면 반복과 피드백은 송수신해야 할 정보의 양을 증가시키기 때문에 결과적으로 의사소통의 과부하를 가져온다. 또한 피드백은 그 자체가 의사소통의 잡음을 만들기 때문에 문제를 더욱 복잡하게 하고 만다.

메시지를 특수언어에 맞추는 과정에서는 송신자가 메시지의 맥락에 관한 가치 있는 정보를 생략하게 될 수도 있다.

불확실성의 흡수는 원자료로부터 추론을 하는 경로구성원이 편견을 가지고 있을 경우에는 메시지를 왜곡 혹은 생략할 수가 있다는 한계가 문제가 된다. 기술 변경은 의사소통의 속도를 개선하는데 이는 메시지 송신과 수신 간의 시간을 단축시켜 준다. 이렇게 되면 유통경로관리자는 실수를 할 여지가 적어지게 되는 혜택이 있다.

그런데 중요한 것은 유통경로 의사소통의 잡음을 제거하려는 시도는 잡음 제거 메커니즘을 실행하는 비용과 그것으로 인해 얻는 것 사이에는 균형을 유지해야 할 것이다. 금전적인 비용과 혜택뿐만 아니라 잡음 감소의 절대량을 평가하여야 한다. 너무 비용을 많이 들여서 잡음을 제거하게 되었다면 옛날 돌팔이 의사가 「곱추는 고쳤는데 사람이 죽었군요」라고 하는 우스갯소리의 교훈을 되새겨야 할 것이다.

Section

2 물류정보시스템

2.1 물류정보시스템의 정의 및 중요성

유통경로구성원 간의 다양한 형태의 의사소통을 통해서 경로의 업무가 원활히 진행되고 필요한 경우에 서로 조정을 하면서 성과를 높여갈 수 있다. 의사소통이 적거나 부적절한 경우에는 경로구성원 간의 역할에 대한 조정이 어렵기 때문에 경로관리자는 이러한 의사소통의 원활화와 효율성을 막는 장애 여부를 확인하려는 노력을 계속해야 한다. 그럼에도 불구하고 정보의 전달과정에서의 생략이나 왜곡으로 인한 장애가 발생하곤 한다. 부적절한 의사소통이나 잘못된 정보 전달은 역기능적인 경로갈등을 만들어내게 된다.

그래서 경로 내에서의 효과적인 의사소통을 위한 방법론은 중요하게 다루어져야 할 주제이다. 효과적인 의사소통을 가로막는 이유는 행위적, 구조적, 그리고 기술적 이슈와 관련된다. 행위적 이슈에서는 구성원 간의 입장과 상황에 맞는 행위를 맞추고 이해·조정하는 것에서 의사소통이 시작된다는 것이며, 구조적 이슈는 조직 내부 및 조직 간의 구조가 의사소통을 원활하게 진행할 수 있도록 설계·운영되는 것과 관련되는데, 이러한 행위와 조직적 의사소통을 지원하는 기술의 도입은 그 성과를 급격히 향상시킨다는 점에서 중요하다.

그래서 제조업자 및 유통업자들은 자신들의 유통정보를 정리하고 서로 의사소통을 하기 위한 다양한 기술들을 도입하게 되는데, 이처럼 기업의 유통활동 수행에 필요한 정보의 흐름을 전사적으로 통합하여 저장하고 관리할 수 있도록 지원하는 시스템을 물류정보시스템(logistics information system)이라

한다. 이 시스템은 자료를 수집 · 분석 · 처리하여 경로의사결정을 하는 데 필요로 하는 정보를 제공해 줄 수 있는 인간과 컴퓨터시스템의 구성요소들로 이루어지게 되는데, 구매관리시스템, 주문처리시스템, 실적관리시스템, 수·배송관리시스템, 출하 · 재고관리시스템, 대금관리시스템, 고객데이터베이스, 수요예측시스템 등등의 다양한 시스템 중에서 기업의 필요와 특징에 맞는 시스템을 선택하여 구성하게 된다. 이러한 시스템에 저장되는 데이터에는 기업 내부의 판매 · 영업 관련 데이터, 상품 · 생산 관련 데이터, 판매 · 조달물류 관련 데이터, 고객서비스 관련 데이터 등이 있으며, 기업 외부의 기술정보, 경쟁사 정보, 경제 · 정치환경정보, 사회 · 문화정보 등의 환경정보 등도 함께 수집 · 저장되어 전략적 의사결정을 지원하게 된다.

이러한 물류정보시스템의 도입은 정확한 정보교환, 속도 및 정확성 향상, 인건비 절감 등으로 고객과 공급업체 간 협력활동이 가능해지고 고객만족도를 높이는 성과까지 기대할 수 있다. 예를 들어, 1990년대 이전만 해도 유통업체들은 재고조사를 위해 창고에 있는 제품을 일일이 수작업으로 세어 정리해야 했지만 1990년대 POS 시스템이 도입되면서 유통업체들은 재고조사의 부담을 덜고 실시간으로 판매정보까지 확보하게 되었고, 날씨 및 판매데이터와 결합되어 수요예측까지도 가능해졌다. 이러한 정보가 제조업체의 생산 및 재고 운영전략에 필수적인 자료가 되면서 유통업체의 힘이 커지기도 하였다. 소비자들은 계산대에서 기다리던 시간이 줄어들게 되었고, 필요한 제품의 재고를 바로 확인할 수 있게 되어 만족도도 향상되었음을 볼 수 있다.

2.2 물류정보시스템의 설계

물류정보시스템을 설계하는 과정을 [그림 13-2]에서와 같이 다섯 단계로 나누어 볼 수 있다.

1) 주요 의사결정 영역의 확인

물류정보시스템을 통해 어떠한 기능을 효율적인 것으로 만들 수 있는지

[그림 13-2] 물류정보시스템 설계 과정

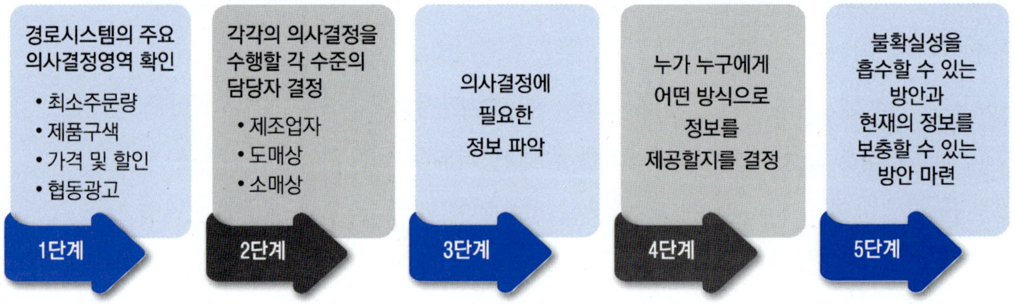

를 가늠해 보는 단계이다. 궁극적으로 왜 물류정보시스템을 구축하려는지 가장 기본적인 질문을 던져 보는 시점이다. 결국 유통경로구성원의 공통의 관심사 중 주문처리, 지불수단, 촉진 등과 같은 업무 영역의 효율성을 제고하는 것이 가장 큰 의사결정이 될 것이다.

2) 의사결정 담당자의 결정

경로 관련 의사결정을 수행해야 하는 수준이 제조업자, 도매상, 소매상 중 누구인지를 결정하는 단계이다. 각각의 경로구성원이 어떤 구체적인 역할을 책임지고 담당하는지 혹은 전체 경로의 공동의 역할인지를 결정하는 시기이다. 재고관리의 책임이 전체 경로구성원의 것이기도 하지만 의류산업의 경우에는 제조업자가 맡는 경우가 많고 전자산업의 경우는 소매상이 책임을 지는 경향이 있다. 자신의 경로에서는 구성원 중 누가 이러한 특정 업무를 책임져야 할지를 결정하는 것이 이 단계의 과업이다.

3) 의사결정에 필요한 정보의 파악

경로 전체의 정보시스템을 효율적으로 운영하기 위해 각 유통단계에서 필요로 하는 경로 정보를 목록으로 만들어 보는 과정이다. 제조업자, 도매상, 소매상 각각이 필요로 하는 정보 목록이 다를 수 있다. 제조업자가 원료 공급자의 재고와 소비자의 구매패턴의 변화와 관련된 정보를 필요로 한다면, 도매상은 제조업자와 소매상의 재고현황을 필요로 할 것이며, 소매상은 소비자 구매패턴의 변화와 경쟁상의 제품구색에 관한 정보 등을 필요로 할 것이다.

4) 정보 수집자, 사용자, 정보제공 방식의 결정

물류정보시스템을 구성하고 있는 경로구성원 중 누가 정보를 수집하고, 누가 이용하며, 이를 어떤 방식으로 전달해야 하는지를 결정해야 한다. 시장의 경쟁이나 구매자의 소비패턴의 변화, 제품 구매와 관련된 만족·불만족, 제품 구매 후의 불평 행동 등에 대한 정보는 소매상이 가장 필요로 하고 수집도 소매상이 하는 것이 효율적이다. 제조업자의 입장에서는 전체적인 시장의 수요 변화와 경쟁자의 신제품 개발 관련 정보 등을 수집할 수 있는 능력을 가졌기 때문에 거시적인 정보 수집을 해야 할 것이고 이러한 정보는 경로구성원 모두에게 유용할 것이다. 이렇게 수집된 정보는 사용자에게 되도록 실시간으로 전달되는 것이 잡음을 줄이고 가장 효율적인 전달방식이 될 것인데 이제는 전자적인 정보교환방식이 이러한 기능을 수행하고 있다.

5) 경로 불확실성의 제거 및 정보 보충

경로구성원들이 수집하고 전달하는 정보가 경우에 따라서는 잘못 전달되거나 전달되지 않는 경우도 발생한다. 경로에 잡음이 생기게 되면 정보의 가치나 정보전달의 효율성은 줄게 될 것이기 때문에 되도록 전자적인 정보전달로 실시간의 정보교환을 가능하도록 해야 하고, POS 시스템을 가동하여 불확실성의 제거는 물론 필요한 경우 경로구성원이 새로운 정보를 보충적으로 입력하여 이를 다른 구성원들이 활용하도록 해야 할 것이다.

Section

3 물류정보시스템의 기술

정보시스템과 원거리통신(telecommunication)은 경로 전체에 의사소통망을 형성하게 하는 중요한 기술적 수단이다. 여러 가지 정보 및 텔레커뮤니케이션의 종류와 그 적용사례를 <표 13-2>에 제시하였다.

〈표 13-2〉 여러 가지 정보 및 텔레커뮤니케이션의 종류

	관련 유통 기능			
정보기술	판매와 마케팅	구매 및 재고관리	물적유통	일반관리
온라인 데이터베이스 (on-line database)	온라인 주문 시장분석 PC활용 생산성 측정	자동구매주문 재고통제 PC활용	운송경로계획 창고에서 상차 PC활용	회계 경영정보 계획 LAN
스캐닝 (scanning)	가격정책 대금 청구 카탈로그 주문 판매원 방문 보고	재고통제 반품관리	출고 입고 창고 이동	보안 종업원 추적 현금수납
텔레커뮤니케이션 (telecommunication)	화상회의 고객 접촉 이동통신	공급자 목록 EDI	수송차량 위치 확인	화상회의
사무자동화 (office automation)	전자우편	LAN	최종사용자료 입력	워드프로세스 광파일
비디오텍스 (videotex)	카탈로그 제작 종업원 훈련	카탈로그 제작 종업원 훈련	운송정보	종업원 훈련
인공지능 (artificial intelligence)	가격 결정	주문	거래 일상화 운송계획	전략적 모델링
인출과 저장 시스템(retrieval and storage system)			창고 이동	자료관리
로봇공학(robotics)			출고 포장	

정보혁명은 유통경로의 구조와 경쟁에 커다란 영향을 미치게 되었고 컴퓨터의 사용이 증가되면서 시장은 급속도로 변하게 되었다. 전자시장(electronic marketplace)이 생겨나서 컴퓨터의 위력을 거듭하여 보여주고 있는 실정이다. 전자적인 공간을 주 무대로 하여 공급자와 수요자가 컴퓨터를 통해 만나는 전자시장은 수요와 공급 간의 시간과 비용을 엄청나게 절감시켜 주었다. 이제는 수직적 통합이나 수평적 통합과는 또 다른 차원의 경로구조가 실질적으로 존재하는 것과 같은 시대가 되었다. 이름하여 모든 방향으로의 통합(allward integration)을 이룬 경로구조라고 할 수 있겠다.

이러한 정보기술은 이제 경로구성원 간의 힘과 의존성의 균형을 좌우하는 실체로서의 역할을 하기에 이르렀고 무엇보다도 JIT(just-in-time) 재고배치를 가능하게 해주었다. 경로구성원들은 정보기술을 체계적으로 관리하여 효과적으로 이용할 수 있게 된다면 경로에서 경쟁적 위치를 확보할 수 있을 것이다. 정보기술과 정보시스템의 개발은 다음과 같은 다양한 혜택을 가져다 줄 것이다.

- 비용절감 : 전자판매경로는 주문처리, 영수증 처리, 제품추적, 수송 그리고 회계정보의 처리에 있어서의 서류작업과 종업원의 수작업을 줄여주는 것으로 경로 전체의 비용을 절감시켜 준다.
- 비용이전 : 전문가시스템을 활용함으로써 제품전문가의 비용을 경로의 제조업자나 유통업자의 판매원에게로 이전시킬 수 있다. 텔레마케팅을 하는 초보판매원과 고객서비스 관리자까지도 소프트웨어에 저장된 제품지식을 쉽게 인출할 수가 있다.
- 수입증가 : 만약 판매원이 컴퓨터를 이용한 사업계획서 작성에 숙달되어 있다면 더 많은 일거리를 처리함으로써 수입을 증가시킬 수 있을 것이다.
- 비용회피 : 주문, 제조, 그리고 수송 등을 가속화함으로써 고객의 클레임을 피하게 되어서 결과적으로는 비용을 부담하지 않아도 될 수 있다.
- 성과개선 : 과거에는 소수의 고객들에게만 서비스 할 수 있는 몇 명의

설계기술 전문가를 보유하고 있었다. 그런데 이제 전문가 시스템 소프트웨어인 'Packaging Advisor' 등이 개발되면서 다수의 고객들에게 기술을 제공하는 의사소통을 할 수 있게 되었다.

- 위험감소 : 한 기업에서는 판매원들의 복잡한 견적을 종합적으로 판단하고 주문의 정확성을 높여 줄 수 있는 전문가 시스템을 운영하고 있다. 이 시스템은 초기에는 평균 30분 걸리고 70%의 정확성을 가졌지만 이제는 3분밖에 안 걸리고 98%의 정확도를 갖추게 되었다.
- 관계의 새로운 설계 : 공급자와 고객 간의 직접적인 의사소통은 몇몇 중간상과 서비스중간상을 제거시키는 역할을 하게 되었다.
- 경쟁시장에서의 혜택 : 판매원이 생산관련 일정에 대해 직접 의사소통하는 시스템을 사용하는 능률적인 물류시스템으로 도요타 자동차 회사는 분해검사시간을 6일로 단축시켰다. 이것이 시장점유율을 유지할 수 있게 해주었다.
- 경쟁에서의 생존 : 기술이 경쟁의 기초를 바꾸어 놓았기 때문에 정보기술을 급속히 혁신하고 개선할 필요성이 생기게 되었다.

3.1 전자문서교환과 유통경로

전자문서교환(EDI: electronic data interchange) 시스템은 [그림 13-3]과 같이 유통경로구성원을 전자적으로 연결하여 상호 간의 신속하고 정확한 의사소통이 가능하게 해준다. EDI는 직접적으로는 보다 정확한 의사소통을 통해서, 간접적으로는 빠른 의사소통을 통해서 경영과 관련된 비용을 줄여주고 있다. 실질적으로 종업원 수를 줄이는 것으로 줄이는 비용감소와 정보처리에 필요한 종이 사용을 줄이는 것으로 발생하는 비용감소는 엄청날 수도 있다. 전자적인 주문을 하게 됨으로써 수송의 리드 타임(lead time)을 줄이게 된다면 이는 곧 비용감소로 이어지게 되는 셈이다.

EDI 시스템을 산업 부분에서 처음으로 개발하는 기업은 분명한 경쟁적

[그림 13-3] 전자문서교환(EDI)

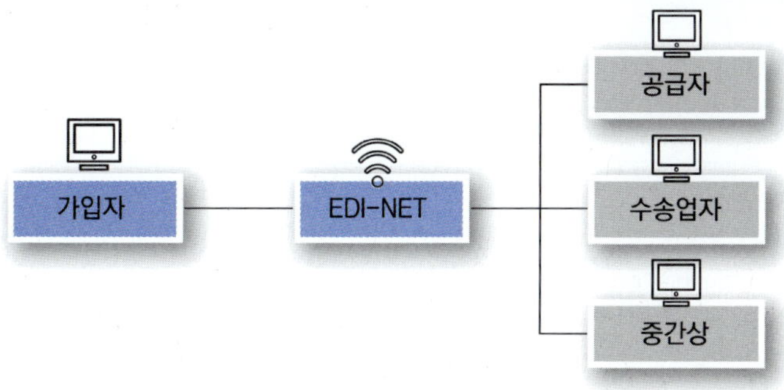

이익을 취할 수 있다는 전략적 효과를 노릴 수 있다. EDI 시스템은 현재의 경쟁자가 더 어려워지게 할 뿐만 아니라 잠재적인 신규 진입자에게는 진입장벽을 치는 효과도 가져다준다.

아메리칸 항공(American Airlines)이 업계에서 처음으로 운송업자와 중간상을 연결하는 주문시스템인 EDI 네트워크를 개발하게 되었다. 항공산업에서 여행사는 항공수송업자와 고객 간의 중간상의 역할을 수행하게 되는데, 새로운 주문시스템은 세계의 모든 주요 항공사의 운항시간표를 미국의 자동화된 여행사에게 제공하였다. 여행사들은 이 새로운 주문시스템을 이용해서 다른 항공사를 예약하는 경우에 대해서는 건당 1.75불을 내야만 하게 되었다. 여행사들은 비자발급이나 호텔예약에도 이 네트워크를 이용할 수 있었다.

이 새로운 시스템에 접속한 여행사의 숫자뿐만 아니라 이 시스템이 취급하는 정보의 광범위성도 아메리칸 항공의 분명한 경쟁적 이점이 된 것이다. 사실상 이 새로운 시스템은 아메리칸 항공이 항공 여행시장의 점유율을 올리는 데 중요한 기여를 한 셈이다.

1) EDI의 특징

EDI의 특징을 다른 문서 송수신 수단과 비교해 보면 <표 13-3>과 같이 정리될 수 있다. EDI는 부가가치통신망(VAN: Value Added Network)을 경유해서 정보송수신이 이루어지고 있다. VAN이란 공중통신사업자의 통신회선을

〈표 13-3〉 EDI의 특징

과업 형태/송수신 방법	Fax	E-mail	EDI
자료 전송방식	당사자 간 즉시 전송	VAN 경유	VAN 경유
자료 형태	문서판독 (human-readable)	문서판독 (human-readable)	기계판독 (machine-readable)
자료 구조	자유형식	모든 형태(문자, 그림, 서식)	구조화된 표준양식
자료 입력	수신자 데이터 추출 및 재입력	수신자 데이터 추출 및 재입력	응용프로그램 간 데이터 자동입력
자료 처리	개인 간 (person-to-person)	개인 간 (person-to-person)	프로그램 간 (application-to-application)

임차하여 컴퓨터를 이용한 다양한 응용서비스를 제공하고 통신과 관련된 부가가치를 생산하기 위해 연결된 통신망이다. 이는 주로 기업 간의 자료 및 정보교환시스템으로 표준화가 가능하기 때문에 불특정 다수 기업 간에 효율적인 문서교환을 가능하게 한다.

2) EDI 실현과 장단점

EDI는 기업 내부에서는 다음과 같은 순서적인 과정을 거쳐 실현되는 것이 계획적일 것이며 이러한 계획과정을 통해 실현되는 것이 효율성을 극대화시킬 수 있는 방법이다.

- EDI 프로젝트 전담자를 선정 : 프로젝트 전담자를 선정하게 되면 그는 조직관리자, 정보자원 제공자, 프로젝트 스케줄 관리자로서의 역할을 수행하게 된다.
- 프로젝트팀을 구성 : 각 부서장의 지원으로 각 부서에서 프로젝트팀에 필요한 인원을 파견하여 팀 조직을 구성하게 된다.
- 현업 및 기술적 측면의 기초분석 실시 : 프로젝트팀이 주축이 되어서 각 부서의 업무 현황 파악을 하고 이를 토대로 업무흐름도를 작성한다.
- 프로젝트 추진범위 제안과 경영층의 사전승인 : 프로젝트팀의 사업계획을

경영층이 확인한 후 사전승인을 내려야 한다.

- 구체적인 전략계획 수립 : 프로젝트와 관련된 예산, 추진 일정, 부서 간 협조사항 등에 대해 전략적 계획을 수립한다.
- 거래 상대방과 협의 : 관련 업체의 추진 정도를 파악하여 서로 간의 자료 및 정보 교환계획을 협의한다.
- 프로젝트 지원을 위한 환경 마련 및 시스템 요구 조건 평가 : 주고받을 정보 내용과 수준을 결정하고 소프트웨어의 개발 및 구입 의사결정을 내린다. 이 단계는 최종적으로 프로젝트 수행을 결정하는 과정이다.
- 내부 프로그램 접속방식 및 VAN 서비스 선택 : VAN 사업자를 파악하고 구체적으로 거래를 하게 될 사업자를 선정하는 단계이다.
- 문제 검토, 전송 스케줄 마련, 그리고 예비조사(pilot study)와 사전조사(pre-test) : 최종적으로 실행을 위한 점검을 하고 예비적으로 사전 리허설을 하는 단계이다.

앞에서도 EDI의 이점을 잠시 언급하였지만 제조업자와 유통업자에게 가져다주는 장점은 구체적으로 다음과 같다.

- 주문의 리드 타임 감소
- 높은 서비스 수준의 달성
- 재고 고갈 상태의 해소
- 딜러, 촉진, 가격 변화, 그리고 제품 획득 가능성 등에 대한 의사소통의 개선
- 낮은 재고비용
- 주문, 선적, 입고 등의 정확성 제고
- 노동비용의 감소

이러한 장점에도 불구하고 EDI로 인해 제조업자와 유통업자가 가질 수

있는 단점으로는 다음과 같은 것들이 있다.

- 주문이 전송되고 처리되어 선적되는 것이 너무 빠르기 때문에 주문을 변경하려면 어려움이 따르게 된다.
- 로지스틱스 기능을 수행할 충분한 여유시간이 없다.
- EDI를 갖추지 못한 고객이나 공급자와의 거래를 충실히 수행하기 위해서는 종이와 EDI 두 가지로 의사소통해야 하는 번거로움이 따른다.
- 제3자 컴퓨터 서비스를 이용하는 때와 같은 경우에는 전송되는 정보의 안전과 통제가 어려울 수 있다.
- 메시지와 의사소통의 표준을 마련하기가 어렵다.
- 제조업자와 유통업자의 컴퓨터 시스템, 법, 회계, 재무, 구매, 판매, 그리고 로지스틱스 부분 간의 상호 조정이 어려워진다.
- EDI 네트워크의 계약법과 불공정 거래관련 규정이 불명확한 경우가 많다.

3) EDI 제3자 서비스의 역할

제3자 서비스 담당자는 유통경로구성원으로부터 정보를 접수하여 전송해 주는 중간상의 역할을 하는 독립조직이다. 제3자 서비스 담당자는 두 개 이상의 기업 간의 의사소통 접속기로서의 역할을 하면서 송신자가 보낸 메시지를 수신자가 인식할 수 있는 형태로 해석하는 역할을 한다.

EDI-NET이 가입자를 공급자, 중간상, 그리고 수송업자 등과 서로 간에 전자적으로 의사소통하도록 시간적인 불연속성을 해결해 주는 역할을 하고 있다. EDI-NET은 국내와 국제 시간의 불일치라는 시차와 영업 절차의 차이를 완충시켜 주고, 의사소통의 표준을 정해 놓고 운영하고 있으며, 다양한 의사소통 언어(컴퓨터 언어 등)로 의사소통하며, 8가지의 다양한 컴퓨터 시스템을 이용하여 상호 연계시키고 있다.

제3자 서비스는 유통경로구성원에게 몇 가지 혜택을 제공해 준다. 첫째, 정보중간상의 역할을 함으로써 경로구성원 상호 간의 의사소통을 위한 접촉의 수를 줄여 준다. 둘째, 경로구성원들이 시간 불일치, 의사소통 표준, 의사소통 언어, 컴퓨터 시스템 등의 다양성 하에서 경영해야 하는 위험을 흡수해 준다. 제3자 서비스 담당자는 제조업자, 도매상, 소매상, 그리고 로지스틱스 기업을 이러한 불일치로부터 해방시켜 줄 수 있다. 넷째, 마케팅 흐름의 성과 측면에서 전문화를 가능하게 하기 때문에 이러한 정보중간상들은 경로구성원이 직접 이러한 기능을 수행하는 것보다 더 경제적일 수 있을 것이다.

반면 제3자 서비스 담당자는 분명한 단점도 갖고 있다. 첫째, 경로구성원이 직접 이러한 기능을 수행하는 것보다는 비용이 비쌀 가능성이 크다. 둘째, 이 통신망은 공급자와 유통업자 간의 추가적인 연계이기 때문에 의사소통시스템에 연계가 많을수록 잡음이 발생할 가능성이 커진다는 경험적인 우려를 하게 된다. 셋째, 유통경로구성원이 창업을 하는 경우에는 자신의 시스템뿐만 아니라 제3자 시스템까지도 알아야 하는 비용이 발생한다. 정보중간상을 이용하는 경우에는 안전의 문제도 우려되는바, 이는 경쟁자가 정보를 확보하게 되는 것 말고도 전화선이나 기타 다양한 방법을 통한 해커(hacker)의 발생가능성이 커진다. 넷째, 제3자 서비스 담당자는 경로 내의 전문적인 지식과 정보를 축적함으로써 궁극적으로는 본의든 아니든 힘을 가지게 되어서 결과적으로 불필요한 갈등 발생원인을 제공할 수 있다.

이제 EDI 시스템은 전자메일박스의 역할을 수행하게 되고 이 시스템이 보다 정교화될수록 경로구성원은 온라인으로 연결되고 정보처리는 실시간으로 이루어질 것이다. EDI 시스템은 이제 다양한 관련 기능과 통합 및 조정되어 향후에는 다른 기능 분야에서도 엄청난 효율적인 장치로서의 역할을 수행할 것으로 기대된다.

3.2 POS 시스템

POS(point of sale) 시스템은 주로 소매점포에서 판매시점에서 수집한 자료인 POS 데이터(point of sale data)를 전체 경로구성원들이 공동으로 온라인(on-line) 시스템을 통해 이용함으로써 재고관리와 제품생산관리, 판매관리 등에 실시간으로 빠르고 정확하게 정보를 이용하는 정보의사소통방식이다. 이제는 백화점까지도 POS 자료를 이용한 고객카드를 만들어서 고객관리업무를 보다 체계적으로 수행할 수 있게 되었다.

1) POS의 자료 유형

POS 자료의 두 가지 유형은 점별 자료(store data)와 고객별 자료(pannel data)이다. 전자는 점포별로 수집된 판매제품의 품목명, 수량, 가격, 판촉 등에 관한 자료이고, 후자는 구매 가정별로 구매한 제품과 관련된 자료이다.

점별 자료 수집을 위해 전국의 표본 점포를 이용하여 시장조사한 자료를 지역별/품목별로 분류하여 유통업체나 생산자에게 공급해 주게 되면 이를 통해 타 점포에서 인기 있는 제품, 타 점포의 가격정책, 타 점포의 판촉전략 등에 대한 정보를 얻을 수 있다.

고객별 자료는 표본 가정을 추출하여 표본 가정의 고객이 소비자 ID카드를 가지고 구매를 하게 되면 그때마다 고객의 ID번호와 바코드의 제품고유번호가 동시에 입력되게 된다. 결과적으로 어떤 고객이 어떤 제품을 구매하는지를 분석하게 되어 점포경영전략에 활용할 수 있게 해준다. 고객별 자료를 활용하는 방식으로는 'ABC분석'이 대표적인데 이는 소매점포의 머천다이징 전략의 일종이다. 취급 품목을 판매성적에 따라 A, B, C로 등급화하여 C에 해당하는 품목은 자기 점포의 제품믹스에서 제외하는 방식이다.

이외에도 POS 자료를 이용하여 제품별/시간대별 판매기록과 같은 기초자료를 확보하고, 판촉분석, 진열효과분석, 재고회전율분석 등과 같은 제품기획에 활용하며, ID카드를 이용하는 경우에는 제품정보와 고객정보를 결합하여 고객별 대응전략을 펼칠 수 있다. 이러한 활용효과는 궁극적으로 소매기업의 마케팅전략의 원천이 되는 셈이다.

2) POS의 운영

POS 시스템을 운영하기 위해서는 판매시점의 정보를 즉시 입력할 수 있게 고안된 바코드가 제품에 부착되어 있어야만 한다. 바코드의 정보를 스캐너가 인식하여 이를 중앙컴퓨터에 입력하게 됨으로써 실시간 정보를 이용한 효율적인 재고관리와 판매관리가 효율적으로 수행될 수 있게 된다. 이러한 POS 시스템의 자동입력 방식인 바코드는 자동입력방식과 수동입력방식 등 다양한 입력방식이 활용되고 있다.

POS 시스템의 운영과정을 순서적으로 정리하면 다음과 같다.

- 바코드 리더(bar code reader)로 제품의 바코드 판독 : 바코드 리더는 터치형과 레이저형 등 다양한 방식으로 제품에 부착된 자료를 판독한다.
- 판독한 자료 POS 터미널에 입력 : 터미널은 금전등록기와 통신기능을 갖춘 장비로 흔히 소매점의 계산대로 쓰이고 있다.
- POS 터미널에서 호스트컴퓨터로 자료 송신 : 호스트컴퓨터(host computer)는 대형컴퓨터로 제품 관련 자료가 이미 내장되어 있기 때문에 각 점포의 터미널에서 보내온 자료를 근거로 판매, 구매, 재고기록을 새롭게 기록하게 된다. 호스트컴퓨터는 말 그대로 점포관리자(store controller)의 기능을 하는 셈이다.
- 호스트컴퓨터가 제품 파일을 확인하여 POS 터미널로 재송신함과 동시에 소매체인 본부로도 송신 : 호스트컴퓨터는 제품파일의 품명, 가격, 제조원 등을 파악하여 터미널로 재송신해 주고 온라인으로 연결된 타 유통정보망으로도 자료를 송신한다.
- POS 터미널의 영수증 발급 : 호스트컴퓨터로부터 받은 자료를 토대로 터미널은 고객이 구입한 제품을 품목별로 계산을 하여 제품명세와 함께 영수증을 발급하게 된다.

POS 시스템의 이점은 다음과 같은 다양한 측면에서 나타날 수 있다.

- 계산과 영수증발급을 신속하게 할 수 있기 때문에 계산대가 줄어서 시간과 비용 절감 효과를 낸다.
- 판매원 교육의 시간과 비용이 줄고 계산과 입력의 착오가 없어진다.
- 제품별 판매 동향을 즉시 확인할 수 있다.

- 자동발주 시스템과 연계하여 주문관리, 재고관리, 판매관리의 과학화를 기할 수 있다.
- 계산과 관련하여 소비자의 신뢰감을 제고하여 점포이미지를 개선할 수 있다.

POS 시스템은 소매기업의 가장 핵심적인 경쟁력 제고 요인으로 부각되었다. 기계적인 장치나 전자적인 작동의 효율성이나 소프트웨어의 최신성 등도 중요하지만 무엇보다도 중요한 것은 이러한 시스템을 운영하는 관리능력일 것이다. 자칫 소매점포가 POS 시스템의 구축으로 시장, 경쟁자, 고객에 대해 할 바를 다한 것과 같은 그릇된 생각을 경계해야 한다. 그러기보다는 소매점포관리자나 정보관리자는 POS 시스템을 어떻게 활용하는 것이 보다 시장지향적이고 고객지향적인 정보관리가 되는지를 파악하도록 해야 한다.

Section

4 물류정보시스템과 유통관리

정보기술, 정보기술을 이용한 물류정보시스템, 유통경로구성원 간의 의사소통 등은 경로흐름이나 경로 의사결정의 유형에 따라 그 의미와 유용성이 다를 것이다. 물류정보시스템과 관련된 변화가 영향을 미칠 수 있는 유통 관련 의사결정 영역은 다음과 같다.

4.1 재고관리

재고관리는 경로 전반의 문제이고 경로구성원 모두의 의사소통을 필요로 하는 의사결정 영역이다. 제조업자, 도매상, 소매상이 서로 재고의 양과 위치의 변화를 알 수 있을 때 재고문제를 통제할 수 있게 된다. 재고량은 제조업자가 가진 것보다는 많아서 충분한 것이 좋고 창고의 재고량, 수송중인 재고량, 도매상에 진열된 재고량, 그리고 소매의 재고량 등을 모두 아는 것이 중요하다. 이러한 정보는 제조업자의 생산계획에 영향을 미치는 것은 물론이고 소매상과 도매상의 구매계획에도 영향을 미치게 된다.

경로 전체의 재고관리에 가장 큰 영향을 미치는 것은 EDI 시스템의 도입과 실행이다. 이러한 시스템을 이용함으로써 다른 경로구성원은 물론이고 제조업자, 도매상, 소매상은 최적의 자동주문시스템을 구축할 수 있고, 생산, 가공, 선적, 수송 등을 체계화할 수 있다.

EDI는 컴퓨터와 컴퓨터 간의 직접적인 자료전송으로 종이의 역할을 전자적인 수단으로 대신하게 한 것이다. EDI는 기업과 경로구성원 간 혹은 각 부서 간의 전자적 자료교환 형태를 일컫는 말이다. 직접적인 효과는 종이를 사용하지 않게 되는 것이고 이는 궁극적으로 보다 일관성 있고 정확한 자료송신, 중복 작업의 감소, 실시간 자료의 증가, 관리비용의 감소 등을 가져오게 되었다. 간접적인 효과로는 경로구성원의 경영방식을 바꾸는 여러 가지의 변화를 가져오게 되었다.

전자적인 의사소통의 증가는 이제 기업과 기업 혹은 조직 간의 거래에서 중요한 의미를 가질 수 있는 모든 정보의 공유라는 정보소유의 공평성이 실현될 수 있는 필요조건을 유통경로시스템이 달성하게 된다. 전자적인 정보기술의 발달은 과거에는 불가능한 것으로 보였던 유통경로의 문제해결에 적절히 이용될 수 있는 가능성을 증가시켜 줄 것이기 때문에 전반적으로 새로운 경쟁 부분으로 등장하게 된 것이다.

4.2 수송관리

로지스틱스와 관련된 기술은 차근차근 발달해 왔지만 로봇공학, 컴퓨터 소프트웨어, 그리고 재료관리 등의 기술은 일시에 비약적으로 발달하게 되었다. 컴퓨터는 주문, 재고조사, 재고유지 및 관리 등의 작업에 드는 시간을 줄여 줄 뿐만 아니라 유통경로의 수송비용과 시간을 상당히 감소시킨 공헌을 하게 되었다. 하역 및 선적 장소에 컴퓨터 터미널을 설치함으로써 선적 일정, 경로, 제품 수송 등의 자료를 토대로 한 데이터베이스(database)를 구축할 수 있게 되었다. 이러한 능력을 갖추게 된 기업들은 제품을 유통시키기 전에 의사결정을 체계적으로 분석해 볼 수 있게 되었다. 컴퓨터와 관련된 정보시스템을 구축하거나 개발하는 작업은 항상 커다란 비용을 수반하지만 접속서비스를 제공받거나 한가한 시간을 이용하여 서비스를 제공받는 방식으로 대형의 선적 및 수송회사는 상당한 비용을 줄일 수 있다.

영국의 철도는 컴퓨터를 이용해 자동화된 기차관리를 할 수 있도록 최초의 통합전자조정센터(integrated electronic control center)를 개발하였다. 이 센터는 기차의 위치에 대한 전자적 기계 모델과 기차의 향방을 수작업으로 할당하던 과업 등을 대체하는 인공지능과 완전 컬러 비디오 화면을 갖춘 전자신호박스를 갖추게 되었다. 이 센터는 영국에서 교통이 가장 복잡한 역에서 실행되었는데 표준화된 하드웨어와 소프트웨어의 이용, 낮은 설치비와 유지비, 규제 및 사고에 대한 대응의 개선, 그리고 영국 철도사업의 목표변화에 유연한 대응 등을 통해 효율성을 크게 개선하게 되었다. 이러한 예에서 우리가 관심을 가지고 주목해야 할 점은 이제 EDI는 수송업자에게 단순한 수송에 대한 통제수단을 제공하는 것이 아니라 완벽한 로지스틱스 관리 프로그램을 제공하는 경로 전반 관리수단을 제공한다는 점이다.

4.3 머천다이징 관리

소매정보처리와 의사소통관리에서의 컴퓨터 사용의 증가로 머천다이징의 철학과 적용범위가 변화하고 있다. 새로운 적용가능 영역으로는 상품계획과 의사결정을 용이하게 할 수 있게 되었고, 이익 기회를 확인하는 데 도움을 주며, 제품의 주문, 수령, 취급, 그리고 배분과 관련된 활동을 세밀하게 관리할 수 있게 되었다는 점이다. 뿐만 아니라 POS의 컴퓨터 터미널 덕택에 소매상들은 은행과 금융기관들을 소매점과 연결시켜주는 전자자금이체시스템을 통해 제품구매 시에 재무적 거래를 종이 없이 즉시 완결지을 수 있게 되었다.

소매정보시스템(retail information system)은 과거의 성과와 미래 판매예측치로부터 판매관리자료를 제공함으로써 경영자들이 주요 의사결정과 계획을 수립하는 데 도움을 준다. 이는 결과적으로 머천다이징과 판매목표를 달성할 수 있는 재고관리, 점포계획, 그리고 부서계획 등을 수립하는 경영자의 능력 개선에도 유용하다.

전산화된 정보시스템이 갖고 있는 머천다이징과 보고능력은 복수의 판매점의 주문, 취급, 수령, 배분, 그리고 판매 및 여러 점포의 재고보고 등과 같은 업무에 필요한 통제를 가능하게 해준다. 전 세계적으로 소매점포를 경영하고 있는 베네통은 자사가 만드는 옷을 각각의 매장에 공급할 때 지역의 계절이나 유행, 소비자의 구매패턴의 변화 경향 등을 고려하여 규격, 디자인, 색상 등을 맞추어서 구색을 만들고 있다. 흰색으로 생산되는 것을 기본 조합으로

하여 각 지역의 시장조사자료에 입각한 정보를 기준으로 지역의 점포의 주문에 따라 제품유형 각각의 수량을 결정하게 된다. 그래서 각각의 점포마다 전체적으로는 유사한 분위기로 소매경영전략을 계획하고 마케팅믹스 전략의 대원칙은 동일한 맥락을 유지하지만 개별 점포마다 독창성 있는 머천다이징을 하고 있는 셈이다.

이러한 머천다이징 전략은 기본적으로는 POS 시스템과 관련된 정보기술과 물류정보시스템의 개발과 활용이라는 변화가 가져온 결과이다. 소매점포마다 설치된 POS 터미널이 본사나 관리본부의 호스트컴퓨터에 정보를 송신하게 되고 이들 자료를 토대로 점포관리자나 머천다이저는 소매점포에 맞는 소매믹스전략을 도출할 수 있게 된다.

4.4 촉진관리

신기술의 개발과 기존 의사소통기술의 광범위한 발달은 유통경로의 촉진흐름과 촉진관리를 다양화시키게 되었다. 촉진가격의사결정과 집행에 비효율성이 있다는 것은 제조업자가 소매상에게 제공하는 다양한 형태의 가격할인을 보면 알 수 있다. 특히 제품산업의 제조업자는 소매상의 구매증가나 판촉지원을 유도하기 위해 다양한 단기적인 유인책을 쓰고 있다. 가장 흔한 가격촉진은 제조업자가 판매가격 자체를 미리부터 할인해 주는 경우이거나 특정 기간 동안의 구매액에 비례하여 가격을 할인해 주는 방법 등이 있다. 제조업자는 이렇게 함으로써 소매상이 소비자에게 할인혜택을 부여하여 단기적 매출증대를 달성하게 할 뿐만 아니라 할인받은 제품을 특별하게 진열하거나 광고를 할 수 있게 해준다. 소매상의 입장에서는 그러한 거래할인을 통해 촉진된 제품의 판매량을 증가시켜 직접수익의 총계를 증가시킬 수 있을 것이다. 대부분의 경우 이러한 촉진은 양자 모두에게 별로 유익하지 못하고 오히려 유통경로 갈등의 발생가능성을 증가시킨다고 한다.

대단위의 소비자시장이 보다 세분화되고 기업이 미시마케팅지향의 촉진을 하게 되면 정보기술은 이러한 촉진이 더욱 효과적인 것으로 만들어 줄 것이다. 그 예들은 다음과 같은 것들이다.

세계적으로 유명한 기업인 P&G는 촉진 프로그램의 효과를 슈퍼마켓의 스캐너를 확보한 자료를 근거로 평가하고 있다. P&G는 월마트에서 팔리는 아기 기저귀용품의 판매량, 수요예측, 그리고 선적 등의 자료를 매일 위성을 통해 자동적으로 수집하고 있다. 슈퍼마켓에서는 고객이 쇼핑할 때 이용하는 카트(cart)에 소형 컴퓨터가 부착되어 있어서 위성을 통해 광고가 카트의 화면에 나타나고 소비자는 제품정보를 읽을 수 있게 된다. 이 카트의 컴퓨터와 주 컴퓨터는 무선통신으로 연결되어 있고 광고가 소비자의 구매에 어떤 영향을 미쳤는지를 전자현금 등록자료로 확인할 수 있게 되어 있다.

촉진 프로그램 관리에는 이러한 방법 외에도 텔레커뮤니케이션 기술이 촉진과정 자체를 개선하기에 이르렀다. 이제 전자매체는 점포 내에서 비인적인 의사소통을 가능하게 하는 다음과 같은 장치들을 개발하기에 이르렀다.

건축자재 판매체인은 소매상, 제조업자, 그리고 비디오 제작자와 연계하여 레이저 비디오디스크 판매점을 운영하면서 소비자들에게 소비자가 직접 만드는 제품(DIY: do-it-yourself)에 관한 혁신적인 방법을 화면으로 제공한 적이 있다. 90일 정도의 시험을 한 결과 16%의 고객이 그 시스템을 이용하였고 시청을 한 사람들이 보지 않은 사람들보다 점포 내에서 시간을 더 많이 보내며, 회사에 대해 긍정적인 태도를 가진다는 것을 알 수 있었다. 결과적으로 시청을 한 사람들이 11~15% 더 구매한 것으로 드러났다.

신발회사는 비디오터미널을 이용하여 다양한 제품을 보여주고 고객의 선택을 하게 하며 고객의 주문을 받는 상호 의사소통시스템을 구축하여 소매점포의 매상을 올리는 예도 있다.

정보기술 개발회사는 부정확한 제품 보상을 줄이고, 보상과정 시간을 단축하고, 소매상과 제조업자들은 쿠폰 처리에 드는 비용을 줄일 수 있는 쿠폰이터(coupon eater)를 개발하게 되었다. 쿠폰을 한 번에 하나씩 기계 위에 올려놓으면 그 기계는 바코드화된 쿠폰을 검토하여 상환을 해주고 동시에 쿠폰에 기록되어 있는 마케팅 정보를 제공해 주게 된다. 그 기업은 또한 화상시스템을 구축하여 스캐너 체크아웃, 자동인식, 자동화면, 프린터, 컴퓨터 그래픽,

레이저 비디오디스크 등을 갖추어서 촉진, 검토, 재무 기능을 수행하게 해 두었다. 비디오 화면은 제품가격, 명세, 할인, 제품군별 총계 등의 정보를 제공해 주게 된다. 이 시스템은 쿠폰을 인쇄하여 제공해 주고, 스마트카드를 점포 이용 고객마다 자신의 스마트카드를 이용하여 구매량 누계, 자동결제 등을 가능하게 해준다. 이 시스템은 총괄적인 마케팅 프로그램을 수행하는 정보기술의 단면적인 사례이다.

유통실무 Focus

'디지털 기술'이 구현하는 미래 물류시스템

여객수송과 달리 기존의 화물물류시스템은 화물주에 따라 혹은 지역에 따라 화물에 요구되는 거래조건이 달라 물류에 관한 디지털 데이터의 표준화와 이를 공유하는 데 적지 않은 어려움이 있었다. 그러나 최근 화물은 물론 트럭과 컨테이너, 선박 등의 수송자산, 설비의 위치와 온도, 상태 등의 정보를 데이터화하고 이를 시각화하기 위한 센서와 RFID(전자 태그)가 급속히 보급되는 등 물류정보를 축적할 수 있는 기술이 확대되고 있다.

물류혁신의 첫 스텝, 데이터 축적과 활용

이를 통해 이전과는 비교할 수 없을 정도로 데이터 축적량 및 분석가능한 처리량이 비약적으로 향상되면서 물류시스템의 지각변동이 이뤄지고 있다. 컨테이너와 트럭, 창고상태 등의 데이터를 개방하고 필요한 만큼의 적확한 물류서비스를 제공하는 이른바 '로지스틱스 서비스(Logistics as a Service)' 시대로 나아가고 있는 상황인 것이다.

화주와 창고공간을 매칭해주는 '플렉스(Flexe)'나 로봇을 활용해 여러 화주가 함께 이행하는 서비스를 제공하는 '콰이어트 로지스틱스(Quiet Logistics)'와 같은 미국 기업들의 경우가 바로 그런 사례들이다. 이들 기업들은 화물량의 변동에 따라 최소 한계 비용으로 물류서비스를 제공하는 등 효율화된 시스템을 보유하고 있다.

이와 함께 물류가격을 비롯한 국제 운송가격 데이터베이스를 비교하는 서비스도 등장하고 있다. 요금과 수송용량 데이터를 관리하는 전 세계적인 거대 플랫폼이 바로 그것으로 여객 수송 분야 '아마데우스(Amadeus)'사의 글로벌 분배시스템 서비스를 벤치마킹한 것이다. 이 플랫폼을 통해 물류기업들은 자사의 데이터를 업로드함으로써 물류혁신을 꾀하고 있다.

이렇듯 데이터 활용을 통한 물류혁신이 비단 신생 첨단기업에서만 시도되는 것은 아니다. 미국의 대형 물류기업인 'UPS'는 매일 수집하는 배송데이터를 바탕으로 경로 최적화 시스템을 개발했고, 연비 향상 및 배송 효율의 향상을 달성하고 있다. 또한 세계 최대의 컨테이너 사업자인 '머스크(Maersk)'는 컨테이너에 GPS(Global Positioning System) 및 온도와 전원 연결 상태를 모니터링하는 센서를 설치해 매년 수억 달러가 드는 보증비용을 절감하는 등 물류혁신의 모범적인 사례를 보여주고 있다.

물류 자동화, 미래 물류서비스의 핵심으로

수년 전 매우 흥미로운 풍문이 글로벌 물류시장의 주목을 끌었다. 글로벌 IT기업을 대표해 온 '구글'이 휴머노이드 로봇을 통해 생산과 물류현장을 자동화할 수 있는 기술을 개발하고 있다는 소식이었다. IT와 인터넷 검색으로 시작된 구글의 비즈니스 모델이 다양한 콘텐츠와 모바일 환경으로의 확장을 거쳐 제품의 생산과 유통 그리고 당일배송이라는 물류영역으로까지 진화하고 있음을 증명하는 사례였다. 그 중심에는 물류 자동화라는 혁신단계가 위치해 있었다.

그동안 물류시스템에서 자동화는 가장 낙후된 분야였다. 화물의 중요한 정보는 화주와 업무를 위탁하는 물류업체 간 폐쇄적으로 공유됐고 개별적인 거래별로 업무영역과 배송작업 등의 상이성 때문에 지시 데이터에 따라 기계화 및 자동화할 수 있는 범위도 극히 제한적이었던 게 현실이다.

자동 랙과 무인반송장치 등으로 일부 화물의 자동화는 진행돼 왔지만 표준화가 어려운 단계에서의 대응과 복잡한 데이터 관리, 통관 및 운송업체의 준비 등 인간의 손에 의존하지 않으면 안 되는 프로세스도 물류 자동화의 더딘 진전에 한몫했다. 그러나 기계제어 등 기술발전과 디지털화 덕분에 물류 자동화는 최근 급속한 발전을 보이고 있다. 특히 제어기술의 진보 때문만이 아니라 폐쇄적인 창고 공간의 정보로부터 업무 지시의 바탕이 되는 수·발주 정보에 이르기까지 개별적 정보의 디지털화가 진행되면서 물류 자동화는 거대한 물꼬를 트고 있는 중이다.

물류산업의 기계화와 자동화는 인간의 경험과 노하우에 의한 작업 품질의 차이를 축소시킨다. 따라서 물류의 효율성은 인간의 경험과 노하우보다는 설비투자와 IT 투자에 따른 기술적인 우위에 좌우되는 경향이 강해질 것이라고 전문가들은 진단한다. 경험과 노하우 등 인간의 손을 거치는 작업이 완전히 사라질지에 대한 논란은 여전히 남아 있지만 물류 효율성을 끌어내기 위한 자동화로의 진전은 이미 물류업계 내에서는 필연적인 것으로 받아들여지고 있다.

새로운 물류서비스, 어떻게 활용될까

데이터 축적과 개방으로 인한 물류 자동화가 진행되면서 지금까지 화주와 운송업체를 중개하던 중간업자들은 점차 존재감을 상실할 것으로 예견된다. 특히 물류의 형태가 변화하면 물류 제공 주체와 경쟁자도 이에 맞춰 변모할 것으로 보인다. 즉, 물류 발주자는 직접 판매를 추진하게 될 것으로 예측되며 선박회사 및 항공사, 온라인 마켓 플레이스와 화주를 두고 서로 경쟁하는 시스템으로 나아가고 있는 것이다.

이미 '아마존(Amazon)'을 비롯한 '디비 쉥커(DB Schenker)', '디에이치엘(DHL)', UPS 등 각 업계의 최대 기업들이 대거 화물 운송 마켓 플레이스를 개발하고 온라인 운송 주선 서비스를 제공하면서 물류산업의 지각변동을 예고하고 있기도 하다. '세계경제포럼'에 따르면 향후 새롭게 증가하는 국제 무역 중 건수 기준으로 약 20%는 온라인 마켓 플레이스가 획득할 것으로 예측된다.

또한 최근 차세대 물류 트렌드로 각광받고 있는 자율주행차가 실용화될 경우 자동차 및 임대회사가 물류서비스 시장을 장악할 수도 있으리라는 전망이 우세하다. 그렇다면 미래 물류의 양상은 과연 어떻게 흐를 것인가? '적절한 양의 화물을 적절한 시기에 적절한 위치에 전달한다'는 물류의 본질은 미래에도 변하지는 않을 것이라고 전문가들은 말한다. 단지 본질은 변하지 않되, 보다 정확하고 빠르게 그리고 효율적으로 배송하는 방향으로 나아갈 것으로 전망한다.

더불어 '제4차 산업혁명'으로 대변되는 디지털 기술을 통해 지금까지의 물류서비스를 신속하게 상품화하는 동시에 기존 물류의 자산과 장비 등 과거의 유산들을 활용하는 등 충격파를 최소화하는 것이 물류업계의 당면과제라고 조언한다. 이와 관련, SPA 브랜드 기업의 한 전문가는 "기술 진보에 따라 업종별 차이가 빠르게 사라지고 있고 제조업과 유통 등 기존 산업 분류는 의미가 없어진다"며 "이것이 4차 산업혁명이 가져다주는 충격파로, 물류 분야도 똑같은 논리가 적용될 것"이라고 강조했다

자료: 일요서울, 2018.4.26.
(http://www.ilyoseoul.co.kr/news/articleView.html?idxno=231576)

CHAPTER

14 물류환경과 트렌드

C/O/N/T/E/N/T/S

"디지털 차별화가 살 길"… 물류업계, 38조 원 시장 생존기

'국내 유일 통합운송 플랫폼'은 스타트업 물류기업인 로지스팟이 2016년 출범 때부터 경쟁력으로 내세운 디지털 서비스다. 화주인 기업들에게 운송비, 차량수급 등의 운송현황과 물류프로세스를 진단해 최적화된 운송 방안을 제시하는 것이다. 아직 규모가 크진 않지만 이를 지켜보는 물류업계의 긴장감은 높다. 한 물류업계 관계자는 "물류기업이 운송 플랫폼을 주력으로 하는 경우는 로지스팟이 유일하다"며 "매년 고도화한 서비스로 현재는 폭발적인 성장 중인 미들마일(화물) 시장에서 CJ대한통운, 한진 등과도 화주 유치 경쟁을 할 정도다"고 말했다.

물류업계에 따르면 로지스팟은 2021년 상반기 기존에 제공하던 통합운송관리 외 수출입 운송영역 서비스를 추가했다. 하반기에는 창고관리(WMS), 주문관리(OMS) 시스템을 도입한다. 서비스 범위를 확장하면서 최근 물류업계의 카카오T라는 별칭까지 얻었다. 운송 플랫폼 효과는 기대 이상이다. 출범 5년 만에 퍼시스, 한샘이펙스, 넥센타이어, 퍼시스, 윈체, 성지제강 등 700개 이상의 기업 고객을 확보했고 연간 6만 대 이상의 배차, 10만 대 이상의 차량네트워크로 미배차율 0%를 달성했다. 로지스팟 관계자는 "로지스팟의 고객들은 플랫폼 이용으로 운송사를 직접 알아봐야 하는 번거로움을 덜었고 전화량을 최대 75%, 마감시간은 최대 90%까지 줄였다"며 고객사가 늘어날 수 밖에 없는 이유를 강조했다.

고객사들이 원하는 플랫폼도 개발해 눈길을 끌었다. 최근 물류(미들 마일+라스트 마일)시장이 뜨거워지면서 다른 물류업체들도 효율을 높이는 디지털 기술을 늘리고 있다. 특송물류사인 DHL코리아는 강북 서비스센터에서 AI기반 소화물 분류로봇 '도라소터' 운영을 시작했다. 분류 정확성이 99%에 달하는 것으로 알려졌다. 도라소터 운영 후 DHL코리아는 시간당 최대 약 1,000건의 물량을 처리하고 있다. DHL코리아 관계자는 "최근 전자상거래 활성화로 DHL코리아 내 B2C 물류만 1년 만에 200% 이상 늘어났다"며 "도라소터 1대 운영만으로도 분류 소요시간이 41% 빨라져 올해 두 자릿수 성장이 예상되는 B2C 물량 처리 속도 향상이 기대된다"고 전했다. DHL코리아는 강북 서비스센터에서의 사용 결과를 바탕으로 다른 서비스센터에도 소화물 분류로봇을 도입할 계획이다. 이 밖에도 물류 전반에서의 디지털 전환을 가속화한다는 방침이다.

틈새시장을 노리는 물류기업도 등장했다. 현대글로비스는 자율주행 로봇을 활용해 가정 · 사무실 등지에서 활발히 이용 가능한 생활 밀착형 물류서비스를 준비 중이다. 물류시장이 커지면서 기업들의 디지털 기술은 보다 정교해질 전망이다. 국토교통부에 따르면 국내 물류시장은 지난해 기준 37조 5,000억 원(미들 마일 30조 원, 라스트 마일 7조 5,000억 원) 규모로 추산된다.

한국교통연구원은 글로벌 물류기술 동향 분석을 통해 "물류시장이 커지면서 물류 부문 로봇 판매량이 급등하고 있다"며 "미국이나 일본 등에서는 라스트 마일 배송에 자율주행 배송 차량을 투입해 시범주행을 실시하기도 했다"고 분석했다. 물류센터 내 화물 운송 차량의 입출고를 관리하는 '입출고관리 솔루션'이 대표적이다. 고객사

물류센터에 진입하는 화물차 대기시간을 줄이고 당일 처리물량을 실시간으로 계산해 업무종료시간을 예측하는 게 골자다. 2021년부터는 온라인 B2B축산유통몰을 대상으로 '지입차(외부차량) 관리 솔루션'을 제공 중이다. 지입차 소싱부터 관리는 물론 신선도가 생명인 점을 고려해 냉동·냉장 차량 내 온도를 실시간으로 관제하고 배송 완료한 현장사진까지 확인할 수 있게 했다. 지난해 A/S 퀵 배송서비스도 시작했다.

로지스팟이 플랫폼 서비스를 확대하는 것을 두고 추후 라스트 마일(택배 등)까지 진출하려는 행보라는 분석이 나온다. 물류업계 관계자는 "운송 전 과정을 총괄하는 플랫폼을 응용해 보면 택배사들이 키우고 있는 풀필먼트 서비스와도 연결된다"며 "로지스팟은 이를 기반으로 택배 등을 시작해 B2C도 강화하려는 구상일 것"이라고 설명했다.

자료: EBN, 2021.7.28.
(https://www.ebn.co.kr/news/view/1493854)

Section

1 물류 플랫폼

물류 플랫폼(logistics platform)이란 물류서비스의 공급자와 수요자가 한데 모일 수 있는 온라인 또는 오프라인상의 공간을 뜻한다. 이 플랫폼을 통해 공급자와 수요자는 같은 정보를 실시간으로 주고받을 수 있으며 심지어 공급자가 동시에 수요자도 될 수 있다.

피기비(Piggybee)는 '여행자들이 여행을 하는 김에 물류도 같이 하자'는 전형적인 물류 플랫폼 기업이다. 배송을 원하는 수요자는 피기비라는 플랫폼을 통해서 자신의 물건을 전달할 경로를 여행하는 여행자를 선택할 수 있다. 물류서비스 공급자인 여행자는 여행을 하기 앞서 피기비를 통해 자신의 예정 여행 경로를 업로드하여 자신을 필요로 하는 수요자를 찾아낸다. 즉, 여행자는 여행도 여행경비도 벌 수 있는데 현금 대신 여행에 필요한 숙박, 음식, 시티 투어, 공항 픽업 등의 여행상품을 대신해서 받을 수 있다는 것이 피기비의 독특한 점이다.

피기비와 비슷한 플랫폼으로 '무버(Mover)'가 있다. 무버를 통해서 공급자는 정기적인 출퇴근이나 등·하교, 국내외 출장, 여행을 다녀오면서 수요자의 물건을 배송해 줄 수 있다. 피기비나 무버처럼 일반인들이 공급자와 수요자가 동시에 될 수 있는 플랫폼 형식을 '크라우드소싱(crowd-sourcing)'이라고 부른다. 이 외에도 자신이 사는 공간에 빈 공간이 있다면 이를 활용해 다른 사람들의 물건을 보관해 줄 수 있는 '쉐어마이스토리지(sharemystorage.com)'라는 물류 플랫폼도 찾아볼 수 있다. 이러한 물류 플랫폼 또는 공유경제의 아이디어는 빅데이터를 기반으로 발달하였다.

화주기업들은 빅데이터 기술을 통해 편리하게 화물을 예약할 수 있다. 기

[그림 14-1] 물류 플랫폼

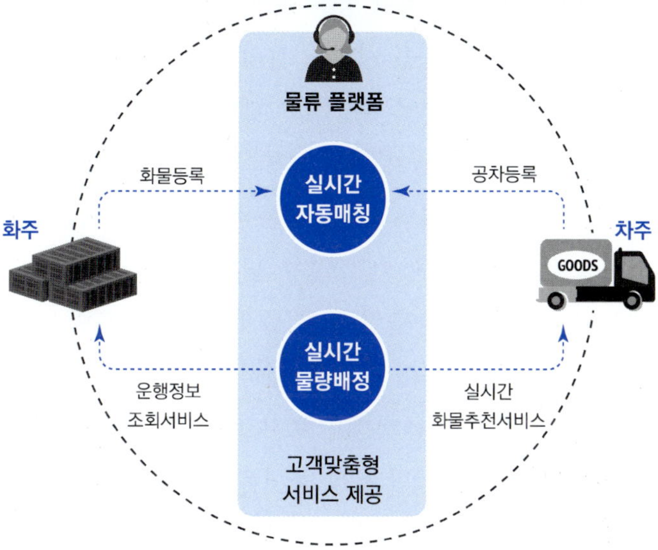

존에는 전화, 팩스, 서류 등으로 이루어졌던 화물 예약 시스템이 온라인과 모바일로 간단하게 이루어지는 것이다. 덴마크의 스타트업 '트랜스포테카(Transporteca)'는 자사 홈페이지에서 운송사별, 교통수단별로 운임을 비교할 수 있는 시스템을 구축하였다. 노르웨이 기업인 '제네타(Xeneta)'는 화주로부터 운송 정보를 실시간으로 받아 출발항, 도착항, 컨테이너 종류, 계약유효기간 등으로 세분화하여 최적의 운임률을 화주에게 알려준다. 또한 플렉스포트(Flexport)는 화주의 간편한 수출입 업무절차를 위해서 수많은 포워더와 선사의 정보를 한데 모으는 서비스를 구축하고 있다.

우리나라에는 2010년 초반에 물류 플랫폼이 처음 등장하였다. 물론 그 이전에 화물 중개에 대한 플랫폼이 존재했지만 IT기술을 기반으로 한 물류 플랫폼의 등장은 그리 오래되지 않았다. 국내기업 중 IT기술을 바탕으로 한 물류 플랫폼은 네오시스템즈의 로지스허브로 현재도 다양한 서비스를 추가하면서 확장 중인 플랫폼이다. 네오시스템즈의 로지스허브 외에도 현재 국내의 물류 플랫폼은 다양한 분야, 다양한 형태로 물류시장에서 자리 잡아가고 있다.

특히 라스트 마일 분야를 포함한 화물운송 분야에 많은 플랫폼들이 집중되어 있는 경향을 보이고 있다. 대표적인 플랫폼은 프리미엄 배달 대행 플랫폼인 부릉, 아시아 최대 물류 차량 공유 플랫폼인 고고밴 코리아, 근거리 물류 IT 플랫폼 바로고, 통합 운송 서비스 관리 플랫폼 로지스팟이 있으며 그 외에도 많은 운송관련 플랫폼이 제공되고 있다.

이와 함께 물류센터, 포워딩 분야의 물류 플랫폼이 제공되고 있으며 물류 전반에 대한 플랫폼도 제공되고 있다. 물류센터 관련 플랫폼은 전자상거래 풀필먼트 서비스 플랫폼인 마이창고, 물류 보관 플랫폼 마타주 등이 있으며, 포워딩 플랫폼은 국내 최초 수출입 물류 플랫폼인 트레드링스, 디지털 해운 물류 플랫폼인 밸류링크유 등이 시장을 넓혀가고 있다.

물류 전반에 관련된 물류 플랫폼은 로지스허브를 비롯해 쇼핑몰 통합 판매 플랫폼인 셀웨이, 글로벌 통합 유통 플랫폼인 릴라켓, 동대문 최대 스마트 사입 플랫폼인 고집배송 등이 시장에서 그 영역을 확장해 가고 있다.

또한 특색 있는 플랫폼들도 시장에서 영역을 확장해 가고 있다. 블록체인, AI 분석 기술 등이 접목된 개방형 물류 플랫폼인 첼로스퀘어, 국내 최초 물류 일자리 공유 플랫폼인 바통 등이 이러한 범주에 드는 플랫폼으로 볼 수 있다.

유통실무 Focus

미래 물류의 중심에는 '플랫폼 산업' 있다

국내외서 다양한 물류 플랫폼 등장… '플랫폼의 시대' 개막

모든 환경이 시시각각으로 변화하는 4차 산업 혁명 시대에는 기업의 규모와 경험, 자원 같은 요소들이 넘어설 수 없는 절대적인 요소로 인식되지 않기 시작했다. 특히 스타트업의 등장과 그들의 거침없는 약진은 게임의 규칙이 기존의 자원 싸움에서 네트워크를 기반으로 한 경쟁으로 바뀌었다는 것을 보여준다.

그 중에서도 물류업계의 스타트업들이 특히 강세를 보이고 있는 분야는 오프라인 거래 중심의 기존 물류 비즈니스를 온라인 거래와 결합된 디지털 물류 비즈니스로 전환하는 플랫폼 비즈니스다. 대규모 투자에 따른 규모의 경제가 중요한 컨테이너 운송, 글로벌 특송, 택배 분야와 달리 중소 규모 기업들이 치열하게 경쟁하는 트럭운송, 물류창고, 포워딩 분야를 중심으로 화주와 물류 기업을 연결하는 데 초점을 맞춘 디지털 물류 플랫폼 기업들은 글로벌 물류시장의 변화를 이끌고 있다. 4차 산업 혁명 시대의 비즈니스는 '플랫폼'이 지배한다는 말처럼, 더 넓은 범위에서 더 빠른 속도로 영향력을 빠르게 확장하고 있는 국내외 주요 물류 플랫폼들은 어떤 곳들이 있는지 살펴보자.

Kuehne+Nagel, 최초의 해상화물 디지털 플랫폼 선보이다

스위스계 글로벌 포워더인 퀴네나겔(Kuehne+Nagel)은 지난 2018년 3월, 포괄적인 해상화물 운송서비스 네트워크를 제공하는 최초의 디지털 플랫폼 'Sea Explorer'를 선보였다. 새로 출시된 플랫폼 'Sea Explorer'는 신뢰성, 지속 가능성 및 운송 시간을 기준으로 최대 규모의 해상운송 네트워크를 기반으로 디지털 방식의 서비스를 제공한다.

'Sea Explorer'는 주요 통신 사업자와 높은 수준의 통합 및 파트너십을 기반으로 한다. 이 때문에 퀴네나겔의 고객들은 Blue Anchor Network에 쉽게 접근해 글로벌 해상운송 서비스에 대한 종합적인 개요를 편리하게 접할 수 있다. Blue Anchor Network는 3,000여 척 이상의 선박과 750개 이상의 주간 서비스에 대한 액세스를 통해 전 세계 컨테이너 운송에 대한 모든 거래 정보를 얻을 수 있다.

오늘날 전체 선박의 약 75%만이 제시간에 도착하고 있으며, 이러한 리드 타임의 불안정성은 고객이 재고수준을 적절히 관리하는 데 직면하는 가장 큰 문제점 중 하나다. 'Sea Explorer'는 바로 이런 문제를 해결해 퀴네나겔의 견적, 예약(부킹) 및 트랙 기능을 확장할 것으로 기대된다. 이것이 가능한 것은 'Sea Explorer' 플랫폼이 다양한 운영 데이터에서 파생된 비즈니스 인텔리전스를 기반으로 하기 때문이다. 강력한 업계 전문지식을 바탕으로 구축된 알고리즘은 퀴네나겔의 데이터부문 자회사인 LogIndex에서 제공하는 빅데이터 및 예측분석과 결합된다. 퀴네나겔의 관계자는 이에 대해 "물류 분야에서 높은 수준의 데이터 투명성은 매우 중요하다. 그런 측면에서 'Sea Explorer'는 세계 최대의 해상운송 서비스 포트폴리오에 접근할 수 있다"고 기대감을 내비친 바 있다.

BIC의 무료 컨테이너 데이터베이스 플랫폼 'BoxTech'

'BoxTech'는 프랑스의 비영리 단체인 Bureau International des Containers(BIC)가 출시한 무료 컨테이너 데이터베이스 플랫폼이다. 'BoxTech'는 컨테이너의 중량, 최대 적재량 및 전 세계 다양한 종류의 컨테이너 관련 데이터 정보를 보유하고 있는데 글로벌 선단의 20%에 달하는 약 3,000만 개의 컨테이너 디지털 기록을 보유한 것으로 알려져 있다. 사용자 수는 800여 명의 주요 화주, 포워더 및 선사들을 포함해 총 1,000여 명이 넘는 수준이다. 화주 및 포워더는 'BoxTech'에 접속해 컨테이너 관련 정보를 언제든지 업데이트할 수 있고, 애플리케이션 인터페이스를 통해 정보를 내려받을 수 있다.

BIC 관계자는 "업계의 다양한 정보가 'BoxTech'라는 단일 플랫폼을 통해 활용됨으로써 사용자는 불필요한 비용을 대폭 줄이는 효과를 누릴 수 있을 것"이라고 밝혔다.

운전자 중심 화물운송 중개 플랫폼 통해 '화물의 우버화' 시동

전 세계 교통운송시장에 새로운 패러다임을 연 우버 역시 플랫폼을 통해 물류시장을 두드린 바 있다. 지난 2017년부터 본격적으로 온디맨드 화물운송 중개 사업을 시작한 Uber Freight(이하 UF)는 2017년 9월 미국 롱비치에서 열린 'Intermodal Expo 2017'에 참가해 운전자 중심의 화물운송 중개 플랫폼을 소개하기도 했다.

UF의 플랫폼은 계획, 배치, 예약, 브로커링 등의 작업이 포함된 복잡한 트럭운송 절차를 풀고 UF앱을 통해 모든 거래를 디지털화함으로써 5분 이내에 트럭을 화주에게 연결해 주는 것을 목표로 한다. UF는 화물운송 부문의 다른 스타트업들과 마찬가지로 기존 운영방식 및 관계를 방해하려는 것이 아니고 고객 및 운전자 모두에게 업무 프로세스의 효율화를 통해 많은 수익 창출의 기회를 제공하고 있다.

무엇보다 당시에 UF를 통해 우버가 실현하고자 했던 이른바 '화물트럭 우버화(Uberization)'의 핵심은 운전자를 위한, 운전자가 쉽게 사용할 수 있는 플랫폼을 만드는 것이었다. 그래서 UF는 운송 완료 후 한 달 이상 걸렸던 운송료 지급 문제를 해결하기 위해 한 주 내로 지급될 수 있는 플랫폼을 개발했던 것이다. 당시 우버가 선보인 플랫폼의 또 다른 특징은 기존의 운송 방식에서 나타났던 다양한 문제들(예를 들어, 무게 오류, 시간 미준수, 운송료 미지급 등)을 일으켰던 화주들의 정보를 분석하여 운전자들에게 제공함으로써 운전자들이 더 좋은 화물을 선택할 수 있도록 지원하는 것이었다. UF 관계자는 "기존에 없던 것을 만들어 시장의 흐름을 바꾼 경험이 있는 우버는 이제 화물시장이라는 틈새시장에 플랫폼 사업을 시작, 또 다른 변화를 만들 준비를 마쳤다"고 당시 밝히기도 했다.

DHL, 실시간 화물운송거래 플랫폼 'Saloodo!' 선보여

'공유경제'가 산업·경제의 새로운 트렌드로 자리 잡으면서 물류산업에서도 이에 초점을 둔 플랫폼 비즈니스 모델이 등장하고 있다. 바로 화물운송 시장의 오랜 고민거리인 공차 문제를 해결하는 플랫폼이 등장한 것이다.

글로벌 특송기업인 DHL이 출시한 실시간 화물운송거래 플랫폼(Digital Freight Platform) 'Saloodo!' 앱이 바로 그 주인공이다. 이 앱은 화주와 운송업체 간에 실시간 데이터와 통신을 제공하는 모바일 기술을 탑재하고 이를 통해 주행 중인 어떤 운송 차량에 이용 가능한 적재 공간이 얼마나 있는지에 대한 정보를 제공한다.

DHL이 이 앱을 출시한 이유는 트럭 사용률의 극대화 및 운송 마일 손실을 최소화, 선적 시간 단축 등을 기반으로 고객과 운송업체 모두에게 수익성을 제공하기 위해서다. DHL은 또 물류센터의 남는 공간을 공유하여 사용하지 않은 창고 공간을 활용하도록 하는 창고 공간 중개 플랫폼 서비스(DHL Spaces)를 출시하기도 했다.

국내선 트레드링스의 '포워딩 닷컴'이 주목받아

국내에서도 실시간 정보를 기반으로 물류 관련 정보를 이어주는 플랫폼을 다수 만나볼 수 있는데, 그 중 대표적인 예가 바로 트레드링스다. 지난해 8월, 트레드링스가 온라인을 통해 국내 모든 포워딩 업체의 정보와 강점을 한 번에 조회할 수 있는 '포워딩 닷컴' 서비스를 오픈한 바 있다. '포워딩 닷컴'은 국내 최초로 포워딩 업체의 정보와 국가별 강점을 빅데이터를 기반으로 분석해 보여주는 서비스다.

일반적으로 수출과 수입에 있어서 포워딩은 반드시 필요한 요소 중 하나이다. 국내 포워딩(국제물류주선)의 수는 최근 들어 약 4,000여 개에 달하고 있지만 각각의 업체 정보를 일일이 확인할 방법이 없어 수출입 기업의 큰 불편을 겪어왔던 것이 사실이다. 게다가 포워딩의 과도한 운임 경쟁으로 서비스의 질은 떨어지고 경험이 부족한 포워딩의 수출입 사고가 늘어나는 등 불편을 넘어 심각한 국가적 문제로까지 대두되는 상황이다.

이러한 기존의 단점들을 한 번에 보완할 수 있는 플랫폼이 바로 지난해 오픈한 트레드링스의 '포워딩 닷컴'이다. '포워딩 닷컴'에서는 국내 4,000여 포워딩의 기본 정보와 특화 서비스, 인증 여부, 서비스 국가 등 포워딩 선택에 필요한 모든 정보를 손쉽게 확인할 수 있다. 무엇보다 '포워딩 닷컴'의 가장 큰 장점은 포워딩의 국가별 강점과 역량을 한 번에 제공한다는 점이다. 특히 국가별로 업체들의 역량을 분석해 시장평균/상위를 각각 보여주고, 해당 기준 대비 기업 역량을 차트화해 제공하여 수출입 기업들은 목적 국가와 구간에 강점을 가지고 있는 포워딩을 손쉽게 찾을 수 있다. 또 포워딩별 월별 물동량 추이와 이용 선사 정보도 함께 제공하기 때문에 수출입 기업뿐 아니라 포워딩 영업을 진행하는 콘솔사나 선사들의 영업력 확대에도 기여하고 있다.

자료: 물류신문, 2020.11.16.
(https://www.klnews.co.kr/news/articleView.html?idxno=122246)

유통실무 Focus

식자재 물류배송 플랫폼 '스마트로(SmartLo)'

신선식품을 배송하는 데 있어 가장 중요한 것은 적정한 온도유지다. 식품원재료들은 일반적으로 6~7회에 걸친 상하차를 반복하며 보관, 운송되는데, 이 과정에서 온습도의 변화가 심할 경우 물류의 신선도가 떨어져 상품 가치가 저하될 수 있다. 때문에 육류, 어류, 채소 등의 식재료가 소비자에게 전달될 때까지 선도를 유지할 수 있도록 돕는 운송방법인 '콜드체인(cold chain)'의 필요성이 부각되고 있다.

콜드체인이란 냉장과 냉동 물품을 생산, 배송, 저장, 판매에 이르는 일련의 과정을 표현하는 용어로, 일반적으로 온도를 제어하는 공급사슬로 정의한다. 식자재에 국한한다면 신선한 품질의 제품을 제공하기 위한 선도 유지 시스템이자 유통경비의 부담을 줄이기 위한 보장수단이 바로 콜드체인인 것.

이와 관련해 물류운송, 배송관리 전문 기업인 지팬스스마트로는 저비용, 고효율을 지향하는 콜드체인 식자재 물류 플랫폼 '스마트로(SmartLo)'를 선보여 주목받고 있다. 스마트로 콜드체인은 식재료의 신선함을 유지함으로써 가격을 높게 책정할 수 있고, 소비자에게 선택받을 수 있도록 돕는다. 이를 위해 사물인터넷 기술, 클라우딩 시스템을 적용, 스마트 물류시스템을 구현한다.

스마트로는 스마트 물류 플랫폼으로 언제 어디서나 운송관리와 화물관제가 가능하다. 사물인터넷 기술을 적용해 온습도 정보를 실시간으로 확인할 수 있고, 스마트 패키지 등을 통해 일반 탑차에서도 냉장, 냉동화물을 수송할 수 있고, 이를 통해 HACCP 인증에 준하는 콜드체인 플랫폼을 제공한다. 중견, 중소, 영세마트가 저렴한 비용으로 뛰어난 콜드체인 물류시스템 서비스를 이용할 수 있게 된 것이다.

클라우딩 시스템을 통해 전국 어디에서나 실시간으로 업무를 진행할 수 있고, 차량 수배송을 비롯해 위치, 차량운행궤적, 운행거리, 속도 등을 모니터링할 수 있다. 특히, 모든 운영시스템과 호환이 가능해 새로운 시스템 도입에 대한 거부감이 없다. 기존의 ERP, WMS, TMS, 쇼핑몰 시스템과 실시간 연동이 가능한 것. 이외에도 인수증 관리, 실적관리, 매입매출 관리가 간편하고, 카카오톡, SNS로 현재 화물 위치를 고객에게 전달할 수 있다.

자료: 매일경제, 2018.8.31.
(https://www.mk.co.kr/news/business/view/2018/08/549027)

Section

2 라스트 마일

이제는 마트에 직접 방문하지 않고 온라인을 통해 물품을 구매하는 사람들이 더 많은 세상이 되어 가고 있다. 대형 오프라인 유통업체들은 앞다투어 온라인 유통시장에 진출하고 있고 각 업체들마다 더 빠른 배송서비스를 제공하는 데 사활을 걸고 있다.

최근 온라인 유통업체들이 더 빠르고 안전한 배송을 위해 투자와 노력을 쏟음에 따라 물류 · 배송에 관한 관심도 역시 크게 증가하고 있다. 구매자가 스마트폰 등의 온라인으로 상품이나 서비스를 주문하면 배송자가 오프라인으로 직접 물품을 배송하는 서비스체계(O2O: online to offline)가 매우 중요해진 것이다.

그 중에서도 최근 가장 중요하게 떠오르고 있는 부분은 바로 '라스트 마일(last mile)'이다. 원래의 뜻은 '죄수가 사형장까지 걸어서 이동하는 마지막 거리'를 의미하는데, 최근에는 '소비자 여정의 마지막 접점을 차별화하는 전략'이란 의미로 확장되어 사용된다. 즉, 라스트 마일은 주문한 물품이 배송지를 떠나 고객에게 직접 전달되기 바로 직전의 마지막 거리 혹은 순간을 위한 배송을 뜻한다. 제품이 배송되어 고객에게 닿기 직전까지의 순간은 '라스트 마일 딜리버리(last mile delivery)', 지하철에서 내려 약속 장소까지 걷는 이동 거리는 '라스트 마일 모빌리티(last mile mobility)', 광대역 전송 신호가 지금 사용하고 있는 스마트폰, TV 등의 기기와 연결되는 순간은 '라스트 마일 테크놀로지(last mile technology)'로 불린다.

라스트 마일 배송은 소비자 측면과 공급자 측면에서 모두 중요한 의미가 있다. 소비자 입장에서 라스트 마일은 단순히 물건을 전달받는 것 이상의 의미이다. 무엇인가를 구매한 소비자에게는 최종 배송 단계가 사용자 경험(user experience)이 형성되는 첫 번째 단계이기 때문이다. 그리고 이때 형성된 경험은 추후 해당 서비스 혹은 제품에 대한 로열티 생성에 영향을 주게 된다.

한편, 공급자 입장에서의 라스트 마일은 비용이 가장 많이 발생하는 부분이다. 라스트 마일은 현재 전체 물류비용의 절반 이상을 차지하고 있으나, 현재 노동집약적인 부분이 커 효율성 개선이 쉽지 않은 상황이며 향후 개선을 통해 비용 효율화를 이룩해야 할 필요성이 있다.

이와 같은 라스트 마일 전략은 기존의 서비스와 만나 새로운 비즈니스 모델을 창출한다. 모바일 세탁서비스업 '런드리고'는 세탁하고자 하는 의류를 우리집 현관 손잡이에 걸어두면, 그 순간으로부터 24시간 내로 세탁을 완료해 다시 걸어준다. 옷을 맡기고 다시 찾아오는 번거로움이 없고, 배달하시는 분과 직접 대면할 필요도 없다. 또한 동네 다른 세탁소에 비해 서비스 품질이 다소 떨어지더라도, 초저가 세탁대행서비스에 비해 가격이 다소 비싸더라도, 옷을 맡기고 찾는 마지막 순간의 편의성이 이를 상쇄한다.

미국의 월마트(Walmart)가 시행하고 있는 '홈인 딜리버리(home-in-delivery)'는 온라인으로 주문한 물건은 집 앞까지 배달만 하는 것이 아니라, 배송직원이 집 현관 비밀번호를 누르고 집 안으로 들어와 냉장고에 물건을 차곡차곡 정리까지 해주는 서비스다. 낯선 사람이 집 안으로 들어오는 것에 대한 거부감이 있을 수 있겠지만, 한 번만 사용 가능한 임시 비밀번호가 발행되는 현관 도어록 시스템, 배송직원이 냉장고에 물건을 정리하는 모습을 실시간으로 볼 수 있는 동영상 시스템 등을 활용해 고객의 불안감을 낮춘다.

과거 소비자는 제품 하나를 사더라도 브랜드부터 시작해 품질, 디자인, 가격, 배송 등을 모두 고려하는 '통합적 의사결정'을 따른 반면, 최근의 소비자 중엔 중요하게 생각하는 속성 하나에만 집중하는 '선택적 의사결정자'가 많다. 대부분의 상품과 서비스가 상향 평준화하는 시대에, 구매 여정의 마지막 순간에 경험하는 혁신성이 선택적 의사결정의 핵심 속성으로 부상하는 것이다. 라스트 마일 전략은 배송 최적화 · 시간 최적화 · 경험 최적화를 바탕으로 고객 접점을 특화할 수 있는가에 그 성공 여부가 달렸다. 생산자 중심의 차별화 경쟁에서 한 걸음 나아가 고객과 접촉하는 내밀한 순간에 집중하는 것. 그 마지막 순간이 기회의 순간이 될 것이다.

유통실무 Focus

배송이 쇼핑 선택 기준으로… 라스트 마일이 뒤흔든 유통

모바일 리서치 회사 오픈서베이가 공개한 '온라인 식료품 구매 트렌드 리포트 2021'에 따르면 주 구매 온라인몰 이용 이유로 '배송이 빨라서'라고 한 응답이 24%로 가장 많았다. 그 뒤를 이은 것 역시 '내가 원하는 시간에 배송을 해줘서'(10.7%)다. 가격이나 품질보다 배송 만족도가 우선이라는 뜻이다.

2020년 두 배 이상 성장한 새벽배송시장도 배송 경쟁력이 핵심이다. 한국소비자원이 2021년 2월 발표한 새벽배송서비스 만족도 조사에 따르면, 2018년 1월부터 지난해 9월까지 소비자상담센터에 접수된 새벽배송 관련 소비자 불만은 총 144건으로, 이 중 '배송지연'이 21.5%(31건)로 가장 많았다.

배송서비스가 만족도의 기준이 되다 보니, 최근 유통업계에 벌어진 최저가 경쟁의 효과에 대해 의문을 표하는 목소리도 나온다. 업계 관계자는 "쿠팡을 이용하는 기준은 가격이 아닌 당장 내일 아침밥, 학교에 가져갈 준비물을 받을 수 있느냐"라며 "배송서비스를 통한 '락인 효과'가 강력하기 때문에 다른 업체들도 앞다퉈 배송서비스에 투자를 하는 것"이라고 말했다.

라스트 마일(소비자에게 물건을 전달하는 마지막 구간) 서비스가 강화되면서, 집 앞 편의점도 배송을 시키는 시대다. 배달대행업체 부릉에 따르면 지난해 편의점 배송은 전년 대비 212% 증가했으며, 올해도 큰 폭의 성장이 예상된다. 설사 몇천 원의 배송비가 붙더라도 편하게 빨리 받아보는 생활에 익숙해진 것이다.

기업형슈퍼마켓(SSM)도 '1시간 배송' 같은 빠른 배송이 대세다. GS리테일이 운영하는 GS슈퍼마켓(GS더프레시)은 2020년 12월부터 도심에 있는 점포를 세미다크스토어로 활용해 1시간 내 배송서비스를 시작했다. 홈플러스 익스프레스도 2021년 2월부터 직영점 인근 고객을 대상으로 자체 온라인몰에서 주문한 상품을 1시간 내 배송하는 서비스를 시작했다.

자료: 헤럴드경제, 2021.4.15.
(http://news.heraldcorp.com/view.php?ud=20210415000330)

Section

3 풀필먼트

풀필먼트(fulfillment)의 사전적 의미는 '이행', '수행', '완수', '달성'이다. 또한 '고객의 주문처리과정'이라는 뜻도 있으며, 유통에서는 보통 이러한 의미로 쓰인다. 풀필먼트는 판매 상품의 입고, 분류(소분), 재고 및 품질관리, 배송 등 고객에게 도착하는 전 과정을 일괄처리하는 것을 의미한다. 예를 들어, 의류의 경우 배송 전 마지막 다림질을 포함한 최종 수선서비스 작업을 해 출고한다. 즉, 고객을 위해 물류의 모든 과정을 대행해 주는 개념으로, 이커머스(e-commerce)에 있어 매우 핵심적인 서비스라 할 수 있다.

풀필먼트의 가장 큰 장점은 '배송 단계의 축소'이다. 과거에는 '생산 → 판매 유통사 창고 → 배송사 창고 → 고객' 순이었다. 여기서 풀필먼트는 '판매 유통사 창고'를 거치는 단계가 없어 더욱 빠른 배송이 가능해진다. 무엇보다 사람의 손을 거쳐야 했던 일부 업무는 자동화 시스템으로 대체돼 비용이 절감되는 효과도 있다. 특히 풀필먼트는 신선·냉동식품, 의약품 등 보관 및 운송과정에서 적정온도를 유지해야 하는 '콜드체인 시스템'도 구축하고 있다.

풀필먼트사업은 어느 정도 구축이 완료되면 유통과정은 훨씬 간소화된다. 이는 이커머스 시장이 확대될수록 기업이 유리한 고지를 차지할 수 있도록 해준다. 풀필먼트 서비스는 판매자 입장에서 번거로운 물류에 신경 쓰지 않고 기획, 제조, 마케팅 등 본업에 집중할 수 있어 수익성 개선과 외형 확대를 동시에 확보할 수 있다. 특히 이는 소규모 판매자일수록 효과적이다.

풀필먼트는 고객이 다른 업체로 이동하지 않도록 고객을 꽉 붙드는 '록인(lock in) 효과'를 발생시킨다. 이는 풀필먼트 서비스를 통해 빠른 배송과 반품 그리고 환불이 가능하기 때문이다.

[그림 14-2] 풀필먼트 서비스

자료: Fitsmallbusiness.com

소비자가 풀필먼트에 바탕을 둔 차별화된 배송서비스에 익숙해지면 해당 업체에 대한 소비자 충성도가 높아져 구매금액도 상승하는 효과가 있다. 현재 많은 이커머스 업체들이 익일배송, 당일배송, 새벽배송을 경쟁적으로 강화하는 것은 수익을 가져다줄 충성 고객 확보에 유리하기 때문이다. 특히 이러한 이유로 풀필먼트는 다품종 소량의 상품 주문 빈도가 잦은 온라인 쇼핑몰에 더욱 적합한 시스템이라 할 수 있다.

이러한 풀필먼트는 세계 최대 온라인 쇼핑몰인 미국 아마존(Amazon)의 '풀필먼트 바이 아마존(FBA: fulfillment by Amazon)' 시스템에서 시작됐다. 마켓플레이스에 입점한 셀러들의 상품을 아마존 물류센터로 집적시키고 주문이 발생하면 피킹, 포장, 배송, 재고관리 및 반품처리까지 제공하는 서비스다.

국내 업체로는 대표적으로 주문 후 다음 날 배송되는 '로켓배송' 시대를 연 쿠팡이 있다. 쿠팡은 물류 풀필먼트 서비스 고도화를 위해 인프라·기술 투자를 확대하고 있다. 쿠팡은 전국의 촘촘한 배송망과 인공지능(AI) 기술을 통해 주문·재고 처리, 상품 적재 위치, 배송 동선까지 전 과정을 관리해 배송시간을 최소화했으며, 최근 온라인 쇼핑 증가에 따라 물류센터 투자를 공격적으로 진행하고 있다.

네이버도 브랜드 스토어에서 판매하는 LG생활건강 상품을 고객에게 24시간 내 배송해 주는 풀필먼트 서비스를 CJ대한통운과 손잡고 제공하고 있다. 네이버는 자체 물류시스템을 보유하고 있지 않지만 CJ대한통운이라는 국내 1위 물류업체와 지분을 나눠 갖고 약점을 보완하고 있으며, 최근에는 이마트와도 지분 교환을 통해 신선식품 등으로 카테고리를 확장하고 있다.

유통실무 Focus

단순 배송은 가라, 지금은 '풀필먼트' 시대

신종 코로나바이러스 감염증(코로나19) 사태 이후 '풀필먼트(Fulfillment)'가 유통업계 최대 화두가 됐다. 풀필먼트란 단순 배송을 넘어선 개념으로, 고객 주문에 맞춰 물류센터에서 제품을 고르고(picking) 포장해(packing) 배송(delivery)하고 고객 요청에 따라 교환 · 환불까지 해주는 일련의 과정을 가리킨다.

최근 몇 년 동안 전 세계 e커머스 시장에서 이러한 풀필먼트는 경쟁력의 핵심으로 거론돼오다 코로나19 사태로 그 중요성이 더욱 커졌다. 통계청에 따르면 코로나19 사태가 본격화한 3월 온라인 쇼핑 거래액은 12조 5,825억 원으로, 전년 동월 대비 11.8% 늘었다. 언택트(untact), 즉 비대면이 포스트 코로나 시대의 뉴노멀이 되면서 온라인 쇼핑은 앞으로 더 늘어날 것으로 전망된다.

네이버, CJ대한통운 손잡고 '24시간 배송'

비대면 시대에 풀필먼트가 부각되는 이유는 '보다 빠르고 저렴한' 배송이 제품 특성이나 가격보다 더 중요한 소비자의 구매 요건이기 때문이다. 쿠팡이 국내 1위 e커머스업체로 올라선 것은 '로켓배송'에 기댄 바가 크다는 게 주지의 사실. 미래에셋대우에 따르면 이베이코리아도 2017년 익일/합배송 서비스 '스마일배송' 무료 쿠폰을 포함한 멤버십제 '스마일클럽'을 출시한 이후 매출이 크게 증가했다. e메일 마케팅에서 '무료배송'이 '할인'보다 2배 이상 효과가 높다는 연구 결과도 있다.

풀필먼트는 고객이 다른 업체로 이동하지 않도록 고객을 꽉 붙드는 '록인(lock in) 효과' 차원에서도 중요하다. 소비자가 기민한 풀필먼트에 바탕을 둔 차별화된 배송서비스에 익숙해지면, 해당 업체에 대한 소비자 충성도가 높아져 구매금액도 상승하는 효과가 있다는 것이 여러 차례 입증됐기 때문이다. 미래에셋대우에 따르면 2018년 3분기 기준 미국 아마존 프라임 회원의 구매금액은 비회원보다 2배 이상 많았다.

이에 국내외에서 풀필먼트에 대한 투자가 늘고 있다. 국내에서는 네이버가 2020년 3월 위킵, 두손컴퍼니, 신상마켓 등 물류 기반 기업에 투자했다. 일본 야후재팬은 물류기업 야마토와 판매자를 대상으로 한 풀필먼트 서비스를 공개, 6월 말부터 개시할 예정이다. 중국 알리바바는 중국 5대 택배사 중 하나인 윈다의 지분 10% 인수를 추진하고 있으며, 아마존은 이미 자체 풀필먼트 서비스 FBA(Fulfillment by Amazon)를 통해 '이틀 배송'을 넘어 1일 및 당일 배송서비스를 확대해 가고 있다.

글로벌 물류업체 UPS도 'UPS eFulfillment'라는 이름의 서비스를 제공한다. 북미지역을 공략하고 싶지만 현지 물류 인프라에 투자할 여력이 없는 중소 판매자에게 풀필먼트 서비스를 제공해 사업 진출을 돕는 것이다. 디에이치엘(DHL)과 페덱스(Fedex) 역시 자사 이름을 내건 풀필먼트 서비스에 나서고 있다.

2020년 4월 CJ대한통운이 풀필먼트 서비스 'CJ대한통운 e-풀필먼트'를 개시해 국내에서도 물류업체 중심의 풀필먼트 서비스가 본격화할 전망이다. 지금까지는 e커머스업체가 자체적으로 풀필먼트 서비스를 추진해 왔다면, CJ대한통운을 시작으로 물류업체가 풀필먼트 서비스에 나서면서 e커머스업체가 큰 투자나 적자 감수 없이 배송서비스 품질을 높일 수 있다는 점에서 주목된다.

CJ대한통운의 첫 풀필먼트 서비스 사례는 네이버, LG생활건강과 협업. LG생활건강이 네이버 '브랜드스토어'에 입점, 판매하는 상품을 CJ대한통운이 고객에게 24시간 내 배송해 주는 것이다. 즉, LG생활건강은 판매 상품을 미리 CJ대한통운의 풀필먼트센터에 입고시키고, 네이버를 통해 주문 정보가 전달되면 CJ대한통운은 바로 상품을 허브터미널로 내려 보내 전국으로 발송한다. 기존 유통사 혹은 제조사 물류센터로 택배사가 찾아가 주문된 상품을 받은 뒤 허브터미널로 보내는 단계가 제거되는 것. 따라서 기존 오후 3시보다 더 늦은 시간에 주문해도 '이튿날 배송'이 가능하다. 네이버 브랜드스토어에서 자정 전까지 주문하면 이튿날 물품을 받을 수 있다.

LG생활건강 外 대형제조사도 동참 가능성

CJ대한통운은 경기 광주시 곤지암 메가허브 2~4층에 대형 풀필먼트센터를 마련했다. 국제 규격 축구장 16개와 맞먹는 연면적 11만 5,500㎡ 규모다. 또 지상 1층과 지하 1층의 택배 허브터미널은 강력한 분류 능력을 가진 최신 자동화물분류기를 이용해 하루 170만 개의 택배상자를 분류, 발송할 수 있다.

한편 LG생활건강에 이어 어떤 업체가 CJ대한통운의 풀필먼트 서비스에 동참할지도 관심사다. 대규모 연합군이 형성된다면 쿠팡에 강력한 경쟁자가 나타나는 셈이기 때문이다. 이와 관련해 CJ대한통운 측은 지난 5월 1분기 실적 발표 콘퍼런스콜에서 "4~5개 대형제조사와 풀필먼트 서비스에 대해 협의 중"이라고 밝혔다.

자료: 주간동아, 2020.6.19.
(https://weekly.donga.com/List/3/all/11/2096031/1)

Section

4 물류로봇시스템

4.1 물류로봇의 개념과 정의

물류로봇시스템(logistics robot system)에 대한 개념은 국내외 기관별로 다소 차이가 있지만 '제조 및 유통과정, 대형건물 등에서 원·재료, 재공품, 부품, 상품 등을 안전하고 효율적으로 전달하기 위하여 물품의 이송, 핸들링, 포장, 분류, 배송 등을 수행하는 로봇자동화 시스템'으로 정리된다. 물류로봇은 공장에서 고하중의 재료나 완제품을 무인화된 지게차를 이용하여 이송하는 데 사용되기도 하고 무인운반 로봇이나 자동 상하차 로봇 등을 활용하여 물류창고를 무인화하는 데 사용되고 있기도 하다.

사람의 손을 반드시 필요로 했던 과거의 물류는 이제 물류로봇의 등장에 따라 새로운 전환기를 맞이하고 있다. 이러한 급성장에는 물류산업의 트렌드 변화가 영향을 미쳤다. 물류산업의 경우 대량수송에서 맞춤형 운송서비스로 변화하고 있으며, 온라인 주문이 많아지면서 하역·보관창고의 대형화와 고도화가 필요해지고 있다. 또한, 거래 규모의 증가와 기업들의 물류관리 강화, 모바일 디바이스 등의 확산으로 실시간 물류정보 제공의 필요성이 증대되고 있다. 제조업의 경우 소비자의 질적 수준이 높아지면서 제품의 라이프 사이클이 점점 짧아지고 있으며, 다품종 소량생산에 적합한 셀 방식으로 전환되고 있다.

이러한 트렌드의 변화는 스마트 물류관리시스템과 하드웨어 자동화 필요성을 증대시켰으며, 이는 결국 물류로봇을 통해 효율적인 물류관리와 물류비용의 절감을 가능하게 하였다. 또한 물류로봇으로 인해 사람 없이 스스로 가동하는 것이 가능해지면서 안전한 작업환경을 구축할 수 있었다. 이에 기존의 컨베이어 시스템, OHS(over head shuttle) 방식, AGV, 팔레타이징 로봇 등의 자동화 설비에서 자율주행 방식의 AGV(AMR) 활용이 증가하기 시작했고, 공정 간 물류 이송이 가능해졌다. 생산방식도 물류로봇에 의해 셀 생산과 디지털 생산방식으로 바뀌고 있다.

4.2 물류로봇의 유형과 필요성

물류로봇은 공장물류용, 일반옥내용, 물류창고용, 옥외배달용, 이렇게 4가지 유형이 있다. 이것의 연관 산업 구조를 보면, 먼저 전방산업은 현재 제조업, 물류창고(물류센터), 택배산업 등이 있으며, 향후 병원, 호텔, 각종 서비스 산업이 물류로봇의 주요 수요처가 될 것으로 전망된다.

후방산업은 물류로봇이 발전함에 따라서 센서, 신호처리, 모터 및 액추에이터, 로봇 매니퓰레이터 등의 수요가 점차 늘어날 것으로 보인다. 또한, 여러 가지 통신제어 모듈, RFID/USN, 유무선 이동통신, 데이터 관리 및 처리 시스템, 시스템 설계 및 제어, 그리고 통합 소프트웨어 등에 대한 수요가 많이 늘고 필요하게 될 것이다.

이러한 물류로봇은 왜 필요할까? 첫째, 작업자의 업무 부담을 해소해 줄 수 있다. 단순반복 작업이나 감당하기 어려울 정도로 폭주하는 물량을 해결해 주며, 근로자의 작업환경을 개선해 준다.

둘째, 작업인력의 부족을 해결해 줄 수 있다. 노동인구의 감소와 고령화로 인한 물류작업 인력의 확보가 어렵고, 특히 코로나 영향으로 외국인 입국이 제한되면서 외국인 근로자를 필요로 하는 중소기업의 인력수급에 로봇은 하나의 대안이 될 수 있다.

셋째, 정확한 자재 공급이다. 물류로봇은 원하는 시간에 원하는 장소로 자재를 공급해 줄 수 있다.

넷째, 물류시간을 단축해 준다. 아마존은 물류로봇 키바로 60~75분의 물류속도를 15분으로 단축했으며, 또 24시간 운용으로 투입 인력을 감소하여 인건비를 절감했다.

다섯째, 공간을 효율적으로 사용할 수 있다. 시간 단축으로 인한 창고 축소와 재고를 적재하는 공간의 효율을 높일 수 있으며 물류로봇의 유연한 동선 변경으로 공간 활용성이 증가한다. 아마존의 경우 출고량 40%, 공간 활용도 22% 증가했다.

유통실무 Focus

2020년 이후는 물류로봇 전성시대

국내외 전문 조사기관에 따르면 2020년을 기준으로 물류로봇시장은 연 평균 최소 10%에서 최대 35% 수준으로 급성장할 것으로 전망되고 있으며, 이에 따라 시장 규모도 2020년을 넘어서면서 최소 21억 달러에서 많게는 224억 달러로 전망되고 있다.

한국과학기술정보연구원(KISTI)에 따르면 세계 AGV시장은 2020년 이후까지 연평균 10%를 넘는 성장세를 보일 전망이며 2022년 이후에는 그 규모가 약 30억 불에 근접할 것으로 예상했다. 또한 국내 시장도 지속적이 성장세를 거쳐 2020년 이후에는 현재의 약 2배 수준인 약 7천억 원을 돌파할 것으로 예상된다.

글로벌 자산운용사인 맥커리도 긍정적인 자료를 발표했다. 지난 2017년 6월에 발표한 자료에서 서비스 로봇시장 중 물류로봇 시장의 전망이 가장 밝으며 시장규모는 2025년 186억 달러 70만 대 규모로 성장할 것이라고 예측했다. 맥커리는 물류, 접객, 음식 배달 등의 분야의 로봇 판매대수가 급증할 것으로 예상하고 있는데 물류창고용 로봇의 경우 2017년 대비 2025년에는 17배 이상 성장할 것이라고 전망했다. 또한 라스트 마일 배송 로봇시장 규모도 급증할 것으로 예상했으며 2025년 13억 달러 규모의 시장이 형성될 것이라고 예측했다.

글로벌 기업들의 물류로봇은?

이와 같이 향후 물류로봇에 대한 전망이 장밋빛으로 물들고 있는 가운데, 전 세계 주요 물류기업들은 이미 발 빠르게 물류로봇을 실제 현장에 도입하고 있다. 아마존, 페덱스 등 전 세계를 대상으로 하는 글로벌 물류기업들은 무인택배로봇을 테스트하며 인간의 손을 대신할 택배로봇의 시대를 열기 위한 노력을 이어가고 있다. 물류업무 단계에 로봇을 투입하려는 움직임은 비단 물류기업들뿐만 아니라 영국의 오카도, 미국의 인텔 등 타 산업 글로벌 기업들에게서도 찾아볼 수 있다.

Amazon, 배달용 자율주행 로봇 'Amazon Scout' 테스트

올해 들어 이 부문에서 가장 먼저 스타트를 끊은 것은 아마존이다. 아마존은 지난해 1월 말부터 워싱턴 지역에서 배달용 자율주행 로봇인 'Amazon Scout' 6대를 투입해 고객에게 택배를 배달하는 테스트에 들어갔다고 밝혔다. 이를 통해 해당 지역의 아마존 고객들은 평상시와 같이 아마존 앱이나 사이트에서 제품을 구매하면, 파트너 업체의 배달 담당자 또는 'Amazon Scout'로 택배를 받아볼 수 있다.

'Amazon Scout'는 바퀴가 6개인 소형 자율주행 로봇으로, 보행자나 반려동물을 피해 자율주행이 가능하다. 또 택배 배송지에 도착을 하면 고객을 인식해 덮개가 자동으로 열리는 형태로 서비스 기간 중에는 아마존 직원이 동행해 배달과정을 모니터링한다.

FedEx, 배달용 자율주행 로봇 'FedEx SameDay Bot' 공개

페덱스(FedEx Corp.)는 지난해 2월, 소매업체를 도우려는 목적으로 개발된 자율주행 배달로봇 페덱스 세임데이 봇(FedEx SameDay Bot)을 공개했다. 이 봇을 통해서 소매업체들은 가까운 주변에 거주하는 고객들의 주문을 받아서 고객 집이나 사업체로 봇을 통해 당일 배달을 할 수 있게 됐다.

페덱스 세임데이 봇은 인도나 노변에서 운행되며 작은 패키지를 고객의 집이나 사업체로 안전하게 배달해준다. 이 봇은 다중 카메라 등 보행자 안전을 기하는 기술에 더해 머신러닝 알고리즘을 탑재하고 있다. 이 때문에 장애물을 감지하고 피할 수 있으며, 안전한 길을 미리 알아보고 도로안전 규칙도 준수할 수 있다고 한다. 또한 자체 개발 기술을 통해 비포장도로나 도로 턱을 넘고 집에까지 배달을 할 수 있도록 계단까지 오를 수 있는 기능을 갖추고 있다.

Ford, 택배배달용 로봇 'Digit' 공개

글로벌 자동차 메이커인 Ford는 지난해 5월, 로봇 업체인 Agility Robotics와 공동 개발한 택배배달용 로봇 'Digit'를 공개했다. 이 로봇은 앞서의 자율주행형 로봇이 아닌 인간처럼 2족 보행이 가능한 로봇이다. 또, 팔이 있어 자율주행차에서 택배를 꺼내서 고객의 집 문 앞에 놓을 수 있다. 'Digit'은 최대 40파운드(약 18kg) 무게의 택배를 들어서 옮길 수 있으며, 계단을 오르고 내리거나 표면이 고르지 못한 장소에서도 안정적으로 보행하는 게 가능하다.

아마존, 인공지능 탑재 자율운행 드론 디자인 발표

아마존은 지난해 'Amazon Scout'에 이어 또 다른 물류로봇에 대한 구상을 밝히기도 했는데, 바로 배송드론이 그 주인공이었다. 아마존은 지난해 6월, 미국 라스베이거스에서 개최된 리마스(re:MARS · Machine Learning, Automation, Robotics and Space) 컨퍼런스에서 인공지능을 탑재한 새로운 배송 드론 디자인을 발표했다.

아마존은 당시 드론 배송이 이루어질 장소와 시기는 명확하게 밝히지는 않았지만 업계에서는 대부분 아마존이 드론 배송을 현실화할 선두주자로 나설 것이라 전망하고 있다. 아마존은 2013년 드론 배송서비스인 프라임에어(Prime Air)를 처음 발표한 이후 지금까지 12개가 넘는 디자인을 만들었다.

당시 아마존이 발표했던 배송 드론의 디자인은 육각형으로 최대 15마일(약 24km)까지 비행할 수 있으며, 30분 내 거리에 있는 고객에게 최대 5파운드(약 2.3kg)의 소포를 배송할 수 있다. 전기충전 방식의 이 드론은 하이브리드 설계로 헬리콥터처럼 수직으로 이착륙이 가능하고 비행기처럼 수평비행도 가능하다. 무엇보다 이 하이브리드 드론의 가장 큰 특징은 인공지능이다. 기계학습 및 컴퓨터 비전을 사용해 움직이는 사람 · 물체뿐만 아니라 뒤뜰의 전선 · 빨랫줄을 감지해 피할 수 있다. 또 열화상카메라, 심도카메라, 음파탐지기

(sonar) 등의 센서도 탑재하고 있다. 아마존 관계자는 당시 "아마존에서 배송하는 택배의 75~90%는 기술적으로는 드론에 의해 처리될 수 있다"며 "신속한 드론 배송을 위해 프라임에어(Prime Air) 규모를 확장하고 세계 최고 수준의 풀필먼트와 배송 네트워크를 갖출 계획"이라고 밝힌 바 있다.

英 오카도, 물류창고에 협동 물류로봇 투입

영국의 온라인 식료품 기업 '오카도(Ocado)'는 지난 2018년, '세컨드핸즈(SecondHands)'라는 물류용 로봇을 개발한 바 있다. 이 로봇은 독일의 카를스루에 공과대학(Karlsruhe Institute of Technology) 'ARMAR-6' 팀과 함께 만든 것이다. 세컨드핸즈는 오카도의 물류창고에서 사람을 도와 다양한 물류 처리업무를 돕기 위해 개발되었다. 무엇보다 세컨드핸즈는 사람의 보조 역할로 다양한 작업을 수행한다는 점이 가장 큰 특징이다. 당시 개발된 로봇은 프로토타입으로 오카도의 창고에서 테스트를 진행하기도 했는데 이후 고객이 주문한 식료품의 배송업무와 창고 자동화 설비의 유지 및 보수를 위해 본격 투입된 바 있다.

한편, 세컨드핸즈의 대표적인 장점 중 하나는 작업자의 음성에 즉각적으로 반응할 수 있다는 점이었다. 이 때문에 활용 측면에 있어서 단순반복 작업 등에 국한되지 않고 작업자의 일을 돕는 서포터의 임무를 성공적으로 수행할 수 있다. 예를 들어, 작업자가 렌츠를 요청하면 세컨드핸즈는 어떤 렌츠를 원하는지 다시 묻고 작업자가 다시 대답하면 해당 렌츠를 가져다준다. 또 세컨드핸즈는 매우 높은 수준의 정밀도를 자랑하기 때문에 사람이 하기 어려운 일이나 체력적으로 힘든 업무까지 맡을 수 있어 물류시설 내 업무의 효율성을 대폭 상승시켜준다.

자료: 물류신문, 2020.11.16.
(http://www.klnews.co.kr/news/articleView.html?idxno=122244)

찾아보기

[ㅇ]

[저자소개]

신종국
부산대학교 경영대학 경영학과 교수

박민숙
부산가톨릭대학교 유통마케팅학과 부교수

문민경
부산대학교 경영대학 경영학과 강사

유통실무의 이해

2021년 9월 10일 인쇄
2021년 9월 17일 발행

저　자 신종국 · 박민숙 · 문민경
발행인 김광범
발행처 도서출판 시대가치
주　소 서울특별시 마포구 토정로 222, 422-1호(한국출판콘텐츠센터)
전　화 02)3152-2620
팩　스 02)6442-2621
등　록 2017년 3월 23일 제2018-000088호
이메일 timepub2017@gmail.com

ISBN 979-11-89607-48-7 93320

정가 30,000원